KB084716

한국실용
글쓰기

 기출분석

시대에듀

시대에듀
한국실용글쓰기 실제기출분석

Always **with you**

사람의 인연은 길에서 우연하게 만나거나 함께 살아가는 것만을 의미하지는 않습니다.
책을 펴내는 출판사와 그 책을 읽는 독자의 만남도 소중한 인연입니다.
시대에듀는 항상 독자의 마음을 헤아리기 위해 노력하고 있습니다. 늘 독자와 함께하겠습니다.

머리말

평가는 평가의 목적인 '왜'와 평가의 내용인 '무엇', 그리고 평가의 방법인 '어떻게'와 관련된다. 실용글쓰기 평가의 목적과 내용, 방법을 이해하기 위해서는 먼저 실용글쓰기의 문항이 어떻게 구성되었는지부터 이해를 해야 한다.

실용글쓰기는 2025년 시험부터 객관식 30문항, 서술형 9문항으로 개편되며, 시험 내용은 크게 3가지로 나눌 수 있다.

> 첫째 '기초직무능력'으로, 글쓰기 과정과 그에 따른 전략 그리고 직무와 관련한 어문 규범으로 구성된다.
>
> 둘째 '기초직무능력'과 관련된 소식 이해와 업무 의사소통능력, 대인 관계와 관련된 리더십과 멤버십, 갈등과 갈등해결 방법, 고객 서비스, 자원 관리, 수리능력, 문제해결능력으로 구성된다.
>
> 셋째 '글쓰기 실제'로, 직무와 관련된 문서(그중에서도 공문서 작성 방법), 기안서나 품의서, 제안서, 보고서, 기획서, 프레젠테이션, 홍보문이나 광고문, 거래 계약서로 구성된다.

즉, 이 시험은 수험생의 기초직무능력과 글쓰기 실제에 대한 이해도를 판단하기 위한 시험이라 할 수 있다.

그러나 전문적인 지식을 요구하는 것이 아니라, 공무원 조직이나 회사에 입사했을 때 필요한 최소한의 필수 지식과 쓰기능력을 요구한다. 쓰기 영역이라는 특성상 시험을 준비하면서 심리적 부담을 가지기 쉬우나 대학이나 기업 등의 전문적인 논술 평가와 달리, 실용글쓰기에서는 답안이 문제의 조건을 충족했는지를 평가하므로 크게 부담을 가지지 않아도 된다.

국어 교육을 전공한 전문가로서 많은 평가를 다루어 왔지만 완벽한 평가는 없다고 생각한다. 평가는 출제 관리, 출제, 검토라는 3가지 요인에 따라서 수준이 결정된다. 그동안 실용글쓰기 시험을 개발하고 진행하면서 평가의 수준이나 내용의 난이도 등에 문제가 일부 있었으나, 최근에는 평가를 재개발하는 수준에서 평가의 범위, 난이도의 조정, 실제 정보의 유용성, 조건의 적절성 등을 고민하며 평가로서의 신뢰성과 타당도를 계속 높이고 있다.

평가 내용에서는 글쓰기 실제에 대한 이해와 쓰기 과정의 전략, 그리고 직장 생활에서 꼭 알아야 하는 실제 직무에서의 어문 규범 사용능력을 중요하게 고려하고 있다. 기초직무능력 또한 최근 강조되고 있는 '문해력'의 중요성을 인지하여 용어 등에 대한 기초 지식은 물론, 빠르게 변화하는 전문 지식까지 잘 이해할 수 있도록 돕는 쓰기 문항 개발을 고민하고 있다. 객관식의 경우, 전문 지식의 일부 내용만을 제시한 후 평가하는 등의 불친절한 유형의 문항을 지양하고, 제시문에 관련 정보를 제공한 후 자료를 제대로 분석했는지 평가하는 유형의 문항을 개발하고 있다. 이는 평가의 목적이 기존의 '전문 지식 평가'에서 '자료 분석력과 해석력 평가'로 변화하고 있으며, 나아가 '평가를 통한 피평가자의 지식 습득'에까지 확장되었음을 의미한다. 결국 직무를 맡았을 때 기초직무능력과 자료활용능력을 잘 발휘하기 위함에 초점을 두고 있다고 할 수 있다. 서술형 또한 피평가자의 심리적 부담을 완화시키고자 자료와 조건을 정교화하고 있다.

수험생들이 《한국실용글쓰기 실제기출분석》을 보는 이유는 다양할 것이다. 하지만 이 교재를 통해 실용글쓰기의 핵심을 잘 습득한다면 누구나 원하는 결과를 얻을 수 있을 것이라고 믿는다.

편저 이영택

★ '국가공인'을 받은 국내 유일의 글쓰기 자격 시험 ★

⬡ 목적

❶ 자격기본법 제19조에 의거한 국가공인 '한국실용글쓰기' 검정은 국어사용능력을 바탕으로 하여 전 국민의 직무능력을 향상시키고 의사소통능력을 증진시키는 것을 목적으로 한다.

❷ 국가공인 '한국실용글쓰기' 검정은 국어기본법 제1조에 따라 국어사용을 촉진하고 국어 발전과 보전의 기본을 마련하여 국민의 창조적 사고력을 증진시키는 것을 목적으로 한다.

⬡ 성격

자격기본법 제5조(국가직무능력표준)와 국어기본법 제14조에 따라 '직업기초능력'을 직무능력, 국어사용능력, 의사소통능력으로 나누어 종합적으로 평가하는 시험이다.

⬡ 자격증 혜택

❶ 채용 및 승진 가산점

경찰청, 소방청, 해양경찰청, 제주특별자치도, 부산광역시, 충청북도, 전라남도, 육군3사관학교, 육군부사관학교, 군사안보지원사령부, KT, POSCO, 현대중공업, 현대엔지니어링, 한국전력공사, 한국수력원자력(주), 대한체육회, 한국체육산업개발주식회사, 한국농어촌공사, 근로복지공단, 한국지역난방공사, 국민체육진흥공단, 도로교통공단, 건강보험심사평가원, 식품의약품안전처, 순천대학교, 국가평생교육진흥원, 한국노인인력개발원, 국토연구원, 한국서부발전, 한전엠씨에스(주), 경기도체육회, 한전원자력연료, 건설근로자공제회, 한국남동발전, 농림수산식품교육문화정보원, 한국중부발전, 감사원, 육군본부, 국군방첩사령부, ROTC, 한국원자력환경공단, 한국항로표지기술원, 중소기업기술정보진흥원, 한국교육방송공사, 한국부동산원, 한국보건산업진흥원, 사학진흥재단, 강원랜드, 화성시산업진흥원, 여주시도시관리공단, 한국국토연구원, 농협, 국민은행, 우리은행, 신한은행, 미래에셋증권(대우증권), (주)바텍

※ 세부 적용 기준은 해당 기관에 문의하시기 바랍니다.

❷ 자격 학점 인정

등급	1급	2급	준2급	3급
인정 학점	5학점	4학점	3학점	2학점

❸ 고등학교 생활기록부 기재

◆ 시간 및 문항 수

시간	문항 수
120분	객관식 30문항, 서술형 9문항(총 39문항)

※ 기존 2교시에서 1교시로 축소되었습니다(2025년 시험부터 적용).

◆ 등급별 합격 기준

등급	합격 기준
1급	총배점(1,000점) 중 870점 이상 득점
2급	총배점(1,000점) 중 790점~869점 득점
준2급	총배점(1,000점) 중 710점~789점 득점
3급	총배점(1,000점) 중 630점~709점 득점
준3급	총배점(1,000점) 중 550점~629점 득점

소방공무원이 되고 싶다면 한국실용글쓰기를 반드시 공부하세요!

소방공무원 가점 비율

가점 비율	5%	3%	1%
취득 점수	750점 이상	630점 이상	550점 이상

※ 2025년 1월부터 시험 시간 및 문제 수가 변경됩니다. 자세한 내용은 한국국어능력평가협회 홈페이지(www.klata.or.kr)를 참고하시기 바랍니다.

※ 도서에 수록된 내용 외에 개편된 문제를 알아보고 싶다면 한국국어능력평가협회 홈페이지에서 '2025년 시행 시험지'를 다운받아 풀어 보시기 바랍니다.

한국실용글쓰기 시험 안내

⬡ 과목별 문항 구성

과목(분야)	출제 문항 수		
	객관식	서술형	계
글쓰기 원리	8	2	10
글쓰기 실제	13	4	17
사고력	8	2	10
글쓰기 윤리	1	1	2
합계(배점)	30문제(300점)	9문제(700점)	39문제(1,000점)

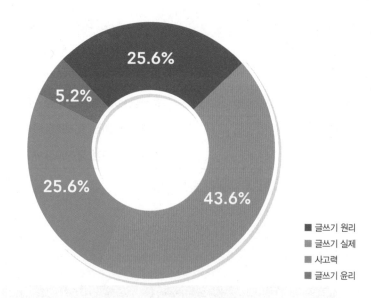

■ 글쓰기 원리
■ 글쓰기 실제
■ 사고력
■ 글쓰기 윤리

❶ '글쓰기 원리'와 '사고력'에서는 객관식 문항과 서술형 문항이 골고루 출제됩니다. 빈출 이론을 꼼꼼하게 살펴보며 놓치지 않도록 학습하세요.

❷ '글쓰기 실제'에서는 가장 많은 문항이 출제됩니다. 공문서, 기안서, 보도문 등 다양한 글의 특징을 알아 놓으면 답을 찾고 답안을 서술하는 데에 도움이 될 거예요.

❸ '글쓰기 윤리'에서는 비교적 적은 문항이 출제되지만 꼭 알아 두어야 하는, 자주 출제되는 내용들이 있습니다. 빈출 이론에 정리해 두었으니 문제와 함께 잘 살펴보세요.

※ 최근 '사고력'에서 새로운 유형의 문제가 추가로 출제되고 있습니다. 최신 기출문제를 분석하여 수록했으니 [특별 부록 – '사고력 과목' 신유형 완벽 분석]을 참고해 주시기 바랍니다.

※ 《한국실용글쓰기 실제기출분석》에 수록된 기출문제는 2024년 12월까지 출제된 것이므로 개편한 문항 구성이 적용되지 않았습니다. 학습에 참고하시기 바랍니다.

한국실용글쓰기 Q&A

Q ▶ 응시 자격에 제한이 있나요?

A ▶ 아니요, 응시 자격에는 전혀 제한이 없습니다.

Q ▶ 응시료는 얼마인가요? 응시료가 비싸다고 들었는데요.

A ▶ 1급부터 준3급까지, 즉 국가공인 취득 과정의 경우 55,000원입니다. 응시료는 변경될 수 있으니 시행처 홈페이지에서 확인해 주시기 바랍니다.

Q ▶ 시험장에 가져갈 준비물에는 뭐가 있나요?

A ▶ 수험표, 신분증, 컴퓨터용 사인펜, 검정색 볼펜, 수정 테이프를 준비하시면 됩니다. 자세한 내용은 시행처 홈페이지에서 확인해 주시기 바랍니다.

Q ▶ 시험 시간은 어떻게 되나요? 서술형 문제도 있어서 시간이 오래 걸릴 것 같아요.

A ▶ 1교시로 진행되며 총 시험 시간은 120분입니다. 120분 동안 객관식 문제와 서술형 문제를 모두 풀어야 하므로 시간 배분을 잘 해야 합니다.

Q ▶ 고사실에는 언제까지 도착하면 되나요?

A ▶ 시험 시작 30분 전에는 입실을 완료하셔야 합니다.

Q ▶ 성적은 언제 어디에서 발표되나요?

A ▶ 성적은 시험 실시 30일 후에 시행처 홈페이지에서 발표됩니다.

Q ▶ 자격증이 따로 발급되나요?

A ▶ 자격증 발급 신청 시 이메일을 통해 전자문서(PDF) 파일로 발송됩니다. 발급 비용은 2,200원이며 발급 신청 이후 1일 이내에 발송됩니다. 발급 비용은 변경될 수 있으니 시행처 홈페이지에서 확인하시기 바랍니다.

Q ▶ 자격증을 따면 어디에 좋은가요?

A ▶ 소방청, 현대중공업, 포스코, 한국전력공사 등 많은 공공기관과 기업체에서 한국실용글쓰기 시험의 취득 점수를 채용이나 승진 시 가산점 요소로 채택하고 있습니다. 또한 학점 은행제에서 등급에 따라 학점을 인정받을 수 있으며, 고등학교 생활기록부에 기술 관련 자격증으로 기재할 수 있습니다.

이 책의 구성과 특징

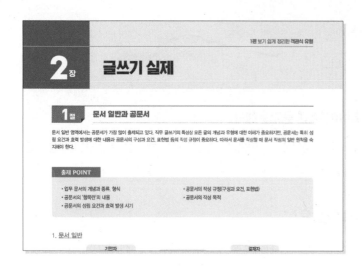

빈출 이론

시험에 자주 나오는 내용만 모아, 보기 쉽게 정리했습니다. 영역별로 어떤 내용이 출제되는지 요약한 출제 POINT를 보면 출제 경향을 파악하는 데 도움이 될 거예요.

기출점검과 기출로 실력 다지기

기출점검에서는 빈출 이론과 관련된 기출문제를 수록했습니다. 기출로 실력 다지기에서는 핵심적인 내용을 다룬, 꼭 알아 두어야 할 기출문제를 모았습니다. 옆에서 알려 주듯이 상세한 해설과 함께 이 문제들을 다 풀고 나면 웬만한 문제에는 자신이 생길 거예요.

실제 기출문제 2회분

기출문제 중에서 좋은 문제들만을 뽑아 시험지 형식의 기출문제 2회분으로 재구성했습니다. 실제 시험이라고 생각하면서 시간에 맞추어 풀어 보세요. 잘 풀지 못해도 걱정 마세요. 꼼꼼하고 친절한 해설이 빠르고 확실하게 문제를 풀 수 있도록 도와드릴 거예요.

연습용 답안지와 원고지

국가공인 한국실용글쓰기검정 1교시 답안지

이 름		번호	1 ~ 10	번호	11 ~ 20	번호	21 ~ 30

서술형 9번

서술형 10번

150

문제를 풀면서 답안지 작성을 할 수 있도록 연습용 답안지와 원고지를 수록했습니다. 실제 시험을 치는 것처럼 작성해 보며 시험에 대비해 두세요.

원고지는 시대에듀 홈페이지(www.sdedu.co.kr)의 [학습 자료실] → [강의 자료실]에서도 다운받아 사용하실 수 있습니다.

원고지 작성법, 한글맞춤법 띄어쓰기, 개선 행정 용어 정리

핵심 POINT! 한국실용글쓰기
원고지 작성법

답안으로 보는 원고지 작성법

1. 문장을 시작할 때는 반드시 첫 칸을 비우고, 한글은 한 칸에 한 글자씩 적습니다.

	사	상		최	악	의		고	병	원	성		조	류	인	플	루	엔	자
의		확	산	으	로		도	살		처	분	된		가	금	류		수	가

2. 알파벳 대문자, 낱자로 된 알파벳 소문자, 아라비아 숫자는 한 칸에 한 자씩 씁니다. 두 자 이상의 알파벳 소문자, 아라비아 숫자는 한 칸에 두 자씩 씁니다. 단, 알파벳 + 숫자 조합으로 두 글자인 경우에는 한 칸에 한 글자씩 적습니다.

3. 문장부호는 한 글자로 취급, 한 칸에 하나씩 쓰는 것을 기본으로 삼습니다. 숫자 + 문장부호 조합으로 두 글자인 경우에는 한 칸에 한 글자씩 적습니다.

이	는		국	내		전	체		가	금	류		사	육		규	모	(
1	억		6,	52	5	만		마	리	)	의			18	%	를		우	도	는

서술형 답안 작성에 필요한 원고지 작성법을 수록했으니 꼭 익혀 두세요. 문법 부분에서 가장 자주 나오는 띄어쓰기와 공문서에서 많이 틀리는 문장부호, 개선 행정 용어도 정리했으니 잘 알아 두세요.

객관식 · 서술형 TIP

객관식 유형을 해결하기 위한 TIP

※ 시대와 교육 환경의 변화에 따라 실용글쓰기도 평가의 목적, 목표, 방향 등의 제고와 출제 유형 및 평가 내용의 재구성을 통해 좀 더 유의미한 평가가 되고자 합니다. 다음과 같은 사항에 유의하여 개선된 실용글쓰기 평가를 준비하면 좋은 결과를 얻을 수 있을 것입니다.

지식이나 원리에 대한 정보를 활용하자.

실용글쓰기에서는 묻고자 하는 지식이나 원리에 대한 해석 정보를 제공합니다. 다음 문항을 통해 앞으로 실용글쓰기 평가가 어떻게 출제되는지에 대한 방향을 읽을 수 있을 것입니다. 기존 평가와 개선된 평가와의 차이가 무엇일까요? 기존 평가는 경영전략 등의 개념을 알지 못하면 문제를 해결하는 게 쉽지 않았습니다. 그러나 개선된 평가는 개념이나 관련 지식을 제공하고 그것을 활용해 문제를 해결할 수 있도록 출제됩니다.

기존 평가

다음과 같이 경영전략을 정의할 경우, ㉠~㉢의 내용으로 적절하지 않은 것은?

경영전략은 경영을 효율적이고 체계적으로 진행하기 위한 전략이다. 이 전략은 대기업의 경우 포괄 성에 따라 ㉠ 기업 전략, ㉡ 사업 전략, ㉢ 기능 전략으로 나누어진다.

기존 평가는 '기업 전략'과 '사업 전략', '기능 전략'에 대한 지식을 요구한다. 이 지식이 없으면 정확한 답을 도출하는 것이 쉽지 않다.

① ㉠은 실제는 어떤 사업 또는 제품 분야를 선택할 것인가와 관련된 전략이다.
② ㉡와 전략은 본업 중심 또는 다각화, 그리고 본업의 이동 등의 전략이 있다.
③ ㉢의 전략은 선택된 사업 또는 제품 분야에서 어떻게 경쟁할 것인가와 관련된 전략이다.
④ ㉠의 전략은 시장점유율 확대나 성장, 자본이나 시장 축소, 철수 등의 전략이 있다.
⑤ ㉢의 각 기능 부문에 취하는 전략으로 개발, 인사, 생산, 마케팅 전략이 있다.

빠른 시간 내에 문제를 이해하고 답을 찾아내야 하는 객관식 유형과 내용을 전체적으로 이해하고 답안을 구성해야 하는 서술형 유형은 학습 방법이 달라야 합니다. 그 방법을 알려 드릴 테니 잘 알아 두세요.

이 책의 차례

본책

책 속의 책

1주 완성 · 2주 완성 스터디 플래너

※ 학습을 다 한 뒤에 오른쪽 완료 칸에 체크하세요.

Day					학습 내용	쪽수	완료
1주 완성	2주 완성						
Day 1	Day 1	1편	1장		특별 부록 + 1절 글쓰기 과정	2~16쪽, 3~20쪽	
	Day 2				2절 직무 이해	21~40쪽	
Day 2	Day 3				3절 대인 관계와 리더십, 멤버십 4절 갈등 관리 전략과 고객 서비스	41~60쪽	
	Day 4				5절 자원 관리 6절 수리자료활용능력	61~82쪽	
Day 3	Day 5				7절 문제해결능력 8절 직업 윤리와 쓰기 윤리	83~104쪽	
	Day 6		2장		1절 문서 일반과 공문서 2절 입사 문서	105~127쪽	
Day 4	Day 7				3절 기안서, 품의서, 제안서 4절 보고서	128~151쪽	
	Day 8				5절 기획서 6절 프레젠테이션	152~166쪽	
Day 5	Day 9				7절 기사문과 보도문 8절 홍보문과 광고문	167~187쪽	
	Day 10				9절 거래 문서와 계약 문서 10절 기술 문서	188~209쪽	
Day 6	Day 11	2편	1장		1절 서술형(1~5번)	213~238쪽	
	Day 12		2장		1절 서술형(6~7번) 2절 서술형(8~9번) 3절 논술형(10번)	239~266쪽	
Day 7	Day 13	3편			기출문제 1회	269~300쪽	
	Day 14				기출문제 2회	301~331쪽	

보충 **공문서에서 많이 틀리는 띄어쓰기** ★★★★★

접사는 붙여쓰기

$\frac{1}{2}$ 가량 → $\frac{1}{2}$가량   고생 뇌나 → 고생되다
간소화 하게 → 간소화하게   문어발 식 → 문어발식
개시 할 → 개시할   영수증 상 → 영수증상
함께 하다 → 함께하다   재 교육 → 재교육
같이 하다 → 같이하다   50 여 회 → 50여 회
20일 경/하순 경 → 20일경/하순경

명사는 띄어쓰기

10천m²이상 → 10천m² 이상   계약체결후 → 계약 체결 후
3년이하 → 3년 이하   4개부처 → 4개 부처
시행이전 → 시행 이전   경제팀 → 경제 팀
30%미만 → 30% 미만   참가자앞 → 참가자 앞
공모건 → 공모 건   채용내용 → 채용 내용
경기전 → 경기 전

조사와 어미는 붙여쓰기

밤 부터 → 밤부터   계획인 바 → 계획인바
오늘 까지 → 오늘까지   문서 이다 → 문서이다

의존 명사는 띄어쓰기

10월초 → 10월 초   낯선자 → 낯선 자
23만개 → 23만 개   계약시 → 계약 시
3일내 → 3일 내

한 단어는 붙여쓰기

귀 사 → 귀사   이 날 → 이날

관형사는 띄어쓰기

양국가 → 양 국가   이중 → 이 중
귀관/귀주재국 → 귀 관/귀 주재국

참고

- '우리나라'는 한 단어이므로 붙여 쓰고, '우리 경제/우리 극장'은 두 단어이므로 띄어 쓴다.
- 어미 '-는바/-ㄴ바'와 의존 명사 '바': '-는바/-ㄴ바'는 뒤 절에서 어떤 사실을 말하기 위하여 그 사실이 있게 된 상황을 제시하는 어미로 붙여쓰기를 하고, '바'는 앞에서 말한 내용 자체나 일 또는 일의 방법이나 방도 등을 나타내는 의존 명사로 띄어쓰기를 한다.
- **예** 시험이 잠시 후 실시되는바(어미) 모두 자리에 앉아 주십시오.
  평소에 느낀 바(의존 명사)를 말해라.

3. 보조 용언

제47항 보조 용언은 띄어 씀을 원칙으로 하되, 경우에 따라 붙여 씀도 허용한다.

❶ '-아/-어' 뒤에 연결되는 보조 용언

ㄱ(원칙)	ㄴ(허용)
불이 꺼져 간다.	불이 꺼져간다.
내 힘으로 막아 낸다.	내 힘으로 막아낸다.
어머니를 도와 드린다.	어머니를 도와드린다.
그릇을 깨뜨려 버렸다.	그릇을 깨뜨려버렸다.

'-아/-어' 뒤의 '서'가 줄어든 형식: 뒤의 단어가 보조 용언이 아니므로, 붙여 쓰는 것이 허용되지 않는다.

> • (물고기의 생김새가 궁금해서) 고기를 잡아(서) 본다. - 잡아본다.(×)
>   [비교] (시험 삼아) 고기를 잡아 본다. → 잡아본다.(허용)
>
> • (할머니께) 사과를 깎아(서) 드린다. - 깎아드린다.(×)
>   [비교] (그 분의) 사과를 깎아 드린다. → 깎아드린다.(허용)

❷ 의존 명사에 '-하다'나 '싶다'가 붙어서 된 보조 용언

ㄱ(원칙)	ㄴ(허용)
비가 올 듯하다.	비가 올듯하다.
그 일은 할 만하다.	그 일은 할만하다.
일이 될 법하다.	일이 될법하다.
비가 올 성싶다.	비가 올성싶다.
잘 아는 척한다.	잘 아는척한다.

앞말에 조사가 붙거나 앞말이 합성 용언인 경우, 그리고 중간에 조사가 들어갈 경우에는 그 뒤에 오는 보조 용언은 띄어 쓴다.

> • 본용언 + 조사: 잘도 놀아만 나는구나!   책을 읽어도 보고…….
> • 본용언이 합성 동사: 네가 덤벼들어 보아라.   이런 기회는 다시없을 듯하다.
> • 의존 명사 + 조사: 그가 올 듯도 하다.   잘난 체를 한다.

본용언이 합성어나 파생어라도 그 활용형이 2음절인 경우에는 뒤에 보조 용언을 붙여 쓸 수 있다.
나가 버렸다.(나가버렸다.)   빛나 보인다.(빛나보인다.)

조사가 개입된 경우에는 본용언과 의존 명사 사이의 의미적, 기능적 구분이 분명하게 드러나며, 의존 명사는 띄어 써야 한다는 규정과 연관되어 붙여 쓰지 않는다.
아는 체를 한다.(○)/아는체를한다.(×)   비가 올 듯도 하다.(○)/올듯도하다.(×)

본용언이 합성어인 경우에는 '덤벼들어보아라, 떠내려가버렸다'처럼 길어지는 것을 피하기 위해 붙여 쓰지 않는다.
밀어내 버렸다.(○)/밀어내버렸다.(×)   잡아매 둔다.(○)/잡아매둔다.(×)

4. 고유 명사 및 전문 용어

(1) 제48항 성과 이름, 성과 호는 붙여 쓰고, 이에 덧붙는 호칭어, 관직명 등은 띄어 쓴다.

김양수(金良洙)	서화담(徐花潭)	채영신 씨
최치원 선생	박동식 박사	충무공 이순신 장군

> **다만** 성과 이름, 성과 호를 분명히 구분할 필요가 있을 경우에는 띄어 쓸 수 있다.
>
> | | | |
> |---|---|---|
> | 남궁억/남궁 억 | 독고준/독고 준 | 황보지봉(皇甫芝峰)/황보 지봉 |

(2) 제49항 성명 이외의 고유 명사는 단어별로 띄어 씀을 원칙으로 하되, 단위별로 띄어 쓸 수 있다.

대한 중학교(원칙)/대한중학교(허용)	한국 대학교 사범 대학(원칙)/한국대학교 사범대학(허용)

(3) 제50항 전문 용어는 단어별로 띄어 씀을 원칙으로 하되, 붙여 쓸 수 있다.

만성 골수성 백혈병(원칙)/만성골수성백혈병(허용)	중거리 탄도 유도탄(원칙)/중거리탄도유도탄(허용)

보충 **품사에 따른 띄어쓰기**

구분	띄어쓰기	붙여쓰기
	관형사	명사/대명사
이	• 이 사과가 맛있게 생겼다. • 다음 주에 우리가 그곳에 직접 가 보기로 했다 이 말이야.	• 기회는 이때다. • 이곳에서부터 마을이 시작된다.
그	그 이야기의 전말은 다음과 같다.	그곳에 물건을 놓고 가시면 됩니다.
저	저 거리에는 항상 사람이 많다.	저곳은 항상 사람들로 붐빈다.
딴	나 말고는 딴 친구가 없다.	이것 말고 딴것을 주세요.
웬	웬 까닭인지 몰라 어리둥절하다.	웬일로 여기까지 다 왔니?
새	그는 새 차를 몰고 나타났다	추운 겨울이 가고 따뜻한 새봄이 돌아왔다.
헌	헌 신문지를 모으다.	약속을 헌신짝같이 여기다.
매	매 끼니마다 고기를 먹을 수는 없어.	그가 범죄자인 것은 매한가지이다.
옛	다시 찾은 고향은 옛 모습 그대로였다.	옛말을 다시 살려 쓰다.
맨	그가 맨 뒤에 도착했다.	맨주먹으로 일어서다.
첫	교사가 된 지 첫 달에 받은 월급이다.	어떻게 첫길에 모든 것이 익숙해지겠느냐?
	부사	명사
갓	그녀는 갓 태어난 아이를 보자 기뻐서 울었다.	갓난아기를 팔에 안고 달랬다.

공문서에서
많이 틀리는 문장부호

마침표/온점(.)

• 서술, 명령, 청유 등을 나타내는 문장의 끝에 쓴다.
• 아라비아 숫자만으로 연월일을 표시할 때 쓴다. **예** 1919. 3. 1./10. 1.~10. 12.
• 특정일을 표시할 때 월과 일을 나타내는 아라비아 숫자의 사이에 쓴다. **예** 3.1 운동/8.15 광복
• 장, 절, 항 등을 표시하는 문자나 숫자의 다음에 쓴다. **예** 가. 인명/ㄱ. 머리말

쉼표/반점(,)

같은 자격을 열거할 때 그 사이에 쓴다. **예** 근면, 김소, 협동은 우리 겨레의 미덕이다.

> **참고** 접속 부사와 쉼표의 기능이 중복되므로 접속 부사의 뒤에는 쉼표를 쓰지 않는 것이 자연스럽다.
> **예** 그리고, → 그리고

가운뎃점(·)

• 열거할 어구들을 일정한 기준으로 묶어서 나타낼 때 쓴다. **예** 민수·영희·지원이가 모였다.
• 짝을 이루는 어구들의 사이에 쓴다. **예** 그 일의 참·거짓을 알 수 없다.

쌍점(:)

• 표제 다음에 해당 항목을 들거나 설명을 붙일 때 쓴다. **예** 일시: 2021. 9. 7.
• 시와 분, 장과 절 등을 구별할 때 쓴다. **예** 오전 10:20(오전 10시 20분을 의미함)

큰따옴표(" ")

직접 대화를 표시하거나 말이나 글을 직접 인용할 때 쓴다. **예** 나는 "어, 소영이 아니니?" 하는 소리에 깜짝 놀랐다.

작은따옴표(' ')

인용한 말 안에 인용한 말을 표시하거나 마음속으로 한 말을 나타낼 때 쓴다.
예 나는 '일이 다 틀렸군.' 하고 생각했다.

> **참고** 문장 내용 중에서 주의가 미쳐야 할 곳이나 중요한 부분을 특별히 드러내 보일 때 쓴다.
> **예** "나라 사랑 정신"은 중요하다. → '나라 사랑 정신'은 중요하다.

줄표(—)

제목 다음에 표시하는 부제의 앞뒤에 쓴다. **예** '환경 보호 — 숲 가꾸기 —'라는 제목

물결표(~)

기간이나 거리 또는 범위를 표시할 때 쓴다. **예** 9. 15.~9. 22.

한글맞춤법 띄어쓰기
자주 나오는 건 따로 있어요!

1. 조사

제41항 조사는 그 앞말에 붙여 쓴다.

꽃이	꽃마저	꽃밖에	꽃에서부터	꽃으로만
꽃이나마	꽃이다	꽃입니다	꽃처럼	어디까지나
거기도	멀리는	웃고만		

조사는 다른 단어 뒤에 결합하여 문법적 관계(기능)를 나타내는 역할을 담당하며, 결합한 단어와 종속적인 관계로 존재한다.

참고 조사가 둘 이상 겹치거나 조사가 어미 뒤에 붙는 경우에도 붙여 쓴다.

집에서처럼	학교에서만이라도	여기서부터입니다
어디까지입니까	나가면서까지도	들어가기는커녕
아시다시피	옵니다그려	"알았다."라고

2. 의존 명사, 단위를 나타내는 명사 및 열거하는 말

(1) 제42항 의존 명사는 띄어 쓴다. ★★★★★

아는 것이 힘이다.	나도 할 수 있다.	먹을 만큼 먹어라.
아는 이를 만났다.	네가 뜻한 바를 알겠다.	그가 떠난 지가 오래다.

구분	띄어쓰기[의존 명사]	붙여쓰기[보조사·접미사·어미 등]
들	쌀, 보리, 콩, 조, 기장 들	• 학생들, 사건들(복수 접미사) • 다들 떠나갔구나.(보조사)
뿐	그 이야기는 소문으로만 들었을 뿐이네.	이제 믿을 것은 오직 실력뿐이다.(보조사)
대로	예상했던 대로 시험 문제는 까다로웠다.	처벌하려면 법대로 해라.(보조사)
만큼	방 안은 숨소리가 들릴 만큼 조용했다.	나도 언니만큼 요리를 잘할 수 있다.(보조사)
만	• 십 년 만의 귀국 • 그가 화를 낼 만도 하다.	모임에 그 사람만 참석했다.(보조사)
지	집을 떠난 지 보름이 지났다.	집이 큰지 작은지 모르겠다.('-ㄴ지'가 하나의 어미임)
차(次)	잠이 막 들려던 차에 전화가 왔다.	연구차 그 도시에 가게 되었다.(접미사)
판	그와 나는 장기를 세 판이나 두었다.	노름판에 끼어들다.(합성어를 이루는 명사)
데	그 책을 다 읽는 데 3일이 걸렸다.	여기가 우리 고향인데 경치가 좋은 곳이지. ('-ㄴ데'가 하나의 어미임)
바	평소에 느낀 바를 말해라.	서류를 검토한바 몇 가지 미비한 사항이 발견되었다. ('-ㄴ바'가 하나의 어미임)
간(間)	• 서울과 부산 간 야간열차 • 무엇을 하든지 간에 열심히만 해라.	• 한 달간('동안'의 뜻을 더하는 접미사) • 대장간('장소'의 뜻을 더하는 접미사)

(2) 제43항 단위를 나타내는 명사는 띄어 쓴다.

한 개	차 한 대	금 서 돈	소 한 마리
옷 한 벌	열 살	집 한 채	신 두 켤레
북어 한 쾌	조기 한 손	연필 한 자루	버선 한 죽

다만 순서를 나타내는 경우나 숫자와 어울리어 쓰이는 경우에는 붙여 쓸 수 있다.

두시 삼십분 오초	제일과	삼학년
육층	1446년 10월 9일	2대대
16동 502호	제1실습실	80원
10개	7미터	

(3) 제44항 수를 적을 때에는 '만(萬)' 단위로 띄어 쓴다.

십이억 삼천사백오십육만 칠천팔백구십팔	12억 3456만 7898

다만 금액을 적을 때에는 변조(變造) 등의 사고를 방지하려는 뜻에서 붙여 쓰는 것이 관례이다.

일금: 삼십일만오천육백칠십팔원정	돈: 일백칠십육만오천원

(4) 제45항 두 말을 이어 주거나 열거할 적에 쓰이는 말들은 띄어 쓴다.

국장 겸 과장	열 내지 스물	청군 대 백군
책상, 걸상 등이 있다	사과, 배, 귤 등등	사과, 배 등속
부산, 광주 등지	이사장 및 이사들	

(5) 제46항 단음절로 된 단어가 연이어 나타날 적에는 붙여 쓸 수 있다.

좀더 큰것	이말 저말	한잎 두잎

가려 써야 할
일본어 투 용어 50개

일본식 한자어

일본어 투 용어	다듬은 말	일본어 투 용어	다듬은 말
망년회	송년회	거래선	거래처
견습	수습	종지부	마침표
모포	담요	대절	전세
고수부지	둔치	도합	합계
구좌	계좌	보합세	주춤세
노견	갓길	불입	납입
가불	선지급	고참	선임
가처분	임시 처분	다반사	예삿일
마대	포대, 자루	수취인	받는 이
익일	다음 날	잔고	잔액

일본식 음차어

일본어 투 용어	다듬은 말	일본어 투 용어	다듬은 말
모찌	찹쌀떡	쓰키다시	곁들이 찬
유도리	융통성	아나고	붕장어
나가리	무산	가라	가짜
나와바리	구역	간지나다	멋지다
단도리	단속, 채비	무데뽀	막무가내
땡땡이	물방울	이빠이	많이, 가득
만땅	가득 (차다, 채우다)	곤조	고집, 근성
쇼부	결판	기스	흠, 흠집
와사비	고추냉이	분빠이하다	나누다, 각자내기하다
찌라시	전단지, 광고지	사시미	생선회
가오	체면, 무게	와꾸	틀
쿠사리	핀잔	지리	맑은탕
노가다	막노동, 막일	뽀록나다	들통나다
대빵	대장	비까번쩍하다	번쩍번쩍하다
나시	민소매	삑사리	실수, 음 이탈, 헛발질

이 외에 알아 두면 좋은 순화어

일본어, 일본식 한자어를 다듬은 말

대상 용어	다듬은 말
가건물	임시 건물
가계약	임시 계약
견본	본보기
견출지	찾음표
결석계	결석신고서
공구리	콘크리트
공란	빈칸
구배	경사
납득	이해
불하	매각
지참	지각, 늦게 참석
호출	부름
회람	돌려 보기

어려운 한자 대신 쉬운 우리말 사용

대상 용어	다듬은 말
가급적	될 수 있으면
기 통보한	이미 통보한
내신서	희망서
내구연한	사용 연한
내역서	명세서
도장 공사	칠 공사, 도색 공사
대사	대조 확인
복명서	결과 보고서
비산 먼지	날림 먼지
상존	늘 있음
소기의	기대(한/했던/하는) 바
시달하다	알리다
시말서	경위서
시발점	출발점
시방서	설명서
양지하여	고려하여
일환으로	하나로
은닉하다	숨기다
해태	게으름, 태만

탈권위, 국민소통을 위한 용어 순화

대상 용어	다듬은 말
간소화하게	줄일 수 있게
관할	담당
기일을 엄수하여	날짜를 지켜
기여하는	이바지하는
도출하여	이끌어 내어
동봉	함께 보냄
동 사업	이러한 사업
득하고	받고
면밀히	자세히
명문화함으로써	밝힘으로써
부합하는	맞는, 들어맞는
상기	위의
상이한	서로 다른
수여하고자	주고자
소명하고	밝히고
우리 청 소관	우리 청이 맡은
유관 기관	관계 기관
요망	바람
의거	따름
의하여	따라
제고하고	높이고
필한	마친
필히	반드시

외국어 사용을 자제하고 우리말 사용

대상 용어	다듬은 말
가이드북	안내서, 길잡이
다운로드	내려받기
로드맵	(단계별) 이행안
아웃소싱	외부 용역, 외주, 위탁
인프라	기반
프로세스	공정, 과정, 절차
패러다임	방식, 틀, 체계
홈페이지	누리집

답안으로 보는 원고지 작성법

1. 문장을 시작할 때는 반드시 첫 칸을 비우고, 한글은 한 칸에 한 글자씩 적습니다.

	사	상		최	악	의		고	병	원	성		조	류	인	플	루	엔	자
의		확	산	으	로		도	살		처	분	된		가	금	류		수	가

2. 알파벳 대문자, 낱자로 된 일파벳 소문자, 아라비아 숫자는 한 칸에 한 자씩 씁니다. 두 자 이상의 알파벳 소문자, 아라비아 숫자는 한 칸에 두 자씩 씁니다. 단, 알파벳 + 숫자 조합으로 두 글자인 경우에는 한 칸에 한 글자씩 적습니다.

3. 문장부호는 한 글자로 취급, 한 칸에 하나씩 쓰는 것을 기본으로 삼습니다. 숫자 + 문장부호 조합으로 두 글자인 경우에는 한 칸에 한 글자씩 적습니다.

	이	는		국	내		전	체		가	금	류		사	육		규	모	(
1	억		6,	52	5	만		마	리	)	의		18	%	를		웃	도	는
수	준	으	로		지	난		20	14	~	20	15	년	에		51	7	일	간
1,	93	7	만		마	리	가		도	살		처	분	된		것	을		고
려	하	면		이	번		조	류	인	플	루	엔	자	(	A	I	)		사
태	는		역	대		최	악	의		피	해	를		기	록	하	고		있

4. 물음표(?), 느낌표(!)의 다음 칸은 띄어 쓰는 것이 일반적이나, 반드시 지켜야 하는 것은 아닙니다.

	그	렇	다	면		수	퍼	플	루	이	드	가		무	엇	이	기	에
국	내	대	기	업		C	E	O	들	이		적	극	적	으	로		배
우	려	고		했	을	까	?		수	퍼	플	루	이	드	란		물	리	학

5. 원고지 첫 칸에 문장부호가 오는 것을 막기 위해 일반적으로 마지막 칸에 글자와 문장부호를 함께 쓰거나, 마지막 칸 바깥의 여백에 문장부호를 씁니다.

6. 마침표(.), 쉼표(,)는 반(半) 칸에 쓰며, 다음 칸을 띄어 쓰지 않습니다.

	저	희		팀	은		열	역	학	방	정	식	,		증	류	탑		등
세	부	적	인		측	면	의		설	계	에		집	중	하	였	습	니	다 .

시험장에서 요긴하게 쓰이는 원고지 교정부호

논술형 문제는 시간 안배가 중요합니다.
문제를 푸실 때 시간이 부족하다면 바로 원고지에 작성한 뒤 교정부호로 수정하세요.
답안 작성 시간을 줄일 수 있습니다.

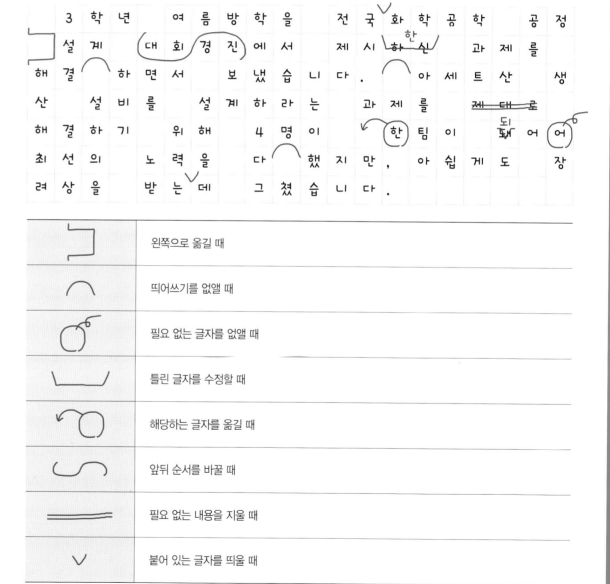

⌐	왼쪽으로 옮길 때
⌒	띄어쓰기를 없앨 때
♂	필요 없는 글자를 없앨 때
⌣	틀린 글자를 수정할 때
∞	해당하는 글자를 옮길 때
↺	앞뒤 순서를 바꿀 때
━━	필요 없는 내용을 지울 때
∨	붙어 있는 글자를 띄울 때

필수 개선 행정 용어 100개

개선 대상 외래어/외국어

외래어/외국어	다듬은 말	외래어/외국어	다듬은 말
거버넌스	민관 협력, 협치, 관리, 정책	오피니언 리더	여론 주도자, 여론 주도층
규제 프리존	규제 자유 구역, 규제 (대폭) 완화 지역, 무규제 지역	원스트라이크 아웃제	즉각 처벌 제도, 즉시 퇴출제
규제 샌드박스	규제 유예 (제도)	이니셔티브	주도권, 선제권, 구상, 발의, 발의권
니즈	필요, 수요, 바람	제로화	원점화, 없애기, 뿌리 뽑기
데모데이	시연회, 시연일, 시범 행사(일), 사전 행사(일)	쿼터	한도량, 할당량
드론	무인기	클러스터	산학 협력 지구, 연합 지구, 협력 지구
라운드 테이블	원탁회의	킥오프 회의	첫 회의, 첫 기획 회의
롤모델	본보기, 본보기상, 모범	태스크포스(T/F, TF), 태스크포스팀	특별팀, 전담팀, (특별) 전담 조직
리스크	위험, 손실 우려, 손해 우려	테스트 베드	시험장, 시험대, 시험 무대, 가늠터
마스터 플랜	종합 계획, 기본 계획, 기본 설계	투 트랙	양면, 두 갈래
매뉴얼	지침, 설명서, 안내서	팸투어	홍보 여행, 초청 홍보 여행, 사전 답사 여행
매칭	연계, 연결, 대응	(…)풀	(…)후보군, (…)군, (…)명단
메가트렌드	대세, 거대 물결	허브	중심, 중심지
모멘텀	(전환) 국면, (전환) 계기, 동인(動因)	AI	❶ 인공 지능 ❷ 조류 독감, 조류 인플루엔자
바우처	이용권	B2B/G2G	기업 간 (거래)/정부 간 (거래)
브라운백 미팅, 브라운백 세미나	도시락 강연회, 도시락 회의, 도시락 토론회	BI	브랜드 정체성
브로슈어	안내서, 소책자	G20	주요 20개국
세션	분과, 시간	ICT	정보 통신 기술
스크린도어	안전문	IoT	사물인터넷
스타트업	창업 초기 기업, 새싹 기업	IR	기업 설명회, 기업 상담회
싱크 탱크	참모진, 참모 집단, 두뇌 집단	IT	정보 기술
아웃리치	현장 지원 활동, 현장 원조 활동, 거리 상담	MOU	업무 협약, 양해 각서
아카이브	자료 보관소, 자료 저장소, 자료 전산화, 기록 보관	O2O	온오프라인 연계, 온오프라인 연계 마케팅, 온오프라인 연계 사업
액션 플랜	실행 계획	ODA	공적 개발 원조, 정부 개발 원조
어젠다	의제	R&D	연구 개발

개선 대상 한자어

한자어	다듬은 말	한자어	다듬은 말
가료	치료	수범 사례	모범 사례, 잘된 사례
가용하다, 가용한	쓸 수 있다, 쓸 수 있는	수의시담	가격 협의
개산/개산하다/개산급	어림 계산, 대략 계산/어림잡아 계산하다, 대략 계산하다/어림 지급, 대략 계산 지급	시건장치	잠금장치
거양/거양하다	올림, (드)높임, 듦/올리다, (드)높이다, 들다	양도양수	주고받음, 넘겨주고 넘겨받음
계첩, 계첨/계첩하다, 계첨하다	게시, 내붙임, 내걺/게시하다, 내붙이다, 내걸다	(아스팔트 등) 양생	(아스팔트 등) 굳히기
견양	보기, 본, 본보기, 서식	여입 결의	회수 결정
계류/계류되다/계류 중	묶임/묶여 있다, 묶이다/검토 중	예가	예정 가격
계리	회계 처리	예산 지변 과목	예산 과목
금명간	곧, 오늘내일, 오늘내일 사이	예찰	미리 살피기
금번	이번	이격	벌어짐, 벌림, 떨어짐
금회	이번	익일/익월/익년	다음 날/다음 달/다음 해
내구 연한	사용 가능 햇수, 견딜 햇수	일부인	날짜 도장
내용 연수	사용 연한, 사용 가능 연수	임석	(현장) 참석
단차	고저차, 높이 차이, 높낮이 (차이)	자동 제세동기	자동 심장 충격기
당해	그, 해당	적기	알맞은 시기, 제때, 제철
동년/동월/동일	같은 해/같은 달/같은 날	적의 조치/적의 조치하기 바람	적절한 조치/적절히 조치하기 바람
동법/동조/동항	같은 법/같은 조/같은 항	지득/지득하다	앎, 알게 됨/알다, 알게 되다
물품 수불 대장	물품 출납 장부, 물품 출납 대장	차년도	다음 해, 다음 연도
별건	다른 건, 딴 건	(기부 등을) 채납/채납하다	(기부 등을) 받음, 받기/받다, 받아들이다
부락	마을	첨두시	가장 붐빌 때, 수요가 최고일 때
불상의, 불상인	알 수 없는, 자세하지 않은	초도순시	첫 시찰, 첫 둘러보기
불시에	갑자기, 예고 없이	(경보, 사이렌 등을) 취명/취명하다	(경보, 사이렌 등을) 울림/울리다
불입/불입하다	납입, 납부, 냄/납입하다, 납부하다, 내다	(공무원증, 출입증 등을) 패용/패용하다	(공무원증, 출입증 등을) 달기/달다
불출/불출하다	내줌, 공급, 지급/내주다, 공급하다, 지급하다	하구언	하굿둑
성료	성공적으로 마침, 성공적으로 끝남, 성대하게 마침	행선지	목적지

특별
부록

'사고력 과목'

신유형 완벽 분석

'사고력 과목' 신유형 완벽 분석

실용글쓰기의 과목 구성

실용글쓰기의 과목은 '글쓰기 원리'와 '글쓰기 실제', '사고력', '직업윤리와 쓰기윤리'로 구성되어 있다. 출제 문항의 비율을 살펴보면 글쓰기 원리와 글쓰기 실제에서 65%가 출제되고, 사고력에서 30%가 출제되며, 직업윤리와 쓰기윤리에서 나머지 5%가 출제된다. 이 중 사고력 과목에서 최근 새로운 문제 유형이 출제되고 있는데 이 출제 유형은 '대인 관계 의사소통', '직무 문해력', '문제 해결' 영역으로 나누어진다.

최근 실용글쓰기의 사고력 과목 출제 방향 - 문해력 강화

시대와 사회가 변화됨에 따라 매일 새로운 법, 경제, 과학, 기술(디지털) 등의 용어들이 생겨나고 있으며, 이로 인해 신문이나 방송을 보고도 용어나 내용을 이해하지 못하는 경우 또한 크게 늘어나고 있다. 이에 실용글쓰기 시험은 문해력의 중요성을 깊이 인식하여 국가 자격시험 최초로 사고력 과목에서 문해력을 강조하고 직무 문해력 영역의 출제를 강화하였다. 직무 문해력은 일상생활이나 직무 과정에서 필수적인 용어와 개념, 원리를 다루며, 보편적인 지식이나 정보를 바탕으로 하는 영역이다. 이 직무 문해력 영역은 전문 지식을 갖추지 않은 상태에서 주어진 정보와 조건을 바탕으로 사실적, 추론적 이해 과정을 통해 해결할 수 있도록 출제하는 것을 원칙으로 한다.

지금부터 사고력 과목에서 새롭게 출제되고 있는 영역과 출제 유형을 살펴보도록 하자.

1. 대인 관계 의사소통

대인 관계 의사소통은 화법 교육에서 주로 쓰이는 개념으로, 실제 대화에서 자주 사용되는 대화의 원리인 협력의 원리, 적절한 거리 유지의 원리, 공손성의 원리, 공감적 대화 등을 다룬다. 이외에도 비언어적 의사소통, 사회적 상호 작용과 관련한 자아 개념과 노출, 리더십, 말하기 불안 등과 같은 다양한 원리들을 다룬다.

최신기출 대인 관계 의사소통

※ 다음 글을 읽고 물음에 답하시오. [1~2]

> ㉠ '협력의 원리'는 대화 참여자가 원하는 방향이나 목적에 성공적으로 도달하기 위해 지켜야 할 규칙으로 양(量)의 격률, 질(質)의 격률, 관련성의 격률, 태도의 격률 등이 있다.(Grice, 1975)
> '양의 격률'은 대화의 목적에 필요한 만큼의 정보만을 제공하고 필요 이상의 정보를 제공하지 말라는 것이며, '질의 격률'은 타당한 근거를 들어 진실을 말하고 거짓이라고 생각되거나 증거가 불충분한 말은 하지 말라는 것이다. '관련성의 격률'은 대화의 목적이

나 주제와 관련된 것(적합성이 있는 말)을 말하라는 것이고, '방법의 격률'이라고도 불리는 '태도의 격률'은 명료하게 말하는 것으로, 모호성이나 중의성이 있는 표현을 하지 말고, 간결하고 조리 있게 말하되 언어 예절에 맞게 말을 하여야 한다는 것을 말한다.

'대화 함축'은 협력의 원리를 의도적으로 벗어남으로써 발화 의도를 함축적으로 전달하는 방법을 말한다. 대화 함축은 실제 말한 내용과 함축된 의미가 다르며, 실제 표현한 내용의 의미를 넘어 화자의 의도를 암시하거나 함의하고 있다는 전제에서 해석이 이루어진다.

(가)
경찰: 넌 어떻게 눈만 돌아가면 도둑질이냐?
도둑: 진짜, 진짜 다시는 안 그럴게요. 할머니가 아파서…….
경찰: 할머니 돌아가신 지가 언젠데 또 팔아?
도둑: 아니, 옆집 할머니가 아파서…….
경찰: 니들 옆집에 할머니가 어딨어?

※ 출처: TV 드라마 「나쁜 친구들」

(나)
지민: 야, 너 정말 시험공부 안 할 거야?
신희: ⓛ 오늘 날씨 한번 좋다. 어디 바람이나 쐬러 갈까?

1. (가)의 자료에서 ㉠에 위배되는 격률로 적절한 것은?

① 양의 격률
② 질의 격률
③ 태도의 격률
④ 방법의 격률
⑤ 관련성의 격률

정답 ②

정답 해설 협력의 원리를 바탕으로 (가)에서 협력의 원리에 위배되는 격률을 찾는 문제이다. 도둑은 계속 진실에서 벗어난 이야기를 함으로써 질의 격률을 위배하고 있다.

2. (나)의 자료에서 ⓛ의 대화 방법에 대한 설명으로 적절한 것은?

① 내용을 간결하고 조리 있게 말하지 못하고 있다.
② 대화의 목적에 필요한 만큼의 정보만 제공하고 있다.
③ 내용이 모호하거나 중의성이 있는 표현을 하고 있다.
④ 거짓이라고 생각하는 말이나 증거가 불충분한 내용을 전달하고 있다.
⑤ 대화의 목적이나 주제에서 벗어나는 다른 의도를 드러내고 있다.

정답 해설 (나)의 대화에서 신희는 '대화 함축'을 사용하고 있다. 대화 함축은 일반적으로 화자가 대화의 목적이나 주제에서 벗어나서 관련성의 격률을 위배하고, 이를 통해 화자의 다른 의도를 나타내거나 어떤 의도를 함축한다.

2. 직무 문해력

직무 문해력은 법과 경제, 정치, 과학, 정보 기술(디지털), 생활 문화, 수리 문해력 등으로 나누어진다. 신문이나 뉴스 등에서 수많은 용어들이 연일 쏟아지고 있는 상황에서 이 영역들은 현대 사회를 살아가면서 피하려야 피할 수 없는 중요한 영역이다. 한국실용글쓰기에서는 일상생활이나 직무 과정에서 꼭 알아두어야 할 보편적인 용어와 개념, 원리가 출제된다.

(1) 법 문해력

법은 우리의 의사와 상관없이 일상생활에서 우리와 깊이 관련되어 있다. 각종 언론에서 가장 많이 올라오는 사건·사고 기사 분야 중 하나가 법이며, 국민 대다수가 살면서 한 번 이상은 겪는 계약 또한 법의 범위이다. 실용글쓰기에서는 일상생활 및 직무 과정에서 자주 접하게 되는 법(정치) 문해력 문제를 출제하고 있다.

최신기출 **법 문해력**

※ 다음 글을 읽고 물음에 답하시오. [3~4]

㉠ 무고와 ㉡ 위증 범죄는 어떻게 다른가?

형법 제156조에 따르면, 무고죄는 타인으로 하여금 형사 처분 또는 징계 처분을 받게 할 목적으로 공무소 또는 공무원에 대하여 허위의 사실을 신고한 죄를 말하며, 무고죄를 범한 경우 10년 이하의 징역 또는 1천 500만 원 이하의 벌금에 처한다. 무고죄는 허위 사실의 신고가 수사기관에 도달한 때 성립한다. 따라서 그 후에 고소장을 되돌려 받은 사실이나 허위 신고에 대한 수사 착수 여부는 무고죄의 성립에 영향을 미치지 않는다. 무고죄를 저지른 사람이 재판 또는 징계 처분이 확정되기 전에 자백 또는 자수한 경우에는 그 형을 감경하거나 면제한다.

형법 제152조 제1항에 따르면, 위증죄는 법률에 의하여 선서한 증인이 허위의 진술을 한 때에 성립하며 위증죄를 범한 경우 5년 이하의 징역 또는 1천만 원 이하의 벌금에 처한다. 위증죄를 자백 또는 자수한 경우에는 형을 감경하거나 면제한다.

일상생활에서 자주 쓰이는 법과 관련한 용어와 개념을 제시하며, 두 개념의 차이를 묻고 있다. 현대 사회를 살아가면서 알아야 할 법률 관련 이론이나 법령 정보를 제시하여 일상생활과 직무 수행에 도움이 되도록 하는 문제이다.

3. ㉠에 대한 설명으로 적절하지 않은 것은?

① 누구나 무고를 할 수 있다는 점에서 주체의 제한이 없다.

② 공무소나 공무원에 대해 허위 사실을 신고할 때 성립한다.

③ 수사기관에서 수사를 착수하기 전에는 범죄가 성립하지 않는다.

④ 무고자가 고소장을 돌려받아도 무고죄의 성립에 영향을 미치지 않는다.

⑤ 타인으로 하여금 형사 처분 또는 징계 처분을 받게 할 것을 목적으로 하여 허위 신고를 했을 때 성립한다.

정답 ③

정답 해설 ㉠의 '무고'는 허위 사실의 신고가 수사기관에 도달한 때 성립하므로, 허위 신고에 대한 수사 착수 여부와는 관계가 없이 성립된다는 점에서 적절하지 않다.

4. ㉠과 ㉡을 비교하는 설명으로 적절하지 않은 것은?

① ㉠과 ㉡의 보호 법익은 국가의 사법 기능이라고 할 수 있다.

② ㉠과 달리 ㉡은 범죄의 주체가 법률에 의해 선서한 증인만 해당된다.

③ ㉠은 허위 사실을 신고하는 행위이고, ㉡은 허위 사실로 진술하는 행위이다.

④ ㉠과 ㉡은 타인으로 하여금 형사 처분 또는 징계 처분을 받게 할 목적을 가질 때 성립한다.

⑤ ㉠은 허위 사실의 신고가 수사기관에 도달한 경우, ㉡은 증인 신문 절차가 종료되어 진술을 철회할 수 없는 경우에 성립한다.

정답 ④

정답 해설 타인으로 하여금 형사 처분 또는 징계 처분을 받게 할 목적을 가지는 것은 ㉠만 해당한다.

(2) 경제 문해력

주식, 투자, 이자 등 경제에 대한 수많은 정보가 만들어지면서 이와 관련된 경제 범죄나 사건 또한 쉽지 않고 일어나고 있다. 우리 삶의 많은 부분은 경제적 의사 결정에 의해 선택되고, 경제 활동 또한 선택의 연속이라고 할 수 있다. 이러한 선택은 행복의 최대화 과정으로, 경제를 이해하면 삶을 합리적으로 선택할 수 있다. 이에 따라 실용글쓰기 시험에서는 경제 활동(주체와 객체), 자원의 희소성, 경제 문제와 해결 기준, 경제 체제, 기회비용과 합리적 선택 등 일상생활과 직무 과정에서 겪게 되는 다양한 경제 문제를 출제하고 있다.

※ 다음 글을 읽고 물음에 답하시오. [5~6]

합리적 선택을 하기 위해서는 편익*과 기회비용을 고려해야 한다.

(단위: 원)

상품	가격	편익
A	4,000	6,000
B	5,000	6,500

* 편익: A나 B를 선택했을 때의 만족감

'편익'은 선택을 함으로써 얻게 되는 금전적 또는 비금전적 이익을 의미하며, '기회비용'은 무엇인가를 선택함으로써 포기하는 것 중 가장 가치가 큰 것을 의미한다. 선택에 따른 비용인 기회비용은 명시적 비용과 암묵적 비용으로 구성된다. 소비자가 A를 선택하면, 직접적인 지출인 명시적 비용은 4,000원을 의미하고, A를 선택함으로써 포기하는 B의 가치(B의 편익−B의 명시적 비용)인 암묵적 비용은 (㉠)이다. 따라서 ㉡ A를 선택한 기회비용은 '명시적 비용+암묵적 비용'이 된다. B 또한 마찬가지로 계산된다.

합리적인 선택은 편익에서 기회비용을 뺀 값인 순 편익이 극대화되는 선택을 말한다. 순 편익은 '편익−(명시적 비용+암묵적 비용)'으로 계산할 수 있다. 동일한 비용이 든다면 편익이 극대화되는 선택, 동일한 편익을 준다면 비용이 최소화되는 선택을 하는 것이 합리적이다.

5. ㉠의 빈칸과 ㉡에 해당하는 비용으로 적절한 것은?

	㉠	㉡
①	1,000원	4,000원
②	1,500원	5,500원
③	1,500원	3,500원
④	1,500원	5,000원
⑤	2,000원	6,000원

정답 ②

정답 해설 A를 선택했을 경우 명시적 비용은 A의 가격이고, 암묵적 비용은 포기한 B의 가치(B의 편익−B의 가격)이다. A를 선택하는 기회비용은 명시적 비용+암묵적 비용이 된다. B를 선택할 때도 마찬가지의 원리가 적용된다.

A 선택 시 기회비용 계산
- 명시적 비용(A의 가격)=4,000원
- 암묵적 비용(B의 편익−B의 가격)=1,500원
- 기회비용: 명시적 비용+암묵적 비용=5,500원

이런 원리를 연습하여 ㉠과 ㉡을 구한다면 ㉠은 1,500원이고 ㉡은 5,500원이다.

참고로 B 선택 시 기회비용을 구하는 과정은 다음과 같다.

> **B 선택 시 기회비용 계산**
> • 명시적 비용(B의 가격) = 5,000원
> • 암묵적 비용(A의 편익 − A의 가격) = 2,000원
> • 기회비용: 명시적 비용 + 암묵적 비용 = 7,000원

6. A와 B의 합리적 선택과 관련한 설명으로 적절하지 않은 것은?

① A와 B의 명시적 비용은 B가 A보다 높다.

② A와 B의 암묵적 비용은 A가 B보다 낮다.

③ A와 B의 기회비용을 비교하면 A보다 B가 높다.

④ A와 B의 순 편익을 비교하면 A보다 B가 높다.

⑤ A의 순 편익은 +가 되고 B의 순 편익은 −가 된다.

정답 ④

정답 해설 5번의 문제에서 구했듯 A의 명시적 비용은 4,000원, 암묵적 비용은 1,500원, 기회비용은 5,500원이다. 그리고 B의 명시적 비용은 5,000원, 암묵적 비용은 2,000원, 기회비용은 7,000원이다. 이를 이용해 A와 B의 순 편익을 구해야 한다. 순 편익은 '편익 −(명시적 비용 + 암묵적 비용)'으로 구할 수 있다. A의 순 편익은 6,000 −(4,000 + 1,500) = 500원이 되고, B의 순 편익은 6,500 −(5,000 + 2,000) = −500원이 된다. 따라서 A와 B의 순 편익을 비교하면 B보다 A가 높다.

> A 선택 시의 순 편익: 6,000 −(4,000 + 1,500) = 500원
> B 선택 시의 순 편익: 6,500 −(5,000 + 2,000) = −500원

(3) 과학 문해력

현대 사회에서는 법, 경제뿐만 아니라 과학, 정보 기술 등을 이해하지 못하고는 사회의 흐름을 따라가기 쉽지 않다. '코로나 바이러스'가 몇 년 동안 신문을 장식할 때, 인터넷에서는 '백신을 어제 맞았는데, 오늘 바이러스에 걸렸다.'는 식의 온갖 악성 댓글이 넘쳐났다. '백신'이 무엇인지, 또 어떻게 작용하는지 등과 같은 과학 정보를 이해하지 못했기 때문에 백신의 효과에 대해 불신할 수밖에 없었던 것이다. 신문과 방송에서 아무리 정보를 제공하더라도, 정보에 대한 기본적인 배경지식이 없는 상태에서는 그 정보를 이해하는 능력이 떨어진다. 실용글쓰기에서는 일상에서 자주 접하는 과학 지식과 정보에 대한 배경지식을 제공하여 직무 능력을 향상시키는 데 도움이 되도록 문제를 출제하고 있다.

※ 다음 글을 읽고 물음에 답하시오. [7~8]

바이러스나 세균 같은 병원체가 우리 몸에 침입하면 먼저 피부와 점막, 점막의 표면에 있는 항균 물질이 1차적으로 막아낸다. 그럼에도 불구하고 병원체가 체내에 침입하면 염증 반응이 일어나고 백혈구 일부가 '식세포' 작용을 하여 병원체를 제거한다. 이런 과정은 병원체의 종류를 구분하지 않고 동일한 방식으로 일어나므로 '비특이적 방어 작용'이라고 한다. 그런데 병원체로부터 생성된 특정 항원에만 반응하여 이를 제거하는 작용이 있다. 이를 '특이적 방어 작용'이라고 한다. 특이적 방어 작용에서는 림프구와 항체가 중요한 역할을 담당하는데, 그것은 체내에 침입한 항원의 종류를 인식하고 해당 항원에만 반응하여 제거하는 방어 작용을 수행하는 것이다. T 림프구와 B 림프구가 관여하는 방어 작용은 특정 세포가 병원체에 감염된 세포를 직접 제거하는 '세포성 면역'과 병원체가 체액에 존재하는 항체와 결합한 후에 백혈구의 식세포 작용으로 제거되는 '체액성 면역'으로 구분된다.

세포성 면역은 세포 독성 T 림프구가 항원에 반응한 보조 T 림프구의 도움을 받아 병원체에 감염된 세포를 직접 공격하여 제거하는 작용이고, 체액성 면역은 항체가 항원을 제거하는 작용으로, 항체는 B 림프구가 보조 T 림프구의 도움을 받아 분화한 형질 세포에서 생성된다. 항체가 자신을 생성하도록 만든 항원하고만 결합할 수 있는 성격을 가지는데 이를 '항원–항체 반응의 특이성'이라고 한다. 이러한 특이성으로 인해 항체는 특정 항원에 대한 면역 반응이 일어나고, 이처럼 처음 침입한 항원에 대한 특이적 방어 작용을 ⊙ '1차 면역 반응'이라고 한다.

특이적 방어 작용 과정에서 특정 항원과 반응하여 활성화된 T 림프구와 B 림프구는 기억 세포를 형성한다. 1차 면역 반응에 의해 항원이 제거된 후에도 기억 세포는 남아 있어 해당 항원이 다시 우리 몸에 침입하면, 기억 세포는 빠르게 항체를 증식하여 강력한 방어 작용이 일어나는데, 이를 ⓒ '2차 면역 반응'이라고 한다. 이러한 2차 면역 반응을 이용한 것이 백신을 이용한 예방 접종이다. 백신은 우리 몸의 면역 반응을 이용하여 인위적으로 1차 면역 반응을 일으켜 기억 세포를 형성하게 한다. 그리고 기억 세포가 형성된 후에 병원체가 체내에 침입하면 2차 면역 반응이 일어나 많은 양의 항체가 생성되어 항원을 효과적으로 제거한다. 그런데 바이러스성 질병의 경우 계속 돌연변이가 일어나므로 2차 면역 반응이 효과적으로 일어난다는 보장은 없다.

인간의 몸에서 일어나는 면역 반응과 백신에 대한 내용의 문제이다. 문제 내용은 그동안 신문과 방송에서 빈번히 전달한 정보지만, 기본 스키마가 쌓여 있지 않으면 정보를 제대로 받아들이기 어렵다. 실용글쓰기에서는 가장 많이 접하는 과학 정보인 생명과학이나 화학 지식을 최대한 일상생활과 직무 과정에 녹여내어 출제하고 있다. 따라서 지문 속 과학 정보를 사실적으로 읽고 추론적으로 이해할 수 있도록 연습하는 것이 필요하다.

7. ⊙와 ⓒ에 대해 이해한 내용으로 적절하지 <u>않은</u> 것은?

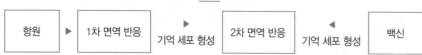

① ⊙과 ⓒ에서 모두 형질 세포에서 항체를 생성한다.

② ⓒ에서는 세포성 면역과 체액성 면역이 모두 일어난다.

③ ⊙에서 T 림프구와 B 림프구 모두 기억 세포를 형성할 수 있다.

④ ⊙과 달리 ⓒ에서는 기억 세포에 의해 빠르게 방어 작용이 일어난다.

⑤ 특정 항원에 대해 ⊙이 일어난 후, 다른 종류의 항원이 재침입하여도 ⓒ이 일어난다.

정답 해설 1차 면역 반응에 의해 항원이 제거된 후에도 항원에 대한 기억 세포가 남아 있기 때문에 동일한 항원이 다시 우리 몸에 침입하게 되면 기억 세포는 빠르게 증식하여 2차 면역 반응을 나타낸다. 동일한 항원이 아닌 다른 종류의 항원이 침입하면 1차 면역 반응이 일어난다.

8. 윗글을 자료로 하여 다음 그래프를 추론한 내용으로 적절하지 <u>않은</u> 것은?

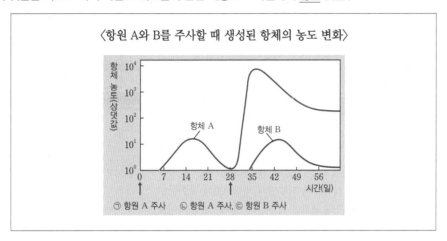

① 이 사람은 ⓒ 전에 항원 A에 대한 기억 세포를 가지고 있었군.

② 이 사람은 항원 A와 항원 B 외에도 다양한 항원과 결합할 수 있는 림프구를 가지고 있겠군.

③ 항원 A를 처음 주사한 ⑦보다 두 번째 주사한 ⓒ에서 더욱 빠르게 형질 세포가 생성되는군.

④ ⑦과 ⓒ을 통해 항체 A가 다량 생성되어 효과적으로 항원 A와 항원 B를 제거할 수 있었겠군.

⑤ ⑦과 ⓒ은 면역 체계에서 백신에 포함된 항원을 공격하고 항원의 특성을 기억하는 기억 세포를 형성하게 하는군.

정답 해설 주어진 그래프를 통해 백신을 접종하고 어느 정도의 시간이 지나야 면역 반응이 형성되고, 다음 백신을 맞을 때 항체가 더욱 크게 형성된다는 것을 알 수 있다.
2문단에서 항체는 자신의 항원 결합 부위의 입체 구조와 맞는 항원과만 결합할 수 있으며 이를 '항원-항체 반응의 특이성'이라고 하였다. 따라서 항체 A는 항원 A에만 반응하므로 항원 B는 제거할 수 없다.

(4) 정보 기술(디지털) 문해력

최근 하루가 멀다 하고 보이스피싱, 스미싱, 피싱, 메모리 해킹, 파밍 등 다양한 디지털 범죄가 일어나고 있다. 정보 기술(디지털)과 관련된 용어와 개념, 그리고 그 원리를 알아야 최소한의 대처를 할 수 있을 것이다. 실용글쓰기에서도 이러한 사회 현상을 반영하여 정보 기술 문해력 문제를 출제하고 있다. 이 영역은 다른 영역에 비해 난도가 높지 않지만, 현대 사회에서의 중요한 지식에 해당하므로 꾸준히 출제되고 있다.

※ 다음 글을 읽고 물음에 답하시오. [9~10]

금융 거래 사기의 유형에는 ㉠ '피싱 사이트(Phishing site)'를 이용한 사기와 ㉡ '파밍(Pharming)'을 이용한 사기 등이 있다. 먼저, 피싱 사이트를 이용한 사기는 사기범이 이용자에게 문자 메시지나 이메일을 보내 피싱 사이트에 접속하게 한 뒤 이용자가 금융 거래 정보(계좌 비밀번호, 보안카드 번호 등)를 입력하도록 유도하는 방법이다. 여기서 피싱 사이트는 피싱(Phishing)과 사이트(Site)의 합성어로, 금융 거래 정보를 빼내기 위해 은행 등의 금융 관련 홈페이지와 매우 유사하게 모방하여 만든 가짜 사이트를 말한다. 그리고 파밍을 이용한 사기는 사기범이 이용자의 컴퓨터를 악성 코드에 감염시켜 호스트 파일이나 브라우저 메모리를 변조한 뒤, 컴퓨터 이용자가 정상적인 금융 관련 홈페이지로 접속하더라도 피싱 사이트로 연결되도록 하여 이용자가 금융 거래 정보를 입력하면 이를 가로채는 방법이다.

피싱 사이트과 파밍을 이용한 사기에는 몇 가지 특징이 있다. 첫째, 보안 인증 및 강화를 명분으로 알림창이나 피싱 사이트 화면을 컴퓨터에 띄우면서 비밀번호나 보안카드 번호 전체를 입력하라고 하는 등 과도한 금융 거래 정보를 요구한다. 둘째, 피싱 사이트가 가짜 사이트임을 알지 못하도록 정상 웹 사이트를 모방하여 만든다. 셋째, 문자 메시지나 이메일, 메신저 등 다양한 디지털 통신 수단을 이용하여 피싱 사이트로 접속하게 하거나 컴퓨터나 스마트폰을 감염시킨다.

> 정보 기술은 디지털, 보안 등 다양한 관점에서 출제된다. 이 문제에서는 '피싱 사이트'와 '파밍'의 개념 및 예방법을 제시하고 있다. 실용글쓰기에서는 보안 사고에 대한 다양한 정보를 전달하고 이를 통해 보안에 대한 관심을 높이고자 한다. 이는 정보 이용자들이 실생활에서 한번 더 고민하며 인터넷을 사용하게 하는 데 목적이 있다.

9. ㉠과 ㉡의 금융 사기 과정을 이해한 것으로 적절하지 않은 것은?

① ㉠은 문자 메시지나 이메일 등을 통해 위장된 피싱 사이트로 접속하게 한 뒤 개인 정보를 빼내는 방식이다.

② ㉠과 ㉡은 피해자의 컴퓨터나 스마트폰에서 사용자의 정보를 빼내는 사기 수법이다.

③ ㉡은 컴퓨터나 스마트폰에 감염시킨 악성 코드를 통해 파일이나 메모리를 변조하는 방식이다.

④ ㉡의 방식이 성공하면 정상적인 금융회사에 접속하더라도 피싱 사이트로 연결되어 금융 거래 정보를 가로채 간다.

⑤ ㉠의 방식으로 접속하면 이용자의 계좌 비밀번호나 보안카드 번호 등 금융 거래 정보가 자동적으로 빠져나간다.

정답 ⑤

정답 해설 피싱 사이트에 접속하면 이용자로 하여금 계좌 비밀번호, 보안카드 번호 등 과도한 금융 거래 정보를 입력하도록 유도한다. 따라서 자동적으로 빠져나가는 방식은 해당하지 않는다.

10. ㉠과 ㉡을 예방하는 방법으로 적절하지 <u>않은</u> 것은?

① 은행 사이트와 동일한 주소가 맞는지 확인한다.

② 과도하게 금융 거래 정보를 유도하는 경우에는 응하지 않는다.

③ 출처가 불분명한 파일이나 이메일은 클릭하지 말고 바로 삭제한다.

④ 평소 컴퓨터 백신 프로그램 등을 이용하여 악성 코드 탐지 및 제거를 생활화한다.

⑤ 보안 매체를 사용하지 않는 경우 계좌 비밀번호 등 금융 거래 정보를 주기적으로 변경한다.

정답 ①

정답 해설 파밍을 이용한 사기는 이용자가 정상적인 사이트에 접속하더라도 피싱 사이트로 연결되도록 유도한다. 따라서 주소만으로는 피싱 사이트 여부를 판단할 수 없다. 참고로 보안 매체를 사용하는 경우 보안카드보다 OTP나 보안 토큰을 사용하는 것이 효과적이다.

(5) 문화 · 생활 문해력

문화 · 생활 문해력 영역의 출제 범위는 무척 다양하다. 대표적으로 예술이나 의약품에 대한 지문 이해력, 일상생활이나 직무 과정에서의 문제 해결력 등을 평가하는 문제가 출제된다. 난도는 높지 않지만 꾸준히 출제되고 있는 영역이다.

최신기출 문화 · 생활 문해력

※ 다음 글을 읽고 물음에 답하시오. [11~12]

> 지난해 4월 식품의약품안전처는 해열 및 진통에 쓰이는 아세트아미노펜 함유 서방형 제제를 과다 복용할 경우, 간 손상의 위험이 있어 제품명에 복용 간격(8시간)을 표시하는 등의 안전성 강화 조치를 실시한다고 밝혔다. '서방형 제제'는 약물의 방출 또는 용출 기전을 조절해 복용 후 체내에서 천천히 녹아 장시간 약물이 방출되도록 하는 약품이다. 앞서 유럽 집행위원회(EC)는 소비자들이 아세트아미노펜 함유 서방형 제제 복용 시 과다 복용하는 경우가 많아 간 손상 등 위험에 노출되고 있다며 시판 허가를 중지했다. 당시 국내 식약처도 이러한 내용을 알리는 안전성 서한을 배포했으나, 국내 이상 사례나 해외 조치 사항, 국내 전문가 · 업계 · 단체 등의 의견을 종합적으로 검토하고 중앙약사심의위원회의 자문을 거쳐 판매 허가는 유지해 왔다.
>
> 이번에 실시하는 안전성 강화 조치는 ▲아세트아미노펜 단일제 서방정의 포장 및 제품명 변경 ▲의약품 적정 사용(DUR) 정보 제공 ▲제품 설명서 변경 및 교육 강화 ▲국내 부작용(이상 사례) 집중 모니터링 등이다. 우선 지금까지는 해당 서방형 제제를 자율적으로 포장할 수 있도록 해 왔으나 앞으로는 아세트아미노펜 함유 서방형 제품의 경우 1일 최대 사용량 4,000mg에 근거해 1정당 650mg 제품은 포장 단위 6정으로, 1정당 325mg은 12정으로 축소한다고 한다. 제품 설명서에는 과량 투여 시 '간 독성 위험'이 있다는 경고 문구를 소비자가 쉽게 볼 수 있도록 노란색 바탕에 표시해야 한다. 제품명은 '○○○○ 이알 서방정'의 경우 '○○○○ 8시간 이알 서방정'으로 바꾸는 등 복용 간격 (8시간)을 제품에 표시하도록 의무화해 소비자가 해당 제품을 과다 복용하지 않도록 했

의약품 사용에 대한 기사를 제시하고 약품 안전성 정보와 오남용에 대하여 정확히 이해했는지 평가하는 문제이다.

다. 또한 식약처에서는 국내 의약 전문가들이 처방·조제 시 활용할 수 있도록 관련 정보를 제공할 계획이다.

11. 위의 기사를 보고 제품에 대한 복용 관련 사실을 이해한 것으로 적절하지 <u>않은</u> 것은?

① 일일 최대량 4,000mg을 초과할 경우 간 손상을 일으킬 수 있다.

② 1정당 500mg 기준으로 최대 용량이 3알씩 하루 3번까지 가능하다.

③ 1정당 650mg 기준으로 최대 용량이 2알씩 하루 3번까지만 가능하다.

④ 서방정은 약효가 지속되는 시간이 길므로 복용 간격을 고려해야 한다.

⑤ 서방정은 으깨거나 씹거나 녹여서 복용하지 말고 그대로 삼켜서 복용해야 한다.

정답 ②

정답 해설 적정한 복용 용량을 묻고 있다. 1정당 500mg짜리 제품을 아침, 점심, 저녁 3번 3알씩 먹으면 최대 사용량인 4,000mg을 넘어서는 4,500mg이 되므로 3알씩 하루 3번 복용하는 것은 적절하지 않다.

12. 제약회사에서 식약처의 권고대로 '○○ 이알 서방정'이라는 제품의 포장지 문구와 디자인을 변경하려고 한다. 이 제품에는 1정당 아세트아미노펜이 650mg 들어 있다. 변경 내용으로 적절하지 <u>않은</u> 것은?

① 포장 단위를 6정에서 10정으로 수정 변경한다.

② 제품명을 '○○ 8시간 이알 서방정'으로 변경한다.

③ '8시간'과 '서방정'이라는 글자를 크게 표기한다.

④ '아세트아미노펜 650mg'이라는 문구를 크게 강조한다.

⑤ 제품 설명서의 경고 문구에 최대 복용량을 초과할 경우의 부작용을 표시한다.

정답 ①

정답 해설 쓰기와 문해력이 결합된 통합형 문제이다. 아세트아미노펜 함유 서방형 제품의 경우 1일 최대 사용량이 4,000mg이므로 1정당 650mg짜리 제품은 포장 단위 6정을 초과해서는 안 된다.

(6) 수리 문해력

실용글쓰기에서는 더하기, 빼기, 곱하기, 나누기를 바탕으로 하는 기본 연산 문제와 도표(그림, 표, 그래프)와 통계 자료를 보고 분석하는 문제를 출제한다.

13. 다음 안내 정보를 바탕으로 이해한 내용으로 적절한 것은?

- **상품 정의**: 이용 횟수와 이용 구간을 선택한 N카드 구매 후, 유효 기간 내에 주중, 주말 구분 없이 열차 출발 전까지 할인 승차권을 구매하여 이용
- **대상 열차**: KTX, ITX-청춘
- **상품 종류**

구분	기본형(1인용)	2인용	3구간용
이용 인원 수	1명	2명	1명
이용 구간 수	1개	2개	3개

- **유효 기간**: 카드 구매일로부터 2개월 또는 3개월(카드에 표시)
  ※ 2개월 또는 3개월의 유효 기간 중 50%가 경과한 날부터 1회에 한하여 유효 기간의 50%에 해당하는 기간 연장 신청 가능
- **이용 기준**

사용 기준	2개월	3개월
사용 횟수	10~20회	21~30회

- **판매 매체**: 코레일톡 앱
- **카드 금액**
  - 1인용: 이용 구간 총운임의 5%
  - 2인용: 이용 구간(최고 운임 구간 기준) 총운임의 7%
  - 3구간용: 이용 구간(최고 운임 구간 기준) 총운임의 7%
- **운임 할인**: 기본 15%에서 열차별 이용객 수에 따라 최대 40%까지 좌석 승차권 할인 (ITX-청춘의 경우 최대 30%)

① N카드를 사면 추가적으로 승차권을 구매하지 않아도 되는군.

② 2개월을 선택하면 최대 45일까지 유효 기간 연장이 가능하군.

③ 기본형을 구매하면 서울-부산, 서울-광주를 오갈 때 모두 할인을 받을 수 있겠군.

④ 3구간용은 1인용 N카드와 기본적인 기능은 비슷하지만, 최대 이용 인원 수의 혜택이 다르군.

⑤ 서울-부산 간의 KTX 승차권이 59,800원일 경우 이용 횟수가 10회인 1인용 N카드의 가격은 29,900원이군.

정답 ⑤

정답 해설 먼저 N카드가 1인용일 경우 카드 금액은 이용구간 총운임의 5%, 즉 0.05를 곱해야 함을 알아야 한다. 따라서 $59,800 \times 10 \times 0.05 = 29,900$ 즉, 서울-부산 간의 KTX 승차권의 N카드(1인용) 10회 가격은 29,900원임을 알 수 있다.

① N카드를 구매하더라도 KTX를 탑승하기 위해서는 추가적으로 KTX 승차권을 구매해야 한다.

② 유효 기간의 50%에 해당하는 기간을 연장할 수 있으므로 2개월권의 경우 1개월, 3개월권의 경우 45일을 연장할 수 있다.

③ 기본형은 1개의 구간만 이용할 수 있다.

④ 3구간용은 1인용 N카드와 기능이 비슷하지만 최대 3개의 구간을 이용할 수 있다는 점에서 차이가 있다.

3. 문제 해결 전략

쓰기의 문제 해결 전략은 공조직이나 기업 등에서 발생하는 다양한 문제를 해결하는 전략으로 활용되기도 한다. 즉, 문제 해결 전략은 개인에게뿐만 아니라, 조직 발전에도 필요한 전략으로 볼 수 있다.

이를 반영해 실용글쓰기에서는 '글쓰기 실제' 과목을 통해 작문 능력을 강조하고 있다. 이 과목은 단순한 암기를 넘어서서 주어진 조건과 지문을 분석하여 문제를 해결하는 유형으로 출제가 되고 있다.

최신기출 **문제 해결 전략**

※ 다음 글을 읽고 물음에 답하시오. [14~15]

최근 여러 기업에서 문제 해결 방법으로 리버스 멘토링을 도입하여 실적 개선과 브랜드 혁신을 이루어 효과성을 인정받고 있다. '리버스 멘토링'은 젊은 직원이 멘토가 되어 멘티인 경영진을 코칭하고 조언하는 것을 의미한다.

리버스 멘토링을 통해 기업은 시장 및 고객 동향을 신속하게 파악할 수 있다. GU○○○사는 임원들의 경영 회의가 끝난 후, 최고 경영자(CEO)가 젊은 직원들과 함께 경영 회의의 주요 안건을 다시 토론하여 경영 회의와는 다른 관점의 새로운 사업 아이디어를 얻는다. E○○사는 임원을 회사 내부의 젊은 직원과 연결시켜 밀레니얼 세대의 취향에 대해 학습하게 하고, 젊은 세대에게 인기 있는 다양한 매장을 방문하여 시장의 변화를 탐색하게 한다. 또 외부 젊은 컨설턴트와 경영진 간의 리버스 멘토링을 통해 고객과 시장 변화에 대해 주기적으로 논의하고, 마케팅 전략 등에 관한 조언을 듣는다.

리버스 멘토링은 경영진과 밀레니얼 세대 간의 경직도나 조직 문화를 혁신할 수 있다. IB○사는 권위주의적인 조직 운영과 의사결정 방식으로 인한 조직 내 갈등을 개선하기 위해, 자기 주도적으로 의견을 내는 밀레니얼 세대의 특성을 반영하여 조직 문화를 개선하고자 하는 리버스 멘토링을 도입했다.

최근 많은 사업 영역에 디지털 플랫폼이 적용되면서 디지털 기술을 능숙하게 다루고, 또 언제 어떻게 활용할지를 아는 '디지털 플루언시' 역량이 중시되고 있다. 이를 위해 IT 및 최신 기기 활용에 능통한 젊은 세대와의 리버스 멘토링을 도입함으로써 경영진의 디지털 플루언시를 강화하고 조직 전반의 디지털 경쟁력을 높일 수 있다. S○○사는 경영진의 IT 활용 능력을 제고하고 회사 내 디지털 기기 사용을 활성화하기 위해 리버스 멘토링을 실시하였고, 그 결과 조직 내 정보 공유 속도 및 업무 효율성이 향상되었다고 한다.

14. 리버스 멘토링에 대해 이해한 내용으로 적절하지 않은 것은?

① 시장과 고객의 최신 동향 파악으로 대응력을 강화할 수 있다.

② 경험을 가진 경영진이 젊은 신입 사원을 코칭하고 조언한다.

③ 멘토 선정은 젊은 직원뿐만 아니라 외부 컨설턴트도 활용한다.

④ 세대 간 의사소통 활성화를 통해 조직 문화를 개선할 수 있다.

⑤ 조직 내 기술 격차를 좁히고 경영진의 디지털 기술 활용 역량을 강화할 수 있다.

15. 리버스 멘토링의 기대 효과를 멘토(젊은 직원) 입장에서 설명한 내용으로 가장 적절하지 <u>않은</u> 것은?

① 사내 네트워크 강화 ② 소속감 및 동기 부여

③ 조직 전반에 대한 지식 강화 ④ 직접적인 의견 전달 기회

⑤ 자기 자신에 대한 성찰 기회

최신기출 **문제 해결 전략**

16. 다음 자료에 제시된 투자 전략에 대해 요약하려고 할 때 [조건]에 맞게 서술하시오. [20점]

⊙ 워런 버핏의 투자 전략은 수익성 높은 기업의 주식이 저가일 때 매입해 주가가 기업의 내재 가치에 근접할 때까지 장기간 보유하는 가치 투자 전략이다. 일반적으로 투자자들은 주가와 거래량부터 주당순이익(EPS), 자기자본이익률(ROE), 매출, 영업이익 등과 관련하여 숫자에 민감하다. 하지만 워런 버핏은 투자를 하는 데에 고차원의 수학과 계량 기법 등 고급 수학은 별로 필요하지 않다고 말한다.

그런데 주식시장에는 계량적 기법과 고급 수학을 통해 투자하는 경우가 많다. '롱○캐피탈 매니지먼트'는 노벨 경제학상을 받은 경제학자들이 손실 날 확률이 거의 제로(0)에 가까운 수리적 모형을 만들고 이 기법에 따라 자산을 운용하였으나, 러시아 채권에 투자했다가 파산했다. 시스템 매매에 의한 투자 시도는 예전부터 존재했고 최근에는 인공지능(AI)을 통한 로봇 시스템 매매 방식이 유행하고 있다. 그러니 이런 수리적 접근이나 시스템 매매에 의한 펀드를 통해 투자자들이 안정적 성과를 거둔 경우는 거의 없다. 투자는 사람이 하는 것이므로 지표와 숫자로 해석할 수 없는 경영자의 자질, 기업 문화, 투자자들의 심리적 상태 등이 존재하기 때문이다.

버핏의 성공 비결은 지속적인 경쟁 우위를 바탕으로 한 장기 가치 투자 전략이다. 그는 지속적 경쟁 우위를 가지고 있고 주주를 위해 온 힘을 다하는, 능력 있는 경영진이 관리하는 기업을 선호한다. 이러한 특징을 갖춘 기업을 발견하여 그 주식을 합리적인 가격으로 살 수 있다면 그 투자는 거의 실패하지 않는다고 말한다.

버핏이 말한 투자의 전략은 3가지이다. 첫째, 지속적 경쟁 우위를 가진 기업을 고르는 것이다. 여기서 중요한 것은 '경제적 해자'를 가지고 있는가 하는 점으로, 이는 경쟁 우위(해자)를 얼마나 유지할 수 있는가 하는 지속성의 관점이다. 두 번째는 유능한 경영진을 찾는 것이다. 능력을 갖추고 있으면서 한눈팔지 않고 회사와 주주를 위해 최선을 다하는 경영진을 찾아야 한다. 이 같은 경영진의 능력과 열정, 성실성은 수리적 접근으로는 알 수 없다. 세 번째는 장기 투자 전략이다. 비핏은 주식을 매수할 때도 신중하지만

좋은 기업의 주식을 매수하면 꽤 오랜 기간 동안 투자하기도 한다. 예를 들어, 코○콜라는 15년간 보유해 6.8배 가치 상승, 워○턴포스트는 30년간 보유해 128배 가치 상승, 가○코는 20년간 보유해 50배 가치 상승이라는 결과를 보여 주었다. 개인 투자자들이 장기 투자를 하는 것은 쉽지 않지만, 지속적 경쟁 우위를 가진 기업과 능력 있는 경영진이 경영하는 기업이라는 기준은 투자를 할 때 관심 있게 보아야 할 요소이다.

조건 1. ㉠의 주식 매수 조건과 보유 조건을 각각 1문장으로 작성할 것
2. 워렌 버핏이 제시한 투자 전략 3가지를 명사형으로 제시할 것

예시답안

1. 주가가 내재 가치보다 낮은 기업만 매수하라. / 주가가 기업의 내재 가치에 근접할 때까지 보유하라.
2. 지속적 경쟁 우위를 가진 기업 고르기, 유능한 경영진 찾기, 장기 투자 전략 세우기

1편

보기 쉽게 정리한

객관식 유형

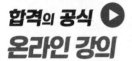

객관식 유형을 해결하기 위한 TIP

※ 시대와 교육 환경의 변화에 따라 실용글쓰기도 평가의 목적, 목표, 방향 등이 제고와 출제 유형 및 평가 내용의 재구성을 통해 좀 더 유의미한 평가가 되고자 합니다. 다음과 같은 사항에 유의하여 개선된 실용글쓰기 평가를 준비하면 좋은 결과를 얻을 수 있을 것입니다.

지식이나 원리에 대한 정보를 활용하자.

실용글쓰기에서는 묻고자 하는 지식이나 원리에 대한 해석 정보를 제공합니다. 다음 문항을 통해 앞으로 실용글쓰기 평가가 어떻게 출제되는지에 대한 방향을 읽을 수 있을 것입니다. 기존 평가와 개선된 평가와의 차이가 무엇일까요? 기존 평가는 경영전략 등의 개념을 알지 못하면 문제를 해결하는 게 쉽지 않았습니다. 그러나 개선된 평가는 개념이나 관련 지식을 제공하고 그것을 활용해 문제를 해결할 수 있도록 출제됩니다.

기존 평가

다음과 같이 경영전략을 정의할 경우, ㉠~㉢의 내용으로 적절하지 않은 것은?

> 경영전략은 경영을 효율적이고 체계적으로 진행하기 위한 전략이다. 이 전략은 대기업의 경우 포괄성에 따라 ㉠ 기업 전략, ㉡ 사업 전략, ㉢ 기능 전략으로 나누어진다.

① ㉠의 전략은 어떤 사업 또는 제품 분야를 선택하고 조직할 것인가와 관련된 전략이다.
② ㉠의 전략은 본업 중심 또는 다각화, 그리고 본업의 이동 등의 전략이 있다.
③ ㉡의 전략은 선택된 사업 또는 제품 분야에서 어떻게 경쟁할 것인가와 관련된 전략이다.
④ ㉢의 전략은 시장점유율 확대나 성장, 자본이나 시장 축소, 철수 등의 전략이 있다.
⑤ ㉢의 전략은 각 기능 부문이 취하는 전략으로 재무, 인사, 생산, 마케팅 전략이 있다.

> 기존 평가는 '기업 전략'과 '사업 전략', '기능 전략'에 대한 지식을 요구한다. 이 지식이 없으면 정확한 답을 도출하는 것이 쉽지 않다.

↓

개선 평가

다음과 같이 경영전략을 정의할 경우, ㉠의 내용으로 적절한 것은?

> 경영전략은 기업이 경영 자원을 배분하는 기본 원리를 말한다. 대기업의 경우 경영전략은 포괄성에 따라 ㉠ 기업 전략, 사업 전략, 기능 전략으로 나누어진다. 기업 전략은 어떤 사업 또는 제품 분야를 선택하고 조직할 것인지에 중점을 두고 본업 중심이냐 다각화냐, 본업 자체의 이동이냐 등을 결정한다. 사업 전략은 기업 전략에서 확정된 각 사업 또는 제품 분야에서 어떻게 경쟁할 것인가에 중점을 두고, 각 사업 제품 분야의 생애주기 상의 단계와 자사의 경쟁 지위에 의해 좌우된다. 기능 전략은 기업이나 사업 전략 등 상위 전략을 효과적으로 뒷받침할 수 있는 각 개별 사업부 내의 조직에서의 기능별 전략을 말한다.

> 개선된 평가는 지문에서 '기업 전략'과 '사업 전략', '기능 전략'에 대한 개념을 제시하고 있다. 정보가 전혀 주어지지 않은 상태에서 문제를 해결해야 했던 기존 평가와 달리, ㉠이 '어떤 사업 또는 제품 분야를 선택하고 조직할 것인지'에 대한 전략임을 파악할 수 있으므로, 지문 내용을 잘 이해한다면 선지에서 답을 쉽게 찾을 수 있다.

① A사는 기존 사업과 관련이 있는 새로운 사업 영역에 진출하려고 준비하고 있다.
② A사는 확정된 사업과 제품 분야의 라이프 사이클상의 단계와 자사의 경쟁상의 지위를 분석하려고 한다.
③ A는 B사와의 경쟁 전략으로 저원가로 경쟁할 것인가, 차별화로 경쟁할 것인가를 결정하려고 한다.
④ A사는 각 개별 사업부의 조직 자원을 효율적으로 사용함으로써 얻을 수 있는 비용 절감에 관심을 두고 있다.
⑤ A사는 사업부 내의 기능별 조직인 재무, 인사, 생산, 마케팅, R&D 등을 중심으로 한 전략을 통해 보유 자원을 효율적으로 활용하고 생산성을 향상시키려 한다.

> 문제를 해결하기 위한 정보

다음에 볼 문항도 마찬가지입니다. 다음과 같은 문제의 경우, 기존 평가에서는 '공손성의 원리'에 대한 구체적인 정보를 제공하지 않고 [보기]의 내용만을 제시하는 경우가 많았습니다. 그러나 이제는 문제를 푸는 데 도움이 되는 정보를 제공하여, 이를 해석할 수 있는지를 평가합니다. 실용글쓰기 시험을 보는 수험생들 중에 객관식 문항에 중점을 두지 않는 경우도 종종 있습니다. 하지만 앞으로는 자료 분석만으로도 요구되는 답안을 찾을 수 있으니, 객관식 문항도 놓치지 않도록 해야 합니다.

다음은 대화의 원리에서 정중 어법에 대한 [자료]이다. [보기]의 대화에서 ㉠과 ㉡에 해당하는 정중 어법으로 적절한 것은?

> 공손성의 원리라고도 하는 정중 어법은 대화 참여자들이 의사소통 과정에서 상대에게 정중한 표현은 최대화하고, 정중하지 않은 표현은 최소화하라는 원리를 말한다. 이 원리는 자기중심적 생각을 상대방의 관점에서 표현하려는 것으로, 담화가 상대방에게 미칠 영향을 고려하는 태도의 문제라고 할 수 있다. 이 원리는 요령의 격률, 관용의 격률, 찬동의 격률, 겸양의 격률, 동의의 격률 등이 있다.
>
>> 요령의 격률은 상대방에게 부담이 되는 표현은 최소화하고 상대방의 이익을 극대화하라는 것이며, 관용의 격률은 요령의 격률을 화자의 관점에서 말한 것으로 화자 자신에게 혜택을 주는 표현은 최소화하고 자신에게 부담을 주는 표현을 최대화하라는 것이다. 찬동의 격률은 다른 사람에 대한 비방을 최소화하고 칭찬을 극대화하라는 것이고, 겸양의 격률은 자신에 대한 칭찬은 최소화하고 자신에 대한 비방을 극대화하라는 것으로, 찬동의 격률을 화자의 관점에서 말하는 것이다. 동의의 격률은 자신의 의견과 다른 사람의 의견 사이의 다른 점을 최소화하고 자신의 의견과 다른 사람의 의견 사이의 일치점을 극대화하라는 것이다.

(평가에서 요구하는 공손성의 원리에 대한 개념과 유형이 제시되어 있다.)

| 보기 |

이 부장: 김 과장, 자네가 제출한 보고서에 여러 가지가 빠져 있고, 자료 분석에도 작년 순이익이 반영되어 있지 않아.
김 과장: 죄송합니다. 이번 주 내내 새로운 사업 기획을 하느라고 정신이 없었습니다. 그리고 결산 보고서는 총무부에서 아직도 보내지 않았습니다.
이 부장: ㉠ 그곳에서 협조를 빨리 해 줬으면 좋았을 텐데.
김 과장: 제가 다시 전화를 해서 빨리 부탁한다고 이야기하겠습니다.
이 부장: 난 김 과장을 믿어. 좀 힘들더라도 직접 해결을 해줬으면 좋겠어. ㉡ 우리 김 과장이 일을 한번 맡으면 시원하게 해결하잖아. 2, 3일 내에는 되겠지?

([보기]의 ㉠과 ㉡이 윗글에서 제시한 공손성의 원리 중 어떤 격률과 관련이 있는지 제시문을 잘 살펴보고, 앞뒤 문맥을 통해 파악해야 한다.)

	㉠	㉡		㉠	㉡
①	요령의 격률	찬동의 격률	②	겸양의 격률	동의의 격률
③	요령의 격률	동의의 격률	④	관용의 격률	찬동의 격률
⑤	관용의 격률	요령의 격률			

위의 문제와 같이 앞으로는 실용글쓰기의 평가 목적과 최근 국가 평가의 출제 경향을 고려하여 문제가 출제됩니다. 그리하여 제시문에서 문제를 해결할 수 있는 정보를 제공한 뒤, 피평가자가 자료 분석 능력과 이해 능력을 통해 그 문제를 해결할 수 있는지를 평가합니다. 위의 ㉠은 이 부장이 김 과장에게 부담이 되는 표현을 최소화하여 문제 원인을 총무부로 돌리고 있으므로 요령의 격률에 해당하고, ㉡은 김 과장에 대한 칭찬을 통해 문제 해결을 격려하고 있으므로 찬동의 격률에 해당합니다.

개념적 지식은 암기하자.

실용글쓰기에서 자료 해석 능력만으로 문제를 해결하기 어려운 영역이 있습니다. 이런 영역의 경우, 평가는 관련 지식이 있는가의 여부가 기본이 됩니다. 여기에서 요구되는 지식은 개념에 대한 분명한 이해를 말합니다. 예를 들어, 공문서 작성법은 철저하게 숙지해야 합니다. 공문서 작성은 글쓰기 과정의 고쳐쓰기에서도 출제가 될 수 있고, 실제 글쓰기의 유형에서도 출제됩니다. 이 밖에도 기안서, 품의서, 제안서가 무엇인지, 거래 계약서에는 어떤 것들이 있는지 등에 대한 개념을 분명하게 알아두어야 합니다.

1장 글쓰기 과정과 기초직무능력

1절 글쓰기 과정

실용글쓰기는 글쓰기 과정에서 개요를 제시하고 이에 따른 적절한 제목을 묻거나, 개요의 구조에 맞는 적절한 내용을 찾는 등 개요를 활용한 문항이 자주 출제된다. 그리고 비교와 대조, 정의, 분류와 분석 등 내용 전개 방식에 대한 문항, 어휘나 문장 고쳐쓰기에 대한 문항도 자주 출제되고 있다.

출제 POINT

계획하기	• 작문의 상황을 구성하는 요인(목적, 주제, 필자, 예상 독자 등) 설정 • 전체 글쓰기 과정(계획 → 내용 생성 → 내용 조직 → 표현 → 재고) 수립
내용 생성하기	• 내용 생성 방법 　　　　　　　　　　• 중심 내용의 조정과 구체화 • 세부 내용 생성 방법
내용 조직하기	• 글의 구성 원리(통일성, 일관성, 강조성 등) 　　• 개요 작성 • 내용 전개의 일반 원리(정의, 묘사, 비교와 대조, 인과, 분석 등)
표현하기	• 한국어 어문 규범 　　　　　　　　　• 정확하고 적절한 어휘 사용
재고하기	• 문장의 호응 관계 수정 • 예상 독자를 고려한 어휘 수정 • 글의 주제와 논리적 체계에 따른 문단의 재구조화 • 공문서 표현 및 표기, 띄어쓰기 수정

1. 계획하기

글의 내용을 생성하고 조직하며, 글의 목적과 절차를 결정하는 단계이다.

(1) 상황 맥락의 파악

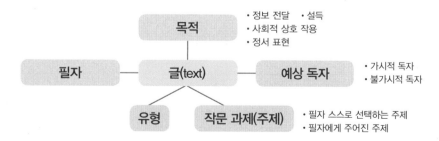

① 글을 구성하는 맥락 문제 탐색
  ㉠ 작문 과정에서의 문제 파악과 분석: 필자는 작문 과정에서 부딪치는 인지적 문제들을 전략적으로 해결해야 한다. 필자가 글을 쓰는 목적과 이유, 그에 따른 글의 유형이나 맥락, 필자와 예상 독자의 관계 등 작문 과정에서 해결해야 할 수사적 문제를 파악하고 분석한다.
    • 글의 목적에 따른 글의 유형과 예상 독자 분석: 입사 지원서, 자기 소개서, 기안서, 품의서 등 자신이 쓸 글의 목적에 맞는 유형을 결정하고 예상 독자가 의사 결정권자인지, 소비자인지 등에 대한 분석이 이루어져야 한다.
② 전체적 계획 설정: 전체적 계획을 수립할 때에는 작문의 인지적 과정(계획 → 내용 생성 → 내용 조직 → 표현 → 재고)을 고려하여 계획을 설정하고 결과를 예측한다. 작문 과정은 단계적 또는 독립적으로 존재하는 것이 아니라 회귀적이며 상호 의존적으로 존재한다.
③ 내용 생성 계획 설정: 작문 계획에서 필자의 직무 관련 경험이나 배경지식, 자료 탐색과 자료 수집 등을 통해 내용 생성에 대한 계획을 세우는 것도 중요하다.
④ 제목이나 대략적인 내용의 결정과 내용 구조 작성 및 전개 계획
  ㉠ 제목의 결정: 필자는 쓰게 될 글의 목적과 유형을 고려하여 글의 주요 내용이나 주제와 관련된 제목을 선정한다. 제목은 글의 목적에 따른 내용을 한눈에 알 수 있게 핵심적인 사항을 구체적이면서도 간결하고 명료하게 결정한다.
  ㉡ 개략적인 구도 작성: 작문의 상황을 구성하는 요인을 분석한 이후에는 글 전체의 개략적인 구도를 작성해야 한다. 글의 구도를 작성하기 위해서는 글을 쓰는 목적의 구체적인 하위 목적을 설정하는 것이 효과적이다. 이 밖에도 구도 작성에는 특정한 형식 없이 글의 제목이나 글 전체, 각 문단의 주요 내용 등을 정리하여 개략적인 메모를 작성하는 방법, 그리고 내용 구조와 전개를 구조화된 그림이나 도식을 활용하여 정리하는 방법이 있다.

1. 다음 자료를 읽고 ㈀에 들어갈 말로 적절한 것은?

글쓰기의 상황을 구성하는 요인에는 목적, 주제, 필자, 예상 독자 등이 있다. 필자는 글을 쓸 때 글을 쓰는 목적을 분명하게 하고 주제를 설정하며, 필자 자신과 예상 독자에 대한 분석을 해야 한다. 쓰기는 독자와의 상호 작용으로, 필자와 독자와의 의사소통에는 지켜야 할 관습이 있다. 글은 각각의 (㈀)에 따라 고유한 작문 관습을 지니는데, 이것은 쓰기의 목적과 주제, 독자의 요구, 상황 등이 상호 작용하는 과정에서 형성된다. 예를 들어, 설명문, 기사문, 논설문 등 (㈀)에 따라 글을 쓰는 방식은 달라진다. 필자의 위치를 설정하는 방식이나 독자를 고려하는 방식이 달라지는 것이다. 그리고 글의 조직이나 전개, 부연 설명 등에도 각각의 관습적인 유형들이 있다.

> 빈칸이 제시된 경우에는 앞뒤의 문맥을 통해서 요구하는 내용을 찾아야 한다. 예를 들어, 자료에서 '설명문, 기사문, 논설문 등'이 빈칸 앞에 제시되어 있으므로 '글의 유형'이 빈칸에 들어갈 내용임을 파악할 수 있다.

① 글을 쓰는 목적   ② 필자의 입장
③ 글의 유형   ④ 예상 독자
⑤ 자료와 관련된 주제

정답 ③

정답 해설 글은 각각의 '무엇'에 따라 고유한 관습을 지니는데, 이것은 쓰기의 목적, 주제, 독자의 요구, 상황 등이 상호 작용하는 과정에서 형성된다고 했다. 따라서 '목적, 필자, 예상 독자, 주제'는 요구하는 내용이 될 수 없다. 그리고 설명문, 기사문, 논설문 등을 예로 제시하고 있으므로, '글의 유형'이 ㈀에 해당한다.

2. 내용 생성하기

글을 쓰기 위해 아이디어를 떠올리고 수집하는 과정으로, 창의적 사고 활동이 필수적이다. 직무 글쓰기에서는 글의 목적과 유형, 그리고 주제에 따른 자료를 생성하는 활동이 중요하다.

(1) 내용 생성 단계에서의 자료 수집

① 글의 소재와 제재는 글의 목적과 유형, 성격과 주제에 따라 어떤 자료를, 어디에서 수집할 것인지 계획을 세우고 이에 따라 자료를 수집한다. 또 쓰고자 하는 분야와 관련된 연구서나 보고서, 기사문, 통계자료 등을 정리해 둔다.

　　예 관찰, 조사, 면담, 질문, 독서, 사색, 체험, 기억 등의 자료들 중에서 어떤 자료가 주제에 적합한지를 결정하고 수집

② 구체적인 창의적 사고 방법

　　㈀ 브레인스토밍: 자신이 쓸 글의 목적과 유형, 주제에 따라 가능한 한 많은 내용을 떠올리는 방법이다.

ⓛ 자유 연상 방법: 목표 지향적으로 글을 쓰는 것이 아니라 자유롭게 연상되는 것들을 글로 옮기는 방법이다.

ⓒ 생각 그물 만들기: 특정 주제에 대한 자신의 생각을 짧은 정보나 단어, 문장 등으로 회상하고 시각적으로 표현할
수 있도록 하여 쓰기 과정이 일정한 단계에 따라 고정된 순서로 진행되는 선조적 특성을 벗어날 수 있게 하는 방
법이다.

(2) 중심 내용의 조정과 구체화

① 작문 상황과 작문 계획에 부합하는지 판단: 중심 내용이 쓰려는 글의 전체적인 내용, 구조, 전개에 부합해야 내용
을 통일성 있게 쓸 수 있으므로 중심 내용이 작문 계획에 부합하는지를 판단한다.

② 중심 내용의 조정과 구체화: 중심 내용을 조정하고 주제의 범위를 좁혀 구체화한다.

ⓖ 중심 내용 조정: 대략적으로 정했던 중심 내용을 검토하여 추가하거나 삭제할 것, 수정할 것을 결정한다.

ⓛ 중심 내용 구체화: 대략적으로 정했던 중심 내용을 분석하고 분류하여 하위의 세부 내용으로 나누는 일을 한다.

예 우리나라 교육의 문제점(가주제) → 개성과 적성을 무시하는 학교 교육(구체적 주제)

(3) 세부 내용의 생성

세부 내용은 예상 독자와의 협의와 대화, 그리고 주제에 대한 필자 자신의 입장을 분석해 봄으로써 마련할 수 있다. 또
브레인스토밍이나 체계적 탐색하기, 또는 다양한 자료 수집을 통해서도 세부 내용을 생성할 수 있다.

예 문제의 식별, 분석, 묘사, 분류, 비교와 대조, 사건의 서사, 과정 규명, 원인과 결과 규명 등

기출점검 내용 생성

2. 다음 개요의 'Ⅳ.'에 쓸 세부 내용으로 가장 적절한 것은?

> Ⅰ. 서론
> Ⅱ. 난민의 정책 환경
> Ⅲ. 난민 인정 과정에서의 문제
> Ⅳ. 난민 인권 보호를 위한 대응 방안
> Ⅴ. 결론

① 난민 지원 제도의 한계

② 난민 발생의 원인과 유형 ——————————————→ 난민의 정책 환경

③ 난민과 불법 체류자의 관계

④ 이의신청 단계의 효율적 운영

⑤ 난민으로 인정받지 못한 사람의 강제 퇴거 문제 ——→ 난민 인정 과정에서의 문제

정답 ④

3. 내용의 조직과 전개

생성한 내용을 적절하게 구성하고, 구성한 내용을 바탕으로 세부 내용을 적절하게 전개하는 활동이다.

(1) 조직과 전개 원리

① 글의 일반적 구성 ☆☆☆

㉠ 단계성: 글의 내용을 처음, 중간, 끝의 구조 혹은 서론, 본론, 결론의 구조로 구성하는 방식

단계	내용
처음 (서론)	글을 쓰는 동기나 목적, 쓰기 과제, 문제의 성격과 범위, 글의 주제 또는 본론에서 다룰 주요 문제 등에 관한 내용을 구성하는 단계이다. **독자의 주의 환기 또는 흥미나 관심 유발 방법**: 개인적인 경험이나 생각 쓰기, 주제문 제시하기, 용어 정의하기, 인용하기, 두 가지 사실 대조하기, 통계적인 사실 제시하기 등
중간 (본론)	글의 주제를 뒷받침할 수 있는 중심 내용을 결정하여 체계적으로 배열하고, 중심 내용을 뒷받침하는 세부 내용들을 전개하는 단계이다. **글의 구성 원리에 맞는 내용 구성 방법**: 본론의 주요 내용이 글 전체의 주제와 직접 연관되는지 점검한다. 또한 주요 내용의 연결 관계가 긴밀한지 검토하고, 강조하고자 하는 내용이 적절하게 드러나는지 검토한다.
끝 (결론)	본론에서 밝힌 주요 내용을 간단히 요약하고 서론에서 밝힌 주제를 다시 한번 강조하여 글의 주제와 관련되는 자신의 의견이나 주장을 제시하는 단계이다. 또는 해결하지 못한 문제나 필자의 바람 등 앞으로의 과제를 제시하기도 한다.

② 구성 원리 ☆☆☆

원리	내용
통일성	**글의 내용을 선택하는 방식**: 글의 주제와 그것을 뒷받침하여 서술하는 모든 재료들이 내용적으로 일치해야 한다는 원리이다. 글의 종속 주제나 제재가 글 전체의 주제나 제재와 직결되어야 하며, 글의 여러 내용이 하나의 주제로 긴밀하게 연결되는 것을 의미한다.
일관성	**글의 내용을 배열하는 방식**: 시·공간적, 논리적 순서에 의해 배열하는 원리이다. 글 전체의 주제를 뒷받침해 주는 여러 개의 종속 주제 또는 종속 제재를 바른 순서로 배열하는 것을 의미한다.
강조성	**글의 핵심 또는 주요 내용을 두드러지게 드러내는 방식**: 글 전체를 구성할 때와 하나의 문단을 구성할 때 적용되는 원리이다. • **글 전체를 구성하는 과정에서의 강조**: 서론에서는 글의 주제와 목적을 구체적으로 제시하고, 본론에서는 가장 중요한 내용을 앞부분에 제시하여 독자로 하여금 필자가 강조하고자 하는 핵심 내용이 무엇인지를 인식하도록 한다. • **문단을 구성하는 과정에서의 강조**: 하나의 문단에서 중심 문장인 소주제문을 문단의 처음에 제시하여 중심 생각을 강조하고, 문단의 중심 생각을 다시 한번 강조해야 할 경우 소주제문을 문단의 끝에 반복하여 놓기도 한다.

③ 내용 전개의 일반 원리(중심 내용 및 세부 내용의 전개 원리): 내용에 의한 글의 조직 방법

    ⊙ 정태적 방법(시간성을 중시하지 않음): 정의, 묘사, 분류, 비교와 대조, 예시 등

    ⓒ 동태적 방법(시간성 중시): 서사, 과정, 인과 등

    ⓒ 논증 방법: 연역 추리, 귀납 추리, 유추 등

기출점검 **내용의 조직과 전개**

3. 다음 글의 전개 방식으로 가장 적절한 것은?

> 자동차의 매연으로 인한 대기 오염이 갈수록 심해지면서 여러 나라에서는 앞다투어 환경오염을 줄일 수 있는 자동차를 생산하고 있다. 그중 상용화에 성공한 대표적인 사례로 친환경차인 하이브리드 자동차를 들 수 있다. '하이브리드'란 2가지의 기능을 하나로 합쳤다는 의미로, 내연 기관 엔진만 장착한 기존의 자동차와 달리 하이브리드 자동차는 내연 기관 엔진에 전기 모터를 함께 장착한 것이 특징이다.
>
> 하이브리드 자동차는 전기 모터 시스템이 추가로 내장되어 기존의 내연 기관 자동차보다 차체가 무겁고 가격도 비싸다는 단점이 있다. 또한 구조가 복잡해서 차량 정비에 어려움이 가중되고 내연 기관 엔진을 사용하므로 근본적으로 배기가스를 배출할 수밖에 없다는 한계가 있다. 하지만 동력 성능이 뛰어날 뿐만 아니라 연료 소비율이 낮아 배기가스도 적게 배출하여 환경 오염을 줄일 수 있다는 장점이 있다. 이런 점에서 하이브리드 자동차는 무공해를 지향하는 전기 자동차나 수소 연료 전지 자동차가 상용화될 때까지 중요한 운송 수단이 될 것이다.

> 하이브리드 자동차의 개념
>
> 하이브리드 자동차의 단점
>
> 하이브리드 자동차의 장점

① 대상의 핵심을 유추의 방법으로 설명하고 있다.

② 대상의 개념을 설명하고 특성을 살펴보고 있다.

③ 잘 알려진 대상에 새로운 의미를 부여하고 있다.

④ 대상과 관련한 이론을 들어 미래를 내다보고 있다.

⑤ 대상의 변화 과정을 제시하고 이유를 분석하고 있다.

정답 ②

정답 해설 첫 번째 문단에서 개념을 설명한 다음, 두 번째 문단에서 대상의 장단점을 들어 특성을 설명하고 있다.

(2) 내용 조직하기의 전략

① 범주화와 글 구조 만들기

㉠ 범주화하기: 내용 생성하기를 통해 생성한 아이디어들을 비슷한 내용끼리 묶는 것

㉡ 글 구조 만들기: 필자가 쓰고자 하는 글 구조에 맞게 비교·대조의 글 구조, 설명하는 글 구조, 문제 해결의 글 구조 등으로 아이디어들을 조직하고 배열하는 것

② 개요 짜기와 다발짓기

㉠ 개요 짜기 ☆☆☆: 개요 짜기는 글 전체에 대해 구체적이고 체계적으로 계획을 세우는 것으로, 개요는 글의 내용을 어떻게 구성할 것인지, 그 내용이 무엇인지를 일목요연하게 표로 나타낸 것을 말한다. 즉 개요 짜기는 구성 내용을 항목별로 형식화하는 것을 의미한다.

- 글의 개요 짜기 방법: 개요는 서론, 본론, 결론의 구조로 작성하며 개요 짜기 방법에는 제재 중심으로 개요를 짜는 방법과 주제를 중심으로 개요를 짜는 방법이 있다. 먼저 '제재 중심의 개요'는 글의 중심 제재와 종속 제재를 바탕으로 하여 작성한 개요로, 중심 제재와 종속 제재 또는 1차 종속 제재와 2차 종속 제재의 관계가 드러나도록 작성한다. 이런 개요는 내용 사이의 계층적 관계를 분명하게 드러내 주는 역동적 개요의 형식으로 작성하는 것이 좋다. 다음으로 '주제 중심의 개요'는 제재에 대한 필자의 생각을 진술한 것으로, 제재 중심의 개요보다 더 구체적이고 정교한 내용을 담을 수 있다. 개요가 자세할수록 필자는 그 개요를 바탕으로 하여 보다 쉽게 글을 작성할 수 있다.

- 개요의 기능: 개요는 글 전체의 흐름이나 논지 전개 과정을 정립하고, 글을 일관성 있게 쓸 수 있게 하여 논점에서 벗어나는 것을 막아 준다. 또 중복된 진술을 피하고, 필요한 내용을 빠뜨리지 않게 하며, 글의 전체와 부분 및 부분 상호 간에 균형을 유지할 수 있게 한다.

㉡ 다발짓기(Clustering) ☆☆☆: 다발짓기는 생성한 아이디어를 관련 있는 것끼리 묶는 활동이다. 여러 가지 방향으로 아이디어를 기록하는 방식이므로 사고의 방향에 구애받지 않으며, 개요 짜기에 비하여 빠른 속도로 기록할 수 있다. 일정한 형식에 맞출 필요도 없어서 다양하게 변형이 가능하고, 글의 장르나 형식, 목적에 따라 유연하게 사고를 정리할 수 있다. 처음-중간-끝의 구조로 다발짓기, 비교·대조에 유용한 다발짓기, 분류·분석에 유용한 다발짓기, 원인·결과에 유용한 다발짓기, 시간·순서·장소 이동에 유용한 다발짓기 등이 있다.

원인·결과 등의 구조에 적절한 다발짓기의 예

4. 다음 개요 중 [보기]와 같은 내용으로 글을 쓰기에 가장 적절한 목차는?

제목	디자인 씽킹*이란 무엇인가?
목차	1. 디자인 씽킹의 이해 　가. 상반되는 아이디어를 통합하는 사고 　나. 미래의 사용자와 공감하는 과정 　다. 수렴과 분산의 단계를 거친 사고 과정 2. 디자인 씽킹을 통해 세상을 바꾸는 혁신적 방법 　가. 디자인 씽킹의 단계와 브레인스토밍의 원칙 및 방법 　나. 3가지의 디자인 혁신 방법 　다. 집단 지성을 활용하는 플랫폼 개발 3. 디자인 씽킹의 사례 　가. 불확실한 미래 가치의 시각화 　나. 소비자의 감성을 충족하는 제품

이런 유형의 문제는 내용에서 관련 있는 키워드(Key Word)를 찾고 이해하는 연습을 통해 문제를 해결할 수 있다.

* 디자인 씽킹: 제품 개발 및 기획, 마케팅, 관련 서비스 등 전 과정에 걸쳐 디자이너들의 감수성과 작업 방식을 이용하는 사고방식

┤ 보기 ├

　분석적 사고를 통해 질문을 다각도로 해석하는 방법을 제시하여 하나의 문제에 다양한 답을 생각할 수 있는 능력을 키우고 수평적 사고를 확장한다. 즉, 집중적 사고와 확산적 사고가 적용되는 방식으로, 브레인스토밍 등을 통하여 생각을 다양하게 확장한 후 여러 개의 선택지 가운데 하나를 선택하여 이를 다듬어 가는 과정이라고 할 수 있다.

① 1-가.　　② 1-나.　　③ 1-다.　　④ 2-가.　　⑤ 2-나.

정답 ③

정답 해설 [보기]에서 설명하는 집중적 사고와 확산적 사고는 수렴과 분산을 말하며, 수렴은 문제에 대해 최선의 해답을 구하는 것이고 분산은 하나의 주제에 대하여 다양한 아이디어를 제공하는 것이다. 따라서 [보기]는 수렴과 분산 등의 단계를 통한 사고 과정과 관련된 내용이라고 할 수 있다.

4. 내용의 표현

조직한 내용을 바탕으로, 예상 독자의 이해를 돕기 위해 가능한 한 글을 쉽고 완결된 형태로 표현하는 단계이다.

(1) 표현하기 단계의 전략: 예상되는 독자의 요구가 무엇인지를 정확하게 파악하고, 필자 중심으로 된 내용을 독자 중심의 내용으로 전환하는 일이다.

① **표현하기 단계에서 필자가 지켜야 할 원리:** 독자가 쉽게 이해하고, 흥미를 가질 수 있게 표현해야 한다. 또 독자에게 설득력을 지닐 수 있게, 그리고 독자가 기억을 더 잘 할 수 있게 표현해야 한다. 일반적인 원리를 설명하기 위해 실례를 들거나 정확한 어휘와 간결한 문장을 사용하고, 독자의 관심을 계속해서 끌어 나가기 위해 중요한 정보를 처음에 위치시키거나 유머를 사용하고, 정서에 호소하는 등의 장치도 사용할 수 있다.

(2) 표현 내용: 생성한 내용을 조직 및 전개 원리에 따라 초고로 작성한다.

① 맥락과 내용에 적합한 어휘와 문장을 선택하고 어법에 맞는 표현을 한다.

② 비유법, 변화법, 강조법 등 여러 가지 표현 기법을 활용한다.

③ 내용을 효과적으로 전개하고, 어휘, 문장 등을 개성적인 문체로 표현한다.

④ 그림이나 도표 등의 보조 자료를 효과적으로 활용한다.

⑤ 내용의 조직 · 전개 계획에 따라 주제, 중심 내용, 통일성과 일관성을 갖춘 초고를 작성한다.

⑥ 표현 과정의 점검 결과에 따라 글의 내용, 조직과 전개 방법을 조정한다.

기출점검 단어 쓰기와 문장 쓰기

5. 다음 글의 ㉠에 쓸 내용으로 가장 적절한 것은?

> 대표적인 경제 성장 지표는 '국내총생산(GDP)'이고, 국민소득을 보다 정확하게 반영하기 위해 나온 경제지표는 1인당 '국민총소득(GNI)'이다. 국내총생산은 한 나라의 영역 내에서 가계, 기업, 정부 등 모든 경제 주체가 일정 기간 동안 생산 활동에 참여하여 창출한 부가가치 또는 생산물을 시장 가격으로 평가한 합계이다. 국민총소득은 한 나라의 국민이 국내외 생산 활동에 참여하거나 생산에 필요한 자산을 제공한 대가로 받은 소득의 합계이고, 1인당 국민총소득은 명목 GNI를 한 나라의 인구수로 나눈 값을 말한다. 이 지표에는 국내총생산 중에서 외국인에게 지급한 소득은 제외된다.
>
> 국민총소득을 통해 국민들의 현재 경제적 삶의 질, 그리고 정부나 기업, 국민의 소비 능력을 파악할 수 있다. 그리고 한 국가의 기업과 국민이 구성하는 시장에 대한 매력도도 알 수 있다. 그런데 국내총생산은 한 나라의 경제 규모를 파악하는 데는 유용하나, 국민의 평균적인 생활수준을 알아보는 데는 적합하지 못하다. 왜냐하면 (
> ㉠   ) 때문이다.

모든 문제는 제시되어 있는 지문에 문제를 해결할 수 있는 정보가 주어져 있다. 실용글쓰기에서는 암기 위주의 문제보다는 자료를 분석하면 해결할 수 있는 문제 위주로 출제된다. 이 문제 또한 첫 문단의 GNI의 개념을 이해하면 쉽게 해결할 수 있다.

① 1인당 GNI는 명목 GNI를 한 나라의 인구수로 나누어 구하기

② GNI는 국제 비교를 위하여 보통 시장 환율로 환산하여 미국 달러($)화로 표시하기

③ 국내총생산에는 비거주자가 제공한 노동, 자본 등 생산요소에 의하여 창출된 것도 포함되어 있기

④ 국민의 생활수준은 전체 국민소득의 크기보다는 1인당 국민소득의 크기와 더욱 밀접한 관계가 있기

⑤ 국내총생산은 전체 국민 소득의 크기와 소득 분배에 대한 구체적인 정보를 제공하지 못하기

정답 ④

오답 해설 ①·② 단순히 GNI를 구하는 방법과 표시하는 방법이다.

③ 국내총생산이 비거주자가 제공한 노동, 자본 등 생산요소에 의하여 창출되는 것은 맞지만 평균적인 생활수준을 알아보는 것과는 관련이 없다.

⑤ 국내총생산은 총량의 개념으로서 전체 국민의 소득 규모를 나타내지만, 소득 분배에 대한 정보를 제공하지는 못한다.

5. 재고와 조정

(1) 재고와 조정 활동

① **작문의 각 과정에서 활용한 전략의 적절성 및 효율성 평가 및 조정**: 필자는 상위 인지(초인지)를 통하여 글쓰기의 '계획하기 → 내용 생성하기 → 조직하기 → 작성하기 → 수정하기' 과정에서 전략의 적절성과 효율성을 평가하고, 문제 해결에 적합한 전략을 찾고, 배치하고, 조정하며, 작문의 과정을 조절한다.

② **초고의 적절성 평가와 적절하지 않은 부분 수정**: 작문이 이루어지는 상황이나 조건, 작문의 목적이나 필요성, 예상 독자의 유형이나 수준 등 작문 맥락에 따라 글의 목적이나 주제, 중심 내용, 내용의 흐름 등을 고려하여 수정과 조정이 필요하다.

③ **작문의 과정, 글의 통일성과 응집성 등을 고려하여 적절하지 못한 부분 고쳐쓰기**: 초고를 작문의 과정과 글의 통일성, 응집성에 비추어 내용의 적절성 여부를 판단하며, 작문 과정에서 세웠던 계획과 내용, 조직과 전개 방법을 잘 반영하였는지를 평가한다.

④ **고쳐쓰기 과정의 검토와 필요에 따른 글의 내용과 전개 및 표현 방법의 수정과 보완**: 고쳐쓰기 과정 자체를 검토함으로써 글의 내용과 전개 및 표현 방법을 수정 및 보완하고, 그 결과를 활용하여 글 전체를 수정할 수 있다.

(2) 글 전체, 문단, 문장, 단어 수준에서의 고쳐쓰기

① 글 전체 수준에서의 고쳐쓰기: 예상 독자의 요구 또는 글을 쓰는 구체적인 목적에 대한 적합성이 기준이 된다.

글 전체	• 글 전체의 명료한 짜임, 세부 내용의 적절한 제시 • 제목의 적절성	• 글 전체의 일관성 유지 • 첫째 문장의 독자 관심 유발 여부
처음 (서론)	• 서론의 적합성 및 흥미와 적절성 여부 • 주제문의 명료한 진술	
중간 (본론)	• 본론의 일정한 계획에 따른 배열, 독자의 단계에 따른 읽기의 용이 • 본론에서 일반적인 생각을 보충하기 위한 세부 내용의 적절한 보충 여부	
끝 (결론)	• 글의 본론에서 사용된 증거의 적절성, 논리 전개의 합리성, 주장에 대한 가능한 대안들 고려 • 전개의 적절성을 통한 결론 도출, 결론에서 새로운 내용이나 본문과 상관없는 내용 제시 여부	

② 문단, 문장, 단어 수준에서의 고쳐쓰기

문단 수준	• 각 문단들의 논리적 전개 • 글 전체에 대한 각 문단의 적절한 기능 수행 • 각 문단의 통일성과 일관성 준수, 각 문단에 하나의 중심 문장이 있는가의 여부 • 문단이 시작되는 곳의 들여쓰기 • 어법에 적합한 문장을 사용하여 문단 구성	
문장 수준	• 다양한 문장 형식의 사용 • 문장들의 명백한 진술, 문법적 완결성 • 주어와 서술어 간 호응의 적절성 • 문장의 간결성 • 중심적인 생각과 종속적인 생각의 문법적 연결에 대한 적절성	• 다양한 문장 길이 • 수식어와 피수식어의 연결 • 문장 부호의 적절한 사용 • 문장들의 논리적 연결
단어 수준	• 상투어 또는 무의미어의 삭제 • 피동문의 적절성 확인	• 접속어 및 지시어의 조정

6. 다음 공문서를 작성한 다음에 고쳐쓰는 활동을 하려고 한다. 고쳐쓰기 활동으로 적절하지 않은 것은?

수신 수신자 참조
(경유)
제목 신종플루 대응 복무지침 이행 철저 요청

---

1. ㉠ 관련 근거 : ○○○○부 ○○담당관-○○○○(㉡ 20○○.9.7)
   　　　　　　　○○과-○○○○(20○○.9.4), ○○○○(20○○.11.2)
2. 최근 신종플루 유행 지표의 급격한 증가에 따라, 정부는 20○○년 11월 ㉢ 3일자로 위기 경보를 '심각 단계'로 조정하였으며, ○○○○부 내 중앙재난대책본부를 구성·가동하여 부처별 조치 상황을 실시간으로 점검하는 등 신종플루 확산 방지에 전력을 다하고 있습니다.
3. 특히, 최근 전국적으로 신종플루 감염 사망자가 40명을 넘어서고 있으며 항바이러스제 투약 건수 및 집단 발병 사례 등도 빠르게 증가하고 있어, 부내 감염 확산을 저지하기 위한 선제 조치가 필요한 시점으로 판단됩니다.
   ※ 최근 독감 의심 환자의 ㉣ 1/2가량은 신종플루 감염으로 ㉤ 보여짐.
   　　　　　　　　　　　　　- 이하 생략 -

> 실용글쓰기 시험에서는 앞으로 공문서를 자료로 하여 표현 및 표기, 어법, 띄어쓰기 등의 문제가 자주 출제될 것으로 보인다. 공문서의 성격, 작성 방법을 물어보는 문제와는 성격이 다르므로, 공문서 띄어쓰기 등을 숙지할 필요가 있다.

① ㉠ – 쌍점(:)의 왼쪽은 붙이고 오른쪽은 한 칸을 띈다.

② ㉡ – 연월일 뒤에 마침표를 쓸 때에는 '일'을 나타내는 숫자 뒤에도 마침표를 찍는다.

③ ㉢ – '날짜'를 뜻하는 '자'는 앞말과 띄어 쓴다.

④ ㉣ – '정도'를 뜻하는 '가량'은 띄어 쓴다.

⑤ ㉤ – 이중 피동이므로 '보임'으로 수정하여 쓴다.

정답 ④

정답 해설 ㉣의 '-가량'은 정도를 뜻하는 접미사이므로 '1/2가량'처럼 앞말에 붙여 쓴다.

오답 해설 ① ㉠의 표제 다음에 쓰는 쌍점(:)은 '근거 : ○○○○부 → 근거: ○○○○부'처럼 앞말에 붙이고 뒷말과 띄어 쓴다.

　　② ㉡의 연월일 뒤에 마침표를 쓸 때에는 '20○○.9.7 → 20○○. 9. 7.'처럼 '일'을 나타내는 숫자 뒤에도 마침표를 찍는다. (월과 일은 마침표 뒤에 1타 띄우고 표기)

　　③ ㉢의 '자(字)'는 '날짜'를 뜻하는 명사이므로 '3일자로 → 3일 자로'처럼 앞말과 띄어 쓴다.

　　⑤ ㉤의 '보여지다(보이어지다)'는 피동의 뜻을 나타내는 '-이-'와 '-어지다'를 이중으로 썼으므로 '보여짐 → 보임'으로 표현한다.

1절 기출로 실력 다지기

※ 다음을 읽고, 물음에 답하시오. [1~2]

> Ⅰ. 디스플레이 시장의 전망
>   – 대형 디스플레이의 성장 폭은 소형 디스플레이의
>   성장 폭보다 훨씬 더 클 것임
> Ⅱ. OLED(유기 발광다이오드)의 특성
>   1. OLED는 얇고 가볍다.
>   2. OLED는 휘거나 접을 수 있다.
>   3. OLED에서는 완전한 블랙을 표현할 수 있다.
>   4. 투명 디스플레이가 가능하다.
>   5. 부분 켜짐/꺼짐(On/Off)이 가능하다.
> Ⅲ. 대형 OLED가 가져올 삶의 변화
>   1. 대형 OLED 디스플레이를 응용한 제품 아이디어
>   2. 대형 디스플레이의 진화가 가져오는 삶의 변화
> Ⅳ. 맺음말

01 위 개요를 바탕으로 쓴 글의 제목으로 가장 적절한
것은?

① 뉴스로 본 스마트 시티의 전망
② 세상을 바꾸는 디스플레이의 진화
③ 인공지능이 가져온 삶의 방식 변화
④ OLED의 발진이 이룬 해상도와 색채 재현력
⑤ 자율 자동차의 전면 유리에 구현되는 내비게이션

02 위 개요에서 다음 내용과 가장 밀접하게 연결되는
것은?

> 이러한 특성을 도로 신호나 표지판에 적용하면
> 전력 소모를 크게 줄일 수 있고 설치 미술에 적용
> 하면 예술적, 감각적으로 새로운 경험을 선사할
> 수 있다. 평소에는 꺼져 있다가도 일부분만 켜서
> 필요한 만큼만 표현할 수 있는 특성을 건축에 적

용하면 소재와 디스플레이의 경계를 넘나들 수도
있게 된다. 드나드는 문이나 창문에 대형 OLED
를 적용하면 평소에는 문이나 창문 일부처럼 있다
가 필요할 때만 안내 문구나 광고를 송출할 수도
있다. 전에는 건물 벽이나 문에 메시지를 전하려
면 포스트잇과 같은 종이에 문구를 씨서 붙여 놓
거나 대자보 혹은 현수막을 이용해야 했으나 이젠
그럴 필요가 줄어들게 되었다.

① Ⅱ. 1.　　　　　② Ⅱ. 2.
③ Ⅱ. 3.　　　　　④ Ⅱ. 4
⑤ Ⅱ. 5.

03 다음 내용에 대해 글을 쓸 때 구성 방식으로 가장 적절
한 것은?

> 갈릴레이는 세계의 위대한 과학자로 인정받고
> 있는데 장영실은 그렇지 못한 이유는 무엇일까?

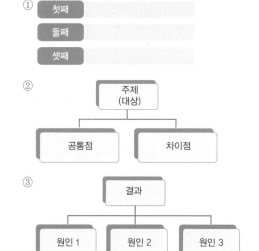

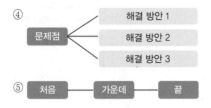

④

```
        ┌─ 해결 방안 1
문제점 ──┼─ 해결 방안 2
        └─ 해결 방안 3
```

⑤ 처음 ─── 가운데 ─── 끝

04 다음 글에 쓰지 <u>않은</u> 서술 방식은?

> 천문을 관측하기 위하여 설치한 시설을 천문대라 한다. 신라 시대 천문을 관측하던 건물인 경주 첨성대는 돌을 쌓아 만든 것이다. 첨성대는 밑면의 지름이 5.17m, 높이가 9.4m이며 석종의 원형을 잘 보존하고 있다. 위는 네모진 모양인 데 반해 아래는 둥근 모양이고, 사람이 그 속을 오르내리며 별을 관측하였다는 기록이 있다.

① 대조 ② 분류 ③ 분석 ④ 정의 ⑤ 지정

※ 다음 개요를 읽고 물음에 답하시오. [5~6]

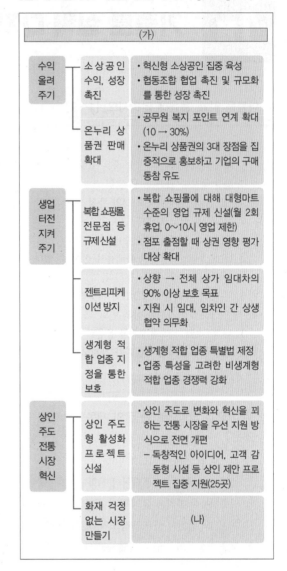

05 윗글의 (가)에 들어갈 내용으로 가장 적절한 것은?

① 중소기업 정책 및 업무를 혁신하겠습니다.

② 효율적이고 생산적인 근무 시스템을 구축하겠습니다.

③ 소상공인, 전통 시장 희망 프로젝트를 추진하겠습니다.

④ 성과 공유 확산을 통한 매출과 소득을 증대하겠습니다.

⑤ 중소, 벤처, 창업 분야 일자리 창출을 강화하겠습니다.

06 윗글의 (나)에 쓰기 적절한 내용으로만 고른 것은?

> ㉠ 특성화 첫걸음시장 지원 사업 신설
> ㉡ 임대료 과다 인상 등 방지 장치 도입
> ㉢ 전통 시장 안전 지킴이(83명) 임명 및 운영
> ㉣ 사물인터넷 기반 화재 알림 및 속보 장치 보급
> ㉤ 소상공인의 부담이 되는 생활 밀착형 규제 발굴, 개선
> ㉥ 2020년까지 안전 취약 시장 300곳 노후 전선 일괄 정비
> ㉦ 화재 안전 개선 계획 없는 시장은 전통 시장 시설 현대화 지원 사업 배제 원칙

① ㉠, ㉡, ㉢, ㉣
② ㉡, ㉢, ㉣, ㉤
③ ㉢, ㉣, ㉤, ㉥
④ ㉢, ㉣, ㉥, ㉦
⑤ ㉣, ㉤, ㉥, ㉦

07 다음 글의 내용 전개 방법으로 가장 적절한 것은?

> 갓 만든 떡은 말랑말랑하고 쫀득쫀득하다. 그런데 이런 떡이 냉장고에 들어가면 딱딱하게 굳는다. 냉장고에 넣어 둔 떡이 딱딱해지는 까닭은 무엇일까? 그것은 떡이 지닌 수분과 관련이 있다. 떡의 주성분인 녹말은 온도가 낮은 곳에서 수분을 빼앗기면 분자들이 마치 사슬과 가지처럼 규칙적으로 배열되기 때문이다. 이러한 현상은 냉장실의 온도인 0~5℃ 정도에서 가장 빠르게 일어난다. 이것이 바로 냉장고에 넣은 떡이 맛없게 굳어 버리는 까닭이다.

① 시간의 순서
② 공간의 이동
③ 대상의 나열
④ 원인과 결과
⑤ 문제와 해결

08 다음 글의 ㉠과 ㉡에 쓸 수 있는 단어로 가장 적절한 것은?

> 맥과이어 박사 연구팀은 지난해 세탁기와 마이크로 파이버의 연관성을 조사했다. 이 연구는 합성 소재로 만들어진 재킷을 세탁하면 약 1.7g의 마이크로 파이버를 (㉠)한다고 밝혔다.
> 마이크로 파이버의 위험성을 완벽히 이해하려면 더 많은 연구가 필요하지만, 맥과이어는 소비자들이 해양 오염을 직접 (㉡)할 방법이 있다고 말했다. 가장 먼저 해야 할 일은 제품 정보를 자세히 읽는 것이다. 맥과이어는 사람들이 옷의 소재에 대해서 깊이 생각하지 않으며, 면으로 만들어졌을 것이라고 생각되는 옷이라도 100% 면을 사용하지 않을 가능성이 있다고 한다. 이런 문제는 제품 정보를 읽으면 (㉡)할 수 있다고 전했다.
> 합성 소재로 만든 옷이라도 필터 백에 넣고 세탁기에 돌리면 마이크로 파이버 (㉠)을 줄일 수 있다. 파○고니아는 현재 마이크로 파이버 (㉠)을 막는 세탁 망을 개발하고 있다.

	㉠	㉡
①	유출	금지
②	배출	방지
③	반출	대비
④	유출	방지
⑤	배출	금지

09 다음의 ㉠에 쓸 내용으로 가장 적절한 것은?

> 대사 증후군은 복부 비만과 고혈압, 공복 혈당 장애, 고중성 지방, 낮은 HDL 콜레스테롤 중 세 가지를 동시에 지닌 상태를 말한다. 서구화된 식생활과 외식 증가 및 신체 활동 감소로 인해 우리나라에서도 환자 수가 증가 중이다. 대사 증후군이 있으면 심뇌혈관 질환 발생 가능성과 타 만성 질환 이환 가능성이 높아 위험하다.
>
> 대사 증후군의 원인은 인슐린 저항성이 일반적으로 꼽힌다. 인슐린 저항성이란 혈당을 낮추는 호르몬인 인슐린에 대한 몸의 반응이 감소해 근육 및 지방세포가 포도당을 잘 저장하지 못해 (㉠) 상태를 말한다. 이로 인해 이상지질혈증 및 동맥경화와 같은 여러 가지 문제를 일으킬 수 있다.

① 고혈당이 유지되고, 더욱더 많은 인슐린이 분비되는
② 혈당 수치가 치솟아 인슐린이 혈당을 과다 분해하는
③ 저혈당이 계속되고, 인슐린이 제 역할을 하지 못하는
④ 체내의 혈당량이 감소하고, 더 많은 인슐린이 필요한
⑤ 혈당은 정상적이지만, 체내의 인슐린 수치가 비정상적인

10 다음의 '법으로 본 실종과 사망'에 대한 글의 일부에서 ㉠~㉤ 중 문맥상 적절하지 <u>않은</u> 문장은?

> 실종은 생사 여부가 확인되지 않은 상태를 말하는데, 법적으로는 사망이라고 볼 수 없다. 민법 제27조에서는 사망 시점을 '실종 선고'를 할 수 있는 '5년 기한(위난은 1년)'이 끝나는 시점으로 본다. 법원이 '실종 선고'를 하면 이때부터 사망 신고가 가능하다. 실종 선고 전에는 상속 등이 이루어질 수 없다. 하지만 '실종 선고' 후에는 법적으로 사망으로 간주하기 때문에 이때부터 법적 절차에 따라 상속 등이 가능하다. 그런데 5년이 지나 사망 신고를 했는데 실종자가 돌아오는 경우 실종 선고를 취소해야 하며 모든 상황이 '원점'으로 되돌아간다. 이때 상속 재산 취득과 관련한 문제가 일어날 수 있다. 그래서 상속 재산 취득은 '선의'와 '악의'를 구분해 놓고 있다.
> ㉠ 법적으로 선의와 악의는 도덕적 선악과 무관하게 '사실인지' 여부만 따진다. ㉡ 선의는 자신도 '모르고', 악의는 '알고서 일부러'로 이해하면 된다. ㉢ 일단 실종자가 돌아왔다면 상속 재산을 다시 돌려줘야 한다. 문제는 악의적인 실종 신고이다. 예를 들어 당사자가 살아있다는 사실을 알고 있었지만, 실종 신고를 하고 재산을 취득한 경우에는 상속받은 재산은 물론 여기에 이자까지 붙여 돌려줘야 한다. ㉣ 실종자의 재산을 상속받아 제멋대로 운영해 손실을 봤다면 이 역시 배상해야 한다. 실제로 실종 사건 판례를 보면 상속이나 재산 소유권 다툼이 심심치 않게 벌어진다. ㉤ 형사사건에서도 실종 여부에 따라 법적 절차가 달라진다. 그 예로 최근 양○○ 씨 성추행 혐의를 받다가 북한강에 투신한 스튜디오 실장 A 씨는 처음에는 실종으로 처리됐다가 사흘 후 시신이 발견되어 사망이 확인되었다. 그 결과 검찰이 기소하고 싶어도 할 수 없는 '공소권 없음'으로 A 씨와 연관된 사건은 종결되었다.

① ㉠　　② ㉡　　③ ㉢　　④ ㉣　　⑤ ㉤

실용글쓰기의 직무 이해에서는 '경영'과 관련된 개념, 기업 경영의 기능, 조직과 구성원, 경영자, 경영전략 등이 주로 출제된다. 그리고 7S 모형, BCG 매트릭스 기법 등 조직 진단 및 조직 관리 분야에서 활용되는 '모형'도 자주 출제된다. 여기에서는 기본 개념을 이해할 수 있도록 관련된 내용을 강조하거나 참고 자료로 제시하고 있으므로, 이를 이해하는 것이 필요하다. 전문적인 지식을 묻는 것이 아니라, 제시문 안에 주어진 문제 해결 정보를 이해할 수 있는지 평가하는 것이므로, 낯선 내용이 나오더라도 당황하지 않도록 한다.

출제 POINT

- 업무의 우선순위 파악
- 경영 조정 활동 및 생산성 향상 방법
- 업무 활동 조직 및 계획 수립
- 직무 수행과 업무 수행 결과 평가
- 경영전략과 경영 활동 이해 및 자신의 직무 설명
- 직무 분석을 통해 수행 과정의 장애 요소 파악과 극복 방안 설명

1. 조직의 이해

(1) 조직 체제

① **조직 목적**: 조직이 달성하려는 장래의 상태로서, 조직이 존재하는 정당성과 합법성을 제공한다. 그리고 이 목적에는 전체 조직이 달성해야 하는 성과와 자원, 시장, 인력 개발, 혁신과 변화, 생산성에 대한 목표 등이 포함된다.

② **조직 구조**: 조직 내 여러 부문들 사이에 형성된 관계로, 조직 목표를 달성하기 위한 조직 구성원들의 상호 작용을 질서 있게 만든 구조를 말한다. 조직 구조는 의사 결정권의 집중 정도와 명령 계통, 최고 경영자의 통제, 규칙과 규제 등에 따라 달라진다.

③ **조직 문화**: 조직 구성원들의 사고와 행동에 일체감과 정체성을 부여하는 문화로, 조직 구성원들 간 생활양식이나 가치의 공유를 통해 조직을 지속적으로 활동하게 만드는 원동력이다.

④ **조직 규칙과 규정**: 조직 규칙과 규정은 조직 목표나 전략에 따라 수립되고, 조직 구성원들의 활동 범위를 제약하고 일관성을 부여한다. 예 인사 규정, 총무 규정, 회계 규정 등

(2) 조직 목적

조직 목적은 전체 구성원들이 공통적으로 달성하려는 장래의 목적(상태) 또는 하나의 가치를 위해 공동으로 노력하고 적극적으로 협력할 때 성취된다. 이런 측면에서 대기업, 정부 부처, 종교 단체, 중소기업 등 모든 조직은 목적을 가지고 있다.

① 조직이 존재하는 정당성과 합법성 제공과 활동의 지침 제공
② 조직이 실현하고자 하는 과업의 바람직한 상태나 방향 세시

③ 조직 구성원들의 의사 결정의 기준

④ 조직 구성원들의 자발적 참여 동기 유발

⑤ 조직 설계의 기준과 직무 수행 평가의 기준

(3) 조직과 경영

① **조직 경영**: 경영이란 조직이 수립한 목적을 달성하기 위해 계획을 세우고, 실행하고, 그 결과를 평가하는 과정이다. 즉, 조직 목적을 달성하기 위한 관리, 조직의 목적을 설정하고 이를 달성하기 위해 의사 결정을 하는 전략이나 관리 활동을 수행하는 운영의 의미도 있다.

② **기업 경영의 기능**

기본 기능	생산 운영	기업이 유형, 무형의 자원을 이용하여 제품이나 서비스를 생산하기 위해 계획, 운영, 통제하는 관리 활동이다.
	마케팅 관리	생산된 제품이나 서비스를 판매, 광고, 판매 촉진 등을 하는 기능으로, 제품 설계와 생산에 필요한 정보를 제공하는 업무를 포함한다.
	재무 관리	기업의 경영 목표를 달성하기 위한 자금 조달과 자금의 운용, 관리, 통제에 이르는 관리 활동이다.
보조 기능	인사 및 조직 관리	기업의 구성원이 자발적으로 목표 달성을 하도록 교육, 인사 고과, 임금 책정, 사업의 복리 증진 등과 같은 업무를 처리하는 활동이다.
	회계 및 경영 정보 시스템	기업의 경영 활동에 필요한 정보를 조직 구성원에게 적절한 시점에 제공하여 의사 결정을 하는 데 도움을 주는 시스템을 말한다.

경영의 구성 요소

경영 목적	조직의 목적을 달성하기 위한 구체적인 방법이나 과정(경영자가 수립한 조직의 목적이 아님)
인적 자원	조직의 구성원, 인적 자원의 배치와 활용
자금	경영 활동에 요구되는 돈, 경영의 방향과 범위 한정
경영전략	변화하는 환경에 적응하기 위한 경영 활동 체계화

③ **조직과 구성원**: 조직과 구성원은 공동의 목표를 성취하기 위해 노력하는 유기적인 관계이다. 조직은 구성원들에게 역할을 정해 주고, 구성원은 조직에 필요한 지식과 기술, 경험 등 여러 가지 자원을 제공하며 조직이 정해 준 범위 내에서 직무를 수행한다. 따라서 조직 목표를 달성하기 위해서는 필요한 직무 능력을 갖춘 구성원의 역량이 중요하고, 이러한 구성원별 역량의 합이 조직의 성과로 이어진다.

④ **조직의 경영자**: 조직의 전략, 관리 및 운영 활동을 주관하며, 조직 구성원들과의 의사 결정을 통해 조직이 나아갈 방향을 제시하고 조직의 유지와 발전에 대해 책임을 지는 사람이다.

최고 경영자	조직의 혁신과 의사 결정 기능을 조직 전체의 수준에서 담당
중간 경영자	재무 관리, 생산 관리, 인사 관리 등과 같이 경영 부문별로 최고 경영자가 제시한 경영 목표, 전략, 정책 등을 집행하는 제반 활동을 수행
하위 경영자	현장에서 실제로 직무를 수행하는 근로자의 지휘, 감독을 담당

⑤ 조직(기업)의 의사 결정

조직의 의사 결정 과정은 매우 복잡하나 의사 결정은 신속하게 이루어져야 한다. 의사 결정의 결과가 불확실한 상황에서 과감한 결성을 해야 하는 경우도 많다. 최신의 의사 결정을 위해 기업은 절차적 합리성을 중요시하고, 많은 구성원들이 참여하고 협력하여 의사 결정이 이루어진다.

㉠ 의사 결정의 과정: 기업의 의사 결정은 분석과 예측이 가능한 문제를 합리적으로 해결해야 하는 경우도 있지만, 많은 정보와 다양한 상황 속에서 여러 견해들을 공유하면서 의사를 결정해야 하는 경우도 많다. 또한 혁신적인 결정보다는 현재 체제 내에서 순차적, 부분적으로 문제 해결을 시도하는 경우와 이런 의사 결정을 점층적으로 수정해 나가는 경우도 많다.

의사 결정의 단계

확인 단계	문제를 인식하고 이를 구체화하기 위해 정보를 얻는 단계. 문제의 심각성에 따라 체계적으로 이루어져야 하며, 비공식적으로 이루어지기도 한다. 또한 문제를 신속히 해결해야 할 경우 진단 시간을 줄이고 즉각적인 대응을 하기도 한다.
개발 단계	조직 내에서 확인된 문제에 대해 해결 방안을 모색하는 단계. 주로 관리자와의 대화나 공식적인 문서를 참고로 진행된다. 그리고 기존에 없었던 새로운 문제일 경우 이에 대한 해결안을 설계해야 한다.
선택 단계	해결 방안을 마련한 뒤 실행 가능한 해결안을 선택하는 단계이다.

조직 진단 및 조직 관리 분야의 활용 모형 '7S 모형' ☆☆☆

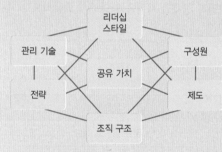

7S 모형은 조직 성과에 영향을 미치는 조직 내부의 핵심적 구성 요소 7가지를 중심으로 조직을 진단하는 것으로 조직의 문제 해결에 유용한 접근 방법이다. 7S 모형은 조직의 핵심적 역량 요소 7개가 밀접하고 일관성 있게 상호 의존적으로 연계될수록 강한 조직 역량이 구축되며, 이러한 조직이 장기적으로 높은 성과를 거둔다. 7S 모형은 조직의 핵심 역량을 전략적으로 관리하는 통합적인 시각을 제공하기 때문에 조직 관리나 조직 진단 실무에서 유용하다. 하지만 조직에 영향을 미치는 외부의 환경적 요인과의 관계를 명시적으로 제시하지 못하는 한계가 있다.

진단 변수	진단 요소	
전략	• 조직의 환경에 적절한 전략	• 전략에 대해 조직원 간의 합의
조직 구조	• 환경에 대응할 수 있는 기능적 구조	• 조직 규모의 적절성
제도	• 신속한 의사 결정	• 명확한 책임 소재
구성원	• 지나치게 순종적인 조직원들의 구성 문제	• 부서장에 적절한 인재 배치 여부
관리 기술	• 새로운 기술 도입	• 새로운 기술의 경험자의 여부
리더십 스타일	• 상하 관계의 경직성	• 만연한 불평등의 문제
공유 가치	• 위험부담이 있는 일에 대한 기피 여부	• 작은 것에 대한 지나친 승부

2. 직무

(1) 직무의 개념

조직에서 직무란 경영전략과 경영 활동 영역에서 상품이나 서비스를 창출하기 위해 생산적인 활동을 수행하는 것을 말한다. 조직 내에서 구성원들이 수행하는 직무, 즉 업무는 조직의 구조도를 통해 알 수 있다.

(2) 직무와 직위

① 직무는 조직 구성원들이 조직 목적을 달성하기 위해 수행하는 역할 행동으로, 조직의 목적을 달성하기 위해 구성원들이 수행하는 업무에 따른 권한과 책임, 의무이다. 따라서 직무는 조직 전체의 목적을 달성하기 위해 배분되고 이를 효과적으로 처리하기 위해 업무가 명확하게 구분되어 구조화되어 있다.
② 직위는 조직의 업무 체계 중에서 하나의 업무가 차지하는 위치로, 조직 내에서 직업인으로서 책임을 수행하고 권한을 행사하는 위치이다.

3. 경영의 이해

(1) 경영

① 경영의 개념: 기업은 기업 목표와 경영전략을 효율적으로 달성ㆍ수행하기 위해 업무ㆍ직무를 설정한다. 경영은 기업이나 조직이 어떤 목적을 달성하기 위한 전략을 선택하고, 인적 자원과 경제적 자원을 할당하여 효율적으로 제품과 서비스를 생산하는 활동이라고 할 수 있다.
② 기업 추구 목표와 경영의 개념
　㉠ 기업이 추구하는 목표

구분	효율성	유효성
평가 정도	자원의 사용 정도	목표 달성의 정도
의미	일을 올바르게 한다.	옳은 일을 한다.
목표	최소한의 자원 투입으로 최대한의 산출	최대한의 목표 달성
조직의 목표 달성 과의 관계	•목표 달성을 위한 수단이다. •효율성을 높이면 목표 달성이 쉽다.	•올바른 목표를 달성하는 것이다. •유효성이 높아야 목표가 달성된다.

　㉡ 경영의 핵심 요소
　　•경영 목적: 조직의 목적을 달성하기 위해 경영자가 수립한다.
　　•경영전략: 조직이 변화하는 환경에 적응하기 위하여 경영 활동을 체계화한다.
　　•인적 자원: 조직에서 일하는 구성원으로서, 경영은 이들의 직무 수행에 기초하여 이루어지므로 이것의 배치와 활용이 중요하다.
　　•자금: 경영하는 데 사용할 수 있는 돈으로 확보 정도에 따라 경영의 방향과 범위가 정해진다.

© 기업과 경영의 차이

기업	경영
복적 실성	목적을 실천하기 위한 수단(전략)
소유 단위	작업 단위(업무, 직무 단위)
수익성 또는 이윤 추구	생산성 또는 경제성 추구

(2) 경영전략

경영전략이란 변화하는 환경에 조직이 적응하기 위한 모든 활동을 체계화하는 것으로, 전략은 조직의 목표가 아니라 목표 달성을 위한 방법, 수단을 의미한다. '전략 목표 설정 → 환경 분석 → 경영전략 도출 → 경영전략 실행 → 평가 및 피드백'의 과정으로 진행된다.

① **전략 목표**: 기업(조직)이 경영을 통해 도달하고자 하는 결과나 상황 등의 모습으로, 구체적인 비전을 설정해야 한다. 그리고 기업(조직)이 추구하는 궁극적인 가치로서, 목표를 왜 성취해야만 하는지에 관한 이유를 미션으로 제시한다.

② **환경 분석**: 최적의 대안을 수립하기 위해 조직의 내·외부 환경을 분석한다. 예 SWOT

③ **경영전략 도출**

　㉠ **기업 전략**: 어떤 사업 또는 제품 분야를 선택하고 조직할 것인가와 관련된 전략이다.

　　예 **본업 중심이냐, 다각화냐, 본업의 이동이냐 등의 전략**

　㉡ **사업 전략**: 기업 전략에서 확정된 각 사업 제품 분야에서 경쟁적 우위를 점하기 위한 전략으로, 각 사업 제품 분야의 라이프 사이클상의 단계와 자사의 경쟁상의 지위에 좌우된다.

　　예 **시장점유율 확대, 성장, 이익 추구, 자본 축소, 시장 축소, 철수 등의 전략**

　㉢ **기능 전략**: 기업 전략이나 사업 전략과 같은 수준의 전략을 실행하기 위해 각 기능 부문이 취하는 전략이다.

　　예 **사업부 내의 기능별 조직인 재무, 인사, 생산, 마케팅, R&D 등에서의 전략**

④ **경영전략 수립 단계**

사업 구조 파악	경영 목표 및 경영전략을 수립하기 위한 추진 조직의 구성 및 추진 계획을 수립하는 단계
외부 환경 분석	경영전략 및 평가 체계 수립을 위해 **외부 환경 변화를 파악하고 분석**하여 이에 대한 기회 및 위협 요인을 도출하는 단계
내부 역량 분석	기존의 경영 이념 및 사업 영역을 바탕으로 핵심 역량, 프로세스, 재무 능력, 이해관계자에 대한 평가 및 분석을 통해 강점과 약점 요인을 도출하는 단계
비전과 과제 도출	전략 수립 주체의 실천 및 구체화 작업으로 SWOT 분석을 통해 **전략적 과제를 도출**하고 전략적 방향을 설정하는 단계
사업별 전략 수립	경영 목표를 설정하고 사업별로 경영 자원과 경영전략 의지를 마케팅 전략, 개발 전략, 재무 전략 등의 하부구조로 재분배하고 세부 계획을 수립하는 단계
실행 및 피드백	수립된 비전과 전략적 의지를 **구체적으로 실천**함으로써 전략의 타당성을 증명하고 핵심 전략 요소와 기능별 전략의 일체화를 전개하는 단계

⑤ 경영전략의 유형
  ㉠ **원가 우위 전략**: 원가 절감을 통해 해당 산업에서 우위를 점하는 전략이다.
    예 대량 생산을 통한 단위 원가의 절감, 생산 기술 개발 등
  ㉡ **차별화 전략**: 연구 개발을 통해 제품이나 서비스를 특화하고, 광고를 통해 이미지를 개선하여 고객 만족을 최대화하는 방법이다.
  ㉢ **집중화 전략**: 경쟁 조직들이 소홀히 하고 있는 특정 시장이나 고객을 대상으로 원가 우위나 차별화 전략을 써서 집중적으로 공략하는 방법이다.

배경지식 PLUS⁺　　**파레토 법칙(Pareto's Law)과 롱테일(Long Tail) 법칙**　　☆☆☆

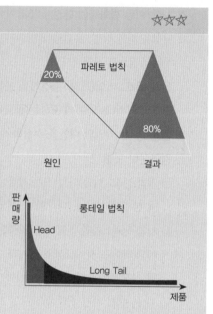

"상위 20% 사람들이 이탈리아 전체 부의 80%를 가지고 있다."라고 주장한 이탈리아의 경제학자 빌프레도 파레토(Vilfredo Federico Damaso Pareto)의 이름에서 따 온 파레토 법칙은 '80:20 법칙' 또는 '2:8 법칙'이라고도 한다. 이 용어를 경영학에 처음으로 사용한 품질 경영 전문가 조셉 주란(Joseph M. Juran)은 전체 결과의 80%가 전체 원인의 20%에서 일어난다고 말한다. 상위 20%의 사람들이 전체 부의 80%를 가지고 있다거나 상위 20%의 고객이 매출의 80%를 창출한다는 의미이다.

인터넷 시대가 도래하면서 인터넷 상거래를 통해 단기적으로 소량이 팔리는 제품(틈새 시장)도 기업의 장기적인 누적 판매량에 기여를 하게 되었다. 이를 롱테일 법칙이라고 부른다. 파레토 분포에서 매출의 80%를 담당하는 상위 20%의 제품을 머리(Head)로, 매출의 20%를 담당하는 제품을 꼬리(Tail)로 부르는데, 전통적으로 머리는 소위 히트 제품으로서 주력 제품을, 꼬리는 다수의 틈새 상품을 뜻한다. 파레토 분포에서 우측에 있는 긴 꼬리의 80%의 제품을 롱테일이라고 하며, 좌측에 있는 초기의 높은 매출을 기록하는 20%의 제품을 베스트셀러라고 한다. 즉, 롱테일 법칙은 단기적으로 적은 매출을 나타내지만, 장기간 긴 꼬리를 합산하면 상당한 매출량이 된다는 것을 의미한다.

I. 다음 중 '경영전략 수립의 단계'를 정리한 지료에서 ㉠~㉤에 쓸 내용으로 저절한 것은?

경영전략 수립의 단계별 개요	
사업 구조 파악	경영 목표 및 경영전략을 수립하기 위한 추진 조직의 구성 및 추진 계획을 수립하는 단계
외부 환경 분석	㉠
내부 역량 분석	㉡
비전과 과제 도출	㉢
사업별 전략 수립	㉣
실행 및 피드백	㉤

① ㉠: 전략 수립 주체의 실천 및 구체화 작업으로 SWOT 분석을 통해 전략적 과제를 도출하고 전략적 방향을 설정하는 단계 ··· 비전과 과제 도출 단계

② ㉡: 경영전략 및 평가 체계 수립을 위해 외부 환경 변화를 파악하고 분석하여 이에 대한 기회 및 위협 요인을 도출하는 단계 ··· 외부 환경 분석 단계

③ ㉢: 수립된 비전과 전략적 의지를 구체적으로 실천함으로써 전략의 타당성을 증명하고 핵심 전략 요소와 기능별 전략의 일체화를 전개하는 단계 ··· 실행 및 피드백 단계

④ ㉣: 경영 목표를 설정하고 사업별로 경영 자원과 경영전략 의지를 마케팅 전략, 개발 전략, 재무 전략 등의 하부 구조로 재분배하고 세부 계획을 수립하는 단계

⑤ ㉤: 기존의 경영 이념 및 사업 영역을 바탕으로 핵심 역량, 프로세스, 재무 능력, 이해 관계자에 대한 평가 및 분석을 통해 강점 및 약점 요인을 도출하는 단계 ··· 내부 역량 분석 단계

정답 ④

정답 해설 ㉣의 활동은 사업별 전략 수립 단계에 해당한다.

오답 해설 ①은 비전과 과제 도출 단계, ②는 외부 환경 분석 단계, ③은 실행 및 피드백 단계, ⑤는 내부 역량 분석 단계이다.

기업의 성장 전략

제품 시장	기존 제품	신규 제품
기존 시장	시장 침투 전략	제품 개발 전략
신규 시장	시장 개발 전략	다각화 전략

- **시장 침투 전략**: 무리하게 성장을 꾀하기보다 기존 시장에서의 점유율을 키우는 데 주력한다.
- **시장 개발 전략**: 기존 제품을 다른 고객층에게 공급한다.
- **제품 개발 전략**: 새로운 시장 개척에 힘을 쏟기보다 이른 시일 안에 차별화된 제품을 출시한다.
- **다각화 전략**: 신제품을 개발하여 새로운 시장에 진출하는 것으로, 위험도가 크지만 회사의 기존 기술과 경험을 활용하여 유사한 분야로 진출하면 실패 확률을 줄일 수 있다.

수퍼플루이드(Superfluid) 시대

물리학 용어인 '수퍼플루이드'는 글로벌 회계와 컨설팅 기업 EY가 4차 산업 혁명 시대를 비즈니스 관점에서 해석하여 사용하기 시작하였다. 수퍼플루이드는 디지털 기술이 발달하여 상품과 서비스의 거래 비용이 최소화되는 것으로, 거래 비용을 획기적으로 낮춰 원가 구조를 파괴하는 방법이다. 즉, 수요와 공급, 생산자와 판매자가 거래 비용 없이 직접 연결되는 새로운 비즈니스 상황을 말한다. 많은 기업들이 제조, 물류, 사무 영역에서 블록체인, 사물인터넷(IoT), 로봇 기술 등 다양한 디지털 기술을 적용해 원가 구조를 혁신하고 있다.

BCG 매트릭스 기법과 GE 매트릭스

BCG 매트릭스 기법

BCG 매트릭스 기법은 2개의 축을 기준으로 4개의 영역을 도출하여 각 사업 단위의 경쟁적 지위를 알아보는 기법이다. 이 기법은 생산량이 2배로 증가할 때 비용은 일정한 비율로 감소하는 경험 곡선 이론을 바탕으로 하며, 상대적 시장 점유율(매출액), 시장 성장률, 현금 흐름이라는 3가지 측면에서 SBU(전략사업단위)를 평가하여, 어떤 사업에 자원을 할당해야 하는지에 대한 투자의 우선순위를 결정한다.

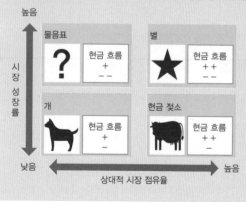

- **물음표**: 시장 성장률은 높으나 상대적 시장 점유율이 낮은 사업. 신규 사업의 경우 기존 선도 기업 등과 경쟁하기 위해 새로운 자금의 투입이 필요하다. 시장이 급속히 성장하므로 이익을 높일 수 있는 투자 기회는 많지만, 심한 경쟁으로 인해 투자가 곧 시장 점유율의 확대와 연결되지 않아 결과에 대한 불확실성과 위험이 내포되어 있다.
- **별**: 시장 성장률도 높고 시장 점유율도 높은 사업. 시장 내 선도 기업의 지위를 유지하고 있어 현금 유입이 기대되지만, 급속한 성장 기회를 활용하고 시장 점유율을 유지하기 위해서는 생산 시설 확충 등의 막대한 자원의 투자가 요구된다.

- **현금 젖소**: 시장의 성장률은 낮지만, 시장의 점유율은 높은 사업. 사업의 많은 이익을 시장으로부터 창출해 낸다. 시장의 성장률이 둔화되었기 때문에 새로운 설비 투자 등과 같은 신규 자금의 투입이 필요 없고 이미 시장 내 선도 기업에 해당하여 규모의 경쟁이 가능하고 높은 생산성을 누리기 때문이나.
- **개**: 낮은 시장 성장률 때문에 그다지 많은 자금의 소유가 필요하지는 않지만, 사업 활동에 있어서 얻는 이익도 매우 적은 사업. 이 사업에 속한 시장의 성장률이 다시 고성장할 가능성 또는 시장 내에서의 자사의 지위나 점유율이 높아질 가능성이 있는지 검토해 볼 필요가 있다.

GE 매트릭스 전략

BCG 매트릭스의 단점을 보완하여 보다 다양한 변수를 사용한 분석 방법으로, 산업 매력도와 사업 경쟁력을 기준으로 사업을 평가한다. GE 매트릭스는 BCG 매트릭스에 비해 변수가 많아 더욱 정확한 측정이 가능하다는 장점이 있지만, 측정 요소를 평가자가 적절히 바꿀 수 있기 때문에 객관성이 떨어진다는 단점이 있다.

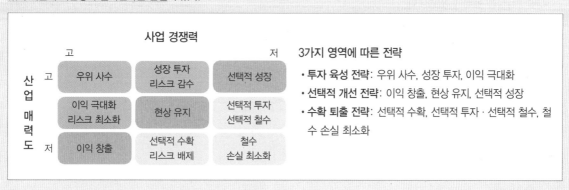

생산성 지수   ☆☆

생산성 지수는 투입 대비 결과 산출물에 대한 지수이다. 기준 연도 대비 생산성 지수값이 높을 경우 생산성이 향상되었다고 보며, 낮을 경우 생산성이 떨어졌다고 할 수 있다. 생산성 향상을 위한 방법으로 산출량 지수, 즉 산출량을 높이거나 투입량 지수, 즉 투입량을 줄여야 한다.

> **생산성 지수**: 산출량 지수를 투입량 지수로 나눈 값
> $$= \frac{\text{산출량 지수}}{\text{투입량 지수}}$$

2. 다음 글의 (가)에 쓸 수 있는 내용끼리만 고른 것은?

> 조립 생산 방법 개선으로 생산성 향상을 이루려는 움직임이 있습니다. 예를 들어 조립 생산에서 컨베이어 방식을 추진하는 공장이 많이 있습니다. 하지만 현재 다품종 소량 생산 추세에서는 일괄처리(BATCH) 방식을 추진하고 있습니다. ○○전자의 경우 셀(CELL) 방식이라고도 합니다. 컨베이어 방식의 문제는 ___(가)___ 등을 일으킬 수 있다는 것입니다. 반면에 BATCH(또는 CELL 방식)는 혼자서 여러 작업을 한 번에 실시함으로써 작업자 간의 낭비를 최소화하고, 모델 변화에 대처하여 준비 시간을 단축함으로써 생산성을 높일 수 있습니다.

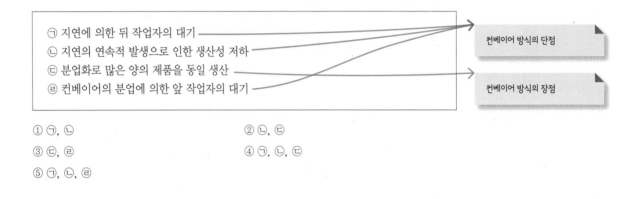

㉠ 지연에 의한 뒤 작업자의 대기 ─────── 컨베이어 방식의 단점
㉡ 지연의 연속적 발생으로 인한 생산성 저하 ─────
㉢ 분업화로 많은 양의 제품을 동일 생산 ─────
㉣ 컨베이어의 분업에 의한 앞 작업자의 대기 ───── 컨베이어 방식의 장점

① ㉠, ㉡   ② ㉡, ㉢
③ ㉢, ㉣   ④ ㉠, ㉡, ㉢
⑤ ㉠, ㉡, ㉣

정답 ⑤

정답 해설 두 번째와 세 번째 문장을 볼 때 컨베이어 방식과 셀 방식은 반대 개념의 방식이다. 셀 방식은 혼자서 여러 작업을 한 번에 하는 방식이므로 반대 개념인 컨베이어 방식은 여럿이서 작업을 나눠서 하는 것이라고 추측할 수 있다. 빈칸 (가)에는 컨베이어 방식의 문제(단점)가 들어가야 하므로 여럿이서 분업하여 일하는 방식의 단점을 찾으면 된다. ㉠, ㉡, ㉣은 혼자가 아닌 여럿이서 분업하여 일할 때의 문제점이므로 (가)에 쓸 수 있는 내용으로 알맞다.

오답 해설 (가)에는 컨베이어 방식의 단점을 써야 하므로 컨베이어 방식의 장점인 ㉢ '분업화로 많은 양의 제품을 동일 생산'은 알맞지 않다.

(3) 경영참가

경영 민주화의 사고방식에 따라 근로자가 경영에 참여하는 일을 말하며 관리 참가, 분배 참가, 자본 참가 등 3가지 형태가 있다. '관리 참가'란 종업원의 대표가 경영자에게 이의 주장을 시청하는 제도나 종업원의 대표가 톱 매니지먼트에 참가하는 것을 말한다. '분배 참가'란 생산 보상 제도나 이윤 분배 제도를 시행하는 것이고, '자본 참가'란 종업원 지주 제도를 통해 종업원이 자기가 속해 있는 기업의 주식을 소유하는 것을 말한다.

이 그래프는 합리적 경영 참가 제도가 노사에게 모두 이로움을 보여 준다. A점은 '사용자의 이익 〉 근로자의 이익', B점은 '근로자의 이익 〉 사용자의 이익'을 나타낸다. 노사 간의 갈등이 심해지면 생산성 저하와 노사 모두의 이익 감소로 인해 C점으로 이동하게 된다. 그러나 사용자측이 기업경영 의사 결정 및 성과 배분에 근로자를 참여시키는 합리적 제도를 마련하면 노사 모두의 이익이 증진되어 D점, E점으로까지 이동할 수 있다.

경영참가의 유인(誘因)

기출점검 경영참가

3. 다음은 경영참가에 대한 글이다. 밑줄 친 부분에 대한 내용으로 가장 적절한 것은?

> 경영 민주화는 기업 경영에 민주주의 원칙을 도입하는 것을 말하며, 구체적으로는 다음과 같은 내용이 있다. 첫째, 기업의 이해 집단에 대한 이해의 균형적 조정을 도모한다. 둘째, 기업 내부의 계급적·신분적 차별을 없앤다. 셋째, 종업원 또는 노동조합이 기업 경영에 대해 발언권을 가진다. 넷째, 종업원의 소유 참가(所有參加)·성과 분배가 이루어지는 것 등을 들 수 있다.

① 노동조합의 단체교섭권 확립과 노사협의제나 직장에서의 참가적 리더십이나 자주 관리 등을 통하여 경영참가가 권장되고 있다.

② 직원과 노동자의 신분적 차별을 없애는 운동이 유럽 여러 나라에서 추진되어 공원(工員) 출신에게도 관리직의 길이 열리게 되었다.

③ 소유 참가 자체가 경영 민주화에 대해 가지는 의의는 적지만, 성과 분배 제도는 노사 대등의 기반 위에 노사 협력을 촉진하고 중소기업의 경영 민주화에 큰 역할을 하고 있다.

④ 노사 간에 미리 정해진 일정한 기준에 따라 노동자에게 주는 임금 외에 추가 급부로 이윤의 일부를 분배하는 제도가 원만한 노사 협조와 근로 의욕 향상에 도움을 주고 있다.

⑤ 대기업을 중심으로 소유와 경영이 분리되고, 자본가 대신에 전문 경영자가 경영 지배권을 가짐으로써 주주나 노동자, 소비자 등 이해 집단의 이해가 균형 있게 조정되었다.

정답 해설 밑줄 친 부분은 종업원 또는 노동조합이 기업 경영에 대한 발언권을 가진다는 내용이므로 단체교섭권 확립이나 노사협의제 등을 통한 경영참가와 관련된다.

오답 해설 ② 둘째의 기업 내부의 계급적, 신분적 차별과 관련한 구체적인 내용에 해당한다.

③ 넷째의 소유 참가와 성과 분배 제도와 관련한 구체적인 내용에 해당한다.

④ 넷째의 성과 분배 제도에 관한 구체적인 내용에 해당한다.

⑤ 첫째의 기업의 이해 집단에 대한 이해의 균형적 조정과 관련된다.

배경지식 PLUS⁺   **기업들의 새로운 변화, 메타버스(Metaverse)**

'메타버스'는 가상과 초월을 의미하는 'Meta'와 공간과 세계를 의미하는 'Universe'의 합성어로 디지털 기술을 기반으로 하는 가상의 공간을 의미한다.

외부 세계를 증강시키는 유형

현실 세계에 가상의 3D 물체를 겹쳐 보이게 하여 입체적이고 실감나게 구현하는 기술로, 위치 기반 기술과 네트워크를 활용하여 스마트 환경을 구축한다.
예 포켓몬Go, 디지털 교과서 등

내부 세계를 증강시키는 유형

스마트 기기 등을 활용하여 자신의 일상적인 경험과 정보를 통해 타인과 소통하게 하는 기술로, 사물과 사람의 정보를 기록하고 공유한다.
예 인스타그램, 애플워치, 삼성헬스 등

외부 세계를 시뮬레이션하는 유형

실제 세계의 모습이나 정보, 구조 등을 가상 세계에 옮겨 놓은 기술로, 정보적으로 강화된 가상 모델이나 실제 세계의 반사를 의미한다.
예 구글어스, 구글맵, 네이버 지도 등

내부 세계를 시뮬레이션하는 유형

정교한 3D 기술과 아바타 등 디지털 기술을 적용하여 사용자가 가상의 세계에 존재한다는 느낌이 들게 하는 기술로, 아바타 간의 상호작용 활동에 기반한다.
예 마인크래프트 등

현재 글로벌 빅테크를 중심으로 자사 플랫폼을 탑재하기 위한 디바이스* 선점 경쟁이 심화되고 있으며, 이에 따른 디바이스 시장에 대한 전략도 차별화하고 있다. 국내에서는 디바이스와 플랫폼은 대기업들이 주도하고 있고, 콘텐츠는 중소기업 위주로 활성화되고 있다.

* 디바이스(Device): 특정한 목적을 위하여 구성한 기계적, 전기적, 전자적인 기기나 도구, 장치를 뜻한다.

4. 직무 관련 의사소통

(1) 공감적 듣기(Empathetic Listening) ☆☆☆

① **공감적 듣기의 성격**: 화자의 담화를 분석하거나 비판하지 않고 화자의 관점에서 문제를 바라보고 감정을 이입해서 들으며 화자의 생각이나 감정을 이해하려는 듣기

② **공감적 듣기의 방법**: 무엇보다 비판적이지 않아야 하며, 수용적이어야 한다. 또한 윤리적으로 판단되지 않는 분위기를 조성해 준다. 그리고 화자의 말을 집중하여 들으며 화자가 자신의 이야기를 더 많이 이끌어 낼 수 있도록 격려하여 주고 반영하여 주는 것이 필요하다

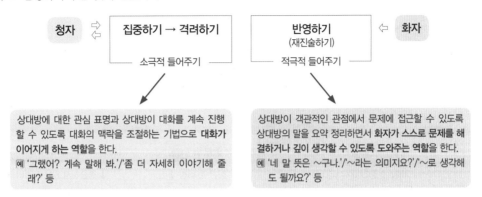

(2) 공감적 듣기의 효율적인 방법(Stewart & Logan, 1998)

① **집중하기**(Focusing Skills)

  ㉠ **상대방과의 눈 맞춤**(Eye Contact): 상대방과의 눈 맞춤은 청자가 화자의 말을 집중해서 듣고 있음을 보여 주는 강력한 표지 역할을 한다.

  ㉡ **몸짓과 적절한 음성적 반응**: 상대방의 이야기를 들으면서 계속 고개를 끄덕여 주는 등의 몸짓, '그래?', '정말?', '으음', '그래서' 등의 적절한 음성적 반응을 통해 상대방에게 보다 잘 집중할 수 있게 된다.

② **격려하기**(Encouraging Skills)

  ㉠ **대화를 이끌어가기**: '좀 더 이야기해 봐.', '계속 말해 봐.', '좀 더 자세히 말해 주겠니?', '이를테면?'과 같은 말로 계속 대화를 이끌어 간다.

  ㉡ **어휘나 표현들의 반복과 질문**: 상대방이 한 말 가운데 주요한 어휘나 표현들을 반복해 준다.

  ㉢ **부족한 부분에 대한 질문**: 질문은 '예/아니오'로 답해야 하는 닫힌 질문보다 '~에 대한 네 생각은 어떠니?'와 같은 열린 질문이 좋다. 가치 판단이 개입된 질문이나 '왜?'로 시작되는 질문은 상대방으로 하여금 방어적인 태도를 취하게 할 염려가 있으므로 피하는 것이 좋다.

  ㉣ **침묵을 견디는 것**: 침묵은 불편하고 어색한 느낌이 들지만, 공감적 듣기를 위해서는 상대방에게 이야기할 여지를 좀 더 많이 준다는 차원에서 침묵을 견딜 수 있어야 한다.

③ **반영하기**(Reflecting Skills) ☆☆☆: 들은 내용을 자신이 이해한 자신의 말로 재진술(Paraphrase)하는 방법이다. 상대방이 전달한 메시지를 자신이 어느 정도로 이해했는지를 나타내 주는 반응으로, 상대방의 관점을 직접적으로 반영해 준다. 상대방 견해를 뒷받침해 줄 만한 자신의 경험 사례를 제시하고 이에 대한 상대방의 의견을 물음으로써 공감적 듣기 과정을 촉진시켜 줄 수 있다는 점에서도 의미가 있다.

5. 의사소통에서의 대화의 원리

(1) 정중 어법의 원리(공손성의 원리, G.Leech, 1983) ☆☆☆

① **정중 어법의 정의**: 대화 참여자들이 의사소통 과정에서 상대에게 정중한 표현은 최대화하고, 정중하지 않은 표현은 최소화하라는 원리이다. 이 원리는 자기 중심적 생각을 상대방의 관점에서 표현하려는 것으로 담화(또는 발화)가 상대방에게 미칠 영향을 고려하는 태도의 문제라고 할 수 있다.

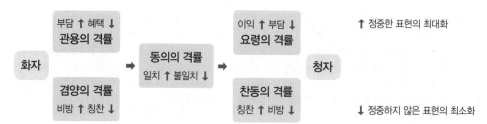

언어 표현을 통한 요청, 설득 등의 의사소통의 수행적 목적뿐 아니라, 표면적으로 청자에게 부담을 적게 주고 청자를 대우하는 사회적 기능이라는 측면에서 인간관계 유지나 소통의 목적을 달성하는 데 있어서 효과적이다.

㉠ **요령의 격률(Tact Maxim)**: 상대방에게 부담이 되는 표현은 최소화하고 상대방의 이익을 극대화하는 격률

    예 김 팀장님, 혹시 지금 시간 좀 내어 주실 수 있나요?
- '혹시', '좀' 등의 표현을 통해 청자의 부담을 최소화하고, 질문의 형식을 통해 상대방에게 선택의 여지를 허용해 줌으로써 부담을 줄여 주고 있다.

㉡ **관용의 격률(Generosity Maxim)**: 요령의 격률을 화자의 관점에서 말한 것으로, 화자 자신에게 혜택을 주는 표현은 최소화하고 자신에게 부담을 주는 표현을 최대화하는 격률

    예 이 선생님, 제가 잠시 다른 생각을 하고 있었어요. 죄송하지만 한 번만 다시 말씀해 주시겠습니까?
- 못 들은 책임을 자신의 부주의 탓으로 돌려서 자신의 부담을 최대화하는 대신 상대방의 부담을 최소화하고 있는 정중한 표현이다.

㉢ **찬동의 격률(Approbation Maxim)**: 다른 사람에 대한 비방을 최소화하고 칭찬을 극대화하는 격률

    예 A: 자네 친구를 보니 정말 듬직해 보이고 좋은 사람인 것 같아.

       B: 뭘, 그렇게 좋게 보아주니 고마워.
- 친구가 자신의 다른 친구를 소개하는 자리에서 칭찬하는 말을 최대화하고 있다. 상대가 마음에 들지 않더라도 그냥 아무 말도 하지 않고 조용히 있는 것도 찬동의 격률을 지키는 것이 된다.

㉣ **겸양의 격률(Modesty Maxim)**: 자신에 대한 칭찬은 최소화하고 자신에 대한 비방을 극대화하는 격률로, 찬동의 격률을 화자의 관점에서 말하는 것

    예 A: 김 팀장은 어쩌면 그렇게 열심히 일을 하나? 무척 노력하는 것 같아. 대단해.

       B: 아닙니다. 아직도 너무나 모르는 것도 많고 부족한 것이 많아요.
- 자신에 대한 칭찬을 부정하고 자신을 낮춤으로써 겸양의 격률을 지키고 있다.

ⓜ 동의의 격률(Agreement Maxim): 자신의 의견과 다른 사람의 의견 사이의 다른 점을 최소화하고 자신의 의견과 다른 사람의 의견 사이의 일치점을 극대화하는 격률

　예 A: 우리 이번 프로젝트 끝나면 그날만큼은 빨리 퇴근했으면 좋겠어.

　　B: 그것도 좋겠지만, 난 그날 팀원 모두 회식을 했으면 좋겠어.

　　A: 그래, 그것도 좋겠다. 팀이 한번 모여서 격려하고 뭉치는 분위기를 만드는 것도 좋겠네.

　　- 서로 다른 의견을 가지고 있지만 대립하는 대신 상대방의 의견을 존중하여 상대방과의 일치를 강조하고 난 다음에 자신의 의견을 제시하는 방법을 사용하고 있다.

(2) 협력의 원리(Cooperative Principle) ☆☆☆

① 협력의 원리의 개념: 대화 참여자가 대화의 목적에 성공적으로 도달하기 위해 지켜야 할 4가지 격률 또는 규칙

② 협력의 격률(Grice, 1975): 대화가 진행되는 각 단계에서 대화의 방향이나 목적에 의해 요구되는 만큼 기여를 하라는 격률

화자 ➡	결속성	⬅ 청자
대화 목적 설정	양의 격률 + 질의 격률 + 관련성의 격률 + 태도의 격률	수용 · 반응

㉠ 양의 격률(The Maxim Of Quantity): 대화의 목적에 필요한 만큼의 정보를 제공하고 필요 이상의 정보를 제공하지 말라는 것

㉡ 질의 격률(The Maxim Of Quality): 타당한 근거를 들어 진실을 말하고 거짓이라고 생각되는 말이나 증거가 불충분한 것은 말하지 말라는 것

㉢ 관련성의 격률(The Maxim Of Relevance): 대화의 목적이나 주제와 관련된 것(적합성이 있는 말)을 말하라는 것

㉣ 태도의 격률(The Maxim Of Manner): 명료하게 말하는 것으로, 모호성이나 중의성이 있는 표현을 하지 말며 간결하고 조리 있게 말하되 언어 예절에 맞게 말을 하여야 한다는 것

배경지식 PLUS⁺　　**대화 함축(Conversational Implicature)**

대화 함축은 협력의 원리를 의도적으로 어긋나게 벗어남으로써 발화 의도를 함축적으로 전달하는 방법을 말한다.

> A: 이번 팀 평가는 잘 나왔어?
> B: 오늘 날씨는 왜 이러는 거야?

표면적으로 관련성의 격률을 위배하고 있는 이 대화는 '팀 평가'에 대해서 이야기하기 싫다는 대화 함축을 전달하고 있다. 이와 같이 대화 함축은 화자가 어떤 의도를 암시하거나 함의하고 있다는 전제에서 의미 해석이 이루어지게 한다.

(3) 거리 유지의 원리 ☆☆☆

① **개념**: 의사소통 과정 중 연관성과 독립성, 이 2가지 욕구 사이에서 균형을 유지하려는 것

② 두 가지 욕구 사이의 균형을 유지하려는 거리 유지의 원리(Robin Rakoff)

    ㉠ 상대방과의 거리를 유지하라.: 상대방의 독립성의 욕구를 존중해 줌으로써 상대방을 편안하게 해 주는 데 기여한다.

    ㉡ 상대방에게 선택권을 주어라. 상대방으로 하여금 의견을 말하도록 유도하라.: 상대방으로 하여금 독립성과 연관성
        이라는 상반된 두 가지 욕구 사이에서 균형을 잡고 적절한 거리를 조절할 수 있도록 하는 데 많은 도움을 준다.
        상대방에게 선택권을 주는 방법은 대개 간접적이고 우회적인 표현을 통해서 실현된다.

> **자신의 말이 상대방에게 미칠 수 있는 영향을 고려하는 태도**
>
> > – 텔레비전 소리 좀 줄여 주세요. (명령문의 형태로 발화한 직접 대화 행위)
> > – 좀 시끄럽지 않으세요? (우회적 표현으로 의도를 간접적으로 표현한 간접 대화 행위)
>
> • 일방적인 명령이 아니라 의문 형식의 간접적 표현은 상대방에게 선택권을 부여해, 강요한다는 인상을 주지 않으면서 상대
> 방과 우호적 관계를 유지할 수 있다는 장점이 있다.
> • 상대방과의 적절한 유대 관계(또는 연대감)를 유지하면서 상대방과의 정면충돌을 피할 수 있게 한다는 점에서 자기 방어의
> 효과가 있다.

    ㉢ 항상 우호적인 태도를 견지하라.: 상대방과의 연관성의 욕구를 충족시키는 데 기여할 수 있다.

6. 자아인식과 자기 표현 ☆☆☆

(1) 자아 개념과 자아 노출

① **자아 개념의 개념**: 단순히 자신에 대한 생각이 아니라 다른 사람이 나를 어떻게 생각한다고 보느냐에 대한 나의 생각

② **자아 노출의 개념**: 화자는 말하는 과정, 즉 담화 내용의 표현과 전달 과정을 통해 의미를 드러낸다. 이 과정에서 자
    신에 대한 정보를 청자에게 제공하는데, 이를 자아 노출이라고 한다. 자아 노출은 상대방과의 대인 관계를 맺는 데
    있어서 중요한 역할을 담당한다.

(2) 자아의 유형

① **사회적 자아**: 가족, 친구, 직장 동료 등의 관계에서 사회적 역할이나 사회적 신분을 드러내 주는 자아이다. 사회적
    관계 안에서 대화의 방향이나 내용의 틀을 결정짓는다.

② **문화적 자아**: 성별이나 민족, 출신 지역, 사회 계층 등을 드러내 주는 자아이다. 과거의 경험을 통한 습관과 반복적
    행동 유형에 의해 형성된다.

③ **개인적 자아**: 자신만의 고유한 성격이나 특성, 가치관이나 경험 등을 드러내 주는 자아이다.

(3) 개인적 자아의 자기 노출

① 조하리의 창(J.Luft, 1969)

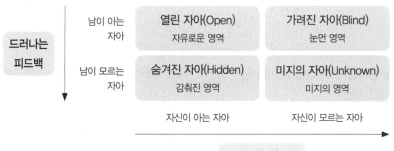

- ⊙ **열린 자아**: 다른 사람과 내가 아는 자아로, 이름이나 신분, 성별, 직업, 키 등과 같은 일반적인 정보들이다. 노출되더라도 불안해하지 않을 만한 객관적인 정보들로 이루어진 부분들이 해당된다.
- ⓒ **가려진 자아**: 남들은 아는데 자신은 모르는 영역으로, 목소리·언어적/비언어적 행동·태도 등이 해당된다.
- ⓒ **숨겨진 자아**: 나는 알지만 다른 사람은 모르는 자아로, 다른 사람들에게 알리고 싶지 않은 자신만의 개인적인 영역이다. 자신의 감정, 느낌, 경험, 비밀, 부끄러운 일 등이 해당된다.
- ② **미지의 자아**: 나도 다른 사람도 모르는 자아로, 자신의 의식 속에서도 아직 파악되지 못한 내밀한 욕망이나 기대, 무의식적인 두려움 등이 해당된다.

② **자아 노출의 성격**: 어떻게 자신을 적절하고 효과적으로 드러낼 것인가가 중요하다.
- ⊙ **관계 형성과 유지, 발전**: 개인이 만나 관계를 형성하고 유지, 발전시켜 나갈 때 자아 노출을 하며, 언어의 관계적 목표와 직결된다.
- ⓒ **상호 작용적인 성격**: 긍정적인 사람은 적극적으로 자아를 노출하고, 상대의 의견이나 가치관, 상대의 반응을 수용하여 자신을 변화시킨다.
- ⓒ **불확실성의 감소와 친밀감 형성**: 서로에 대한 불확실성이 감소되고 서로의 소통 양식에 익숙해짐으로써 친밀감이 높아진다.
- ② **노출의 시기와 정도의 조절 필요**: 지나친 자아 노출은 상대를 당황하게 하거나 오해를 불러일으킬 수 있으므로 친한 정도와 상대의 태도에 따라 적절한 수준에서 이루어져야 한다.
- ⓜ **문화와 성격에 따른 주제의 차이**: 자아 노출의 주제는 문화나 성격에 따라서 달라지므로 개인차가 있다.

(4) 자아 노출의 순서: 사회적 자아(대인 관계 형성 초기) → 개인적 자아(대인 관계 발전)

① **자아 노출 정도의 고려 사항**: 자아 노출 정도는 상황·개인·문화에 따라 달라지므로 대화의 내용을 선택할 때 대화 참여자 간의 친밀도나 사회적 관계를 고려할 필요가 있다.

② **자아 노출의 정도와 순서**: 대인 관계는 관계가 형성된 후 대화를 통해 자신에 대한 정보를 제공하고 자아를 노출하면서 발전한다. 이때 자아를 노출하는 정도가 관계를 결정한다.

2절 기출로 실력 다지기

01 다음과 같이 경영전략을 정의할 경우, 밑줄 친 기업 전략에 대한 내용으로 적절한 것은?

> 경영전략은 기업이 경영 자원을 배분하는 기본 원리를 말한다. 대기업의 경우 경영전략은 포괄성에 따라 기업 전략, 사업 전략, 기능 전략으로 나누어진다. 기업 전략은 어떤 사업 또는 제품 분야를 선택하고 조직할 것인지에 중점을 두고, 사업 전략은 기업 전략에서 확정된 각 사업 또는 제품 분야에서 어떻게 경쟁할 것인가에 중점을 둔다. 기능 전략은 기업이나 사업 전략 등 상위 전략을 효과적으로 뒷받침할 수 있는 각 개별 사업부 내의 조직에서의 기능별 전략을 말한다.

① A사는 기존 사업과 관련이 있는 새로운 사업 영역에 진출하려고 준비하고 있다.

② A사는 확정된 사업과 제품 분야의 라이프 사이클 상의 단계와 자사의 경쟁상의 지위를 분석하려고 한다.

③ A사는 B사와의 경쟁 전략으로 저원가로 경쟁할 것인가, 차별화로 경쟁할 것인가를 결정하려고 한다.

④ A사는 각 개별 사업부의 조직 자원을 효율적으로 사용함으로써 얻을 수 있는 비용 절감에 관심을 두고 있다.

⑤ A사는 사업부 내의 기능별 조직인 재무, 인사, 생산, 마케팅, R&D 등에서의 전략을 활용하여 보유 자원을 효율적으로 활용하여 생산성을 향상시키려고 한다.

※ 다음 글을 읽고 물음에 답하시오. [2~3]

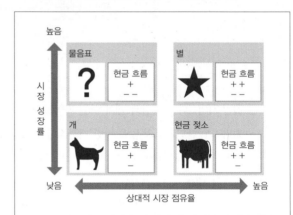

> BCG 매트릭스 기법은 특정 사업 단위의 상대적 시장 점유율(매출액), 해당 사업 단위가 속한 시장의 성장률, 사업의 추진에 따른 현금 흐름이라는 3가지 측면에서 SBU*를 평가하게 되며, 기업은 이 기법을 활용하여 모든 SBU를 분석하고 어떤 사업에 자원을 할당해야 하는지에 대한 투자의 우선순위를 결정하게 된다.

* SBU: 전략사업단위(Strategic Business Unit)의 약자

02 윗글의 BCG 매트릭스에 대한 설명으로 적절하지 <u>않</u>은 것은?

① 사업 방향이 4개의 영역으로 도출되어 각 사업 단위의 경쟁적 지위를 알아볼 수 있게 설계되었다.

② 사업성을 분석할 때 시장 성장률과 상대적 시장 점유율이라는 두 축을 활용한다.

③ 어떤 사업에 자원을 할당해야 하는지에 대한 투자의 우선순위를 결정할 수 있다.

④ 산업 매력도와 시장에서의 사업 경쟁력을 기준으로 사업을 평가하는 전략이다.

⑤ 회사가 투자해야 하는 브랜드와 매각해야 하는 브랜드를 이해하는 데 도움이 된다.

03 윗글의 '현금 젖소'에 대한 설명으로 가장 적절한 것은?

① 시장 성장률은 높으나 상대적 시장 점유율이 낮은 사업이다. 시장에 처음으로 제품을 출시하지 않은 대부분의 사업부가 출발하는 지점으로 신규로 시작하는 사업이기 때문에 기존의 선도 기업을 비롯한 여러 경쟁 기업에 대항하기 위해 새로운 자금의 투입이 필요하다.

② 시장 성장률도 높고 시장 점유율도 높은 사업을 말한다. 시장 내 선도기업의 지위를 유지하고 있어 현금 유입이 기대되지만, 급속한 성장 기회를 활용하고 시장 점유율을 유지하기 위해서는 생산 시선의 확충 등에 막대한 자원의 투자가 요구되어 현금 유출이 불가피한 사업이다.

③ 시장이 급속히 성장하므로 이익을 높일 수 있는 투자 기회는 매력적이지만, 심한 경쟁에서 이겨야 하므로 투자가 시장 점유율의 확대와 연결되지 않은 불확실성과 위험이 내포되어 있다. 기업이 자금을 투입할 것인가 또는 사업부를 철수해야 할 것인가를 결정해야 하는 시기이다.

④ 낮은 시장 성장률 때문에 그다지 많은 자금의 소유가 필요하지 않지만, 사업 활동에 있어서 얻는 이익도 매우 적은 사업이다. 이 사업에 속한 시장의 성장률이 향후 다시 고성장할 가능성이 있는지 혹은 시장 내에서의 자사의 지위나 점유율이 높아질 가능성이 있는지 검토해 볼 필요가 있다.

⑤ 시장의 성상률은 낮지만, 시장의 점유율은 높은 사업이다. 여기에 속한 사업은 많은 이익을 시장으로부터 창출해 낸다. 시장의 성장률이 둔화되었기 때문에 그만큼 새로운 설비투자 등과 같은 신규 자금의 투입이 필요 없고 시장 내 선도 기업에 해당하므로 규모의 경제가 가능하고 높은 생산성을 누리기 때문이다.

※ 다음 글을 읽고 물음에 답하시오. [4~5]

> '생산성 지수 = [(가)]'라고 하는데 생산성 지수는 투입 대비 결과 산출물에 대한 지수로서 기준 연도 대비 생산성 지수값이 높을 경우 생산성이 향상되었다고 보며, 낮아지면 생산성은 떨어졌다고 볼 수 있습니다.
>
> 이에 따라 생산성 향상을 위한 방법으로 [(나)] 은/는 기업의 여건이나 제조 · 판매 활동 구조 및 시장 상황에 따라 방향이 달라질 수 있습니다.

04 윗글의 (가)에 쓸 가장 적절한 것은?

① 투입량 지수/산출량 지수

② $\dfrac{\text{산출량 지수}}{\text{투입량 지수}}$

③ 산출량 지수$^{\text{투입량 지수}}$

④ 투입량 지수$^{\text{산출량 지수}}$

⑤ 산출량 지수×투입량 지수

05 다음 [보기]에서 윗글의 (나)에 쓸 수 있는 내용끼리만 적절하게 묶은 것은?

┤ 보기 ├

㉠ 영업 판매량을 개선할 것인가?
㉡ 투입량을 줄이는 개선을 할 것인가?
㉢ 산출량을 줄이는 개선을 할 것인가?
㉣ 산출량을 더 높이는 개선을 할 것인가?
㉤ 투입량을 더 높이는 개선을 할 것인가?
㉥ 근로자의 임금 및 인원의 수를 조정할 것인가?

① ㉠, ㉡   ② ㉡, ㉢
③ ㉡, ㉣   ④ ㉢, ㉤
⑤ ㉣, ㉥

06 다음에 제시된 자료를 참고하여 ㉠과 ㉡에 쓸 내용으로 가장 적절한 것은?

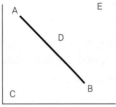

〈경영참가의 유인(誘因)〉

사용자의 이익은 효율 및 이익증대, 근로자의 이익은 근로자의 사회 · 경제적 지위, 참가 요구 및 작업 만족도 향상을 뜻한다.

○○기업은 현재 A점의 상황이다. 사용자의 이익만 극대화해 주는 현재의 기업 내 조직 및 의사 결정 과정에 대하여 근로자가 강한 불만을 제기했다.
가정 1.
  사용자 측이 아무런 양보를 하지 않아 노동자 측은 파업과 조직적 태업을 감행하고, 사용자 측은 직장 폐쇄, 집단 해고로 대응하여 생산성이 저하되고 노사 모두의 이익이 감소하면 (㉠).
가정 2.
  근로자의 요구에 따라 사용자 측이 기업 경영 의사 결정 및 성과 배분에 근로자를 참여시키는 합리적인 제도를 마련하게 되면 노사 모두의 이익이 증진되어 (㉡).

① ㉠ B점에 가깝게 이동한다.
② ㉠ 그래프의 기울기가 커진다.
③ ㉡ C점으로 이동해 가장 이상적인 상태가 된다.
④ ㉡ AB 선상의 각 점이 그래프의 중간으로 수렴한다.
⑤ ㉡ 그래프의 D점, 더 나아가 E점까지 이동할 수 있다.

3절 대인 관계와 리더십, 멤버십

대인 관계와 리더십, 멤버십에서 '대인 관계'는 팀워크에 대한 개념 중심의 문항이 자주 출제되고, '리더십, 멤버십'에서는 리더십과 멤버십의 개념 및 유형 등의 문항이 출제된다.

출제 POINT

- 팀워크의 개념과 좋은 팀의 특성 설명
- 대인 관계 능력 향상 방법과 팀워크 증진 방법 구분
- 리더십과 멤버십의 개념 파악
- 리더십 유형 분석과 리더십 발휘

대인 관계 능력이란 직장 생활에서 구성원들과 협조적인 관계를 유지하고, 구성원들에게 도움을 줄 수 있으며, 조직 내부 및 외부의 갈등을 원만히 해결하고, 협상 상대를 정확히 파악하여 전략적인 협상을 할 수 있고, 고객의 요구를 충족시킬 수 있는 능력을 의미한다.

〈대인 관계 능력 향상을 위한 실천 과제〉

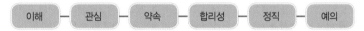

이해 — 관심 — 약속 — 합리성 — 정직 — 예의

1. 팀워크

팀워크(Team Work)란 팀 구성원들이 조직의 목적 달성을 위해 응집력을 바탕으로 긴밀한 상호관계를 가지고 일을 완수해 나가는 것을 말한다. 조직 응집력은 구성원들이 자기가 속한 집단에 계속 충성하게 하고, 구성원으로 계속 남아 있기를 희망하게 하는 힘이다. 그리고 응집력은 구성원들이 공유하는 목적이나 가치, 미래 비전을 통해 형성된다.

(1) 좋은 팀의 특성

① 팀의 사명과 목표가 명확하고 모든 직무와 일처리는 사명과 목표 달성을 위해 추진한다.

② 강한 도전 정신으로 직무 수행의 실패를 두려워하지 않는다.

③ 의사 결정이나 실행 방법 등에 대한 합의와 조정을 합리적으로 이끌어낸다.

④ 팀 구성원들의 역할과 책임이 분명하고, 팀원 간 리더십 역할을 공유한다.

⑤ 팀원들 스스로 조직 규율과 규정을 엄격히 준수한다.

⑥ 팀원들 간 감정이나 사고를 공감하는 폭이 넓다.

⑦ 과정보다 생산성과 결과에 초점을 맞추고 직접적이고 솔직하게 의사소통을 한다.

⑧ 팀의 사명과 목표를 위한 모든 형태의 직무는 결과를 중심으로 진행하고 평가한다.

⑨ 팀의 업적과 직무 수행 과정을 철저히 평가하여 적절한 보상을 한다.

팀워크와 응집력의 관계/팀워크의 개념

1. 다음 표의 (가)~(다)에 쓸 말로 가장 적절한 것은?

구분	(가)	(나)
개념	팀 구성원이 공동의 목적을 달성하기 위해 상호 관계성을 가지고 서로 협력하여 업무를 해 나가는 것	사람들이 집단에 머물도록 만들고, 그 집단의 구성원으로서 계속 남아있기를 원하게 만드는 힘
차이	팀이 성과를 내지 못하면서 분위기만 좋은 것은 (다) .	

'응집력'은 개인 구성원의 집합적 전체에 대한 헌신 및 관여의 정도 등 심리적인 힘이라고 할 수 있다.

'팀워크'는 공동의 목표를 달성하기 위해 협력하는 구성원들이 수행하는 일련의 상호 의존적 활동이다. 또한 다양한 직원들을 전략적 그룹으로 결합하여 팀 프로세스를 통해 시너지 효과를 창출하기도 한다.

	(가)	(나)	(다)
①	팀워크	응집력	팀워크가 좋은 것이 아니고 응집력이 좋은 것이다
②	응집력	팀워크	응집력이 좋은 것이 아니고 팀워크가 좋은 것이다
③	팀워크	리더십	팀워크가 좋은 것이 아니고 리더십이 좋은 것이다
④	멤버십	리더십	멤버십이 좋은 것이 아니고 리더십이 좋은 것이다
⑤	팀워크	멤버십	팀워크가 좋은 것이 아니고 멤버십이 좋은 것이다

정답 ①

정답 해설 '팀워크'는 공동의 목표 달성의 의지를 갖추고 성과를 내는 것을 말하며, '응집력'은 사람들이 집단의 구성원으로서 계속 남아 있게 하는 힘을 말한다. 팀이 성과를 내지 못하면서 분위기가 좋은 것은 응집력이 좋은 것이라고 할 수 있다.

오답 해설 '리더십'은 리더가 조직의 목표를 이루기 위해 구성원을 지도하여 목적을 달성하는 과정이다. '멤버십'은 팀의 구성원으로서 자격과 지위를 갖는 것으로 훌륭한 구성원은 헌신, 전문성, 용기, 정직하고 현명한 평가 능력을 지니고 리더를 따르는 팔로워십의 역할을 충실하게 수행한다.

2. 팀워크의 개념을 설명하기 위한 사례로 가장 적절한 것은?

① 구성원의 관계가 돈독하여 서로 업무를 부탁하는 사례
② 팀 구성원의 자격을 유지하기 위해 스스로 연수를 자청하는 사례
③ 팀장의 리더십이 강력하여 팀원의 갈등이나 의견 불일치가 없는 사례
④ 팀장이 팀원 개개인을 정기적으로 면담하여 그 내용을 업무 분담에 활용한 사례
⑤ 팀원이 각자 역할을 하다가 협력해야 할 일이 있을 때는 성과가 높은 자의 의견에 따라 일을 진행하는 사례

정답 ④

오답 해설 ① · ② 응집력을 설명하기에 적절한 사례로, 공동의 목표라는 개념이 빠져 있기 때문에 팀워크의 개념을 설명하기에는 부족하다.
③ 갈등이 없는 팀은 존재할 수 없다. 리더가 갈등이나 의견 불일치가 없다는 것을 강조한다면 오히려 지나치게 독선적인 리더십으로 팀 내에 부정적으로 작용할 수 있다.
⑤ 성과가 높은 자의 의견에 따르게 되면 개개인의 역량에 맞는 효율적인 업무 수행은 어려워질 수 있다.

2. 리더십과 멤버십 ☆☆☆

리더십과 멤버십은 상호 보완적이고 필수적인 관계이다. 팀을 이끌어 가는 리더에게 가장 필요한 리더십의 요소는 정직, 비전과 친화력, 추진력이다.

(1) 리더십

리더십은 팀의 사명이나 목적을 달성하기 위해 개인이 구성원들에게 미치는 영향력이다. 이러한 측면에서 보면 리더십은 특정 사람에게만 강조되는 것이 아니라, 모든 팀 구성원들이 함께 참여하여 만들어 가는 역동적인 추진력이다. 한편, 리더와 유사한 역할을 하는 관리자와 비교해 볼 때 팀의 사명과 목적을 달성하기 위한 비전이 있고 없음에 차이가 있다. 관리자는 비전 제시보다는 자원을 관리 · 분배하고 당면한 과제를 해결하는 역할을 수행하는 사람이다. 이와 달리, 리더는 비전을 명확하게 제시하고, 그 비전을 통해 팀 구성원들의 협력을 실현하여 팀의 사명이나 목적이 실현될 환경을 만들어 가는 사람이다.

리더와 관리자의 개념 차이

리더	관리자
• 앞으로 '무엇을 할까'를 고민한다. • 새로운 상황 창조자이다.　　• 혁신 지향적이다. • 내일에 초점을 맞춘다.　　• 사람의 마음에 불을 지핀다. • 사람의 정신을 중요시한다.　　• 계산된 리스크를 취한다.	• 지금 당면한 일을 '어떻게 할까'를 고민한다. • 상황에 수동적이다.　　• 유지 지향적이다. • 오늘에 초점을 맞춘다.　　• 사람을 관리한다. • 체제나 기구를 중시한다.　　• 리스크를 회피한다.

① 리더십 유형

유형	특징	리더십의 모습	장점
독재형	• **모든 정보(지식) 독점**: 조직의 핵심 정보를 독점하고, 구성원들에게는 기본적인 정보만을 제공한다.	• 질문 금지 등 구성원이 리더의 권위에 도전하지 않고 순응하기를 요구한다. • 실수는 용납하지 않고 상벌에 엄격하다.	팀(집단)의 통제가 느슨하거나 조직이 방만한 상태 혹은 가시적인 성과물이 보이지 않을 때 효과적일 수 있다.
민주형	• **참여**: 리더는 조직의 정보를 구성원들에게 잘 전달하고 모두가 목표 설정에 참여하게 함으로써 구성원에게 확신을 심어 주고 동등한 구성원으로서 모든 업무를 중시하도록 한다.	• 조직이 나아갈 새로운 방향 설정을 위해 구성원들이 참여와 토론을 하고 가치를 공유한다.	혁신적이고 능력 있는 구성원들과 조직 목표를 달성하기 위한 지속적 노력이 필요할 때 효과적이나 모든 최종 결정은 리더의 몫이다.
파트너형	• **평등**: 리더는 조직 구성원 중 경험이 풍부하지만 다른 구성원들보다 더 비중 있게 대우받지 않는다.	• 모든 구성원의 참여와 결정을 통해 집단 비전을 추구한다. • 모든 구성원들의 책임을 공유한다.	작은 조직에서 풍부한 경험과 재능을 가진 개개인들에게 적합하고, 신뢰 · 정직 · 믿음이 핵심 요소이다.
변혁형	• **카리스마**: 조직에 명확한 비전을 제시하고 팀원들에게 정확하고 쉽게 전달한다. • **강화**: 리더는 먼저 자신이 시험을 보이고, 구성원들이 해낼 수 없다고 생각하는 일들을 성공시킴으로써 구성원을 자극한다.	• 자신의 의사 결정에 대한 자기 확신을 통해 팀원 개개인이 스스로 중요한 존재임을 깨닫게 하고 존경과 충성심을 부여한다. • 풍부한 칭찬 등을 통해 성공이 미래의 장애를 극복하는 자극제가 되도록 한다.	팀원들의 변화를 이끌어내는 데 적합하다.

② 리더십 발휘

팀 구성원들은 누구나 팀의 사명이나 목표, 자신의 이익을 실현하고자 최선을 다한다. 따라서 리더십이란 항상 금전적인 보상이나 편익에 의해서 발휘되는 것이 아니라, 확실한 목표와 동기를 유발함으로써 발휘되기도 한다. 금전적 보상이나 스톡옵션 등이 외적 동기 유발이라면 조직 구성원의 잠재력을 발휘하게 하는 것은 내적 동기의 유발이다. 리더십이 발휘되고 팀이 잘 되기 위해서는 팀원들의 노력이 필요하다. 특히 동료들 간 피드백은 갈등 해결, 창의력 조성, 의사 결정 등을 위해 꼭 필요한 요소이다. 즉 피드백은 긍정적이든 부정적이든 업무를 개선하고 팀의 생산성을 향상시키는 중요한 요소이다.

> **팀원들 간 피드백을 위한 4단계 과정**
> - 1단계: 명확하고 간명한 목표를 세우고 우선순위를 설정한다.
> - 2단계: 업무 수행 과정을 관찰한다.
> - 3단계: 즉각적인 피드백을 제공한다.
> - 4단계: 서로가 성공적인 업무 수행 결과를 인정한다.

기출점검 **리더십의 이해**

3. 다음 글에서 설명하고 있는 리더십의 근본과 목적으로 가장 적절한 것은?

> 리더십은 모든 팀 구성원들이 함께 참여하여 만들어가는 역동적인 추진력이다.

> 창업 100년이 넘는 글로벌 기업들이 금융 위기 속에서 몰락했다. 무모한 고위험 투자와 무리한 확장을 하거나 과거 성공에 매몰되어 안이한 수익을 거두다가 시대의 변화를 읽지 못한 것을 원인으로 들고 있다. 그중에서 158년의 역사를 자랑하던 글로벌 투자은행 리만○라더스는 과도한 고위험 파생 상품 투자로 인한 손실로 금융 위기의 시발점이 되었다고 알려져 있다. 그런데 리만○라더스에서 부회장을 역임한 로런스 맥○날드는 자신의 저서에서 리만○라더스의 ○○ 회장은 최고 경영진들과도 회사의 전략과 정책 등을 자유롭게 대화하지 못할 정도로 비밀주의와 측근주의에 빠져 있었다고 폭로하며 ○○ 회장의 리더십의 근본과 목적이 잘못되었다고 주장했다. 결국 이 기업이 몰락한 큰 원인은 당시 ○○ 회장의 독단과 소통 부족, 지나친 경쟁 심리 유발 등 리더십의 문제라는 것이다.

① 회장의 강한 리더십이 필요하다.
② 기업이 성과를 내기 위해서는 팀 단위로 움직여야 한다.
③ 기업의 발전을 위해서는 소수의 유능한 경영진이 필요하다.
④ 경영진의 의도와 조직의 방향을 기업의 구성원과 공유해야 한다.
⑤ 결정적 순간에 회사 내의 인력을 충분히 활용하는 것이 중요하다.

(2) 멤버십과 팔로워십

멤버십이란 팀 구성원으로서 자격과 지위를 갖는 것을 말한다. 팀 구성원은 리더의 부족함을 보충해 주는 포용력, 성실, 협동심을 갖추고 있어야 한다. 다시 말하면 멤버십은 리더를 중심으로 구성원들이 팀의 사명이나 목표를 위해 능력을 발휘하여 리더와 팀 구성원 간에 융화된 행동을 만들어 가는 협동심이다. 따라서 훌륭한 멤버십은 구성원이 팔로워십 (Followership) 역할을 충실하게 잘 수행하는 것이다.

배경지식 PLUS⁺   코칭(Coaching)

코칭의 명칭은 헝가리의 도시 코치(Kocs)에서 개발된 4마리 말이 끄는 마차에서 유래하였다. 코칭은 개인의 변화와 발전을 지원하는 파트너십 과정으로, 개인이나 조직에서 뛰어난 결과를 달성할 수 있도록 도와주는 지속적이며 전문적인 관계를 말한다. 코칭은 직원들의 능력을 신뢰하고 확신하고 있다는 사실에 기초하고 있다. 리더는 조직의 지속적인 성장과 성공을 만들어내기 위해 구성원들에게 질문을 하고, 그들의 의견을 적극적으로 경청하고, 필요한 경우 지원을 아끼지 않는 노력을 한다. 자신과 다른 다양한 의견을 받아들이기 위해 관계된 사람들을 모두 참여시키고 서로 의사소통이 이루어지도록 한다. 효과적인 코칭은 생산성을 높이고 기술을 발전시키며, 조직 구성원들에게 업무에 대한 동기와 자신감을 형성하게 한다. 또한 구성원들의 자기 향상을 도모하여 업무에 대한 만족감을 높일 수 있다.

① **코칭의 기술**

　㉠ 코칭은 의사소통 과정의 모든 단계에서 활용된다. 즉, 조직 구성원들과 의견을 나누고 공유함으로써 문제를 효과적으로 해결하여 신속하게 성과를 이끌어 낸다.

　㉡ 코칭은 지시나 하달, 명령보다는 질문과 논의를 통해 과제를 부여하고, 통제보다는 경청과 지원을 통해 상황을 발전시켜 더 좋은 결과를 이끌어 내기 위한 리더십이다.

② **코칭의 원칙**

　㉠ 코칭의 기본은 자유로운 논의이므로, 리더는 어떤 문제에 대한 자유로운 논의와 문제에 대한 제안을 넓은 마음으로 받아들여야 한다.

　㉡ 리더는 조직 구성원들에게 권한을 부여하고 자신의 업무에 대한 책임의식을 갖도록 이끌어야 한다.

　㉢ 리더는 조직 구성원들의 말을 적극적으로 경청하고 냉정하게 판단하여 구성원이 최선의 결정을 내릴 수 있도록 건설적인 비판과 피드백을 적극 제공해야 한다.

　㉣ 리더는 조직 구성원들만의 장점을 개발할 수 있도록 하고 목표를 재인식시킨다.

3절 기출로 실력 다지기

01 다음 글의 ⊙에 쓸 내용으로 가장 적절한 것은?

> '감정 은행 계좌'는 스티븐 코비가 인간관계에서 구축하는 신뢰의 정도를 은유적으로 표현한 용어이다. 그는 감정 은행 계좌에 신뢰를 적립하기 위한 방법으로 상대방에 대한 진정한 이해, 사소한 일에 대한 관심, 약속의 이행, 기대의 명확화, 언행일치, 진지한 사과 등 6가지의 예입 수단을 제시하였다.
>
> 대리: 부장님이 지시한 대로 정확하게 확인하고 여기 보고서를 가져왔습니다.
> 부장: 내가 원하는 것은 보고서가 아니고, 문제의 해결이었지, 분석해서 보고하라는 것이 아니었어.
> 대리: 제 목표는 문제를 분석하는 것이고, 그 뒤 이것을 다른 사람에게 위임하는 것으로 생각했습니다.
>
> 이런 갈등은 거의 모든 대인 관계에서 나타난다. 신뢰의 예입은 처음부터 ___⊙___을/를 명확하게 해야 가능하다. 이렇게 하는 데는 많은 시간과 노력을 미리 투자해야 하지만, 장래에는 많은 시간과 노력을 줄일 수 있다. ___⊙___이/가 분명하지 않고 서로 공유되지 않는다면, 사람들은 감정적이 되고, 단순한 오해로 인해 의견 불일치나 의사소통의 단절을 맞을 것이다.

① 상대에 대한 이해   ② 진지한 사과
③ 약속 이행   ④ 기대
⑤ 언행일치

02 다음 글을 참고로 할 때, '효과적인 팀의 특성'에 해당하는 것을 [보기]에서 모두 고른 것은?

> 팀워크란 팀 구성원이 공동의 목적을 달성하기 위하여 상호 관계성을 가지고 서로 협력하여 업무를 수행하는 것을 말한다. 팀이 성과를 내지 못하면서 분위기만 좋은 것은 팀워크가 좋은 것이 아니고 응집력이 좋은 것이다. 단순히 모이는 것을 중요시하는 것이 아니라, 목표 달성의 의지를 갖추고 성과를 내는 것이 바로 팀워크이다. 효과적인 팀이란 팀의 에너지를 최대로 활용하는 고성과 팀이다.

┤ 보기 ├
⊙ 팀의 목표와 사명을 명확하게 한다.
ⓛ 팀의 운영 방식을 일상적으로 평가한다.
ⓒ 생산성과 결과보다는 과정에 초점을 맞춘다.
ⓔ 상대방의 마음을 헤아려서 간접적인 의사소통을 활성화한다.

① ⊙, ⓛ   ② ⓛ, ⓒ
③ ⓒ, ⓔ   ④ ⊙, ⓛ, ⓒ
⑤ ⓛ, ⓒ, ⓔ

※ 다음 글을 읽고 물음에 답하시오. [3~4]

　　오늘날 기업들의 조직 체제와 구성원들의 가치관이 변하면서 리더에 대한 신뢰가 더 중요해졌다. 과거의 수직적 조직 체계를 벗어나, 조직의 경영 체제가 수평화되고, 구성원들이 자발적으로 노력하게 하기 위해서는 리더에 대한 신뢰가 중요한 역할을 한다. 리더의 신뢰가 중요한 이유는 구성원들의 일에 대한 즐거움과 업무에 대한 몰입도가 높아져 더 높은 성과를 창출할 수 있기 때문이다. 또 리더에 대한 신뢰가 있으면 리더의 의사 결정에 따라 구성원들의 추진력이 강화되어 성과를 극대화시킬 수 있다. 이러한 리더에 대한 신뢰는 구성원들이나 주주들의 조직에 대한 기대감으로 이어진다.

03 윗글의 내용과 관련이 없는 것은?

① 리더에 대한 신뢰의 결과
② 리더에 대한 신뢰의 중요성
③ 신뢰받는 리더의 중요한 역할
④ 리더에 대한 신뢰로 인한 경영 체제의 변화
⑤ 리더에 대한 신뢰가 의사 결정에 끼치는 영향

04 다음 글을 고려하여 신뢰받는 리더가 되는 방법으로 적절한 것은?

┤ 보기 ├

　　복합기 회사인 제○스는 2000년대 초반 심각한 경제적 위기를 맞아 파산 직전의 위기에 몰렸다. 그때 제○스의 최고 경영자가 된 앤 멀케이(Anne Mulcahy)는 제○스를 회생시키고 미국에서 가장 영향력 있는 여성 리더로 인정받았다. 그녀는 자기가 무엇을 모르는지부터 확인해 나갔다. 자신의 자존심을 버리고 진심으로 경청하고 도움을 구하면서 제○스를 흑자로 전환시켰다. 그녀는 자신이 성공한 여러 이유 중 하나로 끊임없이 학습하려는 자세를 꼽았고, 자신은 언제나 배우고 있고 자신이 모든 걸 알고 있지 않다는 것을 자각하는 것을 훌륭한 리더의 특징이라고 말했다.

① 리더 자신의 역량 강화
② 구성원들과의 의사소통능력
③ 구성원에 대한 존중과 욕구 파악
④ 구성원들에 대한 공정성
⑤ 리더의 일관성 있는 태도

05 다음에서 설명하고 있는 리더십의 예로 적절하지 않은 것은?

　　미국의 통신회사 A○&T의 부사장이었던 로버트 그린리프(R. Greenleaf)는 헤르만 헤세 작인 '동방순례'의 주인공 레오라는 인물을 통해 서번트 리더십의 개념을 정립하였다. 작품의 내용은 다음과 같다. 동방으로 순례를 떠나는 순례단에 자발적으로 참여해 일을 돕는 레오라는 하인(Servant)이 있었다. 레오는 짐을 나르고 식사 준비를 하고 지친 여행단들을 위해 노래도 부르고 휘파람도 불러 즐거움을 주었다. 그런데 어느 날 레오가 사라지면서 여행단은 혼란에 빠지게 되고 여행을 포기하게 된다. 시간이 흘러 그들은 레오가 순례단을 후원하던 교단의 최고 지도자였다는 사실을 알게 된다. 이러한 내용에서 영감을 얻은 그린리프는 구성원을 섬김의 대상으로 보고 존중, 정직, 봉사, 정의, 공동체 윤리라는 5가지 원칙에 입각하여 경청하고 설득하여 사람을 성장시키는 리더를 서번트 리더라고 정의하였다. 서번트 리더십의 핵심은 '다른 사람의 요구에 귀를 기울이면 하인이 결국은 모두가 이끄는 리더가 된다'는 것이다. 강력한 카리스마와 추진력을 바탕으로 한 전통적 리더십과 달리, 서번트 리더십은 리더가 구성원들이 잠재력을 발휘할 수 있도록 앞에서 이끌어 주고, 방향 제시자, 의견 조율자, 일과 삶을 지원하는 조력자의 역할을 하게 한다.

① 청소업체 '서비스○스터'의 폴○드 회장이 처음 회사의 부사장으로 부임하자마자 한 일은 고객사인 한 병원의 계단과 화장실을 청소한 것이었다.
② 현재 국민 MC로 불리며 대중적인 인기를 누리는 프로그램 진행자는 남을 낮추기보다 자신을 낮춰서 사람들에게 인기를 끌고 있다.

③ 미국 저가 항공사 '사우스○○○ 항공'은 '채용'이라는 용어 대신에 직장 상사도 가족처럼 편하게 여길 수 있고 일하는 재미와 유머가 넘치는 직장이라는 의미로 '가족으로 입양한다'는 표현을 사용한다.

④ 미국 경영학자 만츠와 심즈는 조직 리더의 역할은 조직 구성원 개개인으로 하여금 자기 스스로를 지도하고 관리하도록 가르치고 이끄는 것이라고 주장한다.

⑤ 사무 가구 회사 '허먼 ○러'의 회장 디프리는 리더의 책무를 구성원들의 타고난 재능을 이해하고 그들의 역량은 최대한 개발할 수 있도록 하며, 구성원들을 섬기고 구성원에게 채무자가 되어 주는 것이라고 강조한다.

갈등 관리 전략과 고객 서비스

갈등 관리는 직장 생활에서 자주 일어날 수 있는 상황으로, 실용글쓰기에서는 갈등의 유형과 해결 방법, 갈등 관리 방법 및 협상 선략을 수로 출제하고 있다. 고객 서비스는 고객 불만에 따른 대응, 그와 관련된 전략 등이 출제된다.

출제 POINT

- 갈등의 개념과 갈등의 쟁점, 갈등 관리의 유형 분석
- 갈등 해결을 위한 선입견 탈피, 상대방 존중 방법에 대한 이해와 실천
- 협상을 위한 설득 전략과 원만한 갈등 관리
- 고객 불만 처리 과정
- 고객 서비스의 개념 이해와 불만 유형 분석 및 대처

1. 갈등

갈등이란 당사자 간의 의견에 차이가 있거나 서로 간의 가치, 이해 등이 불일치하여 충돌하는 상태를 의미한다. 공동의 목표를 달성하기 위한 조직이라도 목표 달성을 위한 방법론이나 구체적인 해결 방안은 개인의 입장에 따라 다르므로, 각각의 입장 차이가 갈등이라는 형태로 나타나기도 한다. 그러나 다양성에 입각한 조직 구성원들의 갈등을 합리적으로 조정·통합하면 보다 발전적이고 창의적인 아이디어를 생산할 수 있고, 새로운 해결책을 만들 수 있는 기회를 제공하기도 한다.

(1) 갈등의 과정과 유형

① **갈등의 쟁점**: 갈등은 구성원 간의 의견, 가치, 규범, 이해, 아이디어, 방법 등에 의해 이루어지고, 자신의 입장 고수, 감정 개입, 적대적 행동 등으로 인해 증폭된다.

핵심 문제	감정 문제
업무 수행을 위한 방법상의 문제나 조직 내에서 어떤 특정인의 역할, 의사 결정 과정, 책임과 권한, 가치, 사실 판단과 같은 문제	어떤 조직 구성원을 다른 조직 구성원이 알아주지 않거나, 그의 의견과 생각 등을 무시하는 행동과 같은 문제(서로 간에 쌓인 부정적인 감정 잠재)
• 조직 내 역할의 모호성　　• 목적 달성의 불일치 • 가치의 불일치　　　　　　• 사실 판단의 불일치	• 공존할 수 없는 개인의 스타일　• 통제나 권력 확보를 위한 경쟁 • 자존심에 대한 위협　　　　　　• 질투 또는 분노

② 갈등의 유형

ⓐ **불필요한 갈등**: 문제에 대한 정보가 부족하거나 편견 때문에 문제를 다르게 인식하는 개인적 차이에서 발생하는 유형으로 의견 불일치가 적대적 감정으로 발전한 경우이다. 불필요한 갈등이 발생하는 상황은 근심이나 걱정, 스트레스, 분노 등의 부정적 감정이 생기는 상황, 잘못 이해하거나 정보가 부족하여 의사소통이 원활하지 않은 상황, 편견이나 변화에 대한 저항, 항상 해 오던 방식에 대한 고집, 새로운 것에 대한 거부감 등에 의해 형성된다.

ⓑ **해결할 수 있는 갈등**: 추구하는 가치, 목표, 문제를 바라보는 관점, 문제 상황에 대한 이해 등 문제 상황에 대한 사실 판단의 기준이 서로 다르기 때문에 발생하는 갈등이다. 따라서 해결할 수 있는 갈등은 문제 상황에 대한 객관적인 판단과 서로의 가치관과 관점을 존중하는 태도가 바탕이 된다. 그리고 공동 목표를 달성하기 위한 상호 협력의 필요성이 크면 클수록 각자 원하는 만족을 얻기 위해 갈등을 극복하고 협력하게 된다.

(2) 갈등 해결 방법

① **선입관 버리기**: 선입관은 가능한 것, 현실적인 것, 필요한 것, 가장 핵심적인 것에 대한 관점을 제한하기 때문에 선입관에 대해 고민하고 각자가 선입관을 버리는 일이 중요하다.

② **감정적 대립을 완화하기 위한 방법**: 상대방의 입장을 이해하고, 마음을 열고 적극적으로 상대방의 이야기를 경청하며, 논쟁의 유혹은 자제한다. 그리고 타협하려는 태도를 보이고 적극적으로 노력하며, 자신의 의견을 명확하게 밝히고 지속적으로 관계를 강화한다.

③ **사고방식 점검**: 자신의 선입관을 살펴보고 이를 버린 다음 갈등 상태에 있는 상대의 사고방식을 점검한다. 상대방의 사고방식을 파악하기 위해서는 문제 상황에 대한 상대방의 사실 판단 기준이 무엇인지를 정확하게 진단하는 것이 중요하다. 즉, 갈등을 해결하기 위해서는 부정적인 패러다임을 버리고 더 긍정적인 사고방식(생각의 전환, 역지사지, 긍정적 태도 등)으로 바꾸는 것이 중요하다.

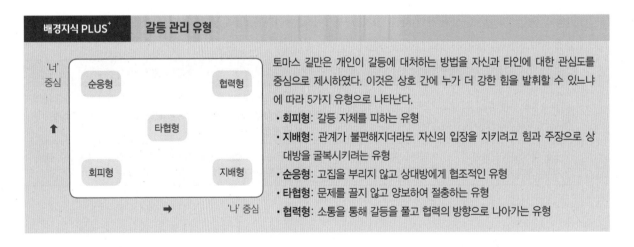

배경지식 PLUS⁺   갈등 관리 유형

'너' 중심 — 순응형 / 협력형 / 타협형 / 회피형 / 지배형 — '나' 중심

토마스 길만은 개인이 갈등에 대처하는 방법을 자신과 타인에 대한 관심도를 중심으로 제시하였다. 이것은 상호 간에 누가 더 강한 힘을 발휘할 수 있느냐에 따라 5가지 유형으로 나타난다.

- **회피형**: 갈등 자체를 피하는 유형
- **지배형**: 관계가 불편해지더라도 자신의 입장을 지키려고 힘과 주장으로 상대방을 굴복시키려는 유형
- **순응형**: 고집을 부리지 않고 상대방에게 협조적인 유형
- **타협형**: 문제를 끌지 않고 양보하여 절충하는 유형
- **협력형**: 소통을 통해 갈등을 풀고 협력의 방향으로 나아가는 유형

I. 다음 상황에서 박○○ 대리가 반응하도록 김○○ 대리가 할 수 있는 방법으로 가장 적절한 것은?

> 홍보팀에서 일하는 김○○ 대리는 박○○ 대리와 함께 홍보 매뉴얼을 작성하고 있다. 동료의 활발한 의견 제시와 치열한 토론을 기대했던 김○○ 대리는 치열한 토론은 고사하고 의견 제시 자체를 회피하는 박○○ 대리의 태도에 당황하였다. 심리학에서는 박○○ 대리와 같은 태도를 '굿가이 콤플렉스(Good guy complex)'라고 부른다. 이 콤플렉스는 사회적으로 '좋은 사람이 되어야 한다'는 강박 관념 때문에 상대방에게 싫은 소리를 하지 못하는 심리적 현상을 말한다. 박 대리와 같은 성향의 사람이 갈등 상황을 마주했을 때 하는 행동은 크게 2가지다. 하나는 '무시'하는 행위로, 갈등 자체가 없다고 생각하는 것이다. 생각과 행동이 다른 것을 인지 부조화라고 하는데, 이로 인한 불편함을 없애는 방법으로 행동 대신 생각을 바꿔서 상대를 외면하는 것이다.

① 동료의 성향을 고려하여 의견을 묻지 않는다.
② 동료가 의견을 제시할 수밖에 없는 상황을 자주 만든다.
③ 동료가 대화하는 것을 불편해 하므로 되도록 의견 교환을 하지 않는다.
④ 동료가 일을 진행할 때 적극적으로 동의하여 갈등 상황을 만들지 않는다.
⑤ 동료가 당황할 수 있는 불편한 상황을 지속해서 발생시켜 적응을 도와준다.

정답 ②
정답 해설 박○○ 대리는 의견 제시 자체를 회피하기 때문에 의견을 제시할 수밖에 없는 상황을 만들어야 한다.
오답 해설 ① · ③ · ④ 박○○ 대리의 행동은 아무런 변화가 없을 것이다.
⑤ 불편한 상황을 만들어도 의견을 제시하지 않고 넘어가면 반응을 얻어낼 수 없다.

2. 협상 ☆☆☆

갈등 관리란 갈등 상태에 있는 이해 당사자들이 대화와 논쟁을 통해 서로를 이해하고 상대방을 설득하여 문제를 해결하는 의사소통 과정이자 의사 결정 과정이다. 이런 측면에서 보면 가정, 학교, 기업, 정부, 시장 등 우리의 모든 일상생활은 서로 상반된 견해를 조정하고 타협하여 갈등을 관리하는 협상으로 이루어져 있다.

(1) 협상

① **협상의 개념**: 사전적 의미로는 어떤 목적에 부합되는 결정을 하기 위하여 여럿이 서로 의논하는 행위를 말한다. 좀 더 구체적으로는 이익과 관련된 갈등의 주체들이 존재하며, 복수의 대안들을 조정하고 구성하는 과정으로 전개되며, 서로 만족하는 대안을 찾는 결과로 진행된다고 할 수 있다.

(2) 협상의 본질(Johnson & Johnson, 1995): 참가자 상호 의존성, 정보의 상호 의존성, 결과의 상호 의존성

① **참가자 상호 의존성과 욕구 딜레마:** 참가자 상호 의존성은 협상의 주체가 둘 이상의 복수 참가자가 참여해야 성립될 수 있다는 것을 의미한다. 이때 합의에 도달하고자 하는 '협력적 욕구'와 자신에게 유리한 합의를 이끌어내고자 하는 '경쟁적 욕구'가 발생한다.

② **정보 상호 의존성과 신뢰 딜레마:** 정보 상호 의존성은 협상 참가자들의 생각과 요구 등 서로 제공하는 정보(대안, 해결책, 복수의 대안 등)에 따라 협상이 전개됨을 의미한다. 정보의 노출 여부보다 무슨 정보를 노출시키느냐가 중요하며 정보 상호 의존성으로 인해 '신뢰의 딜레마'가 형성된다. 협상 태도에 따라 정보를 점진적으로 개방하는 것이 바람직하다.

③ **결과 상호 의존성과 목표 딜레마:** 결과 상호 의존성은 참가자들이 모두 합의에 동의해야 협상이 끝남을 의미한다. 협상은 원하는 목표 여부와 관계없이 협상 타결이나 협상 결렬에 도달한다. '목표 딜레마'는 우리 쪽에 유리하지만 상대 쪽이 동의를 거절할 정도는 아닌, 너무 일방적이지 않은 협상에 어떻게 도달하는가의 문제이다.

(3) 갈등 처리 방법(Myers, G. E. & Myers, T.)

① **회피 전략**

㉠ 갈등 상황이 발생하면 갈등을 피하고자 하는 태도를 보이며, 이를 통해 원하는 것을 얻을 수 있다고 생각한다. 더 이상 문제 제기를 하지 않고, 중요도를 낮게 평가하거나 무시하고 넘어가려는 태도를 보여 협상에서 자신이 원하는 바를 표현하지 못하며 저자세를 취한다.

㉡ 단점: 모든 사람들을 만족시키고자 하지만 아무도 만족시키지 못하며, 결국 좀 더 격렬하고 폭력적인 형태로 변한 갈등을 도출하게 된다.

예 "더 이상 그 문제에 대해 이야기를 하지 말자."

② **힘의 전략**

㉠ 기본 목표는 이겨서 지배하는 것이며, 상대방의 단점이나 약점을 찾아 패배를 강요함으로써 자신이 원하는 바를 얻는다. 갈등 상황이 발생하면 공격적인 자세를 보인다.

㉡ 단점: 창의적인 문제 해결 방법을 막고 상대의 원망이나 불만, 보복이나 복수의 욕구를 불러일으킨다.

예 "김 과장, 자네가 목표한 계약을 달성하지 못하면, 자네가 말한 대로 회사를 나가야지."

③ **타협 전략**

㉠ 갈등 상황이 생기면 상대방과의 관계나 상황을 다루면서 협상을 전개한다. 논리와 이성을 강조하며 감정이나 개인적 정서는 협상을 방해한다고 생각하는 계산적인 자세를 취한다.

㉡ 단점: 쉽게 타협하거나 절충하는 습관을 들게 하여, 양쪽의 차이점을 긍정적으로 취하는 협상으로 나아가지 못하게 하기도 한다. 또 감정 표현과 인식이 안 되면 문제 해결이 안 되기도 하는데, 이는 감정이 관계를 결합하는 역할을 하기 때문이다.

예 "만약 네가 10등 안에 들면 네가 원하는 운동화를 사줄게."

④ **약화 전략**

㉠ 갈등 상황에서 목표보다 관계를 중시하여 갈등을 약화시키려 하는 조정적인 자세를 취하여 위협적 갈등 상황을

피하려고 노력한다. 피할 수 없는 상황과 부딪치면 다른 사람들의 감정을 조정하는 전략을 사용한다.

ⓛ 단점: 사소한 문제는 유연하게 해결하거나 흥분한 상대를 가라앉히는 데 도움이 될 수 있지만, 갈등의 근본적인 문제를 해결하는 데 한계가 있다.

　예 "이 문제는 직원들과 좀 더 상의한 후에 다시 논의를 해 봅시다.", "배도 조금 고프니 저녁 식사를 같이 한 다음에 협상을 계속 진행하죠."

⑤ 호혜 전략

ⓐ 갈등 상황에서 문제를 공동으로 해결하기 위해 서로의 목표와 관계를 우선 생각하고, 솔직하고 분명한 자세를 취한다. 자신과 상대의 입장도 존중하면서 우리 쪽과 상대 쪽의 근원적 이해 차이에 얽매이지 않고 서로의 관계나 목표를 우선적으로 생각한다.

ⓑ 이 전략은 의사소통을 통해 공동으로 문제를 해결하려는 것이며, 협상 과정에서 자신감을 갖도록 도와주고, 자신이 믿는 바를 두려움 없이 말할 수 있다는 뿌듯함을 준다.

　예 "내가 당신의 문제에 대해 이해하지 않는다면, 내 문제도 이해시키기 어렵겠죠. 우리 함께 두 집단의 근본적인 문제를 모두 만족시킬 방안을 이야기해 봅시다."

기출점검 **협상 전략**

2. 다음 상황에서 김○○ 부장이 선택한 협상 전략을 설명하는 내용으로 가장 적절한 것은?

> 대기업 영업 부서에서 일하는 김○○ 부장은 재고를 처리할 목적으로 도매업체 사장과 가격 협상을 하고 있었다. 그런데 도매업체 사장이 자금 부족을 이유로 난색을 표하면서도 새로 출시된 제품에 대하여 관심을 보였다. 그래서 김○○ 부장은 도매업체 사장에게 재고 물품을 도매업체 사장이 원하는 가격에 맞춰서 공급하고, 이를 지키면 이후에 신제품 또한 가격 조정에 이익이 될 수 있도록 노력하겠다고 하여 문제를 해결하였다.

김 부장의 문제는 재고 처리이고, 도매업체 사장의 문제는 자금 부족과 새로 출시된 제품에 대한 관심이다. 따라서 공동의 관심사가 같지 않다.

① 김 부장은 목표를 달성하기 위해 상대방의 약점을 찾아 자신의 원하는 결과를 달성하였다.

상대의 단점이나 약점을 찾아 공격하는 '힘의 전략'이다.

② 김 부장은 도매업체 사장의 자금 부족과 신제품에 대한 관심을 회피하여 문제를 해결하였다.

갈등을 일으키는 문제를 '회피하는 전략'이다.

③ 김 부장은 재고 처리의 목적보다 관계를 중시하여 갈등을 약화시키는 조정적 자세를 취하여 문제를 해결하였다.

목표보다 관계 중시를 통해 갈등을 약화하려는 전략이다.

④ 김 부장은 자신의 목표와 도매업체 사장과의 요구를 고려하여 재고 처리에 대한 적적한 타협을 통해 문제를 해결하였다.

⑤ 김 부장은 공동의 문제인 재고 처리를 해결하기 위해 솔직하고 분명한 태도를 취하고 문제를 해결하였다.

공동의 문제를 해결하기 위한 호혜 전략이다.

정답 ④

정답 해설 김 부장의 전략은 갈등 상황에서 자신의 목표와 다른 사람의 요구나 관계 등을 고려하여 협상을 전개하는 '타협 전략'이다.

'나 - 전달법' 및 시나리오 워크숍(갈등 관리를 위한 의견 수렴 기법)

갈등 해결 방법, '나 – 전달법'

- '나 – 전달법'은 주어가 1인칭인 '나'로 시작하여 자기에 관한 이야기를 직접 하는 방법으로, 스스로가 느끼는 감정과 경험을 직접적으로 표현한다. 주어가 '너'로 시작하는 '너 – 전달법'은 대화 시 문제가 되는 경우가 많다.
- '나 – 전달법'을 사용하기 위해 필요한 3가지 정보: 첫째, 문제를 유발하는 상대의 행동은 무엇인가, 둘째, 그 행동이 나에게 어떤 영향을 미치고 있는가, 셋째, 나는 그 결과에 대하여 어떤 느낌을 가지고 있는가이다.
- 표현 방법: 자신이 문제로 인식한 상대의 행동이나 상황(사건)만을 대상으로 삼아, 이에 대한 자신의 감정을 솔직하게 이야기하고(감정), 그러한 감정을 반복적으로 경험하지 않기 위해 자신이 바라는 상대의 행동이나 상황(기대)을 상대가 들어 줄 수 있는 수준에서 구체적으로 이야기한다.

시나리오 워크숍

- 주로 지역적 수준에서 개발계획 입안 시 활용한다. 논의 주제를 둘러싸고 미래에 있을 법한 일련의 시나리오를 작성하여, 각각의 시나리오들에 향후 나타날 수 있는 문제들을 다양한 측면에서 기술하고 이에 대한 관리 방안을 제시한다. '정책 결정자, 기술 전문가, 기업 및 산업 관계자, 해당 지역 시민' 등 4개 집단의 관계인이 모두 참여한다.
- 진행 과정: 의제설정 → 운영위원회 구성 → 참가자와 간사 선정 → 시나리오 작성(운영위) → 워크숍 → 정책권고안 전달

3. 고객 서비스

고객 서비스란 다양한 고객의 요구를 파악하고 그 대응법을 마련하여 고객 감동을 이끌어 내는 활동이다. 즉, 고객 서비스를 통해 감동받은 고객은 기업에 대한 선호도가 크게 높아져 기업에 대한 충성도와 애착이 생기게 된다. 또한 이를 통해 기업은 성장과 이익을 달성할 수 있다.

(1) 고객 지원(고객 중심)의 서비스 특징

① 목표: 보다 나은 서비스를 제공할 수 있도록 기업 목표를 수립한다.

② 지원: 기업의 전반적 관리 시스템이 고객 서비스 업무를 지원한다.

③ 실행: 고객이 상품 정보, 서비스 등에 쉽게 접근할 수 있도록 한다.

④ 평가: 제공하는 서비스를 지속적으로 평가한다.

⑤ 업그레이드: 고객 만족에 중점을 두고 서비스를 끊임없이 변화시키고 업그레이드한다.

(2) 고객의 불만 유형

유형	성향	대응
거만형	자신의 과시욕을 드러내고 싶어 하거나 보통 제품을 폄하하는 유형	정중하게 대하고, 고객의 과시욕이 채워지도록 호응을 해 준다. 고객이 호감을 가지면 오히려 쉽게 설득된다.
의심형	직원의 설명이나 제품의 품질에 대해 의심을 하는 유형	분명한 증거나 근거를 제시하여 고객 스스로 확신을 갖게 한다. 때로는 책임자로 하여금 응대하도록 한다.

트집형	사소한 것으로 트집을 잡는 까다로운 유형	정중한 자세로 이야기를 경청하거나 고객의 입장에서 호응하여 추켜세운다. 지적한 잘못에 대해 정중하게 사과 또는 인정을 한다.
빨리빨리형	성격이 급하고, 확신 있는 말이 아니면 잘 믿지 않는 유형	제품이나 서비스에 대해 확신 있는 어조로 명료하게 설명한다.

(3) 고객 만족 조사

고객 만족 조사는 고객 요구를 파악하여 제품과 서비스의 경쟁력 제고에 반영하는 것을 목적으로 수행한다. 또한 기업 수익의 증대와 서비스 품질 향상을 통해 무형의 가치를 창출하는 것을 목표로 한다.

① 고객 만족 조사를 진행할 때 범하기 쉬운 오류의 유형

    ㉠ 고객의 요구를 이미 다 알고 있다고 생각한다.

    ㉡ 적절한 측정 프로그램 없이 조사를 실시한다.

    ㉢ 비전문가의 자문에 의존하거나 중요 사안에 대해 오해하거나 조사를 오용한다.

    ㉣ 포괄적인 가치만을 질문한다.

    ㉤ 모든 고객이 동일한 수준의 서비스를 원하고 있다고 가정한다.

② 고객 만족 조사 수행

    ㉠ **조사 분야 및 대상 설정**: 시장이 다양해지고 제품 및 서비스가 복잡해지면서 조사 분야와 대상을 확실하게 정의할 필요가 있다. 어떤 제품과 무슨 서비스에 대한 고객 만족 조사인지를 분명히 선정해야 한다.

    ㉡ **조사 목적 설정**: 고객 만족도의 상황이나 변화 등을 전체적 관점에서 조사하고, 평균치로 환산할 수 있는 부분으로 한정하거나 계량화할 수 있는 질문으로 평가가 이루어져야 한다. 이를 바탕으로 개선이 이루어질 수 있도록 고려하여 조사를 해야 한다.

③ 조사 방법 및 횟수

    ㉠ **설문 조사**: 응답자가 쉽게 이해할 수 있는 질문 구성 → 설문지를 활용한 응답자의 인식 조사 → 조사 결과의 통계적(계량화) 처리

    ㉡ **심층 면접법**

        • 일대일로 대면 접촉하여 응답자의 잠재된 동기, 신념, 태도 등을 발견하는 방법이다.

        • 다른 방법을 통해 포착할 수 없는 심층적인 정보를 경험적으로 얻을 수 있다.

        • 설문 조사보다 비교적 긴 시간이 소요된다.

        • 인터뷰 결과를 사실과 다르게 해석할 수 있다.

    ㉢ **조사 횟수**: 고객 만족 조사를 할 때 1회만 해서는 실패하기 쉽다. 조사 방법이나 질문 내용이 부적절할 수도 있고, 정확한 조사 결과를 얻기 어렵기 때문이다. 보통 2회 이상의 연속 조사를 실시한다.

④ **조사 결과 평가와 활용 계획**: 조사 결과 평가와 활용 계획은 조사 목적에 따라 달라진다. 즉, 조사 결과를 평가에 반영하기 위한 것인지, 아니면 서비스나 제품 개선을 위한 것인지에 따라 활용 계획을 마련한다.

MOT(Moment Of Truth)는 스웨덴 마케팅 전문가인 리차드 노만(R. Norman)에 의해 처음 사용된 용어로, '진실의 순간' 또는 '결정적 순간' 이라는 의미이다. 소비자에게 MOT(결정적 순간)는 일상생활에서 제품이나 서비스를 제공하는 조직과 어떤 형태로 접촉하면서 발생한다. 이 결정적 순간들이 모여 소비자는 품질에 대한 만족도나 기업에 대한 이미지를 평가하게 된다. 따라서 MOT 마케팅은 소비자들이 제품 이나 서비스에 접촉하는 짧은 시간 동안이라도 브랜드와 기업에 대한 좋은 인상을 가질 수 있도록 만드는 마케팅 기법이다. 그런데 이 마 케팅은 고객이 여러 번에 걸쳐 최상의 서비스를 경험했더라도 단 한 번의 불만족을 느끼면 결국 전체 서비스에 대한 만족도를 0으로 만 든다는 곱셈의 법칙(100×0＝0이라는 법칙)에 따라 고객과의 접점의 순간에서 최상의 서비스를 제공할 것을 강조한다.

기출점검 **고객 서비스**

3. 다음은 ○○전자 서비스센터 김○○ 팀장이 상담사 단기 교육을 위해 작성한 전화 응대 8단계이다. 5단계 '대안 제시'의 예 시로 가장 적절한 것은?

1단계	2단계	3단계	4단계
경청	공감과 사과	정보 파악	한계 정하기

5단계	6단계	7단계	8단계
대안 제시	신속 처리	처리 확인과 사과	피드백

① 그런 일이 발생하게 되어 정말 죄송합니다. ← 1단계

② 어떤 상황인지 충분히 이해가 갑니다. 네, 잘 알겠습니다. ← 2단계

③ 고객님, 그럼 그 문제에 대해서 상세히 말씀해 주시겠습니까? ← 3단계

④ 지금 상황에서는 이러이러하게 하시는 것이 고객님께 더 좋을 듯합니다. 어떻게 하시겠습 니까?

⑤ 지금 얼마나 화가 나시는지 그 심정을 이해합니다만, 문제 해결을 위해서는 고객님의 도움 이 필요합니다. ← 4단계

정답 ④

정답 해설 첫 번째 문장에서 대안을 제시하고 있다.

4절 기출로 실력 다지기

※ 다음 글을 읽고 물음에 답하시오. [1~3]

성격 유형	특징	동료의 불만	갈등 해결 주안점
주도형	추진력이 강함	독단적으로 행동함	일의 우선순위 정하기
사교형	원만한 관계 형성	언변만 강함	칭찬과 관심, 세부 사항 정리의 조력 필요
안정형	무던하고 고지식함	무임승차, 수동적	일의 방향을 정하고 집단 지성에 참여
신중형	세밀하고 완벽 추구	자존심 매우 강함	우회적 표현

01 위의 성격 유형을 다음과 같이 구분할 때, ㉠~㉣에 들어갈 적절한 유형끼리 묶은 것은?

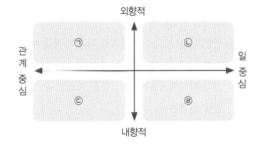

	㉠	㉡	㉢	㉣
①	사교형	주도형	안정형	신중형
②	사교형	신중형	안정형	주도형
③	주도형	사교형	안정형	신중형
④	주도형	사교형	신중형	안정형
⑤	신중형	안정형	주도형	사교형

02 위의 성격 유형별 갈등 해결 주안점에 관한 설명으로 적절하지 않은 것은?

① 주도형의 동료와 함께 일하는 다른 동료는 일의 실행 단계를 계획하고 업무량을 조절하면 갈등을 줄일 수 있다.

② 신중형의 동료에게 실수나 잘못을 깨우쳐 주고자 한다면, 자존심에 상처를 받지 않도록 이야기를 해야 갈등을 줄일 수 있다.

③ 각 유형이 지니고 있는 강점이 지나치면 약점이 되고 이것이 동료들의 불만 요소로 작용한다는 점을 인식하면 갈등을 줄일 수 있다.

④ 안정형의 동료는 주어진 일에는 최선을 다하므로 혼자서 새로운 무엇인가를 만들어 내도록 다른 동료가 지원하면 갈등을 줄일 수 있다.

⑤ 사교형의 동료가 인터뷰와 각종 사례를 수집하고, 다른 동료가 그 내용을 보고서로 정리하는 식으로 팀워크를 발휘하면 갈등을 줄일 수 있다.

03 위의 표를 참고할 때, 다음 글의 논지로 가장 적절한 것은?

> 대다수 사람은 1가지 성격 유형만이 아니라 4가지 성격 유형을 조금씩은 가지고 있다. 서로가 강점이 아닌 약점에 초점을 맞추어 평가하기 시작하면 어울림과 조화는 깨지고 만다. 동료를 평가의 시각으로 바라보는 것과 이해의 시각으로 바라보는 것은 상당히 큰 차이가 있다. 평가는 '판단'을 내포하고 있기 때문에 '좋다', '나쁘다', '일 잘한다', '일 못한다' 등으로 귀결되지만, 이해는 동료와의 조화를 위해 특성을 '파악'하는 것일 뿐 어떤 결론을 도출하지는 않는다. 동료를 이해하려 하고 서로에게 맞춰가면서 어울리는 것이 동료애이며 상호 원원(Win-win)할 수 있는 지름길이라는 점을 염두에 둘 필요가 있다.

① 많은 사람의 성격 유형은 복합적이다.
② 동료를 이해할 때 갈등은 완전히 사라진다.
③ 동료의 약점이 강점이 되도록 도와줘야 갈등을 줄일 수 있다.
④ 동료를 평가하려 하지 말고 이해하고 어울려야 갈등을 줄일 수 있다.
⑤ 동료에 대한 평가의 시각과 이해의 시각은 다르다는 점을 알아야 한다.

※ 다음 글을 읽고 물음에 답하시오. [4～5]

> 갈등 관리를 위한 의견 수렴 기법 중 시나리오 워크숍은 주로 지역적 수준에서 개발계획 입안 시 활용한다. 논의 주제를 둘러싸고 미래에 있을 법한 일련의 시나리오를 작성하며, 각각의 시나리오들은 향후 나타날 수 있는 문제들을 다양한 측면에서 기술하고 이에 대한 관리 방안을 제시한다. 이 과정에는 정책 결정자, 기술 전문가, 기업 및 산업 관계자, 해당 지역 시민 등 4개 집단의 관계인이 함께 참여한다.

04 위 기법의 진행 과정으로 가장 적절한 것은?

> (가) → (나) → 참가자와 간사 선정 → (다) → (라) → 정책권고안 전달

	(가)	(나)	(다)	(라)
①	워크숍	의제 설정	운영위원회 구성	시나리오 작성
②	의제 설정	운영위원회 구성	워크숍	시나리오 작성
③	의제 설정	운영위원회 구성	시나리오 작성	워크숍
④	운영위원회 구성	의제 설정	워크숍	시나리오 작성
⑤	운영위원회 구성	의제 설정	시나리오 작성	워크숍

05 위 기법에 대한 설명으로 가장 적절한 것은?

① 토의 주제는 전국적인 관련성을 갖는 공공의 문제를 다룬다.
② 각 집단의 대화를 통하여 각자의 경험과 지식 등에 기반한 공통된 주제를 도출한다.
③ 발생한 문제에 대한 각 집단들의 다양한 의견을 통해 문제를 해결할 수 있다.
④ 전문가 집단과 시민 대표로 나누어 해당 이슈에 대해 깊이 있게 논의를 한다.
⑤ 전국 각지에서 다양한 집단을 대표할 수 있는 토의자들을 선발한다.

06 대인 관계의 하위 능력 중 다음 글의 ⓐ에 들어갈 단어와 가장 관계가 깊은 것은?

다른 사람들과 (ⓐ)을/를 할 때도 해석수준의 거리 개념은 상당한 설명력을 가진다. (ⓐ)은/는 서로 다른 이해관계를 가진 둘 또는 그 이상의 상호의존적인 사회 개체들이 갈등을 해소하기 위해 공동으로 의사 결정을 내리는 과정으로 정치학·경영학·행정학·사회심리학 등 다양한 분야에서 연구되어 왔다. 특히 (ⓐ)에서 시간은 중요한 요소인데 시간적 거리와 관련된 해석수준 개념은 (ⓐ) 과정과 결과에 큰 영향을 미치는 요인으로 비중 있게 연구되고 있다. 대표적으로 헨더슨 등은 시간적 거리가 (ⓐ) 행동에 미치는 영향에 관한 연구를 진행했다. 그 결과 (ⓐ)이/가 이루어지는 시간이 멀수록 단편적이고 단일 쟁점인 고려 사항(하위수준의 해석)보다는 통합적이고 다면적 쟁점을 지닌 사항(상위수준의 해석)에 대한 선호가 증가함을 발견했다. 이와 더불어 다면적인 쟁점 제안의 비율이 상승했으며, 개인 및 공동의 성과가 더욱 좋아짐을 보여 주었다.

① 협상 능력   ② 리더십 능력
③ 팀워크 능력   ④ 갈등 관리 능력
⑤ 고객 서비스 능력

07 다음을 예로 쓴 노사 협상의 설득 전략으로 가장 적절한 것은?

노사 협상은 이익과 관련된 갈등의 주체인 사용자와 노동자가 복수 대안들을 조정하면서 서로 만족하는 대안을 찾는 과정이다. 1951년 일본의 도○○ 자동차는 부채율이 1,000%가 넘을 정도의 위기를 맞았다. 그런데 당시 노조는 임금 인상과 고용 보장을 요구하며 파업 등 온갖 수단을 동원한 노동쟁의를 이어갔다. 결국 창업자를 비롯한 경영진이 총사퇴하였으며, 노동자 측도 10% 정도 일자리를 잃게 되었다. 이후 노조는 실직이 좋지 않을 때에는 임금 인상을 포기하고 고용 보장을 요구하고, 일본의 장기 침체가 시작되던 2003년부터는 자발적으로 임금 동결을 선언하기도 했다. 이런 노조의 전략으로 인해 도○○ 자동차 사장은 국내 생산량의 75%를 자국에서 생산하겠다고 선언했고, 노조는 일자리를 안정적으로 확보했다.

① 감정적 호소   ② 권위의 의지
③ 양보와 인내   ④ 혜택의 제공
⑤ 개인적 친분에 의한 호소

08 다음과 같은 서비스에 대한 설명으로 적절하지 않은 것은?

> MOT(결정적 순간)는 스웨덴의 마케팅 전문가인 리처드 노만(R. Norman)이 처음 사용하였고, 스칸디나비아항공(SAS)의 얀 칼슨(Jan Carlson) 사장이 1987년 〈진실의 순간(Moment of Truth)〉이라는 책을 펴내면서 널리 알려졌다.
>
> 소비자에게 있어 MOT는 제품 또는 서비스를 제공하는 조직과 어떤 형태로 접촉하든 발생하는데, 이런 결정적 순간들이 모여 소비자는 품질에 대한 만족도와 기업에 대한 이미지를 평가하게 된다. 예를 들어 MOT 마케팅을 처음 고안한 스칸디나비아항공의 경우, 고객이 예약 문의 전화를 하고, 공항을 방문하고, 티켓을 받은 후 탑승을 하고, 기내 서비스를 받는 등의 모든 순간에 질 높은 서비스를 제공하는 MOT 마케팅을 도입함으로써 수년간의 적자 경영을 흑자 경영으로 돌려놓는 결과를 낳았다.
>
> MOT 마케팅은 고객이 여러 번에 걸쳐 최상의 서비스를 경험했다 하더라도 단 한 번의 불만족스러움을 느낀다면 결국 전체 서비스에 대한 만족도를 0으로 만들어 버린다는 곱셈의 법칙(100－1=99가 아니라 100×0=0이라는 법칙)에 따라 고객과의 접점의 순간에서 최상의 서비스를 제공할 것을 강조한다.

① 고객이 지점에 왔을 때 처음 대하는 직원들의 공손한 인사와 다정한 대화 태도도 중요한 접점이 될 수 있다.

② 책임과 권한을 가지고 있는 최고위 서비스 관리자가 접점을 잘 관리하여 고객이 회사에 긍정적인 이미지를 가질 수 있도록 하는 것이 중요하다.

③ 고객이 경험하는 수많은 접점 중 하나만 잘못 관리되어도 고객은 불만족할 수밖에 없으며 고객 만족을 위한 수많은 노력이 물거품이 될 수 있다.

④ 접점에 대한 관리는 고객 만족의 기초이자 시작이므로 접점에 우수한 직원들을 배치하고 꾸준한 교육 훈련을 통해 전문가로서의 가치를 부여해야만 한다.

⑤ MOT 마케팅은 소비자들이 제품 또는 서비스에 접촉하는 짧은 시간이 제품과 기업에 대한 인상을 좌우하는 중요한 순간이라는 것을 강조하는 기법이다.

5절 자원 관리

자원 관리는 시간 관리, 예산 관리, 물적 자원 관리, 인적 자원 관리로 구분된다. 실용글쓰기에서는 시간, 예산, 인적 자원 관리가 수준히 출제되고 있다.

출제 POINT

- 시간 관리의 개념 이해와 시간 낭비 요인 파악 및 시간 관리
- 예산의 개념과 항목, 배정 순위, 구성 요소 파악과 예산 수립 과정 이해
- 인적 자원과 인맥의 개념 이해
- 기업의 인적 자원 관리 방법 및 인적 자원 관리

1. 자원 관리의 개념

자원 관리란 직무와 관련한 과제나 목적 달성을 위해 자원이 얼마나 필요한지를 확인하고, 이용 가능한 자원을 최대한 수집하여 어떻게 활용할 것인가를 계획하며, 업무 수행에 자원을 할당하는 것을 의미한다.

자원 관리 기본 과정

필요한 자원의 종류와 양 확인	업무 수행을 위한 시간과 예산, 그리고 물적 자원과 인적 자원의 필요량을 계산하고 정확하게 파악한 후, 자원 관리 계획을 수립하는 단계
이용 가능한 자원 수집	실제 상황에 투입하기 위해 파악된 자원을 여유 있게 확보하는 단계
자원 활용 계획	확보한 자원을 실제 업무에 얼마씩 분배, 할당할 것인가를 계획하는 단계 (모든 프로젝트 진행의 근간이 되는 업무 활동의 우선순위 고려)
계획 실행	계획을 불가피하게 수정해야 하는 경우를 제외하고 전체 계획에 맞게 자원을 집행하는 단계

2. 시간 관리

기업에서는 생산성 향상 및 시장 점유율 증대 등 경제적 효과를 위해 모든 생산 과정과 서비스 창출에 있어 시간을 단축하기 위해 노력한다. 그러므로 업무를 수행하는 직장인 개개인의 시간 관리는 기업 측면에서 생산성과 경쟁력 확보의 바탕이 된다.

(1) 시간 계획의 효과를 위한 원칙 ☆

① 가장 많이 반복하는 일에 가장 많은 시간을 분배한다.

② 최단시간에 최선의 목표를 달성할 수 있게 철저한 계획을 세운다.

③ 총 시간 중에서 계획된 행동에 60%, 계획 이외의 자발적 행동에 20%, 돌발적 상황에 20% 정도를 할애한다. 즉, 60:40의 비율로 시간 계획을 세우고 업무 수행에 필요한 시간을 관리한다.

(2) 시간 계획을 위한 점검 사항

① 시간적 장애 요인을 분석하고 규칙적으로 계획을 확인하고 수정한다.

② 실현 가능하고 현실적인 계획 수립과 이동 및 대기 시간 등 여유 시간을 고려한다.

③ 규모가 큰 업무는 모아서 한꺼번에 처리하고 의도적으로 비계획적인 일을 차단한다.

④ 모든 일(회의 시간 포함)에 처리 시간을 제한하고 우선순위가 높은 일을 먼저 처리한다.

⑤ 예상하지 못한 일에 대비하여 예비 시간을 정하고 다른 사람이 할 수 있는 일은 과감하게 넘긴다.

⑥ 체크리스트나 스케줄 표를 활용하고 부하나 상사의 시간을 고려하여 계획을 삽입한다.

기출점검 시간 관리

1. ○○기업 인사과에서 배부한 다음 '시간 관리의 필요성과 효과'에 대한 글 중 ㉠~㉣에 쓸 내용으로 가장 적절한 것끼리 짝지은 것은?

> ### 시간 관리의 필요성과 효과
>
> 1. 필요성
>   시간의 통제가 아니라 시간을 제대로 활용함으로써 삶의 여러 가지 문제를 개선하는 데 있다.
> 2. 효과
>   (㉠): 시간 낭비는 잠재적인 스트레스 유발 요인이므로 시간의 효율적 관리는 효과적인 스트레스 관리법이다.
>   (㉡): 시간 관리를 잘하여 일을 수행하는 시간을 줄일 수 있다면 다양한 여가를 즐길 수 있다.
>   (㉢): 시간은 매우 한정된 자원이므로 적절히 관리하여 효율적으로 일을 하게 된다면 기업의 생산에 큰 도움이 된다.
>   (㉣): 시간을 줄이지 않고서 까다로운 목표를 성취한 사람은 없다. 목표에 매진할 시간을 갖도록 하는 것이 시간 관리의 역할이다.

	㉠	㉡	㉢	㉣
①	스트레스 감소	목표 달성	균형적인 삶	생산성 향상
②	목표 달성	생산성 향상	균형적인 삶	스트레스 감소
③	균형적인 삶	생산성 향상	목표 달성	목표 달성
④	생산성 향상	목표 달성	스트레스 감소	균형적인 삶
⑤	스트레스 감소	균형적인 삶	생산성 향상	목표 달성

정답 ⑤

정답 해설 ㉠ '시간 낭비는 잠재적 스트레스 유발 요인'을 통해 시간 관리의 효과로 '스트레스 감소'를 파악할 수 있다.

㉡ '다양한 여가'를 통해 '균형적인 삶'을 추론할 수 있다.

ⓒ '효율적으로 일을 하게 된다면 기업의 생산에 큰 도움'을 통해 '생산성 향상'을 추론할 수 있다.

ⓔ 반복되는 단어인 '목표'(를) 통해 '목표 달성'을 이끌어 낼 수 있다.

3. 예산 관리

예산이란 민간 기업, 공공 단체 및 기타 조직체를 포함하여 필요한 비용을 미리 헤아려 계산하는 것과 그 비용을 의미한다. 예산을 관리할 때에는 프로젝트나 특정 과업의 진행 경과에 맞게 예산 항목을 수립하고, 예산의 구성 요소를 파악해야 한다.

(1) 예산 구성 요소

① **직접 비용**: 간접 비용에 상대되는 말로, 제품 또는 서비스를 창출하기 위해 직접 소비되는 비용을 의미한다.

　예 재료비, 원료와 장비비, 시설비, 출장 및 잡비, 인건비 등

② **간접 비용**: 과제 수행을 위한 비용 중에서 직접 비용을 제외하고 생산에 직접 관련되지 않은 비용으로, 과제 및 과제 수행 과정에 따라 다양하게 발생한다.

　예 보험료, 건물 관리비, 광고비, 사무용품비, 통신비, 각종 공과금 등

(2) 예산 수립의 과정

① **세부 과업 점검**: 과제 및 사업 추진을 위한 가장 기본적인 활동들을 중요한 범주에 따라 체계화시켜 구분해 놓고, 이를 필요한 과업과 활동으로 구분하고 점검하는 과정이다.

② **예산 배정의 우선순위**: 세부 과업표를 작성하고 프로젝트 수행에 필요한 과정이나 활동이 구분되면, 이를 토대로 예산 배정의 우선순위(필수적 활동과 부수적 활동 구분)를 결정한다. 그리고 과제 수행 중 발생하게 될 예상하지 못했던 비용 발생 항목을 마련해 두는 것 또한 중요하다.

③ **예산 관리 도표**: 예산 사용을 어느 정도 했는지를 알아볼 수 있도록 정리하는 것이 필요하다. 관리자는 월 단위로 실행 예산 대비 사용실적에 대한 도표를 작성함으로써 예산을 관리할 수 있다.

2. 효율적인 예산관리능력을 설명하기 위한 다음 표의 ㉠~㉢에 들어갈 말을 순서대로 쓴 것으로 가장 적절한 것은?

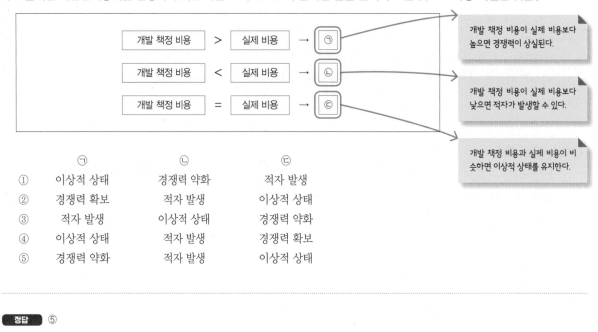

	㉠	㉡	㉢
①	이상적 상태	경쟁력 약화	적자 발생
②	경쟁력 확보	적자 발생	이상적 상태
③	적자 발생	이상적 상태	경쟁력 약화
④	이상적 상태	적자 발생	경쟁력 확보
⑤	경쟁력 약화	적자 발생	이상적 상태

정답 ⑤

4. 물적 · 인적 자원 관리

(1) 물적 자원 관리

물적 자원은 자연자원(석유, 석탄, 나무, 철광석 등)과 인공자원(사람이 인위적으로 만든 시설이나 장비 등)으로 나눌 수 있다. 물적 자원의 확보와 활용 등 효과적인 관리는 기업 경쟁력 향상과 사업 성공의 밑바탕이 된다. 반대로 물적 자원의 부실한 관리는 기업의 경제적 손실뿐만 아니라 과제 및 사업 추진에 실패를 불러온다.

① **물적 자원 활용의 방해 요인:** 보관 장소를 파악하지 못한 경우, 훼손되거나 분실된 경우 등이 있으며, 효율적인 물적 자원 관리를 위해서는 물적 자원 관리 목록을 작성하는 것이 바람직하다.

② **물적 자원의 효율적 관리 과정:** 물적 자원을 효율적으로 관리하는 방법은 현재 소유하고 있는 물적 자원의 품목을 구분하여 보관하는 것이다.

㉠ 물품을 앞으로 계속 사용할 것인지, 그렇지 않은지를 구분한다.

㉡ 반복적으로 사용하는 물품은 창고나 박스 등에 넣어 두고, 그 위치를 물건 목록에 기재한다.

㉢ 같거나 유사한 물건은 동일한 장소에 보관한다.

㉣ 물품 보관 장소는 분류에 따라 일괄적으로 같은 장소에 보관하는 것이 아니라, 개별 물품의 특성을 고려하여 보관 장소를 선정한다.

(2) 인적 자원 관리 ☆☆☆

인적 자원은 기업(조직) 차원에서 기업 활동을 함께하는 모든 사람으로, 기업은 조직의 목표 달성을 위해 인적 자원을 확보 및 개발, 배치, 평가하는 등의 관리가 필요하다. 인적 자원 관리의 가장 중요한 과제는 조직의 목표와 개인의 목표의 조화로, 조직 구성원들이 자발적으로 조직의 목표 달성에 적극적으로 참여하여 조직의 발전과 개인의 발전이 균형을 이루도록 하는 것이다. 이런 점에서 조직에서 사람을 다루는 철학, 그것을 실현하는 제도와 기술의 체계가 인적 자원관리라고 할 수도 있다.

① **인적 자원의 3가지 측면**: HRP(Human Resource Planning: 인적 자원 계획), HRD(Human Resource Development: 인적 자원 개발), HRU(Human Resource Utilization: 인적 자원 활용)

② **직무 수행을 위한 인맥**: 대부분의 업무는 그 직무를 수행하는 개인이나 그와 관계 맺고 있는 인간관계에 의해 이루어진다. 기업 차원에서 볼 때 직무를 수행하는 사람과 주변 사람들과의 영향 관계는 기업의 성과를 좌우하는 중요한 자산 가치라고 할 수 있다.

   ㉠ **직무 수행을 위한 인맥 활용의 장점**: 인맥을 통해 각종 정보를 제공받고, 그 정보를 바탕으로 사업이나 직무를 성공적으로 수행하며 활용할 수 있다. 이는 성공적인 직무 수행과 자기 발전으로 이어지고 인맥과 협력 체계를 형성한다. 따라서 직무 수행을 위한 인맥 관리는 상대방과의 신뢰 및 공감대 형성과 상호 협력 관계를 만든다.

   ㉡ **명함 관리**: 명함은 서로의 정보를 소통하는 매개 기능과 직무 관련 대화의 실마리를 제공하는 기능을 함께 한다. 그리고 직무와 관련하여 후속 교류를 위한 도구로 활용할 수도 있다.

   ㉢ **인맥 관리 카드**: 인맥 관리 카드는 자신의 인맥에 관한 사항, 이름, 직장 및 부서, 연락처, 친한 정도 등을 기록하고 핵심 인맥과 파생 인맥 등으로 나누어 관리하는 카드이다.

③ **기업의 인적 자원의 특성**

   ㉠ **능동성**: 기업의 목표 성취는 예산과 물적 자원의 양과 질에 따라 결정되는 수동적 성격을 갖고 있다. 그런데 인적 자원의 성취 욕구와 성취동기·태도와 행동은 기업의 목표 성취 수준을 좌우하고 기업 경영에 중요한 조건이 된다. 따라서 능동적이고 주도적인 인적 자원은 기업 목표 성취를 높이는 핵심 자원이다.

   ㉡ **개발 가능성**: 인적 자원은 자연적인 성장과 성숙은 물론 잠재 능력과 소질을 갖고 있다. 따라서 자기 개발을 통해 새로운 가능성을 창출하는 사람은 기업의 환경 변화와 이에 따른 조직 변화를 능동적이고 창의적으로 이끌어가는 중요한 인적 자원이다.

   ㉢ **전략적 자원**: 기업의 목표 성취 수준은 인적 자원과 물적 자원의 효율적인 활용 정도로 결정된다. 그런데 자원이 양적으로 동등한 상태에서 결과의 질을 결정하는 것은 창의적인 사람의 역할에 따라 좌우된다. 따라서 인적 자원의 전략적 활용은 기업의 목표 성취 기준을 좌우하는 중요한 변수가 된다.

④ **인적 자원의 전략적 활용을 위한 배치 원칙** ☆☆

   ㉠ **적재적소의 원칙(질적 배치)**: 효율적인 기업 목표 달성을 위해 기업 구성원 각자의 적성과 자질·성격이나 능력에 맞는 적합한 역할과 임무를 부여하는 것이 중요하다. 즉, 개인의 능력을 최대한 발휘할 수 있는 직무를 부여하고, 각 개인이 갖고 있는 자질이나 조건을 서로 균형 있게 배치해야 한다.

ⓛ **능력주의 원칙**: 개인이 능력을 발휘할 수 있는 기회와 직무를 부여하고, 그 성과를 공평하게 평가하여 실적에 따른 보상을 제공하는 것을 의미한다. 이 원칙은 개인의 기존 능력에 한정하지 않고, 미래에 개발 가능한 능력도 포함한다. 따라서 개인이 자신의 능력을 개발하여 보다 발전적인 행동을 할 수 있도록 조건을 제공하는 것을 의미한다.

ⓒ **균형주의 원칙**: 모든 기업 구성원을 평등하게 적재적소에 배치하는 것을 말한다. 평등성과 적재적소 배치는 상충되는 측면도 있다. 그러나 기업은 모든 구성원들의 능력 향상과 의식 개혁, 사기 앙양 등이 전제되어야 발전하므로 기업 전체의 조직적 측면과 각 구성원 간 균형(능력 · 경제적 보상 등)을 고려하여 인적 자원을 배치해야 한다.

기출점검 **인적 자원 관리**

3. 송○○ 과장이 쓴 인력 배치의 원칙에 대한 설명으로 적절한 것은?

> **인력 배치의 원칙**
>
> 1. **적재적소주의**: 팀의 효율성을 높이기 위해 가장 적합한 위치에 배치하여 팀원 개개인의 능력을 최대로 발휘해 줄 것을 기대하는 원칙
> 2. **능력주의**: 개인에게 능력을 발휘할 기회와 장소를 부여하고, 공정한 평가 후 실적에 상응하는 보상을 주는 원칙
> 3. **균형주의**: 모든 팀원에 대한 평등함과 팀 전체의 균형을 고려한 원칙

① 적재적소주의 원칙은 배치의 유형 중 양적 배치에 해당한다.

② 부문의 작업량과 조업도, 여유와 부족 인원을 고려하여 소요 인원을 배치하는 것은 능력주의이다.

③ 작업이나 직무가 요구하는 요건, 개인이 보유하고 있는 조건을 서로 균형 있게 배치하는 것은 균형주의이다.

④ 개인이 가진 기존의 능력에만 한정하지 않고 미래에 개발 가능한 능력도 있음을 원칙으로 하는 것은 능력주의이다.

⑤ 능력주의 원칙은 팀 전체의 능력 향상, 의식 개혁, 사기 앙양 등을 도모하는 의미에서 전체와 개인의 균형을 지켜야 한다.

정답 ④

오답 해설 ①은 질적 배치, ②는 양적 배치, ③은 적재적소주의, ⑤는 균형주의에 대한 설명이다.

기업 경영 및 인적 자원 관리와 관련한 '역량'

거시적 개념	미시적 개념
주로 조직 이론이나 경영전략가에 의해 개발되어 온 개념으로, 조직 전체를 하나의 유기체로 보고 기업 전략의 관점에서 경쟁력을 확보해 줄 수 있는 원천으로서 역량을 바라본다.	조직 및 산업 심리학자를 중심으로 발전되어 온 개념으로, 종업원 개인의 관점에서 우수한 성과를 내도록 하는 개인의 특질을 그 분석 대상으로 한다.

→ 역량을 평균 이상의 우수한 성과를 발휘하는 조직이나 개인이 보여 주는 중요한 특질이나 능력으로 정의

역량 모델

인적 자원 관리의 각 과정에서 종업원에게 필요한 역량의 내용이 무엇인지 먼저 결정되어야 한다. 그러한 역량의 차원을 파악하는 과정이 역량 분석이고, 그 결과 나타난 역량들의 집합이 역량 모델이다. 실제로 적지 않은 기업들에서 그러한 역량 개념은 이미 암묵적인 방법으로 기업 가치나 기업 문화, 리더십, 인재상 등을 통해 존재하기도 한다. 문제는 그러한 내용이 과연 성과에 영향을 미치는 중요한 역량 차원인지를 체계적인 방법을 통해 확인할 필요가 있다는 점이다. 따라서 기업의 상황에 따라 역량 모델을 찾아내기 위한 역량 분석 방법의 정교함이나 체계성에 차이가 있을 수 있다. 역량 분석과 역량 모델 구축은 개인과 조직의 성과를 위해 필요한 체계적 과정으로, 역량 분석을 통해 최종적으로 도출되는 것이 바로 역량 모델이라고 할 수 있다.

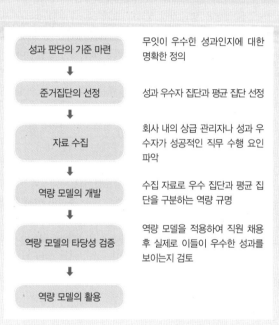

성과 판단의 기준 마련	무엇이 우수한 성과인지에 대한 명확한 정의
준거집단의 선정	성과 우수자 집단과 평균 집단 선정
자료 수집	회사 내의 상급 관리자나 성과 우수자가 성공적인 직무 수행 요인 파악
역량 모델의 개발	수집 자료로 우수 집단과 평균 집단을 구분하는 역량 규명
역량 모델의 타당성 검증	역량 모델을 적용하여 직원 채용 후 실제로 이들이 우수한 성과를 보이는지 검토
역량 모델의 활용	

※ 다음 글을 읽고 물음에 답하시오. [4~5]

역량(Competence)이라는 말은 다양한 학문 분야에서 다양한 의미로 사용되어 왔다. 하지만 기업 경영과 인적 자원 관리와 관련해서 역량은 주로 조직 이론이나 경영전략가에 의해 개발되어 온 거시적 개념과 조직 및 산업 심리학자를 중심으로 발전되어 온 미시적 개념으로 구분될 수 있다. 전자가 조직 전체를 하나의 유기체로 보고 기업 전략의 관점에서 경쟁력을 확보해 줄 수 있는 원천으로서 역량을 바라보고 있고, 후자는 종업원 개인의 관점에서 우수한 성과를 내도록 하는 개인의 특질을 그 분석 대상으로 한다는 차이는 있지만, 양자가 모두 역량을 평균적인 성과를 초과하는 우수한 성과를 발휘하는 조직이나 개인이 보여주는 중요한 특질이나 능력으로 정의하고 있다는 점에서는 공통점을 보인다.

역량 중심의 인적 자원 관리는 역량 모델에서 출발한다. 기업이 종업원을 채용하고 평가해서 개발하고 보상하는 인적 자원 관리의 각 과정에서 종업원에게 필요한 역량의 내용이 무엇인가가 먼저 결정되어야 하기 때문이다. 그러한 역량의 차원을 파악해 내는 과정이 역량 분석이고, 그 결과 나타나게 되는 역량들의 집합이 역량 모델이다. 실제로 적지 않은 기업들에서 그러한 역량 개념은 이미 암묵적인 방법으로 기업 가치나 기업 문화, 리더십, 인재상 등을 통해 존재하기도 한다. 문제는 그러한 내용이 과연 성과에 영향을 미치는 중요한 역량 차원인가가 체계적인 방법을 통해 확인될 필요가 있다는 점이다. 따라서 역량 모델을 찾아내기 위한 역량 분석 방법의 정교함이나 체계성에 기업의 상황에 따라 차이가 있을 수 있으나 역량 분석과 역량 모델 구축은 역량 중심의 인적 자원 관리를 위해서는 반드시 거쳐야 하는 필수 불가결한 과정이라고 할 수 있다.

역량 분석은 개인과 조직의 성과를 위해 필요한 역량을 파악해 내는 체계적 과정이다. 역량 분석을 통해 최종적으로 도출되는 것이 바로 역량 모델이라고 할 수 있다. 역량 모델은 직무별·직군별 조직 전체의 각 수준에서 만들어지고 활용될 수 있으나 역량 중심의 인적 자원 관리를 위해서는 그러한 각 차원이 모두 통합된 역량 모델이 만들어질 필요가 있다.

①의 근거	
②의 근거	
⑤의 근거	
③의 근거	

4. 윗글의 내용과 일치하지 <u>않는</u> 것은?

① 기업 경영인은 역량을 기업 경쟁력 강화를 위한 능력으로 본다.

② 역량이란 평균 이상의 성과를 거두고 있는 조직 또는 개인의 능력이다.

③ 역량에 해당하는 모든 것이 성과에 영향을 미치는 중요한 역량은 아니다.

④ 역량 모델은 직무와 직군에 맞게 별도로 개발해야 역량 중심으로 인적 자원 관리를 할 수 있다.

⑤ 역량 모델은 인적 자원을 관리하면서 구성원 각자에게 필요한 역량이 무엇인지 분석한 후에 나오는 결과물이다.

정답 ④

정답 해설 역량 모델은 직무별·직군별 조직 전체의 각 수준에서 만들어지고 활용될 수 있으나 역량 중심의 인적 자원 관리를 위해서는 그러한 각 차원이 모두 통합된 역량 모델이 만들어질 필요가 있다.

5. 윗글의 '역량 모델'을 개발하는 과정인 다음의 ㉠~㉣에 관한 설명으로 가장 적절한 것은?

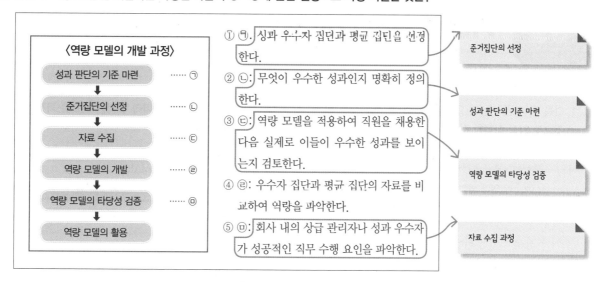

정답 해설 ㉣ 과정에서는 수집된 자료를 분석하여 우수자 집단과 평균 집단을 구분하는 역량을 규명한다. 2명 이상의 훈련된 분석자가 우수자 집단과 평균 집단의 자료를 나열하여 비교함으로써 우수자 집단에게는 발견되지만, 평균 집단에는 결여된 특성을 파악하는 과정이라고 할 수 있으며, 이를 통해 역량이 파악되게 된다.

오답 해설 ① ㉠: 무엇이 우수한 성과인지 명확히 정의한다.

② ㉡: 성과 우수자 집단과 평균 집단을 선정한다.

③ ㉢: 회사 내의 상급 관리자나 성과 우수자가 성공적인 직무 수행 요인을 파악한다.

⑤ ㉤: 역량 모델을 적용하여 직원을 채용한 다음 실제로 이들이 우수한 성과를 보이는지 검토한다.

5절 기출로 실력 다지기

01 다음 중 자원의 낭비 요인에 해당하는 것을 모두 묶은 것으로 가장 적절한 것은?

> ㉠ 양○○ 부장은 다른 부서 직원과 업무 시간에 전화할 때 업무 외적인 이야기는 전혀 하지 않으며, 점심시간을 이용하여 사적인 이야기를 나눈다.
>
> ㉡ 최○○ 과장은 협력 업체와의 미팅 시간을 정확히 지키기 위해 회사에서 일찍 나와 1시간 동안 약속 장소 근처에 있다가 정확한 시간에 도착하였다.
>
> ㉢ 소○○ 대리는 사무 비품을 구매하기 위해 문구사를 직접 방문할 때는 항상 여분의 비품을 구매하여 다음에 대비한다.
>
> ㉣ 김○○ 과장은 아침과 저녁에 팀 회의를 하며 항상 팀워크를 강조하는 등 같은 말을 반복하여 팀원들을 독려한다.

① ㉠, ㉡

② ㉡, ㉢

③ ㉠, ㉡, ㉢

④ ㉡, ㉢, ㉣

⑤ ㉠, ㉡, ㉢, ㉣

02 다음 SMART 법칙에 따라 설정한 목표로 가장 적절한 것은?

> **SMART 법칙**
>
> S(Specific): 구체적이고 명확해야 한다.
> M(Measurable): 수치화, 객관화하여 측정할 수 있어야 한다.
> A(Action-oriented): 행동 중심적이어야 한다.
> R(Realistic): 실천할 수 있는 작은 일에서 시작해야 한다.
> T(Time limited): 마감 기일을 설정하고 실천해야 한다.

① 나는 구내식당을 이용하여 체중을 줄일 것이다.

② 나는 언젠가는 디자인 분야에서 최고가 될 것이다.

③ 나는 우리 부서에서 가장 친절한 사람이 될 것이다.

④ 나는 건강을 위해 오늘 이후 담배를 절대 피우지 않겠다.

⑤ 나는 이번 여름휴가 기간에 지리산 노고단 정상에 오르겠다.

03 다음 상황에서 최○○ 대리가 편성해야 할 예산 항목을 [보기]에서 모두 고른 것은?

> 판매부 최○○ 대리는 곧 정식으로 출시할 □□ 탄산음료 시음 행사를 준비하고 있다. 3월 20일 오전 10시부터 오후 5시까지 △△대학교 정문 앞 도로에서 시음회를 성공적으로 진행하기 위해 홍보 도우미 3명을 모집하고 홍보 유인물을 제작할 계획이다. 시음할 음료와 탁자, 의자 등을 회사에 있는 1t 트럭에 싣고 행사장에 갈 것이므로, 트럭 사용 신청서에 사용 시간을 7시간으로 기록하였다.

┌─────── 보기 ───────┐
ⓐ 숙박비   ⓑ 식사비
ⓒ 트럭 임대료   ⓓ 유인물 제작비
ⓔ 주차 시설 이용료   ⓕ 홍보 도우미 수당
└──────────────────┘

① ㉠, ㉡, ㉢

② ㉠, ㉢, ㉣

③ ㉠, ㉡, ㉣, ㉤

④ ㉡, ㉢, ㉣, ㉥

⑤ ㉡, ㉣, ㉤, ㉥

04 다음 메모를 기준으로 빌릴 수 있는 회의실로 가장 적절한 것은?

> **– 메모 –**
> ∨ 서비스 팀 4명, SCM 팀 5명, CS 팀 3명, 개발 팀 3명, 생산관리 팀 4명, 영업 팀 6명
> ∨ 생산관리 팀은 화상으로 참석
> ∨ 회의 일정 09:30~17:30
> ∨ 회사에서 총 50만 원 지원
> ∨ 회의실 대관 비용
> ∨ 식사비 23만 원, 교통비 15만 원, 다과비 6만 원

회의실 이용 정보

(단위: 명, 원)

회의실	수용 인원	이용 요금		특징
		종일*제	시간제	
501호	20	45,000	시간당 5,000원	화상회의 시스템 (사용 시 추가 요금 5,000원), 오디오 믹서, 하울링 방지 시스템, 파워 앰프, 다과 제공
502호	21	60,000	시간제 없음	화상회의 시스템 (사용 시 추가 요금 5,000원), 콘퍼런스콜
503호	23	80,000	시간당 10,000원	화상회의 시스템 (사용 시 추가 요금 5,000원), 콘퍼런스콜, 다과 제공 (단, 다과는 4시간 이상 사용 시 제공됨)
504호	25	60,000	시간제 없음	화상회의 시스템 (사용 시 추가 요금 5,000원), 파워 앰프, 전원 순차 공급기
505호	25	55,000	시간제 없음	콘퍼런스콜, 오디오 믹서, 하울링 방지 시스템, 파워 앰프, 다과 제공

* 종일: 09:00~18:00

① 501호   ② 502호   ③ 503호

④ 504호   ⑤ 505호

※ 다음 '역량 중심의 인적 자원 관리'에 관한 글 일부를 읽고 물음에 답하시오. [5~6]

○○사는 한국 진출 이후 우리나라 기업들과 같은 직급 체계를 운영해 왔으나, 새로운 보상 제도인 직무 성과급으로의 변화를 시도하면서 역량에 기초한 5개의 직급 체계로 바꾸었다. 과거의 직급 체계는 직무 내용이나 가치의 차이를 반영한 것이 아니라 전통적인 직위를 그대로 인정한 것에 불과했으므로 이러한 직급에 기초해서 새로운 성과주의 임금 제도를 운영할 수는 없었기 때문이었다.

직급 1	직급 2	직급 3	직급 4	직급 5
사원	주임	과장	부장	상무

직급을 5개로 구분한 것은 역량을 지나치게 많은 수준으로 구분하는 것이 불합리하다고 판단했기 때문이다. 5개의 직급 중에서 직급 3 이상이 회사에서 중요하게 관심을 두고 있는 관리자급에 해당하며, 임금관리의 초점도 이들에게 맞추어져 있다. ○○사의 임금 제도가 기본적으로는 핵심 역량에 기초한 직무 성과급이라고 볼 수 있으나 실제로는 직급 2 이하의 종업원들의 임금에는 아직도 근속 연수가 중요한 영향을 미치고 있다. 그런데 직급 체계가 개편된 이후에도 직속 상사에 대한 호칭의 문제와 대외적 활동에서의 필요성 때문에 한국식의 직위는 여전히 대외적 호칭으로 사용되고 있다.

직급의 구분 기준은 각 직무가 필요로 하는 역량의 차이에 기초하고 있다. 한 직무가 어떤 직급에 해당하는 것인가를 분류하는 과정은 전사적인 차원에서 종업원의 참여와 협력을 통해 이루어졌다. 직급 체계를 개편할 때에는 인사 제도 개편을 담당한 부서에서 주로 논의를 진전시키기 위한 준비 작업을 담당하고, 종업원 모두가 참여하여 향후 ○○사가 성공하기 위해서 가장 중요한 역량이 무엇인지를 논의하고 개발하였다. 이러한 과정을 거쳐 최초에 결정된 핵심 역량은 총 13개였으며, 그 이후 지나치게 많은 수의 역량들이 오히려 관리상 어려움을 준다고 인식하여 10개로 최종 결정하였다.

그 다음 단계에서는 이러한 핵심 역량 각 차원에서 ㉠ 5개의 직급에 해당하는 역량 수준을 구분하는 작업이 진행되었다. 역량 수준을 결정하는 과정에서도 전 직원이 참여하여 자신의 의견을 표현하였으며 다시 자신의 직무를 완전히 숙달하여 높은 업무 성과를 내는 직원들을 중심으로 역량 수준을 더 정리하고 다듬는 작업을 수행하였다. 그 결과 최종적으로 5가지 역량 수준을 마련하였다.

05 윗글의 논지로 적절한 것은?

① 핵심 역량에 기초한 직무 성과급제를 도입해야 한다.
② 직급 체계를 포함한 인사 제도 개편을 담당하는 부서가 있어야 한다.
③ 직무 내용이나 가치를 반영한 역량을 기초로 직급 체계를 개편해야 한다.
④ 직급 체계에 맞는 직무를 분류하는 과정에 모든 종업원이 참여하고 협력해야 한다.
⑤ 대외 활동에 장애 요인이 되는 한국식 직위를 없애고 새로운 직급 체계를 도입해야 한다.

72 제1편 보게 쉽게 정리한 **객관식 유형**

06 윗글 ⊙의 결과를 다음과 같이 정리할 때 적절하지 않은 것은?

① 직급 및 역량 수준 1: 자신의 잠재력을 최대한 발휘하는 방향으로 노력하며, 역량과 성과를 규칙적으로 모니터함으로써 개인과 팀의 개발을 지원한다.

② 직급 및 역량 수준 2: 다른 사람에게 신속하고 정직하며 건설적인 피드백과 직장 내 훈련을 제공하며, 다른 사람들이 효율적으로 일할 수 있도록 지속해서 조언한다.

③ 직급 및 역량 수준 3: 관리 과정을 통해 성과관리를 정착시키고, 개인과 팀의 개발 욕구를 명확히 파악하여 이를 충족시켜 줄 구체적인 계획을 수립·실행한다.

④ 직급 및 역량 수준 4: 개인의 기능과 성과 평가와 다양한 특성들을 발굴하여 개발하며, 전사적 차원에서의 기업 성과의 문제와 이를 해결하기 위한 노력을 한다.

⑤ 직급 및 역량 수준 5: 전사적인 경영관리 시스템을 통해 성과 지향적 문화를 도입하고 정착시키고, 전략적 계획을 달성하기 위해 인력 개발의 필요성과 우선순위를 결정한다.

07 다음 글의 인적 자원 관리에 대해 가장 적절하게 설명한 것은?

어떤 조직체가 성과를 달성한다는 것은 조직체를 경영하는 각 분야에 있는 여러 자원이 어떠한 성과를 달성한다는 뜻이 아니다. 그 분야에서 일하는 조직 구성원, 즉 인적 자원에 의해서 지향하는 성과와 목표가 달성된다는 의미이다. 일반적으로 인적 자원 관리를 조직체의 인적 자원을 관리하는 경영의 한 과정으로 보지만, 인적 자원 관리는 경영 분야의 공통적인 필수 기능이므로 경영 자체가 인적 자원을 관리하는 것이라는 결론 도출도 가능하다. 또한, 인적 자원 관리는 모든 조직 구성원을 대상으로 경영 각 분야에서 성과 달성을 위해 발휘되는 필수 기능이므로 조직체의 최고 경영층에서 하부의 일선 관리자에 이르기까지 경영 각층에서 일하는 모든 실무 관리자의 기본적인 일반 관리 기능이다. 이처럼 인적 자원 관리는 경영의 중요한 과정으로서 조직체의 목표를 달성하고 이에 필요한 성과를 거두는 것을 가장 중요한 목적으로 삼고 있다. 따라서 인적 자원 관리는 조직체의 목표 달성에 이바지하고 있는 능률성과 생산성, 고객, 자금, 자산의 보전과 비용 통제 등 경영 각 기능 분야에서 강조되고 있다. 또한, 조직의 목표를 달성하기 위해 조직 구성원의 적절한 자질과 노력, 그리고 협조가 필요하다. 결국, 인적 자원 관리는 생산성과 만족감, 그리고 능력 개발 등 3대 효과를 동시에 추구하는 성과 지향적이고 인간 중심적인 경영 관리 기능이라고 할 수 있다.

① 인적 자원 관리는 최고 경영자만의 주된 활동이다.

② 인적 자원 관리는 경영의 전 과정이라고 해도 지나치지 않다.

③ 인적 자원 관리는 생산과 구성원의 능력 개발을 분리해서 본다.

④ 인적 자원 관리는 조직체 일부에서 이뤄지는 특수한 관리 기능이다.

⑤ 인적 자원 관리 때문에 조직의 성과와 목표가 달성되는 것은 아니다.

6절 수리 자료 활용 능력

실용글쓰기의 수리 능력은 크게 3가지 유형으로 출제된다. '통계 해석', '도표 해석', 그리고 '기초 연산'이다. 전문적인 수학 능력을 요구하는 것이 아니라, 기본적인 개념을 바탕으로 실제 기초적인 연산이나 통계자료 해석, 도표 해석 능력이 요구된다.

출제 POINT

- 데이터 유형과 통계 해석의 개념 이해
- 글 · 문서 작성에 데이터와 통계자료 활용
- 도표 · 그래프, 통계자료 해석과 문제 해결을 위한 근거로 제시
- 도표 · 그래프, 통계자료의 목적과 특징 분석과 글 · 문서 작성
- 연산, 통계, 도표 분석 등의 개념 파악과 수리 능력으로 자료 계산 · 해석

1. 수리 사고

수리 사고 능력이란 어떤 대상을 탐구하고 예측하며 논리적으로 추론하는 능력이다. 수리 사고 능력은 수학적 지식에 기반한 정보 교환 능력과 수리적 사고와 다른 학문 영역을 연결하는 적용 능력, 그리고 문제 해결이나 어떤 과제에 대한 의사를 결정할 때 수량과 공간에 관한 정보를 찾고, 이를 근거로 문제와 대안을 통해 평가 의사를 결정하는 능력을 포함한다.

(1) 수리 능력과 자료 해석 능력

① **수리 능력**: 직무 수행에 필요한 사칙연산과 통계자료 또는 도표를 이해하고 그 의미를 파악하여 문제 해결에 필요한 결과를 효과적으로 제시하는 능력이다.

② **자료 해석 능력**: 일반적 학습 능력에 속하는 것으로 수치, 도표 또는 그림으로 되어 있는 자료를 정리할 수 있는 기초 통계 능력, 수 처리 능력, 수학적 추리력 등이 포함된다.

  ㉠ **연산 능력**: 직무 수행에 필요한 기초적인 사칙연산과 계산 방법을 이해하고 활용하는 능력이다.

  ㉡ **통계 능력**: 직무 수행 과정에서 평균, 합계, 빈도 등과 같은 필요한 통계 기법을 활용하여 자료의 특성과 경향성을 파악하는 능력이다.

  ㉢ **도표 분석 능력**: 직무 수행 과정에서 도표(그림, 표, 그래프)의 의미를 파악하고, 필요한 정보를 해석하는 능력이다.

1. 다음 (가)와 (나)를 근거로 할 때, 홍 과장이 직장을 그만두고 탁구 연습장을 열게 될 경우 1년간 순 편익은 얼마인가? (단, (가)에 있는 조건만을 고려함)

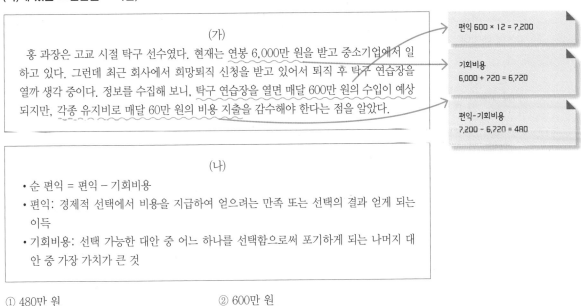

(가)

　　홍 과장은 고교 시절 탁구 선수였다. 현재는 연봉 6,000만 원을 받고 중소기업에서 일하고 있다. 그런데 최근 회사에서 희망퇴직 신청을 받고 있어서 퇴직 후 탁구 연습장을 열까 생각 중이다. 정보를 수집해 보니, 탁구 연습장을 열면 매달 600만 원의 수입이 예상되지만, 각종 유지비로 매달 60만 원의 비용 지출을 감수해야 한다는 점을 알았다.

편익 600 × 12 = 7,200

기회비용
6,000 + 720 = 6,720

편익 – 기회비용
7,200 – 6,720 = 480

(나)

· 순 편익 = 편익 – 기회비용
· 편익: 경제적 선택에서 비용을 지급하여 얻으려는 만족 또는 선택의 결과 얻게 되는 이득
· 기회비용: 선택 가능한 대안 중 어느 하나를 선택함으로써 포기하게 되는 나머지 대안 중 가장 가치가 큰 것

① 480만 원 　　　　　　　② 600만 원
③ 1,200만 원 　　　　　　④ 5,400만 원
⑤ 6,000만 원

정답 ①

정답 해설 탁구 연습장을 열 경우 1년간 편익은 7,200만 원, 기회비용은 6,000만 원(회사에 다닐 경우 받을 수 있는 연봉)에 유지비 720만 원(매달 60만원에 12개월을 곱하기)을 더하므로 6,720만 원이다. 따라서 편익 7,200만 원 – 기회비용 6,720만 원 = 순 편익 480만 원이 된다.

2. 통계 이해

많은 양의 자료를 정리, 요약하여 전체를 쉽게 파악할 수 있도록 하는 것이 통계적 방법이다.

(1) 데이터 유형 ☆

① **정성적 데이터(Qualitative Data)**: 불량 항목, 학력 수준, 담당 부서, 날짜, 요일, 계절 등 수치로 측정할 수 없는 어떠한 성질을 나타내는 자료이다.

② **정량적 데이터(Quantitative Data)**: 제품의 품질에서 물성을 나타내는 두께, 무게, 지름, 강도, 길이, 수명 등과 같이 수치로 측정할 수 있는 자료이다.

⊙ 연속형 데이터: 길이, 무게, 온도와 같이 어떤 척도에 의해서 가질 수 있는 데이터이다.

등간 척도	시각, 온도 등 어떤 특징에 부여된 숫자가 일정한 간격은 있으나 절대 영점은 없는 체계이다. 예 온도는 100℃, 200℃, 300℃로 측정할 수 있고, 300℃가 100℃보다 더 뜨겁다고 말할 수 있다. 그러나 3배 더 뜨겁다고 말할 수 없듯이 단지 특성의 정도를 일정한 간격으로 평가한다.
비율 척도	0을 기준으로 측정하고자 하는 속성의 실제 양을 수치로 나타낸 것이다. 예 키, 몸무게, 길이, 매출 실적, 혈압 등

© 이산형 데이터: 자녀의 수, 나이 등과 같은 정수로 나타낸다. 즉, 수와 수 사이에 어떤 값도 가질 수 없는 데이터이다.

명목 척도	관찰 대상의 속성을 분류하기 위해 숫자나 기호를 부여하는 척도이다. 예 남성 집단은 1, 여성 집단은 2를 부여하여 두 집단을 구분하는 척도
서열 척도	관찰 대상의 속성을 비교하기 위해 관찰 대상의 속성이 많고 적은 정도 또는 크고 작은 정도를 순서에 따라 수치를 부여하는 척도이다. 예 여고생들에게 3명의 배우 중에서 좋아하는 배우 순으로 1, 2, 3 순위를 매기라고 하는 경우에 이와 같이 매겨진 수치

(2) 통계 용어

통계란 집단 현상에 대한 구체적인 양적 기술을 반영하는 숫자. 집단을 기준으로 통계는 자연 통계(예 기후 통계, 생물 통계 등)와 사회 통계(예 경제 통계, 경영 통계 등)로 나뉜다.

표지	집단 현상을 통계로 나타낼 때 그 집단을 구성하는 각 개체를 나타내는 통계 단위(또는 단위)의 공통 성질이다. 예 질적 표지(성별, 산업 · 직업 등)와 양적 표지(연령, 소득 등)
빈도와 빈도 분포	빈도란 어떤 사건이 일어나거나 증상이 나타나는 정도이고, 빈도 분포란 그러한 빈도를 표나 그래프로 종합적이면서도 일목요연하게 표시한 것이다.
백분율 ☆	비율을 나타내는 방식(백분비)으로, 전체 수량을 100으로 하여 생각하는 수량이 그중 몇이 되는가를 가리키는 수이다. 예 %, 퍼센트
평균	모든 사례의 수치를 합한 후 총 사례 수로 나눈 값이다. 예 1부터 10까지 10개의 값 평균(1＋2＋3＋4＋5＋6＋7＋8＋9＋10)/10 = 5.5
중앙값	원 자료 중에서 정확하게 중간에 있는 값으로, 최솟값부터 최댓값까지 순서대로 배열했을 때 중앙에 위치하는 사례의 값이다. 예 체중이 46.0, 46.9, 48.2, 48.5, 50.4의 학생 5명이 있을 때 세 번째 학생의 체중인 48.2가 중간값으로, 평균과는 다르다.
산포도 ☆	데이터들이 평균을 중심으로 가깝게 분포하는지 아니면 넓게 퍼져 있는지를 판단할 수 있는 값이 흩어져 있는 정도이다. 예 범위, 분산, 표준 편차, 사분위 범위 등

2. 다음 통계를 활용하여 쓴 내용 중 적절하지 <u>않은</u> 것은?

7개 대도시별 공공 및 개인 서비스 등락률

(단위: %)

	전월 대비				전년 동월 대비			
	공공 서비스	개인 서비스	외식	외식 제외	공공 서비스	개인 서비스	외식	외식 제외
전국	0.0	0.1	0.2	0.1	− 0.1	2.2	2.5	2.0
서울	0.0	0.1	0.3	0.0	0.0	2.7	3.6	2.1
부산	0.0	0.3	0.3	0.2	0.1	2.7	3.6	2.1
대구	0.0	0.1	0.1	0.1	0.1	2.7	3.4	2.1
인천	0.0	0.0	0.1	− 0.1	− 0.6	1.0	0.4	1.5
광주	0.0	0.3	0.1	0.4	− 0.1	2.0	2.3	1.8
대전	0.0	0.2	0.4	0.1	0.0	2.9	3.3	2.7
울산	0.0	− 0.1	0.0	− 0.1	− 0.1	0.5	− 0.5	1.4

※ 출처: 통계청

① 공공 서비스 부문을 전월 대비로 보면, 서울 등 7개 지역 모두 변동이 없다.

② 공공 서비스 부문을 전년 동월 대비로 보면, 부산과 대구가 각각 0.1% 상승하였고 광주 등 3개 지역은 0.1~0.6%가 하락하였다.

③ 전년 동월 대비 개인 서비스 부문은 서울 등 4개 지역은 2.7~2.9% 상승하였고 가장 적게 상승한 지역은 1.0% 상승한 인천이다.

④ 개인 서비스 부문을 전월 대비로 보면, 부산 등 3개 지역은 0.2~0.3%, 서울 등 2개 지역은 0.1% 각각 상승, 울산은 0.1% 하락하였다.

⑤ 전년 동월 대비 가장 많이 상승한 부문은 개인 서비스의 외식 항목인데 전국 평균에 못 미치는 지역은 0.5% 하락한 울산 등 3개 지역이다.

정답 ③

정답 해설 울산이 전년 동월 대비 개인 서비스 부문에서 0.5% 상승하여 7개 대도시 중 가장 적게 상승했다.

3. 도표 이해

(1) 도표의 목적

도표란 자료나 정보를 선, 그림, 원 등으로 그려 내용을 시각적으로 표현한 것으로, 중요한 자료나 정보를 한눈에 파악할 수 있다. 매출액의 추이, 가격 변화 등 수치로만 나열할 경우 다소 복잡한 내용을 단순하게 드러낼 수 있다.

① **보고 또는 설명**: 도표는 회사 내 회의에서 설명하거나 상급자에게 보고하기 위한 용도로 많이 작성한다. 또한 결과뿐만 아니라 상황에 따라서는 현장 분석을 통해 전체 자료의 경향이나 이상 수치 등 문제점을 명백히 밝혀 대책을 마련하기 위한 정보로 활용하기도 한다.

② **상황 분석**: 회사의 상품별 매출 경향이나 거래처의 분포 등을 종합적으로 나타내어 영업상황 등을 나타내기 위해 도표를 작성하기도 한다.

③ **관리 목적**: 진도 관리 도표나 회수 상황 도표 등은 관리를 목적으로 작성한다.

(2) 도표의 종류 ☆☆

① **선 그래프**: 시간의 경과에 따른 수량 변화 상황을 절선(꺾은선)의 기울기로 나타내는 그래프. 시간의 추이를 표시하는 데 적합하다. 따라서 연도별 매출액 추이 변화 등에 활용된다.

② **막대 그래프**: 비교하고자 하는 수량을 막대 길이로 표시하고, 그 길이를 비교하여 각 수량 간의 대소 관계를 나타낸다.

③ **원 그래프**: 내역이나 내용의 구성비를 원으로 분할하여 작성하여 각각의 구성비를 한눈에 파악할 수 있다.
   예 제품별 매출액 구성비 등

④ **점그래프**: 종축과 횡축에 2요소를 두고, 보고자 하는 것이 어떤 위치에 있는가를 알고자 할 때 쓰인다.
   예 지역 분포를 비롯하여 도시, 지방, 기업, 상품 등의 평가나 위치, 성격 표시 등

⑤ **층별 그래프**: 상품별 매출액 추이 층별 그래프는 선 그래프의 변형으로 연속 내역 봉 그래프라고 볼 수 있다. 선의 움직임보다 선과 선 사이의 크기로써 데이터 변화를 나타내는 그래프이다.

⑥ **레이더 차트(거미줄 그래프)**: 월별 상품별 매출액 추이 레이더 차트는 원 그래프의 일종으로, 비교하는 수량을 직경, 또는 반경으로 나누어 원의 중심에서의 거리에 따라 수량의 관계를 나타낸다. 예 매출액의 계절적 변동 등

3. 다음 (가)와 (나)에 대한 해석으로 적절하지 <u>않은</u> 것은?

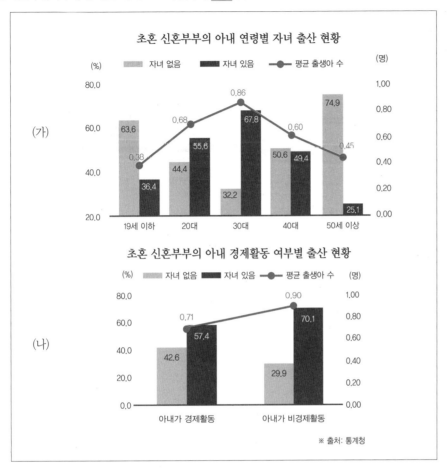

① (가)를 보면 유자녀 비중은 아내가 30대인 경우 67.8%로 가장 높았다.

② (가)를 보면 아내가 40대, 50세 이상, 19세 이하일 경우에는 무자녀 비중이 유자녀 비중보다 높았다.

③ (나)를 보면 아내가 경제활동을 하지 않는 부부의 평균 출생아 수는 0.90명이다.

④ (나)를 보면 아내가 경제활동을 하는 경우 평균 출생아 수는 0.71명으로 아내가 비경제활동을 하는 경우보다 평균 출생아 수가 높았다.

⑤ (나)를 보면 아내가 경제활동을 하는 부부의 유자녀 비중은 57.4%로 아내가 경제활동을 하지 않는 부부의 유자녀 비중보다 낮았다.

정답 ④

정답 해설 아내가 경제활동을 하는 경우는 아내가 비경제활동을 하는 경우보다 평균 출생아 수가 낮았다.

6절 기출로 실력 다지기

01 다음 [보기]에서 글의 (가)와 (나)에 쓸 내용으로 적절한 문장은 몇 개인가?

퍼센트는 백분비라고도 하는데 전체의 수량을 100으로 하여, 해당 수량이 그중 몇이 되는가를 가리키는 수로 나타낸다. 퍼센트 포인트는 이러한 퍼센트 간의 차이를 표현한 것으로 실업률이나 이자율 등의 변화가 여기에 해당한다.

예를 들어, '50%에서 60%로 증가하였다.'를 표현할 때 다음과 같이 표현할 수 있다.

> (가)

'20%에서 10%로 감소하였다.'도 다음과 같이 표현할 수 있다.

> (나)

─── 보기 ───
- (가): 20%가 증가하였다.
- (가): 10%p가 증가하였다.
- (나): 50%가 감소하였다.
- (나): 절반으로 감소하였다.
- (나): 10%p가 감소하였다.

① 1개 ② 2개 ③ 3개 ④ 4개 ⑤ 5개

02 다음 (가)~(다)에 쓸 내용으로 가장 적절한 것은?

귀농, 귀촌, 귀어 가구(가구원) 현황

	귀농	귀촌	귀어
2015년	11,959가구 (19,860명)	317,409가구 (466,778명)	(다) (1,446명)
2014년	10,758가구 (17,976명)	(나) (439,535명)	917가구 (1,350명)
증감(율)	(가) (11.2%)	18,052가구 (6.0%)	74가구 (8.1%)

※ 출처: 통계청

	(가)	(나)	(다)
①	1,201가구	299,357가구	843가구
②	12,717가구	299,357가구	843가구
③	1,201가구	335,461가구	843가구
④	1,201가구	299,357가구	991가구
⑤	12,717가구	335,461가구	991가구

03 다음과 같은 통계의 종류에 대한 설명으로 가장 적절한 것은?

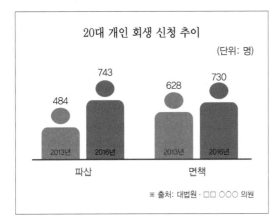

① 정성적 데이터를 제공하고 있다.
② 각각의 구성비를 한눈에 파악할 수 있다.
③ 비교하고자 하는 수량을 길이로 표시하여 수량 간의 대소 관계를 파악할 수 있다.
④ 제시한 값들이 흩어져 있는 정도나 데이터들이 평균을 중심으로 어떻게 분포하는지를 파악할 수 있다.
⑤ 비교하는 수량을 지름 또는 반지름으로 나누어 원의 중심에서 거리에 따라 각 수량의 관계를 파악할 수 있다.

04 다음 그래프를 참고하여 작성한 글의 내용 중 적절하지 않은 것은?

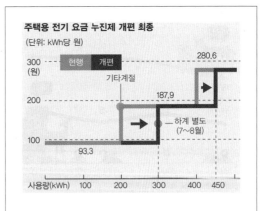

① 올여름에 280kWh를 사용하는 가구는 1구간 전기 요금의 적용을 받겠군.
② 주택용 전기 요금은 인상하지 않지만, 누진제는 여전히 적용한다는 것이군.
③ 2구간을 기존 201~400kWh에서 301~450kWh로 조정하여 50kWh를 줄였군.
④ 6월에 300kWh의 전기를 쓰던 가구가 8월에 400kWh를 쓴다면 전기 요금의 변화는 없겠군.
⑤ 월 300kWh의 전기를 쓰는 가구가 5월에 37,450원을 냈는데, 8월에도 사용량이 같다면 전기 요금은 27,990원으로 줄겠군.

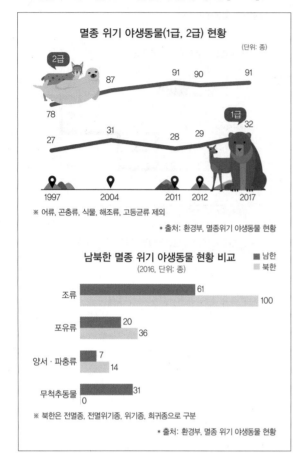

멸종 위기 야생동물(1급, 2급) 현황
(단위: 종)

2급

78 87 91 90 91

27 31 28 29 32

1급

1997 2004 2011 2012 2017

※ 어류, 곤충류, 식물, 해조류, 고등균류 제외

* 출처: 환경부, 멸종위기 야생동물 현황

남북한 멸종 위기 야생동물 현황 비교
(2016, 단위: 종)
■ 남한 ▨ 북한

조류 61 100

포유류 20 36

양서 · 파충류 7 14

무척추동물 31 0

※ 북한은 전멸종, 전멸위기종, 위기종, 희귀종으로 구분

* 출처: 환경부, 멸종 위기 야생동물 현황

05 위 그래프를 참고하여 작성한 글의 내용 중 적절하지 않은 것은?

① 환경부의 멸종 위기 야생동물 현황에 따르면, 멸종 위기 야생동물 1급과 2급은 1997년 각각 27종, 78종이었지만 종 수가 증가하기 시작해 2017년에는 1급은 32종, 2급은 91종에 이르렀습니다. ② 다시 말해서 2017년 기준 우리나라의 멸종 위기 야생동물은 총 228종으로 나타났습니다. ③ 멸종 위기 야생동물이란, 자연적으로 또는 인위적 위협 요인으로 개체 수가 크게 줄어들고 있거나 현재의 위협 요인이 없어지거나 완화되지 않을 경우 가까운 장래에 멸종 위기에 처할 우려가 있는 동물을 말하는 것으로, 1급과 2급으로 나누어서 구분하고 있습니다. ④ 현재 북한은 멸종 위기 야생동물을 전멸종, 전멸위기종, 위기종, 희귀종으로 분류하고 있습니다. ⑤ 2016년 자료에 의하면, 북한의 멸종 위기 야생동물은 조류가 100종, 포유류 36종, 양서 · 파충류 14종이 있습니다. 무척추동물을 제외하고는 우리나라보다 멸종 위기 야생동물 종이 더 많습니다.

06 위 그래프를 바탕으로 일반인에게 '멸종 위기 동물 보호'를 촉구하는 내용의 글을 쓸 때 소제목으로 가장 적절한 것은?

① 야생 동식물 사진 특별전
② 순천만 습지에서 서식하는 동식물의 종류
③ 육지의 거인, 코끼리가 멸종 위기에 처하다
④ 불법으로 취득한 멸종 위기 야생동물 자진 신고
⑤ 환경부, 황새 복원과 증식에 성공한 연구 센터 집중 지원

실용글쓰기에서 문제 해결 능력은 다른 영역보다 더 많은 문항이 출제된다. 기업 혁신 중 당면하는 문제, 문제 해설칭 사업, 문제 해결을 위한 사고 활동, 문제 해결의 장애 요소, 문제 해결 전략(SWOT 등), 그리고 만다라트 기법, 트리즈 기법 등 다양한 사고 전략이 출제된다. 어렵게 느껴질 수 있으나 지문에 전략에 대한 구체적인 설명이 제시되어 있으므로 꼼꼼하게 분석을 한다면 해결할 수 있다. 자료에 제시된 전략을 미리 이해하고 준비하는 것이 필요하다.

출제 POINT

- 문제 개념 이해와 발생한 문제의 유형별 구분
- 문제 인식, 문제 도출, 문제 원인 분석 등 문제 해결 과정의 이해
- 우선순위에 따른 문제 해결 활동
- 문제 해결의 장애 요소 발견과 그에 관한 문제 해결
- 전략적 사고, 분석적 사고, 창의적 사고, 발상 전환, 자원 활용 등의 개념 이해
- 가설 설정과 해결 방안을 창출하는 사고 활동

문제 해결 능력이란 직무 수행 과정에서 문제 상황이 발생했을 경우, 논리적 사고를 적용하여 문제 상황을 정확하게 인식하고 분석하여 해결 방안을 제시하는 능력이다. 여기서 문제란 직무를 수행하는 과정에서 답을 요구하는 질문이나 의논하여 해결해야 하는 사항이다.

1. 문제 유형

(1) 보이는 문제, 찾는 문제, 미래 문제

① 보이는 문제: 이미 직면하여 해결을 고민하는 문제. 어떤 기준을 일탈함으로써 생기는 일탈 문제와 기준에 미달하여 생기는 미달 문제가 있다.

② 찾는 문제: 현재의 상황을 개선하거나 효율을 높이기 위한 문제이다. 찾는 문제는 눈에 보이지 않는 문제로, 방치하면 큰 손실이 따르거나 해결할 수 없게 된다.

유형	성격
잠재 문제	문제가 잠재되어 있어 인식하지 못하다가 결국 문제가 확대되어 해결이 어려운 문제이다. 이러한 문제는 존재하더라도 숨어 있기 때문에 조사 및 분석을 통해서 찾아야 한다.
예측 문제	지금 현재는 문제가 없으나 현재 진행 상황을 계속 관찰하고 예측함으로써 앞으로 일어날 수 있는 문제에 대한 대안을 찾는 문제이다.
발견 문제	현재 담당 업무에 아무런 문제가 없으나 유사 타 기업의 업무 방식이나 선진 기업의 업무 방식에 대한 정보를 얻음으로써 보다 좋은 제도나 기법, 기술을 발견하여 제품을 개선, 향상시킬 수 있는 문제이다.

③ 미래 문제: 장래의 경영전략을 생각하는 경영전략의 문제로, 앞으로 어떻게 할 것인가 하는 문제이다. 미래 문제는 지금까지 해 오던 것과 전혀 관계없이 미래 지향적으로 새로운 과제 또는 목표 설정을 통해 발생된다. 또한 목표 지향적 문제로, 많은 창조적 노력이 요구된다.

(2) 기업의 혁신 활동 중 직면하는 문제

유형	성격
설정형 과제	• 기업의 새로운 비전과 목표를 제시하는 과정에서 발생하는 과제이다. • 개발 문제나 달성 문제처럼 창조적 노력이 요구되는 문제로, 신제품 개발, 시장 확대, 경쟁사와의 경쟁 등에서 우위를 점하기 위해 미리 설정하는 과제 등이 있다.
탐색형 과제	• 드러나지 않았지만 내재해 있는 고질적 문제점을 제거하거나 보다 효율적인 시스템을 구축하고자 할 때 발생하는 과제이다. • 시스템을 개선하거나 효율성을 높이기 위해 눈에 보이지 않는 문제 요소를 찾아내어 개선하는 것으로 팀원 간의 소통 부족, 경쟁업체 입점, 타 업체의 감성 마케팅 움직임 등이 있다.
발생형 과제	• 현장에서 요구되는 특정한 표준이나 기준에 미치지 못해 나타나는 과제이다. • 정상적이고 순조롭게 잘 진행되고 있는 기존 업무의 흐름이 돌발적인 상황이 발생하면서 정상적인 궤도에서 벗어나게 된 상태로 제품 불량 등으로 인한 문제가 있다.

배경지식 PLUS⁺ **문제 해결형 사업** ☆

문제 해결형 사업의 개념

제품이나 서비스를 판매할 때, 단품 하나만으로 고객을 만족시키기보다 종합적으로 고객의 문제를 설정하여 해결하려는 경향을 지닌 사업(새로운 과제와 목표를 가정하면서 나타난 설정형 문제)

문제 해결형 사업 모델의 특성

• **제품 판매를 통한 고객의 일차적인 만족만을 추구하는 것이 아닌 고객의 다음 목적까지 생각**: 회사의 재무, 공급망, 운영, 인적 자원 활동 등 경영 전반을 통합 관리하는 ERP(전사적 자원 관리, Enterprise Resource Planning) 소프트웨어 시스템의 경우 당장 싸고 좋은 제품을 구매하는 것뿐만 아니라 그 제품이 사업에 도움이 될 수 있도록 도와주는 것이 궁극적인 목적이다. 또한, 신용 카드의 경우 단순한 결제 기능뿐만 아니라 종합적인 소비 지출 절감이라는 가치까지 제공하는 데에 목적을 둔다.

• **정보 및 지식이 전제 조건**: 고객의 문제 해결을 위해 고객보다 다양한 지식을 소유하고 있어야 한다. 여기에서 진정한 부가가치가 창출된다.

• **종합하고 구성하는 기능 포함**: 문제를 해결하기 위해서는 다양한 지식을 바탕으로 하나의 가치 있는 상품을 구성할 수 있는 능력이 필요하다. 즉, 고객의 입장에서 가장 가치가 있는 방향으로 각종 자원이나 공급자를 결합할 수 있는 능력이 요구되는 것이다.

이와 같은 특성들로 인해 문제 해결형 사업은 고객별 맞춤 형태를 띠는 것이 보통이다. 고객별로 차별적 요구를 전제로 한 상품 구성이 이루어질 수밖에 없기 때문이다.

(3) 문제 해결을 위한 4가지 사고 활동

① **전략적 사고**: 현재 당면하고 있는 문제와 그 해결 방법에만 집착하지 않고, 그 문제와 해결 방안이 상위 시스템과 어떻게 연결되어 있는지를 생각하는 활동이다.

② **분석적 사고**: 전체를 각각의 요소로 나누어 그 요소의 의미를 도출한 다음, 문제의 우선순위를 부여하고 구체적인 문제 해결 방법에 필요한 요소들을 탐구하는 활동이다.

⊙ 3가지 상황에 따른 사고

성과 지향의 문제 상황	기대하는 결과를 명시하고 이를 효과적으로 달성하는 방법을 사전에 구상하여 실행에 옮겨야 하는 문제 상황
가설 지향의 문제 상황	현상 및 원인 분석 전에 지식과 경험을 바탕으로 일의 과정이나 결과, 결론을 가정한 다음 검증을 실시한 후 다음 단계의 일을 진행해야 하는 문제 상황
사실 지향의 문제 상황	일상 업무에서 일어나는 상식, 편견을 타파하여 객관적 사실로부터 사고와 행동을 출발해야 하는 문제 상황

③ **발상의 전환**: 기존에 가지고 있는 사물과 세상에 대한 관점·인식의 틀을 전환하여 새로운 관점에서 바라보는 사고를 지향하는 활동이다.

④ **내·외부 자원 활용을 위한 사고**: 문제 해결 시 기술, 재료, 방법, 사람 등 필요한 자원을 확보하기 위한 계획을 수립하고, 내·외부 자원을 효과적으로 활용하기 위한 방법, 즉 문제 해결을 위한 다각적인 활동 방법을 찾는 사고 활동이다.

(4) 문제 해결의 장애 요소

① **부족한 문제 분석**: 문제에 대해 직관적으로만 판단하거나 접근하면 문제의 본질을 놓치게 된다.

② **고정 관념**: 개인적인 편견이나 자신의 경험 또는 관행에 따라 문제를 해결하려는 경우이다.

③ **단순한 정보 의지**: 문제에 대한 단순한 정보나 자료, 즉흥적인 해결 방법 등으로 인해 문제 해결 과정에서 오류를 범하게 된다.

④ **과도한 자료 수집**: 무계획적으로 과도하게 수집한 자료는 정보의 적합성을 판단하기 어렵다.

⑤ **현상 유지 심리**: 현재 상황을 지속하는 대안만 도출한다.

1. 다음에서 (가)~(다)의 문제 유형이 적절하게 제시된 것은?

〈문제의 유형〉

발생형 문제는 정상적이고 순조롭게 잘 진행되고 있는 기존 업무의 흐름이 돌발적인 상황의 발생으로 인해 정상적인 궤도에서 벗어나게 되었을 때 발생하는 문제를 말한다. 설정형 문제는 개발 문제나 달성 문제처럼 창조적 노력이 요구되는 문제로, 신제품 개발, 시장의 확대, 경쟁사와의 경쟁 등에서 우위를 점하기 위해 미리 설정하는 과제를 포함한다. 탐색형 문제는 현재 인식하지 못하고 있는 근본적인 문제를 찾아 개선하고자 하는 형태의 문제로, 시스템을 개선하거나 효율성을 높이기 위해 눈에 보이지 않는 문제 요소를 찾아내어 이를 개선하고자 하는 문제이다.

> 눈에 보이는 문제로, 이미 발생되어 당장 해결해야 하는 문제

> 미래 상황에 대응하는 미래의 경영 전략상 문제

> 눈에 안 보이는 문제로 현재의 상황을 개선하거나 효율을 높이기 위해 설정하는 문제

(가) 제조팀의 김○○ 주임은 제품 불량에 대한 고객 불만 접수가 늘고 있다는 연락을 받았다.

(나) 기획부서의 박○○ 사원은 웨어러블 분야로 진출하는 데 있어서 발생할 수 있는 문제를 파악하라는 지시를 받았다.

(다) 영업팀의 이○○ 부장은 경쟁사가 광고 모델을 바꾸면서 다양한 연령대로 수요층이 확대되어 자사 상품 판매 부진이 지속되고 있다고 파악하고 있다.

	(가)	(나)	(다)
①	발생형 문제	설정형 문제	탐색형 문제
②	발생형 문제	탐색형 문제	설정형 문제
③	설정형 문제	탐색형 문제	발생형 문제
④	탐색형 문제	설정형 문제	발생형 문제
⑤	탐색형 문제	발생형 문제	설정형 문제

정답 ①

정답 해설 (가)는 발생형 문제, (나)는 설정형 문제, (다)는 탐색형 문제에 해당한다.

2. 문제 해결 과정

문제 해결 과정이란 목표와 현상을 분석하고, 이러한 분석 결과를 토대로 문제를 도출하여 최적의 해결책을 찾아 실행, 평가하는 활동이다.

(1) 문제 인식 단계

문제 인식은 문제 해결 과정에서 문제를 발견하고 인식하는 활동이다. 이를 위해 먼저 해결해야 할 전체 문제들을 파악하고, 우선순위를 정한 다음, 선정된 문제의 해결 목표를 명확히 하는 활동을 수행한다. 이러한 활동은 일반적으로 '환경 분석 → 주요 과제 도출 → 과제 선정' 등의 절차에 따라 진행된다.

① 환경 분석: 문제가 발생하였을 때 가장 먼저 고려해야 하는 것은 문제의 환경이다. 예를 들어 "A 상품의 판매 이익이 감소하고 있다."라는 문제 상황이 발생하면, "A 상품의 판매 이익을 개선하는 것이 가능한가?"라는 것이 주요 과제가 된다. 이때 주요 과제를 해결하기 위해 가장 먼저 실시하는 것이 환경 분석이다. 환경 분석 기법으로는 3C, SWOT 분석법이 있다.

  ㉠ 3C 분석법: 다음과 같은 질문을 통해 환경을 분석한다.

  • 고객(Customer) 분석: "고객은 자사의 상품, 서비스에 만족하고 있는가?"

  • 자사(Company) 분석: "자사가 세운 목표와 현상 간에 차이가 없는가?"

  • 경쟁사(Competitor) 분석: "경쟁기업의 우수한 점과 자사의 현상에 차이가 없는가?"

  ㉡ SWOT 분석법 ☆☆☆: 기업의 내부 환경 분석을 통해 강점(Strength)과 약점(Weakness)을 발견하고 외부 환경을 분석하여 기회(Opportunity)와 위협(Threat) 요인을 찾아냄으로써 마케팅 전략을 수립하는 기법

구분		내부 환경 요인	
		강점(Strengths)	약점(Weaknesses)
외부 환경 요인	기회 (Opportunities)	SO 내부 강점과 외부 기회 요인을 극대화한다.	WO 외부 기회를 이용하여 내부 약점을 강점으로 전환한다.
	위협 (Threats)	ST 외부 위협을 최소화하기 위해 내부 강점을 극대화한다.	WT 내부 약점과 외부 위협을 최소화한다.

② 주요 과제 도출: 환경 분석을 통해 파악된 내용을 검토하여 주요 과제안을 도출한다.

③ 과제 선정: 과제안에 대한 평가 기준은 과제 해결의 중요성, 과제 착수의 긴급성, 과제 해결의 용이성을 고려하여 여러 개의 평가 기준을 동시에 설정하는 것이 바람직하다.

  ㉠ 과제 해결의 중요성에 대한 평가 기준: 매출/이익, 기여도, 지속성/파급성, 고객 만족도 향상, 경쟁사의 차별화, 자사 내부적 문제 해결 등

  ㉡ 과제 착수의 긴급성에 대한 평가 기준: 목표 달성의 시간

  ㉢ 과제 해결의 용이성에 대한 평가 기준: 실시상의 난이도, 필요 자원의 적성 등

(2) 문제 해결 단계

① **문제의 범주화**: 문제를 인식한 다음, 문제 상황에 대한 분석을 기초로 주요 과제를 도출한 후, 과제 해결의 중요성에 따라 과제를 선정한 다음, 아래와 같이 문제를 범주화한다. 이때 가장 중요한 것은 수집된 아이디어를 좀 더 구체적이고 명확한 범주로 나누는 것이다.

ㄱ 분류 기준(질문)의 준거

- 가격 상승 요인(고정비, 변동 비용 등) 억제 등 비용 절감이 가능한가?
  - 불량률을 줄이기 위한 생산 공정의 합리화, 제품 물류비용(창고, 물류, 운송 등) 절감 방안 마련
- 시장 확대 가능성을 점검하기 위해 시장 수요 및 경쟁 업체의 마케팅 분석이 가능한가?
- 시장 점유율을 높이기 위한 판매 전략(홍보 및 영업 방식)의 개선이 가능한가?

② **문제 도출의 절차**: 문제 도출은 선정된 문제를 분석하여 해결해야 할 것이 무엇인지를 명확히 하는 단계이다. 따라서 문제 현상에 대한 개념을 명확히 하고 이를 범주화하여 그 인과 관계 및 구조를 파악하는 것이 중요하다. 문제 구조 파악에서 중요한 것은 본래 문제가 발생한 배경이나 문제를 일으키는 메커니즘을 분명히 하는 것이다. 또한 문제 현상에 얽매이지 않고 문제의 본질과 실제를 보아야 한다. 즉, 주요 과제의 문제 원인을 차근차근 밝히는 것이 중요하다.

ㄱ 첫째, 전체 과제를 명확히 해야 한다.

ㄴ 둘째, 분해(구조를 파악)하는 범주의 개념과 수준을 명확히 해야 한다.

ㄷ 셋째, 원인이 중복되거나 누락되지 않고 각각의 합이 전체를 포함해야 한다.

(3) 문제 원인 분석

① **문제 원인 분석의 단계**

ㄱ 이슈 분석: '핵심 이슈 설정 → 가설 설정 → 검증'의 절차로 진행된다.

- 핵심 이슈 선정: 현재 수행하고 있는 업무에 가장 크게 영향을 미치는 문제를 선정하여, 사내외 고객 인터뷰 및 설문 조사, 관련 자료 등을 활용하여 본질적인 문제점을 파악한다.
- 가설 설정: 핵심 이슈에 대한 자신의 직관, 경험, 지식, 정보 등을 활용하여 임시 결론을 예측하여 이를 간단명료하게 표현한다.
- 검증 이미지화: 논리적이며, 객관적이어야 한다. 따라서 가설 검증 계획에 의거하여 검증 또는 분석 결과를 미리 이미지화한다.

ㄴ 데이터 분석: 데이터 분석은 가설 검증을 위한 데이터 수집 계획 수립, 데이터 수집, 데이터 분석의 절차 중 그 결과에 해당한다. 데이터 수집 계획은 목적에 따라 데이터 수집 범위를 정하는 것이다. 여기서 일부를 전체로 해석할 수 있는 자료는 제외한다. 또한 통계 및 정량적이고 객관적인 사실을 수집하고, 자료의 출처를 명확히 한다. 데이터 수집 후에는 목적에 따라 수집된 정보를 항목별로 정리하고 분류한다. 그리고 정량화되지 않은 자료는 다시 객관적인 자료로 가공한다. 데이터 해석은 '무엇'이, '왜', 그리고 '어떻게'의 질문에 답하는 방식으로 해석한다.

② **원인 파악**: 원인 파악은 이슈와 데이터 분석을 통해 얻은 결과를 바탕으로 최종 원인을 확인하는 단계로, 원인과 결과 사이에 일정한 패턴이 있는지를 확인하는 것이 중요하다.

⊙ 단순한 인과 관계: 원인과 결과를 명확하게 구분할 수 있는 경우로 어떤 원인이 앞에 있어 그 결과가 발생한 경우
　　예 소매점에서 할인율을 자꾸 내려 판매량은 증가해도 매출이 늘어나지 않는 경우
ⓛ 닭과 계란의 인과 관계: 원인과 결과를 구분하기 어려운 경우
　　예 브랜드 이미지 향상이 매출 확대로 이어지고, 매출 확대가 다시 브랜드 인지도 향상으로 이어지는 경우
ⓒ 복잡한 인과 관계: 단순 인과 관계와 닭과 계란의 인과 관계 등 2가지 이상의 유형이 복잡하게 얽혀 있는 경우
　　예 경영상 발생하는 문제의 대부분

기출점검 문제 해결 전략, SWOT

2. 다음 SWOT 분석을 바탕으로 판촉 기획서를 쓸 때, 가장 적절한 것은?

S(강점)	W(약점)
• 해외시장에서의 경험 • SNS 마케팅 관리 능력 • 해외 직수입 다양한 상품 종류	• 유동 자금 취약 • 유통 시스템 확보 미흡 • 상대적으로 늦은 제품 출시 속도
O(기회)	T(위협)
• 경쟁사 없는 시장 다수 존재 • 지속적인 시장 성장률, 잠재력 • 고급스럽고 독특한 제품을 찾는 고객 증가	• 경쟁사의 점유율 • 대형 쇼핑몰의 저가 마케팅 • 소비자들의 낮은 브랜드 인식

> SWOT는 기업의 내부 환경과 외부 환경을 강점, 약점, 기회, 위협 요인으로 규정하고 이를 토대로 경영전략을 수립하는 기법이다. 기업의 내부, 외부 환경 변화를 동시에 파악할 수 있다.

① 가격 인하 정책과 물량 공세로 시장에 진출하여 브랜드 인지도를 높인다.
② 낮은 인지도를 극복하기 위해 SNS를 적극 활용하고 고객이 특별하게 찾는 제품을 구매 대행하는 신규 서비스를 추가한다.
③ 제품 출시 속도가 빠르다는 짐을 강조하여 젊은 고객층을 사로잡고 소매업자와 소비자에게 직접 판촉하여 유통 시스템을 확보한다.
④ 해외시장에서 사용했던 마케팅 기법을 그대로 사용하여 마케팅 개발 비용을 아끼고 대중적이고 친근한 모델을 이용하여 고가 브랜드라는 이미지를 개선한다.
⑤ 시장 점유율이 높고 SNS 마케팅 관리 능력이 뛰어나다는 점을 앞세워 신제품을 다양하게 조달하고 재고 보유를 최소화하여 유동 자금을 최대한 확보한다.

정답 ②

정답 해설 위협, 강점, 기회 요소 등을 고려한 기획 방향이다.

오답 해설 ① T(위협)는 대형 쇼핑몰의 저가 마케팅이, W(약점)는 유동 자금이 취약하고 유통 시스템 확보가 미흡함이 제시되어 있다. 따라서 가격 인하 정책과 물량 공세로 대형 쇼핑몰에 대응하는 것은 합리적이지 않다.
③ W(약점)는 제품 출시 속도가 상대적으로 늦다고 제시되어 있으므로 적절하지 않다.

④ T(위협)에서 소비자들의 낮은 브랜드 인식이 위협 요소임은 알 수 있으나, 위 SWOT 분석으로 고가 브랜드라는 이미지를 개선해야 할 필요성은 알 수 없다.

⑤ T(위협)는 경쟁사의 점유율이 높다는 것이다.

3. 해결안 개발과 실행 평가

(1) 해결안 도출 과정

해결안 개발은 분석된 문제의 원인을 효과적으로 제거할 수 있는 최적의 해결 방안을 수립하는 단계이다. 해결안 개발은 해결안 도출, 해결안 평가 및 최적안 선정의 절차로 진행된다.

① **해결안 도출**: 해결안 도출은 열거된 근본 원인을 어떤 과정과 방법으로 제거할 것인지에 대한 독창적이고 혁신적인 아이디어를 생산하는 과정으로, 전체적인 관점에서 해결 방향과 방법을 일치시킨다.

② **해결안 선정**: 최종 해결안은 문제, 원인, 해결 방법 등을 고려해서 평가하고 가장 효과적인 대안을 선정한다.

(2) 실행 및 평가 단계

문제의 원인을 분석하고 해결안을 개발한 후에는 실행 계획을 수립하여 실행한다. 그리고 실행 과정과 그 결과를 평가해야 한다.

① 실행 절차 및 평가 절차

실행 계획 수립		실행		평가
최종 해결안을 실행하기 위한 구체적인 계획 수립	→	실행 계획에 따른 실행 및 모니터	→	실행 결과 평가

② 실행 계획과 실행, 평가

㉠ 실행 계획은 '무엇을', '어떤 목적으로', '언제', '어디서', '누가', '어떤 방법으로'의 물음에 대한 답을 가지고 수립한다. 각 해결 방안별 구체적인 실행 계획서를 작성하는 것이 좋다.

㉡ 실행 과정에서는 실행에 따른 문제점 발견과 장애 요인 등을 분석하여 새로운 해결 방안을 신속히 만들어 낸다.

㉢ 평가를 위한 고려 사항

• 바람직한 상태가 달성되었는가?

• 사전에 목표한 기간 및 비용은 계획대로 지켜졌는가?

• 문제가 재발하지 않을 것을 확신할 수 있는가?

• 혹시 또 다른 문제를 발생시키지는 않았나?

• 해결책이 주는 영향은 무엇인가?

만다라트 기법	창안자인 이마이즈미 히로아키는 아이디어를 방사형으로 발상하기 위해 가로 3칸, 세로 3칸으로 이루어진 매트릭스를 고안했다. 총 9개의 블록을 가진 이 매트릭스는 '만다라트'라고 불렸으며 가운데 블록을 중심으로 주변 8개의 블록에 아이디어를 채우는 형식이다. 매트릭스의 가운데 블록에 아이디어의 주제를 적고, 이 주제로부터 연상되는 아이디어를 주변의 8개 블록에 자유롭게 적어 나가면서, 원하는 아이디어를 얻을 때까지 반복하는 것이다. 만다라트 기법은 브레인스토밍을 활용하여 자유롭게 발상하면서도 다음 단계에 필요한 주제를 선택하여 아이디어의 방향을 정하고, 발상의 범위를 좁히기 때문에 자유 발상 기법과 강제 연상 기법을 반복적으로 혼합한 형태이다.
트리즈 기법	러시아 과학자 알트 슐러 박사가 개발한 법칙이다. 그는 약 200만 건 이상의 러시아 기술 특허를 분석한 뒤, 창의적 발명들은 공통적으로 모순을 극복하고 있다는 사실을 발견했다. 그래서 모순 극복 과정을 통해 40개의 문제 해결 원리를 발견하고 모순 극복을 위한 76개의 문제 해결 패턴을 정의했다. 이를 3단계로 압축하면, '이상적인 목표 정의 → 이상적 목표와 현 상태 간 모순 파악 → 주어진 자원 안에서의 해결 방법 파악'이다.
MECE 분류 (Mutually Exclusive Collectively Exhaustive)	WBS(Work Breakdown Structure) 개발, 상품 기획, 각종 조사 대상 품목 선정 등에서 요인을 빠짐없이 검토해 보고 싶을 때 사용하는 분류 방법으로, 항목들이 상호 배타적이면서 모였을 때에는 완전히 전체를 이루는 것을 의미한다. 정보 누락도 없고 중복도 없는 상태로 만들어 논리 관계를 구축한다. 예를 들면 새로운 상품을 기획하는 경우 상품이라는 전체 집단을 '행동'과 '판매 가격대' 등의 측면에서 MECE(상호 배제와 전체 포괄)가 되도록 나누고 경쟁 상품이 없는 분야의 상품 개발을 우선시하는 등의 활용 방법이다.
브레인스토밍	미국의 알렉스 오즈번이 고안한 방법으로, 구성원의 자유로운 발상을 통해 내용을 자유롭게 생성하는 방법을 말한다. • 주어진 문제에 초점을 맞추어 생각을 전개해 나가되, 완벽한 생각을 이끌어 내려고 하지 말고 머릿속에 떠오르는 대로 그냥 적어 내려가기만 하면 된다. • 브레인스토밍을 하는 과정에서는 자신이 적어 놓은 생각을 정교하게 다듬거나 순서에 맞게 조정하는 데에 시간을 허비해서는 안 된다. • 브레인스토밍은 목표 지향적인 사고 활동이므로 필자는 자신의 생각이 문제의 핵심에서 벗어나지 않는지를 계속 점검해야 한다.
고든법(Gordon)	브레인스토밍의 결점을 보완하기 위해 만든 아이디어 발상법의 하나로 추상적인 사고법이다. 가령 초콜릿을 한 단계 더 추상하면 과자가 되고 과자는 음식물로 생각된다. 이처럼 초콜릿을 개량하려면 초콜릿으로 생각하기보다 과자라고 생각하거나 음식물이라고 생각해서 더 많은 아이디어를 얻어 낼 수 있게 하는 방법으로 신제품 개발에 유효하다고 알려져 있다. 그러나 장시간이 소요되며 리더가 유도하기 힘들므로 리더는 풍부한 지식과 창의력을 갖추는 것이 중요하다.
델파이 기법	어떠한 문제에 관하여 전문가들의 견해를 유도하고 종합하여 집단적 판단으로 정리하는 일련의 절차라고 정의할 수 있다. 전문가들이 직접 모이지 않고 주로 우편이나 전자 메일을 통한 통신수단으로 의견을 수렴하여 돌출된 의견을 내놓는다는 것이 주된 특징이다. 이 기법의 한계로는 통계적 처리 결과를 무의식적으로 따라갈 수 있다는 점, 참여 전문가들이 설문에 대하여 신중하지 못할 수 있다는 점, 반복적 조사이기 때문에 조사를 끝내려면 장기간이 필요하다는 점, 조사가 반복되어 감에 따라 설문지의 회수율이 점점 낮아진다는 점을 들 수 있다.

3. 다음에서 설명하는 '만다라트 기법'에 대한 설명으로 적절하지 않은 것은?

'만다라트 기법'은 일본의 디자이너 '이마이즈미 히로아키'가 구상한 것으로, 본질의 깨달음(Manda)과 달성 및 성취(La), 기술(Art)의 합성어이다. 즉, 본질을 깨닫는 기술, 목적을 달성하는 기술을 의미한다. 이 기법은 브레인스토밍이나 마인드 매핑과 같이 내용을 생성하는 기법이다. '만다라트 기법'의 매트릭스는 아이디어를 방사형으로 발상하기 위해 가로 3칸, 세로 3칸으로 이루어져 있다. 이 매트릭스는 가운데 블록을 중심으로 주변 8개 블록에 아이디어를 채우는 형식으로, 가운데에 주제나 목표 또는 과제를 적고 이와 관련하여 연상되는 아이디어를 자유롭게 적어가는 방식이다. 즉, 브레인스토밍을 확장하여 하나의 주제에 대한 하위 주제를 설정하고 아이디어를 확산한다. 8개의 블록을 채우기 위해 주제에 대하여 발상할 때는 브레인스토밍의 원칙을 그대로 적용한다. 이 과정에서 많은 아이디어를 얻을 수 있게 된다. 따라서 이 매트릭스는 문제 해결의 대안을 다양한 측면에서 찾으려

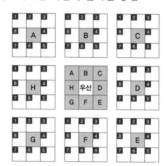

고 할 때나 기존 기술이나 제품을 응용하는 새로운 방법을 찾으려고 할 때, 그리고 미래의 여러 가지 시나리오를 예상할 때 등 다양하게 활용할 수 있다. 주제에 대하여 발상할 때는 브레인스토밍의 원칙을 활용하고 그 원칙을 그대로 적용하며, 원하는 아이디어를 찾을 때까지 만다라트를 반복한다.

이 방법은 목표나 과제를 계획하거나 아이디어를 구체화할 때 유용하며, 이와 관련한 내용을 한눈에 볼 수 있다. 또 빈칸을 채우는 과정에서 자연스럽게 논리 체계가 생성되며, 세부 내용을 쓰는 과정에서 목표에 대한 계획을 점점 구체화할 수 있다.

> 이 기법은 '만다라트 기법'을 의미하며, 만다라트 기법은 브레인스토밍이나 마인드 매핑과 같이 내용을 생성하는 기법이므로 브레인스토밍에서 파생되었다고 볼 수 없다.

① 중심 주제 및 목표를 세우고 브레인스토밍을 통해서 생각을 정리한다.

② 중심 목표나 과제를 실행하기 위해 어떤 계획들이 동반되어야 하는지를 보여 준다.

③ 작성 과정에서 수많은 아이디어를 시각화하여 사고 과정을 한눈에 파악할 수 있다.

④ 작성 과정에서 논리적 체계가 생성되며 세부 내용을 작성하며 사고가 구체화된다.

⑤ 내용 생성 방법 중 하나인 브레인스토밍 전략에서 파생된 기법이다.

정답 ⑤

정답 해설 만다라트 기법은 브레인스토밍에서 파생된 것이 아니라, 실행하는 과정에서 내용 생성 전략인 브레인스토밍을 활용한다.

7절 기출로 실력 다지기

01 다음을 참고하여 김○○ 과장이 가장 먼저 해야 할 일을 쓴 것으로 적절한 것은?

우선순위를 정하는 데에는 기준이 필요하다. 이 해할 만한 합리적인 기준으로 우선순위를 정해야 오류와 시행착오를 줄일 수 있고, 반론이 발생할 경우 그에 대한 근거로 삼을 수 있게 된다. 그뿐만 아니라 조직적 차원에서 우선순위 결정 기준에 합의가 있다면, 조직의 구성원과 각 기능 간의 합의가 빠르게 이루어질 수 있어서 조직 전체의 프로세스가 효율화될 수 있다.

우선순위를 결정하기 위해서는 긴급성, 중요도, 확대 경향성을 고려할 필요가 있다. 이들을 고려할 때는 어떤 척도를 사용해도 좋으며, 문제에 따라 척도는 적절하게 선택할 수 있다. 복잡한 문제일수록 세분화된 척도를 사용하며, 여기에서 주의할 점은 각각에 대해서는 같은 척도를 적용해야 한다는 것이다. 긴급성은 5점 척도를 사용하고 중요도는 3점 척도를 사용한다거나 하면 제대로 된 분석을 할 수 없게 된다. 다만 분석 결과, 같은 정도의 점수를 받은 항목이 있다면, 가중치를 적용할 수 있다. 지원 업무를 수행하고 있다면 긴급성에 높은 가중치를 적용하고, 조직을 이끄는 리더의 입장이라면 중요도에 높은 가중치를 적용할 수 있다. 해당 문제나 업무가 타 부서나 조직 전체에 대한 파급 효과를 고려해야 한다면 확대 경향성에 가중치를 줄 수 있다.

김○○ 과장이 해야 할 일	긴급성	중요도	확대 경향성
큰 집으로 이사	L	M	M
회의 자료 작성	H	H	H
긴급한 고객 이의 제기	H	H	H
주식의 매도 여부 결정	H	M	M
회식 메뉴 담당자 선정	H	M	M
팀원 사기 진작과 박 대리 면담	M	H	H

* 3점 척도: 다음과 같이 1~3점까지 점수를 매긴다.
 – 긴급성: 3점(High) / 2점(Middle) / 1점(Low)
 – 중요도: 3점(High) / 2점(Middle) / 1점(Low)
 – 확대 경향성: 3점(High) / 2점(Middle) / 1점(Low)

① 회의 자료 작성
② 긴급한 고객 이의 제기
③ 주식의 매도 여부 결정
④ 회식 메뉴 담당자 선정
⑤ 팀원 사기 진작과 박 대리 면담

'트리즈 법칙'은 러시아 과학자 알트 슐러 박사가 개발했다. 그는 약 200만 건 이상의 러시아 기술특허를 분석하고, 창의적 발명들은 공통적으로 모순을 극복하고 있다는 사실을 발견했다. 그래서 모순 극복 과정을 통해 40개의 문제 해결 원리를 발견하고 모순 극복을 위한 76개의 문제 해결 패턴을 정의했다.

이를 3단계로 압축하면 △이상적인 목표를 정의하고, △이상적 목표와 현 상태 간 (㉠)을/를 찾아내고, △주어진 자원 안에서 해결법을 찾아내는 것이다.

김○○ 의장은 ○게임 창업 당시 이 트리즈 법칙을 적용했다. ○게임은 설립 후 곧 '어떤 게임을 제공할 것인가?'와 '어떻게 수익화할 것인가?'라는 2가지 (㉡)에 직면했다. 김○○ 의장은 이 둘에서 각각 (㉠)을/를 찾아냈다. 98년 당시 미국 게임업계는 가볍지만 음향과 그래픽 수준이 낮은 '자바 게임'과 웅장한 음향과 화려한 그래픽 수준을 자랑하지만 무거운 '클라이언트&서버 게임'으로 양분돼 있었다. ○게임은 이 둘 사이의 (㉠)을/를 그래픽과 음향은 클라이언트 서버 기반으로 처리하되 웹에서 구동되는 방식으로 접근해 극복했다.

무료 게임이냐 유료 게임이냐의 수익화 (㉠)의 (㉡)은/는 김○○ 의장이 일본 출장 비행길에서 아이디어를 얻었다. 김○○ 의장이 어느 날 비즈니스 좌석을 처음 타게 되면서 이코노미석과 비즈니스석의 차이점에 착안, 유료 게임과 무료 게임 간 (㉠)을/를 '(㉢)'(으)로 풀어낸 것이다. ○게임은 당시로선 획기적인 (㉢)을/를 통해 큰 성공을 거뒀다.

02 윗글의 ㉠과 ㉡에 쓸 문제 해결 과정의 개념으로 가장 적절한 것은?

① ㉠: 문제, ㉡: 모순
② ㉠: 문제, ㉡: 해결
③ ㉠: 모순, ㉡: 문제
④ ㉠: 모순, ㉡: 해결
⑤ ㉠: 해결, ㉡: 문제

03 다음을 보고 윗글의 ㉢에 쓸 해결 방법으로 가장 적절한 것은?

- 문제
  무료 게임으로 제공하여 활용도를 높일 것이냐? 유료 게임으로 제공하여 수익을 높일 것이냐?
- 이상적인 목표: 많은 사람이 사용하여 수익을 높인다.
- 모순: 무료 게임으로 제공하면 많은 사람이 쓸 수 있으나, 회사 차원에서 수익 창출이 미비하다.
- 해결 방안 자원: 같은 비행기를 타도, 금액을 추가하면 서비스를 더 받을 수 있는 비즈니스 좌석을 이용할 수 있다.

① 무료 게임 확대   ② 유료 게임 확충
③ 무료 게임 폐지   ④ 부분 유료 게임화
⑤ 전면 무료 게임화

04 다음 글에서 제시한 방법을 적용하여 쓴 문장으로 적절하지 않은 것은?

MECE(Mutually Exclusive and Collectively Exhaustive)란 어떤 사항과 개념을 중복 없이, 그리고 누락 없는 부분 집합으로 전체를 파악하기 위한 방법론을 말한다. 다른 사람을 설득하고자 할 때 실제 중요한 내용은 빠뜨리고 중요하지 않은 것을 몇 번이고 반복하게 되면 설득력을 잃어버린다. 이런 현상은 전달하려는 내용을 명확하게 정리하지 않았기 때문이다. 이러한 오류는 MECE의 방법을 써서 극복할 수 있다. MECE는 분석하려는 현상이나 보고서의 내용을 일목요연하게 정리할 때 유용한 방법이다.

① 영업부 신입 사원은 남자이거나 여자이다.
② 대한민국은 수도권과 비수도권으로 나눌 수 있다.
③ 마케팅의 4요소는 가격, 판매촉진, 제품, 유통이다.
④ 우리 회사 임원은 글을 잘 쓰는 사람과 말을 잘하는 사람으로 나눌 수 있다.
⑤ 우리 회사에 정기적으로 들어오는 정보는 매일 들어오거나 격주로 들어온다.

05 다음 글에 이어질 문단 (가)에 쓸 수 있는 내용으로 적절하지 않은 것은?

> 기업이 혁신 활동 중 직면하는 문제는 크게 3가지 유형으로 나눌 수 있다. 기업의 새로운 비전과 목표를 제시하는 과정에서 발생하는 설정형 과제, 드러나지 않았지만 내재해 있는 고질적 문제점을 제거하거나 보다 효율적인 시스템을 구축하고자 할 때 발생하는 탐색형 과제, 현장에서 요구되는 특정한 표준이나 기준에 미치지 못해 나타나는 발생형 과제 등이다. 문제마다 발생유형과 해결의 주체가 다르며, 이를 충분히 이해하는 것은 곧 혁신체계를 이해하는 것과 같다.
>
> 국내 제조업체 ○○사는 전자 소재 · 화공 설비 · 기계 부품 등 서로 다른 몇 개의 사업부로 이루어진 기업으로, 최근 대표이사의 전폭적인 지원 아래 회사 전체의 혁신 활동을 진행했다. ○○사의 모든 부서는 성공적 성과를 냈던 전자 소재 사업부의 전략을 벤치마킹하며 새로운 도약을 위해 노력했다. 하지만 각 사업부에서는 불협화음이 생기고 처음 설정한 목표의 방향성까지 잃게 되면서 오히려 혁신 활동이 침체되는 위기를 맞았다.
>
> (가)

① 특정 부서에서 성공을 거두었다는 사실만으로 전체의 목표와 비전을 나누는 과정 없이 맹목적으로 따라 하기 바빴기에 설정형 과제가 해결되지 않았다.

② 정밀성을 향상하기 위한 전사 소재 사업부의 전략을 대규모 용접 작업을 벌이는 화공 설비 사업부에 적용할 수 없다.

③ 전자 소재 사업부가 화공 설비 사업부와 비전과 과제를 공유하였더라면 불협화음을 막을 수 있었을 것이다.

④ 이 회사에서는 탐색형 과제를 찾아 문제점을 제거하거나 개선하여 문제를 해결해야 한다.

⑤ 발생형 과제를 해결하는 주체는 경영진이나 업계 전문가가 아니라 현장 직원이어야 한다.

06 다음 글의 ⊙~ⓒ에 쓸 내용으로 가장 적절한 것은?

> 신속하게 문제를 해결하는 방법으로 '여섯 색깔 생각 모자' 기법이 있다. 이 기법은 6가지 색상이 지닌 사고의 역할에 맞춰 사고함으로써 개개인의 성향 등에 의해서 논의가 감정적으로 변하는 것을 막고 다양한 측면에서 폭넓은 사고와 신속한 의사 결정, 문제 해결을 도와주는 기법이다. 여섯 색깔 생각 모자는 각각의 색상에 여러 가지 사고의 형태와 역할이 지정되어 있고, 색상이 지닌 서로 다른 역할에 맞춰 사고함으로써 다양한 관점으로 대상을 바라보고 아이디어들을 발전시킨다. 진행 방식은 진행자가 한 색상의 모자를 지정하면 참여자는 그 모자의 역할에 맞춰 사고하고 의견을 제시한 후 다른 색상으로 넘어가는 방식으로 이루어진다.
>
> | 하얀 모자 | 객관적, 중립적 사실과 정보 |
> |---|---|
> | 초록 모자 | 창의적, 확산적, 혁신적 |
> | 노란 모자 | 긍정적, 강점, 실현 가능성, 건설적, 가치, 이점 |
> | 검정 모자 | 논리적, 부정적, 비판, 잠재 위험, 실패 요인, 오류 |
> | 빨간 모자 | 직감, 감정, 정서 |
> | 파란 모자 | 통제, 초연함, 냉정함, 객관적, 사고의 정리, 결론 도출 |
>
> 여섯 색깔 생각 모자의 활용 순서는 정해진 바가 없지만 새로운 아이디어를 얻고자 하는 경우와 대안을 선택하기 위해 의사 결정을 할 때 모자 순서가 조금씩 다를 수 있다. 아이디어를 생성할 경우에는 '하양 모자 , 초록 모자 → 노란 모자 → 검은 모자 → 빨간 모자'의 순서로 진행하며, 현재 아이디어를 개선할 때에는 '초록 모자 → 검은 모자 → 초록 모자 → 검은 모자' 순으로 진행한다. 진행 결과를 요약하고 대안을 결정할 때에는 '전체 결과를 요약하고 통제하는 (⊙) → 대안을 마련할 때에는 (ⓒ) → 결정할 때에는 신중한 검토가 이루어져야 하므로 (ⓒ)과 파란색 모자'의 순으로 활용하는 것이 적절하다.

① 검은 모자 → 노란 모자 → 파란 모자

② 노란 모자 → 빨간 모자 → 검은 모자

③ 초록 모자 → 검은 모자 → 초록 모자

④ 파란 모자 → 초록 모자 → 검은 모자

⑤ 하얀 모자 → 노란 모자 → 초록 모자

8절 직업윤리와 쓰기윤리

직업윤리는 개념 및 원칙 등 기본적인 내용을 출제하고, 쓰기윤리는 구체적인 자료를 출제하고 있다. 저작권, 인용과 출처, 표절 개념 및 저작재산권 등 문제에 제시된 자료를 꼼꼼하게 읽어 보면 그리 어렵지 않을 것으로 판단된다.

출제 POINT

- 직업윤리의 기본 원칙과 직업인의 기본자세
- 봉사, 책임감의 개념 이해와 실천
- 조직 체계에 대한 이해를 바탕으로 조직 문화 준수
- 글쓰기윤리 준수 및 글 작성
- 인용 및 출처 등 표기법 이해와 정확한 표기

1. 직업윤리

(1) 직업윤리의 개념

사전에서 직업윤리는 특정한 직업에 종사하는 사람들이 지켜야 하는 행동 규범으로 단순하게 정의된다. 하지만 현대 사회에서 직업윤리는 다양하게 정의되고 있다. 여러 연구에서 제시된 직업윤리의 개념을 종합하면 직업 생활에서 자신의 역할을 수행하며 비판적으로 바라보고 도덕적 기능적으로 이를 향상시키고자 하는 자세나 태도 등의 긍정적 가치관, 그리고 직장 내에서의 갈등 상황을 도덕적으로 해결하는 능력이라고 할 수 있다.

(2) 직업윤리의 기본 원칙 ☆☆☆

① **객관성**: 업무의 공공성을 바탕으로 공사를 명확하게 구분하고, 모든 것을 숨김없이 투명하게 처리하는 원칙이다.
② **고객 중심**: 고객에 대한 봉사를 최우선으로 생각하고 현장 중심, 실천 중심으로 일하는 원칙이다.
③ **전문성**: 전문가로서 자기 업무에 책임을 다하며, 지속적으로 직무 능력과 전문 지식을 연마한다는 원칙이다.
④ **정직과 신용**: 업무와 관련된 일을 정직하게 수행하고, 자신의 본분과 관련된 약속을 지켜 신뢰를 유지한다는 원칙이다.
⑤ **공정 경쟁**: 법규를 준수하고 경쟁 원리에 따라 공정하게 행동한다는 원칙이다.

(3) 특성: 이윤을 최우선으로 하는 조직에서 명확하게 규정된 '업무'의 이행과 이를 달성하는 데 긍정적으로 작용하는 태도 및 자세, 사고와 판단 능력

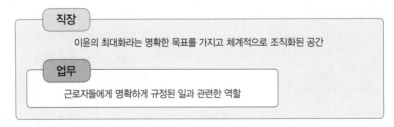

(4) 직업윤리의 하위 능력

NCS 직업 기초 능력으로서 직업윤리는 직업인들에게 요구되는 행동 규범이다. 원만한 직장 생활을 하기 위해 요구되는 자세, 가치관 및 올바른 직업관을 직업윤리라 할 수 있다. 성실하고 근면한 자세, 정직함, 봉사 성신, 책임 의식, 직장 예절 등을 갖춰야 원만한 직장 생활을 할 수 있다.

하위 능력	내용	세부 요소
근로 윤리	맡은 업무를 근면하고 성실한 자세로 처리하고, 정직하게 업무에 임하는 자세	근면성, 성실성, 정직성
공동체 윤리	인간 존중을 바탕으로 봉사하며, 책임감을 지니고 업무를 충실히 수행하며, 직장의 규범을 지키고, 대인 관계에서 예의를 지켜 행동할 수 있는 자세	준법성, 봉사 정신, 책임 의식, 직장 예절

기출점검 **직업윤리의 기본 원칙**

1. 다음 '직업윤리의 기본 원칙'을 설명하는 글의 ㉠에 들어갈 내용으로 가장 적절한 것은?

> 우리는 직업 생활 속에서 다수의 이해관계를 가진 사람과 일을 하게 된다. 따라서 개인의 판단과 행동은 기본적으로 지켜야 하는 원칙을 준수함으로써 맡은 업무를 투명하고 정확하게 수행할 수 있다. 직업윤리의 기본 원칙을 공정 경쟁의 원칙, 객관성의 원칙, 전문성의 원칙, 고객 중심의 원칙, 정직과 신용의 원칙으로 나누어 살펴보면 다음과 같다.
> 먼저 공정 경쟁의 원칙은 _____ ㉠ _____
> – 이하 생략–

① 고객의 요구를 먼저 고려하고 고객 만족을 추구한다.
② 거래할 때는 법과 규정을 준수하고 공개적으로 처리한다.
③ 모든 업무 활동을 정직하게 수행하고 신뢰를 지키도록 한다.
④ 프로 의식을 가지고 전문가로서 책임감 있게 업무를 수행한다.
⑤ 거래할 때는 정해진 절차와 규정에 따라 공정하게 처리한다.

정답 ⑤

정답 해설 직업윤리의 기본 원칙에는 객관성, 고객 중심, 전문성, 정직과 신용, 공정 경쟁 등의 원칙이 있는데 그중에서 공정 경쟁의 원칙에 대한 개념을 묻고 있다. '공정 경쟁의 원칙'은 법규를 준수하고 경쟁 원리에 따라 공정하게 행동한다는 원칙을 말한다.

오답 해설 ①은 고객 중심의 원칙, ②는 객관성의 원칙, ③은 정직과 신용의 원칙, ④는 전문성의 원칙이다.

2. 쓰기윤리

(1) 개념
개인이나 공동체가 글을 쓰는 과정에서 지켜야 할 윤리적인 규범

(2) 성격
쓰기윤리의 실천 여부는 자료 활용의 문제와 관련되며, 글쓰기의 전반적인 과정에서 자료 활용의 정확성과 적절성이 담보될 때 쓰기윤리의 준수가 이루어진다. 넓은 의미의 자료란 글쓰기에 활용되는 모든 유형의 텍스트, 표, 그림 등을 아우른다.

개인적 차원	필자가 글을 쓸 때 자신이 알고 있는 내용을 허위로 쓰거나, 과장·축소·왜곡하지 않는 것으로, 글에 진실을 담아 써야 한다는 진실성이 개인적 차원의 쓰기윤리라고 할 수 있다.
사회적 차원	다른 사람의 글이나 자료 등을 허락 없이 무단으로 사용하지 않으며 사용해야 할 때에는 허락을 얻고 출처를 명확하게 밝히는 것으로, 다른 사람의 글을 인용한다는 점에서, 즉 다른 사람과의 직접적인 관계를 맺는 쓰기윤리라는 점에서 사회적 차원의 쓰기윤리라고 할 수 있다.

(3) 인용과 출처
① 인용: 글을 작성할 때 필자의 논지를 증명하기 위한 논거나 남의 글에 대한 비판의 자료로 삼기 위해 문헌이나 다른 사람의 논저에서 정보를 가져오는 것

　㉠ 일반적인 각주 작성 방법 ☆

저서	저자명 → 저서명 → 출판지명 → 출판사명 → 출판연도 → 인용 면 예 • 이기문, 『국어학 개설』, 서울: 민중서관, 1955, p. 369. 　　이기문(1955), 『국어학 개설』, 서울: 민중서관, p. 369. • 이영택, 『학교 문법의 이해』, 태학사, 2019. → 저서명은 『학교 문법의 이해』와 같이 '정자'로 쓴다.
논문	저자명 → 논문명 → 게재지명 → 게재지 권호수 → 출간학회 → 출판연도 → 인용 면 예 이기백, 「한국사의 보편성과 특수성」, 『이화사학연구』 6·7합집, 이화사학연구, 1973, pp. 7~12. → 논문은 시작 페이지와 끝 페이지를 적는다.
번역서	저자명 → 저서명 → 옮긴 이 → 출판사명 → 출판연도 → 인용 면 예 안나 레이드, 『샤먼의 코트: 사라진 시베리아 왕국을 찾아서』, 윤철희 옮김, 미다스북스, 2003, p. 45. → '번역서'는 실제 원본의 저자와 저서명을 먼저 쓰고, 옮긴 이를 뒤에 쓴다.
외국 문헌	저자명 → 저서명(이탤릭체) → 출판지 → 출판사명 → 출판연도 → 인용 면 예 Fiona Hill and Clifford G. Gaddy, *Siberian Curse: How Communist Planners Left Russia Out in the Cold*, Washington, D.C.: Broo kings Institution, 2003, p. 124. 외국 문헌은 단행본의 도서명은 '이탤릭체'를 쓴다. 학술 논문의 경우, 논문 제목은 정자로 쓰고 단행본과 마찬가지로 도서명은 '이탤릭체'를 쓴다.

논문을 큰따옴표(" ")로 표시하고 저서를 겹낫표(《 》)로 표시하는 것이 일반적이기는 하지만 이 둘을 각각 홑낫표(〈 〉)와 겹낫표, 또는 작은따옴표(' ')와 큰따옴표를 써서 구별하기도 하고 논문에만 큰따옴표를 쓰기도 한다. 서양 책의 경우에는 서명(書名)을 이탤릭체로 써서 논문과 구별해 준다.

② 표절: 표절은 타인의 고유한 아이디어나 저작물의 내용을 원저작자의 승인을 받지 않거나, 의도적으로 그 출처를 밝히시 읺고 자기 것처럼 사용함 때 발생하는 학문적 부정행위이다. 즉, 선행 연구의 상당 부분을 출처 없이 베끼거나 출처를 남겼어도 인용 방법이 부적절하면 심각성의 정도와 관계없이 표절에 해당한다.

저작권 이용 허락 표시 제도

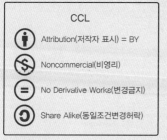

CCL

- Attribution(저작자 표시) = BY
- Noncommercial(비영리)
- No Derivative Works(변경금지)
- Share Alike(동일조건변경허락)

저작권 이용 허락 표시 제도란 저작권자가 자신의 저작물에 대한 이용방법 및 조건을 표시하는 제도이다. 국내에서 사용되고 있는 공식적인 저작권 이용 허락 표시 제도 중 현재 널리 사용되는 'CCL'은 'Creative Commons License'의 약자로 왼쪽의 마크를 이용하여 아래와 같이 라이선스를 표기하여 저작권자가 저작물 사용 조건을 미리 제시해 사용자가 저작권자에게 따로 허락을 구하지 않고도 창작물을 사용할 수 있게 하는 일종의 오픈 라이선스를 표방하고 있다. 리이선스 표기 시 'CC'는 '저작물을 공유함'을 나타내는 표기이다.

라이선스	CC BY	CC BY ND	CC BY NC SA
이용조건	저작물을 공유할 때 저작자를 표시한다.	저작물을 공유할 때 저작자를 표시하고, 변경을 금지한다.	저작물을 공유할 때 저작자를 표시하고, 비영리목적으로만 이용가능하며, 동일조건에서만 변경을 허락한다.
문자표기	CC BY	CC BY-ND	CC BY-NC-SA

2. 글쓰기윤리에 관해 쓴 자료 중 다음 유형에 해당하는 것을 [보기]에서 있는 대로 고른 것은?

> 개정 지침 제12조제1항 제4호는 부당한 저자 표시를 '연구내용 또는 결과에 대하여 공헌 또는 이바지를 한 사람에게 정당한 이유 없이 저자 자격을 부여하지 않거나, 공헌 또는 이바지를 하지 않은 사람에게 감사의 표시 또는 예우 등을 이유로 저자 자격을 부여하는 행위'로 규정하였다.

┤ 보기 ├

ㄱ. 지도 학생의 학위 논문을 학술지 등에 지도 교수의 단독 명의로 게재, 발표하는 경우
ㄴ. 연구 내용 또는 결과에 대한 공헌 또는 이바지가 없음에도 저자 자격을 부여하는 경우
ㄷ. 원고 초안을 작성하거나 중요한 지적 내용을 위해 이 초안을 비판적으로 수정하여 저자 자격을 부여하는 경우
ㄹ. 연구 후원사가 연구에 아무런 이바지를 하지 않았던 여론 주도자를 저자에 포함하도록 요구하였기에 저자 자격을 부여하는 경우
ㅁ. 연구의 이해와 설계, 또는 데이터의 획득, 또는 데이터의 분석과 해석에 실제로 이바지하여 저자 자격을 부여하는 경우

① ㄱ, ㄴ, ㄷ   ② ㄱ, ㄴ, ㄹ
③ ㄴ, ㄷ, ㄹ   ④ ㄴ, ㄹ, ㅁ
⑤ ㄷ, ㄹ, ㅁ

정답 ②

정답 해설
ㄱ: 지도 학생의 학위 논문을 지도 교수와 공동 저자로 발표하는 것은 가능하나 교수 단독 명의로 발표하는 것은 '부당한 저자 표시'에 해당한다.
ㄴ: 연구 내용 또는 결과에 대한 공헌 또는 이바지를 한 사람에게 저자 자격을 부여하지 않는 경우가 '부당한 저자 표시'이듯, 자격이 없는데도 저자 자격을 부여한 것 역시 '부당한 저자 표시'이다.
ㄹ: 연구에 아무런 이바지를 하지 않았던 사람에게 저자 자격을 부여하는 것은 '부당한 저자 표시'에 해당한다.

8절 기출로 실력 다지기

01 다음과 같이 주장하는 사람이 [보기]의 김○○ 팀장에게 해 줄 수 있는 조언으로 가장 적절한 것은?

> 모든 행위는 도덕적 의무 원리에 따를 경우에만 옳다. 그 도덕적 의무 원리는 어떤 행위가 얼마나 좋은 결과를 끌어내는지와는 관련이 없다. 어떤 행위가 도덕적으로 옳다는 것은 그 행위가 어떤 좋은 목적을 달성하기 위해 수단적 역할을 한다는 데 있지 않다. 모든 사람에게 부여된 보편적 의무에 따른 행위라는 데에 있다.

| 보기 |

> 빙과류 생산 업체의 신제품 개발 부서에서 일하고 있는 김○○ 팀장은 치아 건강에 도움을 주는 성분 함유를 내세운 아이스크림을 개발하였다. 그런데 본격 출시를 하루 앞두고 제품에 함유된 특정 성분이 치아 부식에 큰 영향을 끼칠 수 있다는 사실을 알게 되었다. 곧바로 상부에 보고하고 제품 출시를 미뤄야 한다고 했지만, 이미 막대한 투자비가 들어간 상태에서 판매를 미룬다면 회사 경영에 큰 차질이 빚어질 수 있다는 이유로 받아들여지지 않았다. 김○○ 팀장은 그린 사실을 언론에 알릴 경우 회사가 입을 손해와 알리지 않을 경우 소비자들이 받을 피해 사이에서 어떻게 할지 고민하고 있다.

① 모두에게 더 많은 이익을 가져올 방안을 모색해야 합니다.

② 사실을 있는 그대로 밝혀야 한다는 도덕 원칙에 따라야 합니다.

③ 사실을 알릴 경우에 동료들이 비난할지에 대해 고려해야 합니다.

④ 거짓말을 하지 않을 경우에 얻을 수 있는 이익을 고려해야 합니다.

⑤ 사실을 알리지 않을 경우에 소비자들이 얼마나 큰 피해를 볼지 생각해야 합니다.

02 다음 글에서 강조하고 있는 직업인의 태도로 가장 적절한 것은?

> 자신의 직무와 관련된 기술과 지식을 습득하여 자기 분야를 책임질 수 있어야 한다. 현재 자신이 하는 일이 어떤 일이든지 아무런 교육이나 지식 없이 할 수 있는 일이 아니라, 이 분야의 전문 지식과 전문 교육을 밑바탕으로 성실히 수행해야만 해낼 수 있는 일이라 믿고 직업을 수행하는 태도를 말하는 것이다. 이것이 직업을 수행하는 태도이고, 이것을 지니고 있다면 우리 사회의 많은 사건 사고들이 일어나지 않을 것이다.

① 책임 의식
② 전문가 정신
③ 협동 · 봉사 정신
④ 소명 의식과 천직 의식
⑤ 직분 의식과 봉사 정신

03 다음 글의 ㉠에 쓸 문장으로 가장 적절한 것은?

직업윤리는 일반 윤리와는 다르게 그 직업이 가지는 사회적 비중과 특수성으로 인하여 직업에 맞는 윤리가 따로 있음을 의미한다. 그러나 직업윤리와 일반 윤리와의 관계를 보면, 직업 행위는 인간 생활의 일부분에 지나지 않기 때문에 직업윤리의 행위 규준은 일반 윤리의 원칙에 어긋나서는 안 된다. 그래서 (㉠)이는 일반 윤리의 원칙에 기초하여 직업의 특수성에 맞는 직업윤리를 정립해야 한다는 것을 뜻한다. 하지만 직업윤리는 일반 윤리와 비교하면 보편성이 약하기 때문에 직업이 가지는 사회적 비중이나 특수성을 고려한 윤리 영역으로서의 독자성을 지니고 있다.

① 일반 윤리와 직업윤리에는 공통으로 요구되는 행위규범이 있다.
② 일반 윤리와 직업윤리를 같게 보고 많은 연구가 선행되어 왔다.
③ 일반 윤리가 직업윤리를 포괄하는 상위적 가치 체계라고 할 수 있다.
④ 직업윤리는 일반 윤리의 원칙에 기초하여 보편타당하게 정립되어야 한다.
⑤ 직업윤리는 제한된 범주에서의 윤리로서 일반 윤리의 제약을 받지 않는다.

※ 다음 글을 읽고 물음에 답하시오. [4~5]

법정 허락 제도란 상당한 노력을 기울였어도 공표된 저작물의 저작재산권자를 알지 못하거나 저작재산권자를 알더라도 그의 거소를 찾을 수 없어 저작물의 이용을 허락받을 수 없는 경우 문화체육관광부 장관에게 저작물의 이용 승인을 얻은 후 문화체육관광부 장관이 정하는 기준에 의한 보상금을 공탁하고 이를 이용하도록 허락하는 제도이다.

법정 허락을 신청하기 위한 요건으로 먼저 저작권자를 찾기 위해 '상당한 노력'을 기울였음을 증명해야 하는데, 이때의 상당한 노력이 의미하는 바는 단순히 저작재산권자를 찾기 어렵다거나 연락을 취하는 데 시간이나 비용을 많이 소비했다는 이유만으로는 부족하고 법적으로 정해진 조회와 공고 절차를 거친 과정까지 포함한다. 이렇게 조회와 공고를 실시했음에도 저작자를 찾을 수 없는 때에는 문화체육관광부로부터 법정 허락 업무를 위탁받은 한국저작권위원회에 저작물 이용 승인 신청서를 제출한다. 법정 허락에 대한 신청이 들어오면 한국저작권위원회는 저작권자를 찾는다는 취지의 내용을 관보에 15일간 공고하게 되며, 관보 공고 후에도 저작권자가 나타나지 않으면 법정 허락 승인에 대한 분과위원회를 열어 승인 여부를 심사하게 된다. 이러한 절차를 거쳐 법정 허락 승인이 된 때에야 비로소 법원에 일정한 보상금을 공탁한 뒤 저작물을 이용할 수 있게 되는 것이다.

04 윗글을 통해 이해한 내용으로 가장 적절한 것은?

① 문화체육관광부 장관은 권리자를 대신하여 임의로 저작물 이용을 승인할 수 있다.
② 일반적으로는 법원에 일정 금액의 공탁금만 지불하면 원하는 저작물을 바로 이용할 수 있다.
③ 저작물에 대한 법정 허락을 받기 위해서는 저작권자를 찾기 힘들었다는 사실만 소명하면 된다.
④ 권리자의 거소를 알 수 없어 저작권자의 허락을 받을 수 없는 경우에도 저작물을 이용하는 방법이 있다.
⑤ 법정 허락 제도는 대중이 저작물에 쉽게 접근하여 활용할 수 있도록 이용 허락의 편의성을 최대화한 제도이다.

05 윗글을 통해 알 수 있는 법정 허락 절차에 따른 ㉠∼㉡의 배열이 가장 적절한 것은?

> ㉠ 분과위원회 심의
> ㉡ 검토 및 신청 공고
> ㉢ 이용 승인 신청서 제출
> ㉣ 신청인의 상당한 노력
> ㉤ 승인 통지 및 승인 공고
> ㉥ 보상금 공탁 및 공탁 사실 공고

① ㉢ → ㉡ → ㉣ → ㉠ → ㉤ → ㉥
② ㉣ → ㉢ → ㉡ → ㉠ → ㉤ → ㉥
③ ㉣ → ㉢ → ㉤ → ㉠ → ㉡ → ㉥
④ ㉥ → ㉢ → ㉣ → ㉡ → ㉠ → ㉤
⑤ ㉥ → ㉣ → ㉢ → ㉠ → ㉡ → ㉤

06 다음 중 올바른 인용의 원칙과 방안으로 적절하지 않은 것은?

① 저자는 피인용 저작물 저작자의 저작 인격권을 존중하여 반드시 공표된 저작물을 인용해야 한다.
② 저자는 피인용 저작물의 저자명, 학술지의 권·호수, 쪽수, 출간연도 등을 2차 출처에 의존하지 않아야 한다.
③ 저자는 타인이 이미 발표한 논문에 담긴 이론이나 아이디어를 번안해서 자신의 저작물에 인용할 수 없다.
④ 저자는 피인용 저작물이 인용 저작물과 명확히 구별될 수 있도록 인용 부호를 적절히 활용하면서 인용해야 한다.
⑤ 저자는 자신의 저작물에 타인의 저작물 일부를 원문 그대로 또는 번역하여 인용할 수 있으며, 이 경우 해당 인용문을 정확하게 제시해야 한다.

07 다음 글을 읽고 쓴 내용으로 가장 적절한 것은?

> 출치 표시란 연구자가 글을 쓸 때 활용한 모든 정보나 자료들에 대한 각주나 내용주 등에 구체적이고 정확한 정보가 포함되도록 하고 참고한 자료에 대한 목록을 자신의 연구 결과물의 마지막에 포함하는 것을 의미한다. 해당 저작물의 마지막에 이러한 출처를 밝힘으로써 독자가 가능한 한 빠르고 쉽게 연구자가 활용한 문서의 출처를 찾도록 해 준다. 이는 연구자의 논의나 주장이 근거하고 있는 증거를 명확하게 확인할 수 있게 해 주어 추후 연구에도 도움이 된다. 일반적으로 참고 문헌 목록은 참고 자료와는 달리 연구자가 해당 저작물에서 텍스트로 인용한 것만을 포함한다. 즉, 참고 자료는 참고 문헌 리스트와 같은 형식 또는 출처 표기의 시스템을 사용하지만, 텍스트에서 직접 인용하지는 않았더라도, 연구자의 연구에 도움이 된 모든 자료를 포함한다.

① 참고 문헌 목록에는 참고 자료를 모두 써야 표절 문제에서 벗어날 수 있다.
② 참고 문헌을 제시하는 목적은 다른 연구자들의 연구에 도움을 주는 데 있다.
③ 참고 문헌 목록을 해당 저작물의 마지막에 제시해야 하는 것은 아니고 본문에 쓸 수도 있다.
④ 연구자가 인용한 출처에 대한 참고 문헌 목록을 연구 결과물 마지막에 제시하는 것이 참고 자료이다.
⑤ 참고 자료는 연구자가 연구를 위헤 사용한 책, 논문, 웹페이지 등을 포함하고 텍스트로 직접 인용을 한 것이다.

08 다음 글을 읽고 이해한 것으로 적절하지 <u>않은</u> 것은?

> 저작권법은 저작물을 창작한 때로부터 저작권이 발생하고 등록이나 출판 등 어떠한 절차나 형식의 이행을 요구하지 않는 무방식주의를 취하고 있다. 이러한 점에서 특허청에 출원하여 등록을 받아야 권리가 발생하는 특허권, 실용신안권, 상표권, 디자인권 등 산업재산권과 구별된다. 무방식주의는 베른 협약에 따른 것으로서, 현재 대부분의 국가가 베른 협약 등 국제조약에 따라 무방식주의를 취하고 있다.
>
> 다음으로 우리가 종종 볼 수 있는 ⓒ 표시는 과거 저작권의 발생에 관해 방식주의를 취하고 있던 미국이 주축이 된 세계저작권협약(Universal Copyright Convention, UCC)에 의한 것인데, ⓒ 표시는 Copyright의 첫 글자이다. 당시 UCC 조약은 저작물의 복제물에 ⓒ 표시와 저작권자의 성명, 그리고 저작물의 최초 발행연도를 표기한 경우에는 방식주의를 취하고 있는 국가에서 요구하는 절차와 형식을 만족시킨 것으로 보았다.
>
> 그러나 미국이 1989년 무방식주의를 원칙으로 하는 베른 협약에 가입하여 외국 저작물에 대하여 무방식주의를 취하게 되면서부터 실질적으로 그 역할이 거의 사라졌다고 할 수 있고, 오늘날 이러한 ⓒ 표시가 저작권법상의 보호에 특별한 의미가 있는 것도 아니다. 흔히 ⓒ 표시와 함께 "All rights reserved"라고 표기하기도 하는데, 이 역시 표기하지 않아도 저작권법상의 보호를 받는 데는 아무런 지장이 없다.
>
> 다만, 주의할 점은 프로그램 저작물의 경우 오픈소스를 재배포하기 위해서 라이선스 조건에 따라 저작권 표시를 표기해야 하는 경우가 있다. 이러한 경우에는 라이선스 조건을 꼭 확인하고, 표기 여부를 결정하여야 라이선스 위반으로 인한 책임을 지지 않을 것이다.

① 저작권법은 산업재산권과 같이 무방식주의를 취하고 있다.

② 대부분의 국가가 베른 협약 등 국제조약에 따른 무방식주의를 취하고 있다.

③ 저작권법이 무방식주의를 원칙으로 하더라도 보호 책임에 대한 예외가 존재한다.

④ ⓒ 표시와 'All right reserved'를 표기하지 않아도 저작권법상의 보호를 받을 수 있다.

⑤ ⓒ 표시는 방식주의를 취하고 있는 국가의 세계저작권 협약과 관련된 표기 방식이다.

2장 글쓰기 실제

문서 일반 영역에서는 공문서가 가장 많이 출제되고 있다. 직무 글쓰기의 특성상 모든 글의 개념과 유형에 대한 이해가 중요하지만, 공문서는 특히 성립 요건과 효력 발생에 대한 내용과 공문서의 구성과 요건, 표현법 등의 작성 규정이 중요하다. 따라서 문서를 작성할 때 문서 작성의 일반 원칙을 숙지해야 한다.

출제 POINT

- 업무 문서의 개념과 종류, 형식
- 공문서의 '항목란'의 내용
- 공문서의 성립 요건과 효력 발생 시기
- 공문서의 작성 규정(구성과 요건, 표현법)
- 공문서의 작성 목적

1. 문서 일반

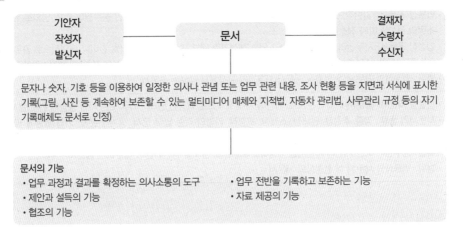

(1) 문서의 필요성

① 내용이 복잡하여 단순한 구두 보고나 지시로는 처리하기 곤란할 때

② 대화를 통한 의사소통이 불충분하거나 불가능할 때

③ 사무 처리의 형식 또는 업무 체제를 갖추어야 할 경우나 책임 소재를 분명히 할 때

④ 사무 처리 결과를 일정 기간 보존할 때, 동일 유형의 반복적인 업무 처리 시간을 절약해야 할 때, 업무상 장거리에 있는 상대방과 연락을 수고받을 때

⑤ 중복되거나 다양한 계통의 업무 보고를 신속 · 정확하게 할 때, 조직 전체가 지식 정보 등을 수용하고 숙지할 필요가 있을 때

⑥ 사후 업무 개선을 위한 자료로 활용하기 위해, 이전 사무 처리 결과를 증빙하기 위해

(2) 문서 처리 원칙

① **신속 처리의 원칙**: 업무를 효율적으로 수행하기 위하여 문서는 사안이 발생한 날 즉시 처리하여야 한다. 민원서류의 경우 민원인의 피해를 최소화하기 위하여 처리 기간을 명시해 놓고 있다.

② **책임 처리의 원칙**: 문서는 문서 성립과 동시에 사무 처리의 범위와 책임이 확정된다. 따라서 문서는 정해진 사무 분장과 각자의 직무 범위 내에서 관계 규정에 따라 책임을 가지고 신속하고 정확하게 처리해야 한다.

③ **법령 적합의 원칙**: 문서는 관계 법령의 규정에 따라 일정한 형식과 규정에 적합하도록 작성하고, 권한이 있는 자에 의해서 작성되고 처리되어야 한다.

④ **전자 처리의 원칙**: 문서는 문서의 기안, 검토, 협조, 결재, 등록, 시행, 분류, 보관, 보존 등 모든 처리 절차가 전자 문서 시스템 또는 업무 관리 시스템에서 전자적으로 처리되도록 하여야 한다.

2. 문서 분류

(1) 작성 주체에 따른 구분

공문서	• **법률상 공문서**: 일반적으로 형법에서 지칭하는 문서로, 공무소 또는 그 소속원인 공무원이 그의 명의로 권한의 범위 내에서 소정의 형식에 따라 작성한 문서 • **행정상 공문서**: 사무관리 규정에서 정하고 있는 행정기관 내부 또는 공공기관 상호 간이나 대외적으로 공무상 작성 또는 시행하는 문서(도면, 사진, 디스크, 테이프, 필름, 슬라이드, 전자 문서 등의 특수 매체 기록을 포함) 및 행정기관이 접수한 모든 문서 • **범위**: 행정상의 공문서 > 법률상 공문서(사무관리 규정에서 말하는 공문서)
사문서	• **법률상 사문서**: 공문서 이외의 문서로, 개인이 사적 목적으로 작성한 권리 · 의무 또는 사실 증명에 관한 문서 • **사문서의 종류**: 각종 추천장, 안내장, 소개장, 초청장, 기업의 각종 업무 문서, 상거래 문서, 기업 활동에 필요한 기획서, 보고서 등 매우 다양하다. • **특징**: 공무원이 아닌 개인이 사문서를 작성하였더라도 그 문서를 행정기관이 접수하면 공문서가 된다. • **범위**: 법률상의 사문서 > 행정상의 사문서

(2) 수신(유통) 대상에 따른 구분

① 내내 문서(내부 결재 문서)

　⊙ 행정기관 또는 기업체 등에서 내부적으로 업무 계획을 수립하거나 처리 방침을 받거나 보고 또는 검토하기 위해 결재를 받는 문서이다. 내부적으로 결재를 받는 문서이기 때문에 외부로 발신하지 않는다.

　ⓒ 종류

품의서	소관 업무 수행과 관리를 위해 계획된 중요한 사항을 상사에게 결재를 얻는 문서
보고서	상사의 지시나 요구 사항에 관해 또는 특정 문제와 관련된 사안을 알리기 위해 작성하는 문서
지시서	상사가 부하 직원에게 업무 운영 방침 · 계획 · 지침 등 업무 통제를 목적으로 작성하는 문서
협조전	최고 의사 결정권자가 결재하거나 지정한 특정 업무와 관련하여 각 부서 간 의견 교환이나 업무 협조를 얻는 데 사용하는 문서
업무 연구서	중요 시책의 입안을 위해 개인 또는 팀이 연구 결과를 알리는 문서
업무 연락서	부서 간 협조에 관한 의뢰 및 통보, 부서 간 정보 제공과 협조 수단으로 사용하는 문서
회보	업무상 유의 사항, 참고 사항, 조언 사항, 공지 사항 또는 상벌 사항 등을 주지하기 위해 작성하는 문서
전언, 통문	긴급 사항으로 정식 문서 전달의 시간적 여유가 없을 때 전화나 인편, 기타 통신 수단으로 수발되는 문서
전문	긴급을 요하며 보안이 필요한 경우 무선으로 송 · 수신하는 문서
명령서	당직이나 출장 등 업무에 관한 문서
인사 발령문	직원의 개인 신상 변동에 관한 사항을 명령하는 문서

② 대외 문서

　⊙ 사외 문서 또는 청외문서(공공기관 외 문서)라고 하며 조직 외부, 즉 상급 기관이나 하급 기관 또는 다른 기관이나 국민을 대상으로 수발하는 문서를 의미한다. 대외적으로 효력을 발하거나 영향을 미치는 문서이므로 대내 문서에 비하여 형식이나 절차가 까다롭고 엄격하다.

　ⓒ 종류

의례 문서	인사장, 안내장, 초대장 등
거래 문서	견적서, 주문서, 청구서, 송품장, 검수증, 영수증, 신청서, 통지서, 공고문, 대외제안서 등

③ 수신자와 발신자 명의가 같은 문서

합의제 행정기관 또는 행정기관의 장이 당해 행정기관 또는 행정기관의 장에게 자신의 명의로 발송하고 자신의 명의로 수신하는 문서이다. 수신자와 발신자 명의가 같다.

(3) 성질에 따른 구분 ☆☆

법규 문서		헌법, 법률, 대통령령, 총리령, 부령, 조례 및 규칙 등
지시 문서		행정기관이 그 하급 기관 또는 소속 공무원에 대해 일정한 사항을 지시하는 문서
	훈령	상급 기관이 하급 기관에 장기간 권한을 행사하는 명령
	예규	행정 사무의 통일을 기하기 위해 반복적 사무 처리 기준을 제시한 것으로서 법규 문서 외의 문서
	지시	개별적, 구체적 지시
	일일명령	당직, 출장, 시간 외 근무, 휴가 등 일일업무에 관한 명령
공고 문서		행정기관이 일정한 사항을 일반에게 알리기 위해 고시(일단 고시된 사항은 개정이나 폐지가 없는 한 효력이 계속됨)·공고(효력이 단기적이거나 일시적인 것 예 입찰 공고 등) 등을 하는 문서
비치 문서		행정기관에서 일정 사항을 기록한 후 기관 내부에 비치하여 업무에 활용하는 문서
일반 문서		위의 문서에 속하지 않는 문서. 회보 · 보고서 등
민원 문서		민원인이 행정기관에 대해 허가 · 인가 · 기타 처분 등 특정 행위를 요구하는 문서 및 그에 대한 처리 문서

(4) 처리 단계에 따른 구분 ☆☆

접수 문서	외부로부터 받은 문서를 접수 담당 부서에서 절차를 거쳐 접수한 문서
배포 문서	접수 문서를 배포 절차에 따라 담당 업무 처리과로 배포한 문서
기안 문서	결재 문서. 결재권자의 결재를 얻기 위해 서식에 따라 작성한 문서
협의 문서	기안 문서 중 내용과 관련하여 다른 부서의 협조를 얻기 위해 작성한 문서
완결 문서	결재 후 시행 목적에 따라 완결된 문서
시행 문서	발송 문서. 기안 내용을 실행하기 위해 규정된 서식으로 작성한 문서
이첩 문서	문서의 내용이 다른 기관의 소관 문서일 때 배포 문서를 담당 기관으로 이첩하기 위해 작성한 문서
공람 문서	배포 문서 중 별도의 처리 절차를 필요로 하지 않고 단순히 상급자에게 보고 또는 열람에 붙인 문서
보존 문서	자료로서 가치가 있어 일정 기간 보존할 필요가 있는 문서
폐기 문서	보존 기간이 끝나 폐기 처분할 문서
미처리 문서	접수 문서나 배포 문서로 아직 처리하지 않은 문서
미완결 문서	기안 문서로 결재에 이르지 않은 문서. 또는 시행되었어도 사안 처리가 완료되지 않은 문서
마이크로 필름	영구 보존 필요성이 있어 필름에 담아 놓은 문서
전자 문서	컴퓨터 등의 장치에 전자적 형태로 송신 또는 저장된 문서

3. 공문서

(1) 공문서의 정의

공문서는 행정기관 내부나 공공 기관 상호 간에 공무상 대외적으로 작성 또는 시행하는 문서(도면, 사진, 디스크, 테이프, 필름, 슬라이드, 전자 문서 등의 특수 매체 기록을 포함) 및 행정기관이 접수한 모든 문서를 의미한다.

① 공문서 성립과 효력 발생

  ㉠ 공문서의 성립: 당해 문서에 대한 결재권자(행정기관의 장, 결정권을 위임받은 자, 결재권자의 직무를 대리하는 자)의 결재가 있음으로써 성립한다. 전자 서명에 의한 결재도 포함한다.

  • 적법한 권한을 가진 행정청(공무원)이 공무상 작성한 문서

  • 문서 내용이 공익에 적합하고 타당성과 적법성이 있는 문서

  • 법령이 정한 형식과 절차를 거친 문서

  • 최종 결재권자의 결재가 있는 문서

  ㉡ 공문서의 효력: 공문서의 효력 발생 시기는 다른 법령에 특별한 규정이 없는 한, 수신자에게 도달함으로써 효력이 발생(=도달주의)한다. 전자 문서는 다른 법령에 특별한 규정이 있는 경우를 제외하고, 수신자가 컴퓨터 파일에 등록한 때에 효력이 발생한다. 공고 문서의 경우 다른 법령 및 공고 문서에 특별한 규정이 없는 한, 그 고시 또는 공고가 있은 후 5일이 경과한 날부터 효력이 발생한다.

(2) 공문서의 종류

법규 문서 ☆	헌법, 법률, 대통령령, 총리령, 부령, 조례 및 규칙 등에 관한 문서로, 조문 형식으로 작성(법률 작성 시 사용되는 조항을 담은 형식)하고 누년 일련번호를 기재. 공포 후 20일이 경과한 날부터 효력이 발생한다.
지시 문서	일정 사항을 하급 기관이나 소속 공무원에게 지시하는 문서
훈령	상급 기관이 하급 기관에 대하여 지시하는 명령, 조문 형식 또는 시행문 형식. 누년 일련번호 사용
지시	상급 기관이 직권 또는 하급 기관의 문의에 의하여 개별적, 구체적 지시를 시행문 형식으로 작성한 문서. 연도표시 일련번호 사용
예규	행정 사무의 처리 기준을 정하기 위해 조문 형식 또는 시행문 형식으로 작성한 문서. 누년 일련번호 사용
일일명령	일일업무에 관한 명령으로 시행문 형식 또는 회보 형식으로 작성한 문서. 연도별 일련번호 사용
공고 문서	행정기관이 일정한 사항을 일반에게 고시·공고하기로 작성한 문서
고시	법령 규정에 따라 일정 사항을 일반에게 알리는 문서
공고	일정 사항을 일반에게 알리는 문서
비치 문서	일정한 사항을 기록하여 비치하면서 업무에 활용하는 비치 대장, 비치 카드 등의 문서
민원 문서	민원인이 행정기관에 허가, 인가, 그 밖의 처분 등 특정한 행위를 요구하는 문서와 그에 대한 처리 문서
일반 문서	위의 문서에 속하지 않는 모든 문서. 일반 문서 중 특수한 것으로서 회보와 보고서가 있다.
회보	행정기관장이 소속 공무원 또는 하급 기관에 업무 연락, 홍보 등 일정 사항을 알리기 위해 작성하는 문서
보고서	특정 사안에 대한 현황, 연구, 검토 결과를 보고 또는 건의할 때 작성하는 기안문 형식의 문서

※ 다음 "행정업무운영편람"을 읽고 물음에 답하시오. [1~2]

> 2) 문서의 효력 발생 시기(영 제6조제2항)
> 가) 일반 원칙
> 「행정 효율과 협업 촉진에 관한 규정」은 문서가 수신자에게 도달됨으로써 그 효력이 발생하되, 전자 문서는 수신자가 관리하거나 지정한 전자적 시스템 등에 입력됨으로써 그 효력이 발생한다고 규정하고 있어 ㉠ 도달주의를 원칙으로 하고 있다.
>
> 나) 공고 문서의 효력 발생(영 제6조제3항)
> 고시, 공고 등 ㉡ 공고 문서는 그 문서상에 효력 발생 시기를 명시하고 있지 않으면 그 고시 또는 공고가 있은 날부터 5일이 지나간 때에 효력이 발생한다. 여기서 5일의 경과 기간은 일반에게 그 내용을 알리는 데 필요한 최소한의 주지 기간으로 볼 수 있기 때문에 공고 문서에 효력 발생 시기를 명시하는 때에는 최소한 5일 이상의 주지 기간을 주어야 할 것이다.

1. 윗글의 ㉠에 관한 설명으로 가장 적절한 것은?

① 결재로써 문서의 작성이 끝난 때에 효력이 발생한다는 견해이다.

② 성립한 문서가 상대방에게 발신된 때 효력이 발생한다는 견해이다.

③ 발신자의 지연 발신에 의한 불이익을 수신자가 감수하는 것을 전제로 문서가 성립한 때 효력이 발생한다는 견해이다.

④ 문서가 상대방의 지배 범위 내에 들어가 사회통념상 그 문서의 내용을 알 수 있는 상태가 될 때 효력이 발생한다는 견해이다.

⑤ 수신자의 부주의나 고의 등으로 문서의 내용을 알지 못한 경우 발신자가 불이익을 감수하는 것을 전제로 수신자가 문서의 내용을 알게 될 때 효력이 발생한다는 견해이다.

정답 ④

정답 해설 도달주의는 쌍방의 이익을 가장 잘 조화시키는 견해이다. 「민법」상의 의사표시와 「행정 효율과 협업 촉진에 관한 규정」상의 문서의 효력 발생 시기는 도달주의를 원칙으로 하고 있다.

오답 해설 ① · ③ 표백주의 입장 – 생각이나 태도를 드러내어 밝히는 것을 중시한다.

② 발신주의 입장 – 신속한 거래에 적합하고, 「민법」 제531조(격지자 간의 계약성립시기)는 발신주의를 채택하고 있다.

⑤ 요지주의 입장 – 지나치게 수신자의 입장에 치우친 것으로 타당한 견해로 보기 어렵다.

2. 윗글의 ⓛ에 관한 설명으로 가장 적절한 것은?

① 행정기관이 일정한 사항을 일반에게 알리기 위한 문서이다.

② 민원인이 행정기관에 허가, 인가, 그 밖의 처분 등 특정한 행위를 요구하는 문서와 그에 대한 처리 문서를 말한다.

③ 행정기관이 일정한 사항을 기록하여 행정기관 내부에 비치하면서 업무에 활용하는 대장·카드 등의 문서를 말한다.

④ 훈령·지시·예규·일일명령 등 행정기관이 그 하급 기관이나 소속 공무원에 대하여 일정한 사항을 지시하는 문서를 말한다.

⑤ 행정기관의 장이 소속 공무원이나 하급 기관에 업무연락·통보 등 일정한 사항을 알리기 위한 경우에 사용하는 문서이다.

정답 ①

정답 해설 행정기관이 일정한 사항을 일반에게 고시, 공고하기로 작성한 문서를 말한다. '고시'와 '공고'가 있다.

오답 해설 ②는 민원 문서, ③은 비치 문서, ④는 지시 문서, ⑤는 회보이다.

(3) 공문서의 구성 ☆☆☆

두문	행정기관명	문서를 기안한 행정기관의 명칭을 표시한다. 다른 행정기관과 명칭이 동일한 경우에는 바로 위 상급기관 명칭을 함께 표시한다. 예 동구 → 인천광역시 동구
	수신	• 수신자가 없는 내부 결재 문서의 경우 수신란에 '내부 결재'로 표시한다. • 독임제 기관의 장이나 합의제 기관의 장의 권한 사항인 경우 수신란에 해당 기관의 장의 직위(수신명)을 쓰고, 그 다음에 이어서 ( ) 안에 업무 처리 보조기관이나 보좌기관의 직위를 표시한다. 직위가 분명하지 않은 경우 ○○업무담당과장 등으로 표시한다. 예 행정안전부장관(정보공개정책과장) • 합의제 기관의 권한에 관한 사항인 경우 수신란에 해당 기관 명칭을 표시한다. 예 방송통신위원회(○○과장) • 민원회신문서에는 수신란에 민원인 성명을 쓰고 이어서 ( ) 안에 우편번호와 도로명주소를 표시한다. 예 ○○○(우30116 세종특별자치시 한누리대로 411) • 수신자가 많은 경우 두문의 수신란에 '수신자 참조'라고 쓰고, 결문에 수신자란을 따로 설치하여 수신자명을 표시한다.
	(경유)	경유 기관이 없는 경우 빈칸으로 제시한다. 경유 기관이 하나인 경우에는 '이 문서의 경유 기관의 장은 ○○○이고 최종 수신 기관의 장은 ○○○입니다.'로 표시하고 둘 이상인 경우에는 1차, 2차 경유 기관을 표시한다.
본문	제목	문서의 내용을 쉽게 알 수 있도록 간단하고 명확하게 기재한다.
	내용	관련되는 다른 공문서를 표시할 때에는 문서생산기관의 명칭과 생산등록번호를 적고, 괄호 안에 생산날짜와 제목을 표기한다. 예 ○○부 ○○○과 – 123(2022. 12. 21., '○○행사 관련 협조 요청')호
	붙임	• **첨부물 표시**: 문서에 다른 문서나 물품이 첨부되는 때에는 본문이 끝난 줄 다음에 '붙임'의 표시를 하고 첨부물의 명칭과 수량을 쓰되, 첨부물이 2가지 이상일 때에는 항목을 구분하여 표시한다. 예 (본문) ·· 주시기 바랍니다. 붙임∨∨○○○계획서 1부.∨∨끝. • 문서의 '끝' 표시는 본문 내용의 마지막 글자에서 한 글자(2타) 띄우고 '끝' 표시를 하고, 본문이 표로 끝나는 경우 표 아래 왼쪽 기본선에서 한 글자 띄우고 '끝' 표시를 한다.
결문	발신 명의	• 합의제 또는 독임제 행정기관의 장의 명의를 기재하고, 보조기관 또는 보좌기관 상호 간에 발신하는 문서는 그 보조기관 또는 보좌기관의 명의를 기재한다. 예 ○○○부장관, ○○○위원회 • 발신할 필요가 없는 내부 결재 문서는 발신 명의를 표시하지 않는다.
	기안자 · 검토자 · 협조자 · 결재권자의 직위 또는 직급 및 서명	• 직위가 있는 경우에는 직위를, 직위가 없는 경우에는 직급(6급 이하 공무원의 직급은 각급 행정기관이 직급을 대신하여 사용할 수 있도록 정한 대외직명을 적을 수도 있다.)을 온전하게 쓴다. 다만, 기관장과 부기관장의 직위는 간략하게 쓴다. • 서명은 자기의 성명을 다른 사람이 알아볼 수 있도록 한글로 쓰거나 전자이미지서명 또는 전자문자서명을 전자적으로 표시한다.
	생산등록번호와 시행일, 접수등록번호와 접수일	처리과명(처리과가 없는 행정기관은 10자 이내의 행정기관명 약칭)과 연도별 일련번호를 붙임표(–)로 이어 쓴다. 다만, 민원 문서로서 필요한 경우에는 시행일과 접수일란에 시 · 분까지 기재한다.
	기타	• 행정기관의 우편번호 및 도로명주소, 홈페이지 주소, 전화번호, 팩스 번호, 그리고 공무원의 전자 우편 주소를 기재한다. • **공개구분**: 공개, 부분 공개, 비공개로 구분하여 이를 표시한다.

(4) 공문서의 규격과 표기 ☆☆☆☆☆

───── 용지 크기 A4(210mm×297mm) ─────

↕ 위 여백 3cm

왼쪽 여백 2cm

오른쪽 여백 1.5cm

행정안전부

수신ⅴⅴ 정부청사관리소장(관리총괄과장)
(경유)
제목ⅴⅴ 회의장소 사용 및 통신장비 설치 협조

「행정 효율과 협업 촉신에 관한 규징」 개정내용 설명회 개최에 따라 회의장소 사용 및 통신장비 설치 등의 협조를 요청하오니 조치하여 주시기 바랍니다.

1. 설명회 개요
ⅴⅴ가. 일시: 2020. 11. 27.(금) 11:00~18:00
ⅴⅴ나. 장소: 정부세종청사 행정안전부 별관 8층 대회의실(8층 820호)
ⅴⅴ다. 참석: 30명

2. 협조요청 사항
ⅴⅴ가. 참석자용 책상 30개 및 의자 40개(배석자 포함) 배치
ⅴⅴ나. 강의 시설(마이크, 빔 프로젝트, 스크린 등) 설치

붙임 「행정 효율과 협업 촉진에 관한 규정」 개정내용 설명회 개최 계획 1부. 끝.

행정안전부장관

전결 2020. 11. 27.

행정사무관 임○○   정보공개정책과장 김○○   정부혁신기획관 고○○
협조자
시행 정보공개정책과-901   접수
우 30116 세종특별자치시 한누리대로 411 (어진동) / www.mois.go.kr
전화번호 044-205-2262 팩스번호 044-204-8920 / honeykyo@mois.go.kr / 대국민공개

↕ 아래 여백 1.5cm

발신기관명은 줄여서 쓰지 않고, 띄어 쓰지 않음

숫자는 아라비아 숫자로 쓴다. 날짜는 숫자로 표기하되, 연, 월, 일의 글자는 생략하고 마침표로 표시한다.
[예] 2021.12.12.(×)
→ 2021.ⅴ12.ⅴ12.(○)

시간은 24시각제에 따라 숫자로 표기하되, 시ㆍ분의 글자는 생략하고 쌍점(:)을 찍어 구분한다.
[예] 오후 3시 20분(×)
→ 15:20(○)

2개 이상의 항목 작성
1.ⅴ첫째 항목
ⅴⅴ가.ⅴ둘째 항목
ⅴⅴⅴ1)ⅴ셋째 항목
ⅴⅴⅴⅴⅴ가)ⅴ넷째 항목
ⅴⅴⅴⅴⅴⅴ(1)ⅴ다섯째 항목
ⅴⅴⅴⅴⅴⅴⅴⅴ(가)ⅴ여섯째 항목
항목이 2줄 이상인 경우에는 둘째 줄부터는 항목 내용의 첫 글자에 맞추어 정렬하지만, 왼쪽 기준선에 맞추어도 된다.

문서의 마지막에 '붙임'이 있는 경우에는 '붙임' 표시문 다음에 한 글자(2타) 띄우고 '끝' 표시를 한다.
[예 1]
[본문]·········· 주시기 바랍니다.
붙임ⅴⅴ○○계획서 1부.ⅴⅴ끝.
[예 2]
붙임ⅴⅴ1.ⅴ서식 승인 목록 1부.
ⅴⅴⅴⅴ2.ⅴ승인 서식 2부.ⅴⅴ끝.

결재권이 위임된 사항을 전결하는 경우에는 전결하는 사람의 서명란에 '전결' 표시를 한 후 서명하되, 서명하지 않는 사람의 서명란은 설치하지 않으며, 대결하는 경우에는 대결하는 사람의 서명란에 '대결' 표시를 하고 서명한다. 위임 전결 사항을 대결하는 경우에는 전결권자의 서명란에 '전결' 표시를 한 후 대결하는 사람의 서명란에 '대결' 표시를 하고 서명한다. 이때 서명하지 아니하거나 '전결' 표시를 하지 아니하는 사람의 서명란은 설치하지 않는다.

3. 다음 공문서의 ㉠~㉤에 대한 설명으로 적절하지 <u>않은</u> 것은?

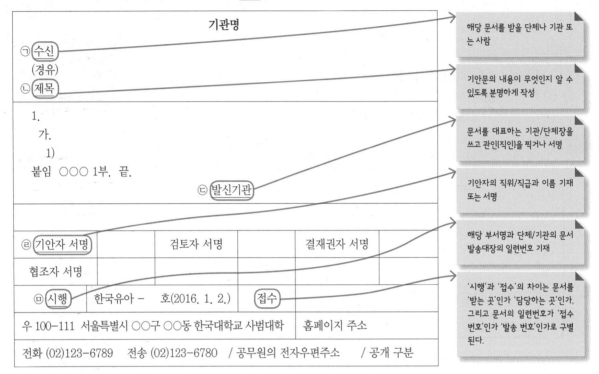

① ㉠: 해당 문서를 받을 단체나 기관 또는 사람을 기재한다.

② ㉡: 기안문의 내용이 무엇인지 알 수 있도록 분명하게 작성해야 하고, 가급적이면 1줄을 넘지 않도록 한다.

③ ㉢: 문서를 대표하는 기관/단체장을 쓰고 관인(직인)을 찍거나 서명을 한다.

④ ㉣: 기안자의 직위/직급과 이름을 기재하거나 서명한다.

⑤ ㉤: 문서를 받는 곳에서 그 문서를 담당해야 하는 부서명과 단체/기관의 문서접수대장의 일련번호(부여순)를 기재한다.

정답 ⑤

정답 해설 ㉤의 내용인 문서를 받는 곳에서 그 문서를 담당해야 하는 부서명과 단체/기관의 문서접수대장의 일련번호를 기재하는 것은 '접수'에 해당한다. '시행'에는 해당 부서명과 단체/기관의 문서발송대장의 일련번호를 기재해야 한다.

4. 다음 공문서의 본문에서 잘못된 부분을 바르게 지적한 것은?

---

1. 관련: 총무과−196(20△△. 7. 19.)
2. 20△△년 기록관리 현황 평가 지침을 전달하기 위해 다음과 같이 ◇◇지사 담당
   자 회의를 개최하니 참석하여 주시기 바랍니다.
   − 다음 −
   가. 일시: 20△△. 8. 15. 오후 2:00~6:00
   나. 장소: ◆◆회사 2층 회의실
   다. 대상: ◇◇지사 기록물 관리 담당자

붙임 1. ◇◇지사 담당자 회의 일정 1부.
　　　 2. ◇◇지사 담당자 참석 대상자 명단 1부. 끝.

---

① '− 다음 −'은 내용과 세부 내용 사이에 제시해야 한다.
② '쌍점(:)'은 왼쪽과 오른쪽을 모두 1칸씩 띄우고 쓴다.
③ '20△△. 8. 15.'은 '20△△년 8월 15일'로 한눈에 보기 쉽게 쓰는 것이 좋다.
④ '오후 2:00~6:00'는 24시각제에 따라 '14:00~18:00'로 고쳐 쓰는 것이 좋다.
⑤ 문서의 '끝' 표시는 본문의 마지막 글자에 하므로 붙임 표시문 다음의 '끝'은 지운다.

정답 ④

정답 해설 시간은 24시각제에 따라 '14:00~18:00'로 고쳐 쓰는 것이 좋다.

오답 해설 ① 내용과 세부 내용 사이의 '다음'은 쓰지 않는다.
② 쌍점(:)의 왼쪽은 붙이고 오른쪽은 1칸을 띄운다.
③ 날짜는 숫자로 표시하되 연, 월, 일의 글자는 생략하고 그 자리에 온점을 찍는다.
⑤ '끝' 표시는 문서의 마지막에 쓰므로 붙임 표시문 다음에 '끝'을 쓰는 것이 옳다.

1절 기출로 실력 다지기

※ 다음 문서를 읽고 물음에 답하시오. [1~2]

01 다음 문서를 작성한 목적으로 가장 적절한 것은?

수신 관세청장(국제협력과장)

(경유)

제목 한국 관세 시스템 대외 수출을 위한 해외 자문단 파견

1. 관련: 관세-1234호(2018.3.15.)
2. ASEAN(아세안) 소속 국가를 대상으로 한국 관세 시스템의 대외 수출을 위한 해외 자문단을 다음과 같이 파견하고자 하오니 각 부서에서는 대상자의 출장에 협조하여 주시기 바랍니다.
   가. 파견 목적: 한국 관세 시스템 대외 수출을 위한 자료 조사 및 대상 국가 방문
   나. 파견 일시: 2018.8.12.(토) 오전 10시
   다. 파견 장소: ASEAN(아세안) 소속 국가
   라. 해외 자문단 구성
      1) 파견 인원: ○○명
          – 중략 –
      7) 예상 소요 경비 총액: 금7,565,800원
          (금칠백오십육만오천팔백원)

붙임 해외 자문단 명단 1부. 끝.

---

① 한국 관세 시스템 대외 수출 보고
② 한국 관세 시스템 대외 수출 대상국에 대한 자료 조사
③ 한국 관세 시스템 대외 수출 자문단에 대한 출장 협조
④ 한국 관세 시스템 대외 수출 자문단 파견에 따른 경비 지원
⑤ 한국 관세 시스템 대외 수출 자문단 구성을 위한 대상자 추천

02 위 문서의 결재자가 문서를 수정하라고 반려했다면, 수정 사항으로 적절하지 <u>않은</u> 것은?

① '붙임'은 본문이 끝나는 다음 줄에 씁니다.
② '(2018.3.15.)'의 날짜 쓰는 방법을 확인하시기 바랍니다.
③ '2018.8.12.(토) 오전 10시'는 날짜 쓰는 방법을 수정하고, '오전 10시'는 24시각제에 따라 숫자로 표기하되, 시·분의 글자는 생략하고 그 사이에 쌍점을 찍어 구분하시기 바랍니다.
④ '1.'과 같은 첫째 항목은 띄어쓰기 없이 바로 시작하고, 그 다음 항목부터 상위 항목 위치에서 오른쪽으로 2타씩 옮겨 시작하시기 바랍니다.
⑤ 'ASEAN(아세안)'을 어문 규범에 맞게 한글로 작성하되, 뜻을 정확하게 전달하는 데 필요한 경우에는 괄호 안에 외국어를 함께 적을 수 있습니다.

03 다음 중 공문서의 성립요건과 효력 발생 시기를 <u>잘못</u> 말한 사람은?

① 소원: 우선 공문서는 특별한 규정이 없는 한 서명에 의한 결재를 통해서 성립돼.
② 신비: 그럼, 공문서의 효력은 일반 문서의 경우 특별한 규정이 없으면 수신자에게 도달했을 때 발생하는 거지?
③ 유주: 그리고 전자 문서의 경우 수신자의 컴퓨터에 파일이 기록될 때 효력이 발생하지.
④ 은하: 공문서 중 공고 문서는 고시 또는 공고가 있고 난 뒤 5일이 지나야 효력이 발생해.
⑤ 예린: 법규 문서는 공포 후 30일이 지나간 날부터 효력이 발생한다고 알고 있어.

04 다음 공문서에 관한 설명으로 가장 적절한 것은?

○○광역시 ○○구 공고 제2018-46호

아동보호구역 지정 공고

「아동복지법」 제32조 및 동법 시행령 29조, 제30조에 따라 ○○구 아동보호구역 지정내역을 다음과 같이 공고합니다.

□ 아동보호구역 지정 현황

시설명	소재지	지정 구역
○○초등학교	○○ □□중앙로 35	○○초등학교 부지의 외곽 경계선으로부터 반경 200m 지역

① 상급 기관이 하급 기관에 지시하는 명령 문서이다.
② 행정기관이 특정 사안을 일반에게 알리는 문서이다.
③ 행정 사무의 처리 기준을 정하기 위해 작성한 문서이다.
④ 특정 사안에 관한 현황, 연구, 검토 결과를 보고 또는 건의할 때 작성하는 문서이다.
⑤ 행정기관장이 하급 기관에 업무 연락, 홍보 등 일정 사항을 알리기 위해 작성한 문서이다.

05 다음 문서에 대한 설명으로 가장 적절한 것은?

수신 농림축산식품부장관(농촌정책국장)
제목 요구 자료 제출

1. 관련: 농림축산식품부 농촌정책국-173(20△△. 1. 14.)
2. 위 호와 관련하여 축산업 진흥을 위한 예산 자료를 붙임과 같이 제출하고자 합니다.

붙임 축산업 진흥을 위한 예산 자료. 끝.
– 이하 생략 –

① 외부로부터 받은 문서를 접수 담당 부서에서 절차를 거쳐 접수한 문서이다.
② 배포 문서 중 별도의 처리 절차가 필요하지 않고 단순히 상급자에게 보고 또는 열람에 붙인 문서이다.
③ 민원인이 행정기관에 대해 허가, 인가, 기타 처분 등 특정 행위를 요구하는 문서 및 그에 대한 처리 문서이다.
④ 사무관리 규정에서 정하고 있는 행정기관 또는 공공기관 상호 간에 대외적으로 공무상 작성하거나 시행하는 문서이다.
⑤ 행정기관 또는 기업체 등에서 내부적으로 업무 계획을 수립하거나 처리 방침을 보고 또는 검토하기 위하여 결재를 받는 문서이다.

06 다음 행정업무운영편람 제24조와 관련한 '서식의 설계 기준'을 읽고 ㉠에 쓸 내용으로 알맞은 것은?

---

1. 기본 형식

　가. 영 제28조제3항에 따라 기안문과 시행문을 갈음하는 서식은 별지 제1호서식의 형식으로 작성한다.

　나. 그 밖의 각종 신청서, 증명서 등의 서식에는 접수(발급)번호, 접수일, 발급일 등의 해당 사항과 전자적 처리가 가능한지를 표시한다.

　　－전자적 처리 가능 여부 표시문안 예시: 민원24(www.minwon.go.kr)에서도 신청할 수 있다.

　다. 모든 서식에는 그 서식에 관한 기본정보(근거 법령 등과 서식 호수)를 표시하여야 한다.

2. 용지 여백

　상단 및 좌우측은 20㎜, 하단은 10㎜로 하되, 필요한 경우 프린터로 출력 가능한 범위에서 확대하거나 축소할 수 있다.

3. 항목란

4. 표

　가. 쉽게 인지할 수 있고 행정정보시스템 등에서 문답식 선택적 입력방식을 쉽게 채택할 수 있도록 유사한 성격의 항목을 하나로 모아 표로 구분한다.

　　－표와 표 사이에는 1㎜의 간격을 두되, 지면상 공간 확보가 어려운 경우에는 간격을 0.5㎜까지 조정할 수 있다.

－ 하 략 －

---

① 항목의 구분에 따른 하위 항목은 위계에 따라 배열하되 5단계를 초과할 수 없다.

② 항목의 일련번호(①, ②… 등)는 적지 아니하되, 필요에 따라 적는 경우에는 왼쪽에서 오른쪽으로, 위에서 아래의 순서로 적는다.

③ 주소변경 시 법령에서 신고 등을 하도록 규정하지 않은 경우, 허가증·인가증·자격증·신고필증 등의 서식에는 주소란을 쓰도록 한다.

④ 「전자정부법」 제36조제1항에 따른 행정정보의 공동이용을 통하여 해당 정보의 내용을 확인할 수 있는 경우에는 첨부서류를 따로 받도록 하는 내용에 관한 항목을 둔다.

⑤ 주민등록번호란은 생년월일란으로 대체하여 사용하고 등록기준지란은 만들지 않되, 행정정보 공동이용을 통한 정보의 확인, 신원조회 등 꼭 필요한 경우에는 구두로 확인하도록 한다.

※ 다음 문서를 읽고 물음에 답하시오. [7~8]

㈜우리회사

수신 내부 결재
(경유)
제목 공장용 무전기 구매
_____

1. 관련: 우리19-324(2019. 4. 25.)
2. 공장 내, 공장과 사무실 간의 더욱 효율적인 소통을
   위해 다음과 같이 무전기를 구매하고자 합니다.
   가. 구매 물품: 무전기(2개 1세트)
     1) 물품 가격: 금69,900원(육만구천구백원, 부가
        세 포함.)
     2) 구매 수량: 1개(2개 1세트)
     3) 무상증정품: 벨트 클립(2개 1세트), 건전지
     4) 선지급 배송비: 금2,800원(이천팔백원)
   나. 총 구매 비용: 금72,700원(칠만이천칠백원)

붙임 | ㉠ | 1부. 끝.

㈜우리회사
_____

기안자 직위(직급) 서명		검토자 직위(직급) 서명	
결재권자 직위(직급) 서명		협조자 직위(직급) 서명	
시행	처리과명-연도별 일련번호(시행일)		
접수	처리과명-연도별 일련번호(접수일)		
우	도로명 주소		/
홈페이지 주소			
전화번호( )		팩스번호( )	/
공무원의 전자우편주소	/	공개 구분	

---

07 위 문서에서 공문서 작성 규정을 지키지 <u>않은</u> 것은?

① 문서에 쓰는 숫자는 특별한 사유가 없으면 아라비아
   숫자를 쓴다.
② 문서의 '끝' 표시는 본문 내용의 마지막 글자에서 한
   글자(2타) 띄우고 '끝' 표시를 한다.
③ 문서에 금액을 표시할 때에는 「행정 효율과 협업 촉
   진에 관한 규정」에 따라 아라비아 숫자로 쓰되, 숫자

다음에 괄호를 하고 한글로 기재한다.
④ 문서에 쓰는 날짜는 숫자로 표기하되, 연·월·일의
   글사는 생략하고 그 자리에 마침표를 찍어 표시한다.
⑤ 문서에 다른 서식 등이 첨부되는 경우에는 본문의 내
   용이 끝난 줄 다음에 '붙임' 표시를 하고 첨부물의 명
   칭과 수량을 쓰되, 첨부물이 두 가지 이상인 때에는
   항목을 구분하여 표시한다.

---

08 위 문서의 ㉠에 쓸 내용으로 가장 적절한 것은?

① 비교 견적서   ② 사용 설명서
③ 제조 안내서   ④ 지출 결의서
⑤ 품의 요구서

입사 문서에서는 입사 지원 절차 및 입사 지원서 작성, 그리고 자기 소개서의 작성 원칙과 과정, 유의 사항 등을 잘 알아 두어야 한다. 그리고 산업 현장에서 직무를 수행하는 데 필요한 능력을 국가가 표준화한 NCS(국가 직무 능력 표준) 또한 꾸준히 출제되고 있다.

출제 POINT

- 채용 공고문의 정확한 내용 파악과 주어진 형식에 맞는 입사 지원서 작성
- 직무별 업무 파악과 자기 소개서 작성 포인트 설명
- 직무 중심 자기 소개서 작성 원칙과 평가 기준 파악, 자기 소개서 작성
- 직무 능력 계발 · 직무경험 · 자격요건 등 파악과 준거를 통해 직무 능력 계발 기술서 · 직무경험 기술서 · 자격취득 기술서 등 작성

1. 입사 지원서

(1) 입사 지원 절차

입사 목표 설정	본인의 자아 성취를 위한 인생 설계와 입사 기업 설정
역량 계발	목표에 부합하는 경력과 요구되는 역량 계발
입사 준비	목표 기업이 요구하는 인재상, 모집 공고, 절차 등의 정보 수집
입사 지원서 작성	기업이 마련한 형식에 맞춰 완결성 있는 내용으로 작성
면접 준비	경력 사항, 자신의 가치관, 성장 가능성 등을 제시

① **입사 지원서:** 입사를 희망하는 지원자를 포괄적으로 이해하기 위한 기초 자료로서, 면접을 위한 서류 전형에 가장 중요한 평가 자료이다. 기업은 입사 지원서를 통해 지원자에 대한 아래와 같은 능력을 평가한다.

　㉠ 가정과 성장 환경, 조직과 사회에 대한 적응력 등 평가

　㉡ 자기 소개서, 경력 기술서 등을 통해 지원자의 생활 자세, 비전, 가치관, 내면 등 평가

　㉢ 지원 동기, 자격 면허, 경력, 희망 직무 등을 통해 장래성 평가

　㉣ 입사 지원서, 자기 소개서 등을 통해 지원자의 사고 능력과 의사소통능력 평가

② **입사 지원서(이력서) 작성:** 입사 지원서는 지원자의 용모(사진), 학력이나 경력, 가족 관계, 상벌 관계, 특기사항 등을 포함하여 지원자의 개인 역사를 적은 글인 동시에 지원자의 직무 적성, 직무 능력 등에 관한 정보를 제공하는 문서이다. 입사 지원서는 기업 특성에 맞게 기업이 양식과 작성법을 제시하는 경우가 많다. 따라서 지원 조건, 신입과 경력사원의 구분, 작성 안내문과 절차 및 방법 등을 정확히 파악하고 숙지해야 한다. 기업에 따라서는 일반적인 이력서 양식을 사용하는 경우도 있다.

NCS(국가 직무 능력 표준, National Comptetency Standard)

NCS는 산업 현장에서 직무를 수행하는 데 필요한 능력(지식, 기술, 태도)을 국가가 표준화한 것으로, 교육 훈련과 자격에 NCS를 활용하여 현장 중심의 인재를 양성할 수 있도록 하는 데 목적을 두고 있다. 국가 직무 능력 표준의 분류는 직무의 유형(Type)을 중심으로 국가 직무 능력 표준의 단계적 구성을 나타내는 것으로, 국가 직무 능력 표준 개발의 전체적인 로드맵을 제시하고 있다.

NCS 기반 입사 지원서의 구성

인적 사항	지원자 식별 및 관리를 위한 최소 정보 작성
교육 사항	직무 지식과 관련된 학교 교육 및 직업 교육 작성
자격 사항	직무와 관련된 국가공인 기술/전문/민간 자격을 선택하여 작성
경력 사항	금전적 보수를 받고 일정 기간 동안 일했던 이력 작성
직무 관련 기타 활동	직업 외적(금전적 보수를 받지 않고 수행한) 활동, 산학 팀 프로젝트, 연구회, 동아리/동호회, 온라인 커뮤니티, 재능 기부 활동 등을 작성

(2) 채용 공고문의 예시

채용 분야	행정	분류 체계	대분류	02. 경영 · 회계 · 사무	
			중분류	01. 기획 · 사무	02. 총무인사
			소분류	01. 경영기획	03. 일반사무
			세분류	01. 경영기획 02. 경영평가	02. 사무행정
직무 수행 능력	• 경영 목표를 효과적으로 달성하기 위한 전략 수립 • 조직의 지속적 성장을 위한 경영 목표에 따른 평가 기준 마련 • 문서관리, 문서작성, 데이터관리, 사무자동화 관리운용 등 조직 내부와 외부에서 요청하거나 필요한 업무를 지원하고 관리				
전형 방법	직무 능력평가 → 직무 능력면접 → 인턴 선발 → 인턴 근무 기간 평가 → 최종 정규직 전환				
일반 요건	연령	연관		성별	무관
교육 요건	학력	무관		전공	무관
직무 수행 태도	• 사업기획 및 보고서 작성 기술, 문제 예측 및 대응 방안 능력 등 • 데이터베이스 관리 능력, 문서분류 및 관리 능력 등				
필요 자격 (또는 지식 및 기술)	경영 및 행정 관련 전문 지식 및 경험 보유자				
직업기초능력	의사소통능력, 조직이해능력, 수리능력, 문제해결능력, 자기개발능력, 자원관리능력, 정보능력, 대인관계능력, 기술능력, 직업윤리				

2. 자기 소개서

일반적인 이력서에 담기 어려운 지원자의 성장 배경(학교 생활, 대인 관계, 조직에 대한 적응력, 성실성, 책임감, 창의성 등)과 사고방식, 미래의 계획(입사 동기 및 입사 후의 각오 등)을 보다 심층적으로 파악하기 위한 문서이다. 선발을 목적으로 하는 시험에서의 기초 자료 및 면접에서의 질문을 위한 구체적인 정보나 자료가 된다.

(1) 내적 · 외적 관습

① 필자, 목적, 전략 등 글과 관련된 상황 맥락

ㄱ 필자: 입학이나 입사를 목적으로 학교나 회사에 지원하면서 자기를 소개하는 사람이다. 글의 목적이나 독자 또는 해당 기관 분석을 통해 전략을 선택하여 글을 전개한다.

ㄴ 목적: 자기소개는 자신에 대한 정보를 전달하는 것이므로 '정보 전달'의 목적을 갖는다. 입학이나 입사를 할 때의 자기 소개서는 '설득'의 목적을 지니기도 한다. 자기 소개서의 독자가 누구냐에 따라 주목적과 부차적 목적이 달라진다.

ㄷ 전략: 자기 소개서의 주목적이 무엇인가에 따라 전략이 달라진다. 입학이나 입사 지원서는 학교나 회사에서 요구하는 능력과 부합되는 경험을 위주로 내용을 구성하며, 정중함을 드러내는 문체를 사용한다.

② 지원 동기, 적 · 인성 적합성, 향후 계획 등 내용 요소나 구성 요소, 표현 등 텍스트 자체가 가지는 규범성

ㄱ 지원 동기: 자기 소개서 자체가 지원을 전제로 하기 때문에 자신의 관심과 흥미, 적성, 미래 계획과 해당 학과나 회사의 비전이 일치하는 곳에 지원한다. 따라서 본인의 경험, 학과나 회사에 대한 관심과 정보를 바탕으로 작성하게 된다.

ㄴ 적 · 인성 적합성: 적성은 본인의 취미, 관심 분야, 특기 등을 통해 설명하고, 인성은 본인의 성격, 가치관을 통해 설명할 수 있다.

ㄷ 향후 계획: 입사용 자기 소개서에는 입사 이후의 업무 처리에 대한 계획과 그 이후의 장기 계획이 포함되어야 한다.

(2) 내용 구성 요건 및 표현 요건

① 내용 구성 요건: 내용 요소를 조립하여 좋은 자기 소개서로 만들고자 할 때 갖추어야 할 조건이다.

ㄱ 통일성: 자기 소개서의 내용은 본인이 인재로서 적합하다는 주제를 뒷받침하기 위한 내용으로 이루어져야 한다.

ㄴ 타당성: 자기 소개서의 궁극적인 목적은 설득이므로 주장을 뒷받침하기 위한 근거가 타당성을 갖추어야 한다. 근거의 내용은 사실을 바탕으로 하고, 구체적이어야 하며, 다른 서류의 내용과 일치해야 한다. 또한 향후 계획 등의 내용이 실현 가능해야 한다.

② 표현 요건: 문장 또는 단어 수준의 표현이 갖추어야 하는 요건이다.

ㄱ 경제성: 전달하려고 하는 생각이나 정서를 독자가 충분히 이해하는 데 필요한 만큼의 언어를 사용하는 것이다.

ㄴ 명료성: 추상적이거나 모호한 표현을 사용하면 전달하고자 하는 의미를 정확하게 전달할 수 없다. 이는 필자가 주관이 뚜렷하지 않거나 의사소통능력이 부족한 사람으로 평가될 수 있다.

ㄷ 응집성 · 일관성 · 어휘의 적절성 · 어법의 정확성 등: 지시어나 접속어를 사용하여 문단이나 문장 사이의 응집성을

높이고, 종결 어미나 호칭 등의 표현에서 일관성을 갖추어야 하며, 어휘를 적절하게 선택하고, 어법 면에서도 정확하게 선틸해야 한다.

배경지식 PLUS⁺ | **NCS(국가 직무 능력 표준, National Comptetency Standard) 직무 능력 기술서**

경험 기술서와 경력 기술서의 차이 ☆☆☆☆

	경험 기술서	경력 기술서
내용	구체적으로 본인이 수행한 활동 내용	구체적인 직무 영역
활동	소속 조식이나 활동에서의 역할	활동, 경력, 수행 내용
결과	활동 결과	본인의 역할과 구체적 행동, 주요 성과
범위	직무와 특별히 관계없는 일	직무와 관계있는 일
소재	돈을 벌지 못했지만 다양한 경험	돈을 벌었던 이력

- **경험 기술서**: 경험은 금전적 보수를 받지 않은 직업 외적인 활동을 의미한다. 세부 직무와 관련된 활동을 기입한 후, 그 활동이 세부 직무와 어떤 연관이 있는지를 주요 활동 내용에 기재한다. 경험 사항에는 팀 프로젝트, 연구회, 동아리/동호회, 온라인 커뮤니티, 재능 기부 활동 등이 포함될 수 있다.
- **경력 기술서**: 경력은 금전적 보수를 받고 일정 기간 일했던 이력을 의미한다. 세부 직무를 수행했던 경력 사항에 대해, 재직 증명서에 명시되어 있는 기간, 조직명, 직위(또는 역할) 등을 정확하게 기재한다. 경력 사항은 경력직에 응시한 것이 아니라면 직무와 직접 관련 있는 경력을 쓰지 않아도 된다.
- **교육 기술서**: 교육 기술서는 직무 기술서에 작성한 교육 관련 활동과 연계되는 내용으로, 지원자가 이수한 교육 내용이나 지원 분야의 활용 범위 등을 작성한다.

일반적인 선발 평가와 능력 중심 채용 모델

단계	일반적인 선발 평가	능력 중심 채용 모델
서류 전형	[일반지원서] 출신 학교, 신체 조건, 가족 관계 등 직무와 관련이 없는 개인 신상 중심	[역량지원서] • 구체적인 직무 내역 및 요건 제시한 직무 • 기술서 지원 직무와 관련된 학교 교육과정, 교내외 활동 경험 등을 기술한 입사 지원서 • 기업의 핵심 가치/인재상과 관련된 자기 소개서
검사 전형	[자필시험] 전공과목, 영어, 상식 등을 평가한다.	[역량테스트] 인성, 직무 능력, 직무 지식 등 직무 적합성을 평가한다.
면접 전형	[면접시험] 비구조화된 면접으로 지원 동기, 개인 특성 등을 질문한다.	[역량면접] 경험 및 상황 면접, 직무 관련 발표 및 토론 등을 구조화된 방법으로 평가한다.

※ 다음 글을 읽고 물음에 답하시오. [1~2]

(㉠) 작성 방법

	경험 기술서	경력 기술서
내용	구체적으로 본인이 수행한 활동 내용	구체적인 직무 영역
활동	소속 조직이나 활동에서의 역할	활동, 경력, 수행 내용
결과	활동 결과	본인의 역할과 구체적 행동, 주요 성과
범위	직무와 특별히 관계없는 일	직무와 관계있는 일
소재	돈을 벌지 못했지만 다양한 경험	돈을 벌었던 이력

> 직무 능력 기술서는 교육 기술서, 경력 기술서, 경험 기술서 등의 내용을 요구한다.

1. 윗글의 ㉠에 들어갈 입사 문서의 종류로 가장 적절한 것은?

① 경력 증명서

② 졸업 증명서

③ 채용 공고문

④ 직무 능력 기술서

⑤ 직무 중심 자기 소개서

정답 ④

정답 해설 주어진 내용은 직무 능력 기술서의 항목에서 어떻게 서술하느냐를 나타내는 표이므로, ㉠에 들어갈 입사 문서는 직무 능력 기술서이다.

2. 윗글을 바탕으로 ○○투자회사에 제출할 '경력 기술서'에 쓸 내용으로 가장 적절한 것은?

① 댄스 동아리의 회장을 맡아 동아리 연합회에서 공헌한 일

② 사진 동호회에서 총무로 활동하며 책임감 있게 일을 수행한 일

③ 지하철에서 선로에 떨어진 시민을 구해 용감한 시민상을 받은 일

④ 지도 교수가 맡은 재정기획부의 연구를 수행하여 연구 과제비를 받은 일

⑤ 친구들과 팀 프로젝트를 수행하여 깔끔한 발표로 긍정적인 피드백을 받은 일

> 동아리나 동호회 활동, 선행, 팀 프로젝트 수행 등은 '경험 기술서'의 내용에 해당한다.

정답 ④

정답 해설 자료의 내용을 살펴보면 경력 기술서에는 구체적인 직무 영역, 활동/경력/수행 내용, 본인의 역할과 구체적 행동, 주요 성과에 대해 작성하며 직무와 관계있는 일, 돈을 벌었던 이력 등을 적을 수 있다. 그런 관점에서 '○○투자회사'에 제출할 경력 기술서에는 경제 및 재정, 혹은 투자 관련 경력에 대하여 쓸 수 있으며 더불어 그에 합당한 수당을 받은 일이어야 하므로 ④가 적절하다.

2절 기출로 실력 다지기

※ 다음을 읽고 물음에 답하시오. [1~2]

【NCS 기반 채용 직무 설명자료: (가) 분야】

채용 분야	토목 시공 (5급)	공단 분류 체계	대분류	03. 건설		
			중분류	01. 기술 지원	03. 심사 확인	06. 시스템안선
			소분류	03. 건설 기술지원	03. 건설 심사확인	02. 건설 시스템안전
			세분류	01. 소규모 건설현장 재해예방 지원 02. 중규모 건설현장 재해예방 지원	01. 건설업 유해위험 방지계획 서 심사 및 확인	01. 발주자 역량 강화 지원 02. 건설 업체 역량 강화지원

공단 주요 사업	○ 사업장 기술지원, 유해위험방지계획서 심사확인, 시설개선 재정지원, 사업장 건강증진지원관리, 유해위험기계기구 안전인증, KOSHA18001 인증, 사업장 안전보건교육, 홍보, 국제협력, 연구, 산업재해 통계관리 등
핵심 책무	(나)
직무 수행 내용	– 중략 –
전형 방법	○ 서류전형 → 종합직무능력평가 → 직무면접 → 가치적합성면접 → 정규직 임용

일반 요건	연령	무관
	성별	무관
교육 요건	학력	학사 이상
	전공	건설 분야(토목/건축)
경력 요건 (필수)	분야	초고층건물 시공 실무
	기간	2년 이상

01 윗글 (가)에 쓸 직무 분야로 가장 적절한 것은?

① 건설 시공
② 정보 보안
③ 조직 병리
④ 유해성 평가
⑤ 공정 안전 전문가

02 윗글 (나)에 들어갈 내용으로 가장 적절한 것은?

① 기록물 평가 및 심의
② 중대 산업 사고의 원인 조사 지원
③ 네트워크 구축 및 활용
④ 노사 관계 평가 시스템 운영
⑤ 안전 보건 경영 시스템 구축과 운영

※ 다음 문서를 읽고 물음에 답하시오. [3~4]

NCS 기반 채용 직무기술서(대체 투자 리스크관리)				
채용 구분	경력직 (정규직)	**분류 체계**	대분류	금융
			세부 모집 분야	자산운용 (대체 투자)
중점 사업분야	• 정부, 한국은행, 공공 기금 등에서 위탁받은 자금의 효율적 운용 • 공공 부문 해외투자의 중심축 역할 수행			
직업기초 능력	• 수리능력, 직업윤리, 의사소통능력, 문제 해결 능력, 정보능력, 대인관계능력			
직무수행 내용	• 투자 리스크 관리			
전형 방법	(1차) 서류전형 → (2차) 필기(인성, 직업기초능력, 논술) → (3차) 직무 능력면접 → 임용			
필요 지식 및 기술	• 리스크 관리 방법론 • 산업, 시장 환경, 성장 추세 및 전망, 경쟁 분석 등 사업성 실사 항목 • 투자자산에 대한 재무, 세무, 보험 등 실사 항목 • 투자 대상에 대한 기업 분석 역량 • 재무 모형 설계 및 분석 능력 • 영어 구사 능력			
직무수행 태도	• 위탁자의 투자자산 가치를 우선하는 선량한 관리자의 적극적 자세 • 법규를 준수하여 업무를 처리하려는 준법 태도 • 투자 관련 리스크에 대해 정확하고 철저하게 분석하려는 태도 • 업무 시 다양한 사람들과 능동적이고 적극적으로 의사소통하는 자세 • 팀 내 및 타 부서원과의 협력적인 자세			
직무관련 자격증	• 공인회계사, 투자자산운용사, 금융투자분석사, 증권분석사			

03 위 문서를 이해한 내용으로 적절하지 않은 것은?

① 금융시장, 경제, 재무제표에 대해 잘 이해하는 능력이 필요하겠군.

② 직무 관련 자격증을 모두 가졌더라도 경력이 없으면 지원할 수 없겠군.

③ 지식과 기술만이 아니고 팀원과 협력할 줄 아는 의사소통능력도 필요하겠군.

④ 방대한 데이터에 대한 분석을 통해 유의미한 투자 신호를 끌어낼 수 있는 능력도 중요하겠군.

⑤ 외국어 전공자보다 대학에서 금융, 회계 관련 전공을 한 사람이 지원할 자격이 있다는 것이군.

04 위 문서를 보고 다음 문서를 작성하고자 한다. ㉠에 들어갈 내용에 관한 설명으로 적절하지 않은 것은?

경험 및 경력 기술서
• 입사 지원서에 기술한 직무 관련 기타 활동 및 경력에 대해 상세히 기술해 주시기 바랍니다. • 구체적으로 본인이 수행한 활동 내용, 소속 조직이나 활동에서의 역할, 활동 결과에 대해 작성해 주시기 바랍니다. 또한 구체적으로 직무영역, 활동/경험/수행 내용, 본인의 역할 및 구체적 행동, 주요 성과에 대해 작성해 주시기 바랍니다.
㉠

① 경력은 근로관계에 따라 금전적 보수를 받고 일정 기간 일했던 이력을 작성한다.

② 입사 지원서에 기관명, 근무 기간과 함께 기술했던 내용을 더 구체적으로 기술한다.

③ 경력직을 모집하는 것이므로 기술서에서 요구하는 관련 업무뿐만 아니라 타 직장에서 근무한 경력을 모두 기술한다.

④ 산학 협력, 프로젝트 참여, 자문 위원회 참여, 수련생 활동, 연구회, 동아리/동호회 등에서 수행한 활동을 포함하여 작성한다.

⑤ 지원 분야의 직무 기술서에 제시된 직무능력 관련 활동 중 직업 외적인(금전적 보수를 받지 않고 수행한) 활동을 수행한 경험을 포함하여 작성한다.

※ 다음 문서를 읽고 물음에 답하시오. [5~7]

NCS 기반 채용 직무기술서(국내 복귀 기업 지원)				
채용 구분	경력직	**분류 체계**	채용분야	02. 경영 · 회계 · 사무
	(정규직)		세부 모집 분야	01. 기획 · 사무
개요	□ (㉠)의 국내 복귀 지원을 위한 제반 업무를 수행한다.			
세부 직무	□ (㉠)의 국내 복귀 기업 선정 심사 및 사후관리 □ 기업 자문 및 컨설팅 업무 수행			
업무 내용	□ 분야별 주요 이슈 심층 분석 및 조사 □ (㉠)의 국내 복귀 전략 수립 등의 업무를 공통으로 수행하되, 세부 직무별 산업 · 기능의 특화된 업무에 집중			
직무 요건	□ 지식 및 기술 • 법률, 경영, 경제, 재무 · 회계 관련 지식 및 기술 • 지원 분야별 세부직무에서 명시한 분야 관련 지식 및 기술 • (㉡) □ 직무 수행 태도 • 시장 환경, 고객, 경쟁자 동향 등을 종합적으로 고려하는 전략적 사고 • 사업계획의 실행 가능성 및 타당성을 확인하려는 자세 • 긍정적이고 미래지향적인 자세			
직무 관련 경력, 경험	□ 회계사 자격증 소유자 또는 해당 분야에서의 연구 · 조사, 전략 수립 등 업무 수행 참여 경력			

05 윗글의 ㉠에 공통으로 들어갈 말을 가장 적절하게 쓴 것은?

① 강소 기업
② 국외 진출 기업
③ 자사 컨설팅 직무
④ 국외 마케팅 업무
⑤ 현지 프랜차이즈 건설

06 윗글의 ㉡에 더 써 넣을 내용으로 가장 적절한 것은?

① 지식재산권 등 법률 관련 지식 및 기술
② 인수 합병 분야에 대한 기본 지식 및 기술
③ 국외 진출 현지화 전략 수립 및 실행 경험
④ 해당 분야에서의 국외 마케팅 실무 경력
⑤ 조사 방법론, 통계 분석 등에 대한 기본 지식 및 기술

07 위와 같은 채용 공고문에 따른 입사 지원서의 특성으로 적절하지 않은 것은?

① 직무 기반 입사 지원서: 해낭 직무를 싱공직으로 수행할 가능성이 높은 지원자를 선별하기 위한 것으로 해당 기업, 기관의 모집 분야별 직무 수행에 필요한 내용을 기재할 수 있도록 구성되어 있다.
② 인적 사항: 개별 지원자를 식별하고 관리하기 위한 성명, 생년월일, 연락처 등 최소한의 정보로만 구성되어 있다.
③ 교육 사항: 직무 수행에 필요한 지식, 기술, 태도를 갖추고 있는가를 평가하기 위한 항목으로 크게 학교 교육과 직업교육으로 구성되어 직무에 대한 지원자의 관심과 노력을 판단하는 척도로 활용된다.
④ 자격 사항: NCS 세부 분류별로 제시된 자격현황을 참고하여 지원자가 직무 수행에 필요한 기술을 가졌는지 판단할 수 있도록, 취득한 자격은 모두 기록하도록 한다.
⑤ 경력 사항 및 직무 관련 활동: 지원자가 직무와 관련된 일이나 경험을 한 적이 있는지 평가하기 위한 항목으로 경력기술서, 경험 기술서, 자기 소개서에 구체적으로 작성하도록 하여 면접 시 참고 자료로 활용한다.

기안서와 품의서는 가끔씩 출제되며, 2문항 정도가 출제된다. 주로 기안서의 개념, 종류, 구성 방식과 내용 요소, 그리고 형식에 맞게 기안서를 작성할 수 있는지에 초점을 두고 출제한다.

출제 POINT

- 기안서의 개념과 목적에 맞는 기안서 설명
- 형식에 맞는 기안서 작성
- 품의서의 개념과 종류
- 기안서 작성 유의 사항
- 품의서 작성 시 유의 사항과 품의서 구성 요소
- 목적과 형식에 맞는 품의서 작성

---

1. 기안서

(1) 기안서의 정의

기안이란 의사 결정을 위한 문서를 작성하여 결재를 올리는 것으로, 어떤 사실이나 문제를 해결하기 위한 방안을 문서로 작성하여 결재권자에게 의사 결정을 요청하는 문서이다. 해당 업무를 담당하는 사람은 직급 등에 관계없이 기안서를 작성할 수 있다.

기안서의 작성 목적

- 상급자의 지시 사항을 처리하기 위한 경우
- 업무와 관련된 각종 규정 등에 근거하여 기안이 필요한 경우
- 자신의 업무를 진행하거나 제안하기 위한 경우
- 접수한 문서를 처리하기 위한 경우

(2) 기안서의 종류

종류	내용
대내 문서	기업이나 단체 내부에서 어떤 계획을 수립하거나, 처리 방침을 보고 또는 검토하기 위해 결재가 필요한 경우, 상호 간 업무 협조를 하거나 보고나 통지를 위해 작성하는 문서
대외 문서	기업 또는 단체 간에 어떤 일을 처리하기 위해 발송하고 수발하는 문서 예 **공문서, 보고서, 제안서**

(3) 기안문을 작성할 때 유의 사항

정확성	• 육하원칙에 따라 작성한다.	• 애매한 표현이나 지나친 수식어나 과장된 표현은 피한다.
신속성	• 가급적 짧고 명료한 문장으로 핵심 사항만을 요약한다.	• 결론을 먼저 제시한 다음에 이유 또는 설명을 기술한다.
용이성	• 읽기 쉬운 용어로 쓴다. • 필요한 경우 괄호를 사용하여 해설을 덧붙인다.	• 읽을 사람을 고려하여 한자나 어려운 전문 용어는 가급적 피한다.

(4) 기안서 작성

작성 전	작성 시	작성 후
• 작성 목적 파악 • 관련 정보 수집과 선택 • 기안 목적에 따른 검토 • 초안 작성과 검토	• 논점을 명확하게 정리 • 주요 내용 구성 • 이해하기 쉬운 말로 간결하게 작성	• 쉽게 이해되는지 확인 • 목적의 일치 여부 확인 • 잘못된 부분 수정

(5) 기안서(사내 기안서)의 예시 ☆☆

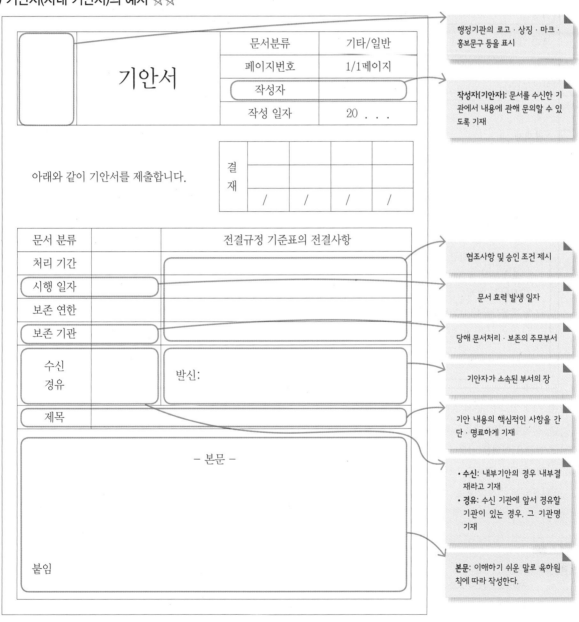

1. 다음 문서에 대한 설명으로 적절하지 않은 것은?

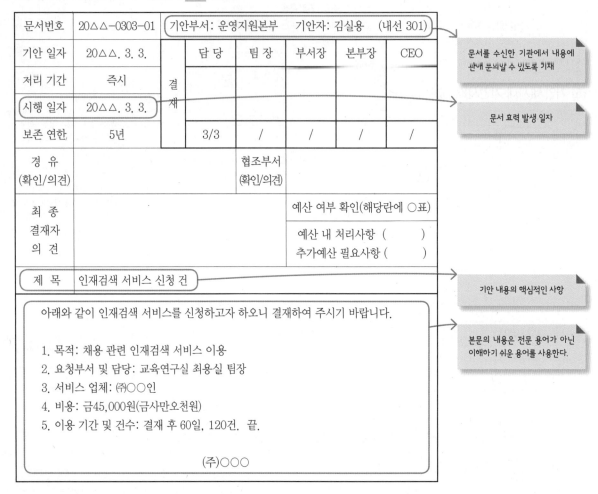

문서번호	20△△-0303-01	기안부서: 운영지원본부		기안자: 김실용		(내선 301)
기안 일자	20△△. 3. 3.		담 당	팀 장	부서장	본부장	CEO

문서를 수신한 기관에서 내용에 관해 문의할 수 있도록 기재

문서 효력 발생 일자

기안 일자	20△△. 3. 3.	결재	담 당	팀 장	부서장	본부장	CEO
처리 기간	즉시						
시행 일자	20△△. 3. 3.						
보존 연한	5년		3/3	/	/	/	/

| 경 유 (확인/의견) | | 협조부서 (확인/의견) | |

| 최 종 결재자 의 견 | | 예산 여부 확인(해당란에 ○표) 예산 내 처리사항 ( ) 추가예산 필요사항 ( ) |

| 제 목 | 인재검색 서비스 신청 건 |

기안 내용의 핵심적인 사항

아래와 같이 인재검색 서비스를 신청하고자 하오니 결재하여 주시기 바랍니다.

1. 목적: 채용 관련 인재검색 서비스 이용
2. 요청부서 및 담당: 교육연구실 최용실 팀장
3. 서비스 업체: ㈜○○인
4. 비용: 금45,000원(금사만오천원)
5. 이용 기간 및 건수: 결재 후 60일, 120건. 끝.

(주)○○○

본문의 내용은 전문 용어가 아닌 이해하기 쉬운 용어를 사용한다.

① '시행 일자'는 문서 효력 발생 일자를 뜻한다.
② '제목'은 기안 내용의 핵심적인 사항을 명료하게 기재한다.
③ 본문은 어려운 전문 용어는 될 수 있으면 피하고 이해하기 쉬운 말로 쓴다.
④ '기안자'는 문서를 수신한 기관에서 내용에 관해 문의할 수 있도록 기재한다.
⑤ '경유'는 수신 기관을 거친 후 거쳐야 할 기관이 있는 경우, 그 기관명을 기재한다.

정답 ⑤

정답 해설 '경유'는 '경유 기관 → 수신 기관'처럼 수신 기관에 앞서 경유할 기관이 있는 경우, 그 기관명을 기재한다. 따라서 '수신 기관을 거친 후 거쳐야 할 기관이 있는 경우'라는 ⑤는 적절하지 않다.

2. 품의서

(1) 품의서의 정의

특정 사안에 대해 결재권자의 승인을 요청하는 문서이다. 일반적으로 기안자가 안건을 발의하여 상사 또는 관계부서의 결재를 물은 다음에, 이를 실행하기 위한 내용을 작성하여 결재권자에게 결재를 받는 일정한 서식이다. 품의서는 대부분 비용과 관련된 사안(공사 집행, 수선, 물품 매입, 수리, 제조, 보조금 및 출연금 교부)에 결재를 받기 위해 작성한다. 따라서 구매 물품(대상), 수량, 비용, 구입 계획 등의 내용을 구체적으로 기술한다. 또 이외에도 인력 채용, 업무 제휴, 진급 상신, 기존 업무의 확대 또는 추가 등의 사안에 대해 의사 결정권자 또는 상급자의 동의를 구하기 위해 작성한다.

(2) 품의서의 종류

종류	내용
구매 품의서	필요한 물품 등을 구입하기 위해 품명, 규격, 수량, 단가, 금액 등을 기재하여 상급자에게 결재를 구하는 문서
제안 품의서	• 기존 업무에 대한 개선책, 새로운 사업과 업무를 제안하는 문서 • 결재를 원하는 사항, 목적, 이유, 쟁점 등과 이에 대한 의견 및 기대 효과를 구체적으로 기술하여 작성한다. • 제안 내용에 관한 자료를 첨부하는 것이 좋으며, 숫자 · 도표 · 사진 · 그림 등으로 알기 쉽게 정리하여 제출한다.
행사 품의서	행사 준비와 진행 · 실시 효과 등을 항목별로 기술하고, 표나 그림 등으로 그 내용을 일목요연하게 정리하여 결재권자가 쉽게 의사 결정을 할 수 있도록 작성한다.
채용 품의서	• 생산성 및 제조원가가 직접 관련이 있으므로 품의의 이유를 알기 쉽고 명확하게 작성한다. • 필요에 따라 전체적인 내용 파악을 위해 세밀한 부분이나 내용은 자료를 별첨한다.

(3) 품의서 작성 과정 시 유의 사항

① 품의서 작성 전 검토 사항

㉠ 물품 구입 등 지출 관련 품의는 집행 내용이 예산 편성 항목에 해당하는지 확인한다.

㉡ 집행 예정금액이 예산 범위인지 확인한다.

㉢ 집행 예정 금액이 법령, 규정, 지침 등의 기준액과 부합하는지 확인한다.

㉣ 자금 지급(교부)처와 수령 기관(개인)의 자격, 근거 등을 확인한다.

② 이해하기 쉽게 작성: 품의서를 통해 언제, 어디서, 누가, 무엇을, 왜, 어떻게 한다는 내용을 쉽게 이해할 수 있도록 간단명료하게 작성한다.

(4) 품의서 구성 내용 확인

㉠ 제목: 무엇을 결재하기 위한 문서인지 품의 목적과 제목을 확인한다.

㉡ 내용: 자금 집행과 관련된 근거를 명확하게 기술하고, 간단명료하면서도 설득력 있는 내용으로 작성되었는지 확인한다. 품의 목적과 집행 금액 등 내역이 많은 경우 별지 작성 후 첨부한다.

㉢ 첨부: 교부처(지급처)를 확인 기술하고, 집행 내용에 따라 관련부서의 협조를 구한다.

(5) 품의서의 예시

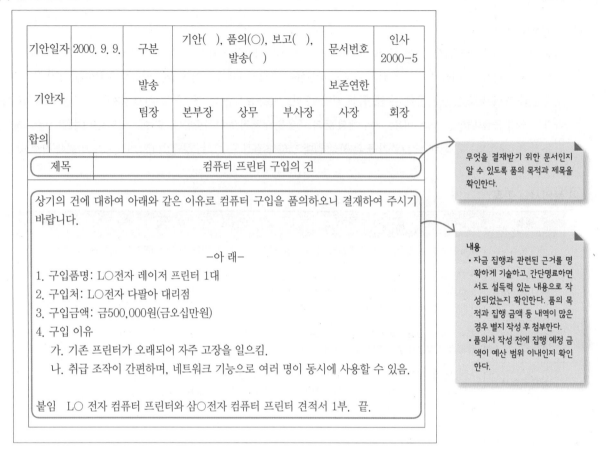

기안일자	2000. 9. 9.	구분	기안( ), 품의(○), 보고( ), 발송( )				문서번호	인사 2000-5
기안자		발송					보존연한	
		팀장	본부장	상무	부사장		사장	회장
합의								

무엇을 결재받기 위한 문서인지 알 수 있도록 품의 목적과 제목을 확인한다.

제목	컴퓨터 프린터 구입의 건

상기의 건에 대하여 아래와 같은 이유로 컴퓨터 구입을 품의하오니 결재하여 주시기 바랍니다.

-아 래-

1. 구입품명: L○전자 레이저 프린터 1대
2. 구입처: L○전자 다팔아 대리점
3. 구입금액: 금500,000원(금오십만원)
4. 구입 이유
   가. 기존 프린터가 오래되어 자주 고장을 일으킴.
   나. 취급 조작이 간편하며, 네트워크 기능으로 여러 명이 동시에 사용할 수 있음.

붙임   L○ 전자 컴퓨터 프린터와 삼○전자 컴퓨터 프린터 견적서 1부. 끝.

내용
- 자금 집행과 관련된 근거를 명확하게 기술하고, 간단명료하면서도 설득력 있는 내용으로 작성되었는지 확인한다. 품의 목적과 집행 금액 등 내역이 많은 경우 별지 작성 후 첨부한다.
- 품의서 작성 전에 집행 예정 금액이 예산 범위 이내인지 확인한다.

기출점검 **품의서**

2. 다음에서 정의하고 있는 문서에 대한 설명으로 적절하지 <u>않은</u> 것은?

> - 특정 사안에 대해 결재권자의 승인을 요청하는 문서이다.
> - 기안자가 안건을 발의하여 상사 혹은 관계부서의 의견을 물은 다음, 이를 실행하기 위한 내용을 작성하여 결재권자 혹은 상사에게 제출하고 결재를 받는 문서이다.

① 상급자의 지시 사항을 처리하기 위한 문서이다.

② 기존 업무에 대한 개선책, 새로운 사업 및 업무를 제안하는 문서이다.

③ 위 문서를 작성한 후에 집행 예정 금액이 예산 범위 이내인지 확인해야 한다.

④ 필요한 물품을 구매하기 위해 품명, 규격, 수량, 단가, 금액 등을 기재하여 상급자에게 결재를 구하는 문서이다.

⑤ 행사 준비와 진행, 실시 효과 등을 항목별로 기술하고 표나 그림 등으로 그 내용을 일목요연하게 작성하여 결재권자가 쉽게 의사 결정을 할 수 있게 해야 한다.

3. 제안서

(1) 사내 제안서

① 사내 제안서의 정의: 회사에 관한 아이디어나 개선점 등을 상사에게 제시하는 문서이다.

② 형식과 내용: 회사마다 서식이 정해져 있는 경우도 있지만, 형식이 정해져 있지 않은 경우에는 제안명을 기재하고, 제안 내용과 실시 효과 등의 항목을 중심으로 작성한다.

③ 사내 제안서의 예시

업무개선 제안문(사무개선 방안 제안)

수신: ○○○○주식회사 대표이사
참조: 기획관리부장
제목: 중복사무개선을 통한 경비절감 방안

간접 경비 절감의 일환으로서 사무 개선의 방안에 대해 제안을 드리겠습니다.

1. 제안 목적: 사무개선을 통한 경비 절감 가능성 탐색과 구체적인 방법 발견
2. 사무경비 증가 내용: 총무부 사무경비 지출 자료에 의거, 사무경비 증가 내용을 검토해 보았습니다. 그 결과, 현재 상황을 방치해 두면 앞으로 사무경비가 10% 이상 더 증가될 것으로 확인되었습니다.
3. 향후 사무경비 절감 예상액: 지난번 사무경비 절감 대책회의를 바탕으로 각 위원이 부문별로 검토하고 자료를 모은 결과, 향후 사무경비 증가 예상치를 포함, 총 20%를 절감할 수 있다는 판단을 하였습니다. 이에 따라 경비항목에 대한 검토를 실시하였습니다.
4. 사무경비 절감 요소: 경비항목에 대한 검토 결과, 중복된 사무 절차를 통합 · 합리화함으로써 일부 비용 발생을 줄일 수 있으며 일부 지출 항목의 폐지가 가능합니다. 또한 최근에는 복사만 하면 된다는 풍조가 팽배하고 있어 이를 일정한 기준으로 제한하면 복사기 일부를 폐지할 수 있고 용지도 상당량을 절감할 수 있습니다.
5. 각 부서별 사무경비 절감 목표 설정: 이번 검토에서 분명하게 나타난 개선점에 대하여 개별적인 문제로 압축, 각 부서별 절감 목표를 설정하여 실천하는 것이 바람직합니다.

제목: 제안명, 제안하는 내용

제안 목적과 이유, 제안 내용, 실시 효과 등의 항목을 중심으로 작성한다.

미흡한 부분이 많은 제안이지만 간접 경비를 절감할 수 있는 아이디어이니 적극 수렴해 주시기 바랍니다.

20××년 ××월××일
○○시 ○○구 ○○동 ○○
○○○○ 주식회사
기획관리부 직원 ○○○ 배상

(2) 사외 제안서

① **사외 제안서의 정의**: 사외 제안서는 고객사의 사업(제품 또는 서비스 제공) 의뢰(제안 청구서, 발주)에 관하여, 사업을 실행할 위치에 있는 회사가 어떤 방법으로 사업을 실행할 것인지를 밝히는 문서이다. 즉, 제안서는 상대 회사의 요청서를 근거로 제품 또는 서비스를 제공할 회사의 사업 수행 능력, 사업 수행 방법, 비용 등과 같은 내용을 정리한 문서이다. 한편, 사외 제안서는 기업이 보유하고 있는 특별한 기술이나 서비스를 소개하고, 이를 발전시키기 위한 투자 유치, 사업 협력 등을 목적으로 작성되기도 한다.

② **사외 제안서의 목적**: 사외 제안서는 고객사(의뢰, 발주회사)와 제안사(제품, 서비스 제공) 간의 의견 일치를 위해 아래와 같은 목적으로 작성한다.

ㄱ 사업(제품, 서비스 제공) 프로젝트 등을 수주하기 위해

ㄴ 고객사와 제안사 간 전략적 제휴를 위해

ㄷ 제안사의 홍보 및 마케팅을 위해

ㄹ 투자 유치를 위해

ㅁ 각종 컨설팅을 위해

ㅂ 고객사의 발전 모델 및 미래 모델을 제시하기 위해

ㅅ 진행 중인 사업 실현을 위한 기획 또는 계획의 일원으로 활용하기 위해

③ **사외 제안서의 종류**

종류	내용
제휴 제안서	기업과 기업 간 공통의 이익을 만들기 위해 사업 실행을 위한 상호 역할을 정하고, 그 이익을 공평하게 나누고자 할 때 작성한다.
개발 제안서	고객사로부터 개발 제안 요청을 받아 사업을 진행할 때 작성한다.
투자 제안서	기업의 핵심 기술 및 서비스, 제품 등을 소개하고 이를 발전시켜 이익을 창출하기 위한 목적으로 작성한다. 즉, 기술 및 사업력을 담보로 투자를 유치하고, 투자회사와 이익을 공유하기 위해 작성한다.
컨설팅 제안서	기업이 안고 있는 문제점을 해결하고, 미래 비전을 설계·실현하기 위한 방법 및 전략을 제시하기 위해 작성한다.
사업 또는 영업 제안서	기업이 제공 또는 창출할 수 있는 제품 및 서비스 등을 제시하고 이를 실현하기 위한 구체적인 방법과 운영 계획 등을 소개하여 상대 회사의 적극적인 참여를 이끌어 내기 위해 작성한다.
용역 제안서	기업의 핵심 역량을 제외한 일정 부분을 외부 기업에 의뢰하여 보다 효율적인 사업을 진행하기 위해 작성한다.

④ 사외 제안서 작성 과정

단계	내용

1단계	• 제안 요청서, 사업 의뢰서, 발주서 분석
	• 제안서 작성 팀 편성
	   − 고객사의 제안 요청과 관련된 정보를 수집하고 고객의 요구 사항을 명확히 정의한다. 그리고 이를 구현할 수 있도록 목적, 범위, 전략 대안을 개발하기 위한 제안서 작성 팀을 편성한다.
	   − 제안서 작성을 위한 단계별 계획과 지침 등을 마련하고 관련 자료와 정보를 공유한다.

2단계	• 제안서 작성을 위한 자료 수집 및 전략 수립
	   − 제안 배경, 고객의 핵심 이슈와 기획 요인 등을 분석하고, 동종 산업의 동향을 파악하여 유사 사례를 벤치마킹한다.
	   − 수집된 자료를 바탕으로 제안서 작성 전략을 수립한다.

3단계	• 제안서 작성
	   − 제안서 작성을 위한 전략을 기초로 프로젝트의 목표와 범위를 확정하고 프로젝드에 대한 성공 요인, 접근 방법 등을 개발한다.
	   − 제안서 작성을 위해 각 작업 단계별(제안서 구성 항목별) 산출물을 점검하고 자원분배 계획, 프로젝트 수행팀 구성 등과 같은 세부적인 내용을 바탕으로 초안을 작성한다.

4단계	• 제안서 제출 · 설명회 · 평가
	   − 제안서 초안을 기초로 고객이 요구하는 제안 사항에 맞추어 제안서를 완성한다.
	   − 제안서 작성과 아울러 요약본을 작성하고 제안 설명 준비를 한다.
	   − 제안 설명 연습 후 제안서 수행을 위한 실무 준비를 한다.

3. 다음과 같은 문서를 작성할 경우 고려해야 할 내용을 모두 고른 것은?

접수번호	

사물인터넷 아이디어 제안서

참여 구분		□ 개인 □ 팀 (총 명)		
신청자 인적 사항	이름		주민등록번호	
	주소			
	e-mail		연락처	
	구분	□ 학생 □ 예비창업자 □ 스타트업 □ 재직자 □ 일반 □ 기타 ( )		
	소속		직위	
팀원	성명	생년월일	소속	연락처
제목				
아이디어 요약	1) 아이디어 내용을 간략히 요약한 후, 구체적인 내용은 다음 페이지 양식으로 작성하면 됩니다. 2) 이름, 주민등록번호, 주소, 이메일, 연락처는 필수 기재 사항입니다.			

위와 같이 사물인터넷 아이디어 제안서를 제출합니다.

20△△.   .   .

제안자 성명: (인)

붙임 1. 아이디어 상세 제안서 1부.
　　 2. 아이디어 상시 발굴 공모전 참가자 서약서 양식 1부.
　　 3. 아이디어 상시 발굴 개인정보 수집 및 이용 동의서 양식 1부. 끝.

실용시 디지털산업진흥원장 귀하

⑦ 제안자의 수상 경력과 특기 사항

⑭ 외부의 시장 환경과 사회적인 요소

⑮ 경영 관리적인 측면에서 성공과 실패 요인의 예측

⑯ 선행 연구 방법과의 차별성과 연구 목적, 연구 결과의 활용 방안

⑰ 구매 욕구를 자극할 수 있는 참신한 문안을 간결하게 압축하여 표현

① ⑦, ⑭   ② ⑭, ⑮

③ ⑮, ⑯   ④ ⑯, ⑰

⑤ ⑦, ⑰

정답 ②

정답 해설 사물인터넷과 관련한 아이디어 제안서이므로 외부 시장 환경과 사회적 요소, 경영 관리 측면에서의 성공과 실패 요인 예측 등의 내용이 필요하다.

오답 해설 ⑦ 입사 문서를 쓸 때 고려할 사항(수상 경력과 특기 사항)

⑯ 연구 기획서를 쓸 때 고려할 요소(선행 연구, 연구 목적, 연구 결과)

⑰ 광고문을 쓸 때 고려할 요소(구매 욕구, 참신함)

3절 기출로 실력 다지기

※ 다음 일반 기안문을 읽고 물음에 답하시오. [1~3]

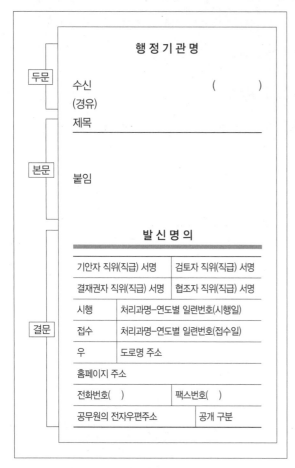

01 위 문서 작성 시 유의사항으로 적절한 것은?

① 작성자의 입장에서 이해하기 쉽게 작성한다.

② 문장은 될 수 있으면 짧게 끊어서 항목별로 표현한다.

③ 구체적이고 개별적인 용어보다는 추상적이고 일반적인 용어로 작성한다.

④ 복잡한 내용일 때는 먼저 충분히 이유를 설명하고 나중에 결론을 제시한다.

⑤ 상급 기관이 하급 기관에 보내는 문서에는 '~ 할 것', '~ 하기 바람'과 같이 써서 상하 관계를 분명히 한다.

02 위 문서의 '두문'을 작성하는 방식으로 적절한 것은?

① 경유 기관이 없는 경우 아무것도 적지 않고 빈칸으로 둔다.

② 수신자가 없는 내부 결재 문서의 수신란에는 '없음'으로 표시한다.

③ 행정기관명 위쪽에는 행정기관의 로고 · 상징 · 마크 · 홍보 문구 등을 표시하지 않는다.

④ 민원회신문서에는 수신란에 우편번호와 도로명주소를 먼저 쓰고 이어서 ( ) 안에 민원인의 성명을 쓴다.

⑤ 독임제 기관의 장의 권한에 관한 사항인 경우에는 수신란에 해당 기관의 명칭을 쓰고 그다음에 이어서 ( ) 안에 그 기관의 장의 직위를 쓴다.

03 위 문서의 '끝' 표시 방법과 〈예시〉로 적절하지 않은 것은?

① 본문 내용의 마지막 글자에서 한 글자(2타) 띄우고 '끝' 표시를 한다.

〈예시〉 …… 주시기 바랍니다.∨∨끝.

② 붙임 문서가 있으면 붙임 표시문 다음에 한 글자(2타) 띄우고 '끝' 표시를 한다.

〈예시〉 붙임 1. 서식 승인 목록 1부.

　　　　 2. 승인 서식 2부.∨∨끝.

③ 본문 또는 붙임 표시문이 오른쪽 한계선에서 끝났을 경우에는 그다음 줄의 왼쪽 기본선에서 한 글자(2타) 띄우고 '끝' 표시를 한다.

〈예시〉 (본문 내용) ……………… 주시기 바랍니다.

　　　　∨∨끝.

④ 본문이 표로 끝나고, 표의 마지막 칸까지 작성할 경우에는 표 아래 왼쪽 기본선에서 한 글자(2타) 띄우고 '끝' 표시를 한다.

〈예시〉

응시 번호	성 명	생년월일	주 소
10	김○○	1980. 3. 8.	서울시 종로구 ○○로 12
21	박○○	1982. 5. 1.	부산시 서구 ○○로 5

∨∨끝.

⑤ 본문이 표로 끝나고, 표의 중간에서 기재사항이 끝나
는 경우에는 마지막으로 작성된 칸의 다음 칸에 '이하
빈칸'이라고 쓰고 표 이래 왼쪽 기본선에서 한 글자(2
타) 띄우고 '끝' 표시를 한다.

〈예시〉

응시 번호	성 명	생년월일	주 소
10	김○○	1980. 3. 8.	서울시 종로구 ○○로 12
이하 빈칸			

∨∨끝.

※ 다음 문서를 읽고 물음에 답하시오. [4~5]

문서번호	U12345_6789	품의 일자	2018. ○○. ○○.
작 성 자	홍길동	시행 일자	2018. △△. △△.
제 목	(가)		

쇼핑몰 앱 개발과 관련하여 외주 용역의 1차 중도
금 지급을 위하여 다음과 같이 품의하오니, 재가하
여 주시기 바랍니다.
1. 품목: 쇼핑몰 앱 개발 용역 계약 중도금
2. 지급 비용: 용역 총 계약금 금9,000,000원(금구
   백만원) 중, 1차 중도금 ₩4,000,000원(금사백
   만원)
3. 지급 방법: 대금 청구서 상의 입금 계좌

붙임 대금청구서 1부. 끝.

지시 사항	

04 위와 같은 문서에 관한 설명으로 적절하지 않은 것은?

① 시행 일자는 결재권자의 결재가 난 후 적용할 수 있다.
② 품의서는 비용과 견적이 필요한 일에만 작성하는 문
서 양식이다.
③ 제목은 품의할 사항을 한눈에 알 수 있게 구체적이면
서 간결하게 쓴다.
④ 문서번호는 해당 문서를 효율적으로 관리할 수 있도
록 체계적으로 붙인다.
⑤ 품의 명세는 목적, 효과 등을 쓰고 진행 상황이 있다
면 함께 쓰는 것이 좋다.

05 위 문서의 (가)에 쓸 말로 가장 적절한 것은?

① 쇼핑몰 앱 개발 용역 계약 중도금
② 외주 용역의 1차 중도금 지급을 위한 건
③ 쇼핑몰 앱 개발 관련 외주 용역 1차 중도금 지급의 건
④ 쇼핑몰 앱 개발과 관련한 품의 재가 요청 건
⑤ 외주 용역의 1차 중간 대금 지급을 요청합니다.

06 ㉠에 제시할 다음 글의 제목으로 가장 적절한 것은?

제안명: ㉠

작성일: 20△△년 2월 5일
작성자: 총무과 사원 홍○○

1. 제안 이유

우리 회사는 수도권인 안산에 본사와 공장을 두고 있으며, 생산직 사원 다수가 인근 지역의 주부와 노인들로 구성되어 있습니다. 주로 여성과 노인인 이들은 혼잡한 출근 시간대에 상당한 어려움을 겪고 있는 것으로 조사되었습니다. 최근에는 출퇴근 중에 교통사고가 발생하기도 했습니다. 그래서 제안자는 이들의 불편함을 해소하고자 다음과 같은 제안을 하게 되었습니다.

2. 제안 내용

가. 출퇴근 시에 어려움을 겪는 생산직 사원들을 위해 통근 버스를 운행하고자 합니다.
나. 출퇴근용 버스는 비용 절감을 위해, 직접 구매하지 않고 통근 버스 소유자와 계약하여 출퇴근 시간대만 운행합니다.

3. 제안 효과

통근 버스가 운행된다면 생산직 사원들의 출퇴근 시의 불편함을 해소할 수 있고, 이로 인해 생산직 사원의 사기가 진작됨으로써 생산성을 높일 수 있을 것으로 기대됩니다.

① 근무 환경 개선 제안서
② 안산 부지 이전 제안서
③ 통근 버스 운행 시행 제안서
④ 출퇴근용 버스 구매 관련 제안서
⑤ 여성 및 노인 복지 향상을 위한 제안서

07 다음 문서의 ㉠에 들어갈 내용으로 가장 적절한 것은?

사전 공사 집행 품의서

20 . . .

공사명					
집행내용	(미계약분 사전 시공) (미계약 발주 추가 공사분)				
공사 계약 일정	계약 예정일　년 월 일				
사전 공사 기간	년 월 일 ~　년 월 일 (개월)				
공사 선집행 의견					
공사 협의 내용 (요약)					
예산 대비	공종	계약 예정 금액	실행 예산 (측정)	%	비고

위와 같이 (㉠) 검토 후 재가하여 주시기 바랍니다.

① 현장 공사를 계약하고자 하오니
② 공사를 사전 집행하고자 품의하오니
③ 발주 공사분을 집행하고자 품의하오니
④ 사전 공사 계약을 체결하고자 품의하오니
⑤ 공사를 계약 일정에 따라 집행하고자 하오니

※ 다음 글을 읽고 물음에 답하시오. [8~9]

K는 (㉠)을/를 작성하려고 한다. 이 문서는 특정 과제의 필요나 요구 사항을 일목요연하면서도, 목적에 맞도록 구체적이고 체계적으로 정리하여 제시하는 문서이다. (㉠)에는 과제의 유형과 수행 능력, 추진 배경 및 필요성(목적), 세부 내용, 요건과 범위, 수행 기간 등의 다양한 내용이 제시되어야 한다. 이 (㉠)을/를 작성하기 위해 상대방의 질문을 고려하여 제안 목차를 작성하려고 한다.

상대방의 질문		제안 목차	
Whom	누가 사?	0단계	(㉡)
Why	그 사람들은 왜 사?	1단계	문제
Why so	그 사람들은 왜 그런 거야?	2단계	원인
What	그래서 뭐?	3단계	(㉢)/제안
What else	딴 것도 많잖아?	4단계	(㉣)
How	그래서 어쩌라고?	5단계	진행/계획/이용 방법
If	그런데 꼭 해야 하나? 뭐 더 없어?	6단계	(㉤)/+α 제안

08 윗글의 ㉠에 쓸 문서의 종류로 적절한 것은?

① 품의서
② 기안문
③ 기획서
④ 제안 요청서
⑤ 사내 제안서

09 윗글의 ㉡~㉤에 들어갈 내용으로 적절한 것은?

	㉡	㉢	㉣	㉤
①	비교 우위	해결책	고객 개발	예상 성과
②	예상 성과	해결책	고객 개발	비교 우위
③	고객 개발	해결책	비교 우위	예상 성과
④	예상 성과	고객 개발	비교 우위	해결책
⑤	고객 개발	비교 우위	예상 성과	해결책

※ 다음 개요를 읽고 물음에 답하시오. [10~12]

반찬 생산 및 유통 사업 제안

Ⅰ. 회사 일반 현황
　1. 회사 개요
　2. 회사 조직 및 인원
　3. 사업 실적 및 제휴 현황
　4. 사업 분야 및 향후 계획

Ⅱ. 국내 반찬 시장 규모 및 유통 구조
　1. 국내 시장 규모
　2. 유통 구조

Ⅲ. 사업 마케팅
　1. 마케팅 전략
　2. SWOT 분석

Ⅳ. 부문별 사업 추진 계획
　1. 사업 방향 및 목표
　2. 판매 계획
　3. 사업 추진 절차
　4. 추정 대차대조표

10 다음 내용을 쓸 곳으로 가장 적절한 것은?

- 신규 사업으로 국내외 반찬 유통 전문 회사로 영업 중
- 종합 식품 유통으로 영업 확대 계획
- 무농약, 친환경 재료로 만드는 웰빙 푸드 개발 계획

① Ⅰ. 3. 사업 실적 및 제휴 현황
② Ⅰ. 4. 사업 분야 및 향후 계획
③ Ⅱ. 1. 국내 시장 규모
④ Ⅳ. 2. 판매 계획
⑤ Ⅳ. 3. 사업 추진 절차

11 위 제안의 광고 및 홍보 전략의 연결이 적절한 것은?

구분	내용
D/B 구축 및 관리	고객 관리 차별화와 집중 관리 및 유효 수요 확보를 위한 D/B 구축
D/M, T/M	① 지면 광고로 상품 이미지 전달을 통한 수요자 확보
제품 설명회	② 제품의 전시 및 시식 행사 등 각종 이벤트로 지역 순회
생산 라인 평가	사전 생산 라인 견학을 통해 구전 홍보, 소비자 욕구 반영
신문	③ 잠재 고객 유인을 위한 정보 전달 및 광고로 전 상품 홍보
전문가 그룹 연계	④ 단체 및 대량 구입처 고객 직접 방문 홍보
Man to Man	⑤ 서울 및 수도권 요식업 협회와 식품 전문가 그룹 활용

12 위 회사 사업의 SWOT 분석 내용 중 기회 요소로 가장 적절한 것은?

① 여성의 사회 활동 증가

② 새로운 상품에 대한 지속적 개발

③ 고객 요구에 맞는 적극적 서비스 추구

④ 냉장 유통망 미비로 인한 유통 구조의 취약성

⑤ 경쟁 업체 증가에 따른 경쟁 구도의 다각화

4절 보고서

보고서는 보고서의 종류와 형식, 내용 요소 및 작성 요령 등이 출제되며 기본 보고서, 의견 보고서, 상황 보고서, 분석 보고서 등의 구체적인 하위 보고서 및 다양한 보고서가 출제된다. 각각의 보고서의 개념 및 형식에 따른 내용 및 범위, 구체적인 유형의 보고서를 작성할 때의 유의 사항 등을 이해해야 한다.

출제 POINT

- 보고서의 개념 및 목적 이해와 보고서의 종류 구분
- 보고서의 형식 및 내용 요소 파악과 보고서의 목적에 맞는 내용 구상 및 전개
- 보고서 작성 시 유의 사항과 보고서 작성 포인트 숙지

1. 보고서의 정의

보고서는 어떤 사실이나 현황, 특정 대상에 대한 조사나 연구, 또는 업무 과정과 그 결과를 알려 상부의 지시나 조언 등을 받기 위해 작성하는 문서이다. 기업이나 기관 등에서 업무를 알리거나 연구 기관에서 연구 결과를 알릴 때, 또는 교육 기관 등에서 학습 활동을 알릴 때 주로 작성한다.

2. 보고서의 목적과 종류

(1) 보고서의 목적

① 정책 결정 및 방침 설정을 위한 상황 파악 자료로 활용하기 위해
② 정보 수요자(결재권자)가 사실(상황)을 확인하고 의사 결정을 할 수 있도록 하기 위해
③ 경영 목표와 전략 등의 개선 방안을 마련하기 위해
④ 사업 결과에 대한 평가와 업무 독려 및 촉구를 위해
⑤ 사실 확인과 당면 문제 해결을 위해

(2) 작성 목적에 따른 보고서의 종류

유형	내용
기본 보고서	일반적인 업무에 대해 정기적으로 보고하는 보고서이다. 예 일일 보고서, 주간 보고서, 월간 보고서, 연간 보고서, 출장 보고서, 회의 결과 보고서 등
의견 보고서	특정 사안에 대한 보고자의 의견이나 아이디어, 제안 사항을 제시하는 보고서이다. 예 의견서, 제안서, 기획서 등
상황 보고서	어떤 사실이나 현상 또는 현황 문제 등에 관한 실태와 정보를 정리한 보고서이다. 예 보고서, 사고 보고서, 경위 보고서, 불량 보고서, 고객만족 보고서, 클레임 발생과 처리 보고서, 규정위반 보고서 등
분석 보고서	어떤 사실이나 특정 사안 혹은 발생한 문제나 선정된 주제 등에 관해 이를 연구 또는 조사·분석하여 그 결과를 알리는 보고서이다. 예 ○○사안에 관한 분석 보고서, 시장 조사 보고서, 품질 조사·분석 보고서, ○○사건 처리 보고서 등

3. 보고서 작성 시 유의 사항과 작성 포인트

(1) 보고서 작성 시 유의 사항

① **정보 수요자의 관점에서 작성**: 정보 수요자가 보고 내용을 쉽게 이해할 수 있도록 전문 용어나 어려운 한자, 불필요한 외래어 등의 사용을 삼가며 필요한 경우 별도의 설명을 추가하거나 참고 자료를 첨부한다.

② **작성자의 이해관계 및 선입견 배제와 객관적인 입장에서 작성**: 보고서의 내용은 객관적 사실을 근거로 하며, 관련 사항을 확인하여 수요자가 정확하게 판단을 내릴 수 있도록 작성한다. 특히 단편적 지식이나 특정 부서의 의견만을 반영하지 않고, 과거 사례 및 타 부서의 의견 등을 포괄적으로 검토하여 작성한다.

③ **정보 수요자가 필요로 하는 시점에 보고**: 보고서는 정보 수요자가 어떤 사안이나 문제에 대해 정확한 정보를 필요로 할 때 작성되어야 한다.

④ **완결성**: 보고서는 그 자체로 완전한 형식과 내용을 갖추어야 하며, 다른 보고서나 자료 없이도 이해할 수 있어야 한다.

   ㉠ 수요자가 보고서를 읽고 추가 질문을 하지 않도록 명확히 작성되어야 한다.

   ㉡ 하나의 보고서는 하나의 주제만을 다루어야 한다.

   ㉢ 보고서 분량은 적을수록 좋으며 필요시 별첨이나 참고 자료를 첨부한다.

   ㉣ 보고서 작성 목적, 경위와 쟁점, 대안, 추진 계획 등이 명확하게 기술되어야 한다.

⑤ **표준화된 양식에 따라 간결, 명료, 효율적으로 작성**

   ㉠ 가급적 업무 시스템 등에 등록된 표준화된 보고서 서식, 규격을 사용하여 작성한다.

   ㉡ 내용과 구성이 산만하지 않도록 최대한 간결하게 구성한다.

   ㉢ 육하원칙에 의거하여 작성한다.

   ㉣ 불필요한 미사여구나 수식어, 오해를 유발할 수 있는 애매한 표현, 과장된 표현은 사용하지 않는다.

(2) 보고서 작성 포인트

① 정보 수요자(결재권자)의 요구(필요성)나 기대에 초점을 맞추어 작성한다.

② 결론을 먼저 제시하여 보고 내용을 명확히 알 수 있게 작성한다.

③ 사실과 의견을 명확히 구분한다.

④ 쉽게 이해할 수 있도록 간결하게 작성한다.

⑤ 장문의 경우 요약문을 붙인다.

⑥ 마지막에 보고자의 의견을 덧붙인다.

4. 보고서 작성 과정과 내용 전개 방식

(1) 보고서 작성 과정

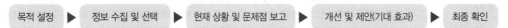

목적 설정 ▶ 정보 수집 및 선택 ▶ 현재 상황 및 문제점 보고 ▶ 개선 및 제안(기대 효과) ▶ 최종 확인

① **목적 설정**: 보고서 작성의 목적과 이유, 기대 효과, 결재권자의 의도 및 지시 내용, 필요한 문서 등을 정확히 파악하고 제출하기까지의 진행 순서를 정한다. 보고서는 보고서를 받게 될 정보 수요자(결정권자)의 직책 및 업무 성향, 보고서 작성의 이유와 목적, 정보 수요자에게 바라는 요청, 결정 내용, 수신 검토해야 할 시항, 해당 내용과 연계된 목표와 의미 등의 적절성을 검토한다.

② **정보 수집 및 선택**: 기존 자료를 먼저 수집·정리하고 관련 규정, 법령, 사례, 통계, 참고문헌 등의 자료를 수집하여 내용을 조사, 연구한다. 이후 보고서 목적에 따라 필요한 정보만을 선택한다.

③ **현재 상황 및 문제점**: 정보 수요자가 현 상황에서 문제를 해결하기 위한 최선의 대안을 고민할 수 있도록 작성한다.

  ㉠ 수집, 선택, 조사한 정보를 바탕으로 현재 상황과 문제점을 파악하고 객관적이고 사실적으로 기술한다.

  ㉡ 구체적인 통계, 여론 조사, 현장 조사 결과 등 문제를 입증할 수 있는 자료를 제시한다.

  ㉢ 문제 원인이나 이유, 과거에서 현재까지의 추세, 변화 정도나 속도 등을 제시한다.

④ **개선 및 제안(기대 효과)**

  ㉠ 보고서 핵심 내용을 명확히 기술하고 정보 수요자가 개선 및 제안 사항 등을 쉽게 이해하고 판단할 수 있도록 작성한다.

  ㉡ 해결 방안은 정보 수요자가 '무엇을', '어떻게' 결정해 주기를 바라는지 명확히 서술한다.

  ㉢ 해결 방안을 시행할 경우 일어날 변화와 현재 상황과의 차이, 긍정적인 측면과 부정적인 측면을 예측하여 결과를 기술한다.

⑤ **최종 확인**: 보고서는 작성 후 반드시 검토하여 잘못된 부분이나 불필요한 부분이 없는지 꼼꼼히 확인한다.

(2) 보고서 내용 전개 방식

구분	내용
제목	• 제목만으로 보고서의 성격, 전체 내용을 알 수 있도록 작성한다. • 가능한 한 간결하게 핵심 내용을 표현한다.
개요	전체적인 내용을 요약하고 보고서 작성 배경과 목적 경위 등을 작성한다.
본론	• 어떤 사안이나 현황 및 문제점, 과거 사례와 대안 분석, 전망 등 필요한 내용을 작성한다. • 보고서 내용은 중요도가 높은 사항을 먼저 기술하여 정보 수요자의 이해를 돕는다.
결론	• 결론 및 대안 제시, 건의 사항, 향후 조치사항 등을 기술하고, 필요시 참고 자료를 첨부한다. • 어떤 사안이나 현황을 객관적이고 구체적으로 제시한다. • 합리적이고 실천 가능한 구체적인 방안을 제시하여 정보 수요자가 실질적으로 활용, 판단할 수 있도록 내용을 구성한다. • 특히 정보 수요자의 입장에서 객관적이고 구체적이며 가장 적시에 필요한 내용으로 작성한다. • 어떤 사안에 대한 관련부서 및 이해관계자의 다양한 의견과 과거 사례, 유사 사례 등을 종합적으로 정리한다. • 지침을 받아 작성하는 보고서의 경우, 지침에 충실하게 작성하고 이견이 있을 때에는 타당한 이유를 기술한다. • 공개 보고서가 아닌 경우에도 보고서 내용을 홍보와 관련된 자료로 활용할 수 있도록 보고서의 활용도를 생각하여 작성한다.
말미	보고서 작성 기관 및 담당자, 연락처 등을 작성한다.

5. 업무 보고서의 예시

업무 보고서(사업 현황 보고서)

문서번호				○○○○주식회사		

작성 일자	년 월 일	담당	과장	부장	이사	사장
처리 기한	년 월 일					
시행 일자	년 월 일					

주관부서	사업지원팀	업무 협력부서	○○부, ○○부
보고자 (작성자)	박지원		
제목	A○○○○○ 사업부 9월 사업 현황 보고		

개요
매출액 및 순이익 경영계획 대비 초과 달성
– 매출액 2,200억 원(경영계획 대비 10% 증가) 달성
– 순이익 120억 원(경영계획 대비 9.1% 증가) 달성

1. 주요 경영 성과

□ 매출 및 손익 현황   (단위: 억 원)

구분	9월 계획	9월 실적	10월 계획
매출	2,000	2,200	2,300
순이익	100	120	130

- 계획 대비 매출 변화 요인(200억 원 증가)
  - 신규 거래선 개척 250억 원 증가
  - 환율 영향 50억 원 감소
- 계획 대비 순이익 변화 요인(100억 원 증가)
  - 제품 구조 개선 10억 원 증가
  - 공장 가동율 개선 10억 원 증가
  - 환율 영향 10억 원 감소

2. 핵심 추진 사항
□ 고부가 신제품 개발
- High-end A○○○○○ 제품 개발 완료 및 양산 개시(~20××. 10)
- 제품원가 100,000원/개 달성(계획 110,000원 대비 10% 초과 달성)

□ 공정 개선 활동
- 접합 공정 개선 활동 완료: 기존 불량품 6% → 3%로 개선(50% 공정 개선)

3. 향후 계획
□ 공정 개선 활동을 위한 인력 증대: 외부 컨설턴트 투입 예정(계약 완료)
□ High-end A○○○○○ 이관 제품 양산(11월 착수 예정)

문서번호
문서 고유번호 및 문서 코드

작성 일자, 처리 기한, 시행 일자
작성된 날짜와 '처리 기한'을 통해 언제까지 처리할 것인가를 알려 준다. '시행 일자'를 통해 업무가 언제부터 시행될 것인지를 알려 준다.

개요
주요 핵심 내용을 간단히 요약하거나 성과 등을 기술한다.

주요 성과
- 사실이나 현황을 명확하게 기재한다.
- 계획 대비 실적 등을 정량(통계)으로 비교한다.
- 초과 달성 및 미달 등의 이유와 원인을 구체적으로 밝힌다.

추진 사항 및 대책 · 계획
- 핵심 관리 항목의 추진 과정을 점검하고 확인한다.
- 향후 계획의 주요 일정 등을 서술한다.

※ 나음 글을 읽고 물음에 답하시오. [1~2]

---

1. 개요
　□ 사업 개요
　　• 사업 목적 (세부 내용 생략)
　　• 사업 추진 배경 (세부 내용 생략)
　□ 점검 경과
　　• ○○○ 사업 중간 점검 결과, 기존 계획에 따른 추진은 곤란하다고 판단 (8월)
　　• ○○○ 사업 종합 점검 계획 상부 보고 (9. 18.)
　　• 6자에 설쳐 부처 관계관(국장급) 회의를 개최히여 검토 (10. 5.~12. 7.)
　　• 5차에 걸쳐 자문위원 회의를 개최하여 의견 수렴 (9. 24.~11. 29.)

2. 사업 종합 점검 결과
　□ 관계 부처 및 자문 위원 의견 정리
　　• 소요 적절성 점검 결과: 대체로 '소요 재검토 필요' 의견
　　• 사업 추진 체계 평가 결과: ○○·○○부를 제외하고는 '개선 필요' 의견
　□ 종합 점검 결과 요약
　　• '소요 재검토', '개발 범위 변경', '사업 추진 체계 조정' 등 ○○○ 사업 전반에 대한
　　　대폭적인 조정이 불가피함.

3. 결론 및 조치 사항
　□ 결 론
　　• 범정부적 의견과 각계 전문가의 의견을 종합한 결과, △△△ 획득 방안으로 '국내
　　　개발 방안'이 적절한 것으로 판단됨.
　　• 단, 이 사업의 타당성 확보를 위해서는 경제성·기술성 개선과 더불어 '사업규모
　　　조정'이 중요하므로, 이를 고려한 사업 계획 수립이 필요함.
　□ 사업 조정 방향
　　• 소요 대수는 경제싱을 고려, 적정 소요를 재판단할 것
　　• 요구 성능은 ○○부가 중심이 되어 재판단할 것
　　　– 단, 요구 성능 변경에 따른 사업 지연이 발생하지 않도록 적절히 조치함.

4. 향후 계획
　• 사업단은 사업 계획을 수립, 심의회에 회부하고 결과를 보고할 것

> '1. 개요' 부분의 세부 내용이 생략 되어 있으므로, 개요를 보고 보고서 종류를 파악하기는 힘들다. 따라서 '2. 사업 종합 점검 결과' 혹은, '3. 결론 및 조치 사항'을 통해 보고서의 특성 및 종류를 추론할 수 있다. 재검토, 조정 등의 필요성을 말하거나 특정 사업을 선택하고 그에 따라 필요한 것, 조정 방향 등을 언급하고 있으므로 '조정'을 핵심으로 파악해야 한다.

---

1. 위와 같은 문서의 종류와 설명으로 가장 적절한 것은?

① 회의 자료 보고서: 회의 참가자들이 안건에 대해 정해진 시간 내에 보고받거나 논의를 통해 결론 또는 의견을 정리할 수 있도록 작성한 보고서

② 상황 보고서: 특정 분야(언론, 안보 등)의 일일 상황, 정책 추진 상황, 또는 즉시 알고 있어야 하거나 대응이 필요하고 시의성이 강한 사건 등에 관한 보고서

③ 정책 기획 보고서: 새로운 정책의 기획, 기존 정책의 수정 · 변경을 위해 목적 · 방향 · 전략 · 계획 등에 대한 정책 결정권자의 의사 결정이 필요한 경우에 작성하는 보고서

> 정책 기획 보고서는 '기획'에 핵심이 있으므로 사업의 초반 단계에 해당한다. '조정'에 핵심을 두는 조정 과제 보고서와는 차이가 있다.

④ 조정 과제 보고서: 정책의 추진 과정에서 발생하는 문제나 갈등 해결을 위해 정책 수단의 선택 · 변경, 인적 · 물적 자원의 분배 등을 정책 결정권자에게 건의하거나 조정 방안을 제안할 때 작성하는 보고서

⑤ 정책 참고 보고서: 정책 결정권자의 의사 결정은 필요하지 않으나, 정책의 구상, 기획, 집행 단계에서 아이디어나 실마리를 제공하는 수준의 보고서. 또는 책 · 논문 등의 참고 자료를 보고해야 할 경우에 작성하는 보고서

정답 ④

정답 해설 조정 과제 보고서는 정책 추진 과정에서 제기되는 쟁점 사항, 의사 결정이 요구되는 사항 등에 대한 검토 · 조정을 중심으로 작성하는 보고서이다.

---

2. 위와 같은 문서 작성 시 유의 사항으로 가장 적절한 것은?

① 쟁점이 되는 사항에 대한 의사 결정 요청을 부각해 작성해야 한다.

② 전달하고자 하는 정책 구상 등에 참고가 되는 새로운 아이디어 등을 중심으로 상세하게 작성해야 한다.

③ 과거부터 현재까지의 추세, 변화 정도, 변화 속도 등을 제시하여 현재 상태에 대한 대안을 고민할 수 있도록 작성해야 한다.

④ 국정 목표, 사회적 비용, 소요 예산, 실행 가능성 등을 종합적으로 고려하여 최적 대안을 선택한 과정을 반드시 작성해야 한다.

⑤ 정책 시행으로 인하여 어떠한 변화가 일어날 것이며 현재 수준과 얼마만큼 달라질 수 있는지를 예측하는 내용을 작성해야 한다.

정답 ①

정답 해설 조정 과제 보고서는 정책 기획 보고서 작성의 일반적 형태를 반영하여 작성하되, 쟁점이 되는 사항에 대한 의사 결정 요청을 부각해 작성해야 한다. 조정 과제 보고서는 ④처럼 최적 대안을 선택한 과정을 작성할 수 있지만, 필요한 경우에만 작성하지 반드시 작성해야 하는 것은 아니다.

오답 해설 ② · ③ · ④ · ⑤ 정책 기획 보고서 작성 시 유의 사항이다.

4절 기출로 실력 다지기

01 다음 문서에 '의견'을 작성할 때 주의해야 할 내용으로 가장 적절한 것은?

출장 보고서

20△∧년 ○월 ○일

영업부장 앞

소속 영업 3과
성명 ○○○(인)

기 간	○월 ○일~○월 ○일
동행자	영업3과장 ○○○
출장지	주식회사○○○공업사 창원시 ○○○
목 적	신규 취급 상품 △△의 조건 교섭
보 고	다른 거래 조건에 대해서는 우리 측이 제시한 사안을 검토한 뒤에 2주 이내로 가부를 결정 예정
의 견	납품 가격이 우리 측 요구와 상대의 요구가 달라서 이번 협상은 합의점에 이르지 못했다. 상대가 우리 측의 요구를 수용하기 위해서는 거래 조건의 재검토가 필요하다.
경 비	계 523,500원(명세서 별도 첨부)

---

① 현장의 모습을 알 수 있는 사진을 첨부한다.

② 교섭 담당자로서의 소감이나 전망을 기재한다.

③ 비용의 명세서 내용도 의견에서 다시 한번 확인한다.

④ 핵심뿐만 아니라 수치상의 구체적인 기록도 기술한다.

⑤ 견학 중 발견한 과제나 문제점 등에 대하여 조사하여 기록한다.

---

02 다음 실적 조사 보고서에서 조사 내용의 근거 자료인 '별지 자료'로 적합한 것은?

○○지점 실적 조사 보고서

우리 회사의 지점 중 ○○지역을 남낭하는 ○○지점의 매출 감소 원인에 대한 대책을 수립하기 전 실적 조사가 완료되었으므로 보고합니다.

1. 개요

우리 회사의 ○○지점이 3개월 이상 매출 실적이 감소하였을 뿐만 아니라 그동안 ○○지점의 고객 서비스에 대한 소비자 불만이 전자메일을 통해 접수되고 있어 조사에 착수하게 되었음.

2. 조사 내용

> 현장을 방문하여 조사한 결과 1) 지점 사원들의 불화로 인해 업무 협력이 제대로 되지 않았으며 2) 지점장의 개인 문제로 인해 지점의 영업 관리에 문제가 많은 것으로 조사되었음. 그로 인해 3) 매장 사원들의 분위기가 다운되어 있고 고객에 대한 서비스도 좋지 않았음.
>
> * 자세한 내용은 별지 자료 참조

3. 작성자 의견

점장과 사원들의 불화로 인해 지점의 분위기 개선이 어려울 것으로 판단되고 이는 다른 지점에까지 영향을 미칠 것으로 예상함. 특히, 경쟁사인 ○○사의 인지도 상승과 공격적인 영업 전략을 고려하여 볼 때 현시점에서 ○○지점의 매출 상승은 기대하기 어렵다고 예상되며 조속히 대책을 수립해야 할 것으로 판단됨.

---

① 방문 고객의 사진
② 지점장의 인사 자료
③ 지점의 위치가 표기된 지도
④ 매장 근무자들의 평균 나이와 몸무게
⑤ 지점장, 매장 근무자, 방문 고객의 인터뷰 자료

03 에너지 하베스팅 소재 연구 개발 및 시장 동향 조사 보고서를 작성 중이다. 다음의 '2. 사업의 내용 및 범위'에 쓸 내용으로 가장 적절한 것은?

> 1. 사업의 목적 및 필요성
> 2. 사업의 내용 및 범위
> 3. 정보 조사 결과
> 4. 정보 조사의 활용 계획

① 에너지 하베스팅 기술을 성공적으로 개발하기 위해서는 물리학, 화학, 계측학, 재료 공학, 시스템 공학 등 다학제 간의 공동 연구가 필요하다. 우리나라는 현재 원천 기술 개발이 기술 선진국보다 취약한 면이 있다.

② 에너지 하베스팅 기술은 태양열, 풍력, 조력, 지열, 중력, 인공광, 생체열, 자력 등 주변의 무궁무진한 에너지원을 이용하는 친환경 대체 에너지를 생산할 수 있는 기술이다. 이런 에너지들을 적합한 에너지 하베스팅 소재를 이용하여 회수하는 것은 매우 중요하다.

③ 나노 기술과 분자 기술로 디바이스의 크기를 줄임으로써 에너지 소모를 급격히 감소시키는 연구를 통하여 에너지 하베스팅 기술로 얻은 에너지로 외부 에너지 공급 없이 자체적으로 운영하는 시스템 개발도 하고 있다. 그러나 아직 에너지 하베스팅 기술은 대부분 시작 단계이다.

④ 이제 시작 단계인 이 분야의 기술 및 시장 동향을 조사하고 파악하는 것은 중요하다. 에너지 하베스팅 소재 연구 개발 및 시장 동향 조사는 이 분야 기술을 선도하고 있는 관련 우수기관과 이러한 기관에서 수행하고 있는 기술의 연구 동향을 조사하고 현재 시장의 동향도 조사하는 것이 목적이다.

⑤ 다양한 에너지원을 전기적 에너지로 바꾸어 주는 에너지 변환 소재는 독특한 물리적, 화학적, 기계적 특성을 가진다. 본 보고서는 이런 에너지 변환을 가능하게 해 주는 에너지 변환 소재의 원리와 그런 원리를 바탕으로 개발되고 있는 에너지 하베스팅 소재 연구 개발 현황을 조사하였다. 그리고 관련 연구 우수기관, 우수 기술 및 국가별 기술 개발 동향과 시장 동향도 조사에 포함하였다.

※ 다음 글을 읽고 물음에 답하시오. [4~5]

□ 기상 상황
• 기상 개요(기상청 발표)

구분	일자	기상 내용	최저 (℃)	최고 (℃)	비고
오늘	8. 11.(토)	구름 많고 오후 한때 소나기	20	35	
내일	8. 12.(일)	구름 많고 오전부터 오후까지 소나기	21	33	
모레	8. 13.(월)	가끔 구름 많음.	22	37	

• 중기 예보(8. 14.~8. 21.)
  – 북태평양고기압의 영향으로 대체로 맑은 날이 많겠음.
  – 기온은 평년(최저:19~23도, 최고:27~31도)보다 높겠음.
  – 강수량은 평년(4~12mm)보다 적겠음.

□ 재난 안전 사고
• 특이 사항 없음.

□ 재난 안전 관리 상황
• 재난 상황 보고훈련: 8. 10.(금) 10:10 / 행안부 / 시, 3개 구·군
• 달구벌 재난 안전 브리핑: 8. 10.(금) 10:17 / 재난안전상황실 / 사회재난과
• 재난 상황 자체 보고훈련: 8. 10.(금) 21:30 / 시, 8개 구·군
• 재난 상황 수신 훈련: 8. 10.(금) 22:09 / 행안부 / 시, 8개 구·군

☐ 재난 안전 언론 보도
　• 특이 사항 없음.

04 위와 같은 문서의 종류와 설명으로 가장 적절한 것은?

① 기본 보고서: 일반적인 업무에 대해 정기적으로 보고하는 보고서

② 의견 보고서: 특정 사안에 대한 보고자의 의견이나 제안 사항을 제시하는 보고서

③ 상황 보고서: 어떤 사실이나 현황, 문제 등에 대한 실태나 정보를 정리한 보고서

④ 분석 보고서: 어떤 사실이나 특정 사안, 발생한 문제나 선정된 주제 등에 대한 연구, 또는 조사 분석 보고서

⑤ 정책 보고서: 미래 지향적인 특정 목표를 달성하기 위해 정부가 중심이 되어 산·학·연·관이 수행해야 하는 역할을 제시하는 보고서

05 위와 같은 문서 작성 시 유의 사항으로 가장 적절한 것은?

① 참석자들이 회의 개최 취지를 알 수 있도록 회의를 통해 얻고자 하는 효과를 분명히 제시한다.

② 자료는 산만해지지 않도록 본문과 참고 자료로 적절히 구분해서 작성하며 필요하면 관련 사이트 등도 제시한다.

③ 내용을 정확하게 전달하는 것이 핵심인 만큼, 보충 설명 없이도 내용을 완전하게 전달할 수 있도록 작성한다.

④ 풍부한 국내외 사례 분석과 도입 당시의 상황과 이유, 도입 시 갈등 및 해결 사례, 도입 후의 긍정적·부정적 효과도 함께 작성한다.

⑤ 아이디어 제공 차원에서 작성되는 보고서인 만큼 정책 기획 보고서와는 달리 정책의 진행 가능성을 확인하기 위한 검토까지는 포함하지 않아도 된다.

5절 기획서

기획서는 다른 목적의 문서와 비교하는 문제가 출제되므로 제안서와 같은 다른 문서와의 차이 등의 개념을 중심으로 문서의 정의를 이해할 필요가 있다. 그리고 기획서를 작성하는 단계 및 전략, 문서 작성 방법 및 유의 사항, 형식과 그 형식에 맞는 내용 요소 등도 알아 두는 것이 좋다.

출제 POINT

- 기획서의 개념과 목적에 맞는 기획서 설명
- 기획서 작성 시 유의 사항
- 형식에 맞는 기획서 작성

1. 기획서의 정의

기획은 어떤 문제나 과제에 대한 현황을 분석하고, 문제 원인을 찾아 이를 해결하기 위한 구체적인 계획을 세우는 과정이다. 이런 측면에서 기획서란 조직(기관·기업)의 문제나 과업 해결을 위해 새로운 제도나 아이디어를 구체적으로 계획한 문서이다. 즉, 업무 개선을 위한 업무 제안, 신상품 개발 및 판매에 대한 제안 등 지금까지 조직에 존재하지 않았던 제도나 아이디어를 구체적으로 제안하는 문서를 말한다.

기획서에는 자신이 속한 회사의 업무나 자사 상품·서비스를 대상으로 하는 사내 기획서(인사, 총무, 사업 계획, 마케팅)와 거래처나 관계 기관을 대상으로 하는 사외 기획서(영업을 위한 마케팅, 사업제안 등)가 있다.

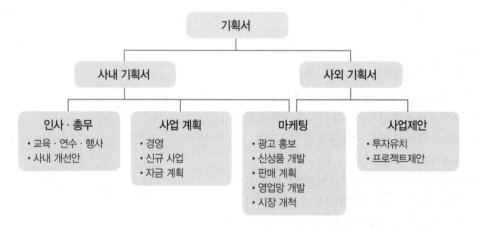

좋은 기획서의 조건

문제 해결 요거을 축족할 것	상대방이 공감하고 흥미롭게 생각하는 내용일 것	상대의 요구를 충족시킬 것
• 기획 목적 • 목적을 달성하기 위한 전략 • 구체적인 실시 방법 • 스케줄 • 예산	• 신선함 • 메리트 • 적은 비용	• 전략적인 타협 • 비전을 보여 줄 것

2. 기획서 작성 과정

문제 상황 확인	직무 수행의 장애 요소를 확인하고 지시·규성·시침을 확인한다.
자료나 정보 수집과 정리	인터넷, TV, 신문, 잡지, 전문 서적이나 연구 보고서, 전문가 의견 등을 통해 정보를 수집하고 중요성을 준거로 정리한다.
문제 파악	'보이는 문제'를 파악하여 현실을 점검하고 '찾는 문제'(개선, 효율)를 통해 잠재(조사, 분석) → 예측(앞으로 발생할 일 찾기) → 발견(유사 사례 검토)의 순으로 문제를 파악하고 '미래 문제'를 분석하여 목표를 지향한다.
해결 방안 아이디어 생성	브레인스토밍, 자유 연상, 체크리스트 점검, 전문가 조언 등을 통해 집중적으로 해결 방안을 생각한다.
체계화 및 가설 적용, 개선	문제를 단순한 모델로 계량화하고, 부수적 요인을 제거하며 핵심 사항만 확대해서 가설(해결 방안)을 적용해 본다.
구상	어떤 유형(보고서, 기획서, 제안서 등)으로 쓸 것인지와 전개 방식을 결정한다.
콘셉트	주제를 형상화하는 자료와 정보를 선택한다.
초안 작성	개요와 초고를 작성하고 초고 검토 등의 활동을 한다.
기획서를 완성한다.	

3. 기획서 구성안 예시

분석	대상·목표 고객·상품·사업·경쟁사·조직·마케팅	구체적이고 항목화, 체계화된 분석 및 그림, 도표 등으로 정리한다.
목적	해결하고자 하는 문제나 과제가 도달해야 하는 상태를 명확하게 드러낸다.	구체적이고 실현 가능한 목적이어야 하고, 가능한 한 계량화·수치화하여 표현한다.
전략	문제·과제 해결 방법을 제시한다.	목표에 도달하기 위한 가장 효율적인 방안, 단계적인 전술과 구체적인 실행 계획을 세운다.
실시 계획	가장 실효성 있는 수단과 실행 시기를 제시한다.	예산 조달 및 업무 분담, 조직 구성원이 취해야 할 행동 지침과 목표를 단계적으로 이루어가는 과정을 제시한다.
비용	목표에 도달하기 위한 필요 예산을 제시한다.	구체적인 예산 배정과 예산 집행 부서, 예산 집행 절차와 시기를 제시한다.
스케줄	기획 실행을 위한 단계적 시기와 시간을 제시한다.	목표·계획 단계별 일지를 제시하고 전체 추진 과정표를 제시한다.

1. 다음에서 설명하고 있는 문서에 대한 내용으로 적절하지 <u>않은</u> 것은?

> 기업에서 일어날 수 있는 다양한 일들에 대해 구체적으로 계획을 수립하여 제출하는 문서이다. 즉, 지금까지 회사에 도입되지 않았던 새로운 제도나 업무개선을 위한 제안, 신제품의 개발 및 판매를 위한 마케팅 계획, 인사 및 총무에 대한 개선책 등 기업에서 일어날 수 있는 다양한 일들에 대해 구체적으로 계획을 수립하여 제출하는 문서이다.

① 문서의 작성 목적을 달성하기 위해 결론이 정확해야 하며 전체를 이해하는 데 도움이 되어야 한다.

② 다른 문서에 비해 일반적으로 제안 조건만 명시하고, 작성 시 형식이나 규정에 구애받지 않으므로 작성하기가 비교적 간단하다.

③ 이 문서를 작성하기 위한 기본 작업은 어떠한 문제점이나 과제에 대해 현황을 분석하고 문제점을 검증하여 해결 방법을 제시하며 해결을 위한 구체적인 실행계획을 세우는 것이다.

④ 어떠한 안건에 대해 개선하거나 문제점을 해결하기 위해 방향성을 제시한다는 점은 다른 문서와 동일하나 개선안에 대한 구체적인 방안을 모색하여 방법을 제시하는 것이 이 문서의 특징이다.

⑤ 문서의 기본 구성은 크게 명칭 · 입안자 · 머리말 · 목차 등이 들어간 표지부, 목적 · 배경 · 기대 효과 · 개요가 들어간 도입부, 내용 · 실시 계획 · 예산이 들어간 본론부, 환경 변수에 대한 대책 · 관계 자료를 제시하는 보조부로 이루어져 있다.

기획서와 제안서의 차이
제안서란 제품이나 서비스 등을 제공하는 기업이 사업 제안을 의뢰한 기업으로부터 받은 제안을 어떻게 수행할 것인지에 대해 정리한 문서이다. 어떠한 안건에 대한 개선이나 문제점을 해결하기 위해 방향성을 제시한다는 점은 기획서와 동일하다. 그러나 개선안에 대한 구체적인 방안을 모색하여 방법을 제시하는 기획서와 다르게 제안서는 일반적으로 제안 조건만 명시하고, 작성 시 형식이나 규정에 구애받지 않으므로 작성하기가 비교적 간단하다.

정답 ②

정답 해설 ②의 내용은 제안서의 일반적인 내용이다. 기획이란 어떠한 문제점이나 과제에 대해 그 현황을 분석하고 문제점을 검증하여 해결 방법을 제시 및 해결하기 위한 구체적인 실행계획을 세우는 과정을 말한다.

오답 해설 ① 계획을 수립하여 제안하고, 그것을 실현하고자 하는 목적을 달성해야 하므로 명확한 결론과 전체에 대한 이해가 필요하다.

③ '구체적인 실행계획'에 핵심을 두고 읽으면 기획서에 맞는 내용임을 알 수 있다.

④ '구체적인 방안 모색'에 핵심을 두고 읽으면 기획서에 맞는 내용임을 알 수 있다.

4. 사업 기획서

(1) 사업 기획서의 용도 · 요건

① 사업 기획서의 용도: 사업 기획서란 사업 아이디어를 실제 비즈니스(사업)로 구현하는 데 비즈니스 주체(기업)와 사업 대상(상품 · 서비스 등), 목표 시장, 마케팅 계획, 생산 계획, 재무 및 자금 운영 계획 등을 포함한 모든 사항들을 어떻게 실현할 것인지의 문제를 문서로 정리한 문건을 말한다.

② 사업 기획서의 요건

　　㉠ 타당성: 기획 대상 사업에 대해 구체적이고 객관적인 근거 · 지표와 전문가 의견 등을 제시하여 사업 계획서를 읽는 사람이 이를 이해하고 받아들일 수 있게 작성되어야 한다.

　　㉡ 현실성: 사업 대상, 즉 사업 아이디어가 실제 상품이나 서비스로 구현되면, 그 이익이 투자자들에게 어떻게 어느 정도까지 분배될지를 보여 줘야 한다.

　　㉢ 완전성: 사업 실현을 위한 모든 항목들을 구비하고, 각 항목들은 유기적으로 연결되어 있어야 한다.

(2) 사업 기획서의 형식

사업 기획서의 모델이나 그 전략은 사업 내용이나 사업 주체에 따라 다양하다. 여기에서는 일반적으로 통용되는 공통 항목을 중심으로 살펴본다.

사업 기획서 목차(구성안)

1. 사업 기획서 요약	사업 아이템이 어떤 내용이고, 어떤 식으로 사업을 진행할 것이며, 사업을 통해 얻게 되는 것이 무엇인지 간결하게 제시한다.
2. 기업 및 사업	① 회사 개요: 회사명과 회사의 단기 및 장기적인 비전 제시 ② 사업 개념: 어떤 사업 형태를 취할 것이며, 고객은 누구이고, 고객에게 어떤 제품이나 서비스를 공급할 것인지에 대한 내용 ③ 사업 전개 방향 및 향후 계획: 주축 및 주변 사업의 전개 방향과 차기 아이템 개발 계획, 그리고 현재 상황과 향후 이상적인 상황과의 차이를 메울 수 있는 방법 제시
3. 사업 및 제품 개요	① 제품 개요: 제품에 대한 구체적 설명과 개발 가능성, 보유 기술 인력과 인력 확보 전략 ② 제품의 특성 및 용도: 제품의 용도 및 수요자, 그리고 제품의 장점과 혜택 및 가치(저작권, 상표권, 특허권 등의 내용) ③ 제품 개발 계획 및 기술 인력: 기술 개발의 필요성 및 개발 목표와 내용, 인력 양성 및 확보 계획 ④ 경쟁 제품과의 차별성: 경쟁 제품에 대한 정의와 현 상황 및 본 제품을 경쟁 제품과 차별화할 수 있는 내용(경쟁자와의 비교를 통해 충분한 성공 가능성 제시)
4. 시장 환경 분석	① 목표 시장: 제품이 속한 시장의 규모와 산업에서의 위치, 수익률, 진입 장벽, 경쟁 상황 및 공급자와 소비자 분석(시장 잠재력)을 중심으로 서술 ② 시장 규모 및 성장 추이: 객관적인 자료와 추정 방법 및 신뢰할 만한 연구 · 조사 자료로 추정 ③ 경쟁 및 경쟁 우위 전략: 기존 사업자들의 장점과 단점을 분석하고 최근 성공한 기업과 실패한 기업의 사례 분석(성공 및 실패의 원인 분석으로 경쟁적 우위를 제시한다.) ④ 시장 진입 및 성장 전략: 시장에서 경쟁 우위 요소로 틈새 시장에 적용하여 연도별 및 단계별 목표 시장 점유율 제시(산정 근거 제시) ⑤ 예상 매출 규모: 시장의 성장 추이와 목표 시장 점유율을 통해 예상 매출 규모 산출 제시
5. 마케팅 계획	① 마케팅 전략 ② 가격 전략 ③ 판매 전략 ④ 광고 전략

6. 생산 계획	① 생산 전략 ② 설비 투자 계획 ③ 원부자재 조달 계획 ④ 공장 입지 및 기타 법적인 규제
7. 재무 계획	① 채산성 분석: 손익 분기점을 분석하여 현재 계획하고 있는 사업에 대한 예상 매출액과 그에 따른 제조 및 모든 운용 비용 등을 보전할 수 있는 매출액 수준 제시 ② 추정 재무 계획: 향후 사업의 재무 상태 및 경영 성과 등을 투자자들에게 수치로 제시(추정 손익 계산서, 추정 대차대조표, 추정 현금 흐름표 포함) ③ 자금 조달 계획: 부족한 자금을 조달할 방법을 제시
8. 조직 및 인적 자원 구성	① 조직도: 회사의 예상 조직도를 제시하며 각 부문의 역할 및 책임 소개 ② 핵심 창업 인력: 해당 인력의 조직 내에서의 지위, 경력 사항, 성공/실패 경험, 학력, 강점 등을 제시 ③ 외부 자문 및 지원 인력: 사업 기능별로 자문 역할을 하는 전문가 소개
9. 위험 요소 및 대책	① 목적: 위험 발생 시 충격을 최소화할 수 있고, 사업에 대한 이해를 심화시켜 자신감을 고취시킬 수 있는 내용 기술 ② 위험 요소의 종류 　ⓐ 거시적 외적 요소: 경기 변동으로 인한 갑작스러운 시장 침체, 시장 및 수요 예측의 오류 가능성 제시 　ⓑ 내부적 요소: 제조 일정의 차질과 판매 계획의 차질 　ⓒ 시장 상황 변화 요소: 경쟁자에 의한 가격 인하, 예상치 못했던 새로운 경쟁사의 출현 　ⓓ 자원 관련 요소: 원자재나 부품 조달의 어려움 발생, 자금 고갈 　ⓔ 제도적 요소: 관리 및 조직 운영상의 부작용, 다양한 관련 법규에 저촉될 위험 제시
10. 사업 추진 일정	시장 조사 및 분석, 마케팅 계획, 생산 및 운용 계획, 재무 계획, 인원 및 충원 계획 등의 세부 사업을 중심으로 사업 추진 일정표 작성 제시
맺음말	사업 모형과 상품 종류, 시장에 따른 사업적 타당성, 현실성, 완전성을 강조하여 기술
첨부 자료	

5. 기획서 예시

영업부 내 고객 상담실 신설의 건

1. 기획 배경(문제점)
   ① 영업직원이 업무 시간 중에 고객의 문의를 받고 있기 때문에 충분한 대응이 이루어지지 못하고 있다.
   ② 주로 판매 현장이 바뀌므로 영업직원과 고객의 지속적인 만남이 어렵다.
   ③ 기존 계약자 또는 방문 고객에 대한 서비스가 원활하게 제공되고 있지 않다.
   ④ 고객 문의와 불만 사항에 대한 정보가 공유되고 있지 않다.
   ⑤ 영업직원들이 신규 고객 개발에 어려움을 겪고 있다.

2. 문제 해결 목적
   • 영업부 내에 고객 상담실을 설치하고, 고객들의 문의와 불만 사항 처리 업무를 전담한다.

3. 기대 효과
   ① 고객에 대한 신속한 대응이 가능하다.
   ② 고객 문의의 75% 이상은 정형적인 질문이므로, 매뉴얼을 마련하여 즉시 대응할 수 있다.
   ③ 고객 불만 사항과 고객 정보를 데이터화하여 신규 고객 개발 영업에 적용할 수 있다.
   ④ 고객 불만 사항은 영업직원과 의사소통 중에 발생되므로 소비자 상담실을 통해 고객 불만 사항을 조기에 처리할 수 있다.

4. 실행 방법
   ① 직원 구성: 총 4명으로 구성(영업부 인력 배치)
      • 실장: 1명   • 접수 직원: 3명
   ② 접수 시간: 월~토, 오전 9시 반~오후 6시
   ③ 접수 내용: 본사 상품 구입과 관련된 문의와 각종 불만 사항
   ④ 시스템: 데이터 베이스 시스템 도입
   ⑤ 고객 상담실 PR: 본사 광고에 첨부(안내)

5. 비용
   ① 고객 상담실 인테리어: 약 2,000만 원
   ② 사무 집기 및 가구(쇼파 등): 약 600만 원
   ③ 운영 비용(소모품 및 접대 비용): 월간 약 50만 원
   ※ 세부 예산 내역 첨부(참조)

– 이상 – 끝.

기획 배경(문제점)
현재 상황에 대한 다각적인 측면에서 문제를 제기한다.

문제 해결 목적
문제 해결 방법의 구체적인 내용을 담아야 한다.

기대 효과
문제 해결 시 기대(예상)되는 효과를 기술한다.

실행 방법
구성과 조직뿐만 아니라, 실행 시기와 일정까지 기술한다.

비용(예산)
실행 방법에 따라 그 항목을 구분하고 집행 계획을 세워 기술한다.

기획서는 사내 행사 기획, 사내 조직 신설 기획, 상품 개발 기획 등 종류가 아주 다양하다. 따라서 목적에 따라 형식과 내용 요소도 다양하다.
예 **사내 친목회 기획(사내 행사 기획)**
• 기획 배경 및 취지 → 기본 계획 및 내용, 기획(제안) 이유 → 행사 내용 및 스케줄 → 비용(예산)
협력회사 발주 방법 일원화 방안(사내 조직 신설 기획)
• 현황(사내 조직 신설 필요성의 근거, 문제점) → 신설 조직에 대한 기능. 책임. 효용성 등 설명 → 신설 조직을 만들기 위한 전문가 확보 방안과 설립 방법론에 대한 구체적 기술 → 인력 및 조직 구조 등 조직 구성안 → 기획안에 대한 구체적인 자료와 근거 첨부

5절 기출로 실력 다지기

※ 다음을 읽고 물음에 답하시오. [1~2]

직영점 예정지 주변 지역 시장 조사 기획서

- 작성일: 20△△년 1월 16일
- 작성자: 소속 (영업부), 직위 (대리), 성명 (박실용)

당사에서 ○○시에 개점 예정인 직영점 예정지 주변 지역 시장 조사를 다음과 같이 기획하였습니다.

1. 개점 예정지의 부동산 조사 내용
   - 1지역: 해당 점포 82평, ○○부동산신탁(주) 소유
   - 2지역: 해당 점포 50평, ○○은행 소유
   - 3지역: 해당 점포 90평, 개인 소유

2. 조사 방법
   - 일   자: 20△△년 1월 18일~20△△년 1월 20일
   - 조 사 원: 총무과 6명/기획실 3명/영업부 4명
   - 내   용: 경쟁 업체의 현황, 반경 5km 이내 유동 인구 및 세대별 인구분포도, 교통 조건 및 유동 인구 통행량 조사, 지역 개발 계획 여부 등
   - 역할 분담: 3개 팀으로 나누어 활동함.
     A팀: 거주지별 인구 이동, 20개 지점에서 사람과 차량 수 조사
     B팀: 인터뷰에 의한 설문 조사와 반응, 목적지, 쇼핑 장소 조사
     C팀: 설문 용지의 배포와 횟수

3. 조사 계획
   팀 단위로 토론하여 조사 방법을 정한 후, 각각 적용함으로써 오차를 줄인다. 각 팀의 일정에 맞추어 조사하며 1주일 단위로 각 팀이 동시 토론회를 개최하여 최종 결과를 도출한다.

---

01 위와 같은 문서의 서술 원칙으로 적절하지 <u>않은</u> 것은?

① 어떤 행동이 필요한지 명확하게 표현해야 한다.

② 문장은 간결해야 하며 자료의 출처를 명기해야 한다.

③ 2가지 이상의 목적을 제시하여 기획의 효율성을 높인다.

④ 주어와 서술어가 명백하고 문장에 논리적 오류가 없어야 한다.

⑤ 추상적인 표현을 피하고 될 수 있으면 전문 용어나 약자를 쓰지 않아야 한다.

02 위 문서에 대한 수정 의견을 [보기]에서 있는 대로 고른 것은?

┤ 보기 ├

㉠ 충분히 이해할 수 있도록 자세하게 작성한다.

㉡ 어떤 결과를 얻을 수 있는지에 대한 내용을 추가한다.

㉢ '3. 조사 계획'을 개조식으로 작성하여 가독성을 높인다.

㉣ 제목을 '직영점 예정지 시장 조사 기획서'와 같이 간결하게 고친다.

① ㉠, ㉡   ② ㉡, ㉢

③ ㉢, ㉣   ④ ㉠, ㉡, ㉢

⑤ ㉡, ㉢, ㉣

03 기획서 작성 시 유의 사항으로 가장 적절한 것은?

① 핵심 내용은 본론에서 강조하는 것으로 충분하다.

② 설득하려는 대상은 특정하지 않고 쓰는 것이 좋다.

③ 기획서의 가정은 독특할수록 좋은 아이디어를 얻을 수 있다.

④ 표와 이미지는 많이 쓸수록 가독성을 높일 수 있으므로 효과적이다.

⑤ 제안의 설득과 채택이 목표라면 프레젠테이션을 염두에 두고 작성한다.

04 기획서를 작성하고 실행하는 일반적인 절차를 다음과 같이 정리할 때 ㉠~㉣에 들어갈 내용으로 가장 적절한 것끼리 묶은 것은?

> 과제 설정 → (㉠) → (㉡) → (㉢) →
> (㉣) → 기획 실행

	㉠	㉡	㉢	㉣
①	조사, 분석	기획서 작성	프레젠테이션	과제 달성 방법 모색
②	기획서 작성	조사, 분석	과제 달성 방법 모색	프레젠테이션
③	기획서 작성	프레젠테이션	조사, 분석	과제 달성 방법 모색
④	조사, 분석	과제 달성 방법 모색	기획서 작성	프레젠테이션
⑤	프레젠테이션	과제 달성 방법 모색	조사, 분석	기획서 작성

05 다음 마케팅 분석 결과를 바탕으로 기획서를 작성할 때 유의해야 할 사항을 [보기]에서 고른 것으로 가장 적절한 것은?

- ■ 브랜드 상황
  - 글로벌 No. 1 크림치즈 브랜드로 국내 점유율 독보적 1위
  - 경쟁사의 크림치즈 제품 출시, 해외 브랜드의 국내 진출 등으로 시장 경쟁이 발생
  - 치즈 종류의 다양화로 인해 크림치즈 시장의 성장 정체
  - 브랜드 인식을 지속해서 개선하면서 매출을 확대할 방안 필요
  - 대중매체 활용보다 소비자와 상호 작용이 가능한 디지털 캠페인 선호

- ■ 타깃
  - Main: 30~49세 여성
  - Sub: 20~29세 여성

- ■ 과제
  - 소비자 최접점(Sales Point)에서 구매 유도를 하기 위한 커뮤니케이션 전략
  - 브랜드 체험 확대를 위한 온·오프라인 입소문 캠페인

┤ 보기 ├

㉠ 목차를 통하여 전체 내용을 이해할 수 있게 한다.

㉡ 실행에 필요한 비용과 기대 효과를 정확하게 제시한다.

㉢ 원인 규명을 확실하게 하고 책임 소재를 분명히 하여 기술한다.

㉣ 장점만이 아니라 결점, 우려 사항 등 문제점도 명확히 제시한다.

㉤ 활동 내용을 시간순, 공간별로 제시하여 활동 과정이 드러나도록 한다.

① ㉠, ㉡, ㉣　　　　② ㉠, ㉢, ㉤

③ ㉡, ㉢, ㉣　　　　④ ㉡, ㉣, ㉤

⑤ ㉢, ㉣, ㉤

06 다음 (가)에 들어갈 내용을 [보기]에서 고른 것으로 가장 적절한 것은?

제품명 (서비스명)	의료 관광 상품 공모전 상품 기획서

1. 상품 구성 부문

(가)

2. 손님 모집 마케팅 부문

3. 상품화 및 손님 모집 가능성

4. 예산 집행 계획

───── 보기 ─────

㉠ 관광 콘텐츠 연계성 등 시너지 효과 측면 기술
㉡ 예상 손님 모집 인원수, 예상 수입 반드시 기술
㉢ 선정된 고객을 설득할 수 있는 효과적인 마케팅 방법 기술
㉣ 지원금, 업체 자비, 국내외 관계 기관/파트너 공동 사업 추진 시 총 예상 비용 기술
㉤ 상품 가격, 진료 서비스, 옵션 항목, 전문의 소개, 연계 관광 프로그램 요소 등 자유 기술

① ㉠, ㉡   ② ㉠, ㉤
③ ㉡, ㉢   ④ ㉢, ㉣
⑤ ㉣, ㉤

6절 프레젠테이션

프레젠테이션은 작성 방법, 관련 내용에서 프레젠테이션할 내용 도출, 화면 구성, 광고나 홍보문 등 기획을 위한 단계와 문구, 초안 작성, 프레젠테이션의 대상 또는 구상, 화면 구성 항목 등이 다양하게 출제된다. 그러나 프레젠테이션의 작성 방법 등의 기본적인 내용으로도 쉽게 해결할 수 있는 수준으로 출제되고 있다.

출제 POINT

- 프레젠테이션 상황과 청중 분석 및 프레젠테이션 목적 설명
- 프레젠테이션 작성 방법과 작성 과정 설명
- 자료를 그림이나 그래프 등으로 시각화

1. 프레젠테이션의 정의

시청각 자료를 활용하여 사업 따위의 계획이나 절차를 구체적으로 발표하는 활동이다.

2. 프레젠테이션 작성 과정

내용 결정	• 프레젠테이션의 목적과 전략을 명확히 설정(파악)한다. • 수신인(청중)에 대한 정보를 수집하고 분석한다. • 프레젠테이션 주제를 설정한다. • 프레젠테이션 스토리(시나리오)를 작성하고 결론을 먼저 제시한다. • 프레젠테이션 시간을 설정한다. • 프레젠테이션 시간을 배분한다.

↓

자료 작성	• 기초 자료를 수집한다. • 자료를 분석하고 선택한다. • 프레젠테이션 스토리에 맞춰 자료를 재구성한다. • 주제 및 내용에 따라 자료를 배치한다. • 내용 결정 및 작성: 쉬운 말로 간결하게 표현한다. 　– 청중의 감성에 호소하면서도 발표자의 이성적 냉철함을 보여 줄 수 있는 구성 　– 청중이 유익한 정보로 받아들일 수 있도록 구성 • 프레젠테이션 내용 시각화, 한 화면에는 1가지 내용만으로 구성한다. • 수치는 청중이 이해하기 쉽게 일상적인 것과 비교하여 제시한다. • 전문 용어나 약어 등의 사용을 자제한다.

↓

발표 준비	• 발표장을 확인한다. • 리허설(발표 연습), 청중 친화적인 어조와 자세를 연습한다.

↓

프레젠테이션	서론	• 주의 유도/분위기 조성/동기 부여 • 핵심 내용(포인트) 소개 • 프레젠테이션 발표 과정 소개	• 청중을 가르치려 하거나 조급하게 설득하지 않는다. • 청중의 이익을 부각하고 프레젠테이션 화면과 청중을 향한 시선은 50:50을 유지한다.
	본론	• 중요 내용(핵심 포인트) 제시 • 발표 집중, 신뢰감 있는 몸짓, 표정, 목소리 • 논리적 전개	
	결론	• 주의 환기 • 중요 내용(핵심 포인트) 요약, 강조 • 질문 응답 및 최종 마무리	

① **도표의 이용 목적과 표현 방법**: 도표(그래프, 사진, 그림 등)는 청중의 이해를 돕는 도구로써 기능하므로 청중의 인식 수준에 맞추어 작성한다. 그리고 프레젠테이션은 목적과 핵심 개념 등을 전달하므로 개념과 범주 등을 분류하고 쉽게 이해할 수 있도록 작성한다.

② **프레젠테이션을 위한 자료의 재구성**: 자신이 이해하거나 파악한 개념 등을 청중의 입장에서 다시 재검토하여 재구성할 필요가 있다. 즉, 주제, 개념, 데이터(Data) 등이 복잡하게 얽혀 있는 자료를 분류하고 범주화하여 항목별로 정리한 다음, 내용 체계에 맞게 시각화하여 적용한다.

③ **프레젠테이션 논리 구성**: 일반적으로 프레젠테이션은 결론을 먼저 제시하고 이를 뒷받침하는 자료(증거) 등을 정리, 통합하여 내용 전체의 논리 체계를 구성한다. 청중의 입장에서 이해하기 쉬운 논리 체계는 '결론 → 각 장의 항목 및 소주제 → 각 절의 세부적인 내용'을 제시하는 것이다.

④ **문장화**: 핵심 내용을 문장으로 작성하되, 논리 체계에 따라 상위 항목을 소제목으로 작성한다. 그리고 내용에 따라 몇 개의 장이나 절로 분할한다.

⑤ **페이지 구성**: 논리 체계에 따라 정리한 내용을 바탕으로 장·절의 내용을 요약 제시하는 페이지와 각각의 장·절의 세부 내용을 제시하는 페이지를 논리 체계의 순서에 따라 작성한다.

⑥ **도표(그래프, 사진, 그림 등) 배치**: '내용'은 도표가 나타내는 정보의 핵심을 간략하게 기술하고, '제목'은 도표가 나타내는 정보를 함축한 내용을 기술한다. '도표'는 사실이나 확실한 근거로 추론되는 내용 혹은 통계 등을 나타내고, '각주'를 통해 도표에 나타난 정보에 대해 보충 설명을 할 수 있다. '자료명'에는 인명, 데이터의 출처, 기타 도표의 신뢰성을 뒷받침하는 내용이나 출처, '자료 번호'에는 자료 분류 및 보관을 위한 번호를 기입한다.

⑦ **자료 제시 방법**

　㉠ **집약**: 제시된 자료가 논리 체계에 따라 집약되지 않으면 오히려 이질적인 정보나 자료로 보이므로, 혼재된 자료를 일목요연하게 정리하고 집약하여 표현해야 한다.

　㉡ **전략적인 표현**: 제시하는 자료에 대한 표현 전략이 미숙하면, 자료를 이해하기 어려울 뿐만 아니라 자칫 자료, 정보에 대한 잘못된 해석을 이끌어낼 수 있다. 따라서 자료를 어떻게 표현할 것인가에 대한 충분한 전략적 검토가 선행되어야 한다.

　㉢ **특정 지표의 수치화와 시각화**: 정량적 자료는 내용상 청중이 쉽게 이해하거나 공감하기 어려우므로, 정량적 자료나 특정 지표는 수치화하고 시각화하여 표현하는 것이 바람직하다.

1. 다음 프레젠테이션의 '목차' 중에서 [보기]와 같은 슬라이드를 삽입하기에 가장 적절한 곳은?

목차

1. 농촌진흥법 제정
2. 농촌진흥청 발족 및 연혁
3. 농촌진흥법 전부 개정
4. 연구 · 지도직 직원의 문제
5. 농촌진흥청 지방 이전 시 문제점
6. 농촌진흥청 구성원의 역할과 태도

┤ 보기 ├

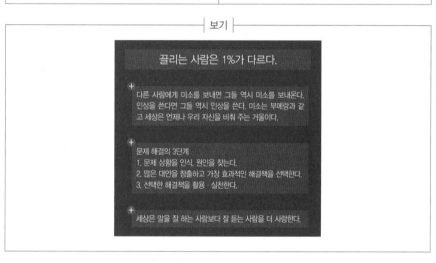

① 2. 농촌진흥청 발족 및 연혁

② 3. 농촌진흥법 전부 개정

③ 4. 연구 · 지도직 직원의 문제

④ 5. 농촌진흥청 지방 이전 시 문제점

⑤ 6. 농촌진흥청 구성원의 역할과 태도

정답 ⑤

정답 해설 [보기]의 슬라이드는 문제 해결에 필요한 제언을 담고 있다. 이것은 '6. 농촌진흥청 구성원의 역할과 태도'에서 강조할 내용으로 삽입할 만한 슬라이드이다.

6절 기출로 실력 다지기

01 다음 [보기] 내용의 프레젠테이션 화면 구성으로 적절한 것은?

┤ 보기 ├

국민의 안전한 삶 보장

• 성폭력으로부터 안전한 사회(성폭력 근절)
• 가정 폭력 방지 및 피해자 보호 강화(가정 폭력 근절)
• 학교 폭력 및 학생 위험 청정 환경 조성(학교 폭력 근절)
• 먹거리 관리로 식품 안전 확보(불량 식품 근절)

①

②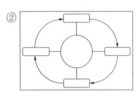

③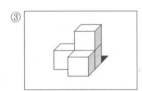

④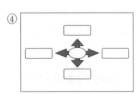

⑤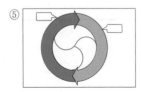

02 다음 글의 1단계~5단계에 들어갈 내용을 [보기]에서 순서대로 나열한 것은?

업무상 커뮤니케이션을 할 수 있는 전략적 커뮤니케이션 모델은 다음과 같다.

1단계 ➡ 2단계 ➡ 3단계 ➡ 4단계 ➡ 5단계

이때 발표자는 아무리 간단한 메시지라도 전반적인 목표, 커뮤니케이션하는 특정한 목적, 그리고 발표자의 드러내지 않은 과제라는 3가지 요소를 고려하여 구성해야 한다.

┤ 보기 ├

㉠ 발표에 대한 효과를 확인하거나 반응을 분석하고 평가한다.
㉡ 기획에서 명확히 수립한 목표에 도달할 수 있도록 자신감과 개인 특유의 스타일로 메시지를 전달한다.
㉢ 설계 내용에 따라 발표 목적에 맞는 구체적인 정보를 선별하고 체계적이고 알기 쉬운 슬라이드나 자료를 조직화한다.
㉣ 프레젠테이션의 주제나 목적, 목표 등을 명확히 설정하고 발표 대상이 될 청중 등 주어진 환경에 대해 모든 것을 숙지한다.
㉤ 누가, 언제, 무슨 메시지를 전달할 것인가를 고려하여 기획 내용에 따라 서론-본론-결론으로 프레젠테이션의 초안을 짠다.

① ㉢-㉡-㉠-㉣-㉤
② ㉢-㉣-㉤-㉠-㉡
③ ㉣-㉤-㉡-㉢-㉠
④ ㉣-㉤-㉢-㉡-㉠
⑤ ㉤-㉡-㉢-㉣-㉠

※ 다음 글을 읽고 물음에 답하시오. [3~5]

(가)

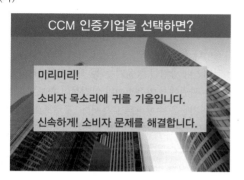

* CCM 인증: 소비자 중심 경영 인증

(나)

문: CCM 인증은 무엇이 좋을까?
답: CCM 인증을 통해 소비자는 합리적인 소비
   생활을 지속할 수 있고, 기업 측면에서는
   지속적인 혁신으로 기업 경쟁력을 높이고
   소비자 문제 해결을 통해 사회적 비용을 절
   감할 수 있다.
문: CCM 인증마크는 어디서 찾을 수 있을까?
답: 마트, 백화점, 편의점 등 일상생활 어디서
   나 제품을 꼼꼼히 보면 찾아볼 수 있다.
   CCM 인증마크가 있는지에 따라 물건을 구
   매하는 것이 곧 합리적인 선택의 기준이 되
   니 꼭 확인해 보는 것이 좋다.
문: CCM 인증기업은?
답: CCM 인증기업은 식품, 가전, 생활용품, 유
   통, 금융, 공공서비스 등 다양한 업종의 대
   기업, 중소기업, 공공기관 166개사(2017.
   7. 1. 기준)가 있다. 더 많은 인증기업을 알
   고 싶다면 한국 소비자원 공식 홈페이지에
   서 찾아볼 수 있다.

03 윗글의 (가)와 같은 프레젠테이션 대상으로 가장 적절
한 것은?

① 기업   ② 소비자
③ CCM 인증업체   ④ CCM 평가기관
⑤ 공정거래위원회 직원

04 윗글 (나)를 슬라이드로 작성할 때 구성으로 가장 적절
한 것은?

①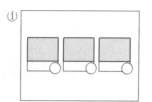

②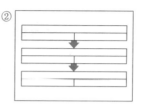

③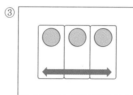

④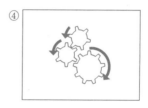

⑤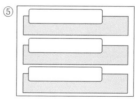

05 위 프레젠테이션을 바탕으로 다음과 같은 홍보문을 작성할 때 (가)에 쓸 내용으로 가장 적절한 것은?

① 상품 선택의 기준은 CCM

② 마트, 백화점, 편의점 등 일상생활 어디서나 CCM 마크 확인

③ 식품, 가전, 생활용품, 유통, 금융, 공공서비스 등 다양한 업종의 대기업, 중소기업, 공공 기관 166개사

④ 소비자의 합리적인 소비생활, 지속적 혁신으로 기업 경쟁력 제고, 소비자 문제 해결로 인한 사회적 비용 절감

⑤ 기업의 경영이 소비자 관점에서 소비자 중심으로 이루어지는지 한국소비자원이 평가하고 공정거래위원회가 인정하는 제도

06 다음을 프레젠테이션할 때 화면 구성 항목으로 적절하지 <u>않은</u> 것은?

기계적인 특성과 안전상의 이유로 로봇은 독립적인 개체로 작업하도록 설계되어 있는 것이 일반적이나 협동 로봇의 경우 작업자의 옆에서 물건을 건네거나 중량물을 옮기는 등 작업자와 함께 일한다는 관점에서 자율적이며 안전성이 확보된, 협조적인 기능을 수행하는 로봇이다. 구체적으로 살펴보자면, 기존 로봇에 안전 펜스를 두는 것과 달리 협동 로봇은 안전 펜스 없이 작업자와 같은 공간에서 작업이 가능하다는 점에서 안전성을 확보하고 있다. 또한, 작업자의 효율성 증대, 생산성 증대의 목적으로 설계된 로봇이기 때문에 소형이며 경량화되어 있어 유연성과 이동성을 확보하고 있다. 이처럼 작업자의 생산성과 효율 증대를 위해 도입되고 있는 협동 로봇은 제조 산업 전반의 공정 자동화와 기업의 효율성 개선에 많은 영향을 주고 있다. 제조 분야에 집중적으로 도입되고 있는 협동 로봇은 정책 지원에 힘입어 다수의 기업이 시장에 참가하고 있다. 반면에 정책 지원이 미흡하고 기업의 참여도 저조한 스마트미디어 부문의 경우 열악한 제작 환경 개선과 생산성, 효율성 증대, 경쟁력 강화와 비용 절감을 위해 어느 때보다 협동 로봇의 도입이 필요하다.

① 협동 로봇의 정의

② 협동 로봇의 시장 동향

③ 협동 로봇의 특성과 장점

④ 미디어 부문의 협동 로봇 도입의 가치

⑤ 방송용 협동 로봇 프로젝트 정부 지원 확정

기사문과 보도문

기사문과 보도문은 실제 사실이나 사건, 정보 등을 독자에게 알린다는 공통점이 있으나, 보도문은 정부나 기업에서 홍보의 수단으로 징책의 기요와 추진 내용, 방향 등의 상세한 자료와 보도 시점을 제공하여 대중에게 정보를 알린다는 점에서 기사문과 차이가 있다. 기사문과 보도문에서는 개념, '표제-부제-전문-본문' 등의 형식에 따른 내용 요소, 표현 방식 등에 관해 출제되고 있다.

출제 POINT

- 기사문과 보도문의 구성 방식(표제, 부제, 전문, 본문)
- 기사문과 보도문 내용의 논리적 연결

1. 기사문

(1) 기사문의 정의

실제로 있었던 사실이나 사건, 새로운 정보 또는 소식을 기록하여 독자에게 알리는 글이다.

(2) 기사문의 요건과 작성 원칙

① 요건: 정확성과 객관성을 지켜 작성해야 한다.

② 작성 원칙: '언제, 어디서, 누가, 무엇을, 왜, 어떻게'의 육하원칙에 의해 작성한다.

(3) 구성 방식: '표제-부제-전문-본문-(해설)'의 구성 방식을 취한다.

> ### '유전자 전달체' 국내 첫 대량 생산
>
> #### -난치성 유전 질병 치료-
>
> 암과 각종 난치성 유전 질병 치료에 효과적으로 활용될 수 있는 유전자 전달체의 대량 생산을 국내 처음으로 성공했다. 특히 이 유전자 전달체는 수입품에 비해 가격은 2~3배 저렴하면서도 10~30배 가량의 성능을 갖고 있어 향후 유전자 치료법 개발에 획기적 전기가 될 것으로 보인다.
>
> 12일 서울대 화학부 ○○○ 교수 연구팀은 "유전자를 환자의 암세포나 질병세포에 집어 넣어 치료용 단백질을 생산토록 해 주는 유전자 전달체 '오콜'을 개발해 최근 g 단위의 대량 생산에 성공했다."라고 밝혔다.
>
> 연구팀에 따르면 오콜은 콜레스테롤에 아미노산의 일종인 오르니틴(Ornitin)을 붙여 만든 200~500 나노미터 크기의 양이온 미세 입자로, 음이온을 띤 세포 표면과의 결합 반응을 통해 유전자가 세포 안으로 들어갈 수 있도록 도와준다.
>
> -신문 기사(○○일보, 2011. 11. 13.)에서

표제: 전체 내용을 압축적으로 표현한 어구나 문장으로, 사건이나 상황의 핵심을 한눈에 보여 주며, 독자의 호기심과 관심을 끌 수 있게 기발한 표현으로 이루어진다.

부제: 큰 기사일 때 표제를 보완하기 위해 사용하는 작은 제목으로, 표제보다 작은 글씨로 나타낸다.

전문: 기사의 내용을 요약한 것으로, 기사 내용을 육하원칙에 따라 요약하여 제시한다.

본문: 사건이나 상황의 전반적인 내용을 상세하게 풀어 놓은 것으로, 사건이나 상황이 복잡한 경우에는 몇 개의 소주제나 항목별로 나누어 다루고, 분량이 길 경우에는 몇 개의 기사문으로 쪼개어 다룬다.

해설: 경우에 따라 읽는 사람의 이해를 돕기 위해 덧붙이는 말을 말한다.

(4) 기사문 쓰기 방법

계획하기	• **취재 대상 선택**: 취재 이유, 취재 목표와 방법, 취재 대상 탐구, 보도 후 결과 반향 예상 • **취재 준비**: 취재 대상 관련 사전 정보 수집, 취재 장비, 취재 참가자, 취재 전 양해 사항 통보 숙지
조직하기	• **표제**: 기사 내용을 압축하여 표현한 짧은 구절의 표현으로, 기사가 길거나 중요한 내용일 경우 부제를 표시한다. • **전문**: 기사문의 내용을 육하원칙에 따라 요약한 줄거리이다. • **본문**: 전문을 상세하게 전달하는 부분으로, 육하원칙에 따라 중요한 내용을 앞쪽에 배치하고 덜 중요한 내용은 뒤쪽에 배치한다. 본문 뒤에는 사건의 발생 이유, 전망, 평가 등을 제시하기도 한다.
표현하기	• 객관적으로 써야 한다. • 기사문의 구성 방식인 '표제 – 전문 – 본문'의 일반적인 구성 방식에 따라 쓴다. • 표제와 부제가 기사문 내용에 맞도록 통일성과 일관성을 지킨다. • 기사문은 간결해야 하므로 문장의 길이는 짧아야 한다. • 관련 사진이나 화보 등의 보조 자료를 사용하여 독자들의 이해를 돕는다.
고쳐쓰기	• 기사 내용이 가치 있고 객관성과 정확성을 갖추고 있는가? • 표제 – 전문 – 본문의 3단계 구성으로 짜여졌는가? • 기사문이 육하원칙에 따라 쓰여졌는가? • 어문 규범과 보도 윤리를 지키고 있는가?

2. 보도문

(1) 보도문의 정의

보도문은 홍보의 첫 번째 수단으로, 기자에게 정책의 개요와 추진 내용, 앞으로의 방향 등을 파악할 수 있는 상세한 자료와 보도 시점을 제공하여 대중에게 정책의 효과를 비롯해 유용한 정보를 구체적으로 확산시키는 수단이다. 보도문은 언론 기관에 제공되는 자료이지만, 행정기관의 누리집에 일반 국민을 대상으로도 공개되기 때문에 사용되는 언어는 공공 언어에 속한다. 따라서 보도문의 언어는 공공 언어가 갖추어야 할 요건을 갖추어야 한다.

(2) 보도 자료 작성법

보도 자료는 출입 기자를 설득하고 언론을 상대로 홍보하는 기본 문서이므로, 실제 기사를 제공하는 것이다. 취재 기자가 기사를 송고하는 것과 같은 형식으로 작성하는 것이 적절하다.

① 스트레이트(Straight): 사실만을 가지고 육하원칙에 맞춰 작성된 기사로, 수식어나 단어의 중복을 피한 간결한 문장으로 작성한다. 주로 사건, 사고, 현상 등을 그대로 전달한다. 기사의 결론, 즉 전달하는 사실의 결론을 서두에 둔다. 보통 어떤 사안에 대한 최초 제1보로서의 성격을 갖는다.

② 박스(Box): 박스 안에 들어가는 기사로, 스트레이트 기사보다 부드러운 문체로 작성한다. 주로 스트레이트 기사의 배경이나 원인, 뒷얘기 등을 전달하는 해설 기사와 별도의 인터뷰나 미담 기사 등으로 분류된다. 통상, 스트레이트 기사가 나가고 난 후 제2보로서 추가 정보나 해설, 주장 등을 다룬다.

③ 가십(Gassip): 소문이나 험담 따위를 흥미 본위로 다룬 기사라는 사전적인 의미처럼 일반적인 기사와는 구별되는 가볍고 부드러운 기사이다. 그러나 기사를 작성하는 요령은 일반 기사와 같다.

④ **칼럼(Column)**: 필자의 의견이나 주장이 들어가는 형태의 기사로, 박스로 처리되는 외부 기고나 기자의 취재 일기 등이 해당된다. 외부 기고는 해당 언론사의 주장과 달리할 수 있으며, 취재 수첩의 경우는 기자가 기사로 전달하지 못한 자신의 의견이나 뒷이야기를 나눈다.

⑤ **사설**: 해당 언론사의 공식적인 주장을 담아 논설위원들이 집필하게 되며, 서론·본론·결론의 3단 논법에 의해 전개된다.

(3) 보도 자료의 특성

① **단순화**: 군더더기 없이 해야 할 말만 제대로 표현한다. 즉, 정확한 핵심을 명쾌하게 풀어내는 흐름이 중요하다.

② **친절**: 기사를 읽는 사람의 입장에서 내용이 명쾌하고 리듬감이 있도록 세심한 배려를 해야 한다.

③ **속도감**: 물 흐르듯이 막힘이 없는 구성을 해야 한다.

④ **일반 사항**

   ㉠ 전문 용어를 피하고 중요한 사실을 서두로 하여 한 문장씩 짧게 기술한다.

   ㉡ 지나친 수식어는 빼고, 전달하고자 하는 핵심만을 간결하고 명쾌하게 작성한다.

   ㉢ 추측이나 잘 모르는 사항은 빼고 완결되었거나 예측 가능한 내용을 바탕으로 보도 가능한 것만 내보낸다.

   ㉣ 보도 자료는 짧고 간결하게 쓰는 대신 이를 보충하여 설명할 자료는 충분히 제공한다.

   ㉤ 제목은 독자의 흥미와 관심을 이끌 수 있도록 작성한다.

(4) 보도 자료의 소재

① **소재의 종류**

   ㉠ 마케팅 개발 관련 신상품 소개: 개념, 개발배경, 상품 소개, 개발자 인터뷰, 판매목표 등

   ㉡ 대표이사 동정: 인물 동정, 원고 청탁 기고문 활용, 인터뷰 등

   ㉢ 기업 활동 전반에 걸친 브리핑 활용: 기업목표, 실적 등 분기·반기별 브리핑 활용

   ㉣ 기타 홍보거리가 될 만한 소재 활용: 홍보에 필수적인 데이터 및 기본자료 제공

② **기타 홍보 소재 거리가 될 만한 내용**

   ㉠ 기업 기관의 일반 뉴스

   ㉡ 기업 정책 뉴스

   ㉢ 현황에 관한 사항

   ㉣ 기업 기관 행사

(5) 보도문의 구성

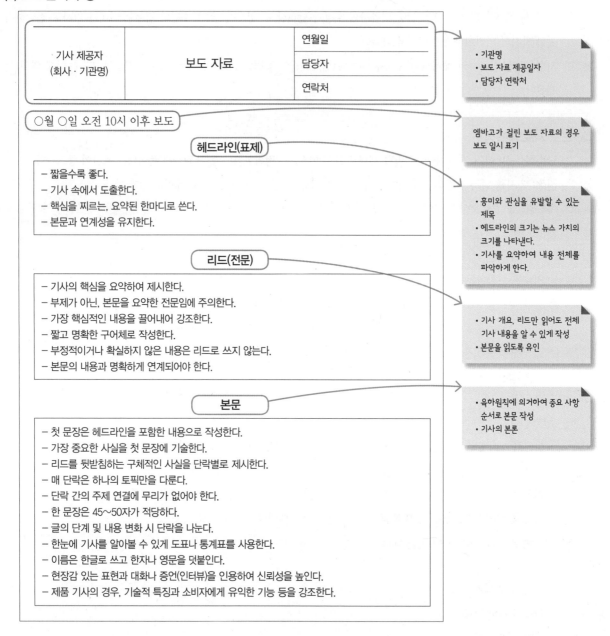

기사 제공자 (회사 · 기관명)	보도 자료	연월일
		담당자
		연락처

• 기관명
• 보도 자료 제공일자
• 담당자 연락처

○월 ○일 오전 10시 이후 보도

엠바고가 걸린 보도 자료의 경우 보도 일시 표기

헤드라인(표제)

– 짧을수록 좋다.
– 기사 속에서 도출한다.
– 핵심을 찌르는, 요약된 한마디로 쓴다.
– 본문과 연계성을 유지한다.

• 흥미와 관심을 유발할 수 있는 제목
• 헤드라인의 크기는 뉴스 가치의 크기를 나타낸다.
• 기사를 요약하여 내용 전체를 파악하게 한다.

리드(전문)

– 기사의 핵심을 요약하여 제시한다.
– 부제가 아닌, 본문을 요약한 전문임에 주의한다.
– 가장 핵심적인 내용을 끌어내어 강조한다.
– 짧고 명확한 구어체로 작성한다.
– 부정적이거나 확실하지 않은 내용은 리드로 쓰지 않는다.
– 본문의 내용과 명확하게 연계되어야 한다.

• 기사 개요, 리드만 읽어도 전체 기사 내용을 알 수 있게 작성
• 본문을 읽도록 유인

본문

– 첫 문장은 헤드라인을 포함한 내용으로 작성한다.
– 가장 중요한 사실을 첫 문장에 기술한다.
– 리드를 뒷받침하는 구체적인 사실을 단락별로 제시한다.
– 매 단락은 하나의 토픽만을 다룬다.
– 단락 간의 주제 연결에 무리가 없어야 한다.
– 한 문장은 45~50자가 적당하다.
– 글의 단계 및 내용 변화 시 단락을 나눈다.
– 한눈에 기사를 알아볼 수 있게 도표나 통계표를 사용한다.
– 이름은 한글로 쓰고 한자나 영문을 덧붙인다.
– 현장감 있는 표현과 대화나 증언(인터뷰)을 인용하여 신뢰성을 높인다.
– 제품 기사의 경우, 기술적 특징과 소비자에게 유익한 기능 등을 강조한다.

• 육하원칙에 의거하여 중요 사항 순서로 본문 작성
• 기사의 본론

※ 다음 글을 읽고 물음에 답하시오. [1~3]

- (㉠)은/는 홍보의 첫 번째 수단으로 기자에게 정책의 개요와 추진 내용, 앞으로의 방향 등을 파악할 수 있는 상세한 자료와 보도 시점을 제공하여 대중에게 정책의 효과를 비롯해 유용한 정보를 구체적으로 확산시키는 수단이다.
- (㉠)은/는 언론 기관에 제공되는 자료이지만, 행정기관의 누리집에 일반 국민을 대상으로 공개되기 때문에 사용되는 언어는 공공 언어에 속한다. 따라서 (㉠)의 언어는 공공 언어가 갖추어야 할 요건을 갖추어야 한다.
- (㉠)의 구성
  1) 제목   2) 리드(Lead)
  3) 본문   4) 붙임 자료

> **보도문의 개념:** 보도문은 언론을 상대로 홍보 활동을 하는 기본 문서
> - 보도문은 기자에게 취잿거리를 제공하는 것이 아닌 실제 기사이다.
> - 에드라인(표제), 리드(전문), 본문으로 구성한다.
> - 핵심 내용을 정확하고 간명하게 쓴다.
> - 보도 자료를 읽는 사람 입장에서 쓴다.
> - 중요 정보를 많이 담고 있는 내용을 앞부분에 쓴다.

1. 윗글의 ㉠에 들어갈 단어로 가장 적절한 것은?

① 기사문   ② 보고서

③ 홍보문   ④ 보도 자료

⑤ 제안 요청서

정답 ④

정답 해설 기자에게 전하는 홍보 수단이라는 점, 상세한 자료와 함께 보도 시점을 제공한다는 점 등으로 볼 때 보도 자료에 관한 설명이다.

2. 아래 글을 참고할 때 윗글의 '3) 본문'에서 쓰기에 적절하지 않은 표현은?

- 차별적 표현은 삼간다.
- 고압적이고 권위적인 표현은 삼간다.
- 공공 언어로서 적절하지 않은 저속한 표현이나 구어적인 표현은 삼간다.

① ~을 운영하도록 하였다.

② 우리에게 도움을 주었고 ~

③ ○○○장관은 ~라고 말하였다.

④ ~에 대해 아리송해 하는 경우가 많았다.

⑤ 서울시 ○○구의 독거노인과 한 부모 가족, 청소년 가장 가족 등에 ~을 전달하였다.

정답 ④

정답 해설 구어적인 표현을 삼가야 한다. '~에 대해 알지 못하는 경우가 많았다.'라고 써야 한다.

3. 윗글의 '4) 붙임 자료'에 관한 설명으로 적절한 것을 [보기]에서 모두 고른 것은?

┤ 보기 ├

㉮ 원문을 간결하게 요약하여 첨부한다.

㉯ 상세 내용이나 우수 사례, 행사 일정표 등을 첨부한다.

㉰ 행사 사진이나 우수 사례 등은 언론사에서 활용할 수 있는 형태로 작성한다.

㉱ 정책에 대한 예상 비판 및 대응 논리를 담은 Q&A 자료를 첨부하여 선제 대응 방법으로 활용한다.

① ㉮, ㉯　　　　　　　　　② ㉯, ㉰

③ ㉰, ㉱　　　　　　　　　④ ㉮, ㉯, ㉰

⑤ ㉯, ㉰, ㉱

정답 ⑤

오답 해설 보도 자료의 붙임 자료는 원문을 첨부해야 한다. 보도 자료 자체가 원문을 간결하게 요약한 자료이기 때문이다.

7절 기출로 실력 다지기

※ 다음 기사문을 읽고 물음에 답하시오. [1~2]

(가) '3040 창업' 줄고, '노인 · 청년 창업' 늘었다

(나)　　국세청, 국세 통계 2차 조기 공개

(다)　지난해 신규 창업자 가운데 청년과 노인 비중이 늘어나는 추세가 또다시 이어졌다. 5일 국세청이 공개한 올해 '국세 통계 2차 조기 공개' 내용을 보면 지난해 새로 창업한 사업체 수는 128만 5천 개로 전년보다 4.7% 증가했다. 지난해 신규 창업 사업체는 법인 12만 5천 개, 개인 사업체 116만 개였다. 국세청은 매년 12월 국세통계연보에 세금 신고 내용 등을 통계로 정리한 국세 통계를 공개하는데, 이에 앞서 일부 항목을 한해 '조기 공개' 형태로 먼저 공개한다.

　지난해 창업자 가운데 나이별로 가장 많은 부분을 차지한 이들은 여전히 40대(30%)였다.

(라)　　　　－ 중간 생략 －

　청년 창업 활성화를 지원하는 정책적 분위기와 은퇴 이후에도 일을 놓지 못하고 자영업에 뛰어드는 노인들이 늘어나는 추세가 반영된 결과로 풀이된다. 한편, 지난해 법인세 신고분(2016년 영업분)을 보면, 법인당 평균 소득은 3억 5,900만 원으로 전년(3억 3,400만 원)보다 2,500만 원 증가했다. 이 가운데 상위 10% 법인이 43억 7,800만 원을 벌어들였고, 하위 10% 법인은 11억 원 적자를 기록했다. 다만 전년과 비교해 보면 상위 10% 법인의 경우 전년(43억 7,000만 원)보다 800만 원 정도 소득이 늘어나는 데 그쳤지만, 하위 10% 법인의 경우 13억 3,300만 원에 달했던 적자가 2억 원 이상 줄어든 모습이다.

01 윗글의 (가)~(라)를 작성하는 방법을 [보기]에서 모두 고른 것으로 적절한 것은?

　　　　　　　┤ 보기 ├

(가): 독자가 기사의 전체적인 내용을 예측하거나 파악할 수 있도록 기사의 내용을 압축적으로 작성한다.

(나): 기사문이 짧거나 중요도가 적을 때 생략할 수 있지만, 표제를 보충하는 내용으로 작성한다.

(다): 기사의 내용을 요약하여 작성한다.

(라): 사실이나 사건의 배경에 관한 설명, 전후 사정 등을 짧게 요약하여 작성한다.

① (가), (나)　　　　② (나), (다)
③ (다), (라)　　　　④ (가), (나), (다)
⑤ (나), (다), (라)

02 윗글 (라)의 '－ 중간 생략 －'에 쓸 내용으로 적절한 것은?

① 청년과 노인들의 창업은 점차 그 비중이 줄고 있다.
② 30대 창업자 역시 2013년 23.4%에서 지난해 26.2%까지 비중이 증가하는 추세다.
③ 60세 이상 고령층 역시 2013년 11.6%에서 지난해 8.9%까지 전체 창업에서 차지하는 비중이 줄었다.
④ 신규 창업 가운데 40대 비중은 2013년 32.1%에서 올해 30%에 이르기까지 해마다 조금씩 줄고 있다.
⑤ 50세 미만 신규 창업자가 전체 창업에서 차지하는 비중은 2013년 9.2%에서 지난해 10.1%까지 늘었다.

03 다음 보도 자료를 참고로 기사문을 작성한 내용으로 적절하지 <u>않은</u> 것은?

> - 행정안전부는 6일 중앙부처 공무원의 근무 혁신을 위해 부처 업무 환경을 웹 오피스*로 바꾸기로 하고 이를 위한 적용 시험을 진행한다고 밝혔다.
>   - 웹 오피스란 단말기에 문서편집기를 설치하지 않고도 클라우드 서비스인 웹 편집기를 이용하여 장소와 단말기 제약 없이 문서를 작성하고 활용하는 업무 환경이다.
> - 행안부는 웹 오피스 도입을 위해 지난해 정부 클라우드 저장소 「G드라이브」를 구축하여 중앙 행정기관을 대상으로 서비스를 제공하고 있다.
>   - 이번 실증 연구를 통해 '웹 편집기의 기능을 점검 → 단말기기 적용 시험을 진행 → 행안부 등 세종특별자치시 이전 기관에 시범 도입'한다는 계획이다.
>
> * 웹 오피스: 휴대용 단말기에서 웹 편집기로 문서를 작성하여 G드라이브에 저장하고 온-나라 문서 시스템에 접속하여 보고 · 결재하는 프로그램

① 행정안전부가 웹 오피스 업무 환경 조성을 위한 실증에 착수했다.

② 공무원들이라면 누구나 어디서든지 클라우드 서비스로 문서를 작성할 수 있게 되었다.

③ 향후 웹 편집기를 활용하면 휴대용 단말기로도 문서를 작성하고 보고 및 결재까지 할 수 있다.

④ PC 위주의 업무 환경을 웹 오피스로 전환하게 되면 공직 사회에 많은 변화가 있을 것으로 예상된다.

⑤ 사무실 밖에서도 신속하게 문서를 작성하고 결재할 수 있어서 근무 방식의 혁신이 올 것으로 기대된다.

※ 문화체육관광부 소속 임○○ 사무관이 작성한 보도 자료의 초안을 읽고 다음 물음에 답하시오. [4~5]

> | 표제 |
> | --- |
>
> − 여수 엑스포 컨벤션 센터에서
> 2017 관광 두레 전국 대회 개최 −
>
> (가) 대회 첫날인 11월 3일(금) 엑스포 디지털 갤러리(야외)에서 열리는 개회식은 '보물길 여는 황금 열쇠', '한국을 빛낸 51곳의 관광 두레들' 등의 축하 공연과 함께 본격적인 축제의 시작을 알린다. 이후 관광 두레 사업의 의미와 '주민이 만드는 지역 여행'에 대한 소개, 무대 공연, 만찬, 4개 권역별 복합 여행 상점 등이 이어진다.
>
> (나) 문화체육관광부가 주최하고 한국문화관광연구원이 주관하는 '2017 관광 두레 전국 대회'가 오는 11월 3일(금)부터 4일(토)까지 여수 엑스포 컨벤션 센터에서 개최된다.
>
> (다) '지역의 보물을 찾아서, 주만지(주민이 만드는 지역 여행)'라는 표어 아래 열리는 이번 전국 대회에서는 주민 사업체 주민과 지자체 관계자 등 800여 명이 참가해 그간 주민들이 발굴해 온 지역의 보물 같은 여행지를 찾아 모험을 떠난다.
>
> (라) 11월 4일(토)에는 그랜드홀에서 주민과 관광 두레 피디의 창업 이야기를 들어 보는 프로그램 '지역 관광을 바꾸는 사람들'이 진행된다. 이와 동시에 세미나실에서는 정부와 지자체의 협력을 강화하기 위한 '지자체 간담회'가 열린다. 이 외에도 개그맨 전○○ 씨의 특별 강연 '변화와 도전, 아이디어 발상', '2017 관광 두레 시상식'과 '폐회식'도 마련된다. 이번 관광 두레 전국 대회에는 관광 두레 블로그(tourdure.blog.me)를 통해 신청하면 누구나 참가할 수 있으며, 특히 11월 3일(금) 오후 6시부터 열리는 '여행 상점'에는 사전 신청 없이 현장에서 바로 참여할 수 있다. 또한, 문화 포털(www.culture.go.kr) 내 문화티브이(TV)에서 이틀 동안 열리는 '2017 관광 두레 전국 대회'가 실시간으로 생중계된다.

04 윗글 (가)~(라)를 논리적 순서에 맞게 배치한 것은?

① (가)-(나)-(다)-(라)

② (가)-(라)-(나)-(다)

③ (나)-(다)-(가)-(라)

④ (다)-(가)-(라)-(나)

⑤ (라)-(다)-(나)-(가)

05 윗글 '표제'에 쓸 내용으로 가장 적절한 것은?

① 주민 주도형 관광 창업 모델, 관광 두레

② '2017 관광 두레 전국 대회' 실시간 생중계

③ 관광산업 생태계가 계속 이어질 수 있는 지원 방안

④ 주민이 만드는 지역 여행, 계속 이어지는 지역 관광 모색

⑤ 문화체육관광부 주최, '2017 관광 두레 전국 대회' 열리다

※ 다음 보도 자료를 읽고 물음에 답하시오. [6~7]

- 조달청(청장 박○○)은 조달교육원에 국가와 공공기관으로부터 건설공사 등을 수주한 기업들을 대상으로 5월 14일(월)부터 하도급지킴이 이용 정규교육을 신규로 개설한다.

    ─ _____(가)_____

- 하도급지킴이*는 2013년도에 구축되었고, 업무 프로세스 간소화 및 재정 정보 시스템 연계 등 지속적인 시스템 개선 사업을 통해 시스템 사용이 일반화됐다.

    ─ _____(나)_____

- 올해부터는 발주 기관에서 의무적으로 하도급지킴이를 통해 대금을 지급해야 하므로, 시스템 미사용 기관 및 기업의 교육 수요가 늘어나고 있다.

    ─ _____(다)_____

- 이○○ 조달교육원장은 "하도급지킴이 의무 사용이 제도적으로 신속히 정착될 수 있도록 기관과 업체의 교육 수요에 귀 기울이고, 교육과정의 추가 개설 등의 요구 사항을 적극적으로 반영해 나갈 것"이라고 밝혔다.

※ 하도급지킴이 이용에 관한 업무 협약은 "시스템 활용 관련 교육 요청이 있으면, 적극적으로 지원한다."라는 내용을 포함하고 있으며, 2018. 5. 1. 기준 13개 기관과 체결했다.

* 하도급지킴이: 공공사업을 수행하는 원도급자들이 계약 체결, 대금 지급 등 하도급 전 과정을 전자적으로 처리하고 발주 기관이 이를 온라인으로 지켜보는 시스템

06 윗글의 표제와 부제로 가장 적절한 것은?

① 조달교육원 하도급지킴이 '기업 교육과정' 개설

   ─ 하도급지킴이 사용 의무화에 따른 공정한 하도급 거래 정착 교육 지원 ─

② 하도급지킴이 이용에 관한 업무 협약 체결 2주년

   ─ 시스템 활용에 관해 기관과 기업의 교육 수요 갈수록 늘어 ─

③ 조달청, 올 하반기 하도급지킴이 정규교육 신규 개설
  – 발주기관이 온라인으로 하도급 전 과정을 지켜보는 시스템 –
④ 조달교육원, 하도급지킴이 이용 교육 연 3회로 확대
  – 2013년도에 구축된 하도급지킴이 2018년 이후 시스템 사용 일반화 –
⑤ 이○○ 조달교육원장 취임 기간 최대 성과로 하도급지킴이 꼽아
  – 서비스 정착하기 위해 기관과 업체의 요구 사항 적극적으로 반영해 나갈 것 –

07 윗글의 (가)~(다)에 들어갈 내용으로 가장 적절한 것을 [보기]에서 고른 것은?

┤ 보기 ├

㉠ 발주 기관 대상 하도급지킴이 이용 교육도 연 2회 실시 예정이었으나 교육 수요 증가를 고려, 연 3회로 확대키로 했다.
㉡ 이미 일부 기관에서는 조달청과 '하도급지킴이 이용에 관한 업무 협약(MOU)'을 체결하고 시스템 활용에 관한 교육을 요청하고 있다.
㉢ 조달청은 기획재정부와 협의하여 하도급지킴이 사용을 의무화하는 내용을 『예산 및 기금운용계획 집행지침』, 『공기업과 준정부기관 예산 집행지침』 등에 반영했다.

	(가)	(나)	(다)
①	㉠	㉡	㉢
②	㉠	㉢	㉡
③	㉡	㉠	㉢
④	㉡	㉢	㉠
⑤	㉢	㉠	㉡

※ 다음 보도 자료를 읽고 물음에 답하시오. [8~10]

표제

– 국가기록원, 네팔 등 아시아 5개국 참가
'국제 기록문화유산 관리 역량 강화 연수' 실시 –

(가) 행정안전부 국가기록원(원장 이○○)은 열악한 보존 환경으로 세계기록유산의 보존에 어려움을 겪고 있는 아시아 5개 국가의 기록 관리 관련 전문가를 초청하여 맞춤형 연수를 시행하고 있다. 이 연수 과정은 한국국제협력단(KOICA) 공적개발원조(ODA) 사업의 일환으로 국가기록원 주관으로 진행되며, 네팔, 라오스, 스리랑카, 인도네시아, 미얀마 5개국 18명을 대상으로 6월 14일부터 7월 4일까지 약 3주간 계속된다.

(나) 연수에 참여 중인 라오스의 캄판(Ms. Khamphanh Southammavong) 씨는 "대한민국이 이번 연수에 완벽한 적임자라고 생각한다. 이번 기회를 통해 업무 능력을 높이고 라오스의 기록 관리 발전을 위해 활용하겠다."라는 포부를 밝혔다. 또한, 네팔의 나바다(Ms. Narbada Shrestha) 씨는 "네팔의 기록 관리 기술이 많이 뒤처진다는 것을 느낀다. 특히, 대한민국의 전자 기록 관리를 잘 배워서 네팔에 활용해 보고 싶다."라고 말했다. 스리랑카의 다누(Mr. Dhanu Sanjaya) 씨는 "대한민국의 법체계에 감명을 받았다. 스리랑카에 적용해 보고 싶다."라고 전했다.

(다) 이번 국제 연수 과정은 2017년부터 2019년까지 3차연도에 걸쳐 진행되는 연수 중 두 번째 과정으로, 지난해 고위 관리자 대상 연수에 이어 중간 관리자와 실무자 대상으로 더욱 실무적으로 진행되고 있다. 주요 내용은 한국의 기록 관리 전통과 정책, 기록물 정리 및 종이 기록물 복원 실습, 전자 기록물 관리, 디지털화 방법 등이며, 조선왕조 의궤(규장각), 전자 기록 관리(국가정보자원관리원), 지방자치단체 기록관리(청주시) 등을 확인할 수 있는 견학 일정도 포함돼 있다.

(라) 이들 국가는 고대 왕실, 의학, 종교, 언어 관련 기록물, 동인도회사 기록물 등 유네스코가 그 가치를 인정한 다양한 세계기록유산을 소장하고 있으나 고온다습한 기후, 열악한 보존 시설과 기술, 지진과 같은 자연재해 등으로 보존에 심각한 어려움을 겪어 왔다. 이 때문에 이들 국가는 조선왕조실록, 5·18 관련 기록물, 새마을운동 관련 기록물 등 아시아에서 가장 많은 16건의 세계기록유산을 관리하는 우리나라의 기록 관리 비법 전수를 희망해 왔다.

08 윗글 (가)~(라)를 논리적 순서에 맞게 배열한 것으로 가장 적절한 것은?

① (가)-(나)-(다)-(라)
② (가)-(라)-(다)-(나)
③ (나)-(다)-(가)-(라)
④ (다)-(가)-(라)-(나)
⑤ (라)-(다)-(나)-(가)

09 윗글에 관한 설명으로 가장 적절한 것은?

① 해당 언론사의 공식적인 주장을 담아 쓴다.
② 언론을 상대로 홍보 활동을 하는 기본 문서이다.
③ 실제 기사가 아니라 취잿거리를 제공하는 것이다.
④ 관계 부처를 출입하는 기자만 쓸 수 있는 자료이다.
⑤ 기자가 편집국에 기사를 송고하는 것처럼 쓰면 안 된다.

10 위와 같이 보도 자료를 쓴 기록 관리교육센터 김○○ 사무관이 작성한 표제로 가장 적절한 것은?

① 대한민국의 법체계에 감명받은 청년들
② 국제 기록문화유산 관리 역량 강화 연수
③ 아시아 세계기록유산, 세계와 공유하고 미래 세대에 전달한다
④ 국가기록원, 한국국제협력단(KOICA) 공적개발원조(ODA) 사업 추진
⑤ 라오스, 네팔, 스리랑카, 우리나라의 기록 관리 비법 전수를 희망하다

홍보문과 광고문에서는 목표, 종류, 방법, 그리고 광고의 목적과 목적에 맞는 광고 문구 등이 주로 출제된다. 광고는 주로 공익 광고가 자료로 제시되며 간혹 광고 제작과 방송 과정 등이 출제되기도 하지만, 자료 분석만으로 쉽게 해결할 수 있는 수준이다.

1. 홍보문

(1) 홍보의 정의

기업이나 단체 또는 관공서 등의 조직체가 사회적 커뮤니케이션을 통하여 스스로의 활동이나 계획, 업적 등을 널리 알리는 선전 활동이다. 신문기사, 방송 보도, 지면(인쇄) 광고, CM, CF, 리뷰, 팸플릿, 전단 공익광고, 경품 및 판촉물 등을 통해 진행된다.

(2) 홍보 목표

홍보는 기관이나 기업의 대내외적 선호도와 인지도를 상승시키거나 투자 가치를 향상시키는 것을 목적으로 한다. 때문에 홍보는 소비자의 지지 반응을 불러일으키기 위해 사업 내용이나 목적, 제품의 특성이나 비교 우위성을 알려 공익적인 행사나 캠페인에 대한 안내, 참여 등을 유도하고 해당 기업이나 기관의 긍정적 측면을 부각시킨다. 이러한 홍보는 아래와 같은 내용을 목적으로 수행된다.

① 회사 이미지 개선

② 상품 판매 또는 서비스의 이용 촉진

③ 노사 문제 방지 및 해결

④ 회사나 조직에 대한 편견 내지 불신 해소

⑤ 유능한 인재 확보

⑥ 소비 방법과 삶의 질을 높이는 소비자 교육

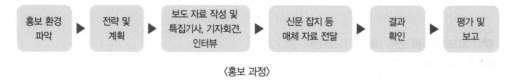

〈홍보 과정〉

(3) 홍보 방법과 종류

홍보 목적	광고	자사의 제품이나 서비스를 소비자에게 알려 이윤 추구를 목적으로 하는 홍보
	선전 · 선동	이념이나 강령 등을 상대방에게 표출하여 상대를 설득하고 수상에 농소하게 하는 깃을 목적으로 자신의 사상과 방식을 주장하는 대중적 선전 활동
소비자 접근 방식	감성적 소구	부정적 혹은 긍정적 감정을 유발하여 고객을 설득하고 구매를 유도하는 광고. 감성적 어조와 분위기 중심, 정서적 반응 기대, 질문 혹은 청유형의 문장 사용
	이성적 소구	논리적 광고 메시지로 고객의 지적 이해를 구하는 광고. 상품의 성능, 가치, 경제성 등 기능적 편익과 소비 선택의 당위성 강조, 합리적 의사 결정에 호소
메시지 전달 경로	디엠(DM)	우편을 이용하여 수요자에게 직접 광고물을 송부하는 방식
	티엠(TM)	전화 또는 화상 케이블을 이용한 동신 판매. 대상을 선정하여 전화로 상품 내용을 소개하고 구입을 유도하는 방식

2. 광고문

(1) 광고의 정의

광고란 특정 제품이나 행사 · 정견 및 정책 등을 대중(광고 수신자)에게 알려 기업이나 단체 혹은 개인이 추구하는 사업 목적을 달성하고 이익을 실현하기 위한 행위이다.

(2) 광고 기획 과정

1단계	상황 분석	• 시장 분석 • 광고 분석 • 제품 분석 • 소비자 분석 • 광고 규제 분석
2단계	광고 목표의 수립	• 광고 목표 타깃 • 광고 컨셉트 설정 • 광고 예산 설정
3단계	광고 크리에이티브 목표 설정	• 광고 크리에이티브 • U.S.P 전략 • 브랜드 이미지 전략 • 포지셔닝 전략
4단계	광고 매체 전략	• 광고 매체 분석 • 매체 선택 • 도달률과 노출빈도 확정

(3) 광고 기획서 구성

광고 도입 기획부
(표지, 머리말, 차례, 개요)

1. 환경 분석
- 제품 소개
- 시장 분석
- 경쟁사 광고 분석, 경쟁 제품 분석
- 광고 제품 분석

2. SWOT 분석
- 강점(Strength)/약점(Weakness): 기업 내부의 강점/약점
- 기회(Opportunity)/위협(Threat): 기업 외부의 기회/위협
  (마케팅상의 기회와 위협)

3. 광고 목표
- 시장에서 제품이 위치하거나 달성하고자 하는 비용 제시
- 제품에 대한 시장의 인지도 목표
- 경쟁 제품 및 동종의 제품 광고 시장에서의 광고 점유율 제시
- 목표 달성 기간

4. Target
- Core(Main) Target: 연령별, 계층별, 성별, 교육 수준별, 성향별
  - 분명히 살 것으로 판단되는 계층
- Sub Target: 모든 부분에 걸쳐 Main Target을 둘러싸고 있다.
  - 광고 여하에 따라 구매 여부가 결정된다.
- Target Profile: 대표적인 Target 소비자에 대한 프로필, 소비 스타일 소개

5. 광고 전략
- 광고 Concept 설정: 광고를 통해 무엇을 말하려고 하는지 잘 알 수 있어야 한다.
  광고를 통해 제품을 판매할 수 있는 핵심 아이디어를 표현해야 한다.
  예 '고향의 맛 ○○○', '젊은 날의 선택 ○○○', '갈증 해소 음료 ○○○'
- 광고 Concept: 1가지 컨셉만을 쉽고 간단한 말로 강조한다.
  예 U.S.P. 전략 - 하이트 지하 150m 천연 암반수
  브랜드 이미지 - 산소 같은 여자 마몽드
  내재된 스토리(드라마) - 내 꿈 꿔 016
  포지셔닝 - 침대는 가구가 아닙니다
  정서 오락적 요소 - 버거 소녀, 롯데리아

6. Creative 전략
- 어디에 호소할 것인가?: 이성적 소구(비교, 증언, 암시, 직접 제시)
  감성적 소구(유머, 공포, 패러디, 온정적 감정)
- 누구를 통해 말할 것인가?: 모델(신뢰성, 매력, 친숙함, 호감 등을 고려)

7. 매체 계획, 표현 계획, 광고 횟수

8. 실시 시기 및 실행 예산

참고 자료

(4) 광고문(Copy) 작성

① 광고문의 특징

 ㉠ 광고의 목적과 내용 등에 맞게 간결하고 압축적인 표현을 사용하며, 다양한 시각 이미지나 모델을 병행하여 사용한다.

 ㉡ 소비자의 구매 의욕을 불러일으키도록 제품의 특성과 선택해야 하는 이유 등을 고려하여 작성한다.

 ㉢ 광고문은 신문, 잡지 등과 TV, 인터넷 방송 등 매체의 특성을 반영하여 작성한다.

② 광고문 작성 요령

 ㉠ 여론과 시장 조사, 소비자 조사의 반응과 구매 대상을 구체적으로 파악하고 시장의 요구를 적극 수용한다.

 ㉡ 제품의 SWOT(강점/약점, 기회/위협) 등을 분석하여 경쟁에서 승리하기 위한 전략에 따라 작성한다.

 ㉢ 제품 성능과 장점, 가격 등을 중심으로 구매 심리를 자극하여 소비자의 구매 행동을 촉구하고, 구매자의 감성과 정서에 호소한다.

 ㉣ 실질적이고 유용한 정보를 제공하고 제품의 배타적 비교 우위를 강조한다.

 ㉤ 추상적인 말보다는 구체적이고 감각적인 어휘와 대구, 각운, 언어유희 등을 적절하게 사용한다.

※ 다음 광고를 보고 물음에 답하시오. [1~3]

학교 폭력 예방을 위한 학교 전담 경찰관이 있음을 알리는 공익 광고이다.

1. 위 광고가 사람들의 눈길을 끄는 이유로 가장 적절한 것은?

① 동질성

② 심미성

③ 인지도

④ 참신성

⑤ 합리성

정답 ④

정답 해설 위 내용을 보면 학교 전담 경찰관의 믿음직한 모습을 힘센 모습, 즉 팔뚝으로 아이들에게 그네를 태워 주는 모습으로 빗대어 표현하였는데 그 비유가 참신하여 눈길을 끈다.

2. 위 광고는 기업이나 물건을 알리는 상업 광고가 아닌 공공의 이익을 높이려는 광고이다. 위와 같은 광고를 만들 수 있는 문구로 가장 적절한 것은?

① 대한민국 에너지를 만드는 기업

② 아름다운 명화 생생하기까지, ○○○카메라

③ 수학은 만점, 역사는 빵점. 당신의 시험지입니까?

④ 여보! 아버님 댁에 ○○보일러 놓아 드려야겠어요.

⑤ 날은 더워 죽겠는데 지금은 차가 없네! 목마를 땐 ○○○

정답 ③

정답 해설 역사 인식을 바로 세우자는 주제의 공익 광고이다.

오답 해설 ①은 기업 이미지 광고, ②는 카메라 상품 광고, ④는 보일러 상품 광고, ⑤는 음료수 광고의 문구로 알맞다.

3. 위의 (가)에 쓸 광고문으로 가장 적절한 것은?

① 마스크로 안 아픈 예방접종 하세요.

② 끝나지 않은 뫼비우스의 띠, ○○○○

③ 우리 아이들이 마음 놓고 뛰어노는 세상을 위하여

④ "괜찮아. 안전해." 방심이 하는 거짓말에 속지 마세요.

⑤ 사랑하는 사람을 앞에 두고 당신도 ○○○○을 보고 있지 않나요?

정답 ③

정답 해설 학교 폭력 예방 경찰관을 주제로 하는 광고이므로, ③의 내용이 적절하다.

8절 기출로 실력 다지기

※ 다음 글을 읽고 물음에 답하시오. [1~2]

국가 브랜드 제고를 위한 홍보 전략

구분		제언
브랜드 콘텐츠	⊙ 공감성	• 대내외 공감을 확보할 수 있는 국가 브랜드를 구축하라.
	확장성	• 유기적인 브랜드 개념 체계 구축으로 국가 브랜드를 확장하라.
추진 조직	(가)	• 통합 국가 브랜드 관리 시스템을 구축하라. – 국가 브랜드 관리를 위한 정책을 수립하고 조율하고 시행하는 전담 기관 마련
	(나)	• 해외 현지 채널을 활용하는 네트워크 조직으로 운영하라. – 해외 현지 민·관 기관을 활용하여 한국 문화 및 경제 행사 개최
실행 전략	(다)	• 국제적 이벤트를 활용해 홍보 효과를 극대화하라. – 동계 올림픽 등 국제 행사 개최를 국가 브랜드 홍보 기회로 활용
	(라)	• 기업과 국가 브랜드 간 선순환 체계를 통해 시너지 효과를 창출하라. – 중소기업 지원 정책과 국가 브랜드 정책 연계

01 윗글의 (가)~(라)에 들어갈 내용으로 가장 적절한 것은?

	(가)	(나)	(다)	(라)
①	단기	중장기	일원화	다원화
②	단기	중장기	다원화	일원화
③	다원화	일원화	단기	중장기
④	일원화	다원화	단기	중장기
⑤	일원화	다원화	중장기	단기

02 윗글의 밑줄 친 ⊙과 관련된 기술로 가장 적절한 것은?

① 프랑스는 대사관에서 확보한 현지 채널을 운용하여 다양한 문화와 기업 행사를 개최하고 이를 기회로 국가 브랜드를 상시 홍보하고 있다.

② 국가 브랜드 정책 담당 장관을 따로 두고 있는 나라가 많고 해당 부서와 장은 정권 교체와 무관하게 동일한 슬로건으로 정책을 꾸준히 추진한다.

③ 일본은 해외에서 애니메이션의 인기로 얻은 'Cool Japan'이라는 별칭을 국가 브랜드 슬로건으로 차용하여 이를 문화 산업 전반으로 확산해 나가고 있다. 또한, 프랑스는 국민 투표로 국가 브랜드 디자인을 결정하였다.

④ 영국은 '과거의 영광'을 의미하는 'Great'라는 국가 브랜드 슬로건을 다양한 산업 분야에 적용하며 '현대', '혁신' 등의 개념으로 파생·변형하였으며, 관광·하이테크 산업별로 슬로건 및 캠페인을 특화하여 국가 브랜드 제고 정책을 시행하는 나라가 많다.

⑤ 스타트업 육성 및 글로벌 전시회 참가 지원을 통해 스타트업뿐 아니라 국가 브랜드에도 혁신이라는 이미지를 더하는 나라가 늘고 있고, 뉴질랜드는 국가 상징물을 활용한 품질보증 프로그램을 통해 자국 제품뿐 아니라 국가 브랜드에 대한 높은 신뢰성을 확보했다.

03 다음 홍보문의 내용 중 (가)~(다)와 연결이 적절한 것은?

(가)   (나)   (다)

① (가) 지원 요건 – 수급자 및 차상위자 2인 이상이 설립하여 수급자 또는 차상위자를 전체 구성 인원의 1/3 이상 고용

② (나) 자활 장려금 지급 – 생계 급여 산정 시, 자활 근로소득의 30%를 공제하여 환급 지원(자활 근로 참여 생계 급여 수급자 대상으로 월 최대 38만 원)

③ (가) 근로 유지형 – 현장에서 기술과 역량을 쌓으며 자립의 의지를 다지는 사업단(업종: 공고 시설물 관리. 환경 정비 등/급여: 일 27,968원(월 73만 원, 실비 포함)/근무 시간: 주5일, 5시간)

④ (나) 지원 내용 – 자활 기업 창업 자금: 자활 근로 사업단 참여자 한정/한시적 인건비 지원: 수급자 신규 채용 시, 최대 5년 지원, 1~2년 차 100%, 3~5년 차 50%/우수 자활 기업 선정: 사업비 지원, 최대 1억 원

⑤ (다) 내일 키움 통장 – 대상: 자활 근로 사업단 1개월 이상 성실 참여자)/지원 조건: 취업, 창업, 자격증 취득/본인 저축액: 3년간 매월 5만 원 또는 10만 원/총 지원 금액: 평균 1,368만 원, 최대 1,620만 원

※ 다음을 읽고 물음에 답하시오. [4~6]

(가)

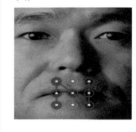

잠금을 해제할수록 가족 간이
대화는 잠깁니다.

(나)

나랑 놀 사람?
현실 친구는…

(다)

더 연결될수록,
덜 연결됩니다.

(라)

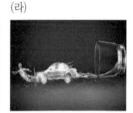

되돌릴 수 없는 것은 엎질러진
술잔만이 아닙니다.

(마)

접속이 많아지면 접촉은
줄어듭니다.

04 위와 같은 광고에 대한 설명으로 적절하지 <u>않은</u> 것은?

① 일체의 영리 목적을 배제하고 공공 문제의 해결에 활용한다.

② 시대의 사회상을 반영하고 그 시대를 보는 창이 되기도 한다.

③ 함께 해결해야 할 일상의 구체적이고 중요한 문제를 주제로 채택한다.

④ 목적을 효과적으로 달성하기 위해 대상을 특정하고 그들의 요구를 파악하여 제작한다.

⑤ 최종 목적은 공공성에 어긋나는 일탈적 태도와 행동을 변화시키거나 예방하는 데 있다.

05 위의 (가)~(마) 중 주제가 나머지와 <u>다른</u> 하나는?

① (가)　② (나)　③ (다)　④ (라)　⑤ (마)

06 위와 같은 광고를 제작하고 방송하는 과정 중 각각의 기호에 들어갈 내용으로 가장 적절한 것은?

	(A)	(B)	(C)	(D)	(E)
①	입찰 공고	제작 방향 설정	주제 선정 여론조사 시행	시안 심의 및 제작사 선정	제작물 심의 확정 선정
②	제작 방향 설정	입찰 공고	시안 심의 및 제작사 선정	제작물 심의 확정	주제 선정 여론조사 시행
③	제작 방향 설정	주제 선정 여론조사 시행	제작물 심의 확정	입찰 공고	시안 심의 및 제작사 선정
④	주제 선정 여론조사 시행	입찰 공고	제작 방향 설정	시안 심의 및 제작사 선정	제작물 심의 확정 선정
⑤	주제 선정 여론조사 시행	제작 방향 설정	입찰 공고	시안 심의 및 제작사 선정	제작물 심의 확정 선정

※ 다음 광고를 보고 물음에 답하시오. [7~8]

07 위와 같은 광고에 해당하는 설명으로 가장 적절한 것은?

① 문화적 기능도 있지만 대부분 선택적 수요 광고이다.

② 특정 기업 브랜드를 알리기 위한 이미지 광고로 쓰인다.

③ 문제 해결을 위해 구체적이고 중요한 문제를 주제로 삼는다.

④ 특정 생산물과 용역에 관해 소비자에게 정보를 제공해 준다.

⑤ 제품의 소비를 촉진하기 위해 널리 알리는 것이 주된 기능이다.

08 위 광고의 (가)에 쓸 광고문으로 가장 적절한 것은?

① 돈이라면 버리시겠습니까?

② 아이들은 절대 모르는 세계

③ 포장 이사는 우리에게 맡겨 주세요.

④ 혼자서는 감당할 수 없는 무게입니다.

⑤ 나의 작은 나눔, 받는 사람에게는 큰 선물

※ 다음 글을 읽고 물음에 답하시오. [9~10]

09 위 내용에 따라 작성한 문서의 목적으로 가장 적절한 것은?

① 제품의 광고를 위한 물품을 구매하는 문서

② 제품의 광고 제작을 위해 외부 기관에 의뢰하는 문서

③ 제품의 개발 및 판매를 위해 경쟁 제품에 대한 분석을 기획하고 지시하는 문서

④ 광고 대상을 설정하기 위하여 연령별, 계층별, 성별, 교육수준별, 성향별로 분석하는 문서

⑤ 제품의 개발 및 판매를 위한 광고 기획에 대해 구체적으로 계획을 수립하여 제출하는 문서

10 윗글의 'Ⅳ. 문제점 및 기회'에서 활용할 수 있는 분석법으로 가장 적절한 것은?

① ROE: 이익을 자본으로 나누는 재무 건전성 평가 척도

② Target Profile: 고객 대표 한 사람의 프로필을 구체적으로 서술하여 분석하는 방법

③ SWOT: 기업 내부의 강점과 약점, 기업 외부의 기회와 위협을 기반으로 분석하는 방법

④ BAR: 브랜드 옹호율로 브랜드 인지 고객이 브랜드에 얼마나 충성스러운지를 평가하는 지표

⑤ PAR: 구매 행동률로 브랜드 인지 고객이 브랜드를 구매하게 하는 행동을 분석하는 평가 지표

거래 관련 문서는 실용글쓰기 평가에서 자주 출제되는 문서이다. 한두 문서에 집중되어 출제되지 않고 약관, 협약서, 양해 각서(MOU) 및 다양한 계약서가 출제되고 있다. 거래 문서나 계약 문서 외에 이사용역계약서, 확약서 등도 출제되고 있다.

출제 POINT

- 협약서 이해와 작성
- 거래 관련 문서의 개념과 종류에 대한 이해
- 계약의 개념과 법적 의미 · 조건 등의 이해와 계약서 작성 원칙 설명

1. 거래 문서

(1) 거래 문서의 정의

거래 문서는 둘 또는 그 이상의 당사자가 서로 자기에게 이익이 된다고 생각하는 것을 교환하는 행위에 관한 문서로, 기본적으로 소유권 이전을 목적으로 한다.

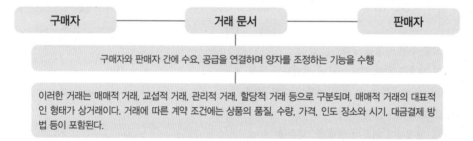

구매자 ——— 거래 문서 ——— 판매자

구매자와 판매자 간에 수요, 공급을 연결하며 양자를 조정하는 기능을 수행

이러한 거래는 매매적 거래, 교섭적 거래, 관리적 거래, 할당적 거래 등으로 구분되며, 매매적 거래의 대표적인 형태가 상거래이다. 거래에 따른 계약 조건에는 상품의 품질, 수량, 가격, 인도 장소와 시기, 대금결제 방법 등이 포함된다.

(2) 거래 관련 문서의 종류

① 거래 신청서: 신규 거래처와의 거래를 신청하기 위한 목적으로 작성된 문서로, 사업자와 거래처, 거래 형태와 거래액, 신용 상태, 거래 조건, 담당 의견 등의 내용이 기재되는 문서이다.

예 신규 거래 신청서, 거래 변경 신청서 등

② 거래 약정서: 거래자끼리 상품이나 물품을 계속적으로 판매나 거래하기 위해 내용을 신의 성실로 준수하기로 약정하며 작성한 문서로, 계약서보다는 법적 구속력이 약하지만, 약정서 규정의 범위 내에서 약속 불이행의 책임 소재를 확실히 하고, 그에 따른 법적 구상권 또는 배상권 행사의 근거가 된다.

예 물품 거래 약정서, 어음 거래 약정서, 당좌 거래 약정서, 대출 약정서 등 각종 상거래 약정서

③ 약관: 계약 당사자가 다수의 상대방과 계약 체결을 위하여 미리 작성한 계약 내용을 거래 표준으로 만들어 기록한 문서로, 1명의 계약 당사자(은행이나 보험사 등)가 법적 책임과 한계를 규약으로 설정하여 거래를 보다 신속하고 편

리하게 하고, 소비자 권리를 보호할 목적으로 작성한 계약 문서이다.

⑩ 운송 약관, 보험 약관, 보통 약관, 중재 약관, 협의 약관 등

④ **거래 사실 확인서**: 거래 품목과 거래 기간, 거래 금액 등 매도인과 매수인 사이의 거래 사실을 확인하는 문서로, 차후 당사자 간 분쟁이 발생할 경우 사실 관계에 있어 매우 중요한 증빙 서류로 활용된다. 따라서 분명하고 정확하게 작성해야 한다. 거래 사실 확인서의 주요 내용은 거래명, 거래 기간, 거래 당사자, 거래 물품, 거래 금액, 거래처 확인 등이다.

⑤ **거래 명세서**: 거래 사실을 분명히 하고자 공급한 자와 공급받은 자의 인적 사항과 거래 내용, 공급가액, 세액 등이 기재된 명세 내역을 기록한 문서로, 거래 상대방은 거래 사실을 객관적으로 입증할 수 있으며, 상거래와 관련한 각종 법적 문제 발생 시, 거래 사실을 확인하는 주요 증빙자료가 된다.

⑥ **협약서**: 계약 당사자들이 계약의 내용을 자율적으로 협의하고 상호 준수할 것을 명시한 문서로, 약정서보다 비교적 크고 복잡한 거래에 사용되며, 협약서에 의거한 거래, 협력 등의 일이 원만하게 진행되었을 때 본 계약을 체결한다.

⑩ 개발 협약서, 사업 협약서, 노사 협약서, 관리 협약서, 연봉 협약서, 품질 협약서, 노사 협약서, 양해 각서(MOU), 합의 각서(MOA)

　　㉠ **양해 각서(MOU)**: 정식 계약을 체결하기 전에 기존 협정의 합의 내용에 관한 의미를 명확하게 하거나 기존 협정에 따른 후속 조치 또는 관련 내용을 규정하는 문서. 당사자 간 교섭 결과 서로 양해한 사항을 확인, 기록하기 위해 작성하며, 정식 계약 체결에 앞서 작성한다. 일반적으로 법적 구속력은 갖지 않지만, 내용에 구속력을 가지도록 하는 별도의 규정이 있으면 법적 구속력이 있는 것으로 본다.

　　㉡ **합의 각서(MOA)**: 양해 각서(MOU) 체결 후 이에 대한 세부 조항이나 이행 사항을 구체적으로 명시화하여 계약한 것으로, 법적 구속력을 지니는 문서이다.

⑦ **의향서**: 계약 이전에 참여 의사를 표시하는 것으로, 최종 계약 전에 당사자들이 협약의 대략적인 사항을 기록한 문서이다. ⑩ 인수 의향서, 투자 의향서, 수출 의향서, 사전 의향서 등

⑧ **협의서**: 업무 수행이나 재산권 문제, 사고 처리 등에 관해 당사자 간 협의한 내용이 명시된 문서로, 동의한 사실을 서면으로 증명하고자 하는 목적으로 작성한 문서이다. ⑩ 이혼 협의서, 재산 분할 협의서, 가격 인상 협의서 등

⑨ **합의서**: 피해 또는 손해를 배상하기 위해 당사자 간에 적정한 선에서 합의점을 찾고 합의 내용에 대한 합의를 보았음을 증명하는 문서이다. 합의 내용을 문서로 작성하면 합의서가 되는데, 합의서가 작성되면 가해자의 법적 책임이 면제되거나 경감되는 효과가 있다.

※ 다음 글을 읽고 물음에 답하시오. [1~2]

국민○○처와 대한○○○사 간의
재난심리회복지원센터 운영에 관한 협약서

국민○○처와 대한○○○사는 안전사회구현 및 재난대응체계 구축을 위한 포괄적 협약 (2018. 1. 16.)을 근거로 이재민 구호와 연계된 재난심리회복을 위해 지역 재난심리회복지원센터 운영에 필요한 사항을 다음과 같이 협약하고 상호 적극적으로 협력한다.

제1조(목적) 본 협약은 국민○○처와 대한○○○사가 재난으로 인한 피해자와 그 가족 등의 심리적 조기안정과 일상생활 복귀(이하 "재난심리회복"이라 한다.)를 지원하기 위해 상호 협력에 관한 기본적인 사항을 규정하는 것을 목적으로 한다.

제2조(사업) 양 기관의 재난심리회복지원과 관련한 주요 협력 사업은 다음과 같으며 구체적인 사항은 상호협의로 정한다.
– 중략 –

제3조(협조이행) 국민○○처와 대한○○○사는 제2조의 사업을 이행하면서 당해 기관의 제 규정을 준수하고 상호신뢰를 바탕으로 성실하게 협약을 이행한다.
– 중략 –

제8조(효력 및 해지) ① 본 협약은 각 기관의 협약 당사자가 서명한 날부터 효력이 발생한다. ② 협약의 유효기간은 효력이 발생한 날로부터 2년으로 하되 협약 유효기간 연장 또는 내용을 변경할 필요가 있을 때는 운영위원회에서 상호 협의하여 결정한다.
– 중략 –

제9조(비밀유지) 양 기관은 협약이행을 위한 각종 정보를 상호 공유하고 상호 업무협력의 과정에서 취득한 정보에 대해서는 비밀을 유지해야 하며, 취득한 정보를 상대방의 동의 없이 제삼자에게 공개하거나 제공하지 아니한다.
– 중략 –

제11조(협약서의 작성) 본 협약을 증명하기 위하여 협약서를 2통 작성하여 각 1통씩 보관한다.
제12조(승계) 본 협약을 체결 후 서명권자가 교체된 경우 후임자가 이를 승계한 것으로 본다.

2018년 2월 ○○일

국민○○처장   대한○○○사 총재

---

1. 위와 같은 문서에 대한 설명으로 가장 적절한 것은?

① 계약 이전에 참여 의사를 표시하는 것으로 당사자들이 협약의 대략적인 사항을 문서화한 것이다.

② 계약 당사자가 다수의 상대방과 계약 체결을 위해 계약 내용을 거래 표준으로 만들어 기록한 문서이다.

③ 업무 수행 등에 관해 당사자 간 협의한 내용을 서면으로 증명하고자 하는 목적으로 작성한 문서이다.

④ 당사자끼리 공동으로 동일한 사업을 운영할 것을 협의하고 약속한 내용을 기록한 문서이다.

⑤ 정식 계약을 체결하기 전에 기존 협정의 합의 내용의 의미를 명확하게 하거나 관련 내용을 규정하는 문서이다.

정답 ⑤

정답 해설 협약서는 포괄적인 거래에서 사용되며 계약 내용을 자율적으로 협의하고 상호 준수할 것을 명시한 문서로, 협약서에 의한 거래나 협력 등의 일이 원만하게 진행될 때 본 계약을 체결한다. 제시된 문서는 협약서 중 양해 각서(MOU)에 해당한다.

오답 해설 ① 최종 계약 전에 당사자들이 대략적인 사항을 문서화하여 계약에 앞서 참여 표시를 하는 '의향서'를 말한다.

② 계약 당사자가 다수의 상대방과 계약 체결을 위해 미리 작성해 놓은 문서인 '약관'을 말한다.

③ 업무 수행이나 재산권 문제, 사고 처리 등 당사자 간들이 협의한 내용이 명시된 문서로, 동의한 사실을 서면으로 증명하고자 하는 '협의서'이다.

④ 2인 이상 사업자가 동일한 사업 및 기업을 경영하는 것에 대해 약속하는 내용을 기록한 '공동 사업 협약서'이다.

2. 위 문서에서 다음 내용이 들어가기에 가장 적절한 조항은?

> • 본 협약의 내용을 불이행한 경우
> • 당해 기관의 고유목적사업에 상반되는 업무를 요청한 경우
> • 기타 협약을 해지할 중대한 사유가 발생한 경우

① 제1조(목적) ② 제2조(사업)
③ 제3조(협조이행) ④ 제8조(효력 및 해지)
⑤ 제9조(비밀유지)

정답 ④

정답 해설 위 내용은 '협약을 해지할 수 있는 경우'에 들어갈 내용이므로 '제8조(효력 및 해지)'가 적절하다.

2. 계약서

(1) 계약의 정의

계약은 사법상 일정한 법률 효과를 발생시킬 목적으로, 2인 이상의 거래 당사자가 서로 간 의사가 합치되어 그 결과 문서를 작성하는 법률 행위이다. 즉, 계약이 성립했을 때, 그 증거로 작성하는 것이 계약서이다.

(2) 계약서의 종류와 법적 증명

① 계약서의 종류

  ㉠ 임대차 계약: 임대인 소유의 부동산을 임차인에게 임대하고, 임차인은 이에 대한 약정을 합의하는 내용의 계약

  ㉡ 근로 계약: 근로자가 회사(사용자)의 지시 또는 관리에 따라 일을 하고 이에 대한 대가로 회사가 임금을 지급하기로 한 계약

  ㉢ 부동산 매매계약: 당사자가 계약 목적물을 매매할 것을 합의하고 매수인이 매도자에게 매매 대금을 지급할 것을 약정하는 계약

② 계약서의 법적 증명 방식: 계약 존재 및 유효성 증명은 본인이 직접 성명을 쓰고 사인을 하는 '서명 날인', 또는 타인이 본인의 성명을 쓰거나 인쇄 등의 표시된 성명에 도장 찍는 사인을 하는 '기명 날인'으로 한다. 반드시 서면으로 해야 하는 계약은 일정한 절차나 형식을 필요로 하는 내용이 법으로 정해져 있는 계약인 '요식 계약'으로 한다.

(3) 계약 당사자

① 계약 당사자의 법적 의미

  ㉠ 계약 당사자: 계약을 체결하는 쌍방을 이르며, 법적 권리와 의무의 주체이다. '계약 체결 능력', 즉 행위 능력이 있어야 한다.

  ㉡ 계약 당사자의 확인: 등기부 또는 신분증 확인, 행위 무능력자인지 확인, 계약 대표권이 있는지 확인, 위임장과 대리권 존재 확인, 물적 또는 인적 담보에 대한 확인이 필수이다.

② 계약 체결 능력이 제한되는 자: 미성년자와 한정치산자, 금치산자 등 행위 무능력자의 계약은 무효이며 언제나 취소가 가능하다.

③ 계약 당사자의 대표와 대리

  ㉠ 계약 당사자의 대표: 법인은 계약 당사자는 될 수 있지만, 그 자체로는 의사 표시를 할 수 없다. 따라서 법인의 기관인 자연인이 의사 표시를 한다. 즉 법인의 대표가 법인의 의사 표시를 한다. 법인 대표는 법인 내부 조직에서 결정한다. 일반적으로 법인은 대표이사가 대표기관이다. 따라서 대표이사의 계약행위는 그 형식과 요건에 있어 대리의 규정을 준용한다. 이때 대표이사의 행위는 법인을 대표하기 위한 법률행위임을 표시해야 한다.

  예 ○○○○주식회사 대표이사 ○○○

  ㉡ 계약 당사자의 대리: 타인(대리인)의 행위(의사 표시)에 의해 본인이 바로 그 법률 효과(권리 의무)를 취득하는 것을 대리라 하는데, 대리인을 선임할 경우 대리권을 주었다는 증거로 위임장을 교부하는 것이 일반적이다.

  예 인감도장, 인감 증명서, 위임장 등

  ㉢ 계약 당사자가 여럿인 경우: 다수가 계약 당사자인 경우, 그중 주된 당사자에게 대리 또는 위임이 이루어진다. 이 경우 위임장을 반드시 확인하여야 한다.

(4) 계약의 성립과 위반/하자/이행의 보장(담보)

① **계약의 성립과 위반**: 계약은 청약과 승낙 및 기타 방법으로 이루어지며, 계약서 작성과 서명 날인으로 계약의 체결은 완료된다. 금선을 지급하고 영수증을 교환해도 계약은 유효하게 성립된다.

② **계약의 하자**: 법적 성립 요건과 효력 요건을 결여한 경우의 '불완전한 계약'과 사기 및 강박 등에 의한 의사 표시의 '불완전한 합의', 채무 불이행이나 이행 지체, 이행 불능, 협력 의무 위반, 위험 부담 회피와 같은 '계약 위반' 등이 있다.

③ **계약 이행의 보장(담보 설정)**: '물적 담보'와 강제 이행, 손해 배상, 분쟁 해결을 위한 화해, 제소 전 화해, 중재, 조정, 소송 등의 '계약 위반의 구제' 등이 있다.

(5) 계약서 작성

계약서에는 계약 당사자기 표시되어야 하며, 거래물품이나 부동산은 등기부에 등재된 사항대로 정확하게 명시뇌어야 한다. 거래 대금(금액)과 지불 방법, 지불 시기 등도 명시되어야 한다. 주된 계약 내용 이외에 관련된 특약 사항이나 예외 조건도 구체적으로 첨부되어 있어야 한다.

3. 다음 계약 내용을 보고, '계약 위반'의 문제 상황이 발생했다고 볼 수 <u>없는</u> 것은?

> **〈민간위탁 교육훈련사업 계약〉**
>
> (가) 계약금액(사업비)은 7,000만 원이고, 계약 기간은 1월 1일부터 12월 31일까지 이다.
> (나) 갑은 을에게 사업비의 50%에 해당하는 금액을 반기(6개월)별로 지급하며, 을이 청구한 날로부터 14일 이내에 지급하여야 한다.
> (다) 을은 하반기 사업비 청구 시 상반기 사업추진실적과 상반기 사업비 사용내역을 함께 제출하여야 하며, 갑은 이를 확인한 후 지급한다.
> (라) 을은 사업비를 위탁받은 교육훈련 이외의 다른 용도로 사용하여서는 안 된다.
> (마) 을은 상·하반기 사업비와는 별도로 매 분기(3개월) 종료 후 10일 이내에 관련 증빙서류를 갖추어 갑에게 훈련참여자의 성과상여금 지급을 청구할 수 있다.
> (바) 갑은 (마)에 따른 관련 증빙서류를 확인한 후 인정된 취업실적에 대한 성과상여금을 취업자 1인당 10만 원씩 지급한다.

① 을은 6월 1일에 1/4분기 성과상여금의 지급을 청구하며 관련 증빙서류를 제출하였다.

② 을은 9월 10일 교육 훈련과 관련 없는 갑의 등산 대회에 사업비 100만 원을 협찬하였다.

③ 을은 1월 25일에 상반기 사업비를 청구하였으며 갑은 2월 10일에 3,500만 원을 지급하였다.

④ 을은 8월 8일에 하반기 사업비 지급을 청구하면서 상반기 사업추진실적 및 사업비 사용내역을 제출하였다.

⑤ 을은 10월 9일에 관련 증빙서류를 갖추어 성과상여금의 지급을 청구하였으나, 갑은 청구 기간을 문제 삼아 지급하지 않았다.

정답 ④

정답 해설 (다) 조항, 을은 하반기 사업비를 청구하면서 함께 제출해야 하는 상반기 사업추진실적과 상반기 사업사용내역을 함께 제출했으므로 적절한 내용에 해당한다.

오답 해설 ① (마) 조항을 위반하였다. 1/4분기의 종료일은 3월 31일이고 10일 이내, 즉 4월 10일 이내에 관련 증빙서류를 갖춰 성과상여금 지급을 청구해야 한다.

② (라) 조항을 위반하였다. 등산 대회에 사업비를 협찬한 것은 위탁받은 교육훈련 이외에 사업비를 사용하여서는 안 된다는 조항 내용을 위반한 것이다.

③ (나) 조항을 위반하였다. 1월 25일에 사업비를 청구하였으므로 14일 이내인 2월 9일 이내에 지급되어야 한다.

⑤ (마) 조항을 위반하였다. 매 분기 종료 후 10일 이내에 성과상여금 청구 시 지급이 이루어지는 계약 규정에 의해 3/4분기의 종료일 이내인 10월 10일 이내에 청구한 성과상여금은 청구 기간의 문제에 해당하지 않는다.

9절 기출로 실력 다지기

01 다음 토목공사 관련 양해 각서 초안에 대한 설명으로 가장 적절한 것은?

양 해 각 서

본 양해 각서는 ○○시 ○○로 ○○의 개발행위와 관련하여 다음과 같이 합의하여 작성한다.

1. 위 토지의 개발행위와 관련하여 개발 행위자들의 대표인 ○○○(이하 '갑'이라 함.)과 ○○시 ○○동 ○○번지 주민(이하 '을'이라 함.)은 상호 신뢰를 바탕으로 다음 각 호와 같이 이행한다.

   가. '갑'은 개발행위로 토목공사를 시행하면서 주민들의 불편을 최소화하기 위하여 최선을 다하며 보증금 금○○○원을 '을'이 지정하는 계좌로 입금하기로 한다.

   나. 토목공사가 완료되고 '을'의 확인을 받은 후 위 보증금은 '갑'에게 반환하기로 한다.

   다. '갑'은 공사를 발주하면서 시공사에 주민들의 통행과 생활에 지장을 초래하지 않는 가장 나은 방법으로 시공할 것을 요청해야 한다.

   라. '을'은 일반상식에 따라 개발행위에 필요한 협조를 하기로 하며 언제든지 '갑'에게 필요한 사항을 말로 요청할 수 있으며 상호 간 협의로 서로에게 이익이 되는 원만한 결과를 얻을 수 있도록 한다.

20△△년 ○월 ○일
– 이하 생략 –

---

① 협약서 작성을 위한 의향을 묻거나 원칙적인 제휴 선언을 문서로 만든 것이다.

② 불특정 다수를 대상으로 반복적 거래를 하는 경우 거래 표준을 만들어 기재한 문서이다.

③ 거래 품목과 거래 기간, 거래 금액 등 매도인과 매수인 사이의 거래 사실을 확인하는 문서이다.

④ 어떤 사고로 인한 문제에 대해 상대방과 합의점을 찾고 그에 대한 합의 내용을 작성하는 문서이다.

⑤ 정식 계약을 체결하기 이전에 당사자 간 합의한 내용을 기록한 문서이다.

02 다음과 같은 문서에 대한 설명으로 적절하지 않은 것은?

---

1. 인적 사항(공급받는 자)
– 생 략 –

2. 확인 사항

실거래 일자	적요	공급가 액(원)	부가세 (원)	합계 (원)	비고
2018. 1. 31.	1월분 외주 운송비	13,300 ,000	1,330 ,000	14,630 ,000	
2018. 2. 28.	2월분 외주 운송비	12,600 ,200	1,260 ,020	13,860 ,220	
2018. 3. 31.	3월분 외주 운송비	9,690 ,400	969 ,040	10,659 ,440	
	합 계	35,590 ,600	3,559 ,060	39,149 ,660	

상기 본인은 건설기계대여업을 운영하면서 2018년 1월 2일부터 2018년 6월 31일까지 거래한 사실이 있음을 확인하며, 인감증명서를 제출합니다.

＊ 용도: 세무서 제출용

3. 인적 사항(공급자)
– 생 략 –

2018년 ○월 ○일
○○○○○(주) 귀하

---

① 거래를 한 후 거래 사실을 증명하기 위해 작성하는 것이다.
② 당사자 간 분쟁이 발생할 경우 사실관계에 있어 매우 중요한 증빙 서류로 활용된다.
③ 주요 내용은 거래명, 거래 기간, 거래 당사자, 거래 물품, 거래 금액, 거래처 확인 등이다.
④ 계약 당사자가 상대방과 차후 계약을 체결하기 위해 일정한 형식으로 미리 마련한 문서이다.
⑤ 거래 품목과 거래 시간, 거래 금액 등 매도인과 매수인 사이의 거래 사실을 확인하는 문서이다.

03 다음과 같은 글을 쓰는 방법으로 가장 적절한 것은?

제품 매매계약서

정수기 판매점 (주)○○(이하 '갑'이라 칭한다.)와 정수기 제조업체 (주)△△(이하 '을'이라 칭한다.)는 다음과 같이 정수기 제품의 매매에 관한 계약을 체결한다.

제1조(목적)
본 계약은 '을'이 생산하는 …… 중략 …… 구매, 대금결제, 하자 보증 등의 사항을 규율함을 목적으로 한다.

제2조(정의)
1. □□□라 함은 ▽▽▽를 지칭한다.
– 하 략 –

---

① 제2조는 통상 계약 당사자의 법적 권리와 의무 사항을 기재한다.
② 계약서 전문은 제목으로부터 1행을 띄우고 첫머리를 2자 띄운 후 쓴다.
③ 계약서의 제목은 계약 내용을 쉽게 판단할 수 있도록 구체적인 제품명을 활용하여 쓴다.
④ 계약의 목적은 전문 다음에 1행을 띄운 다음, '제1조'라고 쓰고 괄호를 하여 '(목적)'이라고 표제어를 쓴다.
⑤ 전문은 계약 내용의 핵심을 간결하게 기재하되, 계약 당사자가 반복하여 나올 경우 '갑', '을', '병', '정', '무' 순으로 나열한다.

※ 다음 문서를 읽고 물음에 답하시오. [4~5]

상품 거래 표준계약서

판매자 □□안경원(이하 "갑"이라 한다.)과 공급자 ○○주식회사(이하 "을"이라 한다.)는 상호 간에 다음과 같이 상품 거래 계약을 체결한다.

제1조【목적】
본 계약은 "을"의 상품을 "갑"에게 공급 및 판매하는 것에 관한 제반 사항의 규율을 목적으로 한다.

제2조【상품】
본 계약의 상품은 "을"이 생산하는 ○○관련 상품 일체(이하 "상품"이라 한다.)를 지칭한다.

제3조【상품 공급】
1. "을"은 자사 제품을 본 계약의 유효기간 동안 지속해서 "갑"에게 공급하여야 한다.
2. "을"이 제1항을 위반할 때에도 계약 위반에 해당한다.

제4조【주문 및 거래명세표】
1. 쌍방은 본 계약에 따른 주문을 별도의 사전 통지가 없는 한 지속해서 공급하되 추가 물량이 필요한 경우 "갑"은 추가 물량에 대한 "을"의 생산능력 등을 고려하여 "을"에게 사전 주문할 수도 있다.
2. 본 계약에 따른 물품의 공급 거래 시 당사자 쌍방은 상호 거래명세표를 교환 및 서명 날인하고 서명 날인이 되지 아니한 거래명세표는 공급이 이루어지지 아니한 것으로 간주한다.

제5조【가격 등】
1. "을"은 공급단가를 기준으로 하여 ○% 할인된 금액으로 공급하도록 하되, 연평균 일정 금액(일금○○원) 이상을 거래하는 조건으로 한다.
2. "갑"은 매월 공급량의 ○%는 상품의 인도와 동시에 현금(카드)으로 지급하여야 하며 잔금은 상품 인도일로부터 ○개월 이후에 이전 잔금과 함께 현금(카드) 결제한다.
– 하 략 –

---

04 위와 같은 문서에 대한 설명으로 적절하지 <u>않은</u> 것은?

① 거래 관련 내용을 조항에 따라 분류하여 기재함으로써 의사표시가 분명히 드러나도록 작성한다.

② 여러 개의 내용을 하나로 연결한 서술 형태를 피하고 항목별로 간결, 명료하고 정확하게 기재한다.

③ 공급자와 판매자 간에 상품을 계속 거래하기 위하여 거래에 대한 사항을 지킬 것을 약정하는 문서이다.

④ 판매자가 주문한 상품에 대한 거래 조건을 모두 반영하려면 계약서를 사전에 작성하여 계약에 임해야 한다.

⑤ 상품 공급과 불품 인수 및 검수, 내금 지급과 공급 물품의 이상 발생에 대한 처리까지 일련의 사항들을 포함하는 문서이다.

05 위 계약서의 항목에 해설을 덧붙여 쓸 때 다음 글이 들어갈 항목으로 가장 적절한 것은?

> 【해설】
> – 본 계약은 "갑"에게 "을"이 생산하는 제품을 지속해서 공급하도록 강제하는 내용을 담고 있습니다.

① 제1조【목적】

② 제2조【상품】

③ 제3조【상품 공급】

④ 제4조【주문 및 거래명세표】

⑤ 제5조【가격 등】

※ 다음 문서를 읽고 물음에 답하시오. [6~7]

저자재산권 임부에 대한 양도계약서

저작자 및 저작권 양도인 ○○○(이하 "양도인"이라 함.)과 저작권 양수인 □□□(이하 "양수인"이라 함.)은 아래 저작물 ◇◇◇에 관한 저작재산권(이하 "저작재산권"이라 함.)과 관련하여 다음과 같이 계약을 체결한다.

제1조(계약의 목적)
본 계약은 저작재산권 이전과 관련하여 양도인과 양수인 사이의 권리관계를 명확히 하는 것을 목적으로 한다.

제2조(계약의 대상)
본 계약의 대상이 되는 권리는 아래의 저작물(이하 "대상 저작물")에 대한 저작재산권으로 한다.

제목(제호):

저작자:

종별: □ 어문저작물, □ 음악저작물, □ 연극저작물, □ 미술저작물, □ 건축저작물, □ 사진저작물, □ 영상저작물, □ 도형저작물, □ 컴퓨터 프로그램 저작물, □ 기타 (　　　　)

제3조(저작재산권 양도 범위)
본 계약에 의한 대상 저작물의 저작재산권 양도 범위는 제2조에서 당사자가 합의한 범위 내의 저작재산권으로 본다.

제4조(양도 기간)
대상저작물에 대한 권리 양도 기간은 2019년 ○월 ○일부터 2019년 ○월 ○○일까지로 한다.

제5조(양도인의 의무)
양도인은 양수인에게 제2조에 의한 대상 저작물의 저작재산권을 양도한다.

– 하 략 –

---

06 위와 같은 문서에 대한 설명으로 적절하지 <u>않은</u> 것은?

① 계약 기간을 별도로 정하지 않은 경우에는 계약 체결 일로부터 계약의 효력이 발생한다.

② 양도인과 양수인이 계약 내용을 보충하기 위해 작성한 부속 합의서의 내용이 본 계약의 내용과 배치되면 계약은 유효하지 않다.

③ 계약서를 작성하는 과정에서 알게 된 상대방에 관한 정보를 제삼자에게 제공할 때는 구두로라도 상대방의 허락을 얻어야 한다.

④ 계약서에서 명시되어 있지 아니하거나 해석상 이견이 있을 때는 저작권법, 민법 등을 준용하고 사회 통념과 조리에 맞게 해결한다.

⑤ 현행 저작권법에 따라 저작물에 대한 권리는 원칙적으로 저작자에게 귀속되지만, 저작권 관련 불공정 관행 개선을 위해 작성하는 문서이다.

07 다음의 내용을 넣어 보충해야 할 항목으로 가장 적절한 것은?

> 권리: □ 복제권, □ 공연권, □ 공중송신권(□ 방송권, □ 전송권, □ 디지털음성송신권), □ 전시권, □ 배포권, □ 대여권, □ 2차적 저작물 작성권

① 제1조 계약의 목적
② 제2조 계약의 대상
③ 제3조 저작재산권 양도 범위
④ 제4조 양도 기간
⑤ 제5조 양도인의 의무

※ 다음 계약서를 읽고 물음에 답하시오. [8~10]

이사 용역 표준 약관

이사화물(이삿짐)의 운송을 취급하는 이사운송인(이하 '이사운송인'라 합니다.)과 이사화물(이삿짐)의 운송을 의뢰하는 위탁인은 다음과 같이 계약(이하 '이 계약'이라 합니다.)을 체결합니다.

제1조(목적)

이 계약은 이사화물(이삿짐)의 운송을 취급하는 이사운송인과 이사화물(이삿짐) 운송을 의뢰하는 위탁인 간의 이사화물 운송 및 이에 부대하는 포장, 보관, 정리 등에 관한 계약사항을 정함을 목적으로 합니다.

제2조(용어의 정의)

① 이 계약에서 '(㉠)'(이)란 발송 장소에서 운송을 위하여 이사화물을 싸고 꾸리는 것을 말하고, '(㉡)'(이)란 발송 장소와 도착 장소가 아닌 이사운송인의 창고 등과 같은 제3의 장소에서 이사화물을 적재하고 보존하는 것을 말하며, '정리'란 도착 장소에서 이사화물을 풀어서 위탁인의 의사에 따라 배치하고 정돈하는 것을 말합니다.

② 이 계약에서 '일반이사'란 위탁인이 이사화물의 포장과 정리를 맡고 이사운송인은 이사화물의 운송만을 맡아서 하는 이사를 말하고, '포장이사'란 위탁인이 이사화물의 포장과 정리를 이사운송인에게 의뢰하여 이사운송인이 이사화물의 포장, 운송, 정리를 모두 맡아서 하는 이사를 말하며, '(㉢)'(이)란 일반이사 또는 포장이사를 하는 경우에 이사운송인이 위탁인의 의뢰에 따라 이사화물을 일정 기간 보관한 후에 인도하는 이사를 말합니다.

③ 이 계약에서 '(㉣)'(이)란 이사운송인이 운송을 위하여 이사화물을 발송 장소에서 위탁인으로부터 받는 것을 말하고, '(㉤)'(이)란 이사운송인이 운송한 이사화물을 도착장소에서 위탁인에게 반환하는 것을 말합니다.

제3조(견적)

이사운송인은 위탁인의 요청이 있으면 운임 등을 견적하고, 다음 각호의 사항을 기재한 이 계약서 [별지] 이사용역계약서 세부 사항을 작성하여 위탁인에게 교부하여야 합니다.

– 중간 생략 –

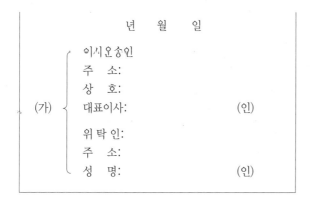

```
                     년    월    일

          ┌  이사운송인
          │  주  소:
          │  상  호:
(가)       │  대표이사:               (인)
          │
          │  위 탁 인:
          │  주  소:
          └  성  명:               (인)
```

08 윗글 '제2조(용어의 정의)'에 있는 ㉠~㉤에 들어갈 알맞은 단어를 [보기]에서 묶은 것으로 적절한 것은?

┤ 보기 ├

㉠ – 포장   ㉡ – 보관   ㉢ – 보관이사
㉣ – 인도   ㉤ – 인수

① ㉠, ㉡, ㉢   ② ㉡, ㉢, ㉣
③ ㉢, ㉣, ㉤   ④ ㉠, ㉡, ㉢, ㉣
⑤ ㉡, ㉢, ㉣, ㉤

09 윗글 '제3조(견적)'에 있는 '[별지] 이사용역계약서 세부 사항'을 다음에 근거하여 쓸 때 필요한 사항으로 적절한 것을 [보기]에서 모두 고른 것은?

> • 이사운송인은 별지에 첨부한 이사용역계약서 세부 사항을 작성하여 위탁인에게 교부해야 합니다.
> • 이사 비용은 운송 거리, 이사 물량, 작업 조건, 부대 서비스의 형태에 따라 결정됩니다. 또한 특수 이송품, 이사화물의 부피, 이사 건물의 층수 등 특수한 여건에 따라 달리 책정되므로 정확한 이사 비용의 책정을 위해서는 이사운송인의 방문 견적에 의하여 산출하여야 합니다.
> • 개인정보 보호법 개정(2014년 8월 7일 시행)으로 주민등록번호 수집이 금지됨에 따라 법령상 근거 없이 주민등록번호를 수집하는 행위가 엄격히 금지되므로, 공정거래위원회가 이사화물 표준 약관을 개정하여 위탁인의 주민등록번호 수집조항을 삭제하였습니다.

┤ 보기 ├

㉠ 이사운송인의 상호, 전화번호
㉡ 운임 등의 합계액과 그 명세
㉢ 견적서를 작성한 담당자의 성명
㉣ 위탁인의 성명, 주소, 전화번호, 주민등록번호
㉤ 이사화물의 발송·도착 장소, 주요 명세(종류·무게·부피 등)와 운임 단가

① ㉠, ㉡, ㉢
② ㉢, ㉣, ㉤
③ ㉠, ㉡, ㉢, ㉣
④ ㉠, ㉡, ㉢, ㉤
⑤ ㉡, ㉢, ㉣, ㉤

10 윗글 (가)의 작성 원칙으로 적절하지 <u>않은</u> 것은?

① 자연인의 경우에는 주민등록상에 기재된 주소를 표시하는 것이 원칙이고, 실질적인 거주지가 다른 경우에는 함께 쓸 수 있다.
② 회사의 기관인 대표이사가 사장 이외의 회장·부사장·전무 등이 대표이사인 경우에는 '대표이사 전무 ○○○' 등과 같이 쓴다.
③ 자연인인 경우에는 호적상의 본명 표시가 원칙이지만 속칭(필명, 예명 등)도 무방하며, 목적물을 등기나 등록해야 하는 계약서에는 본명을 사용해야 한다.
④ 이사는 기관이 아니라 상법상 이사회라는 기관의 구성원에 불과하기 때문에, 이사 ○○○ 또는 전무이사 ○○○라고 하는 표시는 대리의 형식을 제외하고, 기관 형식의 표시로는 적절하지 않다.
⑤ 법인인 경우에는 반드시 등기부에 기재되어 있는 종교 법인, 의료 법인 등 정식 명칭을 표시하고, 회사인 경우에는 주식회사·유한회사 등을 표시해야 하지만, 권리능력이 없는 사단(社團)의 경우에는 쓸 수 없다.

10_절 기술 문서

공학 및 기술 관련 평가는 보통 3문항 정도가 출제되고 있다. 평가 관점은 크게 '기술문 작성 준비'와 '기술문 작성'으로 나누어진다. '기술문 작성 준비'와 관련하여 '기술문의 개념', '독자 분석', '기술문의 구성과 특징', '기술문의 표현 및 서술 방식'이 출제된다. 실제 기술문과 관련하여 '설명서', '조사 보고서', '실험 보고서', '특허 명세서' 등이 출제되고 있다.

출제 POINT

- 공학 기술 문서의 구성과 작성 방법
- 특허 출원서 및 명세서의 내용과 형식, 작성 방법
- 기술 보고서, 제품 설명서 등의 구성 및 서술 방식

1. 공학 · 기술문

(1) 공학 기술문의 정의

공학 기술문은 기술, 엔지니어링, 과학, 보건 등 전문 분야의 의사소통 방식에 따라 각 분야의 전문 용어를 사용하여 작성한 문서이다. 직무 수행과 관련한 의사소통 교육을 위한 기술 글쓰기(Technical Writing)는 최근 'Technical Communication'이라는 개념을 적용하여 '비즈니스, 산업 또는 다른 전문직에 상관없이 직무 수행을 위한 모든 글쓰기와 구두 의사소통'으로 범위를 확장하고 있다. 기술 글쓰기는 각 분야의 직무 분야에서 전문 용어를 사용하여 작성하는 문서로, 기술 또는 과학에 관한 글이라고 할 수 있다.

> 예 설명서-제품 설명서, 기술 설명서, 시방서-보고서-조사 보고서, 실험 및 기술 보고서, 기술 제안서, 발명 명세서 등

(2) 기술문 구성

① 기술문 구조

기술문을 읽는 독자는 특정 정보를 획득하여 문제를 해결하기를 기대한다. 따라서 필자는 독자가 글을 읽는 목적을 성취하고 문제를 해결할 수 있도록 명료한 글을 작성해야 한다. 기술문은 일반적으로 서론-본론-결론의 3단 구조로 구성된다. 그리고 기술문의 서론은 대부분 미괄식이다. 본론의 시작은 앞 절인 서론의 내용을 이어가면서 전개된다. 본론을 구성하는 단락들은 일반적으로 앞 절에서 제시한 내용을 바탕으로 내용을 이어가기 때문이다. 또한, 결론은 앞 절의 모든 내용을 요약, 정리하여 제시한다. 이러한 기술문의 서론, 본론, 결론 구조는 그림과 같이 역삼각형 모습의 서론과 긴 사각형 모양의 본론, 그리고 삼각형 모양의 결론 구조로 이루어진다.

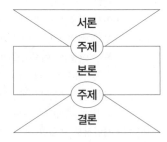

② 기술문 구성 요소

기술문은 '무엇이 왜 그러한 결과를 만들었는가'보다는 '무엇을 어떻게 해결할 것인가'를 설명한다. 즉, 어떤 문제나

사실에 관한 근본적인 원인을 밝히고, 이를 증명하는 학술적인 성격보다는 어떤 문제를 '어떻게 해결할 것인가'와 같은 실용적인 정보를 제시하는 것이 특징이다. 따라서 '무엇이' 갖고 있는 '어떤 문제'를 '어떻게 해결하는지'를 보여 주는 구조로 글이 전개된다.

(3) 기술문 특징

① 간결성
㉠ 서술어는 짧고 분명해야 한다. 길고 복잡한 서술어를 사용하는 것은 바람직하지 않다.

㉡ 복잡한 겹문장 또는 길게 이어지는 문장은 쓰지 말아야 한다.

② 정확성
기술문은 과학적인 과정에 따라 엄격한 자료를 바탕으로 정확한 내용을 다루어야 하며, 실험 이론과 실험 재료, 장비, 통계 자료, 인명이나 지명, 참고 자료의 출처, 용어 등을 정확하게 기술해야 한다. 즉, 연구자 또는 기술자나 일반 독자가 기술문의 내용을 읽고, 기술문의 설명에 따라 특정 기술 또는 실험을 그대로 재현, 실현시킬 수 있을 정도로 내용을 서술해야 한다.

③ 형식성
기술문은 제안서, 실험 보고서, 기술 보고서, 기술 설명서, 사용 설명서뿐만 아니라, 학술적인 성격의 해설 논문과 소논문 등도 포함한다. 따라서 이들 글은 일정한 형식을 갖추어야 한다. 즉, 서론(기술과 관련된 재료나 실험 방법 및 배경 소개), 본론(관찰 및 실험 결과 혹은 기술 실현 과정), 결론(관찰 및 실험 결과 혹은 기술 실현 결과에 대한 고찰)으로 구성되어야 한다.

(4) 공학 기술문의 종류와 성격

① **특허 명세서**: 특허 발명에 대한 특허 청구를 취해 특허 내용을 공개하고, 이를 보호받고자 하는 내용을 기재한 문서를 말한다. 발명의 내용을 간명하게 표시할 수 있는 발명 명칭과 영문 명칭을 함께 기재하고, 도면의 간단한 설명, 발명의 상세한 설명, 특허 청구 범위, 발명의 목적 및 구성, 효과 등을 기재한다.

② **특허 출원서**: 발명에 대한 내용을 담은 서류를 작성하여 특허 출원을 신청하기 위해 작성하는 문서를 말한다. 출원 구분, 참조 번호, 출원인, 대리인, 발명의 국문 명칭, 발명의 영문 명칭, 발명자, 우선권 주장, 기타 사항, 유예 희망 시점, 비용 등을 기재한다.

③ **기술 보고서**: 기술 개발을 완료한 프로젝트에 관해 보고하기 위한 목적으로 작성하는 문서를 말한다. 기술 보고서에는 발행일, 발행 부서를 비롯하여 프로젝트명, 작성자, 제목 등을 구체적으로 기재하고, 내용의 요지나 입수 경로 및 참고 자료 등과 해당 기술을 분류하여 표기한다.

④ **제품 사용 설명서**: 제품의 사용에 대한 설명이 기재되어 있는 문서이다. 새 제품의 구매 시 제품과 함께 동봉되어 있으며, 주의 사항에는 제품의 오작동이나 고장의 원인이 될 수 있는 행위에 대한 내용이 기재되어 있는 경우가 많다.

1. 다음 글에서 설명하는 공학·기술 문서 작성의 원칙을 [보기]에서 고른 것으로 적절한 것은?

> 공학·기술 문서는 비전문가나 일반인의 입장에서는 이해하기 어려운 과학적 사실이나 설명이 있으므로, 가능한 한 쉽고 간결하게 작성하여 읽는 사람이 쉽게 접할 수 있도록 하는 것이 좋다. 독자의 이해를 돕기 위해 공학·기술 문서는 논리적으로 짜임새 있는 구성을 갖도록 작성한다. 즉, 다루는 주제를 논리의 비약 없이 체계적으로 설명한다.
>
> 전문적인 내용과 용어가 제시되는 공학·기술 문서는 독자 분석이 중요하다. 예상 독자의 해당 주제에 대한 지식수준과 이해도, 입장, 취향, 관심도와 호감 등을 파악한 후, 이를 고려하여 맞춤식으로 문서를 작성한다. 또한, 성공적인 커뮤니케이션을 위해서는 자신이 전달하고 싶은 내용보다 독자가 요구하고 독자에게 유용한 내용 위주로 문서를 작성한다.
>
> 공학·기술 문서를 작성할 때는 사용하는 단어, 문장, 그림이나 수식 등 모든 부분에서 일관성을 유지하도록 노력해야 하며, 요약문과 문서, 장, 절의 제목은 그 자체로 내용이 파악될 수 있도록 써야 한다. 첫 문단 또는 첫 문장으로도 핵심 내용이 한눈에 파악되도록 작성하고, 불필요한 내용의 중복이 없도록 한다. 공학·기술 문서의 객관성과 명확성 확보는 중요하므로, 데이터, 사실, 가설, 남의 주장, 자신의 주장 등을 명확하게 구분하고, 과장하지 않도록 주의하며 작성해야 한다.

> 예상 독자 분석 및 예상 독자를 위한 구성과 표현 등에 관한 내용이 중심 내용이다.

┤ 보기 ├
㉠ 예상 독자를 고려하며 용어나 구성 방식 등을 선택한다.
㉡ 필자는 자신의 입장보다 예상 독자의 요구를 우선하여 작성한다.
㉢ 전문적인 글의 성격을 고려하여 전문 용어를 중심으로 작성한다.
㉣ 내용 이해를 돕기 위해 내용이 중복되더라도 자세한 보충 설명을 덧붙인다.

① ㉠, ㉡　　　　　　　　　　② ㉡, ㉢
③ ㉢, ㉣　　　　　　　　　　④ ㉠, ㉡, ㉣
⑤ ㉡, ㉢, ㉣

정답 ①

정답 해설 1문단과 2문단 모두 예상 독자를 고려한 글쓰기에 대한 설명이 강조되고 있다.

오답 해설 ㉢ 1문단과 2문단에 따르면, 예상 독자를 고려하여 이해하기 쉽게 작성한다고 제시되어 있으므로 적절하지 않다.
　　　　　㉣ 3문단에 따르면, 불필요한 내용의 중복이 없어야 한다고 제시되어 있으므로 적절하지 않다.

2. 다음은 특허 명세서의 일부이다. '고안의 목적'에 들어갈 내용을 적절하게 쓴 것은?

---

(54) 무인 항공기용 기계식 수신 전환 장치

【요약】

　　본 고안은 컴퓨터 프린터 수동 전환 장치에서 1개의 입력단을 조종면 제어를 위한 서보(Servo) 동작을 위한 1개의 출력단으로 사용하고, 2개의 출력단은 수신기로부터 받은 조종 신호를 전달하는 2개의 입력단으로 사용하여 이를 무인기 또는 모형항공기에 장착하여 비행 중 잡음이나 수신기 고장, 배터리 방전 등의 위급한 경우에 다른 수신기로의 전환이 가능하도록 하고, 그로 인해 안전하게 비행을 할 수 있는 무인 항공기용 기계식 수신 전환 장치를 제공하기 위한 것이다.

【고안의 상세한 설명】

【고안의 목적】

　　　　　　　　　　　　－ 이하 생략 －

> '고안의 목적'은 '무인 항공기용 기계식 수신 전환 장치'를 왜 개발하는가의 문제이다. 이 내용을 '요약'에서 찾아내고 이 내용이 제시되어 있는 선지를 선택하면 된다.

① 수신 장치(Receiver)는 조종기에서 보내온 신호를 수신하는 장치로서, 서보(Servo)나 배터리를 연결할 수 있도록 단자가 준비되어 있으며 신호를 분리하여 각 장치로 전달하는 역할을 한다.

② 푸시로드(Push Rods)는 비행기를 조종하기 위해서 각 부분과 서보(Servo) 모터를 연결하는 부품으로서, 철사에 발사(Balsa)나 유리 섬유질의 막대와 끝이 조여지는 크래비스로 구성된 것이 있으며, 철선 그대로 또는 플라스틱에 철선을 넣은 형태의 것도 있다.

③ 본 고안의 기계식 수신 전환 장치는 첨부 도면 중 도3과 4에 나타낸 바와 같이, 무인 항공기의 내부에 장착되며, 제1수신기(31) 및 제2수신기(32)를 파워선 및 신호선(33, 34)으로 연결하기 위한 프린터 포트(35, 36)와 서보(Servo) 선(37)을 통해서 조종면 제어용 서보(Scrvo)(40)와 연결하기 위한 프린터 포트(39)로 구성되어 있다.

④ 본 고안은 종래의 컴퓨터 프린터 수동 전환 장치에서 1개의 입력단을 서보(Servo) 동삭을 위한 1개의 출력단으로 사용하고, 2개의 출력단은 수신기로부터 받은 신호를 전달하는 2개의 입력단으로 사용하여 이를 무인기 또는 모형항공기에 장착해 비행 중 잡음이나 수신기 고장, 배터리 방전 등의 위급한 경우에 다른 수신기로의 전환이 가능하도록 하며, 그로 인해 안전하게 비행을 할 수 있는 무인 항공기용 기계식 수신 전환 장치를 제공하는 데 있다.

⑤ 본 고안의 무인 항공기용 기계식 수신 전환 장치는 제1, 제2수신기로부터 연결된 2개의 프린터 포트가 수신 전환 장치의 입력단에 부착되어 있고, 조종면 제어용 서보(Servo)와 연결된 1개의 프린터 포트는 상기 수신 전환 장치의 출력단에 부착되어 있으며, 제1, 제2수신기 변환을 서보(Servo)로 전환하기 위해 장착한 서보(Servo)의 신호선이 수신기에 부착되어 있되, 상기 신호선을 제1수신기에 부착하면 제1조종기로 전환이 가능하고, 상기 신호선을 제2수신기에 부착하면 제2조종기로 전환이 가능하며, Y자형 컨넥터로 제1, 제2수신기에 모두 부착하면 제1, 제2조종기로 선환이 가능하게 된 것을 특징으로 한다.

정답 해설 '요약'에서 '무인 항공기용 기계식 수신 전환 장치'를 고안하는 이유로, '비행 중 위급한 경우에 다른 수신기로의 전환, 그로 인한 안전한 비행을 할 수 있는 장치 제공'과 관련된 내용을 파악해야 한다.

오답 해설 ①, ②, ③, ⑤는 '고안의 구성 및 작용'에 쓸 내용에 해당한다.

기출점검 **사용 설명서**

3. 다음의 (가)~(라)에 쓸 내용으로 적절하지 않은 것은?

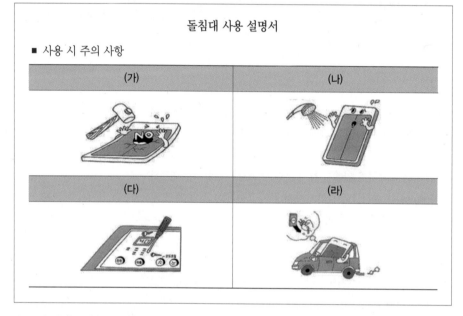

① 고장 시에도 함부로 기계를 분해하지 마십시오.
② 코드를 꽂아 둔 채로 장시간 외출을 하지 마십시오.
③ 돌이 깨질 염려가 있으므로 돌판에 충격을 주지 마십시오.
④ 돌의 파손이 있을 수 있으므로 임의로 제품을 조작하지 마십시오.
⑤ 기계 내부로 물이 들어가면 고장의 우려가 있으므로 물을 가까이하지 마십시오.

정답 ④

정답 해설 '돌의 파손'은 (가), '임의로 제품을 조작하지 마십시오.'는 (다)와 연관이 있으나 돌의 파손이 있을 수 있으므로 제품을 조작하지 말라는 내용과 관련된 그림은 없다.

오답 해설 ①은 (다), ②는 (라), ③은 (가), ⑤는 (나)에 쓰기에 적절하다.

10절 기출로 실력 다지기

※ 김실용 씨는 '특허 출원서 따라 하기' 책자를 만들고 있다. 다음 글을 읽고 물음에 답하시오. [1~2]

1. 출원 자격

특허 (실용신안)	발명(고안)을 한 자 또는 그 승계인
디자인	디자인을 창작한 자 또는 승계인
상표	국내에서 상표를 사용하는 자 또는 사용하고자 하는 자

> Q. (㉠   )
> A. 재외자(국적 여부와는 무관하게 국내에 주소 또는 영업소가 없는 자)는 본인(법인인 경우 그 대표자)이 국내에 체재하는 경우를 제외하고는 단독으로 특허에 관한 절차를 밟을 수 없고, 국내에 주소 또는 영업소가 있는 특허 관리인을 통해야만 가능합니다.

2. 출원 일자

출원 방법	출원 일자
전자 출원	서류 제출을 클릭한 날
직접 제출	특허청 제출일
우편 접수	우체국 소인 일자(단, PCT 국제출원은 특허청 도달일이 출원일이 됨)

* 산업 재산권은 같은 내용인 경우 먼저 출원한 사람에게 우선권이 부여되므로 가능한 한 빨리 출원하는 것이 좋습니다.

3. 특허고객번호 신청 시 출원인란 작성 방법
   가. 출원인이 자연인(개인)일 경우: 성명과 주민등록번호
      – 사업자등록은 되었으나 법인등록이 되어 있지 않을 시는 자연인으로 신청
   나. 출원인이 법인일 경우: 법인명칭과 법인등록번호, 사업자등록번호
   다. 출원인이 국가기관일 경우: 대한민국(소속기관장)
   라. 출원인이 지방자치단체일 경우: 지방자치법 제2조에 의한 자치단체명
   마. 출원인이 사립학교일 경우: 학교명이 아닌 학교법인명 및 법인등록번호
   바. 출원인이 국·공립대학일 경우: 학교명이 아닌 기술의 이전 및 사업화 촉진에 관한 법률에 의한 법인명칭 및 법인등록번호

01 윗글의 ㉠에 쓸 문장으로 가장 적절한 것은?

① 특허 관리인이 하는 역할은 무엇인가요?
② 국적에 따라 특허출원 절차가 다를 수 있나요?
③ 외국인이 단독으로 특허출원 절차를 밟을 수 있나요?
④ 재외자가 특허출원을 할 수 없는 이유는 무엇인가요?
⑤ 출원 자격이 없는 자가 특허출원을 할 방법이 있나요?

02 윗글의 '3.'을 참고하여 쓴 '특허고객번호 신청 시 출원인란' 예가 잘못된 것은?

① 김실용, 59××28-2×××××××
② 재난안전관리본부, 대한민국(행정안전부장관)
③ 창의○○연구소, 사업자등록번호 402-91-87730
④ 서울대학교 산학협력단, 법인등록번호 213454-2994832
⑤ (주)한국○○, 법인등록번호 110111-1888605, 사업자등록번호 214-86-56758

03 다음을 참고로 할 때, '발명의 명칭'으로 가장 적절한 것은?

특허 명세서 기재 방법

1. 발명의 명칭

발명의 명칭은 막연하거나 장황한 기재를 피하고 발명의 내용에 따라 간명하게 기재하여야 한다. 개인명, 상표명, 상품의 애칭, 극히 추상적인 성능을 나타내는 표현 또는 '특허'라는 용어를 발명의 명칭에 포함해서는 안 된다. 특허 청구 범위에 2개 이상의 범주로 청구항(물건, 제조 방법, 제조 장치, 사용 방법 등)을 기재하는 경우에는 이들 복수의 범주를 모두 포함하는 간단명료한 명칭으로 기재하여야 한다. 발명의 명칭은 그 발명이 무엇을 청구하는지 명확히 알 수 있도록 기재해야 한다. 보정 때문에 특허 청구 범위에 기재된 청구 대상이 변경되는 경우에는 발명의 명칭도 이에 부합되도록 바로잡아야 한다.

---

① 차량용 배터리 접속 장치에 관한 특허
② 배전선로 지지를 위한 최적의 지지 기구 힘쎈돌이
③ 멍게의 특징 측정과 HSV 색상 모델을 이용한 최상의 멍게 자동 선별 방법
④ 수치 지도의 수시 수정을 위한 주식회사 삼송이 개발한 지형 현황 측량 시스템
⑤ 태양광 접속반 내부의 이상 감시 진단 및 원격 모니터링 기능이 갖춰진 태양광 발전 시스템

※ 다음 글을 읽고 물음에 답하시오. [4~6]

전체 청구항 수: 총 1항

(54) 발명의 명칭 차량용 공기 청정기

심사관: 김○○

(57) 요약

개시된 본 발명의 차량용 공기 청정기는 실내 유입구(112), 실내 토출구(114) 및 실외 토출구(116)가 형성된 몸체(110), 몸체(110) 내부에 설치되어 유입된 공기 흐름을 통과시키는 제습제(130) 및 실내 토출구(114)와 실외 토출구(116) 중 하나의 토출구를 차단하고 차단되지 않은 다른 하나의 토출구로 제습제(130)를 통과한 공기가 토출되도록 하는 도어(162)를 포함한다.

본 발명은 갖춰진 제습제가 포화하면 포화한 제습제를 탈습시켜 다시 제습제의 제습 기능을 회복시킬 수 있는 효과가 있다.

대 표 도

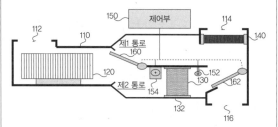

상기 제어부(150)는 사용자에 의한 공기 청정기 구동 신호를 수신하면, 송풍기(120)를 가동해 공기 청정기를 동작시킨다. 제어부(150)는 사용자에 의해 제습 작동이 설정되어 있는지를 확인하고, 제습 작동이 설정되어 있지 않으면 공기 청정기를 통상 모드로 동작시킨다.

제어부(150)는 제습 작동이 설정되어 있으면 측정 습도와 설정 습도를 비교하여 측정 습도가 설정 습도보다 높은지를 판단한다. 여기서 측정 습도는 습도계(152)가 측정한 습도이다. 설정 습도는 제습제(130)에 포함된 수분량이 많아 제습제(130)가 더는 효과적으로 제습기능을 수행하지 못하는 상태의 습도이다. 설정 습도는 제습제(130)마다 다를 수 있으며 최적 실험치에 의해 선택되어 제어부(150)에 미리 저장될 수 있다.

제어부(150)는 측정 습도가 설정 습도보다 작으면 공기 청정기를 제습 모드로 동작시키고, 측정 습도가 설정 습도보다 높으면 공기 청정기를 탈습 모드로 농삭시킨다.

04 윗글을 참고하여 쓴 다음 특허 명세서의 ⑦~ⓒ에 들어갈 내용으로 가장 적절한 것은?

【청구범위】
청구형 1
  상기 몸체(110) 내부의 (⑦)에 설치되어 상기 유입된 공기 흐름을 통과시키는 제습제(130);
  상기 (ⓒ) 중 하나를 차단하고 다른 하나를 개방하는 제1 도어(160);
  상기 실내 토출구(114)와 실외 토출구(116) 중 하나의 토출구를 차단하고 다른 하나의 토출구를 개방하는 (ⓒ);
  상기 제1 및 제2 도어(160, 162)의 개폐 동작을 제어하는 제어부(150)를 포함하고,
  − 하략 −

	⑦	ⓒ	ⓒ
①	제1 통로	제1 통로	제1 도어(160)
②	제1 통로	제2 통로	제2 도어(162)
③	제2 통로	제1 및 제2 통로	제1 도어(160)
④	제2 통로	제1 및 제2 통로	제2 도어(162)
⑤	제1 및 제2 통로	제1 및 제2 통로	제1 도어(160)

05 윗글을 참고하여 다음 글의 ⑦, ⓒ에 들어갈 내용으로 가장 적절한 것은?

【발명의 효과】
  본 발명의 차량용 공기 청정기는 차량 실내 공기를 제습시키는 제습제를 갖추고 있으므로, 종래와 달리 냉방기를 가동하지 않고 공기 청정기의 작동만으로 차량 실내 공기를 제습시킬 수 있어 (⑦) 효과가 있다.
  또한 본 발명의 차량용 공기 청정기는 갖춰진 제습제가 포화하면 포화한 제습제를 탈습시켜 다시 제습제의 제습기능을 회복시킬 수 있으므로 (ⓒ) 다른 효과가 있다.

① ⑦: 차량 실내의 공기를 강제 환기할 수 있는
② ⑦: 차량 내부의 온도와 습도를 유지할 수 있는
③ ⓒ: 연비를 향상하고 소음을 줄이게 하는
④ ⓒ: 제습제의 교체 주기를 최대한 늘여 줄 수 있는
⑤ ⓒ: 제습제를 교체할 수 없었던 종래의 문제점을 해결하는

06 윗글을 참고하여 다음 도면에 대해 설명한 것으로 가장 적절한 것은?

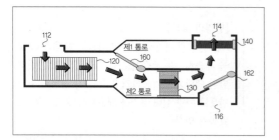

① 공기 청정기의 제습 모드 동작을 설명하기 위한 도면이다.
② 사용자가 제습 작동을 설정하지 않았을 때의 동작을 설명하기 위한 도면이다.
③ 측정 습도가 설정 습도보다 작으면 선택되지 않는 모드를 설명하기 위한 도면이다.
④ 습도계가 측정한 습도가 일정하게 유지되면 자동으로 설정되는 동작을 설명하기 위한 도면이다.
⑤ 측정 습도가 설정 습도보다 높으면 실외 토출구를 차단해야 한다는 것을 설명하기 위한 도면이다.

※ 다음 사용 설명서를 읽고 물음에 답하시오. [7~8]

1. 청소 후 청소기 뚜껑에 있는 스펀지를 꼭 확인하세요.
   ☞ 스펀지는 청소기 사용 후에는 뽀송뽀송해야 정상입니다.
   스펀지가 젖어 있으면 물이 모터로 넘어간 것입니다. 물받이 통에 부착된 스티커를 참조하여 청소기를 공회전시켜 모터로 넘어간 물을 말려 주세요. 모터로 넘어간 물은 다른 방법으로 건조할 수 없습니다.
   ▶ _____(가)_____

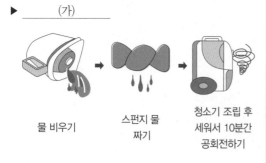

물 비우기 → 스펀지 물 짜기 → 청소기 조립 후 세워서 10분간 공회전하기

2. 청소기 파이프와 호스, 물받이 통 관리하기

(나)

07 윗글의 (가)에 쓸 내용으로 가장 적절한 것은?

① 스펀지 건조하는 방법
② 모터를 건조하는 요령과 순서
③ 물받이 통 관리 방식 및 절차
④ 청소기의 흡입력이 떨어졌을 때
⑤ 뚜껑의 스펀지를 확인하고 건조하기

08 윗글의 (나)에 쓸 문장으로 적절하지 않은 것은?

① 물받이 통은 물을 비우고 헹구어 오물을 씻어 주세요.
② 파이프와 호스, 물받이 통의 물 닿는 부분은 완전히 건조해 주세요.
③ 청소할 때는 물받이 통의 수위 눈금 아래로 물을 채우고 사용하세요.
④ 청소하면 파이프와 호스 내부가 오염되므로 주기적으로 분리하여 물로 씻어 주세요.
⑤ 오랫동안 파이프와 호스, 물받이 통을 씻지 않고 방치하면 심한 악취가 날 수 있습니다.

※ 다음 글을 읽고 물음에 답하시오. [9~11]

불안정한 상태의 원자핵이 안정한 원자핵 상태로 자연적으로 붕괴하는 것을 방사능이라고 하며, 원자핵이 붕괴하며 방출되는 입자나 전자파를 '방사선'이라고 한다. 양성자와 중성자가 결합하여 원자핵을 형성할 때 양성자와 중성자의 비율에 따라 안정한 원자핵이 만들어지기도 하고, 그렇지 않기도 하다. 흔히 말하는 '방사선'이란, 원자핵이 불안정할 경우 안정한 원자핵으로 바뀔 때 내놓는 알파입자, 전자, 전자기파인 감마선, x선, 중성자 등을 가리킨다.

알파선(알파입자)과 베타선(전자)은 투과율이 낮아 종이나 알루미늄으로도 차폐 가능하며, 감마선은 파장이 짧은 전자파인데, 원자핵의 고에너지 상태에 의해 생성된 고에너지 전자기파 형태이기 때문에 원자번호가 높은 납, 철, 텅스텐 화합물 또는 밀도가 높은 재료를 이용하여 차폐해야 효과가 있다.

　실제 원자력발전소를 건설할 때나 사고 발생 이후 차폐하기 위한 조치에 공통으로 콘크리트를 사용한다. 그렇다면 원자력발전소나 조치를 취할 때 사용되는 콘크리트는 어떤 콘크리트여야 할까? 이때 사용하는 콘크리트는 '중량 콘크리트'이다. 중량 콘크리트는 중량 골재(비중 3.2~4.0)를 사용하여 방사선(x선, γ선, 중성자선 등)을 차폐할 목적으로 만든, 일반 건축물에 사용하는 콘크리트(밀도 2,300~2,500kg/㎥)보다 비중이 큰 콘크리트(밀도 5,600kg/㎥)이다. 그래서 중량 콘크리트를 '차폐 콘크리트'라고도 부른다.

　일반적으로 콘크리트는 물, 시멘트, 모래, 자갈로 이루어진 인공적인 건축 재료이다. 쉽게 말해 가상의 정육면체 콘크리트가 있다면, 그 정육면체 내부에는 자갈과 모래, 시멘트가 골고루 섞여 공간을 가득 메꾸고 있다고 볼 수 있다. 중량 콘크리트는 더 큰 밀도의 자갈들을 넣고 그 사이를 모래와 시멘트가 더 촘촘하고 단단하게 꽉 찬 층을 형성한 콘크리트이다. ㉠ 다만 크기가 큰 자갈들만 넣는다면 제대로 메꿔지지 않을 테니 밀도가 비슷하지만 작은 자갈들을 함께 넣어 메꾸는 것이 더 효율적인 방법이다.

09 윗글의 내용과 일치하는 것은?

① 일반 콘크리트로는 알파입자와 전자를 차단할 수 없다.

② 방사선은 안정한 원자핵이 불안정한 상태로 바뀔 때 나온다.

③ 원자핵을 형성할 때 양성자보다 중성자가 적으면 불안정한 상태로 바뀐다.

④ 방사선을 효과적으로 차단하려면 원자번호가 높은 화합물을 사용해야 한다.

⑤ 원자력발전소를 지을 때는 일반 건축물에 사용하는 콘크리트를 사용하여 조치한다.

10 윗글을 바탕으로 ㉠의 이유를 가장 적절하게 추론한 것은?

① 자갈은 모래나 시멘트보다 밀도가 낮기 때문이다.

② 무게 중심을 바꿔 방사능을 교란할 수 있기 때문이다.

③ 밀도가 높을수록 방사능 차폐 능력을 높일 수 있기 때문이다.

④ 일반 콘크리트보다 무거워야 방사능을 잘 차단할 수 있기 때문이다.

⑤ 일반 건축물에 쓰이는 콘크리트는 자갈의 크기가 중요하지 않기 때문이다.

11 윗글을 참고할 때 다음의 ㉮, ㉯에 쓸 내용으로 가장 적절한 것은?

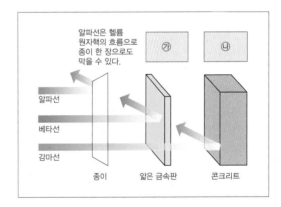

① ㉮: 알파선은 투과율이 낮아 얇은 금속판으로 막을 수 있다.

② ㉮: 감마선은 파장이 짧은 전자파로, 콘크리트로 막을 수 있다.

③ ㉮: 베타선은 전자의 흐름으로, 얇은 금속판으로 막을 수 있다.

④ ㉯: 감마선은 파장이 길어서 콘크리트로 막을 수 있다.

⑤ ㉯: 베타선은 전자기파의 흐름으로, 콘크리트로 막을 수 있다.

우리 인생의 가장 큰 영광은
결코 넘어지지 않는 데 있는 것이 아니라
넘어질 때마다 일어서는 데 있다.

－넬슨 만델라－

2편

술술 풀리는
서술형 유형

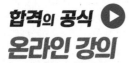

서술형 유형을 해결하기 위한 TIP

서술형이나 논술형은 만점을 맞을 수 없을까요?

실용글쓰기의 서술형이나 논술형은 대학 논술형 수준이 아닙니다. 한국국어능력평가협회에서 제시한 기출문제와 답안을 분석하여 서술형을 푸는 전략을 안다면, 주어진 점수를 모두 얻을 수 있습니다. 아래의 문제를 자료로 삼아 전략을 알아봅시다. 실용글쓰기 출제 문항에서 가장 쉬운 문제를 가져왔습니다. 여러분들이 심리적 부담을 덜고, 연습을 통해서 충분히 요구하는 점수를 얻을 수 있구나 하는 자신감을 갖도록 하기 위해서이죠.

조건에 충실하자.

> ○○대학교 화학공학과 졸업예정자인 박○○ 씨는 한국화학기술공사의 (가) NCS 기반 채용 직무 기술서를 바탕으로 (나) 직무 기술서를 작성하였다. 지금부터는 (다) 직무 능력 소개서의 '3. 경험 기술서'를 작성하려고 한다. 조건에 맞게 서술하시오.
>
> [200점]
>
> **조건**   1. (다)에 주어진 내용을 바탕으로 (가)와 (나)의 내용 일부를 활용하여 작성할 것
>   2. 전체 분량과 각 문단에 주어진 문장 수를 고려하여 작성할 것

실용글쓰기 문제에서 가장 중요한 것 중의 하나는 조건을 충실하게 지키는 것입니다. 이 문제에 대한 조건은 '① 경험기술서를 작성하되, (가)와 (나)의 내용 일부를 활용하라는 것(800자), ② 네 문단으로 작성하되, 각 문단의 주어진 문장 수를 지킬 것'입니다. 이때, 조건에 제시된 글자 수는 공백을 포함하므로, 답안 작성 시 공백을 포함한 글자 수가 조건에 제시된 글자 수보다 적거나 글자 수를 넘지 않도록 주의하세요.

(가) NCS 기반 채용 직무 기술서

채용 분야	생산관리 엔지니어
근무지	한국화학기술공사 본사
계약 기간	1년(필요하면 연장)
직무 수행 능력	기계·기기 장치 배열하기, 주요 배관 표시하기, 운전조건 기재하기, 물리·화학적 특성 파악하기, 에너지 사용량 확인하기 등
직무 수행 태도	안전 사항을 준수하는 태도, 전체 공정에 대한 통찰적 사고, 관련 법규 및 기술 기준 준수, 업무에 대한 책임감 및 고객지향적인 태도

– 이하 생략 –

(나) 직무 기술서

※ 직무 기술서에 기재하는 모든 사항은 증명 가능한 사실이어야 합니다.

1. 교육 사항

– 중략 –

3. 경력 사항

* 경력은 금전적 보수를 받고 일정기간 일했던 이력을 의미합니다. 아래의 지시에 따라 해당하는 내용을 기재해 주십시오.

■ 귀하는 지원 분야 관련 업무를 수행한 경험이 있습니까? 예(✔) 아니오( )

'예'라고 응답한 항목에 해당하는 사항을 아래에 기재해 주십시오. (작성란이 부족한 경우 칸을 추가하여 작성)

근무 기간	기관명	직위/역할	담당 업무
6월	한국○○공사	연구보조원/연구 보조	연구 활동 보조 및 지원

4. 경험 사항

* 경험 사항은 직업 외적인(금전적 보수를 받지 않고 수행한) 활동을 의미하며, 팀 프로젝트 활동, 연구회 활동, 동아리/동호회 활동, 온라인 커뮤니티 활동, 재능 기부 활동 등이 포함될 수 있습니다. 아래의 지시에 따라 해당하는 내용을 기재해 주십시오.

■ 귀하는 지원 분야 관련 활동을 수행한 경험이 있습니까? 예(✔) 아니오(   )

'예'라고 응답한 항목에 해당하는 사항을 아래에 기재해 주십시오. (작성란이 부족한 경우 칸을 추가하여 작성)

활동 기간	소속 조직	주요 역할	활동 주요 내용
2월	○○대학교 화학공학과	팀장	전국 화학공학 공정설계 경진대회에 참가하여 장려상 수상 ☆

(다) 직무 능력 소개서

3. 경험 기술서

* 직무 기술서에 작성한 직무 관련 경험 사항을 상세하게 기술한 후, 이 과정에서 어떤 교훈을 얻었는지 기술하기 바랍니다. (800자 내외)

개요
■ 첫 번째 문단(2~3문장): 3학년 여름방학 경진대회에서 제시한 과제 해결하며 보냄 / 아세트산 생산 설비 설계 과제 / 4명이 한 팀 / 아쉽게 장려상
■ 두 번째 문단(5~6문장): 원인을 알기 위해 대상과 최우수상 팀 보고서와 우리 보고서 비교 / 최우수상 팀은 공정을 전체적인 시각에서 분석한 데 비해 우리는 열역학방정식, 증류탑 등 세부적인 측면 설계에 집중 / 전체 공정 살피지 못함 / 전체 맥락에서 설계하지 못함 / 팀장으로서 책임
■ 세 번째 문단(4~5문장): 베르나르 베르베르 소설 『제3인류』 / 한 곳에 지나치게 집중하면 그 자리에 대해 잘 알게 될지라도 결국은 전체를 놓침 / 나무와 숲 / 공정설계 관련 서적과 논문 / 통찰력 / 일하는 데 큰 힘
■ 네 번째 문단(3~4문장): 직무 수행 과정에서 학부에서 배운 지식 활용 / 직무 수행 때 더 많이 배울 것 / 직장에서 창의적으로 응용하고 새롭게 익혀서 최고가 될 것임

위의 개요를 바탕으로 작성하면, 요구 조건에 부합하도록 작성할 수 있습니다.

조건 　1. (다)에 주어진 내용을 바탕으로 (가)와 (나)의 내용 일부를 활용하여 작성할 것
　　　　 2. 전체 분량과 각 문단에 주어진 문장 수를 고려하여 작성할 것

(다) 직무 능력 소개서 [개요]

■ 첫 번째 문단(2~3문장): 3학년 여름방학 경진대회에서 제시한 과제 해결하며 보냄 / 아세트산 생산 설비 설계 과제 / 4명이 한 팀 / 아쉽게 장려상

예시답안
• 1문장: 3학년 여름방학을 전국 화학공학 공정설계 경진대회에서 제시한 과제를 해결하면서 보냈습니다.
• 2문장: 아세트산 생산 설비를 설계하라는 과제를 해결하기 위해 4명이 한 팀이 되어 역할을 분담해서 노력을 다했지만 아쉽게 장려상을 받았습니다.

첫 번째 문단만 작성한 내용입니다. (가)와 (나)의 내용 일부를 활용하라는 조건 때문에 (나)에서 별표로 체크를 한 '전국 화학공학 공정설계'라는 구절을 이끌어 왔습니다. 나머지는 개요를 보며 뼈대에 살을 붙여서 문장을 완성했습니다. 여기에서 고려한 것은 2~3문장으로 제시하라는 조건을 고려하여 2문장으로 제시한 것뿐입니다. 따라서 200점이라는 논술 평가가 부담스러울 수 있지만, 조건만 맞추어서 문장으로 서술하면 그에 따른 점수가 주어집니다. 이렇게 단순한 평가 문항은 누구나 요구하는 조건을 쉽게 쓸 수 있기 때문에 신뢰도나 타당도가 떨어집니다. 그래서 앞으로는 실용글쓰기 서술형이나 논술형 문항의 조건 등이 정교해집니다. 하지만 변하지 않는 것은 여러분들이 써야 할 내용은 자료에 모두 제시되어 있다는 것입니다. 어떻게 써야 하는지 방법을 모르니까 틀리는 것이지, 방법만 안다면 주어진 점수 그대로 만점을 받을 수 있습니다. 두 번째, 세 번째, 네 번째 문단도 이렇게 쓰면 주어진 점수 그대로 받을 수 있겠죠.

1장 글쓰기 과정과 기초직무능력

1절 서술형(1~5번) [20점]

1교시의 서술형 문항은 1편 1장의 '글쓰기 과정과 기초직무능력'에서 주로 출제되고 있다. 즉, '글쓰기 과정, 직무 이해, 대인 관계와 리더십, 멤버십, 갈등 관리 전략과 고객 서비스, 자원 관리, 수리 자료 활용 능력, 문제 해결 능력, 직업윤리/쓰기윤리'에서의 객관식 문항이 단어나 어절, 문장 단위의 작문을 요구하는 서술형 문항으로 출제된다. 단어나 어절을 답으로 요구하는 경우, [보기]에서 선택하거나 제시문에서 찾아 제시하는 유형의 문제가 출제되므로 문맥을 분석하면 쉽게 해결할 수 있다. 앞으로는 대인 관계의 의사소통에서 활용되는 대화의 원리, 정중 어법 등의 의사소통능력과 어문 규정과 관련된 문제도 출제될 것으로 보인다.

기출점검 내용 생성하기[자료 수집 및 선택]

1. 다음 표를 보고 쓴 글의 ㉠~㉤에 들어갈 적절한 내용을 2어절 이내로 기호와 함께 쓰시오. [20점]

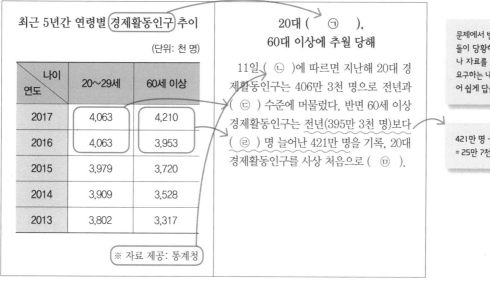

최근 5년간 연령별 경제활동인구 추이

(단위: 천 명)

나이 연도	20~29세	60세 이상
2017	4,063	4,210
2016	4,063	3,953
2015	3,979	3,720
2014	3,909	3,528
2013	3,802	3,317

※ 자료 제공: 통계청

20대 (㉠),
60대 이상에 추월 당해

11일 (㉡)에 따르면 지난해 20대 경제활동인구는 406만 3천 명으로 전년과 (㉢) 수준에 머물렀다. 반면 60세 이상 경제활동인구는 전년(395만 3천 명)보다 (㉣) 명 늘어난 421만 명을 기록, 20대 경제활동인구를 사상 처음으로 (㉤).

문제에서 빈칸이 제시되면 수험생들이 당황하는 경우가 많다. 그러나 자료를 잘 살펴보면 빈칸에서 요구하는 내용이 모두 제시되어 있어 쉽게 답을 찾을 수 있다.

421만 명 - 395만 3천 명
= 25만 7천 명

예시답안
㉠ 경제활동인구, ㉡ 통계청, ㉢ 같은, ㉣ 25만 7천, ㉤ 넘어섰다(또는 앞질렀다 등)

2. 다음 글을 읽고 ㉠~㉤의 (   )에서 적절한 단어를 골라 기호와 함께 순서대로 쓰시오. [20점]

> '띄다'와 '띠다'를 어떻게 구분하여 써야 하는지 헷갈리는 사람이 많다. 이때 '띄다'가 '뜨이다'의 준말임을 알면 도움이 된다. '뜨이다'는 '눈에 보이다.'와 '남보다 훨씬 두드러지다.'의 뜻이고, '뜨다'의 사동사 '띄우다'의 준말이기도 하다. '띠다'에는 여러 가지 뜻이 있는데 보통, 사람들이 '띄다'와 헷갈리는 '띠다'의 뜻은 '빛깔이나 색채 따위를 가지다.', '감정이나 기운 따위를 나타낸다.'이다.

실용글쓰기에서는 어휘나 어법과 관련된 문제가 한두 문제씩 출제된다. 문제를 해결하기 위한 자료를 먼저 제시하므로 자료만 잘 이해한다면 문제를 해결할 수 있다. 이 문제 또한 '띄다'와 '띠다'의 차이를 설명하는 제시문이 주어져 있다.

> ㉠ 다음 문장을 맞춤법에 맞게 (띄어/띠어) 쓰시오.
> ㉡ 이 보고서에서 오자가 가끔 눈에 (띄네요/띠네요).
> ㉢ 우리는 남의 눈에 (뜨이지/띠지) 않게 밤에 움직였다.
> ㉣ 미소를 (띄우며/띠며) 나를 보낸 그 모습이 생각난다.
> ㉤ 이번 행사에 붉은 빛을 (띈/띤) 장미를 많이 준비해야겠어요.

해결전략

㉠ 띄다 – 틈을 생기게 하다.
㉡ · ㉢ 띄다, 뜨이다 – 눈에 보이다.
㉣ 띠다 – 감정이나 기운 따위를 나타낸다.
㉤ 띠다 – 빛깔이나 색채 따위를 가지다.

예시답안

㉠ 띄어, ㉡ 띄네요, ㉢ 뜨이지, ㉣ 띠며, ㉤ 띤

서술형 고득점 TIP   서술형에서 꼭 알아 두어야 할 용어 - 어절

서술형 문항에서는 '어절'을 쓰라는 문제가 자주 출제된다. 어절은 체언이 조사의 도움을 받아 문장의 형성에 참여하는 단위를 말한다. 그리고 하나의 단어로 성립된 '어떠하다, 어찌하다' 등도 어절에 포함된다.

> **예** 달이(→1)∨밝다(→2). ⇨ 2어절

명사 '달'이 문장의 형성에 참여하려면 조사 '이'의 도움을 받아야 한다. 따라서 '달이'는 하나의 어절이고 '밝다'는 단어 자체가 어절에 해당한다.

어절은 띄어쓰기로 구분되므로 띄어쓰기만 이해하면 쉽게 파악할 수 있다.

> **예** 수많은(→ 1)∨별이(→ 2)∨하늘에서(→ 3)∨반짝인다(→ 4). ⇨ 4어절
> 저(→ 1)∨학생이(→ 2)∨글을(→ 3)∨열심히(→ 4)∨읽는다(→ 5). ⇨ 5어절

기출점검 **재고하기[어휘 다듬기]**

3. 다음 밑줄 친 말의 뜻을 가진 단어를 [보기]에서 1개씩만 찾아 문맥에 맞게 기호와 함께 순서대로 쓰시오. [20점]

> ㉠ 365를 7로 <u>나눈</u> 나머지를 구해 보자.
> ㉡ 발표할 자료를 우선 세 종류로 <u>나누었다</u>.
> ㉢ 재산을 둘로 <u>나누어</u> 투자하는 것이 좋겠다.
> ㉣ 배당금을 모두에게 공평하게 <u>나누어야</u> 한다.
> ㉤ 그 물질의 성분을 <u>나누어</u> 보고서를 작성하세요.

[보기]의 '분류, 분배, 분할, 분석, 제산'의 의미를 먼저 읽고 밑줄 친 '나누다'의 의미와 연결하면 문제를 해결하기 쉽다.

보기

- 분류하다(分類--): [⋯을/를 ⋯(으)로] 종류에 따라서 가르다.
- 분배하다(分配--): [⋯(에)게 ⋯을/를] 몫몫이 별러 나누다.
- 분할하다(分割--): [⋯을/를 ⋯(으)로] 나누어 쪼개다.
- 분석하다(分析--): [⋯을/를] 얽혀 있거나 복잡한 것을 풀어서 개별적인 요소나 성질로 나누다.
- 제산하다(除算--): 나눗셈하다.

예시답안
㉠ 제산한, ㉡ 분류했다(분류하였다), ㉢ 분할하여(분할해), ㉣ 분배해야(분배하여야), ㉤ 분석하여(분석해)

- **요약하기의 정의**: 요약하기란 독자가 스키마를 바탕으로 글의 내용을 간략하게 간추려 주제를 찾아내는 활동이다. 즉, 글의 내용을 요약하는 것은 글의 중심 내용을 간추리는 것으로, 전적으로 상향식 모형에 의거하여 글에 나타난 정보로만 요약하는 것이 아닌 독자가 글의 내용을 재창조 및 재구성하는 것이다.
- **요약 규칙(브라운과 데이, Brown & Day)**
  - 사소하거나 불필요한 내용은 삭제한다.
  - 중요한 내용이더라도 반복되는 내용은 삭제한다.
  - 나열된 항목들은 전체 항목을 상위어(하나의 단어나 구)로 대치한다.
  - 글에 나타난 주제 문장을 찾아 요약에 이용한다.
  - 주제 문장이 나타나 있지 않다면 <u>스스로 만들어야 한다.</u>
  - 접속어를 보충하거나 머리말이나 맺음말을 쓰고, 말을 바꾸어 표현한다.(요약문을 다듬는 과정)

　　인간은 동물과 달리 예술의 세계를 향유해 왔다. 회화, 조각, 건축, 공예, 음악, 무용, 문학, 연극, 영화 등이 그것이다. 이것들은 우선 공간 예술과 시간 예술로 나눌 수 있다. 회화, 조각, 건축, 공예는 공간 예술이고 음악, 무용, 문학, 연극, 영화는 시간 예술에 속한다. 공간 예술은 작품이 일정한 공간을 통해 표현되어 정지된 모습으로 존재하는 것이고, 시간 예술은 시간적 흐름 속에서 앞부분이 사라지고 뒷부분이 나타나는 연속적 흐름으로 실현되는 것들이다. 가령, 음악을 들을 때에는 작품 전체를 동시에 접할 수 없고, 오직 시간의 흐름에 따라 체험을 엮어 가게 된다.

　　예술은 시각 예술, 청각 예술, 언어 예술로 나누기도 한다. 공간 예술은 모두 시각 예술이며, 음악은 청각 예술, 문학은 언어 예술에 속한다. 그러면 무용, 연극, 영화는 어디에 속하는가? 무용의 몸짓은 시각적이지만, 그것과 어울린 음악은 청각적 요소이다. 연극과 영화의 경우에는 이 두 요소와 함께 등장인물의 대사라는 언어적 요소까지 포함된다. 따라서 우리는 종합 예술 또는 혼합 예술이라는 네 번째 부류를 추가하지 않을 수 없다.

↓

　　<u>회화, 조각, 건축, 공예, 음악, 무용, 문학, 연극, 영화 등</u>('예술'이라는 상위 개념으로 대치)은 우선 시간성에 따라 공간 예술과 시간 예술로 나눌 수 있다. <u>비록</u>(불필요한 수식어 삭제) 공간 예술은 작품이 일정한 공간을 통해 표현되어 정지된 모습으로 존재하는 것들이지만, 시간 예술은 시간적 흐름 속에서 앞부분이 사라지고 뒷부분이 나타나는 연속적 흐름으로 실현되는 것이다. <u>음악을 들을 때 작품 전체를 동시에 접할 수 없고, 오직 시간의 흐름에 따라 체험을 엮어 가게 된다.</u>(세부적인 내용의 삭제) 이에 따라 매체에 따라서는 시각 예술, 청각 예술, 언어 예술로 나누기도 한다. 우리는 종합 예술 또는 혼합 예술이라는 부류를 추가로 더해야 한<u>다.</u>(문장이 자연스럽게 연결되지 않으므로 접속어 등의 보충)

요약문

　　예술은 시간성에 따라 공간 예술과 시간 예술로 나눈다. 공간 예술은 작품이 일정한 공간을 통해 표현되어 정지된 모습으로 존재하는 것들이지만, 시간 예술은 시간적 흐름 속에서 앞부분이 사라지고 뒷부분이 나타나는 연속적 흐름으로 실현되는 것이다. 매체에 따라서는 시각 예술과 청각 예술, 언어 예술로 나누기도 한다. 두 요소가 합쳐질 경우에는 종합 예술 또는 혼합 예술이라는 부류를 추가로 더해야 한다.

4. 다음 글의 ㉠을 [조건]에 맞게 완성하여 쓰시오. [20점]

팀의 문제점을 알고도 팀 분위기를 해치지 않기 위해 침묵하거나 개인의 희생을 통해 팀워크를 높이려는 것은 잘못된 사고방식에 따른 결과입니다. 팀워크를 위한다는 명분의 나눠 먹기식 평가나 '우리끼리 뭉치자' 식의 잘못된 연대 의식은 팀워크의 진정한 의미와는 거리가 있습니다. 또 팀워크가 팀과 조직 전체의 성과를 보장해 줄 것이라는 생각도 팀워크를 성공의 만능열쇠쯤으로 간주하는 오해의 한 유형입니다.

그리스로마 신화에 등장하는 이카로스는 자신을 미로에서 탈출시켜 준 날개를 과신하여 태양을 의식하지 않고 높이 날아가 결국 날개를 붙인 밀랍이 녹아내려 추락합니다. 이 '이카로스 역설'은 탈출이라는 애초 목적을 잊은 채 높이 날아오르는 데만 열중하다 정작 목표 달성에 실패한 경우에 적용할 수 있습니다. ㉠ <u>팀워크는 팀을</u>

<u>   </u>.

> 첫 문단의 끝 문장과 '이카로스 역설'에 대한 설명을 이해하고 주어진 조건에 맞추어 문장을 쓸 수 있어야 한다.

| 보기 |

팀워크 자체에 매몰, 조직의 성과를 가로막는 함정, 성공으로 이끄는 핵심 요소

> [조건]에서 '완성된 문장'을 요구했으므로 1문장으로 제시해야 하며, 지문에서 '하십시오체'를 사용하고 있으므로, 종결형을 '~ㅂ니다'와 같이 제시해야 한다.

조건 [보기]의 내용을 순서와 관계없이 모두 사용하여 문장 종결 형식에 맞게 1문장으로 쓸 것

해결전략

제시문은 팀워크의 문제점에 대한 글이므로 [보기]에서 팀워크의 장점인 '성공으로 이끄는 핵심 요소'를 먼저 제시하고, 그 다음에 단점을 제시하도록 한다.

예시답안

(팀워크는 팀을) 성공으로 이끄는 핵심 요소이지만 팀워크 자체에 매몰되면 오히려 조직의 성과를 가로막는 함정이 될 수 있습니다.

5. 다음 저작권 관련 자료를 참고하여 (가)와 (나)에 들어갈 내용을 각각 1문장으로 쓰시오. [20점]

CCL	
(i)	Attribution(저작자 표시) = BY
(S)	Noncommercial(비영리)
(=)	No Derivative Works(변경금지)
(C)	Share Alike(동일조건변경허락)

저작권 이용 허락 표시 제도란 저작권자가 자신의 저작물에 대한 이용방법 및 조건을 표시하는 제도이다. 현재 국내에서 사용되고 있는 공식적인 저작권 이용 허락 표시 제도 중 널리 사용되는 'CCL'은 'Creative Commons License'의 약자로 왼쪽의 마크를 이용하여 아래와 같이 라이선스를 표기함으로써 저작권자가 저작물 사용 조건을 미리 제시해 사용자가 저작권자에게 따로 허락을 구하지 않고도 창작물을 사용할 수 있게 하는 일종의 오픈 라이선스를 표방하고 있다. 라이선스 표기 시 'CC'는 '저작물을 공유함'을 나타내는 표기이다.

라이선스	(cc) (i) BY	(cc) (i) (=) BY ND	(cc) (i) (S) (C) BY NC SA
이용조건	저작물을 공유할 때 저작자를 표시한다.	(가)	(나)
문자표기	CC BY	CC BY-ND	CC BY-NC-SA

1절 기출로 실력 다지기

01 다음은 글쓰기를 계획할 때의 전략 중의 하나이다. 자료에서 ㉠~㉣에 해당하는 내용을 찾아 한 단어로 쓰시오. (단, 답안이 중복될 수 있음) [20점]

린다 플라워(Linda Flower)는 '글쓰기의 문제 해결 전략'에서 글쓰기를 계획할 때의 전략 중 하나로 '협조적 계획하기'를 설명하였다. 이 설명에 따르면 필자는 동료와의 협의 과정에서 논의된 협의 사항을 기록해야 하며, 충분히 논의가 이루어질 수 있도록 준비해야 한다. 동료는 반영자로서의 역할, 문제 발견자로서의 역할, 협력자로서의 역할을 담당한다.

> 필자: 난 글의 유형마다 글쓰기 방식이 다르다고 확신해. 각 유형마다 요구하는 어떤 방식이 있다면, 그 요구 사항에 맞게 글을 써야 해.
> 동료: 그런데 네가 이 글에서 분명히 하고 싶은 요점은 뭐니?
> 필자: 난 글의 유형에 따라 여러 가지 차이점들이 존재한다는 것을 독자들에게 설득하고 싶어. 내 생각에 많은 사람들이 이런 문제를 인식하지 못하는 이유는, 대부분의 사람들이 유형과 상관없이 모든 글을 같은 방식으로 쓰고 있어서 실제로 글쓰기 방식에 차이가 없다고 생각하기 때문인 것 같아.
> 동료: 응, ⓐ 네가 쓰고자 하는 것은 글의 유형에 따라 글의 형식과 글쓰기 방법이 다 다르다는 거지?
> 필자: 그렇지.
> 동료: ⓑ 그런데 네가 쓴 초고를 읽어봤더니, 이해할 수 없는 부분이 있더라. 글의 유형에 따른 글의 형식과 형식적 요소를 제시하지 않고, 읽기 방법을 먼저 제시하고 있었어.
> 필자: 그래? 그렇다면 그걸 수정해야겠군.
> 동료: 그렇지. 그걸 먼저 제시한 다음에 읽기 방법을 제시하는 것이 논리적인 전개일 것 같아.

필자를 도와주는 동료는 필자가 내용을 생성할 수 있도록 먼저 질문하고 (㉠)하는 역할을 담당한다. 또 필자가 미처 생각하지 못한 부분을 지적하기도 한다. 이런 반영하기 활동은 필자의 아이디어를 발전시키며 필자가 생각한 것과 실제 말한 것 사이의 차이를 발견하게 한다.

그리고 문제를 (㉡)하는 역할을 한다. 필자의 이야기를 경청함으로써 필자가 생각하지 못한 여러 가지 문제점이나 논증의 오류, 문제의 여지가 많은 주장, 그리고 필자가 미처 고려하지 못한 다른 목표나 독자들의 부정적인 반응 등을 생각할 수 있게 함으로써 필자가 전혀 새로운 방식으로 과제를 발견하도록 도와준다.

마지막으로 (㉢)(으)로서의 역할의 역할을 한다. 동료는 필자를 도와 과제 해석 및 계획의 발전, 그리고 대안에 대해 생각하고 문제를 예측하고 선택 가능성을 평가한다. 새로운 아이디어의 제안과 다양한 방법을 통해 글의 형식이나 부분들을 조직한다.

따라서 자료에서 ⓐ의 역할은 필자를 도와 (㉣)하는 역할에 해당하고, ⓑ에서의 역할은 필자의 글에서 나타나는 문제를 발견하는 역할에 해당한다.

02 [보기]를 읽고 ㉠~㉣에 해당하는 문장을 '예시'와 같이 고쳐 쓰시오. [20점]

---| 보기 |---

우리말에서 '것'은 문장 속에서 어떤 사물을 대신 가리킬 때, 남의 말을 인용하거나 남이 한 말을 듣고 다른 사람에게 전달할 때, '~ㄹ 것'이라는 형태로 어떤 사실을 추측할 때, '~ㄹ 것이다'라는 형태로 쓰여 '당위'를 좀 더 강조할 때 등에서 쓰인다. 즉, 글쓴이는 자신의 주장을 '빨리, 뚜렷하게, 강하게' 상대방에게 전달하려고 '것'을 문장에 넣는다. 그러나 강조해야 할 때 강조하지 않고, 처음부터 끝까지 모두 강조하면 글쓴이가 궁극적으로 무엇을 강조하려고 하는지 읽는 이가 알 수 없다. 그러므로 글을 쓰고 나서 자기 글 속에 '것'이 있는 곳을 표시한 다음, '것'이 꼭 있어야 하는지를 따져 보아야 한다. 만일 없어도 된다면 '것'을 빼 보거나 다른 단어로 바꾸거나 문장 구조를 바꾸어 보는 것이 좋다.

예시 1) 한식은 영양가가 풍부하다는 것과 약간 맵다는 것이 특징이라는 것이다.
　　　　→ 한식은 영양가가 풍부하고 약간 매운 것이 특징이다.
　　2) 다른 국가가 겪었던 경험과는 양적으로 질적으로 다른 것이 된 것이다.
　　　　→ 다른 국가가 겪었던 경험과는 양적으로 질적으로 달랐다.

- 그는 문제점이 있다는 것이다.
　→ ＿＿＿＿＿＿＿㉠＿＿＿＿＿＿＿
- 정말 답답한 일이 아닐 수 없는 것이다.
　→ ＿＿＿＿＿＿＿㉡＿＿＿＿＿＿＿
- 나는 범죄와 같은 어리석은 짓을 안 할 것이다.
　→ ＿＿＿＿＿＿＿㉢＿＿＿＿＿＿＿
- 청결한 생활을 하지 않는 것은 자기를 오염시키는 것이다.
　→ ＿＿＿＿＿＿＿㉣＿＿＿＿＿＿＿

03 다음은 글쓰기 과정에서 조직의 원리에 대한 설명이다. [자료]를 참고하여 주어진 [조건]에 맞게 내용을 쓰시오. [20점]

글을 쓸 때에는 처음과 중간, 끝 또는 서론, 본론, 결론의 구조로 글이 내용을 구성하는데, 이를 '단계성'이라고 한다. 글의 내용을 구성하는 방식은 글을 쓰는 목적과 글의 유형에 따라 달라진다. '서론'은 글을 쓰는 동기나 목적, 쓰기 과제 또는 문제의 성격과 범위, 글의 주제, 주요 문제와 문제의 범위와 성격, 문제를 다루는 방법 또는 본론에서 다루게 될 주요 문제 등에 관한 내용을 구성한다. '본론'은 서론에서 밝힌 글의 주제를 직접 뒷받침할 수 있는 중심 내용과 세부 내용으로 구성한다. '결론'은 본론에서 밝힌 주요 내용이나 논의를 간단히 요약하고 서론에서 밝힌 주제를 다시 한번 강조하여 글의 주제와 관련되는 자신의 의견이나 주장을 제시하거나 또는 해결하지 못한 문제나 필자의 바람 등 앞으로의 과제를 제시한다.

┤ 보기 ├

이처럼 ⓐ 음악은 상징적 의미를 지녔으며, 인간은 음악에 대한 보편적 능력을 지니고 있다. 그렇지만 음악적 의사소통이나 이해에는 문화적 맥락에 대한 이해가 전제되어야 한다. 음악에 대한 보편적 지식만으로 민족 음악을 제대로 감상할 수 없으며, 고대 음악에 대한 안목으로 현대 음악을 이해하기란 어려울 것이기 때문이다. 이렇게 서로 다른 의미를 완전히 이해하게 될 때 우리는 음악의 안팎을 알게 되고, 음악의 안팎을 알게 될 때 비로소 음악에 관한 바람직한 진술문을 작성할 수 있게 되는 것이다. ⓑ 한국 음악 문화의 올바른 진흥책은 언제고 음악에 관한 올바른 진술문의 바탕에서 나와야 한다고 생각한다.

주어진 [보기]의 글은 글의 (㉠) 단계에 해당하고, 글에 나타난 (㉡)(이)라는 표현을 통해서 이 단계임을 알 수 있다. ⓐ는 [보기]의 앞의 내용을 (㉢)하여 제시하고 있고, ⓑ는 앞으로의 음악 문화의 진흥책에 대한 실천을 촉구하는 것으로 (㉣)을/를 제시하고 있다.

조건 1. 자료를 참고하여 ㉠은 [보기]의 글이 어떤 단계의 글인지 제시하고 ㉡은 [보기]에서 찾아 1어절로 쓸 것
2. ㉢과 ㉣은 [보기]의 단계를 고려하여 [자료]에서 찾아 제시할 것

- -

- -

04 공문서를 작성하고 난 이후에 고쳐쓰기 활동을 하려고 한다. 아래 자료를 참고하여 ㉠~㉣에 해당하는 부분을 바르게 고쳐 쓰시오. [20점]

수신 수신자 참조
(경유)
제목 비영리사단법인 동일명칭 사용 여부 조회 의뢰

---

1. ○법 제32조, ○○○○○○○부 및 ○○○청 소관 비영리법인의 설립 및 감독에 관한 규칙 제6조 관련
2. 우리 부에 비영리사단법인 설립 허가를 신청해 옴에 따라 비영리법인의 동일명칭 사용 여부를 조회하오니 2009. 11. 11.(수)까지 회신하여 주시기 바라며, 기한 내 회신이 없으면 동일명칭 사용 법인이 없는 것으로 간주하고 업무를 처리할 계획임을 알려 드립니다.
3. 최근 신종 ㉠인플레인자 영향으로 어려움을 겪는 관광업계의 경영난 해소와 관광산업 활성화를 도모하고자 관광진흥개발기금 특별융자를 아래와 같이 시행하오니, 귀 시·도의 관광사업체가 융자 혜택을 받을 수 있도록 관광 관련 단체·협회·사업자 등에 널리 알려 주시기 바랍니다.
   가. 선정 규모: 100억 원
   나. 융자 대상 업종 및 조건
      • 융자 대상 업종: 「관광진흥법」 제3조에 의한 일반여행업, 관광 호텔업(㉡1–3급에 한함), 관광식당업, 국외여행업, 국내여행업을 운영 중인 중소기업체(제주특별자치시도에 있는 사업체 제외)
      • 융자 한도: 2000년 판매관리비의 30% 이내로 ㉢3억원
      • 대여 기간: ㉣2년거치 2년상환
   다. 접수 기간: 2009. 11. 11.(수)~11. 20.(금)
   라. 산정 발표: 2009. 11. 27.(금) 예정(○○○○부, 협회 누리집)
   마. 융자 시행: 2009. 12. 7.(월)~12. 23.(수). 은행별
붙임 2009년 관광진흥개발기금 특별융자 지원 지침 1부. 끝.

〈수정 전〉		〈수정 후〉
• 인풀레인자 영향으로	→	(㉠)
• 제3조에 의한	→	제3조에 따른
• 1–3급에	→	(㉡)
• 국내여행업을 운영 중인	→	국내여행업을 운영하고 있는
• 3억원	→	(㉢)
• 2년거치 2년상환	→	(㉣)

05 다음은 대인 관계와 의사소통에 대한 자료이다. ⊙~⑩에 해당하는 말을 [조건]에 따라 순서대로 쓰시오. [20점]

'자아 노출'은 화자가 담화 내용이 표현과 전달 과정을 통해 의미를 표현하는 과정에서 자신에 대한 정보를 청자에게 제공하는 것을 말한다. 대인 관계에서 자아 노출은 상대방과의 관계를 맺는 데 있어서 중요한 역할을 담당한다. 자아 노출은 어떻게 자신을 적절하고 효과적으로 드러낼 것인가 하는 정도와 시기가 중요하다.

자아에는 사회적 자아와 문화적 자아, 개인적 자아 등이 있다. 사회적 자아는 가족, 친구, 직장 동료 등의 관계에서 사회적 역할이나 사회적 신분을 드러내 주는 자아이고, 문화적 자아는 성별이나 민족, 출신 지역, 사회 계층 등을 드러내 주는 자아, 개인적 자아는 자신만의 고유한 성격이나 특성, 가치관이나 경험 등을 드러내 주는 자아를 말한다.

> 신입 사원인 A는 같이 입사한 입사 동기 B를 만나면 불편해 한다. 그 이유는 서로 알게 된 지 얼마 되지 않았지만, B는 A에게 자기의 집 사정이며 고민까지 털어놓기 때문이다. B는 A가 자신에게 개인적인 이야기를 하지 않는다고 불만을 느낀다. A는 B와 친해질 수 있을지 걱정이다.

개인이 만나 (⊙)을/를 형성하고 유지·발전시켜 나갈 때 각 개인은 자아 노출을 한다. 이때의 화법 행위는 언어의 (⊙)적 목표와 직결된다. 긍정적인 사람은 적극적으로 (ⓒ)을/를 노출하고, 상대의 의견이나 가치관 또는 상대의 반응을 수용하여 자신을 변화시킨다. 이렇게 자아 노출이 되면 서로에 대한 불확실성이 감소되고 서로의 소통 양식에 익숙해져 친밀감이 높아진다. 자료의 신입 사원 B의 행위는 A를 당황하게 만들고 오해를 불러일으킬 수 있으므로 자아 노출은 친한 (ⓒ)와/과 상대의 태도에 따라 적절한 수준에서 이루어져야 한다.

자아 노출 (ⓒ)은/는 상황, 개인, 문화에 따라 달라지므로 대화의 내용을 선택할 때 대화 참여자 간의 친밀도나 사회적 관계를 고려할 필요가 있다. 대인 관계 형성 초기에는 (②)을/를 먼저 노출하고 관계가 발전할수록 (⑩)을/를 노출하면서 노출 범위를 확대한다.

조건 ⊙~ⓒ은 자료에서 찾아 한 단어로 제시하고 ②과 ⑩은 자아의 유형을 고려하여 두 단어로 작성할 것

----

06 다음 글의 ㉠~㉣에 들어갈 단어를 [조건]에 따라 기호와 함께 쓰시오. [20점]

전략(Strategy)과 전술(Tactics)은 '장군의 기술'이라는 의미의 그리스어 '스트라테고스(Stratēgos)'에서 유래한 용어이다. 이 용어는 '경영전략'처럼 이제는 경영에서 더 많이 쓰이는 말이 되었다. 경영 구루로 평가되는 마이클 포터 교수는 '5 force 이론'을 통해서 경영전략의 기본 틀을 제시하고 있다. 경영전략의 본질은 복잡한 경영 현상을 쉽게 파악하여 최선의 의사 결정을 내리는 일이다.

기업 경영에서 성공하기 위해서는 '산업 매력도 분석'과 '기업 경쟁력 분석'이 필요하다. 산업 매력도를 분석할 때에는 우선 자사가 투자할 예정이거나 현재 운영하고 있는 산업의 매력도를 분석해야 한다. 산업 매력도는 5가지 변수를 종합적으로 판단하여 해당 산업의 평균적인 이익과 성과를 결정한다. 즉, ⓐ <u>산업 매력도는 다음 제시하는 5가지 변수가 높은가, 낮은가에 따라서 매력도가 달라진다.</u> 5가지 변수는 산업 내 경쟁자들의 경쟁 정도, 잠재적인 신규 진입자의 진입 가능성, 부품이나 관련 서비스를 공급하는 공급자의 독점도나 교섭력, 구매자의 독점도나 교섭력, 대체제의 위협으로, 이 변수가 (㉠) 산업 매력도가 높다.

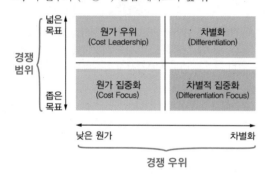

'기업 경쟁력'은 선택한 산업이 다른 기업들보다 뛰어난 성과를 내야 하는데, 이를 위해서는 기본 전략인 '낮은 원가' 전략과 '차별화' 전략이 필요하다. 4가지의 '본원적' 전략은 경쟁 우위를 창출하기 위한 서로 다른 접근법이므로 상황에 맞는 적절한 전략을 선택해야 한다. '원가 우위' 전략은 비용에서 우위를 차지하여 가격 중심 정책을 구사하고, '차별화' 전략은 비싼 가격에도 구입을 유도하는 요인으로 경쟁 우위를 확보하는 전략이다. '원가 집중화'나 '차별적 집중화' 전략은 특정 분야, 소비자 집단, 지역 등을 대상으로 세우는 전략이다.

예를 들어, 대형 마트들이 물품을 대량으로 구매하여 같은 제품이라도 동네 슈퍼와의 경쟁에서 우위를 차지하는 전략은 (㉡) 전략에 해당하고, 고급 승용차들이 자동차의 좋은 성능과 독특한 디자인을 내세워 비싸게 파는 전략은 (㉢) 전략에 해당한다. ○○전자가 소득 수준이 높은 소비자층을 대상으로 고성능 TV를 개발하는 전략은 (㉣) 전략에 해당한다.

조건 1. ㉠에 제시할 내용은 ⓐ를 고려하여 작성할 것
2. ㉡~㉣의 제시할 전략은 표에 제시된 용어를 사용할 것

07 ○○전자 대리점의 정 과장이 되어 '상황' 속 김 대리에게 다음과 같은 '동기부여 방법'을 적용한 메모를 [조건]에 맞게 써 주시오. [20점]

〈동기부여 방법〉

- 긍정적 강화법 활용: 높은 성과를 달성한 조직원에게 곧바로 따뜻한 말이나 칭찬으로 보상한다.
- 몇 가지 코치하기: 문제 및 진척 상황을 직원들과 함께 자세하게 살피고 지원을 아끼지 않으며, 직원들을 지도 및 격려한다.

〈상황〉

김 대리는 영업 실직 면에서 항상 상위권에 있는 지원이지만, 그에게는 1가지 문제가 있다. 서류 작업 속도가 항상 늦는 것이다. 이러한 상황은 다른 직원들과 팀 전체 생산성에 부정적인 영향을 주고 있다. 다행히 정 과장은 서류 작업 속도가 빠른 편이고 이에 대한 비결도 가지고 있다.

조건
1. 2문장으로 쓰되, 각각의 문장에 주어진 동기부여 방법을 1개씩 활용하여 쓸 것
2. '~이/가 ~ㅂ니다. 이에 ~면 좋을 것 같아서 ~을/를 나누고 싶습니다.'의 형식으로 쓸 것
3. 상황에서 제시된 단어나 표현을 최대한 활용하여 쓸 것

---

08 다음은 대인 관계의 갈등 상황에서 문제를 해결하는 방법에 대한 설명이다. 대화 방법에 대한 자료를 고려하여 ㉠~㉤에 해당하는 내용을 각각 한 단어씩 쓰시오. [20점]

　아직도 많은 사람들이 대화의 기술에 익숙하지 않다 보니, 대화를 하다가 갈등이 생기는 경우가 많다. 여러 가지 대화의 기법 중에서 대화에서 갈등이 발생할 때 갈등을 증폭시키지 않고 처리할 수 있는 대화 방법으로 '(　㉠　)-전달법'이 있다. 이 전달법은 주어가 1인칭인 '나'로 시작하는 문장으로 이야기하는 대화 방법인데, 주로 대화에서 문제가 되는 건 주어가 '너'로 시작하는 '너-전달법'이라고 한다. 이 전달법은 자기에 관한 이야기를 하는 대화 방법이고, 스스로가 느끼는 감정과 경험을 직접적으로 표현하여, 상대방이 하고 있는 문제의 행동을 반발이나 저항 없이 변화시키는 데 영향을 준다.

김 대리: 지난번 세미나에서 대화 갈등 해결 전략으로 이야기한 전략 있잖아?
이 대리: 응, '(　㉠　)-전달법' 말이지. 그때 강사가 자녀들에게 한번 사용해 보라고 해서 우리 딸과 대화할 때 사용했더니, 반응이 달라지더라고. 이제까지 무심코 사용했던 '너-전달법'과 비교하면, 같은 의미라도 아이가 기분 상해하지 않고 다르게 받아들이는 것 같아.
김 대리: 그래? 이 대리도 우리 딸들 알잖아? 큰딸과 둘째 딸이 서로 싸우는 것을 보면, 너무 스트레스를 받아. 한번 딸들에게 그 전략을 가르쳐 봐야겠어.
이 대리: 아, 좋지. 이 전략은 직접 자기에 관한 이야기를 하는 대화 방법이고, 스스로가 느끼는 감정과 경험을 직접적으로 표현하는 거야. 이 전달법은 '사건 → 감정 → 기대'를 말하는 방식으로 3가지의 정보가 필요해. 먼저 문제를 유발하는 상대의 (　㉡　)은/는 무엇인가, 둘째, 그 행동이 나에게 어떤 영향을 미치고 있는가, 셋째, 나는 그 결과에 대하여 어떤 느낌을 가지고 있는가야. 다시 말하면 자신이 문제로 인식한 상대의 (　㉡　)(이)나 상황만을 대상으로 삼아 이에 대한 자신의 (　㉢　)을/를 솔직하게 이야기하고, 그러한 감정을 반복적으로 경험하지 않기 위해 상대의 행동이나 상황에 대한 자신의 (　㉣　)을/를 상대가 들어 줄 수 있는 수준에서 구체적으로 이야기하라는 식으로 방향을 제시하는 거야.
김 대리: 한마디로 이 전달법은 상대의 행동 (　㉤　)을/를 목적으로 하는군. 일상 사회생활에서 우리 같은 직장인에게도 유용한 대화 전략이겠어.

---

09 김○○ 씨는 고객 서비스 헌장을 작성 중이다. ㉠~㉤에 들어갈 내용을 [조건]에 따라 기호와 함께 쓰시오. [20점]

Ⅱ. 고객의 권리 보상 기문

1. 고객의 (㉠) 충족을 위해 노력하겠습니다.

　재단에서 수행하는 사업은 재단 홈페이지를 통하여 신속하고 정확하게 공지하겠습니다. 모든 서류에 처리부서, 담당자, 연락처를 명기하고 행정 정보 공개 제도를 충실히 이행하여 시민의 알 권리와 행정의 투명성을 확보하겠습니다.

2. 고객의 소중한 (㉡)은/는 최대한 보호하겠습니다.

　업무 수행과 관련하여 알게 된 개인 정보와 기관의 기밀 사항에 관한 비밀을 보장하겠습니다. 공공 기관의 「개인 정보 보호에 관한 법률」을 준수함으로써 소중한 시민의 권리와 이익을 보호하겠습니다.

3. 잘못된 (㉢)에 대해서는 적극적인 시정 (㉣) 취하겠습니다.

　담당자의 불친절, 잘못된 서비스 제공, 불충분한 안내 등으로 불만을 제기하신 경우, 담당자에게 친절 교육이나 업무 관련 재교육을 하고, 담당자가 정중히 사과드리도록 조치하겠습니다. 불편 신고는 재단 경영기획실 CS담당자나 인터넷 재단 홈페이지를 이용해 주시면 신속하게 조치하겠습니다.

4. (㉤)을/를 위해 노력하겠습니다.

　연 1회 이상의 고객 만족도 조사를 하고, 그 결과를 재단 홈페이지를 통하여 조사일로부터 2개월 이내에 공표하겠습니다. 미흡한 사항에 대한 시정 조치 결과는 조사일로부터 3개월 이내에 재단 홈페이지에 기재하겠습니다.

조건 ㉠~㉤은 제시된 글의 단어를 활용하여 쓰되 각각 2어절 이내로 간략하게 쓸 것

---

10 다음 자료를 보고 한국의 종교 현황을 1문장으로 [조건]에 맞게 쓰시오. [20점]

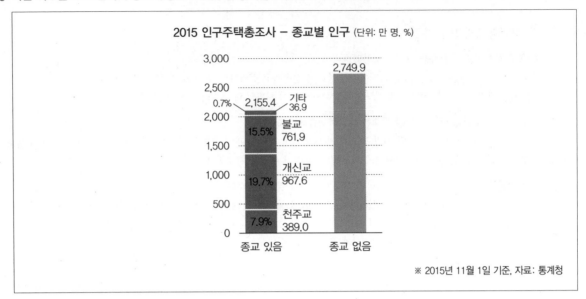

2015 인구주택총조사 – 종교별 인구 (단위: 만 명, %)

0.7% 2,155.4 기타 36.9
15.5% 불교 761.9
19.7% 개신교 967.6
7.9% 천주교 389.0

종교 있음

2,749.9

종교 없음

※ 2015년 11월 1일 기준, 자료: 통계청

조건 '종교별 인구를 살펴보면 ~이/가 ~보다 ~명 더 많고, 종교 있음에서는 ~에 가장 많은 인구가 분포되어 있으며, 그 뒤로 ~, ~순이다.' 의 형식으로 쓸 것

11 다음 자료를 해석한 글의 ⊙과 ⓒ에 들어갈 내용을 [조건]에 따라 쓰시오. [20점]

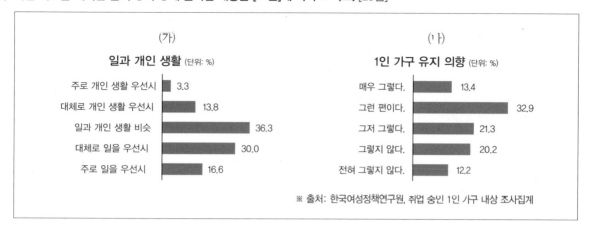

(가)
일과 개인 생활 (단위: %)

주로 개인 생활 우선시	3.3
대체로 개인 생활 우선시	13.8
일과 개인 생활 비슷	36.3
대체로 일을 우선시	30.0
주로 일을 우선시	16.6

(나)
1인 가구 유지 의향 (단위: %)

매우 그렇다.	13.4
그런 편이다.	32.9
그저 그렇다.	21.3
그렇지 않다.	20.2
전혀 그렇지 않다.	12.2

※ 출처: 한국여성정책연구원, 취업 중인 1인 가구 대상 조사집계

　　(가)에 따르면 취업 중인 1인 가구의 일과 개인 생활 균형과 관련해 우선순위를 살펴본 결과 '(⊙)하다'는 비율이 가장 높았고 '일을 우선시한다'는 응답은 46.6%로 나타났다. (나)를 보면 (ⓒ)이/가 있는 응답자는 46.3%로 그렇지 않은 응답자보다 많았다.

조건 　1. ⊙과 ⓒ은 자료에 언급된 단어만 활용하여 쓸 것
　　　　2. ⊙과 ⓒ은 각각 4어절로 쓸 것

12 다음 도표에 관한 대화를 읽고 글의 ㉠~㉢에 들어갈 수치를 기호와 함께 쓰시오. [20점]

	2010년(기준 연도)	2011년	2012년
GDP	9억	12억	15억
물가상승률	9%	5%	(　　)
GDP 디플레이터	100	(　　)	115.5

전○○ 대리: 이 표를 보면 2012년도 GDP 디플레이터가 115.5인데 이걸로 2010년도와 2011년도에 비해 물가 상승률이 얼마인지 알아낼 수 있을까?

오○○ 대리: 어디 보자. 명목 GDP는 재화와 서비스 생산량의 가치를 그해의 가격으로 계산한 것이고, 실질 GDP는 재화와 서비스 생산량의 가치를 기준 연도 가격으로 환산한 것이고……. 국민경제 전체의 물가수준(GDP 디플레이터)은 명목 GDP와 실질 GDP의 차이를 설명하는 것이니까 이 정도면 충분히 추론할 수 있겠어.

전○○ 대리: 생산량이 늘어나지 않더라도 물가가 오르면 명목 GDP는 그만큼 커지지만 실질 GDP는 물가 상승분을 반영하지 않으니까 이 표에서 GDP는 고려하지 않아도 되겠지?

오○○ 대리: 그렇지. 2011년에는 2010년에 비해 물가가 5% 상승했으니 GDP 디플레이터는 (　㉠　)이/가 되고, 2012년의 GDP 디플레이터가 115.5니까 105+(105*X)=115.5로 풀어 보면 2012년도의 물가 상승률은 10%가 되네.

전○○ 대리: 그 말은 2011년도에 비해서 물가 상승률이 10%이고 기준 연도인 (　㉡　)년도에 비해서는 (　㉢　)%라는 뜻이군. 그런데 2011년도의 GDP 디플레이터를 몰라도 2012년도 GDP 디플레이터를 알고 있으면 2010년에 비교한 2012년도의 물가 상승률이 (　㉢　)%라는 건 바로 알 수 있겠는걸.

13 다음 자료를 보고 결혼 문화의 변화에 관한 분석 내용을 [조건]에 따라 1문장으로 쓰시오. [20점]

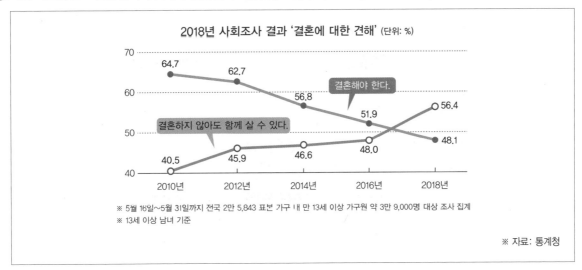

2018년 사회조사 결과 '결혼에 대한 견해' (단위: %)

- 결혼해야 한다.
- 결혼하지 않아도 함께 살 수 있다.

※ 5월 16일~5월 31일까지 전국 2만 5,843 표본 가구 내 만 13세 이상 가구원 약 3만 9,000명 대상 조사 집계
※ 13세 이상 남녀 기준

※ 자료: 통계청

[조건] '결혼하지 않아도 함께 살 수 있다.'라고 생각하는 사람의 추세를 2010년과 2018년 수치를 활용하여 차이가 드러나게 쓸 것

14 다음 부산의 ○○아파트 분양 마케팅을 위한 SWOT 분석 자료를 읽고 [조건]에 맞게 마케팅 방안을 1개만 쓰시오. [20점]

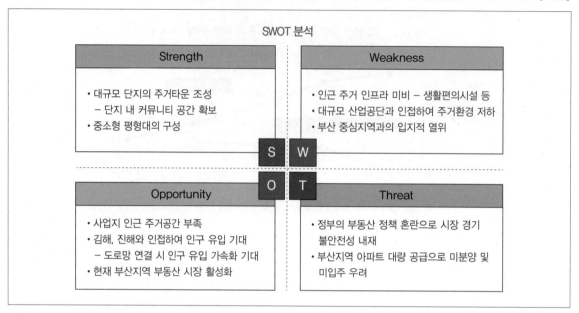

SWOT 분석

Strength	Weakness
• 대규모 단지의 주거타운 조성 – 단지 내 커뮤니티 공간 확보 • 중소형 평형대의 구성	• 인근 주거 인프라 미비 – 생활편의시설 등 • 대규모 산업공단과 인접하여 주거환경 저하 • 부산 중심지역과의 입지적 열위
Opportunity	Threat

• 사업지 인근 주거공간 부족
• 김해, 진해와 인접하여 인구 유입 기대
  – 도로망 연결 시 인구 유입 가속화 기대
• 현재 부산지역 부동산 시장 활성화
	• 정부의 부동산 정책 혼란으로 시장 경기
	  불안전성 내재
	• 부산지역 아파트 대량 공급으로 미분양 및
	  미입주 우려

조건 1. 'Opportunity'에 중점을 두고 쓸 것
2. '주변 산업 단지, 타 지역 수요층, 집중'이라는 말이 들어가게 쓸 것
3. 12어절 이내로 SWOT 분석의 전체적인 형식에 맞추어 쓸 것

15 다음 대화를 읽고 각 사원의 업무 시각을 주어진 [조건]에 맞게 쓰시오. [20점]

S 그룹의 교육을 담당하는 김 차장은 인도의 S 전자 현지인 직원들의 한국어 평가와 관련하여 인도 현지에서 S 전자의 교육을 맡고 있는 이 차장과 화상 회의를 하고 있다. 그런데 한국과 인도는 3시간 30분의 시차가 존재한다. 런던을 기준으로 표준 시간(GMT, 그리니치 평균시)은 한국이 +09:00, 인도는 +05:30이다. 각 도시의 표준시는 런던을 기준으로 하며, 런던이 오전 9시이면 서울은 GMT+9이므로 오후 6시가 되고, 인도는 GMT+5.5이므로 오후 2시 30분이 된다. 다음 대화에서 말하는 시간은 현재 체류하는 곳의 표준시를 기준으로 한다.

김 차장: ㉠ 제가 3월 7일 오후 3시 정도까지 말하기 평가 문항과 관련된 자료를 차장님께 보내겠습니다. 그 자료를 검토해 주시고 베트남에 이어서 인도 S 전자에서도 현지인들의 말하기 평가가 잘 진행되었으면 합니다.

이 차장: 초안을 받고 검토를 한 다음에 부장님께 보고를 드리겠습니다. ㉡ 이후 결과는 다음날 출근하고 1시간 정도 정리해서 오전 11시 30분 정도에 차장님께 다시 보낼 수 있을 것 같습니다.

김 차장: 저는 그 내용을 늦게 받겠군요. 그리고 오후 5시에 재검토를 하고 팀 전체 회의를 하고 이후에 대표님의 최종 결재를 받도록 하겠습니다. 그러면 ㉢ 다음날 오후 5시에는 최종 결과를 알려 드릴 수 있겠습니다. 여러 가지로 감사합니다.

조건   1. '이 차장'과 '김 차장'이 서류를 받는 시간은 각자가 체류하는 지역을 기준으로 환산하여 제시할 것
        2. 각각 날짜를 제시하고 오전과 오후를 구별하여 구체적인 시간을 제시할 것

㉠ --

㉡ --

㉢ --

16 다음 대화에서 누가 어떤 유형의 오류를 범하고 있는지와 그 이유를 [조건]에 맞게 2문장으로 쓰시오. [20점]

판매원: 우리 회사에서 판매 중인 이 세탁기는 최고의 품질을 자랑합니다.
고 객: 이 세탁기의 품질이 최고임을 어떻게 보증하지요?
판매원: 출시된 지 한 달 만에 200만 대가 팔렸으니까요.
고 객: 그래요?

───────┤ 보기 ├───────

• **결합의 오류**: 부분을 더해도 부분의 속성이 그대로 나타난다고 주장하는 오류
• **군중에 호소하는 오류**: 다수가 옳다고 생각한다는 점에 근거하여 옳다고 주장하는 오류
• **분할의 오류**: 어떤 전체가 특정한 성질을 띠기 때문에 다른 작은 부분도 전체와 성질이 같을 것이라고 주장하는 오류
• **무지에 호소하는 오류**: 어떤 주장이 반증된 적이 없다는 근거를 들어 사실이라고 주장하거나 결론이 증명된 것이 없다는 근거를 제시하여 틀렸다고 주장하는 오류

조건 1. 오류의 유형은 [보기]에서 골라 쓸 것
　　　　2. '~이/가 ~ 오류를 범하고 있다. 왜냐하면 ~ 때문이다.'의 형식으로 쓸 것

----

17 다음 글을 읽고 ㉠~㉣에 들어갈 낱말을 조건에 맞게 쓰시오. [20점]

플라톤(Platon)은 자신의 저서 '국가론'에서 사람들이 각자의 기예에 맞는 직분을 수행하도록 교육받고 사회적 계급에 맞는 특수한 덕(德)을 지녀야 함을 이야기했다. 국가는 분업의 원리에 따라 존재하고 직업의 종류는 국가가 커지면서 점점 늘어날 것이라고 본 것이다. 그는 직업을 중심으로 국민들을 생산자, 전사, 지배자의 3가지 계급으로 나누고 각 계급에 알맞은 기본적인 덕을 부여했다. 이때, 플라톤이 말한 '덕'은 직업인으로서 갖추어야 할 덕목인 (㉠)(이)라고 할 수 있다.

직업윤리는 특정 직업에 종사하는 사람들이 지켜야 할 행동 규칙에 해당한다. 직업윤리의 기본 원칙은 다음과 같다. 객관성의 원칙은 업무를 처리할 때 공사를 구분하고 모든 것을 투명하게 처리하는 원칙을 말한다. (㉡) 중심의 원칙은 고객에 대한 봉사를 최우선으로 하고, 현장과 실천 중심으로 일하는 원칙을 말한다. 전문성의 원칙은 자신의 업무에 대해 전문가로서의 능력과 마음가짐을 가지고 책임감을 다하며 전문성을 키우는 것을 말한다. 그리고 정직과 신용의 원칙은 업무와 관련된 모든 것을 숨김 없이 정직하게 수행하고 자신이 해야 할 일과 약속을 지켜 신뢰를 유지하는 것을 말한다. 공정 경쟁의 원칙은 공동체의 약속을 준수하고 공정하게 행동하는 것을 말한다. 그런데 아직도 많은 직업인들이 직업윤리를 위반해서 문제가 되는 경우가 자주 발생한다.

한 예로 수의사 A씨는 현장에서 진료하지 않은 채 유선상으로 진단하여 동물용 의약품을 처방했고, 본인이 메모한 내용을 동물용 의약품 도매상(○○가축 약품)에서 작성하여 처방전을 발급하도록 했으며, ○○가축 약품에서 본인(수의사)의 도장을 이용하여 처방전에 서명 날인하도록 했다. 이는 '거짓이나 그 밖의 부정한 방법으로 진단서, 검안서, 증명서 또는 처방전을 발급하는 행위'로 수의사법 제32조제2항 위반에 해당한다. 수의사 A씨는 수의사법 위반 행위로 처벌을 받았고, 이번 사건을 계기로 하여 수의사라는 (㉢)을/를 가진 직업의 직업윤리 의식에 대해 돌아볼 필요가 있다는 의견이 제기되었다. 또 엘리자베스 홈스(Elizabeth Holmes)는 극소량의 혈액으로 250여 종의 질병을 진단할 수 있다는 의학 키트 '에○슨'을 개발하고, 바이오 벤처 기업 '테○노스'를 창업해서 미국 최대의 메디컬 유니콘 기업이 되었다. 그러나 2015년 '월스트리트 저널'에서 '테○노스'를 정밀 취재한 결과, '에○슨'으로 확인할 수 있는 질병이 16종에 불과하다고 폭로하였고 테○노스의 기업 가치는 0원으로 추락했다. 이는 직업윤리의 여러 가지 원칙 중에서 (㉣)의 원칙을 위반한 결과라고 할 수 있다.

조건 ㉠~㉣은 제시문에서 해당하는 단어를 찾아 제시하되, ㉢과 ㉣은 직업윤리의 기본 원칙을 고려하여 어떤 원칙을 위배하였는지를 제시할 것

18 '상표법'에 관한 다음 글을 읽고 ㉠~㉣에 들어갈 단어를 [조건]에 따라 기호와 함께 쓰시오. [20점]

> 　　상표법 제1조를 보면, 상표법은 상표를 보호함으로써 상표 사용자의 업무상 신용 유지를 도모하여 산업 발전에 이바지함과 수요자의 이익을 보호함을 목적으로 한다.
>
> 　　즉, 상표법의 목적은 (㉠) 입장에서 상표에 화체*된 상표권자의 신용을 보호·유지하고, (㉡) 입장에서 상표의 차별성을 이용하여 자기가 원하는 품질의 상품을 선택할 수 있게 하며, 국가적 견지에서 건전한 상품 거래의 활성화를 통하여 국가 산업발전에 도움이 되도록 하고자 하는 것이다.
>
> 　　○○교육이 '△△로'에 대한 (㉢)을/를 항소심에서도 인정받은 것도 이와 같은 목적에 따라서이다.
>
> 　　서울고법 민사5부(배○○ 부장판사)는 ○○교육이 주식회사 △△로를 상대로 낸 상표권 침해 금지 등 청구 소송 항소심에서 원심과 같이 원고 일부 승소 판결을 했다고 22일 밝혔다. 1심에서 인정하지 않은 손해배상 부분에 대해서도 '3,000만 원을 지급하라.'며 일부 (㉣) 판결을 내렸다.
>
> 　　재판부는 "'△△로'는 ○○교육이 1992년부터 사용해 온 표지로, 2009년 설립된 주식회사 △△로가 이를 사용하는 것은 (㉡)에게 혼동을 줄 수 있다."며 ○○교육 손을 들어줬다.
>
> * 화체: 법률 용어. 물리적으로 존재하게 되었다는 의미. 권리가 화체된 것이라는 표현은 그 권리가 물리적으로 나타났다는 의미임

조건 　상표법에 관한 내용의 문맥을 고려하여 ㉠~㉣에 해당하는 단어를 찾아 쓸 것

서술형 고득점 TIP　　서술형에서는 어떤 경우에 감점이 될까요?

서술형은 배점이나 유형에 관계없이 다음과 같은 경우에는 감점이 이루어진다. 따라서 문제의 [조건]에서 주어진 요구 사항을 철저하게 지켜야 한다.

> ☑ 기호를 쓰라는 조건이 제시되었는데, 기호를 쓰지 않은 경우
> ☑ 하나의 단어를 써야 하는데 둘 이상의 단어를 쓴 경우
> ☑ 제시한 어절을 초과하여 쓴 경우
> ☑ 조건에 제시된 문장을 써야 하는데 이를 어긴 경우 **예** 완성형 문장으로 쓸 것, 2문장으로 쓸 것
> ☑ 조건에 주어진 형식대로 쓰지 않은 경우
> ☑ 조사의 잘못된 사용, 맞춤법, 띄어쓰기가 틀린 경우
> ☑ 문법에 어긋난 문장이나 자연스럽지 않은 문장을 쓴 경우
> ☑ 주어진 문단으로 구성하지 못한 경우
> ☑ 들여쓰기가 제대로 이루어지지 않은 경우(들여쓰기로 문단을 구분하지 않고 1줄 띄고 쓴 답안은 문단 구분으로 인정하지 않음.)

2장 글쓰기 실제

1절 서술형(6~7번) [50점]

2교시의 서술형 문항은 1편 2장 '글쓰기의 실제(직무 글쓰기)'의 내용이 출제 범위가 된다. 즉, 공문서, 입사 문서, 기안서, 품의서, 제안서 등 여러 문서를 자료로 하여 어절 또는 문장 단위의 쓰기를 요구한다. 출제 관점은 객관식에서 다루어지는 '글쓰기의 실제'와 동일하나 서술형이라는 점에서 차이가 있다. 출제 문항에서 요구하는 어절이나 문장은 자료 분석을 통해 쉽게 파악할 수 있으므로 자료 분석 연습이 필요하다.

기출점검 사용 설명서 작성

1. 다음 '○○보온병 사용 설명서'의 ㉠~㉤에 들어갈 적절한 내용을 [보기]를 모두 활용하여 [조건]에 맞게 쓰시오. [50점]

┤ 보기 ├

우리 보온병의 특성

- 보온 효과: 6시간 경과 후 68도 이상 유지, 단 실내 상온에서 높은 온도의 물을 용량의 80% 이상 넣고 밀폐했을 때
- 본체 내부에서 진동음이 날 수 있음. 보온 효과를 높이기 위한 금속박을 장착하여 금속박이 떨리면 진동음이 남.
- 뚜껑에 누수 방지용 패킹 2개 사용: 2개 모두 순서대로 장착해야 하며 너무 과한 힘으로 뚜껑을 돌려 잠그면 마개 패킹이 어긋나 누수가 될 수 있음.
- 스테인리스 연마 처리 방법: 전해 연마 처리, 블러스트 연마 처리
- 뚜껑 뒤쪽의 홈은 제조 공정상 생기는 금형 자국으로 동일 모델은 모두 같은 홈을 갖고 있음.

※ 제품 불량이 아닌 경우에는 교환이나 무상 반품이 안 됩니다.

> 서술형 유형은 제시된 자료를 분석하면 요구하는 단어나 어절, 문장을 찾을 수 있다.

* 보온이 잘 안 되는 것 같아요. 어떻게 하죠?

제품 본체에는 자체 가열되는 기능이 없습니다. 따라서 보온 효과가 제대로 나려면 _____㉠_____. 너무 낮은 온도의 물을 사용하면 보온이 정상적으로 되지 않습니다.

* 제품 내부 광택이 달라 보입니다. 왜 그런가요?

스테인리스 광택은 _____㉡_____에 따른 차이입니다. ○○ 제품은 전해 연마 처리와 블러스트 연마 처리 방법을 동시에 하고 있으므로 내부의 광택이 다를 수 있습니다.

* 제품에서 누수가 되는 것 같습니다. 어떻게 해야 하죠?

뚜껑에 누수 방지용 패킹이 2개가 장착되어 있습니다. _____㉢_____ 경우 내부에 있는 내용물이 새어 나올 수 있습니다. 제품과 같이 동봉된 취급 설명서를 참고하셔서 재장착 후 사용해 보시기 바랍니다.

* 뚜껑 뒤쪽에 흠집 같은 것이 있습니다. 왜 그런가요?

　뚜껑 뒤쪽에 흠집으로 보이는 것은 제조 공정상 생기는 금형 자국으로 같은 모델은 모두 같은 자국을 가지고 있습니다. 해당 사유로 인한 _____ㄹ_____은/는 되지 않으니 구매할 때 참고해 주세요.

* 본체를 흔드니 소리가 납니다. 왜 그런가요?

　보온 효과를 높이기 위해 내부에 장착한 _____ㅁ_____입니다. 소리가 나고 안 나고 여부에 따라 불량 유무를 판단하지 않으며 제품의 이상은 아니니 안심하고 사용하셔도 됩니다.

조건 ㉠은 1문장으로 쓰고, ㉡~㉤은 다음 구절에 자연스럽게 이어지도록 쓸 것

예시답안

㉠ 높은 온도의 물을 용량의 80% 이상 넣고 밀폐해야 합니다
㉡ 연마 처리 방법
㉢ 2개 모두 순서대로 장착되어 있지 않거나 너무 과한 힘으로 뚜껑을 잠가 마개 패킹이 어긋난
㉣ 교환이나 무상 반품
㉤ 금속박이 떨리면서 나는 진동음

기출점검 **기사·보도문 작성**

2. 다음 기사문의 (가)에 들어갈 전문을 [보기]를 참고하여 [조건]에 맞게 3문장으로 쓰시오. [50점]

┤ 보기 ├

전문
요약문 혹은 리드(Lead)라고도 한다. 제목에서 제시한 내용을 요약문의 형식으로 밝히는 부분이다. 다시 말해 전문은 본문에 드러낼 내용을 미리 요약문의 형태로 배치하는 글이다. 전문을 본문의 앞부분에 둘 경우 독자가 기사문의 전체 내용을 쉽게 알 수 있다는 장점이 있다. 보통 1문장 정도로 표현하나 필요한 경우 문장 수를 늘릴 수 있다. 제목과 마찬가지로 전문을 어떻게 쓰느냐에 따라 기사문 전체의 초점이 정해지기도 한다. 또한, 전문은 전체 본문의 앞부분이기 때문에 전문이 어떻게 시작되느냐에 따라 본문의 방향이 자연스럽게 결정되기도 한다.

은행권 필기시험 도입된다 … 채용 절차 모범 규준 확정

(가)

　은행연합회는 최근 이런 내용을 담은 은행권 채용 절차 모범 규준을 금융당국에 전달했다. 연합회는 곧 채용 모범 규준 초안을 홈페이지를 통해 공개한 이후 은행권과의 논의를 거쳐 다음 달 최종안을 확정할 계획이다.

　모범 규준에 따르면 은행들은 채용 절차를 진행할 때 필기시험을 치를 수 있다. 연합회의 모범 규준에 필기시험 도입은 권고 사항이지만, 최근 은행권 채용 비리 등으로 여론이 악화된 상태이고, 당국과 연합회가 장기간에 걸쳐 만든 채용과 관련한 가이드라인이라는 점에서 대다수의 은행이 필기시험을 도입할 것으로 예상된다. 이는 채용 절차의 공정성과 투명성을 높이는 데 목적이 있다.

　서류 전형 과정도 공정성을 높였다. 서류 전형은 외부기관에 맡기거나 외부 전문가를 심사에 참여할 수 있도록 했다. 또한, 면접에는 외부 인사가 면접 위원으로 참여할 수 있도록 했으나 외부 위원의 비율은 은행 자율에 맡겼다. 또한, 채용 비리로 인한 피해자를 구제하기 위해 부정 합격자로 판정된 수험생의 합격을 취소하고 그 자리를 예비 합격자 명단의 1순위자로 채우는 방식의 예비 합격자 풀도 운영한다. 아울러 채용 비리의 온상이 된 임직원 추천제는 폐지하는 방안을 공식화했다.

주어진 제시문은 3개의 문단으로 구성되어 있다. 이 문단의 중심 단어와 중심 내용을 파악하는 것이 우선이다. 1문단에서 '이런 내용을 담은 은행권 채용 절차 모범 규준'은 (가)의 내용에 해당하며 여기에서 '은행권 채용 절차'라는 중심 내용을 찾을 수 있다.

2문단에 '채용 절차를 진행할 때 필기시험을 치를 수' 있으며, '이는 채용 절차의 공정성과 투명성을 높이는 데 목적이 있다'는 내용이 제시되어 있다. '이는'은 '필기시험 도입'을 의미한다. 따라서 첫 번째 조건은 '필기시험'과 관련하여 '채용 절차의 공정성과 투명성을 높이기 위해 은행권에 필기시험이 도입된다.'로 정리할 수 있다.

'서류 전형'과 '면접' 관련 내용은 3문단의 둘째 문장과 셋째 문장을 통해서 파악된다. 넷째 문장 다음부터는 부정 합격자의 경우와 임직원 추천제와 관련된 내용이므로 조건에서 요구하는 내용과 관련이 없다.

조건　1. 첫 번째 문장은 제시된 자료를 활용하여 필기시험의 도입 이유를 포함하여 '~을/를 높이기 위해 ~이/가 도입된다.'의 형식에 맞춰 10어절 이하로 작성할 것
　　　　2. 두 번째 문장과 세 번째 문장은 서류 전형 과정과 면접 방법의 공정성을 높이기 위한 방안을 각각 1문장씩 10어절 이하로 작성할 것

예시답안

채용 절차의 공정성과 투명성을 높이기 위해서 은행권에 필기시험이 도입된다. 서류 전형은 외부기관에 맡기거나 외부 전문가를 참여하게 한다. (또한) 면접에는 외부 인사가 면접 위원으로 참여할 수 있게 한다.

1절 기출로 실력 다지기

01 다음 '휴대 전화 사용 시 주의 사항'의 ㉠~㉣에 들어가기에 적절한 내용을 [보기]에서 골라 [조건]에 따라 쓰시오. [50점]

〈휴대 전화 사용 시 주의 사항〉

1. 카메라 플래시 사용 시 눈에 직접 빛을 쏘지 마세요. _____㉠_____

2. 이어폰이나 헤드셋의 음량을 크게 한 상태로 장시간 사용하거나 제품을 귀에 직접 대고 사용하지 마세요.

   _____㉡_____

3. 운전, 보행이나 이동 중에는 제품 사용에 주의하세요. 교통 법규, 도로 안전 수칙 위반이나 _____㉢_____

4. 젖은 제품을 사용하거나 충전하지 마세요. _____㉣_____

5. 제품의 액정이 깨진 경우 손을 베거나 상해를 입지 않도록 주의하고 즉시 고객 센터에 문의하세요. 실명이나 피부 상해를 일으키는 원인이 될 수 있습니다.

6. 신체 일부가 오랜 시간 제품, 배터리, 충전기에 닿지 않도록 주의하세요. 오랜 시간 피부에 접촉 시 저온화상의 우려가 있습니다.

| 보기 |

- 인명 사고
- 시력 손상
- 외부 저장 매체 백업
- 청각 장애
- 배터리 분리
- 발화, 파열, 발열, 누액

조건 [보기]에 제시된 용어들을 활용하여 작성하되, 다음의 예와 같이 완성형으로 작성할 것

   예 실명이나 피부 상해를 일으키는 원인이 될 수 있습니다.

---

02 김○○ 씨는 특허청 홈페이지의 FAQ난을 작성 중이다. '특허 등록 요건 ④~⑦'을 [조건]에 따라 쓰시오. [50점]

가. 신출원주의: 먼저 출원한 자에게 특허를 부여한다는 요건을 말함.
나. 진보성: 종전의 발명과 비교해 진보된 발명에 대해서만 특허를 부여한다는 요건을 말함.
다. 신규성: 특허 요건 중 한 번도 알려지지 않은 새로운 발명에만 특허를 부여한다는 요건을 말함.
라. 산업상 이용 가능성: 산업상 이용 가능성이 없는 발명이나 산업 이외의 분야에서만 이용할 수 있는 발명은 비록 신규성과 진보성을 갖추고 있더라도 특허를 받을 수 없음.

질문 특허 등록 요건은 어떻게 되나요?
답변 특허로 등록을 받기 위해서는 7가지의 등록 요건을 충족해야 합니다. (특허법 제29조)

① 자연법칙을 이용한 기술적 사상인가?
② 불특허 사유에 해당하지 않는가?
③ 명세서에 발명이 구체적으로 기재되고 청구 범위는 명확한가?
④ (가. 관련)
⑤ (나. 관련)
⑥ (다. 관련)
⑦ (라. 관련)

NO

YES

■ 특허(등록) 받을 수 없는 발명
 – 공공질서 또는 선량한 풍속을 어지럽히거나 공중의 위생을 해할 염려가 있는 발명
  (지폐 위조기, 도박에 필요한 기구, 아편 흡입 기구 등에 관한 발명) (특허법 제32조)
 – 국방상 필요한 발명 등 (정부는 정당한 보상금 지급) (특허법 제41조)
 – 의료 행위, 현실적으로 명백하게 실시할 수 없는 발명 (영구기관 등)

조건 1. '특허 등록 요건 ④~⑦'은 '가.~라.'에 쓰인 단어를 활용하여 각 5어절 이내로 작성할 것
     2. ④와 ⑤는 '~보다'를 활용하여 쓸 것

03 강○○ 연구원은 국립공원 보존을 위한 제언을 프레젠테이션 하고자 한다. 다음 글을 문단 순서대로 쓸 경우, ㉠~㉣에 들어갈 문장을 [조건]에 맞게 쓰시오. [50점]

정부가 지원하고 여행사가 대중교통과 연계하는 저가의 체류형 관광 상품은 소규모 여행자를 위해 개발할 수 있다. 이런 프로그램이 늘면 국립공원 보존은 물론 지역 교통 체증과 주차난이 해소되고 주민이 재배한 제철 농산물의 소비도 증대시킬 수 있다.

국립공원 지역 내 마을에 국가 우선 투자를 원칙으로 질 좋고 안정적인 가격의 숙박 시설을 운영하여 여행자가 호텔이 아니라 마을에서 숙박하도록 유도해야 한다. 주민이 지역 단위로 조합이나 마을 기업을 만들어 자체적으로 숙박 시설을 운영하는 것도 가능할 것이다.

관광객이 찾는 것은 '지역적 독특함'이다. 먹을거리도 마찬가지이므로 전국 어디에서도 먹을 수 있는 음식보다 마을 기업이 마을에서 나는 전통 먹을거리를 공급하고 상품화할 수 있도록 지원하고 숙박업소들의 전통 먹을거리 제공을 의무화하는 제도 정비가 필요하다.

국립공원 인근 전이 지역과 완충 지역에 자전거, 인력거 등 비탄소 에너지원을 이용한 이동 수단을 다양하게 준비하여 어린이부터 노년층 관광객까지 맞춤형으로 제공해야 한다. 마을 체험과 인근 생태계 체험지로 이동할 때 재미와 의미가 있는 교통수단을 제공한다면 자동차 일색인 현재의 관광지 이동문화를 바꿀 수 있다.

자연 자원을 최대한 활용하되, 형질 변경이나 소모 에너지를 최소화하는 체험과 탐방 프로그램을 디자인하여 생태 서비스를 제공해야 한다. 이때 국립공원 내부가 아닌 인근의 전이 지역에서 가능한 것을 전제로 하는 것이 좋다.

국립공원 보존을 위한 5가지 상생협력사업

• 저가 체류형 관광 상품을 개발하자.
• _____ ㉠ _____
• _____ ㉡ _____
• _____ ㉢ _____
• _____ ㉣ _____

조건 1. 각 문단의 내용을 고려하여 ㉠~㉢의 제안 내용을 '~을/를 제공하자.'의 형식으로 4어절 이하로 쓸 것
2. ㉣은 마지막 문단을 자료로 하여 서비스를 제공할 지역을 먼저 제시하고 어떤 서비스를 제공할 것인지 8어절로 쓸 것

---

04 A사 총무팀의 김△△ 씨는 B사의 ○○기기를 구매하고자 한다. 견적 의뢰서의 본문을 [조건]에 맞게 각각 기호와 함께 1문장씩 쓰시오. [50점]

귀사의 무궁한 발전을 기원합니다.

당사는 이번에 ○○제품 생산계획에 따라 (㉠). 해당 품목에 대한 (㉡). 아울러 대량 구매 시의 가격 절충 등의 (㉢).

다시 한번 귀사의 무한한 번창을 기원합니다.

– 이하 생략 –

조건 1. 긱 문장은 6어절 이내로 간결하게 쓸 것
2. 두 번째 문장은 견적서를 요청할 것
3. 세 번째 문장은 대량 구매 시 가격 절충 정보를 요청할 것

05 다음 기사문의 (가)에 들어갈 전문을 [보기]를 고려하여 [조건]에 맞게 서술하시오. [50점]

┤ 보기 ├

전문

제목에서 제시한 내용을 요약문의 형식으로 밝히는 부분이다. 전문을 본문의 앞부분에 둘 경우 독자가 기사문의 전체 내용을 쉽게 알 수 있다는 장점이 있다. 보통 1문장 정도로 표현하나 필요한 경우 문장 수를 늘릴 수 있다. 전문은 전체 본문의 앞부분이기 때문에 전문이 어떻게 시작되느냐에 따라 본문의 전개 순서가 자연스럽게 결정되기도 한다.

최근 3년간 습지 11.7% 훼손 ⋯ 논·밭 되거나 도로 지어

(가)

환경부는 국립환경과학원 국립습지센터와 최근 3년간 전국의 습지 실태를 조사한 결과 74곳의 습지가 사라지고 91곳은 면적이 줄었다고 밝혔다. 이번 결과는 국립습지센터에서 2016년부터 지난해까지 3년간 진행한 '2차 전국내륙습지 기초조사사업'의 중간 결과를 분석한 것으로, 국가 습지 현황 정보 목록에 등록된 2,499곳의 습지 가운데 1,408곳을 대상으로 했다. 사라지거나 면적이 준 훼손 습지 165곳은 조사 대상의 11.7%에 해당한다.

훼손된 165곳 가운데 90%(148곳)는 논이나 밭, 과수원 같은 경작지로 개발되거나 도로 같은 시설물 건축 등의 인위적 요인에 의해 훼손된 것으로 확인됐다. 나머지 10%(17곳)는 자연적 요인으로 초지나 산림으로 변한 경우였다. 소실된 습지 74곳(5.3%)을 지역별로 보면 경기 23곳, 충청 21곳, 강원 13곳, 전라 12곳, 제주 3곳, 경상 2곳 순이었다. 면적이 감소한 91곳은 전라 52곳, 경기 19곳, 경상 12곳, 강원 8곳 순이었다.

환경부는 이번 조사를 계기로 습지 보전을 강화하겠다고 밝혔다. 중장기적으로 미국이나 캐나다에서 시행하는 '습지 총량제'와 같이 습지 훼손을 제도적으로 차단하기 위한 자연 자원 총량제 도입을 추진하겠다고 했다. 자연 자원 총량제는 개발 사업 전·후의 습지 등 자연 자원 총량의 변화를 산정·평가해 훼손된 만큼 사업지 안이나 밖에 습지를 '상쇄' 혹은 '대체'하거나 그에 상응하는 복원 비용을 부담하게 하는 제도다.

조건 1. 문장의 내용을 '습지 훼손 현황 → 훼손 요인 → 대책'의 순서로 하여 3문장을 작성할 것
　　　 2. 3문장 모두 각 9어절 이하로 제시할 것

----

06 다음 자료를 활용하여 재생지 활성화와 관련한 프레젠테이션을 하고자 한다. 주어진 제시문을 고려하여 [조건]에 맞게 서술하시오. [50점]

종이는 나무가 원료인 천연 펄프로 만든다. 종이 생산을 위해 세계에서 2초마다 축구장 면적의 원시림이 사라지고 있다. 재생 종이는 한 번 사용된 종이를 재활용하여 만든 종이로, 대개 폐지가 40% 넘게 들어간 종이를 재생 종이라고 한다. 우리가 매일 사용하는 복사지의 10%로만 재생 복사지를 만들어도 1년에 27만 그루, 매일 760그루의 나무를 살릴 수 있다. 그런데도 재생 복사지 사용이 활성화되지 못하는 이유는 무엇일까?

첫째, 재생 복사지의 품질에 대한 소비자의 선입견 때문이다. 재생 복사지는 일반 복사지와의 차이를 구별하지 못할 정도로 엄격한 품질 기준을 통과하여 우수 재활용 인증(GR; Good Recycled)까지 받은 제품이 여러 종류가 나와 있다. 하지만 아직도 많은 소비자들은 과거 종이 걸림이나 먼지 등 낮은 품질의 제품을 사용하며 겪은 안 좋은 기억 때문에 선입견에서 벗어나지 못하고 있다.

둘째, 일반 복사지와 비교했을 때 재생 복사지 사용의 경제적인 이익이 크지 않다는 점을 들 수 있나. 종이 산업은 생산량이 늘어날수록 단가가 떨어지는 '규모의 경제' 특성을 지니고 있다. 현재 재생 복사지는 수요가 적어 일반 복사지보다 원가가 높다. 소비자가 재생 복사지를 선택하게 하기 위해서는 일반 복사지와의 가격 경쟁을 통해 소비자가 경제적 이익을 얻을 수 있게 해야 한다.

그렇다면 재생 복사지의 활성화를 위한 방안은 어떤 것이 있을까? 먼저 재생 복사지를 생산하기 위한 재료인 '백색 인쇄용지 폐지'가 원활하게 공급되어야 하며, 그 가격 또한 낮아야 한다. 우리나라는 복사지의 절반은 외화를 주고 외국에서 수입을 하고 있다. 따라서 폐지를 수급할 때 흰 인쇄용지만을 모아 수거하는 폐지 분급 제도가 시행되면 재생 복사지의 원료 수급과 외화 지출을 막을 수 있을 것이다.

가장 중요한 것은 재생 복사지에 대해 소비자들이 관심을 가지는 것뿐만 아니라 재생 복사지를 직접 사용하는 것이다. 재생 복사지를 사용하면 해마다 많은 나무와 숲을 지킬 수 있고, 사용자가 늘어날수록 '규모의 경제'가 이루어지고 가격 경쟁력을 확보하여 가격이 낮아질 수 있다.

조건 1. 재생 복사지 사용이 활성화되지 못한 이유 2가지를 각각 4어절과 5어절로 제시할 것
2. 재생 복사지의 활성화를 위한 제안을 제도적인 측면과 소비자 측면에서 각각 하나씩 서술할 것. 단, 모두 '~을/를 ~자.'라는 형식의 4어절로 서술할 것

조건 1. ㉠ _____ , ㉡ _____

조건 2. ㉢ _____

　　　㉣ _____

07 다음 [보기]를 활용하여 ⊙~⑩에 들어갈 내용을 글의 형식에 맞게 기호와 함께 쓰시오. [50점]

┤ 보기 ├

* 재생이 지원되지 않는 유형, 컬러 방식, 지역 코드가 있습니다. 디스크는 깨끗이 유지하시고 재생 면을 아래로 향하게 하여 가이드 안에 정확하게 넣으세요. 시청 등급 기능을 이용하여 디스크가 재생되지 않도록 설정할 수 있습니다.

* 본 기기는 FAT32, NTFS 형식의 USB 또는 외장 USB HDD를 지원하나 PC에 연결하였을 때 설치 파일이 필요한 USB는 인식하지 못할 수 있습니다.

* WMV 9 Codec이 인코딩된 avi 파일, Unicode로만 인코딩된 자막은 지원하지 않습니다. 지원하는 파일 종류에 따라 재생되지 않을 수도 있습니다.

* 리모컨은 제품에서 너무 멀리서 사용하지 마시고 리모컨 수신부를 향하여 사용하세요. 본 제품과 리모컨 사이에 장애물이 있거나 리모컨 안에 있는 건전지가 방전되지 않도록 유의하십시오.

* 사용 중인 광대역 서비스 속도가 적당하지 않으면 스트리밍 서비스로 재생 중 정지되거나 자주 버퍼링이 생길 수 있습니다.

증상	원인 또는 해결 방법
(⊙)	✔ PC에 연결하였을 때 설치 파일이 필요한 USB 기기는 본 기기에서 동작하지 않을 수 있습니다. ✔ FAT32, NTFS 형식의 USB 또는 외장 USB HDD만을 지원합니다.
리모컨이 잘 작동하지 않아요.	✔ 리모컨이 제품의 리모컨 수신부를 향하고 있지 않거나 제품과 너무 멀리 떨어져 있습니다. ✔ 본 제품과 (ⓒ)이/가 있거나 리모컨 안의 건전지가 방전되었습니다.
동영상을 재생할 수 없어요.	✔ 본 제품에서 (ⓒ)이/가 아닙니다. ✔ 본 제품이 지원하지 않는 동영상 Codec입니다.
스트리밍 비디오 서비스 재생 중에 (ⓔ)	✔ 사용 중인 광대역 서비스 속도가 스트리밍 서비스를 받기에 적당하지 않을 수 있습니다. 인터넷 서비스 공급처에 연락하여 속도를 조정해 주세요.
디스크가 (⑩)	✔ 재생 가능한 디스크인지 유형, 지역 코드 등을 확인하고 재생 면을 깨끗이 닦아 바르게 넣으세요. ✔ 시청 등급 기능을 해제하거나 등급 수준을 변경하세요.

2교시의 서술형 문항에서 배점이 높아지는 8번과 9번의 경우에는 짧은 문장을 답안으로 요구하는 6번과 7번 문항과 달리 여러 가지 정보를 요구한다. '글쓰기의 실제'의 내용이 출제 범위라는 점은 같지만 요구하는 [조건]의 수도 많아지며, 그에 따른 내용 또한 늘어난다. 즉, 50점 배점의 경우에는 '제안 내용'을 4개 작성한다면, 100점의 배점이 주어지는 경우에는 '제안서 형식의 문제점', '제안할 내용' 등의 [조건]이 늘어난다. 실용글쓰기의 서술형 문제의 실제성을 지닌 문제 형식이라고 할 수 있다. 이러한 문제의 쓰기가 어려워 보일 수 있지만, 실용글쓰기의 서술형 문제에서 요구하는 답안은 90% 이상이 주어진 자료에 제시되어 있다. 따라서 [조건]에 맞는 관련 내용을 찾아 작성하는 연습을 반복하면 어렵지 않을 것이다.

기출점검 요약문 작성

1. ○○식품 연구소 신입 김○○ 연구원은 동결건조에 관한 문서를 읽고 요약문을 작성하려고 한다. 다음 글을 자료로 하여 [조건]에 맞게 요약문을 작성하시오. [100점]

> 즉석식품이 대중화되면서 좋은 건조식품을 얻으려는 방법으로 동결건조 방식이 즉석식품의 상품화에 많이 이용되고 있다. 동결건조 과정에서 일어나는 승화 현상은 동결식품 주위의 수증기 압력이 식품 내부 얼음의 포화증기압보다 낮을 때 증기압 차가 생겨서 얼음이 승화하는 현상이다. 그러므로 승화에 필요한 증기압 차를 형성하기 위하여 건조실 내부를 진공 상태로 만들어 주어야 한다. 동결건조하려면 우선, 동결할 때 식품에 포함된 수분을 얼게 하여야 하며 둘째, 원료를 동결하여 얼음 승화로 수분을 제거하고 셋째, 원료에 남아 있는 수분을 제거하기 위해 진공 상태에서 원료의 온도를 높여야 한다. 이러한 특성을 이용하여 식품을 동결건조한다.
>
> 일반적인 건조법으로 건조한 식품은 표면에 주름이 지거나 휘발성 성분의 손실이 크다. 그래서 다시 수분을 가했을 때 건조 전의 조직으로 복원되기 어렵다. 그러나 동결된 상태에서 식품의 수분을 얼음 승화로 건조한 식품은 물리적·화학적 변화가 적다. 또한 동결 상태에서 수분을 제거함으로써 건조된 제품이 가벼운 다공조직을 가지게 되어 모양과 크기도 원래 상태 그대로 유지된다. 따라서 다시 수분을 가하면 건조 전의 조직으로 복원되는 성질이 좋다. 그래서 동결건조된 식품은 보통 무게가 가볍고 상온유통 상태에서 저장 기간이 길어 즉석식품을 만드는 데 적합하다.
>
> 한편 동결건조된 식품은 다공질로 표면적이 크므로 흡습, 산화하기 쉽다. 또한 운송 시 외부 충격에 의한 파손 우려가 크고 포장과 운반 측면에서 중량은 감소하나 체적은 변하지 않아 포장 재료의 양에는 변화가 없다. 그리고 동결건조는 저온에서 건조가 행해지므로 건조 속도가 매우 느려 건조 시간이 길며 운영비, 설비비가 다른 건조법보다 2~3배 비싼 편이다.

조건 1. '동결건조의 원리', '동결건조의 장점', '동결건조의 단점'의 순서로 각각 1문장씩 서술할 것
2. 동결건조의 원리는 '동결건조는 ~에서 일어나는 ~ 원리를 이용한다.'의 형식으로 서술할 것
3. 글의 분량은 240자 이내로 서술하되, 주어진 답안지를 벗어나지 않도록 할 것

읽기 전략은 '요약하기'이다.

[조건 2]의 '~에서'는 처소나 출발점, 출처, 근거 등을 나타내며, '~원리'는 동결건조 과정이 일어나는 원리를 의미한다. 긴 글일 경우에는 문장을 '/'로 나누어서 읽도록 하자.

2문단에서 첫 번째 문장과 두 번째 문장은 일반적인 건조법으로 건조한 식품의 단점을 제시하고 있다. 그런데 세 번째 문장에 제시된 '그러나'를 통해 뒤에 동결건조 식품의 장점이 제시될 것이라는 것을 추측할 수 있다. 글을 읽을 때 '그리고, 그러나, 또한' 등의 접속어를 체크하고, 앞뒤 문장의 관계를 읽는 연습을 하자.

3문단에서는 동결건조 식품의 단점이 제시되어 있다. 불필요한 내용을 삭제하고 필요한 내용만을 요약하도록 하자.

자료의 글은 3개의 문단으로 구성되어 있다. 조건에 제시된 '동결건조의 원리', '동결건조의 장점', '동결건조의 단점'과 관련한 내용이 각각 1문단으로 제시되고 있다. 따라서 각각의 문단에 제시된 내용을 요약하는 활동이 요구된다.

'~에서 일어나는 ~ 원리를 이용한다.'의 '어디에서'와 '무슨 원리'에 해당하는 내용을 자료를 통해서 찾아야 한다.

〈첫 번째 문단〉
　① 즉석식품이 대중화되면서 좋은 건조식품을 얻으려는 방법으로 동결건조 방식이 즉석식품의 상품화에 많이 이용되고 있다. / ② 동결건조 과정에서 일어나는 승화 현상은 동결식품 주위의 수증기 압력이 식품 내부 얼음의 포화증기압보다 낮을 때 증기압 차가 생겨서 얼음이 승화하는 현상이다. / ③ 그러므로 승화에 필요한 증기압 차를 형성하기 위하여 건조실 내부를 진공 상태로 만들어 주어야 한다. / ④ 동결건조하려면 우선, 동결할 때 식품에 포함된 수분을 얼게 하여야 하며 둘째, 원료를 동결하여 얼음 승화로 수분을 제거하고 셋째, 원료에 남아 있는 수분을 제거하기 위해 진공 상태에서 원료의 온도를 높여야 한다. / ⑤ 이러한 특성을 이용하여 식품을 동결건조한다.

먼저 첫 번째 문단에서 ①과 ⑤의 문장은 '~에서'를 나타내는 내용이 제시되어 있지 않다. ②에서는 동결건조 과정은 승화 현상에 의해 일어난다는 것을 알 수 있다. 따라서 승화 현상이 여기에서 요구하는 동결건조 과정에 적용되는 원리에 해당한다. 그렇다면 위치나 상태를 나타내는 표현을 찾아보자. ②를 통해 승화 현상의 원리가 적용되기 위해서는 증기압 차가 형성되어야 하며, ③을 통해 증기압 차를 형성하기 위해서는 건조실 내부를 진공 상태로 만들어야 한다는 내용을 알 수 있다. 이를 통해서 '~에서'가 요구하는 단어는 진공 상태라는 것을 알 수 있다. 이를 그대로 적용하면 간단하게 답안이 도출된다.

　동결건조는 진공 상태에서 일어나는 얼음 승화 원리를 이용한다.

이제 두 번째 문단에서 '동결건조의 장점'을 1문장으로 요약해 보자.

〈두 번째 문단〉
　일반적인 건조법으로 건조한 식품은 표면에 주름이 지거나 휘발성 성분의 손실이 크다. / 그래서 다시 수분을 가했을 때 건조 전의 조직으로 복원되기 어렵다. / 그러나 동결된 상태에서 식품의 수분을 얼음 승화로 건조한 식품은 ① 물리적 · 화학적 변화가 적다. / 또한 동결 상태에서 수분을 제거함으로 건조된 제품이 가벼운 다공조직을 가지게 되어 모양과 크기도 원래 상태 그대로 유지된다. / 따라서 다시 수분을 가하면 ② 건조 전의 조직으로 복원되는 성질이 좋다. / 그래서 동결건조된 식품은 ③ 보통 무게가 가볍고 상온유통 상태에서 저장 기간이 길어 즉석식품을 만드는 데 적합하다.

일반적 건조법의 단점 ← 그러나 → 동결건조 식품의 장점

'그러나' 이후의 주어는 '동결된 상태에서 식품의 수분을 얼음 승화로 건조한 식품은'으로, '그러나' 앞과 반대되는 동결건조의 장점이 나올 것이라는 것을 짐작할 수 있다. 이제 두 번째 문단의 ①, ②, ③의 밑줄 그은 부분을 종합하여 동결건조 식품의 장점을 나열하면 다음과 같이 제시할 수 있다.

　동결건조에 의한 식품은 물리적 · 화학적 변화가 적고, 복원되는 성질이 좋으며, 상온유통 상태에서 저장 기간이 길다는 장점이 있다.

이제 세 번째 문단을 요약하여 '동결건조의 단점'을 1문장으로 작성해 보자.

〈세 번째 문단〉
　　한편 동결건조된 식품은 다공질로 표면적이 크므로 ① 흡습, 산화하기 쉽다. / 또한 운송 시 ② 외부 충격에 의한 <u>파손 우려가 크고</u> 손상과 운반 측면에서 중량은 감소하나 체적은 변하지 않아 포장 재료의 양에는 변화가 없다. / 그리고 동결건조는 저온에서 건조가 행해지므로 건조 속도가 매우 느려 ③ 건조 시간이 길며 운영비, 설비비가 다른 건조법보다 2~3배 비싼 편이다.

②에서 '포장과 운반 측면에서 중량은 감소하나'는 장점에 해당하고, '포장 재료의 양에는 변화가 없다'는 장점과 단점 모두 해당하지 않으므로, 요약문에 들어갈 내용에 해당하지 않는다. 단점을 골라 1문장으로 작성하면 된다.

　　그러나 흡습, 산화하기 쉽고 파손 우려가 크며 건조 시간이 길고 운영비, 설비비가 비싼 편이다.

예시답안

동결건조는 진공 상태에서 일어나는 얼음 승화 원리를 이용한다. 동결건조에 의한 식품은 물리적·화학적 변화가 석고, 복원되는 성질이 좋으며, 상온유통 상태에서 저장 기간이 길다는 장점이 있다. 그러나 흡습, 산화하기 쉽고 파손 우려가 크며 건조 시간이 길고 운영비, 설비비가 비싼 편이다.

2. ○○산업 구매부장은 [보기]와 같은 내용 구상을 한 후 신규 거래 제안서를 ○○기업 판매부장에게 발송하려고 한다. 제안서에 들어갈 내용을 [조건]에 맞게 쓰시오. [100점]

┤ 보기 ├

- 글의 흐름에 맞게 경어체로 최대한 정중한 어조로 작성할 것
- 빈칸에 들어갈 본문은 1문단으로 쓸 것
- 다음 항목을 항목당 1문장으로 나열된 순서대로 쓸 것
  - 제안의 이유(거래를 제안하고 제안서 보냄.)
  - 당사의 현황: ○○지역에 21개의 판매점을 개설, 공구 관련 제품 판매, 동 지역에서 70%의 점유율 확보
  - 귀사와 인연이 닿지 않아서 귀사의 제품을 취급하지 않았음.
  - 최근 소비자로부터 귀사의 제품을 찾는 주문 증가 → 판매하고자 함.
  - 정식으로 거래 신청 → 제안 검토 바람.
- 다음 자료 중에서 첨부 자료를 2가지 선택할 것
  - 전시 계획서
  - 기존 외주 거래 조건
  - 신규 납품 단가표
  - 당사 홍보 자료
  - 부품 관련 자료
  - 판매점 현황 자료

"소비자의 미래를 창조하는"
(주)○○산업

문서번호: 2016-345
수　　신: (주)○○기업 판매부장 김○○ 님 귀하
발　　신: (주)○○산업 구매부장 서○○
제　　목: 신규 거래 신청의 건
내　　용: 다음과 같습니다.

귀사의 발전을 진심으로 기원합니다.

┌───┐
│   │
│   ㉠   │
│   │
└───┘

귀사에서 거래 신청에 동의하신다면, 즉시 담당자가 방문하여 협의토록 하겠습니다. 감사합니다.

첨부 자료　1. (　㉡　) 1부
　　　　　　2. (　㉢　) 1부

20△△년 9월 ○○일

조건 1. 빈칸 ㉠은 1문단, 6문장 이내로 쓸 것
2. 첨부 자료 ㉡과 ㉢은 우선순위 2개를 선택하여 쓸 것

제안서를 쓰기 위해서는 우선 보내는 주체와 받는 대상을 지칭하는 용어가 필요하다. [보기]에 '귀사', '당사'라는 표현이 제시되어 있으므로 보내는 주체는 '당사', 받는 대상은 '귀사'로 표현하면 된다. 이제 [조건]을 살펴보자.

조건1 빈칸 ㉠은 1문단, 6문장 이내로 쓸 것

다섯 항목을 제시하고, 항목당 1문장으로 나열된 순서대로 쓰라고 하였으므로 총 5문장을 작성하면 된다.

> • 제안의 이유(거래를 제안하고 제안서 보냄.)
> → 당사는 귀사에 거래를 제안하고자 하여 제안서를 보냅니다.
> • 당사의 현황: ○○지역에 21개의 판매점을 개설, 공구 관련 제품 판매, 동 지역에서 70%의 점유율 확보
> → 당사는 ○○지역에 21개의 판매점을 개설하여 공구 관련 제품을 판매하고 있으며, 동 지역에서 70%의 점유율을 확보하고 있습니다.
> • 귀사와 인연이 닿지 않아서 귀사의 제품을 취급하지 않았음.
> → 지금까지 귀사와는 인연이 닿지 않아서 귀사의 제품을 취급하지 않았습니다.
> • 최근 소비자로부터 귀사의 제품을 찾는 주문 증가 → 판매하고자 함.
> → 최근 소비자로부터 귀사의 제품을 찾는 주문이 증가하고 있어서 당사에서는 귀사의 제품을 판매하고자 합니다.
> • 정식으로 거래 신청 → 제안 검토 바람.
> → 이에 정식으로 거래를 신청하오며, 당사의 제안을 검토해 주시기 바랍니다.

조건2 첨부 자료 ㉡과 ㉢은 우선순위 2개를 선택하여 쓸 것

> – 다음 자료 중에서 첨부 자료를 2가지 선택할 것
> • 전시 계획서   • 당사 홍보 자료
> • 기존 외주 거래 조건   • 부품 관련 자료
> • 신규 납품 단가표   • 판매점 현황 자료

이 자료는 신규 거래 신청 관련 제안서로서, 자신들과 거래할 것을 제안하는 내용이다. 제안서 내용의 핵심은 상대와의 거래를 제안하는 것으로 '당사의 현황'에서 자신들의 판매 능력을 제시하고 있다. 그렇다면 이는 거래와 관련한 목적을 달성하기 위한 홍보와 관련된다. 따라서 이 내용을 보충하기 위한 '당사 홍보 자료'와 '판매점 현황 자료' 등이 첨부될 것이다.

㉠ 당사는 귀사에 거래를 제안하고자 하여 제안서를 보냅니다. 당사는 ○○지역에 21개의 판매점을 개설하여 공구 관련 제품을 판매하고 있으며, 동 지역에서 70%의 점유율을 확보하고 있습니다. 지금까지 귀사와는 인연이 닿지 않아서 귀사의 제품을 취급하지 않았습니다. 최근 소비자로부터 귀사의 제품을 찾는 주문이 증가하고 있어서 당사에서는 귀사의 제품을 판매하고자 합니다. 이에 정식으로 거래를 신청하오며, 당사의 제안을 검토해 주시기 바랍니다.
㉡ 당사 홍보 자료
㉢ 판매점 현황 자료

2절 기출로 실력 다지기

01 다음 인포그래피 [자료]를 보고 아침식사 제공을 회사에 제안하는 사내 제안서의 일부를 [조건]에 맞게 쓰시오. [100점]

┤ 자료 ├

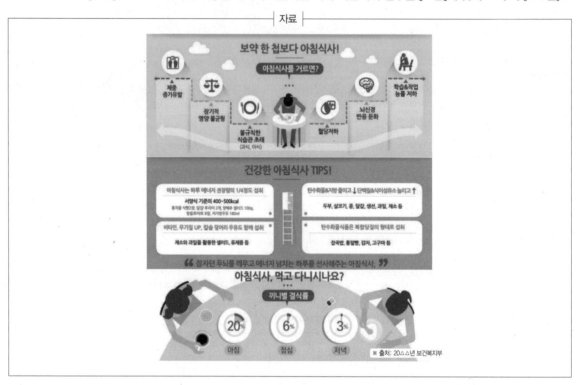

조건 제안 목적과 제안 배경에 해당하는 내용을 기호와 함께 각각의 항목에 쓸 것
1. 제안 목적: 처음 제시된 [자료] '보약 한 첩보다 아침식사!'의 내용을 보고 회사의 입장에서 아침식사를 제공함으로써 얻을 수 있는 효과를 3어절로 제시할 것
2. 제안 배경
   가. 끼니별 결식률 중 가장 높은 항목을 통계 수치와 함께 1문장의 '~습니다.' 형식으로 쓸 것
   나. '아침식사를 거르면'을 조건으로 제안 내용을 실행하지 않았을 때의 문제점 6가지를 예와 같이 나열하여 1문장으로 작성할 것
   예 아침식사를 거르면 A, B, C 등과 같은 문제가 발생할 수 있습니다.

---

02 다음 글을 바탕으로 프레젠테이션 슬라이드를 작성하려고 한다. [조건]을 고려하여 내용을 작성하시오. [100점]

공기업 · 공사 면접을 준비하기 위해서는 다음과 같은 점에 중점을 두어야 한다. 먼저 자소서의 경쟁력을 높여야 한다. 이를 위하여 기업별 자소서에 대한 안내를 분석하여 항목별 의도를 파악한다. 그리고 그에 따른 자소서 작성법을 실습한다. 이때 글자 수별 자소서 구성 전략에 대하여 학습하고 이를 준수하여 자소서를 작성하도록 한다. 자소서를 작성한 후에는 1:1 맞춤 첨삭을 통하여 자소서의 경쟁력을 높인다.

다음으로 직무 역량에 따른 면접을 준비해야 한다. 이를 위해 지원하고자 하는 기업별 직무에 대하여 이해하고 이를 분석하도록 한다. 더불어 NCS에 기반한 본인 경험을 정리하고 면접에 대한 답변 자료로 활용한다. 이를 통해 역량 면접을 완벽하게 준비할 수 있다.

그리고 PT · 토론 면접을 준비해야 한다. 이는 직무 상황과 기업별 PT 주제를 분석하는 것에서부터 시작된다. 분석한 후에는 자신의 의견을 정확하게 전달할 힘을 기르기 위해 스피치 교육을 시행한다. 이때 예상 주제로 실전 PT 연습 및 피드백이 함께 이루어진다. 토론 면접에서는 평가 포인트를 숙지하도록 한다. 그리고 자주 출제되는 토론 주제 및 최근 시사 이슈는 정리하여 참고하도록 한다.

마지막으로 실제와 같이 면접을 진행하는 실전 모의 면접을 준비해야 한다. 이를 위하여 면접 이미지 메이킹, 면접 보이스 트레이닝이 이루어지고, 실전 모의 면접 과정을 비디오 촬영하고 1:1 맞춤 피드백을 제공한다. 이는 철저히 실전을 대비하기 위하여 모의 압박 면접으로 실시한다.

공기업 · 공사 면접 특징

(가)
• 기업별 자소서 항목별 의도 파악
• 자소서 작성법 실습
• 글자 수별 자소서 구성 전략
• 자소서 1:1 맞춤 첨삭

(나)
• 기업별 직무 이해 및 분석
• NCS에 기반한 본인 경험 정리 및 (㉠)

PT · 토론 면접 준비
• (㉡)
• (㉢)
• (㉣)
• 토론 면접 평가 포인트
• 자주 출제되는 토론 주제 및 최근 시사 이슈 정리

실전 모의 압박 면접
• (㉤)
• (㉥)
• (㉦) 및 1:1 맞춤 피드백

조건 1. (가)와 (나)는 '공기업 · 공사 면접 특징'에 제시된 상위 내용과 같은 형식이되, 4어절로 제시할 것
2. ㉠은 4어절로 제시하고 ㉡~㉣은 각각 7어절 이하, ㉤~㉦은 각각 3어절로 제시할 것

- -

- -

03 다음 [자료]를 바탕으로 사내 강사 양성을 위한 교육 프로그램 제안서를 작성할 때 ㉠~㉡에 들어갈 내용을 기호와 함께 쓰시오. [100점]

┤ 자료 ├

　최근 사내 강사 양성에 대한 기업의 관심이 증가하고 있다. 사내 강사 교육이 필요한 이유는 조직 고유의 기술과 노하우 전수를 통한 기업 경쟁력을 향상하는 것과 전문 지식 습득을 통한 우수 인재 육성의 토대를 마련한다는 것에 있다. 더불어 체계화된 매뉴얼 구축을 통한 업무 표준화 및 교육이 가능하고, 업무 프로세스의 이해를 통한 주요 업무를 파악하거나 업무 집중도를 향상할 수 있다는 점에서 필요성을 인정받고 있다.

　그러면 사내 강사 양성 교육 프로그램을 하면 얻을 수 있는 좋은 점은 무엇인가? 먼저 사내 강사 교육 프로그램의 대상자는 기업 내에 근무하면서 강사로 활동하고자 하는 사람이기 때문에 현장 경험을 바탕으로 한 현업 중심 교육으로 교육의 효과가 증대될 것이다. 그리고 직무 전문 지식 강의를 통한 사내 인재 개발에 도움을 줄 수 있을 것이다. 또한 사내 강사 운영을 통해 원활한 사내 학습 분위기가 조성되고 토론과 지식의 공유가 가능해질 것이다. 마지막으로 현업 문제점 중심의 사례 학습이 가능하기 때문에 이를 진행함으로 신속한 성과 도출이 가능하게 될 것이다.

1. 필요성	5. 기대 효과
가. 조직 고유의 기술과 노하우 전수를 통한 기업 경쟁력 향상 　나. [㉠] 　다. [㉡] 　라. [㉢] － 중략 －	가. [㉣] 　나. [㉤] 　다. 사내 강사 운영으로 원활한 사내 학습 분위기 조성 및 토론과 지식 공유 가능 　라. [㉥]

조건 1. ㉠~㉢은 '~을/를 통한 ~'의 형식으로 쓸 것
2. ㉣~㉥은 '~(으)로 ~'의 형식으로 쓸 것
3. 각 항목의 형식은 '1. 가.'를 고려하여 10어절 이하로 작성할 것

- -

- -

- -

- -

- -

논술형(10번) [200점]

2교시의 10번 논술 문항은 배점 100점이 주어지는 8번과 9번 문항을 더한 것으로 이해하면 부담이 덜할 것이다. 일반적으로 글쓰기 계획이나 개요가 제시되고 이에 맞춰 '자료'를 분석하여 서술하는 문제가 출제된다. 글쓰기 계획이나 개요는 보통 3개 또는 4개의 문단이 주어지며, 일반적으로 각 문단이 각각의 조건으로 제시되는 경우가 많다. 예를 들어, 첫 번째 조건은 첫 번째 문단 또는 자료와, 두 번째 조건은 두 번째 문단 또는 자료와 연관된 경우가 많다. 따라서 이를 고려하여 실제 글쓰기에서도 문단 또는 자료와 요구하는 조건을 연관지어 조건에 충실하게 작성한다면 점수를 충분히 얻을 수 있다.

기출점검 보고서 작성

1. (가)~(다)를 활용하여 다음 글쓰기 계획에 따라 '핀테크 사회에 대한 전망'을 주제로 보고서를 쓰시오. [200점]

┌─ 글쓰기 계획 ─┐

1문단	• (가)를 활용하여 210~240자로 쓸 것 • '핀테크'의 개념을 1문장으로 정의할 것 • '핀테크' 사회의 목표와 정부 정책을 쓸 것
2문단	• (나)를 활용하여 230~270자로 쓸 것 • 구체적인 수치는 '핀테크 사용자의 비율 32%'만 직접 언급하고 '연령대별, 소득수준별'은 사용을 주도하고 있는 그룹만 분석적으로 쓸 것 • 마지막 문장은 '지역별' 사용 비율이 고르게 나타나는 이유를 추론하고 '모바일 보급률'이라는 단어를 활용하여 쓸 것
3문단	• (다)를 활용하여 150~190자로 쓸 것 • 단점을 먼저 쓰고 장점을 쓸 것
4문단	• 결론을 200~220자로 쓸 것 • 효용성과 투명성 높이는 '핀테크 사회', 이런 장점을 누리기 위해 해야 할 사회적 노력을 2가지 이상 쓸 것

> '글쓰기 계획'에 제시된 4개의 문단이 보고서로 작성할 내용과 조건에 해당한다. 따라서 1~4문단의 내용에 제시된 조건을 고려하여 작성해야 한다.

(가)

　2007년 아○폰의 출현과 함께 전 세계적으로 스마트폰이 대중화되었다. 스마트폰의 대중화는 금융기관을 방문하거나, 현장에서 현금으로 결제하는 기존 금융 서비스 이용 방식을 모바일 디바이스를 이용한 간편 결제로 변화시켰다. 이러한 변화는 기존 금융(Finance)에 스마트폰 등으로 대변되는 개인용 모바일 디바이스 즉, 기술(Technology)로 지칭되는 ICT(Information & Communication Technology)를 융합하여 더욱 빠르면서도 쉽고 안전하게 거래할 수 있는 혁신적인 금융 서비스 방식이다.

－ 중 략 －

　금융회사와 ICT 기업 대표들 등 국내 핀테크 기업 관계자들은 2019년 3월 22일 정부 과천청사 과학기술정보통신부가 마련한 '핀테크' 사회 실현을 위한 정책 간담회에 모여 현금과 카드 위주의 결제 환경을 바꾸고 지갑과 수수료가 없는 세상을 만들겠다고 밝혔

> '핀테크의 개념'을 요약하기 → 핀테크는 '금융+기술'을 융합한 금융 서비스

> '핀테크' 사회의 목표

다. 이 자리에 참석한 과학기술정보통신부 장관은 핀테크 기업들의 과감한 도전을 정부 차원에서 적극적으로 돕겠다는 정책 의지를 강조하면서, '핀테크' 사회는 민간 기업이 주도하고 정부가 거래 안전성을 보장하는 국가 금융 정보 보안 시스템 구축, 개인 금융 정보법 개정, 핀테크 이용자를 위한 세제 혜택 등 핀테크 방식의 금융거래를 보호·지원 하는 방식이 바람직하다는 견해를 밝히면서 중국은 국민의 80%가 스마트폰 결제 서비 스를 이용하여 '현금 없는 세상'을 만들어 가고 있다는 말을 덧붙였다.

'핀테크' 사회의 정부 정책

(나)

※ 출처: ○○학술조사

'출처'가 나와 있는 경우 출처를 빠 뜨리지 말 것

핀테크 사용자 비율: 32%

지역별 사용자 비율

38% 대도시

26% 중소도시

32% 농어촌

연령대별, 소득 수준별은 사용을 주도하고 있는 그룹만 분석적으로 쓰라는 조건에 따라 퍼센트(%)를 제시하지 말고, 젊은층·고소득층 등으로 분석할 것

연령대별 핀테크 사용자 비율 (단위: %)

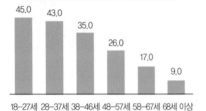

45.0 43.0 35.0 26.0 17.0 9.0

18–27세 28–37세 38–46세 48–57세 58–67세 68세 이상

소득 수준별 핀테크 사용자 비율 (단위: %)

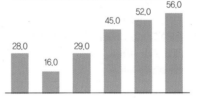

28.0 16.0 29.0 45.0 52.0 56.0

하위 10 10–30 30–50 50–70 70–90 상위 10

(다) '핀테크 사회' 기대 효과

※ 출처: 중소벤처기업부

'단점'을 먼저 쓰고, '장점'을 쓰라 는 조건을 지킬 것

장점	• 세금 징수의 편의성 • 화폐 발행 및 카드 수수료 절감 • 자금의 흐름 추적, 지하 경제 양성화
단점	• 장·노년층과 빈곤층 소외 우려 • 개인 정보 및 지급 결제 거래 노출 • 해킹이나 기술 오류 시 금융 사고 위험

결론에서는 "휴용성과 투명성을 높이는 '핀테크 사회', 그리고 이런(핀테크 사회의) 장점을 누리기 위해 해야 할 사회적 노력을 2가지 이상"을 쓰라고 하였다. 먼저 [글쓰기 계획]의 4문단에 제시된 조건을 자료로 하여 자연스러운 문장으로 구성하는 것이 효과적이다. 예를 늘어, "이처럼 효용성과 투명성을 높여 사회에 긍정적인 영향을 미친다는 점에서 '핀테크 사회'에 대한 기대가 크다. 그러나 이런 장점을 누리기 위해서는 사회적 노력이 필요하다."처럼 자연스러운 문장을 먼저 제시하는 것이 필요하다. 그 다음에는 이런 장점을 누리기 위한 사회적 노력을 생각해야 한다. '핀테크'가 금융에 기술을 더한 금융 서비스라는 점, 그리고 젊은 층과 고소득층의 활용 비율이 높다는 점을 고려하자. 먼저 '금융+기술'이라는 점을 고려하면, 해킹이나 기술 오류, 개인 정보 노출 등의 문제를 떠올릴 수 있다. 또 젊은 층과 고소득층의 활용 비율이 높다는 것을 통해 노년층이나 저소득층의 소외에 대한 문제도 떠올릴 수 있다.

예시답안

핀테크(FinTech)란 금융(Finance)에 기술(Technology)을 융합한 금융 서비스이다. 핀테크 사회의 목표는 현금과 카드 위수의 결제 환경을 바꾸어 지갑과 수수료가 없는 세상을 만드는 것이다. 이를 위해 정부는 민간 기업이 주도하고 정부가 거래 안전성을 보장하는 국가 금융 징보 보안 시스템 구축, 개인 금융 정보법 개정, 핀테크 이용자를 위한 세제 혜택 등 핀테크 방식의 금융거래를 보호·지원한다.

> [가]의 1문단에서 '핀테크의 개념'을 요약해서 한 문장으로 정리할 것

> [가]의 '중략' 이후 문단에서 '목표'와 '정책'을 파악할 것

○○학술조사의 자료에 따르면 우리나라의 핀테크 사용자의 비율은 32%로, 3명 중 1명이 핀테크를 사용하고 있다. 연령대별로는 젊은 층이 핀테크 사용을 주도했다. 소득 수준별로 보면 소득이 높은 소비자가 핀테크를 비교적 적극적으로 사용하는 것으로 나타났다. 특징적인 부분은 대도시 못지않게 농어촌 지역에서도 핀테크 서비스를 사용하는 비율이 높다는 것이다. 국토 전체적으로 모바일 보급률이 높아 핀테크 사용률을 전반적으로 고르게 끌어올린 것으로 분석된다.

> 먼저 '출처'를 제시하고 [조건]에 제시된 것처럼 '핀테크 사용자의 비율 32%'만 '직접적'으로 언급하고, '연령대별, 소득 수준별'은 주도층만 제시할 것

> 자료를 보면, 대도시, 농어촌 지역 모두 핀테크 사용 비율이 높은데, 이는 전국적으로 모바일 사용률이 높기 때문이라는 것을 추론해야 함.

핀테크 사회에서는 장·노년층과 빈곤층의 소외가 우려되고 개인 정보 및 지급 결제 거래가 노출될 가능성이 있으며 해킹이나 기술 오류 시 금융 사고의 위험이 있다. 그러나 세금 징수의 편의성이 있으며 화폐 발행 및 카드 수수료를 절감할 수 있으며 자금의 흐름을 추적하여 지하 경제를 양성화할 수 있다. 이처럼 효용성과 투명성을 높여 사회에 긍정적 영향을 미친다는 점에서 '핀테크 사회'는 기대할 만하다. 단, 이러한 장점을 누리기 위해서는 사회적 노력이 필요하다. 이를 위해서는 해킹이나 기술 오류 시 금융사고 위험과 개인 정보 및 지급 결제 거래 노출에 철저히 대비해야 한다. 또한 장·노년층과 빈곤층이 소외될 수 있음을 감안하여 이에 대한 방안을 고민할 필요가 있다.

> [다]의 기대 효과를 자료로 하여 '단점 → 장점'의 순서대로 완전한 문장으로 작성할 것

> 4문단의 경우, '장점'을 누리기 위한 '사회적 노력'을 요구하고 있으므로, 앞에서 다루어진 '단점'을 자료로 하여 '사회적 노력'을 이끌어낼 것

2. 다음 (가)에 들어갈 내용을 [개요]에 따라 쓰시오. [200점]

> 　최근 다양한 매체를 통하여 '간헐적 단식'이 소개되면서 다이어트나 건강을 위해 간헐적 단식을 시작하는 사람들이 많아졌다. 하지만 간헐적 단식에 대한 정보나 실천 방법을 제대로 알지 못한 채, 무조건 장시간 굶거나 하루 한 끼만 먹으면서 폭식하는 등 잘못된 방법으로 건강을 해칠 수 있어 주의가 요구된다.

(가)

━ 개요 ━

문단	내용 및 조건	활용 자료	분량
1문단	• 간헐적 단식의 정의 • 간헐적 단식의 대표적 방법(제한 칼로리 제시) • 간헐적 단식의 특징, 장점, 단점(각각의 내용만 제시)	[자료 1]	300~360자
2문단	• 다이어트 프로젝트팀의 활동 개요, 두 집단의 결과 비교하여 간략하게 제시(직접적 수치 제외, ~배 등으로 표현 가능) • 전문가 의견 직접 인용하여 간헐적 단식팀의 결과에 대한 이유 진술(전문가의 소속을 밝힐 것)	[자료 2]	350~400자
3문단	• 간헐적 단식의 위험성(요요 현상의 원인 제시) • 위험성을 예방하는 방법(요요 현상의 원인에 따른 올바른 방법 선택 제시)	[자료 3] [자료 4]	180~250자

> [개요]에 제시된 3개의 문단이 각각 쓰기의 내용과 조건에 해당한다. 따라서 각각 활용 자료와 분량을 고려하여 3개의 문단을 작성해야 한다.

━ 자료 1 ━

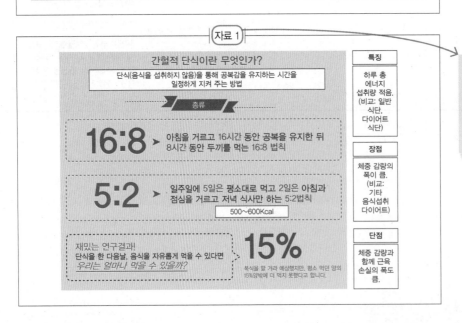

> [자료 1]은 1문단을 작성하기 위한 자료이다. 1문단에서는 간헐적 단식의 정의와 제한 칼로리를 포함한 대표적 방법 및 특징·장점·단점을 완성된 문장으로 제시해야 한다.

자료 2

○○홍의 다이어트 프로젝트 팀의 실험

- 간헐적 단식과 다이어트 식단: 각각 15명씩, 30일간 실천
- 매일 공통으로 실시하는 운동: 동일하게 진행

	간헐적 단식팀	다이어트 식단팀
체중 감량	평균 6.4kg	평균 3.1kg
근육 손실	평균 2.8kg 특이점: 15명 모두 근육 손실 있었음.	평균 1.2kg 특이점: 8명 근육 손실 있었음.

- 결과: 간헐적 단식팀의 체중 감량이 더 좋았음. 그러나 간헐적 단식팀은 운동을 매일 꾸준히 했음에도 근육 손실이 더 컸음.
- 원인 분석: 박○○ 원장(한국건강관리협회 서울동부지부)

간헐적 단식: 하루 총 에너지 섭취량이 적음.	▶	운동을 할 때에 필요한 에너지를 근육 분해를 통해 만들어 사용하게 될 수 있음.	▶	운동을 한다 해도 모자란 에너지를 만드는 과정에서 근육 손실이 발생하는 것임.

[자료 2]는 2문단을 쓰기 위한 자료이다. 2문단에서는 제목과 아래의 내용을 활용하여 서술하고, 전문가의 말은 인용 표지를 사용하여 서술해야 한다.

자료 3

다이어트 요요 현상의 원인

1. 무리하게 굶거나 단식하는 단순한 다이어트를 한 경우

다이어트를 하기 위해서는 식단 조절을 통해 섭취하는 열량을 줄여야 하는 것이 맞습니다. 하지만, 과도한 절식이나 굶는 등의 단순한 다이어트 방법은 체중이 빠지더라도 근육 손실이 발생하여 기초 대사량도 크게 낮아져 체중이 다시 쉽게 증가할 가능성도 커집니다.

2. 체중이 줄었다고 갑자기 다이어트를 중단하는 경우

원하는 만큼의 체중이 줄었다고 해도 우리의 몸은 다시 예전의 몸과 체중의 상태로 돌아가려는 성질이 있습니다. 그래서 다이어트를 갑자기 중단하고 진행했던 운동과 식이 요법을 하지 않게 되면 체중은 다시 불어날 수밖에 없습니다.

3. 이전의 안 좋은 습관들이 그대로 있는 경우

운동과 음식 조절도 다이어트에 있어 중요하지만, 생활 속 습관들도 요요 현상을 불러올 수 있는 중요한 원인이 된다는 사실 알고 계신가요? 한 번에 많은 음식을 먹는다든지, 과도하게 술을 많이 마시거나, 수면을 충분히 취하지 않는 행동 등이 가장 대표적이라고 할 수 있습니다.

3문단에서는 간헐적 단식의 위험성과 예방 방법을 제시하되, 분량을 고려하여야 하므로 [자료 3]과 [자료 4]의 중심 내용을 요약하는 활동이 필요하다.

'간헐적 단식' 어떻게 할까?

• 자신의 생활리듬에 맞는 방식 선택
  (16:8, 5:2 다양한 간헐적 단식 방법)

• 고칼로리, 고지방, 인스턴트 식품 절제하기

• 하루 '기초 대사량' 이상의 칼로리 섭취하기

예시답안

간헐적 단식은 일정 시간 동안 음식을 섭취하지 않고(단식하여) 공복감을 유지하는 단식 방법이다. 하루 24시간 중 16시간은 공복을 유지하고 8시간은 음식을 섭취하는 16:8 법칙, 1주일에 5일은 평소대로 먹고 나머지 2일은 아침과 점심을 거르고 저녁 식사만 하는 5:2 법칙 등 다양하다. 간헐적 단식은 총 500~600kcal를 섭취하여 일반 식단 또는 다이어트 식단에 비해 하루 총 에너지 섭취량이 적다. 따라서 간헐적 단식은 음식을 섭취하는 기타 다이어트 방법보다 체중 감량의 폭이 큰 경우가 많다. 하지만 체중 감량과 함께 근육 손실의 폭도 클 수 있다.

실제로 ○○홍의 다이어트 프로젝트 팀은 간헐적 단식과 다이어트 식단을 각각 15명씩 나누어 30일간 실천했다. 이들은 동일한 운동을 매일 진행했다. 30일 후 간헐적 단식팀의 체중 감량 정도는 다이어트 식단팀과 비교해 2배 가까이 많았다. 하지만 간헐적 단식팀 15명 모두 근육 손실이 있었고 그 폭도 다이어트 식단팀에 비해 컸다. 한국건강관리협회 서울동부지부 박○○ 원장은 간헐적 단식팀이 운동을 매일 했음에도 불구하고 근육 손실이 더 컸던 이유를 다음과 같이 설명했다. "간헐적 단식은 하루 총 에너지 섭취량이 적기 때문에 운동할 때에 필요한 에너지를 근육을 분해하여 만들어 사용하게 될 수 있다. 그래서 운동을 했음에도 모자란 에너지를 만드는 과정에서 근육 손실이 발생하는 것이다."

근육이 손실될수록 체지방이 늘어나기 때문에 일반식사법으로 돌아가면 요요 현상이 일어날 수 있다. 요요 현상은 무리하게 굶거나 단식하는 단순한 다이어트를 하거나 체중이 줄었다고 다이어트를 갑자기 중단하거나 이전의 안 좋은 습관을 가지고 있는 경우에 나타난다. 이런 위험을 예방하기 위해 자신의 생활에 맞는 체중 감량 방식을 선택하고 고지방, 고칼로리, 인스턴트 식품을 절제하며, 하루 '기초 대사량' 이상(만큼)의 칼로리 섭취와 건강한 식사를 하는 것이 중요하다.

'1문단'에서 요구하는 내용 및 조건은 [자료 1]을 활용할 것

'제한 칼로리'를 포함한 대표적 방법

특징, 장점, 단점에 대한 각각의 내용 제시

'2문단'의 내용 및 조건은 [자료 2]의 '실험'을 자료로 하여 작성할 것. 중요한 것은 주어진 조건에서 '직접적 수치 제외, ~배 등으로 표현 가능, 전문가의 소속을 밝힐 것' 등 사소한 조건이라도 놓치지 말고 철저하게 지켜서 작성할 것

'3문단'에서 요구하는 조건은 [자료 3]을 자연스럽게 요약하여 제시하고, [자료 4]를 참고하여 원인에 따른 올바른 방법, 즉 위험성을 예방하는 방법을 서술할 것

3절 기출로 실력 다지기

1. 다음 [글쓰기 계획]에 따라 '유니버설 디자인의 의의'에 관한 칼럼을 쓰시오. [200점]

┤ 글쓰기 계획 ├

문단	내용 및 조건	분량
1문단	• [자료 1]을 활용하여 첫 문장을 '우리나라 『공공디자인의 진흥에 관한 법률』~'로 시작하여 법률 내용을 찾아 쓸 것 • '유니버설 디자인'의 개념을 [자료 2]를 활용하여 쓰고 '배리어 프리' 개념과의 차이를 쓸 것	210~240자
2문단	• [자료 3]을 활용하여 유니버설 디자인의 원칙 7가지를 '~할 것'으로 간결하게 제시하고 적용 사례를 4개 찾아 쓸 것	330~360자
3문단	• [자료 1]과 [자료 3]을 활용하여 [자료 3]의 [물음 1], [물음 2], [물음 3]에 대한 답을 쓰되 질문을 옮겨 쓰지는 말 것	330~360자

┤ 자료 1 ├

　경기 ○○시는 11월 4일부터 한 달에 걸쳐 최근에 조성됐거나 설치된 관내 공원이나 건물, 시설물 등의 공공디자인을 일제히 점검한다. 유니버설 디자인을 비롯한 공공디자인의 기준이 제대로 지켜지는지 파악해 사람 중심의 안전하고 쾌적한 도시환경을 조성하기 위해서이다. 『공공디자인의 진흥에 관한 법률』 제10조제2호에는 '연령, 성별, 장애 여부, 국적 등에 관계없이 모든 사람이 안전하고 쾌적하게 환경을 이용할 수 있는 디자인을 지향한다.'라고 나와 있다. 복지는 단순히 장애인이나 고령자 등 신체적인 어려움을 겪고 있는 일부 사람만이 아니라 모두를 위한 것이기 때문이다.

　○○시는 이번 점검을 통하여 공공디자인 가이드라인 등이 시에서 규정한 기본 원칙을 지키고 있는지, 특히 어린이나 노약자·장애인·임산부·외국인 등 모든 사람이 편리하게 이용할 수 있는지를 중점적으로 살피겠다고 밝혔다.

　시 관계자는 "사회가 개선되는 과정에서 이윤 제고를 꾀하는 기업의 개발 담당자와 디자이너라면 기업 경쟁력 향상과 사회적 책임을 위해서라도 유니버셜 디자인을 적극적으로 적용해야 할 것"이라며 "사업 계획 및 설계 단계부터 이것을 적용하면 건물을 짓고 난 후 슬로프나 난간을 설치하는 것보다 비용이 절감되므로 공공디자인을 적용하고 사후 관리까지 하는 시스템을 구축해 사람 중심의 안전하고 쾌적한 도시환경을 조성할 것"이라고 말했다.

┤ 자료 2 ├

□ 더 편리한 세상을 디자인하다. 〈2019 ○○ 유니버설 디자인 페어〉
　• 성별, 연령, 장애의 유무, 국적, 문화적 배경을 넘어

□ 경계와 장애를 허무는 '유니버설 디자인'
　• 착한 디자인의 새로운 지평을 연다.

□ 장애를 제거하는 '배리어 프리(Barrier Free)'
　• 장애인이 일상생활에서 부딪히는 어려움을 없앤다.

□ 차별 없는 공간을 꿈꾸다.
　• 장애인만이 아닌 보편적이고 일반적인 삶을 지향하는, 모든 사람을 위한 유니버설 디자인

[물음 1] 유니버설 디자인을 적용하면 비용이 증가하지 않을까요?

[물음 2] 유니버설 디자인과 복지? 무슨 관계인가요?

[물음 3] 기업이 왜 유니버설 디자인에 관심을 가져야 할까요?

□ **유니버설 디자인의 7원칙**

1. 다른 신체적 조건을 가졌더라도 구애받지 않고 공평하게 사용할 수 있어야 한다.
2. 개개인이 자신에게 맞는 사용법을 선택할 수 있게 만들어야 한다.
3. 사용자의 지적 수준과 상관없이 사용할 수 있어야 한다.
4. 누구나 이용법을 쉽게 알 수 있어야 한다.
5. 위험과 실수를 최소화할 수 있는 안전한 디자인이어야 한다.
6. 자연스러운 자세로 사용할 수 있어야 한다.
7. 이동이나 수납이 쉽고 누구나 접근 가능해야 한다.

□ **고원식 횡단보도, 플라스틱 캔 뚜껑도 유니버설 디자인?**

– 횡단보도를 보도처럼 높게 만드는 고원식 횡단보도에서 자동차는 방지턱을 만난 것처럼 자연스럽게 속도를 줄일 수 있고, 어린이나 노인, 또는 휠체어를 이용하는 사람은 보도와 높이가 같은 횡단보도를 쉽게 건널 수 있다. 또한 알루미늄 캔 뚜껑 따기에 겁을 냈던 사람이라면 플라스틱 캔 뚜껑이 달린 제품을 골라 손쉽게 뚜껑을 딸 수 있다.

□ **유니버설 디자인 이해하기**

– 사용자의 만족도가 높다는 면에서 비용 대비 효과 향상을 기대할 수 있다.

포용하는 디자인*

* 포용하는 디자인: 평균적인 범주에 있는 사람뿐만 아니라 신체나 성별, 연령 등
다양한 차이를 가진 사람들이 소외되지 않고 사용할 수 있도록 포용하는 디자인

2. 다음 [글쓰기 계획]에 따라 칼럼을 쓰시오. [200점]

┤ 글쓰기 계획 ├

문단	내용 및 조건	분량
1문단	• [자료 1]의 '신문 표제어'를 참고하여 '미닝아웃(Meaning Out)'의 개념을 찾아 최근 소비 문화의 변화와 관련지어 설명할 것	100~130자
2문단	• [자료 2]의 내용을 모두 활용하여 사례를 제시할 것 • '업계', '제품 개발', '광고'를 넣어 시작할 것	350~400자
3문단	• [자료 3]을 활용하여 미닝아웃이 자연스러운 소비 문화로 자리 잡게 된 이유를 쓸 것	180~220자
4문단	• [자료 4]를 참고하여 기대하는 점을 쓰고 [자료 1]을 활용하여 '미닝아웃' 현상에서 경계해야 할 점을 들어 글을 맺을 것	140~160자

┤ 자료 1 ├

〈신문 표제어〉

• 미닝아웃, 당신이 가지고 있는 스토리는 무엇인가?
  – 가격보다 스토리가 뜨는 시대

• 자신을 표현하는 소비, '미닝아웃(Meaning Out)'
  – 소비 트렌드, 가성비에서 가치 · 신념을 추구하는 미닝아웃으로 이동

• 나를 찾아줘, 지금은 '미닝아웃' 시대
  – 혐오 양상으로 번질 우려도 있어

• "환경을 살려야 기업이 산다."
  – 각 업계 '에코 패키징', '에너지 절감' 도입

• 늘어나는 개념 소비, 착한 기업을 만든다.

• 커밍아웃? '미닝아웃'의 시대…
  – 일부 악용돼 마녀사냥의 위험 높아

┤ 자료 2 ├

□ '에코캡(높이가 낮은 뚜껑)'을 적용한 생수 업체 사례
  • 국내에서 가장 가벼운 무게의 페트병(500㎖ 기준, 12.1g) 업계 최초 개발. 연간 이산화탄소 배출량을 지난해 업계 평균과 비교해 42%가 더 낮은 642t으로 절감. 이는 연간 약 597만 그루의 소나무를 심는 것과 같은 효과

□ 한국자연환경연구소의 설문 조사 결과
  • 지난해 11월 설문 조사. 동물 복지 인증 제품에 대해 '가격이 비싸더라도 구매하겠다'는 응답이 성인 남녀 5,000명 중 70.1%

□ ○○마트 지난해 6월 동물 복지 인증 닭 제품 매출 지난해 같은 기간보다 59.5% 상승

---| 자료 3 |---

[물음] 이렇게 많은 사람이 미닝아웃에 관심을 두는 심리가 무엇일까요?

[대답] 아무래도 자신의 의사를 표현할 수 있다는 긍정적인 에너지가 많이 전파되는 것 같고요. 사실 요즘은 자신이 굉장히 중요한 시대잖아요. 나홀로족, 1인 가구, 이런 것들이 많이 늘어났어요. 자신의 의사, 신념이 중요하다고 생각하는 것이 자연스러운 트렌드로 자리 잡고 있습니다. 제 생각에는 한국 사회가 특히 공정성에 대해 민감하게 반응하는 것 같아요. 여러 가지 취업 대란을 겪으면서 취업 기회의 공정성 등이 중요한 이슈로 자리 잡잖아요. 거기에 나와 관련한 사회 현상에 의견을 제시하고 싶다는 게 많고요. 특히 부조리나 차별을 바꾸기 위해서 내가 목소리를 내야겠다는 생각을 하는 분이 많은 것 같아요. 게다가 SNS가 이런 것을 결집하기 수월한 공간을 제시하고 있다고 봐야죠.

– 이○○ 교수 인터뷰에서

---| 자료 4 |---

〈환경을 위한 BYE vs BUY〉 – 쇼핑 사이트 광고

〈동물 실험 반대〉 – 화장품 광고

3편

실제 기출문제

국가공인 한국실용글쓰기검정 1교시 문제

수험번호		제한시간 90분
객관식 영역(400점)	감독관 확인	

1. 다음 [보기]의 내용을 참고할 때 김○○ 대리의 글쓰기와 관련한 문제 해결을 위한 조언으로 적절하지 <u>않은</u> 것은?

김○○ 대리는 사내지에 원고를 투고하려고 글을 한 편 쓰고 있다. 일단, 생각나는 대로 빨리 써서 초고는 만들어 놓았다. 고쳐 쓰면서 차근차근 모자라는 부분을 해결하려고 했다. 그런데 고쳐쓰기가 쉽지 않다는 것을 느꼈다. 김○○ 대리는 좋은 글을 쓰려면 무엇보다 문장이 정확해야 하는데, 자신은 문장력이 없다고 판단했다. 사내지에 투고하는 것이라 동료들에게 묻기도 하고, 사전도 열심히 찾아보았다. 그런데 김○○ 대리의 글을 읽어 본 동료들은 무슨 말인지 모르겠다는 반응을 보였다. 사내지는 임원들 및 전 직원들이 볼 것이라는 생각에 최근 이슈가 되는 '메타버스란 무엇인가'를 주제로 결정했고, 여러 사람들이 관심을 기질 것이라고 생각했디. 그래서 이 분야에 대한 연구 자료나 서적을 많이 읽고 준비를 했다. 그런데 입사 동기인 친구는 김○○ 대리에게 너무 많이 알고 있는 게 병이라고 했다. 하지만 김○○ 대리는 쓸 내용에 대해 많이 알면 자연히 글도 좋아지는 게 아닌가라는 생각을 했다.

┤ 보기 ├

작문의 인지적 과정은 필자가 글을 쓸 때의 주요 사고 과정을 나타낸다. 필자는 글쓰기를 '계획하기 → 내용 생성하기 → 내용 조직하기 → 표현하기 → 고쳐쓰기' 등의 선조적 단계로 끝내지 않고 '조정하기'를 통해 글쓰기 과정을 전체적으로 조절하고 통제한다. '조정하기'는 계획하기 과정에서 작성하기 과정, 작성하기 과정에서 내용 생성하기 과정으로 옮겨다니며 쓰는 것을 의미한다. 즉, 글쓰기의 과정은 회귀적이라고 할 수 있다.

① 글쓰기를 선조적 과정으로 파악하고 고쳐쓰기를 마지막 단계의 활동으로 보고 있다.

② 글쓰기가 인지적 과정에 따른 문제 해결 과정이라는 점을 인식하지 못하고 있다.

③ 자료 수집과 독자의 흥미와 관심을 고려한 글쓰기 준비가 제대로 이루어지지 못하고 있다.

④ 생성한 내용을 바탕으로 목적과 주제에 맞게 내용을 적절하게 조직하지 못하고 있다.

⑤ 쓰기는 조정하기가 이루어지는 회귀적 과정이라는 작문의 특성을 이해하지 못하고 있다.

2. 다음은 조사 보고문을 쓰기 위해 세운 계획서이다. 결론에 들어갈 내용으로 적절한 것은?

> 조사 내용: 서울 ○○동 공공시설의 장애인 편의 시설 설치 상황
>
> 조사 목적: 장애인들이 비장애인과 똑같은 권리를 가지고 생활할 수 있는 여건이 어느 정도 마련되었는지, 그 실태를 조사하여 구체적인 개선점을 찾는다.
>
> 조사 대상
>
> - ·
> - ·
> - ·
> - ·
>
> 조사 방법
> - 조사 대상 (1), (2): 사회 복지학 관련 서적 및 인터넷에서 자료 조사
> - 조사 대상 (3): 인터넷 검색이나 행정 관청의 담당자에게 문의하여 자료 수집
> - 조사 대상 (4): 직접 탐방 조사
> - 향후 장애인 편의 시설 설치 계획: 행정 관청의 담당자와 직접 면담을 통한 자료 수집
>
> 결론:

① 장애인의 개념과 유형
② 장애인 편의 시설의 개념
③ 장애인 편의 시설 관련 법률 규정
④ 장애인 편의 시설의 개선 방향
⑤ 공공시설의 장애인용 편의 시설 설치 상황

3. [가]를 고려하여 신입 사원 A에게 조언할 내용으로 적절한 것은?

> 신입 사원 A는 사내지에 실을 에세이를 부탁받았지만 대학 실용 작문 시간에 받은 평가가 계속 떠올라서 고민을 하고 있다. A는 초고를 문법적으로 완벽하게 써야 한다고 생각하여 문장을 만드는 과정에 많은 노력을 기울였다. 그럼에도 불구하고 초고를 보면, 내용이 끊기는 부분이 많고 주제와 다른 내용이 많이 포함되어 있다. 그리고 A는 글을 쓰면서 맞춤법이나 띄어쓰기 등에 얽매인다. 국문학을 전공한 동료 B에게 고민을 털어놓으니 B는 자신에게 도움이 되었다면서 다음과 같은 글을 보내 주었다.

> [가] 일단 노트에 글을 쓰기 시작하면 나는 줄 바깥쪽과 하단의 여백 따위는 신경쓰지 않는다. 그냥 노트 전체를 빽빽하게 채워 버린다. 글을 쓰는 동안 나는 더 이상 글쓰기 교사도 아니고 배우는 학생도 아니다. 무엇보다 나 자신을 위해 글을 쓰고 있기 때문에 여백을 남겨야 한다는 제한에 얽매일 이유가 없다. 이런 방법이 심리적 해방감을 준다. 그리고 글쓰기가 제대로 발동이 걸려 정말 이것저것 요리를 하는 시점에 들어서면 나는 구두점이나 철자법 등의 다른 규제들도 모두 잊어버린다. 또 필체도 변한다. 나는 점점 더 확장되고 느슨해진다.
>
> – 중략 –
>
> 지금 당장 자리에 앉으라. 지금 당신의 마음이 달려가는 무언가가 있다면, 그것이 무엇이든지 그대로 적어 내려가라. 제발 어떤 기준에 의해 글을 조절하지는 말라. 무엇이 다가오더라도 지금 이 순간의 것을 잡아라. 손을 멈추지 말고 계속 쓰기만 해라.
>
> 나탈리 골드버그, '멈추지 말고 써라', 『뼛속까지 내려가서 써라』

① 필자, 주제, 예상 독자 등 쓰기 상황을 구성하는 요인을 분석하고 쓴다.

② 글의 형식적인 요소에 얽매이지 말고 떠오르는 생각을 쓴다.

③ 브레인스토밍이나 마인드 맵 등 내용을 생성하는 전략을 사용한다.

④ 예상 독자를 설정하여 동료에게 음성 언어로 표현해 보는 구두 작문을 활용한다.

⑤ 글쓰기 과정의 단계마다 발생하는 문제를 해결해 나가면서 글을 쓴다.

※ 다음 글을 읽고 물음에 답하시오. [4~5]

의사소통의 원리에는 협력의 원리, 적절한 거리 유지의 원리, 공손성의 원리, 순서 교대의 원리, 자아 노출의 원리 등 다양한 원리들이 있다.

> (가) 추운 겨울, 고슴도치들을 추위를 피하기 위해 한곳으로 모여 서로에게 다가간다. 그런데 너무 가까이 다가가면 서로의 날카로운 가시에 찔려 다시 멀어진다. 이런 행동을 반복하다가 서로의 가시에 찔리지 않고 추위도 피할 수 있을 만한 최적의 지점을 찾게 된다.
>
> 데보라 스미스 태넌/신우인 역(1993),
> '말 잘하는 남자 통하는 여자'에서

고슴도치가 서로 추위도 피하면서 상대방의 가시에 의해서 찔리지 않을 만큼의 최적의 지점을 찾으려고 다가서고 물러섬을 반복하듯이, 인간들도 의사소통 과정 중 ㉠ 독립성과 연관성이라는 상반되는 2가지 욕구 사이에서 균형을 이루며 '나와 너'의 최적의 거리를 유지할 수 있도록 노력한다. 의사소통 과정에서 이 2가지 욕구 간의 균형을 유지하려는 원리를 미국의 언어학자 로빈 레이코프(Robin Rakoff)는 다음과 같이 정리하고 있다.

> (나) 첫째, 상대방과의 거리를 유지하라.
> 둘째, 상대방에게 선택권을 주어라. 상대방으로 하여금 의견을 말하도록 유도하라.
> 셋째, 항상 우호적인 태도를 견지하라.

"창문 좀 닫아요."가 명령문의 형태로 발화한 직접 대화 행위라면 "좀 춥지 않으세요?"는 우회적인 표현으로 목적하는 의도를 간접적으로 표현한 간접 대화 행위이다. 후자는 상대에게 선택권을 부여함으로써 상대방과 우호적 관계를 유지할 수 있다는 장점이 있다. 그리고 간접적이고 우회적인 표현의 핵심은 자신의 말이 상대방에게 미칠 수 있는 영향을 고려하는 태도의 문제로 귀결된다.

4. (가)의 내용을 설명하는 원리로 적절한 것은?

① 협력의 원리

② 공손성의 원리

③ 거리 유지의 원리

④ 자아 노출의 원리

⑤ 대화 함축의 원리

5. ㉠을 고려하여 (나)에 나타난 의사소통의 원리를 이해한 것으로 적절하지 않은 것은?

① 첫째 지침은 상대방의 독립성의 욕구를 존중해 줌으로써 상대방을 편안하게 해 주는 데 기여한다.

② 둘째 지침은 누구에게도 자신의 개인적 영역을 침해받고 싶어하지 않는 욕구와 관련된다.

③ 둘째 지침은 상반된 욕구 사이에서 균형을 잡고 상대방과의 거리를 적절히 조절할 수 있도록 하는 데 기여한다.

④ 둘째 지침은 간접적이고 우회적인 표현으로 실현되고 상대방에게 미치는 영향을 고려하는 태도와 관련된다.

⑤ 셋째 지침은 상대방과의 관계를 맺고자 하는 연관성의 욕구를 충족시키는 데 기여한다.

6. 다음 글을 볼 때 [보기]의 전개 방식에 대한 설명으로 적절한 것은?

글을 쓰는 과정에서 창안한 내용을 효과적으로 조직하기 위해서는 구성 원리에 맞춰 내용을 조직하는 것이 중요하다. 그러나 내용을 보다 효과적으로 조직하기 위해서는 글의 구성 원리와 함께 내용의 전개 원리를 정확하게 이해해야 한다. 내용의 전개 원리는 주어진 문제나 중심 내용을 뒷받침하는 세부 내용을 체계적으로 배열하는 방식에 관한 원리이다.

세부 내용을 전개하는 방법에는 시간의 흐름에 따라 전개하는 방법과 시간의 흐름과 상관없이 전개하는 방법이 있다. 전자는 서사와 과정, 인과가 있고, 후자는 분석과 묘사, 분류와 예시와 정의, 비교와 대조, 유추, 논증 등이 있다.

───┤ 보기 ├───

레슬링, 권투, 유도, 역도 선수들의 코치는 운동 선수들이 특정한 몸무게를 유지하도록 당부한다. 코치들은 운동 선수들이 몸무게를 유지하도록 하는 방법으로 몸의 수분을 줄이는 방법을 사용한다.

결과적으로 이러한 상황에서 수분을 줄여서 몸무게를 줄이라고 요구하는 운동 선수 코치들은 자신도 모르는 사이에 이미 비극을 만들어 내고 있는 셈이다. 이러한 비극은 몸의 수분을 줄이는 것이 신체 활동을 조절하는 심장 혈관 기능을 손상시킨다는 사실 때문에 발생한다. 구체적으로 말하면, 몸 수분의 3%를 줄이면 신체 기능이 떨어지고, 5%를 줄이면 열사병을 일으킨다. 더욱이 몸 수분의 7%를 줄이면 환각 증세를 일으킨다. 그리고 몸에서 수분이 10% 이상 빠져 나가면 혼수 상태에 빠진다. 따라서 몸의 수분을 줄이는 것을 중단하지 않으면 죽게 될 것이다.

Meyer & Freedle, 1984.

① 일반적인 원리나 법칙 또는 추상적인 개념이 지닌 속성을 구체적인 예를 통하여 보다 분명하게 밝히는 방법이다.

② 둘 또는 그 이상의 사물에 대하여 그들이 지니고 있는 비슷한 점과 차이점을 밝히는 방법이다.

③ 어떤 결과에 대한 원인을 분석하거나 어떤 원인에 의하여 결과적으로 초래된 현상을 분석하여 내용을 전개하는 방법이다.

④ 일정한 시간 내에서 일어나는 사건이나 행동의 전개에 따르는 행위에 초점을 두고 내용을 전개하는 방법이다.

⑤ 어떤 대상이나 사물의 의미를 분명하게 밝혀내는 방법이다.

※ 다음 글을 읽고 물음에 답하시오. [7~8]

○○자동차가 커피콩 일부를 (㉠)해 자동차 부품을 만들기로 했다. 원료를 얻기 위해 △△사와 힘을 합쳤다. 환경에 대한 사람들의 관심이 커지는 데 대한 (㉡)이다. ○○자동차가 활용할 원료는 커피콩 껍질이다. 껍질은 커피 로스팅 과정에서 제거되는데, 일부는 퇴비로 (㉢)되지만 일부는 소각된다. ○○자동차는 커피콩 껍질에 플라스틱 등을 섞어서 알갱이로 만든 뒤 원하는 부품 제작에 (㉣)할 예정이다. 최초의 커피콩 활용 부품은 헤드램프가 들어가는 부분의 틀이다. 두 기업은 감자튀김이나 케첩에서 나오는 식품 찌꺼기의 가능성에도 (㉤)하고 있다.

7. 윗글의 ㉠~㉤에 쓸 단어로 가장 적절한 것은?

① ㉠: 반응　　② ㉡: 사용　　③ ㉢: 주목

④ ㉣: 활용　　⑤ ㉤: 적용

8. 윗글에 이어서 쓸 내용으로 가장 적절한 것은?

① 헤드램프 고정틀 하나를 만드는 데는 30만 개의 커피 콩 껍질이 들어간다.

② ○○자동차는 커피콩을 활용한 부품이 20% 가볍고 열에 더 강하며 제작 과정에서의 에너지 소비도 기존 대비 25% 줄일 수 있다고 밝혔다.

③ ○○자동차는 안정적으로 원료를 받기 위해 △△사와 손을 잡았다. △△사는 지난해 미국에서만 케첩, 감자튀김을 포함한 세트의 판매량이 7,000만 개를 돌파했다.

④ 버려지는 부산물인 토마토 껍질이나 감자 껍질이 많다. 화학 연구를 통해 뭔가를 만들어 낼 수 있을 것이다. 지속가능성을 확대하려는 노력은 앞으로도 이어질 예정이다.

⑤ 토마토나 감자 등 식물의 껍질은 다른 첨가제와 혼합 후 가열하면 다양한 형태로 변형된다. 이 껍질 혼합물로 만든 부품을 장착한 첫 차량이 올 연말에 출시될 예정이다.

※ 다음 글을 읽고 물음에 답하시오. [9~10]

1. 유통 수명의 개념

(1) 은행권 유통 수명(Lifetime)은 일반적으로 제조 은행권(신권)이 한국은행 창구에서 발행된 후 시중에서 유통되다가 더 이상 사용하기 어려울 정도로 손상되어 한국은행 창구로 환수될 때까지의 경과 기간을 의미함.

□ ㉠ 은행권의 유통 수명은 일반적으로 용지 재질, 화폐 사용 습관, 사용 빈도에 의해 결정됨.

2. 유통 수명 추정 결과

(1) ㉡ 표본 조사 방식으로 2019년 은행권 권종별 유통 수명을 추정한 결과 1천 원권 53개월, 5천 원권 49개월, 1만 원권 127개월, 5만 원권 162개월로 나타남.

□ 1천 원권과 5천 원권은 ㉢ 1만 원 이하 물품 구매 시 주로 현금을 이용하는 개인들의 거래적 동기에 의해 빈번하게 거래됨에 따라 고액면 권종에 비해서는 유통 수명이 짧은 것으로 나타남.

• 1만 원권은 거래적 동기에 더해 가치 저장의 수단으로도 일부 활용되기 때문에 저액면 권종에 비해 유동 수명이 긴 편

□ ㉣ 5만 원권의 경우 다른 권종보다 가치 저장 수단으로 활발히 이용되기 때문에 유통 수명이 가장 긴 것으로 나타남.

3. 추정 결과 비교

(1) 전년 대비 비교

□ 금번 추정 결과를 2018년 결과와 비교해 보면 1천 원권은 1개월, 5천 원권은 6개월, 1만 원권은 6개월 증가

• 이러한 유통 수명 증가는 비현금 지급 수단(신용카드, 간편결제 등) 이용 활성화에 따른 현금 이용 감소와 더불어 국민들의 화폐 이용 습관이 개선된 데에 주로 기인한 것으로 평가

(2) 주요국과의 비교

□ ㉤ 주요국 대비 우리나라 은행권의 유통 수명은 최저액면 및 중간액면은 길고, 최고액면은 중간 수준인 것으로 나타남.

• 최저액면 및 중간액면 유통 수명은 우리나라 은행권의 우수한 품질, 국민의 올바른 화폐 사용 행태 등으로 주요국에 비해 긴 것으로 판단

• 최고액면인 5만 원권의 유통 수명은 주요국 중 영국, 호주, 유로존, 미국 등에 이어 다섯 번째로 긴 수준

한국은행 보노 자료, '2019년 은행권 유통 수명 추정 결과'

9. 독자의 이해를 돕기 위해 다음 내용을 각주로 제시하기에 적절한 것은?

개인들은 1만 원 이하 물품·서비스 구매 시 주로 현금을 이용(현금 비중 76.7%)하는 것으로 나타남(「2017년 지급수단 이용 행태 조사 결과」, 한국은행금융결제국)

① ㉠   ② ㉡   ③ ㉢   ④ ㉣   ⑤ ㉤

10. 다음 도표를 자료로 제시하기 위한 내용으로 적절한 것은?

① 은행권 유통 수명
② 은행권 표본 조사 방식
③ 유통 수명 추정 결과
④ 유통 수명 추정 결과 비교
⑤ 주요국과의 비교

11. 다음 쓰기 효능감에 대한 자료를 읽고 이에 대한 설명으로 적절하지 <u>않은</u> 것은?

> 쓰기 효능감은 일반적인 개념인 자기 효능감을 글쓰기에 적용한 개념으로, 쓰기 과정 및 결과에 큰 영향을 미친다. 쓰기 효능감은 쓰기 수행의 능력과 관련한 필자의 자기 판단이며, 쓰기를 성공적으로 수행할 수 있을 것이라는 자기 신념이다. 쓰기 효능감은 동료가 쓰기를 완성하는 간접 경험이나 동료들과의 활동, 서로 간의 피드백을 통해서도 형성될 수 있다. 필자가 글을 잘 쓸 수 있다는 쓰기 효능감을 가지면 쓰기에 대한 관심과 흥미가 높아지고 쓰기 어려움을 극복하고자 하는 노력을 지속하며 적극적인 쓰기를 할 수 있다.

① 쓰기 효능감은 쓰기 능력에 있어서 자기 자신에 대한 긍정적 평가와 믿음을 바탕으로 삼고 있다.
② 쓰기 효능감은 이전에 쓰기 과제를 성공한 경험이 큰 영향을 미치는 원인이라고 할 수 있다.
③ 쓰기 효능감은 쓰기를 위해 필요한 기능이나 전략 등 쓰기 능력을 향상시킬 수 있다.
④ 쓰기 효능감은 동료가 쓰기를 통해 성공하는 간접 경험을 통해서도 향상된다.
⑤ 쓰기 효능감은 동료나 주변의 격려 또는 칭찬을 통해서도 효과적으로 높일 수 있다.

※ 다음 글을 읽고 물음에 답하시오. [12~13]

[2010년도 공공기관 지정 관련 현황조사 추진 개요]
ⓐ <u>2009. 11. 2(월)</u> / ○○○○담당관실

□ **추진배경**
• 공공기관의 운영에 관한 법률 제6조에 따라 2010년도 공공기관 신규지정 · 지정해제 · 변경지정 추진

　＊2009년 현재 ㉠ <u>동법에 의해</u> 지정된 ㉡ <u>우리 부 소관</u> 공공기관의 수는 28개

□ **조사 대상 기관 선정 기준(붙임2 ⓑ <u>p21</u> 참고)**
• 2007~2009년도 지정 시의 현황조사 대상 기관(붙임 참고자료)은 원칙적으로 포함
　－ 현재 공공기관이 아닌 정부 유관단체의 경우에도 공공기관 요건에 해당한다고 판단되면 조사 대상 기관에 포함하기 바람.
• 위 조사 시 누락된 기관, ㉢ <u>2009. 1월 이후</u> 신설되거나 통합된 기관 추가
• 2009년도 지정 이후 요건변동(지분매각 등)으로 인해 공공기관 요건에 해당하지 않게 된 기관은 사유를 ㉣ <u>소명하고</u> 대상에서 제외

□ **조치사항**(㉤ <u>주관 부서 및 조사 대상 기관 붙임2</u> ⓓ <u>p26~29</u> 참고)
• 조사를 주관하는 부서별로 조사 대상이 되는 기관에 공문을 넘기고, 담당자교육(11. 6.ⓔ <u>3:00</u>, ○○○○부 대강당)에 참석 통보
• 조사 대상 기관은 직전 3개년 결산서를 11. 9.(월)까지 ○○○○부로 ㉥ <u>기일을 엄수하여</u> 속히 제출하시기 바람(실 · 국별 선임과 취합).

　　　　国립국어원, '한눈에 알아보는 공문서 바로 쓰기'

---

12. 위 공문서를 수정하려고 할 때 수정한 내용으로 적절하지 <u>않은</u> 것은?

① ㉠ 동법에 의해 → 이 법에 따라

② ㉡ 우리 부 소관 → 우리 부가 맡은

③ ㉢ 소명하고 → 밝히고

④ ㉣ 주관 부서 및 조사 대상 기관 → 주관 부서와 조사 대상 기관

⑤ ㉤ 기일을 엄수하여 → 기일을 반드시 지켜

13. 위 공문서에서 숫자와 관련하여 수정한 내용으로 적절하지 <u>않은</u> 것은?

① ⓐ 2009. 11. 2 → 2009. 11. 2.

② ⓑ p21 → 21쪽

③ ⓒ 2009. 1월 이후 → 2009. 1. 이후

④ ⓓ p26~29 → p26~29쪽

⑤ ⓔ 3:00 → 15:00

14. 다음 글에 이어 쓸 예문으로 적절하지 <u>않은</u> 것은?

> 말을 하거나 글을 쓸 때 일본어 단어나 일본어 투의 표현을 쓰는 일이 있다. 그런데 사실 우리말로 표현하는 것이 의미 전달이 잘 된다. 아울러 문장도 더 세련되게 구사된다. 그래서 우리가 흔히 쓰는 몇 가지 일본어 투 표현을 알아보고 자연스러운 우리말로 바꿔 보고자 한다.

① 나는 학교에 가는 중이다. → 나는 학교에 가고 있다.

② 심적으로 너무 불편하다. → 마음이 너무 불편하다.

③ 문장을 공부함에 있어서 그 점이 매우 중요하다. → 문장 공부에서 그 점이 매우 중요하다.

④ 아무리 생각해도 그가 생각하는 것이 옳다. → 아무리 생각해도 그가 생각하는 것이 옳은 것이다.

⑤ 구매하신 물건은 1회에 한하여 교환할 수 있습니다. → 구매하신 물건은 한 차례만 교환할 수 있습니다.

※ 다음 문서를 읽고 물음에 답하시오. [15~16]

수신 ○○○ 이사장(○○○ 과장)

(경유)

제목 사무실 이전에 따른 주소 변경 통보

---

1. 근거: 총무-20-63(2020. 1. 12.)

2. 본사는 2020년 1월, 「IoT를 기반으로 하는 의료 시스템 및 의료 기록 프로그램」 과제 개발을 위해 귀원으로부터 의료 기록 프로그램 개발 ○○○사업을 지원받았습니다.

3. 2020. 1. 20. 다음과 같이 사무실을 이전하였기 때문에 ○○○사업 취급 요령에 따라 사무실 이전에 따른 주소 변경을 통보합니다.

구분	변경 전	변경 후
주소	12345 서울 강남구 ○○로 159, ○○회관 ○○호	12367 서울 성동구 ○○로 23, ○○타워 ○○호
전화 (팩스)	02-2345-6789 (02-2345-6780)	1588-1234 (02-2345-0080)

붙임 사업자등록증 사본 1부. 끝.

---

15. 위와 같은 공문서의 작성법을 순서대로 나열한 것으로 가장 적절한 것은?

> ㉠ 정보 수집 및 선택   ㉡ 초안 작성
> ㉢ 최종 확인   ㉣ 목저 파악
> ㉤ 본안 작성

① ㉠ → ㉡ → ㉢ → ㉣ → ㉤

② ㉠ → ㉡ → ㉣ → ㉤ → ㉢

③ ㉡ → ㉠ → ㉤ → ㉣ → ㉢

④ ㉣ → ㉠ → ㉡ → ㉤ → ㉢

⑤ ㉣ → ㉡ → ㉠ → ㉤ → ㉢

16. 위 문서의 작성 목적으로 가장 적절한 것은?

① 사업자등록증 갱신을 위하여

② 지원 사업의 체결을 대외에 알리기 위하여

③ 지원 사업 취급 요령에 따라 사무실 이전을 통보하기 위하여

④ 사무실 이전을 대내에 알려 직원들의 업무 효율을 높이기 위하여

⑤ 지원 사업 계약에 따른 서류 제출 및 지원 사업 계약서 작성을 위하여

※ 다음 정책 홍보문을 읽고 물음에 답하시오. [17~18]

□ **목표**

스포츠 산업 기반 확대를 통한 성장으로 매출액 10억 원 이상 기업을 2023년까지 7,000개 이상으로 육성하며 10인 미만 기업의 비중을 3% 이상 줄임

□ **추진 방향**

| 혁신 · 성장 | 균형 · 일자리 | 지속 가능성 |

□ **추진 과제**

Ⅰ. 첨단 기술 기반 시장 활성화

Ⅱ. 스포츠 기업 체계적 육성

Ⅲ. 스포츠 산업 균형 발전
  ■ 스포츠를 통한 지역 경제 활성화

Ⅳ. 스포츠 산업 일자리 창출
  ■ 스포츠를 통한 사회적 경제 활성화

Ⅴ. 스포츠 산업 진흥 기반 확립
  ■ 스포츠 산업 진흥 전담 체계 구축

문화체육관광부 보도 자료,
'제3차 스포츠 산업 중장기 발전 계획 수립'

---

17. 윗글의 제목으로 가장 적절한 것은?

① 작지만 강한 기업 육성

② 참여 스포츠 신시장 창출

③ 스포츠 산업 규모 대폭 성장

④ 경제 성장을 이끄는 스포츠 산업

⑤ 스포츠 기업 글로벌 진출 지원 대책

18. 윗글을 바탕으로 프레젠테이션을 할 때 다음 슬라이드에 쓸 항목으로 적절하지 않은 것은?

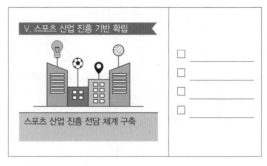

① 혁신 클러스터(산업 집적 단지) 조성

② 스포츠 산업 진흥원 설립

③ 지역 거점 센터 추가 지정

④ 스포츠 산업 지원 센터 추가 지정

⑤ 스포츠 사회적 경제 기업 창업 지원

※ 다음 문서를 읽고 물음에 답하시오. [19~20]

품 의 서

담당	대리	과장

제 목: ○○○ 지출의 건

○○○을/를 다음과 같이 지출하고자 합니다.

1. 시행 일자: (　　㉠　　)

2. 예산액: (　　㉡　　)

3. 지출 방법: 인터넷뱅킹으로 송금

– 이하 생략 –

---

19. 위 문서에 관한 설명으로 적절한 것은?

① 품의를 올린 지출 건에 대해 지출을 확정하는 문서이다.

② 지출할 물품에 대한 예산을 제안하는 문서이다.

③ 새로운 업무 추진 계획을 최초로 승인받기 위한 문서이다.

④ 업무에 필요한 비용을 지출하기 위해 승인을 요청하는 문서이다.

⑤ 작성자나 문서 번호, 품의 목적 등 형식을 기재할 필요가 없는 문서이다.

20. 위 문서의 ㉠과 ㉡에 쓸 숫자 표시로 가장 적절한 것은?

	㉠	㉡
①	'20. 3. 25.	125200원
②	'20. 3. 25.	₩125,200원정
③	'20. 3. 25.	125,200원
④	2020. 3. 25.	125,200원 (금일십이만오천이백원)
⑤	2020. 3. 25.	늠125,200원 (금일십이만오천이백원)

21. 다음 기안문 작성에 관한 점검 목록의 ㉠~㉤에 들어갈 내용으로 적절하지 <u>않은</u> 것은?

정확성	1. 정확한 자료를 수집하고 있는가? 2. 자료의 출처는 정확한가? 3. 자료의 선택과 정리는 적절한가? 4. (㉠) 5. 문법적으로 잘못된 문장은 없는가? 6. (㉡) 7. 육하원칙에 따라 제대로 작성했는가?
간결성	1. 한 문장, 한뜻의 짧은 글인가? 2. 결론을 먼저 썼는가? 3. (㉢) 4. 행 바꿈, 단락 나눔 등은 적절한가? 5. (㉣)
경제성	1. 요약문은 1매로 쓸 수 있는가? 2. 도표, 그래프 등을 사용하여 읽기 쉽게, 이해하기 쉽게 썼는가? 3. (㉤)

① ㉠: 용어는 적절하며, 틀린 표현은 없는가?

② ㉡: 객관적으로 서술되어 있는가?

③ ㉢: 지나친 수식이나 과장된 문구는 없는가?

④ ㉣: 단락을 나누어 개조식으로 썼는가?

⑤ ㉤: 서식화하고 있는가?

22. 다음 [자료]를 바탕으로 [보기]와 같이 프레젠테이션 슬라이드를 작성할 때 ㉠~㉤에 쓸 내용으로 적절하지 <u>않은</u> 것은?

┤ 자료 ├

'기업 윤리 경영의 5단계론'은 기업이 이윤 추구와 윤리적 고려를 어떻게 조화하는가를 기준으로 구분한 이론으로, '무도덕 단계 → 준법 단계 → 대응 단계 → 윤리관 태동 단계 → 윤리적 선진 단계'로 진화한다. 첫 단계인 ㉠ '무도덕 단계'에서는 윤리적 문제에 대해서 고려하지 않는다. 비윤리적 행위를 하다가 처벌을 받으면 이를 이익을 내기 위한 대가로 생각하고, 그래도 이익이 크면 비용을 감수한다. 두 번째 단계인 ㉡ '준법 단계'에서 기업은 윤리적으로 행동하려고 노력은 하지 않을지라도 적어도 법규는 준수하려고 한다. 세 번째 단계인 ㉢ '대응 단계'는 기업이 윤리적 문제를 생각하고 관심을 두는 단계이다. 기업의 사회적 책임을 인식하고 기업의 대외적 이미지, 지역 주민들과의 이해관계를 고려한다. 윤리 경영이 기업 이익에도 도움이 된다고 생각하는 것이다. 네 번째 단계인 ㉣ '윤리관 태동 단계'는 기업 이익과 기업 윤리 간의 균형을 찾으려고 노력하는 단계이다. 기업 윤리를 반영하여 기업의 목적, 경영 이념 등을 규정한다. 이 단계에서는 윤리 헌장, 행동 준칙, 윤리 센터, 윤리 감사실 등을 만든다. 마지막 단계인 ㉤ '윤리적 선진 단계'에서는 기업 이익보다 기업 윤리를 중시한다. 기업이 명확한 윤리관과 윤리 원칙을 천명하여 모든 구성원이 윤리 원칙에 따라 기업의 윤리 관련 문제를 개선하고 해결하게 한다.

┤ 보기 ├

윤리 경영의 5단계 진화 과정

STEP 1	STEP 2	STEP 3	STEP 4	STEP 5
무도덕 단계	준법 단계	대응 단계	윤리관 태동 단계	윤리적 선진 단계
㉠	㉡	㉢	㉣	㉤

① ㉠: 기업 이익의 극대화만을 유일한 목표로 인식하는 단계

② ㉡: 법을 지키는 것이 윤리적인 행동이라고 인식하는
단계

③ ㉢: 기업의 사회적 책임이 기업에도 이익이 된다는
인식 단계

④ ㉣: 윤리와 이익의 균형과 윤리 강령, 윤리 위원회를
구축하는 단계

⑤ ㉤: 윤리 원칙에 의한 경영과 기업 윤리를 중시하는
단계

※ 다음 문서를 읽고 물음에 답하시오. [23~24]

상품 발주서

㉠

1. 납품 장소:
2. 납품 기일: 2020년 3월 20일
3. 납품 대상 상품 명세

(단위: 개, 원)

상품명	수량	공급단가 (VAT 별도)	계약금 (VAT 별도)

4. 기타 사항

– 이하 생략 –

2020년 3월 7일

(갑) 주소: ○○시 ○○구 ○○로 ○○
상호: 주식회사 ○○○
대표이사: ○○○ (인)

(을) 주소: ○○시 △△구 △△로 △△
상호: 주식회사 □□
대표이사: ○○○ (인)

23. 위 문서의 ㉠에 쓸 문장으로 가장 적절한 것은?

① '을'은 '갑'에게 다음과 같은 조건으로 상품을 납품한다.
② '갑'과 '을'은 다음과 같이 상품공급 직매입 거래계약
을 체결한다.
③ '을'은 임대차 목적물 내에서 다음과 같은 조건으로
상품을 판매한다.

④ '갑'은 다음과 같은 조건으로 '을'로부터 판매를 위탁
받은 상품을 판매한다.
⑤ '갑'과 '을'은 상호이익을 존중하고 이 계약상 의무를
신의에 따라 성실히 이행한다.

24. 위 문서의 약관에 쓸 문장으로 적절한 것은?

① '갑'은 상품 발주서가 납품 기일 이후에 '을'에게 도달
하도록 하여야 한다.
② '갑'은 상품 발주서가 '을'에게 도달한 이후에 상품을
제조·주문하게 하여서는 안 된다.
③ '을'은 상품 발주서 외에 이에 준하는 매입전표, 세금
계산서 등을 통해 상품을 발주할 수 있다.
④ '갑'은 상품 발주서에 상품의 종류·수량·가격·납
품 장소·납품 기일을 기재하여 '을'에게 상품을 발주
한다.
⑤ '을'은 상품을 발주하는 즉시 '갑'의 서명 또는 기명날인
이 기재된 상품 발주서 서면을 '갑'에게 주어야 한다.

※ 다음 정책 홍보문을 읽고 물음에 답하시오. [25~26]

(가)

"법정 부담금 이의신청 시 반환 여부를 담당자 1인의 검
토에 의존하다가 심의 위원회를 통해 결정하도록 개선"

1. 추진 배경

2. 개선 내용

(나)		
구분	기존	개선
이의 신청	이의신청서 등 접수	이의신청서 등 접수 심의 위원회 안건 부의
검토	이의신청서 등 검토(담당자)	이의신청 안건 심의 (심의 위원회)
반환 통보	내부보고 (부서장 전결)	심의 결과 보고 및 결재

3. 기대 효과

공기업 청렴사회협의회, '공기업 청렴경영 성공·실패 사례집'

25. 윗글의 (가)에 쓸 제목으로 가장 적절한 것은?

① 법정 부담금 반환 통보 3단계로 단순화

② 법정 부담금 반환금 지급 결정 심의 위원회 도입

③ 법성 부담금 부과 기준 인공지능이 투명하게 관리

④ 법정 부담금 이의신청도 심의 위원회에서 간편하게

⑤ 법정 부담금 지급 빈번해 세금이 줄줄, 이의신청 늘어

26. 윗글의 (나)에 쓰기에 가장 적절한 것은?

① 반환금 지급이 담당자의 주관적 검토로 결정되는 현실

② 반환금 지급 결정을 위한 심의 위원회 신규 설치 및 운영

③ 반환금 지급 타당성 및 적합성 등 심의 의결 객관성 확보

④ 부당 반환 사전 예약으로 국가 재정 투명성 및 공정성 제고

⑤ 납부 의무자의 이의신청 및 착오 납부 등으로 반환금 지급이 빈번하게 발생

※ 다음 문서를 읽고 물음에 답하시오. [27~28]

┤수정 전├

1. 목표

　가. 의료보험 시스템의 전반적인 현황을 이해한다.

　나. 의료보험 제도의 성과와 문제점 분석을 통하여, 제공자 지급 제도 개혁에 대해서 논한다.

　다. 농어촌 벽지의 지급 제도 방법에 대해 안다.

　라. 시급 제도를 시행하는 의료보험 기관과 보건의료 시설 현장을 방문한다.

　마. 강의, 현장 견학, 워크숍을 통하여 신농촌의료보험조합(NRCMS) 정책의 수준을 향상한다.

┤수정 후├

1. 목적과 목표

　가. 목적: 신농촌의료보험조합(NRCMS) 정책의 수준 향상

　나. 목표

　　1) 의료보험 시스템의 전반적인 현황 이해

　　2) 농어촌 벽지의 지급 제도 방법 이해

2. 방안

　가. 강의: (　㉠　)

　나. 워크숍: (　㉡　)

　다. 현장 견학: (　㉢　)
---

27. 위와 같이 수정한 근거인 기획서 작성 원칙으로 가장 적절한 것은?

① 추진 배경은 객관적이고 타당성이 있는 내용으로 전개한다.

② 본문을 읽지 않아도 될 만큼 요약문을 압축적으로 작성한다.

③ 보고서의 종류에 따라 문제점과 대책 등 필수 항목이 누락되지 않도록 한다.

④ 목적과 목표는 정확하게 구분하고 구성 요소는 서로 독립적이고 긴밀하도록 작성한다.

⑤ 보고의 목적을 분명히 하고 가장 중요한 키워드를 뽑아내 문제점과 대책 등 필수 항목이 누락되지 않도록 한다.

28. 윗글의 ㉠, ㉡, ㉢에 쓸 내용을 [보기]에서 고른 것으로 가장 적절한 것은?

┤보기├

(가) 제공자 지급 제도 개혁 방안

(나) 의료보험 제도의 성과와 문제점

(다) 지급 제도를 시행하는 의료보험 기관과 보건의료 시설
---

① ㉠: (가), ㉡: (나), ㉢: (다)

② ㉠: (가), ㉡: (다), ㉢: (나)

③ ㉠: (나), ㉡: (가), ㉢: (다)

④ ㉠: (나), ㉡: (다), ㉢: (가)

⑤ ㉠: (다), ㉡: (나), ㉢: (가)

※ 다음 자료를 활용하여 기사문을 작성하려고 한다. 자료를 읽고 물음에 답하시오. [29~30]

(가) P 기자는 바바라 민토(Barbara Minto)의 SCQA 이론을 야구에 적용한 사례를 연구하여 신문기사를 쓰고 있다. ○○ 야구팀의 경우 SCQA를 훈련에 적용하여 좋은 효과를 얻었기 때문에 이 사례를 분석해서 기사화를 하려고 한다. SCQA는 글쓰기에서 독자의 머릿속에서 일어나는 사고의 기본 구조를 반영하여 피라미드 구조의 논리 전개로 작성해야 한다는 이론이다. SCQA는 도입부에 전달하고자 하는 주제에 대해 독자가 이미 알고 있거나 또는 알고 있다고 생각되는 내용을 스토리 형식으로 구성해 독자의 흥미를 유발시킨다. 이를 통해 결말에서 처음 가졌던 궁금증이 풀릴 때까지 독자의 생각을 효과적으로 지배한다는 것이다. 이 도입부는 '상황(S)-전개(C)-질문(Q)-해답(A)'으로 구성된다. 이 SCQA 방식은 기업의 문제 해결 방식으로도 많이 활용되고 있다.

(나) P 기자가 분석한 SCQA 이론의 야구 적용 사례
- 상황(S): 국내 야구팀 ○○이/가 4강 진출에 실패한 것은 야구 시즌에 중후반 타선의 집중력이 부족하고, 승패를 가르거나 흐름을 뒤집을 정도의 영향력을 주는 빅 이닝(Big Inning)이 부족하기 때문이다.
- 전개(C): 빅 이닝을 만들기 위해서는 어쨌든 시합을 이끌어 가면서 안타가 나오지 않더라도 계속해서 주자가 진루해야 한다. 이를 위해서는 볼 카운트가 몰리더라도 어떻게든 공을 파울 라인 안의 페어지역으로 바운드시켜야 한다.
- 질문(Q): 그렇다면 나쁜 공을 칠 수 있는 방법은 무엇인가?
- 해답(A): 나쁜 공을 치는 연습을 계속 하는 것이 필요하다.

29. P 기자가 (가)를 고려하여 (나)의 내용으로 기사를 쓸 때 기사의 표제어로 적절한 것은?

① ○○의 유쾌한 야구 훈련
② 야구 구단의 새로운 실험, 기업 전략 SCQA
③ SCQA 모델, 스포츠 훈련 방법에서 출발
④ ○○의 훈련 비법은 감독과 선수의 정신

⑤ 글쓰기 연습을 활용한 야구 구단의 실험

30. 위의 자료를 활용하여 P 기자가 기사문을 작성할 때 내용 전개 방식으로 적절한 것은?

> ㉠ 바바라 민토의 'SCQA'의 개념과 과정 소개
> ㉡ 기업의 문제 해결 방식인 SCQA와 야구의 유사점
> ㉢ ○○ 야구팀의 문제 타자들의 독특한 연습
> ㉣ SCQA와 ○○ 야구팀의 독특한 연습과의 관련성
> ㉤ ○○ 야구팀 감독의 인터뷰

① ㉠ → ㉡ → ㉢ → ㉣ → ㉤
② ㉠ → ㉣ → ㉡ → ㉢ → ㉤
③ ㉢ → ㉠ → ㉡ → ㉣ → ㉤
④ ㉢ → ㉣ → ㉠ → ㉡ → ㉤
⑤ ㉣ → ㉡ → ㉠ → ㉢ → ㉤

31. 영업 부서의 김 대리는 다음 자료를 바탕으로 '기업의 성장 전략'에 대한 연수를 준비하고 있다. '다각화 전략'을 적용한 사례로 적절한 것은?

> 시장 침투 전략은 기존 시장에 기존 제품으로 시장 점유율을 증대시키는 전략이고, 시장 개발 전략은 잠재적 소비자 집단을 확인하여 기존 제품으로 이들의 욕구를 충족시킬 방법을 모색하거나 새로운 유통 경로를 개척하여 시장을 개발하는 전략이다. 제품 개발 전략은 기존 시장의 소비자가 잠재적으로 관심을 가질 만한 신제품을 개발하는 전략이며, 다각화 전략은 기존 기술을 바탕으로 현재 사업과는 직접적인 관련이 없는 다른 분야에서 새로운 성장 기회를 발견하는 전략을 말한다.
>
> | 제품
시장 | 기존 제품 | 신규 제품 |
> |---|---|---|
> | 기존 시장 | 시장 침투 전략 | 제품 개발 전략 |
> | 신규 시장 | 시장 개발 전략 | 다각화 전략 |
>
> 〈Ansoff의 시장 기회 매트릭스〉

① 원두커피 브랜드 ○○사는 공정무역을 통한 커피만 판매한다는 홍보를 통해 다른 커피 회사와의 경쟁에서 살아남았다.

② 친환경 세제회사 ○○사는 사사의 친환성 제품을 쓰면 소비자들도 환경 보호를 할 수 있다는 메시지로 시장을 점유하였다.

③ 유리 산업의 ○○사는 회사의 핵심 역량인 '유리 제조 관련 기술'에 집중하여 광섬유와 광케이블, 광통신 분야, 전자제품까지 진출하였다.

④ 글로벌 제약 ○○사는 환자의 기력 회복을 위한 음료의 매출이 낮자, 제약회사에서 만든 안전한 청소년 대상 피로 해소 음료라는 새로운 가치를 홍보하여 고객 확대 및 유통망 확대를 하였다.

⑤ 기계톱 시장의 일인자 ○○사는 제품 특성상 성장에 한계가 왔으나 고객의 요구를 파악해 금속 절단 기계톱, 절단면 균열을 막아 주는 기계톱 등 기능별로 다양한 혁신 제품을 개발하였다.

※ 다음 '기초설계를 위한 선행기술조사방법'에 대한 자료를 읽고 물음에 답하시오. [32~33]

특허 검색 프로세스

지금까지 검색 사이트를 알아보았습니다. 이제 본격적으로 검색에 들어갈 차례입니다. 정확한 검색을 위하여 적절한 키워드를 작성해야 합니다. 단 한 건의 중요한 특허라도 놓친다면, 시간과 비용을 들여 힘들게 검색한 의의가 퇴색하기 때문에 단순한 키워드보다 다양한 관점으로 키워드를 확장하여야 합니다.

| 대상 기술에 대한 이해 | 검색 목표의 설정 | 키워드 추출 | 검색식 작성 | 검토 및 재검색 |

32. 윗글에서 다음의 절차를 거쳐야 할 단계로 가장 적절한 것은?

| 발명을 간단히 몇 개의 단어(Word)로 표현 (또는 발명을 몇 자 이내로 요약) |
| ⇩ |
| 표현된 단어가 그 발명의 명확한 개념을 표현하는 데 빼놓을 수 없는 필수적 구성 요소에 해당하는지를 파악 |
| ⇩ |
| 선정된 단어를 조합하거나 동의서, 난·복수 변화형을 고려하여 확장 |

① 대상 기술에 대한 이해   ② 검색 목표의 설정

③ 키워드 추출   ④ 검색식 작성

⑤ 검토 및 재검색

33. 다음은 윗글의 '검색식 작성'에 있는 전체 연산자 이해에 대한 표이다. 표를 참고하여 그림과 같은 특허 문헌을 검색하기 위한 검색식을 만든 것으로 적절한 것은?

구분		상세 내용	예
단어 검색		특정 단어가 포함된 특허 검색	디스크
구문 검색		구문연산자(" ")로 입력된 검색어와 완전히 일치하는 특허 실용 검색	"데이터 신호"
논리 연산	AND 연산(*)	입력된 키워드 2개가 모두 포함된 특허 실용 검색	사농자* 브레이크
	OR 연산(+)	입력된 키워드 중 1개가 포함된 특허 실용 검색	자동차+ 차량
	NOT 연산(!)	입력된 키워드 2개 중 1개는 반드시 포함하고 1개는 포함하지 않는 특허 실용 검색	자동차*! 클러치
	NEAR 연산(^)	첫 번째 검색어와 두 번째 검색어의 거리가 1단어(^1), 2단어(^2), 3단어(^3) 떨어진 특허 실용 검색	자동차^1 브레이크

절단자 연산(?)	일부 번호가 제외된 번호에 대한 특허 실용 검색	?-2012- 000-1234

'A'는 존재하나 'B'가 존재하지 않는 특허 문헌 검색

① A*B   ② A+B

③ A?B   ④ A^B

⑤ A*!B

34. 전동드라이버 사용 설명서 초안에서 소비자의 반응을 예상한 [묻고 답하기]를 다음과 같이 작성하였을 때 적절하지 <u>않은</u> 것은?

1. 작업장 환경

본 제품을 휘발유, 시너 등 폭발 위험이 있는 물질 및 환경에서 사용하는 것은 위험하므로 반드시 작업장 내에서 작업을 진행하십시오.

전동공구 사용 중에는 어린이 또는 비숙련인의 접근을 금지하십시오. 산만함은 공구의 사용 중 사고를 유발할 수 있습니다.

2. 전기적 안전

전기적으로 접지된 공구는 플러그가 올바르게 꽂혀서 연결되도록 하여야 합니다. 절대 플러그의 접지 단자를 제거하거나 개조하지 마십시오. 만약 정상적인 접지가 의심스럽다면 전기 전문가의 도움을 받아 확인하십시오.

3. 개인적 안전조치

수행 중인 작업에 주의를 기울이고 상식적인 범위 내에서 공구를 사용하십시오. 피곤하거나 약물 복용, 음주 후에는 공구를 절대 사용하지 마십시오. 머리카락, 옷자락, 장갑 등이 움직이는 물체에 감겨 들어가는 것을 주의하십시오.

4. 공구의 사용 및 주의사항

작업물은 적절하고 충분하게 지지되도록 고정하여 주십시오.

공구에 무리한 힘을 가하지 말고, 적절한 공구를 선택하여 사용하십시오. 스위치가 고장 난 공구는 사용을 중지하여 주십시오. 위험을 초래할 수 있습니다.

공구를 사용하지 않을 때에는 플러그를 뽑아 주십시오.

5. 서비스

서비스는 반드시 지정된 A/S센터 또는 판매점에서 수행되어야 하며, 서비스에 사용되는 부품은 반드시 지정된 규격품을 사용하여야 합니다.

	묻고	답하기
①	접지 단자가 없는 플러그를 쓰려면 어떻게 해야 합니까?	접지 단자가 없는 플러그는 절대 사용하지 마십시오.
②	공구를 보수할 때는 가정용 부품을 이용하여도 됩니까?	가정용으로 출시된 제품이므로 부품이 집에 있다면 이용해도 좋습니다.
③	공구를 조정하거나 액세서리를 교체할 때 주의할 점이 있습니까?	어떠한 조정을 하거나 액세서리를 교체하기 전에는 반드시 플러그를 뽑아 주십시오.
④	어린이나 비숙련인도 사용 가능한 제품입니까?	사고를 유발할 수 있으므로 어린이나 비숙련인은 사용할 수 없습니다.
⑤	실외에서 사용해도 됩니까?	전동공구 내에 습기가 차게 되면 폭발 및 감전의 위험이 증가하므로 실외에서 사용하는 것은 적절하지 않습니다.

※ 다음 글을 읽고 물음에 답하시오. [35~36]

파레토의 법칙은 '80 대 20 법칙' 또는 '2 대 8 법칙'이라고도 한다. 전체 결과의 80%가 전체 원인의 20%에서 일어나는 현상을 가리킨다. 이 용어를 경영학에 처음으로 사용한 사람은 품질경영 전문가인 조셉 주란(Joseph M. Juran)이다. "이탈리아 인구의 20%가 이탈리아 전체 부의 80%를 가지고 있다."라고 주장한 이탈리아의 경제학자 빌프레도 파레토(Vilfredo Federico Damaso Pareto)의 이름에서 따왔다.

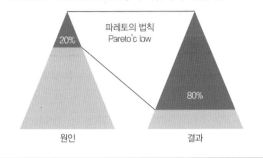

35. 윗글의 법칙을 적용한 경영전략의 예로 적절하지 않은 것은?

① 백화점의 VIP 라운지 운영
② 소셜 커머스의 고객 등급 제도
③ 식당에서 단골에게 주는 음료 서비스
④ 대형 검색 포털 사이트의 소액 광고 수익
⑤ 비행기의 퍼스트 클래스 이용 고객에 대한 서비스 제공

36. 윗글의 내용과 반대되는 개념이 최근에 주목받고 있다. 다음을 참고하여 그와 관련된 경영전략에 대해 쓴 것으로 적절하지 않은 것은?

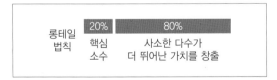

① 인터넷 상거래를 통해 단기적으로 소량 판매되는 제품도 틈새 상품의 장기적인 누적 판매량에서 기업 매출에 기여하는 역할을 한다.

② 온라인 스트리밍 서비스를 다각화하기 위하여 고객의 구매에 따라 '광고를 보지 않고 이용할 수 있는 스트리밍 서비스'를 출시하였다.

③ 온라인 마케팅의 활성화로 점차 사라져가던 제품들도 다시 돌아보고 미래 가치가 있는 제품, 서비스 등을 다시 주류화시킬 수 있는 전략 개발이 요구된다.

④ 온라인 서점 ○○○의 매출에서 유명 서적보다 오프라인 서점에서 취급하기 힘든 비인기 서적들의 매출이 차지하는 비중이 더 높다.

⑤ ○○사는 전통적으로 소외되던 작은 규모의 광고주들을 소규모 매체인 웹사이트들에 연결해 주는 시스템을 통해 ○○ 전체 매출의 절반을 창출하고 있다.

37. 다음 자료를 읽고 '수퍼플루이드 시대'의 경영 방향으로 적절하지 않은 것은?

거래 비용의 혁신, 수퍼플루이드 시대

디지털 기술의 발달은 상품과 서비스의 거래 비용이 최소화되는 '수퍼플루이드(Superfluid) 경제' 시대를 열게 되었다. 물리학 용어인 '수퍼플루이드'를 세계적인 회계·컨설팅 기업 ○○은/는 2018년 비즈니스 관점에서 해석하였다. 수퍼플루이드란 마찰이 전혀 없어 운동 에너지를 잃지 않는 액체로 영원히 회전할 수 있는 초유체를 말한다. 산업이 수요과 공급, 생산자와 판매자가 직접 연결되면, 중개나 유통 수수료가 사라져 거래 비용이 제로(0)가 된다. 이로 인해 정보의 투명성은 높아지고 전통적인 시장에서 명확하게 드러나던 산업 간 경계가 무너진다. 그리고 산업 내 중간 과정, 산업 내 밸류체인이 최소화되거나 사라진다. 생산자와 소비자의 경계 또한 모호해져 새로운 기술과 혁신을 통해 생산에서 소비에 이르는 과정이 바로 이어지면서 최소 시간, 최적의 가격으로 물건과 서비스를 제공하게 된다.

수퍼플루이드 시장을 형성하는 것은 블록체인(Block Chain)을 기반으로 한 빅데이터, 사물 인터넷(IoT), 인공 지능 등 다양한 디지털 기술이다. 선진 기업들은 이를 제조, 물류, 사무 영역에서 활용하여 원가 구조를 혁신하고 있다.

① 블록체인 기술을 활용하여 차량을 포함한 모든 '탈
것'을 공유하는 플랫폼을 만든다.
② 디지털 기술 적용이 용이하지 않은 산업들은 신사업
을 개척하고 신제품 등을 개발한다.
③ 물류에 필요한 물리적 작업을 로봇이나 자율 주행 머
신 등을 통해 무인화하여 운행한다.
④ 블록체인 기술을 활용하여 물류 네트워크의 신뢰성을
높여 불필요한 확인과 검증에 소요되는 비용을 최소
화한다.
⑤ 디지털 기술을 활용해 거래 비용을 획기적으로 낮춰
원가 구조를 혁신한다.

※ 다음 글을 읽고 물음에 답하시오. [38~40]

'코비 리더십 센터'의 창설자이며 회장인 스티븐 코비
(Stephen R. Covey)는 기업에서의 '시너지' 활용의 중
요성을 강조하였다. 시너지 효과는 2개 이상의 요소들
이 서로 상호 작용을 하여 발생하는 효과로, 이 요소들
이 합하여진 효과가 개별 요소들의 합보다 더 큰 효과
를 발생시킨다는 의미이다. 그런데 기업의 조직원들이
협력과 상호 보완을 통하여 시너지 효과를 나타내는
현상도 있지만, 반대의 경우도 존재한다. 이를 ㉠ '링
겔만 효과'라고 한다.
독일의 심리학자 링겔만(Ringelmann)은 줄다리기를
통해 집단에 속한 각 개인들의 공헌도의 변화를 측정
하는 실험을 하였는데, 개인이 당길 수 있는 힘의 크기
를 100으로 보고 실험을 하여, 다음과 같은 결과를 보
였다.

인원	잠재적 기대치	실험 결과
2명	200	186(93%)
3명	300	255(85%)
8명	800	392(49%)

실험 결과에 따르면 집단 속에 참여하는 수가 늘어날
수록 공헌도가 떨어지는 현상이 발생하였다. 집단의
힘은 개인의 합보다 작고 집단이 커질수록 격차가 벌
어졌다. 이 현상은 조직 내에서 구성원 스스로가 자신
의 존재 의미나 가치를 발견하지 못할 때, 그리고 집단
속에서 개개인의 잘잘못이 명확하게 드러나지 않을 때
에 발생한다.

38. 윗글의 ㉠과 같은 현상이 나타나는 이유로 적절하지
않은 것은?

① 특정 집단에 구성원이 부족한 상황
② 개인별 공헌도가 분명하게 확인되지 않은 상황
③ 팀 성과에 대한 책임이 명확하지 않은 상황
④ 협업에 참여하는 구성원 개인의 성취도가 부족한 상황
⑤ 집단 구성원별 역할에 대한 팀워크가 부족한 상황

39. 윗글의 ㉠과 같은 현상을 줄일 수 있는 방법으로 적절
하지 않은 것은?

① 부서 내 인원을 보강하거나 프로젝트에 투입하는 팀
원 수를 최대화하는 대신 최적화를 지향한다.
② 조직 목표를 위해 조직 구성원 개인에 대한 명확한
역할을 부여하고 팀 전체 성과 평가와 개인의 평가를
동시에 한다.
③ 조직 구성원들의 협력과 상호 보완을 통하여 개인의
부담을 줄이고 조직의 역량을 집중시킨다.
④ 개인의 몰입도를 높일 수 있는 가치 있는 일을 공동
의 목표로 설정한다.
⑤ 팀 단위의 보상과 함께 개인의 기여도에 따라 차등적
으로 보상을 한다.

40. 윗글의 내용과 관련하여 다음의 ㉮에 들어갈 내용으로 가장 적절한 것은?

> 링겔만 효과를 비쇼는 우화 숭에 '모든 사람'과 '누군가', '누구든', '아무도'로 불리는 4명의 이야기가 있다.
>
> '모든 사람'은 '누군가'가 그 일을 할 것이라 확신했다. '누구든' 그 일을 할 수 있었지만 '아무도' 하지 않았다. '누군가'는 화가 났다. 왜냐하면 그 일은 '모든 사람'의 일이었기 때문이다. '모든 사람'은 '누구든' 그 일을 해야 한다고 생각했지만, '모든 사람'이 그 일을 하지 않으리라 '아무도' 생각을 못 했다. 결국 '누구든' 해야 하는 일을 '아무노' 하지 않을 때 '모든 사람'은 '누군가'를 비난했다.
>
> 집단 속에서 실제 생산성이 잠재 생산성보다 낮은 경우가 많은데, 이 같은 원인은 조직 내 개개인이 구성원으로서 존재 의의를 상실하여 협력 의식 혹은 (㉮)이/가 결여되기 때문이다.

① 공정성　　　　　② 주인 의식

③ 의사소통 역량　　④ 업무 처리 능력

⑤ 갈등 관리 의지

※ 다음 글을 읽고 물음에 답하시오. [41~42]

> 유럽 산업혁명 시대의 기업가인 오웬(R. Owen)은 인간자원의 중요성을 인식하고 종업원의 복지에 관심을 가졌다. 이에 반해 수학자인 바베지(C. Babbage)는 생산의 효율성에 초점을 두고 경영과 노동 간의 관계는 모두에게 유익하다고 생각하고 이익 분배와 같은 사고에 관심을 보였다. 이들은 직원의 만족도와 비즈니스 성장 관계를 기록하기 시작하였고, 직원이 행복하고 건강하지 않으면 조직의 지속성이 유지될 수 없다는 결론을 통해 인적 자원 관리의 중요성을 보여 줬다. ㉠인적 자원 관리(HRM)는 조직의 목표를 위해 필요한 인적 자본을 확보하고, 개발·활용하는 활동을 계획하고 관리하는 모든 전략을 말한다. 즉, 인적 자원 관리는 우수 인력을 확보하여 적재적소에 배치하고 주어진 임무에 전념할 수 있도록 여러 가지 여건을 마련해 주며, 전문성 심화 발전을 유도하고 근무 의욕을 높이기 위해 필요한 것들을 지원하고 경제적·비경제적 보상을 균형 있게 제공하는 등의 전략을 말한다. 인적 자원 관리의 발전을 주도했던 미국은 임금의 인상, 노동조합 확대, 최저 임금제 시행 및 노동 관계법 등을 정비하고 실적주의로 전환하였다. 이후에도 인적 자원의 공공성을 제고하기 위해 민권법을 제정해 약자 우대 조치로 대표되는 공정 인사의 중요성을 환기하였다. 그런데 지식 혁명의 태동으로 인적자원의 중요성이 환기되기도 하였지만, 직접 고용 대신 외주를 통한 간접 고용의 확산은 조직 내 인적 자원관리 기능을 약화시키는 문제가 일어나기도 하였다.
>
> 우리나라는 이러한 인적 자원 관리에 대한 중요성을 인식하고 나양한 성책을 제시하고 있다. 기업 또한 인재 영입을 위해 직원 주식 보상 제도나 능력 위주의 인사 제도, 다면 평가 제도 등을 적극적으로 활용하기도 한다.

---

41. 윗글의 ㉠에 대한 설명으로 적절하지 않은 것은?

① 유능한 인재의 확보와 관리는 개인의 사기 앙양과 능력 발전 뿐만 아니라 기업의 생산성에서 결정적 요소로 작용한다.

② 인력을 통제의 대상으로 보지 않고 조직 목표 달성의 핵심적인 자산으로 인식하며 조직의 전략적 관리와 연계한다.

③ 기업의 장래 인적 자원의 수요를 예측하여 기업 전략의 실현에 필요한 인적 자원을 확보한다.

④ 유능한 인재를 선발하여 적합한 직무에 배치함으로써 능력을 최대한 발휘할 수 있도록 한다.

⑤ 직원들을 유인하고 동기를 부여하기 위해 비경제적 보상보다 경제적 보상에 중점을 두고 보상 관리를 해야 한다.

---

42. 윗글을 참고하여 ㉠을 위해 시행하는 정책으로 적절하지 않은 것은?

① 최저임금의 인상

② 노동조합의 축소

③ 청년 고용 친화 정책 강화

④ 지역인재 우대 정책

⑤ 여성의 고용 차별 금지

43. 다음 자료에 관한 내용으로 적절한 것은?

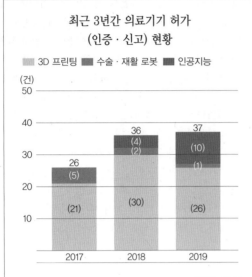

허가연도	2017년	2018년	2019년
수입	7,731 (61%)	5,628 (61%)	4,769 (58%)
제조	4,881 (39%)	3,619 (39%)	3,467 (42%)
총계	12,612	9,247	8,236

※ 출처: 식품의약품안전처(2019)

① 수술 · 재활 로봇의 허가 축소는 의료기기의 필요성이 줄어들고 있음을 의미한다.

② 의료기기의 제조 허가 증가와 수입 축소는 제조업체의 기술 수준과 관련된다.

③ 3D 프린팅과 수술 · 재활 로봇, 인공지능 등 첨단 의료기기의 허가는 각각 매년 증가한다.

④ 의료기기의 제조보다 수입 허가가 높지만, 수입과 제조는 대략 비슷한 비율을 유지하고 있다.

⑤ 제조보다 수입의 비율이 높고 허가 건수는 매년 늘어나고 있다.

44. 다음 그래프를 분석한 내용으로 가장 적절한 것은?

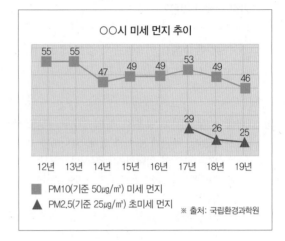

① ○○시 초미세 먼지 농도 수치는 증가세다.

② ○○시 연평균 미세 먼지 농도가 옅어지고 있다.

③ ○○시의 미세 먼지 농도가 해마다 오르내리는 것은 국외의 영향이 크다.

④ ○○시는 미세 먼지가 심하지 않았을 때는 초미세 먼지를 측정하지 않았다.

⑤ ○○시는 기존의 미세 먼지 저감 대책을 변경하는 방안을 만들어 시행해야 한다.

45. 다음 도표를 해석한 내용으로 적절하지 <u>않은</u> 것은?

〈사회적 관계망: 1일 평균 교류〉

(단위: %, 명)

	가족 또는 친척 (동거인 제외)		가족 또는 친척 외 (업무상 접촉 제외)	
	교류자 있음	사람 수	교류자 있음	사람 수
2019년	74.5	2.9	76.9	3.9
도시	74.4	2.9	77.3	3.9
농어촌	75.3	2.8	75.0	3.7
남자	71.8	3.0	75.5	4.1
여자	77.2	2.8	78.2	3.7
13~19세	67.7	3.1	87.8	5.6
20~29세	73.0	3.0	86.8	4.6
30~39세	78.7	2.7	80.6	3.7
40~49세	78.0	2.9	78.6	3.6
50~59세	75.5	3.0	75.1	3.7
60세 이상	71.6	2.6	65.3	3.2

※ 출처: KOSIS 국가통계포털

① '가족 또는 친척 외' 사람과의 교류 비중은 나이가 적을수록 높은 편이다.
② 여자가 남자보다 평균 교류 비중이 더 높고 평균 교류자 수도 많았다.
③ '가족 또는 친척'과의 교류 비중은 30~40대가 타 연령층보다 상대적으로 높았다.
④ 도시 지역은 농어촌 지역보다 '가족 또는 친척 외' 사람과의 교류가 상대적으로 많았다.
⑤ '가족 또는 친척 외' 사람과 교류한다고 응답한 비중이 대부분 '가족 또는 친척'보다 높게 나타났다.

46. 다음 글의 '희망점 열거법'에 대한 내용으로 적절한 것은?

미국 제너럴 일○트릭사의 자회사인 핫 포○트사에서 신제품 개발에 이용하였던 방법 중에 '희망점 열거법'이 있다. 이 '희망점 열거법'은 모든 구성원이 개발 제품이나 개선 대상에 대해 희망하는 것을 기록하고 적극적인 해결이나 개선책을 찾아 희망 사항의 실현을 추구하는 방법으로, 결점 열거법이나 특성 열거법 등과 함께 사용하면 더 큰 효과를 기대할 수 있다. 어떤 제품을 개발할 때 '이렇게 되었으면 좋겠다'는 희망을 열거하면서 아이디어를 제시하는 것이다. 예를 들어, 안경을 개발하면서 '무게가 느껴지지 않을 정도로 가벼울 것', '땀으로 미끄러지지 않을 것', '구조가 틀어지지 않을 정도로 견고할 것' 등과 같은 개발할 제품과 관련하여 희망점을 빠짐없이 쓰면 된다. 그러면 희망들을 결합하거나 새로운 연상을 하면서 예상하지 못한 결과까지 나올 수 있어 혁신적인 해결책을 기대할 수 있다. 희망점 열거법은 목표를 설정하고 현재의 상태를 분석하고 목표와 현상의 차이를 분석하고 문제 해결책을 찾는 데 반해, 결점 열거법은 현재 상태를 분석하고 문제의 원인, 그리고 해결책을 찾는다는 점에서 차이가 있다.

① 제품을 개발하면서 희망하는 것을 실현시키는 방법으로 전문가나 제품 관련 기술자가 참여한다.
② 아이디어 생산에 장시간이 소요되고 참여사들의 전문 지식과 창의적 사고가 필요하다.
③ 개선하려는 대상의 결점을 밝혀내어 제거함으로써 개선 방법을 찾아내는 기법으로 브레인스토밍의 변형이다.
④ 개발 제품의 특성을 열거하여 기존 아이디어와는 다른 개념과 원리를 결합하거나 수정해 새로운 아이디어를 산출한다.
⑤ 미래에 대한 긍정적 기대를 바탕으로 더 좋게 개선하려는 욕구를 표현함으로써 개선안을 찾고자 하는 방법이다.

47. 다음 [A]에 제시된 기업의 실패 원인으로 적절하지 <u>않</u>은 것은?

> 군사 용어로 사용되던 '전략'과 '전술'은 현대에는 정치, 경제, 스포츠, 기업 경영 등에서 활발하게 사용된다. 기업 경영에서 수많은 '전략 경영' 전략이 쏟아지고 있지만, 여러 가지 문제를 내포하고 있다. LG경영연구원의 보고서에 따르면, 전략을 실패로 이끄는 이유로 '눈가리개(Blinders)', '집단 사고', '구상과 실행 분리', '하드 데이터', '경직성' 등의 문제를 지적하고 있다. '눈가리개'는 전략의 방향과 그 성공이 전략의 수정이나 변화 자체를 막는 원인으로 작용하여 실패하는 경우를 말하고, '집단 사고'는 지나치게 한곳에 노력하여 다른 가능성을 배제할 때 일어날 수 있는 문제를 말한다. '구상과 실행의 분리'는 전략 기획 기능이 비대해지면서 발생하는 문제이고, '하드 데이터'는 데이터 분석에서 실제 현실을 왜곡해 잘못된 전략을 양산하는 문제이고, '경직성'은 기존 전략의 패턴에 빠지는 문제를 말한다.
>
> [A] '사진'이라는 매체의 다른 이름으로도 평가받던 ○닥은 100년 넘게 아날로그 필름 사업을 하면서, 세계 최초로 디지털 카메라를 개발하였다. 그런데도 '디지털 카메라' 시대로의 변화를 대비하지 못하고 기존 '필름' 관련 사업 전략을 고수하다가 파산하게 되었다. 또 최첨단 유무선 통신 기술을 독점하던 미국 휴대폰 강자였던 모○로라 또한 새롭게 부상하던 지상파 휴대전화 시장 대신 위성전화 개발에 엄청난 비용을 투입하다가 큰 실패를 하였고, 핸드폰 시장의 강자였던 노○아 또한 혁신적 스마트폰 기업들에 밀려 실패하였다.

① 시대 환경의 불확실성과 급격한 변화를 따라가지 못하는 것이 실패의 원인으로 작용할 수 있다.

② 기존 전략으로 거둔 성공 체험은 시대 변화를 읽지 못하는 실패의 원인으로 작용할 수 있다.

③ 기업에서 성공했던 전략의 강점이 경영 환경의 변화에 따라 실패의 원인으로 작용할 수 있다.

④ 시장 변화에 따른 전략 수정과 새로운 변화의 모색이 실패의 원인으로 작용할 수 있다.

⑤ 선택과 집중을 하여 다른 가능성을 배제하는 '집단 사고'에 빠지는 경우 실패의 원인으로 작용할 수 있다.

48. 다음 글의 ㉠~㉢에 쓸 내용으로 적절한 것끼리 묶은 것은?

> 문제란 원활한 업무 수행을 위해 해결해야 할 질문이나 의논 대상을 의미한다. 즉 해결하기를 원하지만 실제로 해결해야 하는 방법을 모르고 있는 상태나 얻고자 하는 해답이 있지만 그 해답을 얻는 데 필요한 일련의 행동을 알지 못한 상태이다. 이 문제를 유형별로 분류해 보면 다음과 같다.

기준	유형
(㉠)	제조 문제, 판매 문제, 자금 문제, 인사 문제, 기술 문제
(㉡)	논리적 문제, 창의적 문제
시간	과거 문제, 현재 문제, 미래 문제
(㉢)	발생형 문제, 탐색형 문제, 설정형 문제

	㉠	㉡	㉢
①	목표	업무 수행 과정	해결 방법
②	기능	해결 방법	업무 수행 과정
③	기능	업무 수행 과정	현상
④	해결 방법	목표	기능
⑤	현상	해결 방법	목표

※ 다음 글을 읽고 물음에 답하시오. [49~50]

직업윤리는 도덕적 가치와 관련된다. 도덕적 행동의 표출에 영향을 미치는 심리학적 과정이나 변인을 제시한 레스트(J. Rest)는 4구성 요소 모형에서 도덕적 감수성, 도덕적 판단력, 도덕적 인격(또는 품성), 도덕적 동기화(또는 실행력)의 요소들이 복합적으로 작용하여 특정 상황에서 도덕적 행위로 반응한다고 보았다. (㉠)은/는 특정 상황 속에 내포된 도덕적 이슈들을 지각하고 상황을 해석하며, 자기의 행동 결과가 타인의 복지에 미치는 영향을 헤아릴 수 있는 능력으로 보았고, (㉡)은/는 개인의 선택 시향들을 고려하여 사람들이 그러한 상황에서 무엇을 해야 할지를 결정하는 능력을 말한다. 즉, (㉠)에서 가능한 행동의 경로들과 그것이 타인에게 미칠 영향이나 결과에 대한 인식이 이루어지고, (㉡)에서는 그 행동이 도덕적으로 정의로운 것인가를 판단하게 된다. (㉢)은/는 여러 대안을 평가한 뒤 가장 도덕적인 선택을 하고 그대로 실행하기 위한 원동력을 말하며, (㉣)은/는 도덕적 행동의 측면, 즉 실제로 도덕적 행위를 실천하는 바탕이다.

49. 윗글의 밑줄 친 '직업윤리'에 대해 쓴 내용으로 적절하지 않은 것은?

① 직업인으로서 마땅히 지켜야 하는 도덕적 가치관을 말한다.

② 직업 활동에 대한 평가가 사회적 공인을 받을 경우 생성된다고 본다.

③ 일정한 사회규범이 내면화됨으로써 직업에 종사하는 사람들의 의식 속에 내재화된 윤리다.

④ 직업윤리는 일반 윤리와 달리 자신에게 맡겨진 임무를 완수하려는 태도로서 직업 행위의 개인적인 규범이다.

⑤ 직업이 갖는 본래의 기능과 목적을 충분히 달성할 수 있도록 하는 직업 행위는 긍정적인 가치를 갖지만 그렇지 못한 직업 행위는 부정적인 가치를 갖게 된다.

50. 윗글의 ㉠~㉣에 쓸 내용으로 가장 적절한 것은?

	㉠	㉡	㉢	㉣
①	도덕적 동기화	도덕적 판단력	도덕적 인격	도딕적 감수성
②	도덕적 동기화	도덕적 감수성	도덕적 판단력	도덕적 인격
③	도덕적 감수성	도덕적 판단력	도덕적 인격	도덕적 동기화
④	도덕적 감수성	도덕적 동기화	도덕적 인격	도덕적 판단력
⑤	도덕적 감수성	도딕직 판난력	도딕적 동기화	도멱적 인격

※ 다음 문제를 읽고 OMR 용지에 답을 쓰시오. [1~5]

1. 다음 [자료]의 사이시옷 표기 규정을 활용하여 [조건]에 맞춰 사이시옷 현상에 대한 내용을 쓰시오. [20점]

┤ 자료 ├

사잇소리 현상은 '산불[산뿔]'과 '군불[군불]'처럼 음운 조건은 같아도 사잇소리 현상이 개입되어 있는 경우도 있고, 그렇지 않은 경우도 있다. '밤밥'은 저녁 식사 이후 늦게 먹는 밥은 [밤빱]으로 발음하고, 밤을 넣어 지은 밥은 [밤:밥]으로 발음한다. 이처럼 사잇소리 현상의 개입 유무에 따라 (㉠)이/가 달라진다. 따라서 음운 환경이 같아도 개입되는 경우가 다르고 또 개입 여부에 따라 뜻이 달라지므로 이 현상에는 뚜렷한 규칙성이 (㉡).

'한글 맞춤법'의 사이시옷 표기 규정은 다음과 같다.

첫째, 순우리말로 된 합성어나 우리말과 한자어로 된 합성어에서 앞말이 모음으로 끝나고 뒷말의 첫소리가 된소리로 나는 경우 사이시옷을 받치어 적는다. 예를 들면 '뱃사공'이 있다.

둘째, 순우리말로 된 합성어나 우리말과 한자어로 된 합성어에서 앞말이 모음으로 끝나고 'ㄴ' 음이('ㄴ' 음이나 'ㄴㄴ' 음이) 덧나는 경우 사이시옷을 받치어 적는다. 예를 들면 '콧날'이 있다.

셋째, 두 음절로 된 한자어 중에서 사이시옷을 표기하는 경우로 '곳간, 셋방, 숫자, 찻간, 툇간, 횟수'가 있다.

┤ 보기 ├

고향 마을에는 산길 끝으로 나룻터가 보였다. 그곳에는 뱃사공도 없는 빈 배가 한 척 있었는데 고기배였다. 우리집 뒷뜰이나 뒷산에서 보면 퇴락한 배의 모습이 보였다. 밤에는 은구슬이 달린 어망으로 물고기를 잡거나 밤밥(夜食)을 먹기도 하였는데, 풋밤이 섞인 밤밥이나 메밀국수가 지금도 눈에 보이는 듯하다. 깻잎에 조개살이 들어 있는 국도 먹었다. 이런 생각을 하고 있으면 콧날이 시큰해진다.

1. 사잇소리 현상에 대한 설명을 고려하여 ㉠과 ㉡에 들어갈 말을 각 한 단어로 쓸 것
　　　　 2. [보기]에서 사이시옷 표기가 잘못된 예를 3가지 찾아 예를 참고하여 작성할 것 예 나룻터 → 나루터

조건 1. ㉠ _____ , ㉡ _____

조건 2. _____

2. 다음 글을 읽고 [조건]에 맞게 쓰시오. [20점]

'도시공원 일몰제'는 지방자치단체에서 도심의 공원으로 사용하고자 했던 국공유지나 개인 사유의 토지가 일정 시기가 지나도 공원 조성이 되지 않으면 기존의 목적을 상실했다고 보는 경우에 도시공원에서 해제가 되는 제도이다. 일몰제를 앞둔 도시공원 중에는 국공유지뿐만 아니라, 사유재산인 사유지가 적지 않다. 그래서 도시공원에서 해제되지 않도록 공원을 조성하기 위해서는 지자체들이 국공유지와 사유지를 매입해야 한다. 그러나 중앙정부에서는 각 지자체에서 해결할 것을 촉구하며 예산 지원을 거부하는 등 도시의 필수적 공공재인 도시공원에 대한 인식이 부재하여 근본적인 해결책을 제시하지 못하고 있다. 서울시의 경우, 도시공원 일몰제의 대상이었던 도시 계획 시설상 공원을 용도 구역상 '도시자연공원구역'으로 재지정하여 사실성 지정 효력을 유지하는 정책을 제시하였다. 그러나 여기에도 문제는 있다. 사유재산을 인정받지 못하는 토지 소유자들이 일제히 비판하며 반발하고 나선 것이다. 서울시는 급한 대로 장기 미집행 도시공원 사유지 중에서 공원 조성이 시급한 우선 보상 대상지를 정하여 공원을 조성하고 있다. 그러나 이 방식은 지자체의 막대한 재원 마련에 현실적인 어려움이 있다.

1. 도시공원에 대한 중앙정부의 근본적인 문제점을 1문장으로 쓰되, 7어절로 작성할 것
　　　　 2. 지방자치단체가 문제를 해결하기 위한 방법을 1문장으로 쓰되, 6어절로 작성할 것

조건 1. _____

조건 2. _____

3. 다음 글의 ㉠~㉣에 들어갈 단어를 [보기]에서 찾아 기호와 함께 쓰시오. [20점]

[행정 업무의 효율적 운영 방안]

가. 업무의 (㉠): 불필요한 업무를 없애고 최소한의 노력으로 최대한의 업무 성과를 낼 수 있도록 하며 작업 과정의 속도를 높일 수 있도록 보고 · 결재 단계 축소, 전자결재 활성화, 불필요한 보고서 생산 폐지 등을 추구한다.

나. 업무의 (㉡): 업무 담당자가 바뀌어도 원활하게 업무를 처리할 수 있고, 일상적인 업무 대응 속도를 높일 수 있게 업무의 인계인수를 철저히 하고, 전자 결재 활성화, 업무의 자동화를 지향한다.

다. 업무의 (㉢): 행정 업무를 더욱 정확하고 빠르게 처리할 수 있도록 체계화된 결재 시스템, 지식 행정 시스템, 협업 시스템 등을 활용하여 행정 지식을 체계적으로 공유하고 정부 내 소통을 증진한다.

라. 업무의 (㉣): 행정 업무의 처리 방식을 혁신함으로써 행정기관 내부적으로 행정의 효율화, 간소화를 추진하면서 대외적으로는 고도화되는 국민의 행정 서비스 욕구를 충족시켜 줄 수 있는 첨단정보통신 기술의 도입 · 활용을 추구한다.

※ 출처: 행정안전부, '행정업무운영편람'

─┤ 보기 ├─

간소화 / 개방화 / 과학화 / 기계화 / 민영화 / 상업화 / 정보화 / 표준화

---

4. [보기]를 참고하여, 다음 대화에서 누가 어떤 유형의 오류를 범하고 있는지와 그 이유를 [조건]에 맞게 2문장으로 쓰시오. [20점]

갑: 흡연은 폐암의 원인이 아니라고 생각해.

을: 담배에는 발암 물질이 많아. 흡연은 폐암의 원인이야.

갑: 담배에 발암 물질이 있지만, 그 발암 물질로 인해 폐암이 발생한다는 사실을 입증하지 못했어. 그러니까 흡연은 폐암의 원인이 아니야.

을: 그렇다고 흡연이 폐암과 무관하다고 단정하기는 어렵지.

─┤ 보기 ├─

• 흑백논리의 오류: 상대방의 뜻을 비약해서 이해한 뒤, 극단적인 결론으로 대응하는 오류

• 확증 편향의 오류: 답을 미리 정해 두고 증거를 찾아 논증하다 보니 주장에 방해가 되는 증거는 인정하지 않는 오류

• 은폐된 증거의 오류: 여러 가지 증거 가운데 자기 입맛에 맞는 증거만 강조하여 사실을 왜곡하는 증거로 쓰는 데 따른 오류

• 무지에 호소하는 오류: 어떤 주장이 반증된 적이 없다는 근거로 사실이라고 주장하거나 결론이 증명된 것이 없다는 근거로 틀렸다고 주장하는 오류

----

5. 다음 영업 관련 문제 해결 글을 읽고 ㉠~㉣에 들어갈 단어를 본문에서 찾아 각각 기호와 함께 쓰시오. [20점]

> 지그 지글러(Zig Ziglar)는 『세일즈 클로징』에서 자신의 영업 경험을 이야기하고 있다. 그는 판매자가 (㉠)에게 상품을 판매하는 것은 근본적으로 '감정의 전이'라고 생각한다. 그래서 판매자가 직접 상품을 사용해 보고 그 상품에 대한 믿음을 가진 후에 고객과 만나야 영업에 성공할 수 있다고 본다. 그리고 판매자는 현장에서 소비자의 예상하지 못한 질문이나 상품에 대한 반대 의견을 들을 수 있다. 이런 문제를 해결할 수 있는 유일한 방법은 현장에서 고객과의 직접적인 대면을 통한 개인적인 (㉡)이/가 중요하다. 판매자가 직접 상품을 사용해 본 경험뿐만 아니라, 현장에서 상품에 대한 소비자의 다양한 반응을 (㉡)하는 것이 상품 판매를 성공할 수 있게 하는 기반이 되게 한다.
>
> 그는 이 세상에서 일어나는 모든 영업의 목적은 고객에게 적정 (㉢)을/를 제공하는 것이며, 고객이 적정 가치를 얻었다면 영업은 성공하고 신뢰 확보 및 더 많은 고객 확보로 이어진다고 한다. 또 고객에게 이익을 줄 수 있는지, 자신의 이익을 위해 고객을 희생시키고 있는 것이 아닌지에 대한 고민이 필요하다고 한다. 그는 사람의 인생 자체가 영업이고, 누구나 매일 무엇인가를 팔면서 살아가고 있다고 한다. 또한 인생이 영업이라면 (㉣)은/는 제일 중요한 원칙이라고 한다. 즉, 정직으로 명성을 쌓아간다면 절대 실패하지 않을 것이라고 한다.

국가공인 한국실용글쓰기검정 2교시 문제

수험번호		제한시간 90분

실기(문단형, 완성형) 영역(500점)	감독관 확인	

※ 서술형 답안 작성 시 유의 사항

1. 문제에 대한 답안은 반드시 해당 답안에만 작성하시오.
   (서술형 7~10번 답안을 서술형 6번 답안에 모두 작성한 경우, 서술형 6번 답안만 채점하고, 서술형 7~10번 답안은 채점하지 않음. 서술형 7~10번을 0점 처리함.)
2. 답안 밖에 작성한 내용은 채점할 수 없으므로 해당 답안 안에만 작성하시오.
3. 문제마다 주어진 조건을 준수하지 않은 경우, 감점합니다.
4. 논제와 관련 없는 내용을 장황하게 작성한 답안의 경우, 감점합니다.
5. '감사합니다.', '잘 부탁합니다.'와 같은 답안과 관련 없는 내용을 작성할 경우, 0점 처리합니다.
6. 개인 신상을 드러낸 내용이 있는 답안의 경우, 0점 처리합니다.

※ 다음 문제를 읽고 OMR 용지에 답을 쓰시오. [6~10]

6. 다음 일반의약품 사용 설명서의 ㉠~㉂에 들어갈 내용을 기호와 함께 쓰시오. [50점]

〈1회 요법 구충제 ○○ 정 400mg(알벤다졸)〉

[(㉠) · 함량]
1정 중 – 유효 성분: 알벤다졸 400mg
첨가제: 유당 수하물, 아스파탐, 옥수수 전분, 탤크
[용법 · 용량]
1. 성인 및 24개월 이상의 소아는 아래의 (㉡)을/를 복용할 것
　1) 요충: 1일 1회 알벤다졸 400mg을 복용한다. 박멸을 위하여 7일 뒤, 한 번만 더 이 약을 400mg 복용한다.
　2) 회충, 십이지장충, 편충, 아메리카 구충: 이 약을 400mg 1회 복용한다.
[복용상의 주의사항]
1. 다음과 같은 사람은 (㉢)
　■ 임부, 임신하고 있을 가능성이 있는 여성, 수유부
　■ 경고: 이 약에 함유된 인공감미제 아스파탐은 체내에서 분해되어 페닐알라닌으로 대사되므로 페닐알라닌의 섭취를 규제할 필요가 있는 페닐케톤 요증 환자에는 투여하지 말 것
2. 이 약을 복용하는 동안 (㉣)
　■ 테오필린: 테오필린의 대사를 억제할 수 있다.
　■ 시메티딘, 프라지콴텔, 맥시메타손: 알벤다졸의 혈장 농도를 증가시킨다.

---

3. 다음과 같은 사람은 (　ⓜ　) 의사, 치과의사, 약사와 상의할 것
　　■ 이 약은 황색 5호를 함유하고 있으므로 이 성분에 과민하거나 알레르기 병력이 있는 환자는 신중히 투여할 것
4 다음과 같은 경우 이 약의 복용을 (　ⓗ　) 의사, 치과의사, 약사와 상의할 것
　　■ 구역, 구토, 속 쓰림, 설사, 복통, 두통, 어지럼, 발열, 발진, 가려움, 두드러기
　　■ 이상 반응이 나타나면 즉각 투여를 중지하고 적절한 처치를 한다.

조건 1. ㉠과 ㉡은 주어진 자료를 활용하여 한 단어씩 제시할 것
　　　 2. ㉢과 ㉣은 금지의 내용으로 5어절로 작성하고, ㉤은 4어절, ㉥은 2어절로 쓰되 문장 형식의 일관성을 유지할 것

----

7. 다음 특허 명세서의 '도면'과 '기술 분야'를 참고하여 '효과'의 ㉠~㉅에 들어갈 내용을 [조건]에 맞게 쓰시오. [50점]

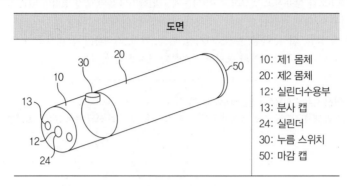

도면

10: 제1 몸체
20: 제2 몸체
12: 실린더수용부
13: 분사 캡
24: 실린더
30: 누름 스위치
50: 마감 캡

고안의 상세한 설명

기술 분야

본 고안은 호신용 분사 장치에 관한 것이다. 더욱 상세하게는 내부에 구성된 압축 실린더의 전진 동작에 의해 용기체의 내부에 수용된 공기의 압축력을 통해 호신용 분말이 빠르게 분사되도록 하여 긴급 상황 시에 자신을 방어하는 호신용으로 사용함에 불편함이 없고, 간단한 구성에 의해 소비자의 구매 비용에 부담을 주지 않으며, 한 번 사용 후에 다시 호신용 분말을 충전하여 재사용할 수 있어 경제적인 효과를 기대할 수 있는 호신용 분사 장치에 관한 것이다.

효과

본 고안인 (㉠)은/는 구성이 간단하여 (㉡)에 부담을 주지 않아 널리 실용화가 가능하다.

또한, (㉢)을/를 누르는 동작에 의해 (㉣)이/가 분사되어 (㉤) 수 있는 호신용으로 용이하게 사용할 수 있어 특히 여성을 상대로 하는 범죄율을 크게 줄일 수 있다.

또한, (㉥)의 압축에 의해 호신용 분말이 분사되어 화약 폭발에 의한 종래의 호신 용구에 비해 사용성이 크게 향상되고, 경찰기관에 별도의 소지 신고나 사용 신고를 하지 않아도 된다.

또한, 한 번 사용 후에도 (㉦) 사용할 수 있기 때문에, 매우 경제적이다.

※ 출처: 특허로 참고자료, '분상체용 포장기계의 분배 투입장치' 명세서

조건 기호와 함께 어절을 지켜 쓸 것 (㉠, ㉡: 3어절 / ㉢, ㉣, ㉤: 2어절 / ㉥: 1어절 / ㉦: 4어절)

8. 다음 [보기]를 모두 활용하여 기안문의 (가)~(라)에 들어갈 내용을 [조건]에 따라 기호와 함께 쓰시오. [100점]

---| 보기 |---

- 행정업무운영 법령 개정 내용 설명회 개최 계획서 1부를 붙임 문서로 첨부함.
- 기록물 관리 또는 전자문서시스템 활용 방법에 관해 설명할 공무원을 선정하여 설명회를 철저하게 준비하기 바람.
- 행정업무운영 법령 개정에 따라 각급 행정기관의 교육 수요에 대비하기 위하여 행정학회 소속 행정학 교수를 대상으로 개정 내용에 대한 설명회를 개최함.

행 정 ○ ○ ○

수신 수신자 참조
(경유)
제목 _____ (가) _____
  1. _____ (나) _____
  2. _____ (다) _____

붙임 _____ (라) _____

– 이하 생략 –

조건 1. (가)는 6어절로 쓸 것
    2. (나)와 (다)는 '~ㅂ니다.'로 종결할 것
    3. (라)는 [예]와 같이 띄어쓰기 표시를 하고 마침표를 정확하게 찍을 것 [예] 띄어쓰기∨표시를∨할∨것.

9. 김실용 씨는 정책 토론 관련 홍보문을 쓰고 있다. ㉠~㉒에 들어갈 내용을 쓰시오. [100점]

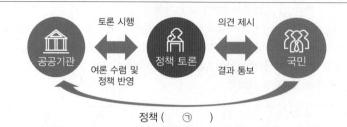

정책 (㉠)

■ 정책 토론의 (㉡)?

  정책 토론은 정부 정책, 쟁점 현안 등에 대한 자유로운 형식의 의견 수렴 활동을 뜻합니다. 다수 국민의 의견을 듣고 민의를 반영한 더 합리적인 정책을 추진하기 위해 실시하고 있습니다.

■ 정책 토론은 (㉢)?

  정책 토론 신청은 국민 신문고 회원인 경우에만 가능합니다.

■ 정책 토론 절차는 어떻게 되요?

  정책 토론을 신청하면 해당 의제는 처리 기관의 심사 및 승인 이후 토론이 진행됩니다. 토론이 종료되면 의제를 신청한 사람은 토론한 결과를 요약하여 등록할 수 있고, 관계 기관은 정책에 반영할 결과를 누리집에 등록하고 의제 신청자와 토론 참여자에게 전자우편으로 공지합니다.

의제 신청자는 (㉣)

관계 기관은 (㉤) 등록 후 (㉥)에게 공지

■ (㉦) 있나요?

  혜택은 다음과 같습니다. 정책 토론을 신청한 후 승인이 된 경우 점수 100점을 획득할 수 있으며 점수 5,000점이 넘어가면 전자 공청회 토론자 또는 국민 신문고 전문가로 위촉됩니다.

조건 기호와 함께 각각 5어절 이내로 쓸 것

----

10. 다음 글쓰기 계획에 따라 '세계 물의 날'에 관한 칼럼을 쓰시오. [200점]

┤ 글쓰기 계획 ├

문단	내용 및 조건	분량
1문단	**세계 물의 날 소개**: [자료 1]을 활용하여 쓸 것 ■ 첫 문장은 '3월 22일은 ~이/가 정한 ~이다.'의 형식으로 쓰고, 다음 문장은 '세계 물의 날'을 만든 목적과 지정된 연도를 원인과 함께 '~은/는 ~에 의한 ~에 따른 문제의 경각심을 일깨우기 위해 ~에 지정되었다.'의 형식으로 쓸 것	90~ 120자
2문단	**물 부족으로 인한 피해**: [자료 2]를 활용하여 쓸 것 ■ 사망이라는 표현을 쓰지 말고, 생명을 '빛'에 비유하여 표현하고 참혹한 현실을 이중 부정으로 강조하여 쓸 것 ■ 같은 지역이라도 물을 풍족하게 사용하는 곳도 있다는 정보를 제공하며 이는 일부라는 것을 알려 분쟁의 심각함을 대비적으로 강조하여 쓸 것	210~ 240자
3문단	**우리나라의 실태**: [자료 1]과 [자료 3]을 활용하여 쓸 것 ■ 2문단의 내용과 연결하여 문단의 시작을 '물 부족은 ~이/가 아니다. 우리나라도 ~에서 결코 자유로울 수 없다.'의 형식으로 쓰고, 우리나라의 현실로 언제 어디서든 수도꼭지만 틀면 물이 나오는 환경을 제시하고 이러한 점이 주는 문제를 물 부족과 관련하여 쓸 것 ■ 물 부족과 관련하여 우리나라가 분류된 등급 국가명과 분류 주체를 쓸 것 ■ '그럼에도 불구하고'로 시작하여 우리나라의 물 사용량을 독일과 비교해서 쓸 것 (1인당 물 사용량, 배수 제시) ■ 우리나라 물 사용량 중 가장 많이 차지하고 있는 사용 용도와 그 용도의 수치를 쓸 것	300~ 330자
4문단	**물 부족을 해결할 수 있는 실천 방법**: [자료 4]를 활용하여 쓸 것 ■ 물 부족은 우리 모두가 노력하고 실천해서 해결할 수 있음을 넣어 쓸 것 ■ 실천하는 노력과 습관을 자료에서 찾아 '~기'의 형식으로 3어절 이내로 간결하게 쓸 것 ■ 건강, 안정적 식품 공급, 지속 가능한 경제 발전을 위해 물을 절약하고 아껴 써야 한다고 할 때 물을 '생명'과 '돈'에 연관지어 쓸 것	180~ 210자

┤ 자료 1 ├

'세계 물의 날'은 전 세계적인 수질 오염과 점차 심각해지는 물 부족에 따른 문제의 경각심을 일깨워 물의 소중함을 되새기기 위하여 유엔이 제정, 선포한 날이다. 유엔은 1992년 12월 22일 리우환경회의 의제 21의 18장(수자원의 질과 공급 보호)의 권고를 받아들여 '세계 물의 날 준수(Observance of World Day for Water) 결의안'을 채택하였다. 이 결의안에 따라 매년 3월 22일을 '세계 물의 날'로 제정, 선포하여 1993년부터 기념하고 있다.

이는 인구와 경제활동 증가에 의해 환경이 파괴되어 주변 강이나 바다가 오염됨으로써 먹을 수 있는 물이 점차 줄어들자, 이를 해결하기 위해 국제적으로 협력하여 물 관련 문제의 심각성을 인식하고 수자원을 보호하는 등의 활동을 통해 물 부족 현상을 개선하자는 취지에서 제정되었다. 세계 물의 날을 통하여 식수 공급과 관련된 문제의 인식, 수자원의 보존과 식수 공급의 중요성에 대한 인식의 증대, 세계 물의 날 행사 조직과정에 있어서 정부·국제기구·비정부기구 및 민간 부문의 참여와 협력의 증진을 달성하고자 한다.

한편, 국제인구행동연구소(PAI)는 세계 각국의 연간 1인당 가용한 재생성 가능 수자원량을 산정하고 이에 따라 전 세계 국가를 '물 기근, 물 부족, 물 풍요' 국가로 분류·발표하고 있다. 이 보고서에 의하면 한국은 1990년에 연간 1인당 재생성 가능한 수량이 1,452㎥로 '물 부족 국가'로 분류되었으며, 2025년에는 '물 기근 국가'로 전락할 것으로 전망되고 있다.

또, 2012년 경제협력개발기구(OECD)가 발표한 '2050 환경 전망' 보고서에 따르면 우리나라는 가용 수자원 대비 물 수요 비율이 40%를 넘어 OECD 국가 중 가장 높은 수치를 기록했다. 이 비율이 40%를 초과하면 '심각한(Severe) 물 스트레스 국가'로 분류되는데 우리나라가 여기에 속한 유일한 나라가 되었다.

❋ 현재 물 부족이 가장 극심한 곳: 아프리카 대륙
- 물을 마시지 못해 1일 3,000명 정도의 어린이가 사망함.
- 가난하고 어려운 사람일수록 물 부족 피해 더 큼.
- 물을 차지하기 위해서 발생하는 지역적, 국가적 분쟁 심각함.

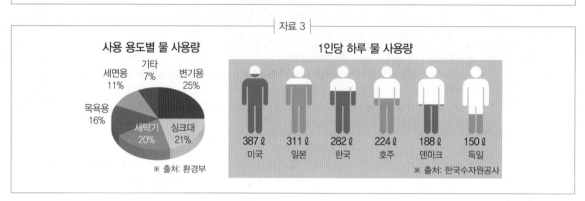

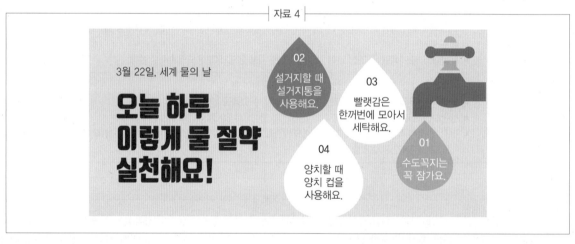

국가공인 한국실용글쓰기검정 1교시 문제

수험번호		제한시간 90분
객관식 영역(400점)	감독관 확인	

1. 다음 글을 참고할 때, 김 대리의 쓰기 과정에서 작문 단계의 상호 작용이 잘 드러난 것으로 적절한 것은?

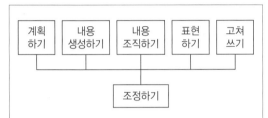

글쓰기의 계획하기, 내용 생성하기, 조직하기, 표현하기, 고쳐쓰기 등의 사고 작용은 고정된 순서대로 일어나지 않고 상호 보완적으로 이루어진다. 이 상호 작용을 가능하게 하는 것이 '조정하기'인데, 이를 통해서 각 과정이 계기적으로 진행되지 않고 회귀적으로 진행되는 것이다. 예를 들어, '표현하기' 단계에서 새로운 내용이 떠오르면 '내용 생성하기' 단계로 회귀할 수 있고, '내용 조직하기' 단계에서 새롭게 '계획하기'의 활동을 할 수도 있다.

① 김 대리는 글을 쓰는 과정에서 다른 아이디어가 떠올라도 그것에 구애되지 않고 계속 써 내려간다.

② 김 대리는 글을 쓸 때에 일단 생각나는 대로 쓰다가 더 이상 생각이 떠오르지 않으면 고쳐쓰기로 글을 마무리한다.

③ 김 대리는 글쓰기의 단계를 중시하고 계획하기부터 고쳐쓰기까지 순차적으로 진행하여 원하는 내용의 글을 완성한다.

④ 김 대리는 글을 쓰면서 새로운 아이디어가 떠오르면 이 내용을 글에 포함시키기 위해 글의 내용을 다시 수정한다.

⑤ 김 대리는 글은 철저한 사전 계획 속에서 쓰는 것이라고 생각하고 쓰기 계획을 철저히 세우지 않으면 글을 쓰지 않는다.

2. 김 팀장이 메모한 내용을 종합하여 글의 전개 방향을 설정한 내용으로 가장 적절한 것은?

김 팀장은 '대중 매체'와 관련한 글을 쓰기 위해 연상한 내용들을 다음과 같이 메모하였다.

- 대중 매체는 정보와 지식의 보고이다.
- 대중 매체는 현대 문화와 생활 양식에 커다란 영향을 준다.
- 대부분의 대중 매체는 상업주의적 성격을 띠고 있다.
- 대중 매체의 상업화는 정보의 변질과 문화 왜곡을 초래한다.
- 사회의 구조적 모순으로 인해 대중 매체의 상업성을 개선하기 어렵다.
- 현대인들은 대중 매체에 대해서 지나치게 수동적인 태도를 보인다.

① 문제와 해결   ② 비교와 대조
③ 원인과 결과   ④ 분류 또는 분석
⑤ 묘사

3. 다음 글을 읽고 단계성의 원리에 따라 [보기]를 구성한 방식에 대해 설명한 것으로 적절하지 <u>않은</u> 것은?

> 글을 쓸 때에는 일반적으로 처음, 중간, 끝의 구조 혹은 서론, 본론, 결론의 구조로 글의 내용을 구성하는데 이를 '단계성'이라고 한다. 글의 내용을 구성하는 방식은 글을 쓰는 목적과 글의 유형에 따라 달라진다.

| 보기 |

> 전자레인지는 가스레인지, 전기밥솥, 커피 메이커 같은 주방 기구와 크게 다르다. 가스로 불을 붙이는 것도 아닌데 스위치만 누르면 커피나 우유를 쉽게 데울 수 있다. 감자와 고구마도 익힐 수 있고 피자를 데워 먹을 수도 있어 만능 조리기처럼 보인다. 그렇다면 이 기계는 어떻게 음식을 데우고 끓이는 것일까? 어떻게 열에 약한 플라스틱 그릇조차 하나도 망가뜨리지 않고 음식만 뜨겁게 조리할 수 있는 것일까?

① 글을 쓰고자 하는 대상을 제시하고 있다.
② 독자들의 흥미나 관심을 유발하고 있다.
③ 의문 제기를 통해 글을 쓰는 목적을 제시하고 있다.
④ 본문에서 다루게 될 문제를 제시하고 있다.
⑤ 주요 내용이나 논의를 간단히 요약하고 있다.

4. 다음에 제시된 개요를 평가할 때 논리의 흐름상 잘못된 것은?

> 주제: 영어 공용화 주장에 반대한다.
> 서론: 영어 공용화론이 제기되는 현실
> 본론: 1. 영어 공용화 주장이 대두하게 된 원인
>   ㉠ ㄱ. 국경 없는 세계화의 추세
>   ㄴ. 영어 사용 국가의 막강한 영향력
>   2. 영어 공용화론자들의 주장
>   ㄱ. 인터넷을 통한 많은 정보 획득 유리
>   ㉡ ㄴ. 국가 경쟁력 강화에 필수적인 요소임을 강조
>   3. 영어 공용화론자들의 주장에 대한 반박
>   ㉢ ㄱ. 정보 공개를 통한 정보 공유의 중요성을 강조
>   ㄴ. 국가 경쟁력 강화를 위한 다양한 요소와 방법 제시
>   ㉣ ㄷ. 언어는 민족 결합의 원동력
>   4. 대응 방안 및 태도
>   ㉤ ㄱ. 영어 공용화가 아닌 올바른 영어 교육을 통한 문제 해결
>   ㄴ. 국어의 정체성을 지키기 위한 노력 강조
>   5. 한국어의 세계 언어로서의 가능성 모색
> 결론: 실리적인 면을 강조한 영어 공용화 주장에 반대

① ㉠   ② ㉡   ③ ㉢   ④ ㉣   ⑤ ㉤

※ 다음 글을 읽고 물음에 답하시오. [5~6]

1961년 앤셀 키즈(Ancel Keys) 박사의 '과도한 콜레스테롤은 심혈관계 질환의 발병률을 증가시킨다.'라는 제대로 검증되지 않은 발표에 의해 콜레스테롤과 관련된 거짓 신화가 시작되었다. 이후 여러 연구자들에 의해 이 발표가 잘못되었고 심장질환을 일으키는 직접적인 요인은 당, 염증, 산화, 스트레스임이 밝혀졌다. 2015년 미국 농무부(USDA)의 식생활지침 자문위원회는 기존 하루 300mg 이하로 제한하던 콜레스테롤 섭취 권고 문구를 삭제하였다. 이후에도 ㉠ 콜레스테롤에 대한 연구가 진행되면서 아직도 콜레스테롤과 음식에 대한 선입견, 좋은 콜레스테롤과 나쁜 콜레스테롤에 대한 수치, 총 콜레스테롤 수치를 높이는 포화 지방 등에 많은 논란이 있다. 콜레스테롤에 대한 진실은 무엇일까?

Q 콜레스테롤은 음식을 통해서만 섭취할 수 있다?
A 콜레스테롤은 음식물 섭취와 간에서의 생합성 2가지로 만들어지며, 간에서 전체 70%, 음식에 의해서는 30% 정도 생성된다고 한다. 프레이밍햄의 연구에 따르면 심혈관계 질환이 발생한 사람과 그렇지 않은 사람의 일일 콜레스테롤 섭취량은 거의 차이가 없다는 것이 밝혀졌다. 미국 심장협회 및 미국 심장학회에서도 콜레스테롤은 과다 섭취를 염려할 영양소가 아니고, 우리 몸은 콜레스테롤을 많이 먹으면 덜 만들어 내고, 덜 먹으면 더 만들어 내는 방식으로 대응한다고 설명한다. 예를 들어 음식을 통해 콜레스테롤을 충분히 섭취하지 않을 경우에는 부족한 양을 간에서 보충하여 더 많이 생성하고, 콜레스테롤을 많이 섭취한 경우에는 간에서 만들어내는 양이 줄어든다. 그러므로 콜레스테롤로 인해 음식에 대한 선입관을 갖는 것은 적절하지 않다.

Q 좋은 콜레스테롤과 나쁜 콜레스테롤이 있다?
A 콜레스테롤에는 HDL 콜레스테롤과 LDL 콜레스테롤이 있다. HDL 콜레스테롤은 혈액 및 조직 속에 있는 콜레스테롤을 제거하여 동맥경화 등을 예방해 주고, LDL 콜레스테롤은 동맥경화증을 촉진하여 심장병과 뇌졸중을 일으킨다고 알려져 있다. 그런데 저밀도인 LDL은 간에서 생성된 콜레스테롤을 몸속 필요한 곳으로 운반하는 역할을 하고, 고밀도인 HDL은

할 일이 끝난 콜레스테롤을 간으로 다시 돌아오게 하여 분해하는 역할을 한다. 이때 HDL과 LDL의 콜레스테롤은 그 수치보다 하위 유형인 분자의 입자 크기가 중요하다고 한다. 크기가 크고 밀도가 낮은 분자는 착한 유형, 크기가 작고 밀도가 높은 분자는 나쁜 유형으로 분류한다.

5. 윗글의 제목으로 가장 적절한 것은?
① 콜레스테롤은 건강의 적
② 콜레스테롤에 대한 오해와 진실
③ 콜레스테롤 섭취에 좋은 음식
④ 관리해야 할 질병, 콜레스테롤
⑤ 착한 콜레스테롤과 나쁜 콜레스테롤 구분법

6. ㉠과 관련하여 글을 완성하기 위해 더 보충해야 할 Q&A와 관련된 내용으로 적절한 것은?
① HDL과 LDL로 분류하는 콜레스테롤
② 음식의 섭취로 인한 콜레스테롤의 위험
③ 높은 콜레스테롤 수치와 심혈관계 질환의 관계
④ 포화 지방과 총 콜레스테롤의 수치, 심혈관계 질환의 연관성
⑤ 심혈관계 질환 발생자와 미발생자의 일일 콜레스테롤 섭취량의 차이

※ 다음 글을 읽고 물음에 답하시오. [7~8]

Ⅰ. 서론
　응급 상황 발생 시 시민의 대처 능력 부족

Ⅱ. (　　㉠　　)
　1. 응급 상황 현장에서 대처 능력 습득
　2. 시민의 응급 처치 능력 강화로 시민 보건 향상
　3. 회복 및 치료 기간 단축에 이바지

Ⅲ. 응급 처치 교육의 문제점
　1. (　　㉡　　)
　2. 응급 처치 교육 보조 자료의 미비
　3. (　　㉢　　)

Ⅳ. (　　㉣　　)
　1. 정기적인 교육 기회의 확대
　2. 충분한 교육 기자재의 확보
　3. 실습 중심 체험 교육의 강화

Ⅴ. 결론
　(　　㉤　　)

7. 위 개요의 ㉠~㉤에 쓸 내용으로 가장 적절한 것은?

① ㉠: 응급 처치의 한계
② ㉡: 응급 환자의 열악한 진료 환경
③ ㉢: 강사의 시범에 그치는 이론 중심의 교육
④ ㉣: 응급 처치 교육 체험의 확대
⑤ ㉤: 응급 상황 발생 빈도의 증가에 따른 대비 촉구

8. 위 개요에 따라 쓸 글의 주제문으로 가장 적절한 것은?

① 시민을 대상으로 응급 처치 교육을 활성화하자.
② 지자체 중심으로 응급 처치 교육 대상을 확대하자.
③ 응급 처치 교육의 문제점과 활성화 방안을 알리자.
④ 응급 처치 교육의 확대로 감염성 질병에 대비하자.
⑤ 응급 처치의 한계를 극복하고 질병 치료율을 높이자.

9. 다음 자료들을 바탕으로 ○○유통 정 대리가 쓴 제안서의 제목으로 가장 적절한 것은?

(가) 최근 가격 대비 성능이 좋은 제품을 구매하는 소비자가 늘어나면서 '가성비'가 유통업계의 트렌드가 되었다. 가계들의 부채나 국내외 정치적 리스크 등으로 인해 경기의 불확실성이 상승하면서 소비 침체가 심화되고 있다. 이런 현상은 '가성비'를 중시하는 트렌드를 유발했다.

(나) 국내 1인 가구가 500만 명을 넘어서면서 '솔로이코노미(Solo Economy)'가 주목받고 있다. 통계청 인구주택총조사에 따르면 2000년 국내 전체 가구의 1.5%였던 1인 가구는 지난해 26%로 빠르게 증가한 것으로 나타났다. 4가구 중 1가구가 혼자 사는 1인 가구인 셈이다. 또 우리나라는 노인 인구 비율이 전체 인구의 15%를 넘고 있어 고령 사회로 진입하고 있다. 이런 변화는 소비자의 구매 형태의 변화나 편의점의 성장에도 영향을 주고 있다.

① 고급화 브랜드 확대
② 고비용 고효율 제품 확대
③ 소용량 소포장 상품 확대
④ 자체 브랜드 상품 강화
⑤ 대용량 상품 중심의 대형 점포 확대

10. 다음 중 '정규직 전환'에 대한 주제로 글을 쓰기 위한 내용으로 적절하지 <u>않은</u> 것은?

① 정규직 전환이 사회적으로 미칠 영향을 여러 관점에서 조사하여 제시한다.
② 비정규직을 위한 공공 일자리와 청년 인턴 등의 확대 등 다양한 일자리 창출에 대해 제안한다.
③ 정규직 전환에 대한 청년들의 찬성과 반대 등 다양한 입장을 정리하여 제시한다.
④ 정규직 전환과 전환 보류에 대한 연령대별, 지역별 입장을 조사한다.
⑤ 언론에서 보도하는 정규직 전환과 관련한 실제 사례를 바탕으로 입장을 정리한다.

11. 다음 상황에서 김 팀장이 준비한 [자료]에 나타난 글쓰기 전략으로 적절하지 <u>않은</u> 것은?

> 김 팀장은 며칠 후에 부서원들 전체를 대상으로 건의문 쓰기의 전략을 발표하기로 했다. 특별한 예를 들어 글쓰기의 전략을 설명할 수 없을까를 고민하다가, 자신의 전공을 살려 고전을 제재로 하여 발표하기로 결정했다. 일반적으로 상소문은 신하가 임금에게 충고를 목적으로 하여 올리는 개인적인 글이지만, 그 외의 다양한 목적과 의도를 가지고 건의하는 형식으로 올리는 공적인 글이 되기도 한다. 김 팀장은 나음과 같은 사료를 준비하여 상대를 설득하는 목적의 전략을 준비하였다.

> **[상소문 자료]**
>
> (가) 지금 우리나라는 전하의 크신 은혜가 미치지 않은 곳이 없어 모든 백성들이 평안하니 특별히 드릴 말씀은 없사오나, 국방 분야에 대해서는 소신(小臣)이 감히 아뢸 말씀이 있사옵니다.
>
> (나) 지금 멀리 수레를 움직여서 군사를 번거롭게 하시면, 태상왕의 마음도 편안하지 못할 것이니, 어찌 효도가 되겠습니까?
>
> (다) 신의 의견을 받아들여 주신다면, 우리나라는 강군을 갖게 될 것입니다. 일찍이 송나라 장수 악비는 군인이 된 아들을 엄격하게 훈련시켜 다른 병사들의 본보기가 되도록 했습니다. 하루는 악비의 아들이 참호를 뛰어넘는 훈련을 하다가 넘어진 일이 있었습니다. 아들이 훈련을 소홀히 했다고 판단한 악비가 아들을 죽일 듯이 다그치는 것을 부하들이 겨우 말릴 수 있었다고 합니다.

① (가)는 우회적인 방법이나 완곡한 내용 전개를 제시함으로써 상대를 설득하려는 전략을 사용하고 있다.

② (가)는 설득하고자 하는 이를 높임과 동시에 자신의 충성과 의도의 순수성을 내세우며 주장의 설득력을 강화하고 있다.

③ (나)는 자신이 말하고자 하는 내용을 의문문의 형식으로 표현하여 상대가 공감하고 긍정하도록 하는 전략을 사용하고 있다.

④ (나)는 의문문을 사용하여 자신이 전달하려는 의도를 직접적으로 제시하여 자신의 주장에 대한 설득력을 강화하고 있다.

⑤ (다)는 말하고자 하는 의도를 직접적으로 표현하지 않고 역사적 논거를 활용하여 설득하려는 전략을 사용하고 있다.

12. 다음 주어진 보고문에 대한 설명을 고려하여 [보고문]에 더 보충해야 할 내용으로 적절한 것은?

> 보고문은 연구나 조사·실험·답사·행사 등의 과정이나 결과를 다른 사람에게 일정한 양식에 맞추어 전달하는 글이다. 보고문은 처음, 중간, 끝의 구조로 조직하는데, 각 단계에 따라 제시해야 하는 내용이 있다.
>
> '처음' 부분에서는 주제, 작성 동기, 필요성, 목적을 제시한다. 그리고 조사 대상의 범위와 조사 방법을 명시한다. 또한, 조사 내용의 조사 일정과 조사 참가자도 밝힌다.
>
> '중간' 부분에서는 육하원칙에 따라 기술하며, 실험, 답사, 관찰 등의 현장 조사를 상세하게 제시한다. 그리고 조사 결과로 얻어진 사진, 도표, 그림, 통계 등을 제시한다.
>
> '끝' 부분에서는 보고의 핵심을 간추리고 보고문의 요구 사항을 다시 강조한다. 그리고 보고의 의의, 보고에서 미진했던 점과 향후 계획을 밝힌다.

> **[보고문]**
>
> (가) 보고문의 처음 부분
> 　우리 한국어 방언 동호회 '한글'에서는 지난 8월 3일부터 5일까지 2박 3일의 일정으로 방언 조사에 나섰다. 지난해부터 표준어와 방언에 대하여 연구해 온 방언 연구팀이 사내지에 수록할 방언 관련 글을 쓰기 위해서 직접 방언 조사를 하였다. 팀장은 '한글'을 이끄는 ○○○ 차장, 그 외 팀원은 동호회 소속 대리 1명과 신입 사원 7명이었다.
> 　　　－ 보고문의 중간 생략 －

(나) 보고문의 끝 부분

　　이상에서 보고한 바와 같이 제주도 방언에는 훈민정음 창제 당시에 쓰이다가 없어진 것으로 알려진 'ㆍ' 음 등 옛말이 많이 남아 있다.

　　이번 조사에서는 낱말이나 일상 생활에서 사용하는 간단한 대화들을 중심으로 조사하였지만, 다음에 또 기회가 있으면 음운이나 문장의 특징을 알 수 있도록 체계적으로 조사해야겠다. 특히, 풍습이 현저하게 다르기 때문에 어떤 질문을 해야 할지를 몰랐던 경우가 많으므로, 앞으로 사전에 그 고장의 풍습에 대한 조사를 보다 풍부하게 한 후에 방언 조사에 나서는 것이 좋겠다.

① (가)에 보고문의 주제나 작성 동기를 제시해야 한다.
② (가)에 보고문 작성의 필요성이나 목적을 제시해야 한다.
③ (가)에 구체적인 조사 대상 지역을 제시해야 한다.
④ (나)에 앞에서 다룬 본문의 내용 요약을 해야 한다.
⑤ (나)에 앞으로 더 조사할 내용에 대한 계획을 제시해야 한다.

※ 다음 글을 읽고 물음에 답하시오. [13~14]

[곰 쓸개즙 음용 등 불법 관광 행위 예방 계도문]

　　현재 베트남 등 동남아시아 지역 내 곰 사육 농장에서 살아 있는 곰쓸개에 튜브를 연결하여 쓸개즙을 음용하는 내외국인 관광객이 급증하고 있어, 베트남 정부는 생쓸개즙의 음용을 알선하는 사람이나 업체를 동물보호법 등 관련 법률 위반 혐의로 강력히 단속할 예정입니다.

　　우리 정부는 ㉠ 상기 불법 관광 행위로 인한 국가 이미지 추락 방지 및 **우리 나라** 관광객 보호를 위하여 상기 행위를 알선하는 우리 국내 여행사를 ㉡ 대상, 관광진흥법에 따라 강력한 행정처분 조치를 취할 예정입니다. 또한 외국에서의 위법한 행위 등으로 국위를 크게

손상시켜 관계 행정기관으로부터 통보를 받은 사람은 여권법 **제12조**3항 규정에 ㉢ 의거 **1년이상 3년이하** ㉣ 기간 동안 여권 신규 발급이나 **재 발급이 제한될수 있음**을 알려드립니다.

　　따라서 동남아 지역을 여행하시는 관광객 및 현지 교민 여러분께서는 혹시라도 불미스러운 일에 ㉤ 연루되어 불이익을 당하는 일이 없도록 주의를 기울여 주시기 바랍니다.

13. 위 공문서에 사용된 표현을 수정한 것으로 적절하지 않은 것은?

① ㉠ 상기 → 아래의
② ㉡ 대상, → 대상으로
③ ㉢ 의거 → 의거하여/따라서
④ ㉣ 기간 동안 → 기간/동안
⑤ ㉤ 연루되어 → 관련되어

14. 위 공문서의 띄어쓰기를 수정한 것으로 적절하지 않은 것은?

① 우리∨나라 → 우리나라
② 제12조 → 제∨12조
③ 1년이상 3년이하 → 1년∨이상∨3년∨이하
④ 재∨발급 → 재발급
⑤ 제한될수∨있음 → 제한될∨수∨있음

15. 대인 관계에서 상대의 감정에 공감하며 적절하게 반응하는 공감적 듣기의 역할에 대한 설명으로 적절하지 <u>않은</u> 것은?

> 대인 관계에서 업무 상대와의 대화 방법과 태도는 목표를 달성하거나 인간관계를 형성하는 데 중요한 영향을 미친다. 대인 관계의 듣기에서는 상대의 감정에 공감하며 적절하게 반응하는 '공감적 듣기'의 역할이 중요하다. 공감적 듣기는 상대방의 담화를 분석하거나 비판하지 않고 화자가 상대방의 관점에서 문제를 바라보고 이해하려는 듣기를 말한다. 그리고 화자의 생각이나 감정을 깊이 있게 이해하기 위해 감정을 이입해서 듣는 '들어주기'에 해당한다.
> 공감적 듣기에는 다음과 같은 유형과 방법이 있다.

유형	전략(기술)	
	⊙ 집중하기	상대방과의 눈 맞춤(Eye Contact)
		몸짓과 적절한 음성적 반응
소극적 들어주기	ⓛ 격려하기	상대를 격려하며 대화를 이끌어가기 예 "좀 더 이야기해 봐.", "계속 말해 봐.", "이를테면?" 등
		상대방이 말한 주요한 어휘나 표현 반복
		내용을 분명히 이해하기 위하여 미진한 부분에 대해 질문
		상대의 침묵을 견디는 것
적극적 들어주기	ⓒ 반영하기 (재진술하기)	들은 내용을 자신이 이해한 자신의 말로 재진술(Paraphrase)해 주는 방법 예 "네 말 뜻은 ~구나.", "~(으)로 생각해도 될까요?" 등

① ⊙에서 상대방과의 눈 맞춤은 청자가 화자의 말을 집중해서 듣고 있음을 보여주는 표지 역할을 한다.

② ⓛ은 상대방이 말을 계속 진행할 수 있도록 하여 대화가 이어지게 하는 역할을 한다.

③ ⓛ에서 내용 이해를 위한 질문은 상대방의 담화에 대해 가치 판단을 할 수 있도록 돕는 역할을 한다.

④ ⓒ은 상대방의 말을 요약 정리하면서 상대방이 객관적인 관점에서 문제에 접근할 수 있도록 하는 역할을 한다.

⑤ ⓒ은 화자가 스스로 문제를 해결하거나 깊이 생각할 수 있도록 도와주는 역할을 한다.

※ 다음 문서를 읽고 물음에 답하시오. [16~17]

기관의 로고/마크	기안서	문서분류	기타/일반
		페이지번호	1/1페이지
		작성자	
		작성 일자	20 . . .

아래와 같이 기안서를 제출합니다.

결 재				
	/	/	/	/

문서 분류		전결규정 기준표의 전결사항
처리 기간		
시행 일자		
보존 연한		
보존 기관		
수신 경유		발신:
제목		

– 본문 –

– 이하 생략 –

16. 위와 같은 문서에 관한 설명으로 적절하지 <u>않은</u> 것은?

① 기안자는 해당 업무를 담당하는 사람 중에서 직급을 고려하여 책임자에 해당하는 사람이 작성한다.

② 기안자는 안건에 관련된 문제를 파악하고 관계 규정 및 과거 행정 선례를 숙지하고 있어야 한다.

③ 올바른 문서 작성은 기관의 대외적인 권위와 신뢰도를 높여주므로 정확한 의사소통을 위해 명확하고 쉽게 작성한다.

④ 기안하는 목적과 필요성을 파악하고 자료 수집이 필요한 경우에는 설문이나 실태 조사 등을 통해 의견을 청취한다.

⑤ 복잡한 기안의 경우에는 초안을 작성하여 논리의 일관성을 해치는 내용이나 빠지는 사항이 없도록 검토한 다음 작성한다.

17. 위와 같은 문서의 '붙임' 작성 방법으로 적절한 것은?

① 붙임:∨1.○○○계획서 1부.
　　　 2.○○○서류 1부.∨∨끝.

② 붙임∨1.∨○○○계획서 1부.
　　　 2.∨○○○서류 1부.∨∨끝.

③ 붙임∨∨1.∨○○○계획서 1부.
　　　 2.∨○○○서류 1부.∨끝.

④ 붙∨임∨1.∨○○○계획서 1부.
　　　 2.∨○○○서류 1부.∨∨끝.

⑤ 붙임∨∨1.∨○○○계획서 1부.
　　　 2.∨○○○서류 1부.∨∨끝.

※ 다음 글을 읽고 물음에 답하시오. [18~20]

함께라 대한민국 행정안전부	보 도 자 료	작성과	자치분권 제도과
20○○년 ○월 ○일(금) 조간(○. ○. 12:00 이후)부터 보도하여 주시기 바랍니다.	담당자	과　장 한○○ 사무관 문○○ 사무관 이○○
	연락처	123-456-7890

⊙

– 정부, 지방자치법 전부개정안 등
관계 법률 제·개정안 국회 제출 –

□ 행정안전부는 「지방자치법 전부개정법률안」 및 관련 5개 법률의 제·개정안이 지난 ○월 ○○일 국무회의에서 통과되어 국회에 제출한다고 발표했다.

○ 이번 「지방자치법 전부개정법률안」 등은 지난 20대 국회 제출 후 국회 임기 만료로 인해 자동 폐기되었던 법안을 일부 수정·보완하여 재제출하는 것이다.

○ 1988년 이후 32년 만에 추진하는 지방자치법 전부개정을 포함한 이번 제도 개선은 그간 지방행정의 객체로 머물러 있던 주민을 다시 지역의 주인으로 자리매김하도록 하고, 고질적 문제로 제기되던 지방자치단체의 자치권 부족과 책임성·투명성 부족 문제를 해결하기 위해 추진되는 것이다.

□ 이번 「지방자치법 전부개정법률안」 등에 따라 변화되는 주요 내용은 다음과 같다.

○ 주민참여권 보장을 통한 주민주권 강화

○ 일하는 지방자치단체를 위한 역량 강화 및 자치권 확대

○ ⓛ 자율성 강화에 상응하는 투명성과 책임성 확보

○ 중앙–지방 협력관계 정립 및 행정 능률성 제고

18. 위와 같은 문서를 작성하는 방법으로 적절하지 <u>않은</u> 것은?

① 중요한 내용은 자료의 마지막에 제시하여 강조한다.
② 수식어는 피하고 전달하고자 하는 핵심만을 적는다.
③ 시각적 자료를 활용하여 전달 효과를 높이도록 한다.
④ 전문 용어를 피하고 짧은 문장으로 작성한다.
⑤ 제목은 전달하는 핵심 내용이 분명히 나타나게 작성한다.

19. 위 문서의 ㉠에 쓸 제목으로 가장 적절한 것은?

① 32년 만의 지방자치법 전부개정 추진
② 지방자치법 전부개정법률안, 무엇이 바뀌나
③ 지방자치법, 20대 국회 임기 만료로 자동 폐기
④ 행안부, 법률개정으로 지자체의 숙원 사업 해소
⑤ 지자체의 자치권 향상을 위한 법률개정안 국회 통과

20. 위 문서의 ㉡과 관련한 내용으로 적절하지 <u>않은</u> 것은?

① 지방의회의 의정 활동, 집행부의 조직·재무 등 자치단체의 주요 정보를 적극적으로 제공하도록 하고, 정보공개 시스템을 구축하여 주민의 정보 접근성을 제고한다.
② 시·군·구의 위법한 사무 처리에 대해 시·도가 조치하지 않을 경우 국가가 보충적으로 시정·이행 명령을 할 수 있도록 하여 위법한 행정에 대한 중앙정부의 지도·감독 장치를 보완한다.
③ 지방의원이 직무를 통해 부당한 이득을 취하는 것을 예방하기 위해 겸직금지 의무 규정도 더 구체화하고, 겸직이 허용되는 경우라도 의무적으로 겸직 내역을 공개하도록 할 예정이다.
④ 시·도지사가 갖고 있는 시·도의회 직원의 임용권을 시·도의회 의장에게 부여하여 의회의 독립성을 강화하고, 지방의원의 자치 입법·예산심의 등을 지원할 '정책 지원 전문 인력'의 도입 근거를 마련한다.
⑤ 지방의회의 윤리성과 책임성을 제고할 수 있도록 윤리특별위원회 설치를 의무화하고, 민간 위원으로 구성된 윤리심사자문위원회를 설치하여 의원에 대한 징계 등을 논의 시 의무적으로 의견을 수렴하도록 한다.

※ 다음 글을 읽고 물음에 답하시오. [21~22]

스포츠 마케팅 구조

1. 스포츠 마케팅의 구조
  가. 스포츠의 마케팅
   • 제품: 스포츠 주관 관련 조직에서 소비자들에게 제공하는 스포츠 관련 용품 및 무형의 서비스 상품
   • 가격: 스포츠 서비스의 효용 가치를 반영하여 구매자가 구입한 유·무형의 제품에 따라 지불하는 가치
   • 유통: 유통 채널을 통한 스포츠 용품 판매 및 입장권 판매와 방송 네트워크 구축 등
   • 촉진: 각종 유·무형의 제품 등의 홍보, 광고, 대인 판매 등 판매 촉진과 관련된 문제
   • PR: 스포츠 마케팅의 전개에서 공공과의 긍정적인 관계 형성의 문제

  나. 스포츠를 통한 마케팅
   • 스폰서십(Sponsorship): 스포츠 관련 조직에서 스포츠 이벤트에 소요되는 비용을 부담하고 이벤트와 관련된 명칭이나 후원 사항을 대외 홍보 자료로 활용할 수 있는 권리
   • 라이센싱(Licensing): 캐릭터나 로고, 심볼, 마스코트 등을 특정 기업이 자사 제품의 홍보나 자사의 이미지 제고를 위해 자사 상품에 부착하여 판매할 수 있는 권리
   • 머천다이징(Merchandising): 스포츠 이벤트, 팀의 이름, 로고, 캐릭터 등을 이용하여 기념품 등을 만들어 판매할 수 있는 권리
   • 인도스먼트(Endorsement): 자사의 인지도나 긍정적 이미지 형성을 위해 자사 제품을 해당 선수나 팀이 경기 중에 착용하거나 사용하도록 하는 권리
   • TV 중계권: 스포츠 경기를 운영하는 운영 주체에 일정한 금액을 제공하고 방송이나 TV 중계에 관한 권한을 확보하는 권리

21. '스포츠 마케팅'에 대한 이해로 적절하지 않은 것은?

① 스포츠 마케팅은 크게 '스포츠의 마케팅'과 '스포츠를 통한 마케팅'으로 구분된다.

② '스포츠의 마케팅'은 스포츠를 직접 제품화하여 판매 및 서비스하는 마케팅을 말한다.

③ '스포츠를 통한 마케팅'은 기업이 스포츠를 이용하여 제품 판매나 기업의 이미지를 향상시키려는 마케팅을 말한다.

④ '스포츠의 마케팅'과 '스포츠를 통한 마케팅'은 활동의 중심에 스포츠 제품을 그 매개체로 활용한다.

⑤ '스포츠의 마케팅'과 '스포츠를 통한 마케팅'은 스포츠 소비자의 욕구 충족보다 스포츠 관련 조직의 목적 달성에 중점을 둔다.

22. 윗글의 '나. 스포츠를 통한 마케팅'의 스폰서십 관련 기획으로 가장 적절한 것은?

① ○○사는 ○○ 농구 경기를 운영하는 운영 주체에 일정한 금액을 제공하고 방송에 관한 권한을 확보한다.

② ○○사는 자사의 이미지 제고를 위해 자사 제품에 ○○ 팀의 마스코트를 부착하여 판매한다.

③ ○○○의 이름이 세계적으로 유명해지자 A사는 그 팀의 사진과 캐릭터를 이용하여 기념품을 제작한다.

④ ○○사는 자사의 인지도를 높이기 위해 ○○ 농구팀이 경기를 할 때 자사 로고가 새겨진 티셔츠를 착용하게 한다.

⑤ ○○사는 '전국 야구 대회'에서 소요되는 비용의 일부를 부담하고 이와 관련한 후원 사항을 홍보 자료로 활용한다.

※ 다음 문서를 읽고 물음에 답하시오. [23~24]

NCS 기반 채용 직무기술서(상황관리원)				
분류 체계	대분류	중분류	소분류	세분류
	현재 NCS에 Mapping 가능한 직무 (세분류)가 없어, 별도 분석을 통해 내용 도출			상황 관리원
중점 수행 분야	교통상황 관리 / 사무실 점검 업무 / 문서 작성 / 데이터 관리 / 서류 정리 / 민원 응대 등 고속도로 교통상황 관리 업무가 효율적으로 이루어질 수 있도록 지원하는 직무 수행			
직업 기초능력	의사소통능력, 상황판단능력, 문제해결능력, 대인관계, 직업윤리			
직무 수행 내용	1. 교통상황 관리 업무: 교통 관련 유고 상황 처리를 위한 상황관리 지원, 관계기관 상황전파 및 유선 응대 2. 사무실 점검 업무: 기관 내 주요시설 보안 점검 및 출입자 통제 3. 문서 및 자료 취합 업무: 긴급견인확인서, 일일 교통량 취합 등 교통상황 관리와 관계된 문서 작성 및 취합			
전형 방법	(1차) 서류전형 → (2차) 필기(인성, 직업기초능력) → (3차) 직무능력면접 → 임용			
필요 지식 및 기술	• 고속도로 교통사고 처리 프로세스 관련 지식 • 자동차 기본 구조 및 특성 관련 지식 • 업무 규정과 관련된 지식		• 문서 작성, 편집 기술 • 사무기기 활용과 관련한 기술 • 컴퓨터 활용 기술 • CCTV 조작 관련 기술	
직무 수행 태도	• 책임감 있는 태도 • 성실한 태도 • 꼼꼼하게 일을 처리하는 태도 • 친절하게 응대하는 태도			
직무 관련 자격증	• 서류전형 반영 자격증: 자동차 운전면허, 컴퓨터 운용 자격증, 기술 자격증 ⇨ 자격증 분야별 가장 유리한 자격증 1개 적용			

23. 위 문서를 이해한 내용으로 적절하지 않은 것은?

① 직무 관련 자격증을 아무리 많이 제출해도 반영되는 것은 최대 3개뿐이다.

② 교통상황 관리 업무 분야에 배치되려면 제출 서류에서 교통 관련 지식을 강조할 필요가 있다.

③ 응시자는 성실함과 책임감뿐만 아니라 상황판단능력이나 대인관계능력도 갖추고 있어야 한다.

④ 필기시험에 응시한 사람은 누구나 면접시험에 응시할 수 있는지 위의 채용 직무기술서만 읽어서는 알 수 없다.

⑤ 컴퓨터 운용 자격증에서 정보처리기능사 자격증과 정보처리산업기사 자격증이 있으면 더 유리한 자격증 하나만 내면 된다.

24. 다음 직무 중심 자기소개서 항목을 통해 평가하고자 하는 직업기초능력으로 가장 적절한 것은?

> 지금까지 자신이 다른 사람에게 설명해야 했던 가장 복잡하거나 어려웠던 아이디어, 상황 또는 경험에 관해 기술해 주십시오. (구체적으로 언제, 어떤 상황이었습니까? / 어떻게 설명했습니까? / 그 결과는 어떠했습니까?)

① 의사소통능력   ② 상황판단능력
③ 문제해결능력   ④ 대인관계
⑤ 직업윤리

※ 다음 글을 읽고 물음에 답하시오. [25~26]

제품 개발 품의서	남낭	부서장	본부장	대표이사

부서	기획	직급	사원	
성명	김○○	E – Mail		

㉠	
㉡	
㉢	
㉣	
기타 사항	

25. 윗글과 같은 문서에 대한 설명으로 적절하지 않은 것은?

① 아이디어가 있을 때 실행할 수 있는 예산을 얻기 위하여 작성한다.

② 제품을 기획하고 개발할 목적으로 상급자의 의견을 묻기 위해 작성한다.

③ 일정한 양식을 사용하여 미리 규정되어 있는 절차를 밟은 후 실행하는 문서이다.

④ 기획한 이유를 작성할 때 이야기나 의미가 있으면 제품 홍보에 도움이 될 수 있다.

⑤ 결재란에 관계 부서의 협조를 넣었으면 예산 명세를 기술하지 않아도 문서의 효력이 있다.

26. 위 문서의 ㉠～㉣에 쓸 내용으로 적절한 것끼리 묶은 것은?

	㉠	㉡	㉢	㉣
①	사업 소개	기대 효과	사업 추진 전략	개발 개요
②	개발 개요	개발 목적	추정 예산	기대 효과
③	추정 예산	개발 개요	개발 목적	기대 효과
④	사업 추진 전략	개발 목적	재무 전망	연구 결과
⑤	개발 목적	재무 전망	추정 예산	연구 결과

※ 다음 글을 읽고 물음에 답하시오. [27~28]

LCOE(균등화 발전 원가; Levelized Cost of Electricity)는 발전 설비가 운영되는 기간에 발생하는 모든 비용을 수치화해 나타낸 값으로, 다양한 발전 기술에 걸쳐 전기를 생산하는 데 드는 평생 비용을 비교할 때 사용하는 경제적 척도이다. 예를 들면, 발전소가 1kWh의 전기를 생산하기 위해 얼마의 비용이 필요한지를 나타낸 것으로 생각할 수 있다. LCOE는 같은 전력량의 생산을 위해 얼마만큼의 비용이 필요한지를 기준으로 여러 발전원에 대한 발전 단가의 산정 및 비교에 유용하다. LCOE에 고려되는 투자비나 운영비, 사회적 비용이나 환경적 비용 등은 시간이 지나면서 기술 발전과 원가 절감 등으로 값이 낮아진다. 하지만 석탄 화력 발전 등 전통 에너지 발전은 대기 오염 등 환경 비용의 상승과 자원 고갈 등의 이유로 LCOE가 높아질 것으로 예상된다. 이때 타 발전원의 LCOE와 태양광의 LCOE가 일치하는 시점이 생기는데, 이를 그리드 패리티(Grid Parity)라고 한다. <u>전통 에너지 발전과 재생 에너지 발전의 LCOE가 동일해지는 시점을 말하며, 이 시점 이후 재생 에너지가 가격 경쟁력을 갖추게 된다고 할 수 있다.</u>

27. 윗글을 프레젠테이션 슬라이드로 작성할 때 가장 적절한 구조는?

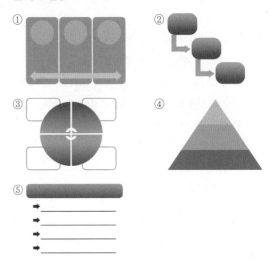

28. 윗글의 밑줄 친 부분을 시각화한 자료로 가장 적절한 것은?

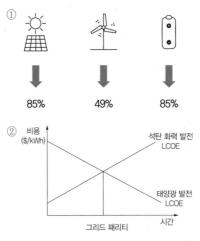

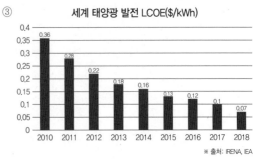

④

⑤

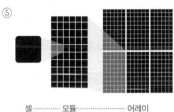

셀............ 모듈.................... 어레이

※ 다음 글을 읽고 물음에 답하시오. [29~31]

1. (㉠)의 표시

소재지				
토지	지목		면적	㎡
건물	구조	용도	전용면적	㎡
임대 부분				

2. 계약 내용
제1조) 위 (㉠)의 임대차 계약에 있어 임차인은 보증금 및 차임을 아래와 같이 지불하기로 한다.

– 중 략 –

제2조) 임대인은 위 (㉠)을/를 임대차 목적대로 사용·수익할 수 있는 상태로 하여　년　월　일까지 임차인에게 인도하며, 임대차 기간은 지정된 인도일로부터　년　월　일까지　개월로 한다.

제3조) 임차인은 임대인의 동의 없이 위 (㉠)의 (㉡)(이)나 구조를 변경하거나 전대 또는 담보 제공을 하지 못하며, 임대차 목적 이외의 (㉡)에 사용할 수 없다.

제4조) 임차인이 2회 이상 차임지급을 연체하거나, 제3조 조항을 위반했을 경우 임대인은 본 계약을 해지할 수 있다.

제5조) 임대차 계약이 종료된 경우 임차인은 위 (㉠)을/를 임차할 당시의 상태로 (㉢)하여 임대인에게 반환하며, 임대인은 보증금을 임차인에게 반환한다.

제6조) 임차인이 임대인에게 중도금(중도금이 없을 때는 잔금)을 지불하기 전까지 임대인은 계약금의 배액으로 배상하고, 임차인은 계약금을 포기하고 이 계약을 해제할 수 있다.

제7조) 중개업자는 계약 당사자 간 채무불이행에 대해서는 책임을 지지 않는다. 또한, (㉣)은/는 본 계약의 체결과 동시에 임대인과 임차인 쌍방이 각각 지불하며, 중개업자의 고의나 과실 없이 계약당사자 간의 사정으로 본 계약이 해제되어도 (㉣)을/를 지급한다.

> 〈특약사항〉
> 1. 현 시설물 상태의 임대차 계약이며, 임차인은 시설물 훼손 시 (㉢)하기로 한다.

– 이하 생략 –

29. 윗글과 같은 문서를 작성하는 이유로 가장 적절한 것은?

① 토지에 건물을 건축하기 위해서
② 토지 또는 건물에 대한 증여를 위해서
③ 토지 또는 건물의 가격을 측정하기 위해서
④ 토지 또는 건물에 대한 권리 내역을 알아보기 위해서
⑤ 토지 또는 건물을 임대하기 위한 계약을 체결하기 위해서

30. 윗글의 ㉠~㉣에 쓸 용어로 가장 적절한 것은?

	㉠	㉡	㉢	㉣
①	차량	소유권	회복	중개 수수료
②	부동산	토지	원상 복구	계약금
③	부동산	용도	원상 복구	중개 수수료
④	차량	소유권	복귀	계약금
⑤	차고지	용도	복귀	권리금

31. 윗글의 '– 이하 생략 –'에 들어갈 내용으로 적절한 것은?

① 중개업자는 임대인에게만 공제 증서 사본을 첨부하여 교부한다.
② 전체적인 구성과 설비 시설을 확인해야 하므로 설계 도면을 첨부한다.
③ 중개업자는 계약자가 요구하는 경우에 중개 대상물 확인 설명서를 작성한다.
④ 계약의 내용을 확인하고 계약서는 중개업자가 1통 보관한다는 주의 사항이 있어야 한다.
⑤ 중개사무소의 소재지, 명칭, 등록 번호, 대표자와 중개업자의 성명 등에 대한 정보가 제시되어야 한다.

※ 다음 글을 읽고 물음에 답하시오. [32~33]

[별지 제15호 서식]

【명세서】

【발명의 명칭】
　건축용 금속재 장식판의 보호피막 형성방법 {The method of forming the protective film on the metallic decorative panel for building}

(가)【발명의 상세한 설명】

　【기술 분야】
　본 발명은 건축용 금속재 장식판의 피막 형성방법에 관한 것으로, 더욱 상세하게는 우레탄아크릴 물질과 전리활성화 물질이 혼합되어 있는 수지원액을 이용하여 수지전착(樹脂電着) 방법으로 금속재 장식판의 특정 부분에 피막을 형성시킬 수 있도록 하는 건축용 금속재 장식판의 보호피막 형성방법에 관한 것이다.

　【배경 기술】
　　　　　　– 생략 –
　【발명의 내용】
　　【해결하고자 하는 과제】
　　　　　　– 생략 –
　　【과제의 해결 수단】
　　　　　　– 생략 –
　　【효과】
　　　　　　– 생략 –
　【발명의 실시를 위한 구체적인 내용】
　　　　　　– 생략 –

(나)【특허 청구 범위】
　【청구항 1】
　　　　　　　　– 생략 –
　【청구항 2】
　　　　　　　　– 생략 –
【도면의 간단한 설명】
　　　　　　　　– 생략 –

32. 위 문서의 (가), (나)에 대한 설명으로 적절하지 <u>않은</u> 것은?

① (가)는 다른 연구자가 새롭게 개발된 기술을 편리하게 활용할 수 있도록 하는 데 목적이 있다.
② (가)는 연구 기획 또는 개발 단계에서 새로운 아이디어를 얻고자 할 때 활용될 수 있다.
③ (나)는 특허권자가 독점권을 가지는 기술의 범위를 나타낸다.
④ (나)는 기술 동향 파악을 위해 새로운 기술의 요약문을 포함하고 있다.
⑤ (가)가 과학기술정보를 공개하는 기능을 한다면 (나)는 재산권을 선언하는 기능을 한다.

33. 위 문서의 항목 중에서 다음 내용을 쓰기에 적절한 것은?

　본 발명은 우레탄아크릴 물질과 전리활성화 물질이 혼합되어 있는 수지원액을 이용하여 수지전착(樹脂電着) 방법으로 금속재 장식판의 금 증착부와 같은 특정 부분의 표면에 보호층의 피막을 형성시킴으로써 먼지와 같은 이물질이 묻을 경우 제거가 용이함은 물론, 금 증착부가 손상을 입게 되거나 금속판으로부터 분리되는 현상을 방지하여 반영구적인 수명을 가질 수 있다.

---

① 효과
② 해결하고자 하는 과제
③ 과제의 해결 수단
④ 도면의 간단한 설명
⑤ 발명의 실시를 위한 구체적인 내용

34. 제품 설명서에 다음 내용을 써야 할 항목으로 가장 적절한 것은?

> • 1년마다 정기적으로 점검한다.
> • 장기간 사용하지 않을 때는 반드시 전원 코드를 뽑아서 보관한다.
> • 매 사용 후 남은 젤은 제거하고 축축한 거즈로 초음파 헤드를 닦는다.
> • 수리는 본사에서 지정한 훈련을 수행했거나 본사의 인증을 획득한 곳에서만 이루어져야 한다.
> • LCD가 작동하지 않을 경우 기기를 끄고 메인 소켓에서 메인 플러그를 분리한 후 퓨즈를 교체한다.
> • 기기가 더러워졌을 경우 축축한 거즈로 닦아 낸다. 심하게 더러운 경우 약한 농도의 세척액을 이용하여 세척한다.

① 사용 전 준비 사항
② 사용 시 주의 사항
③ 사용 방법 및 조작 순서
④ 저장 방법 및 사용 기간
⑤ 사용 후 보관 및 관리 방법

35. 다음 회의 내용을 통해 알 수 있는 것으로 가장 적절한 것은?

> 김 과장: 다음 달 3일에 진행될 신제품 발표회 준비는 잘 되고 있습니까?
> 이 대리: 장소는 실용 호텔 1층 그랜드홀로 확정되었고, 거래처 사장님 72명 등 외부 손님 110명이 참석할 예정입니다.
> 박 사원: 발표회 기획안은 업무 보고서로 작성하여 결재가 완료된 상태이고 지난주 7월 5일 자로 게시판에 공유하였습니다.
> 송 사원: 본 행사에 참석하실 사내 임직원과 외부 손님 200명에게도 업무 연락과 비즈니스 전자 우편 및 초청장 발송으로 모두 안내하였습니다. 업무 연락은 사내 임직원에게만 시행하였습니다.

① 신제품 발표회 날짜는 9월 3일이다.
② 발표회에 참석할 예정인 내빈은 72명이다.
③ 우천 시에는 신제품 발표회 장소가 바뀐다.
④ 사내 임직원들에게는 업무 연락을 통해 참석자 안내를 했다.
⑤ 외부 참석자에게 행사 내용을 안내한 방법은 세 가지이다.

36. 다음 기업의 공장 설립 목적으로 가장 적절한 것은?

> ○○시는 정형외과용 의료 기기를 전문으로 개발, 제조, 판매하는 기업이다. 최근 4년간 전체 매출의 79%를 수출을 통해 거둬들였다. 특히 작년 3월에 개발된 제품이 미국 현지에서 성공적인 수술 사례를 끌어내면서 미국 시장의 점유율을 높일 수 있는 라인업을 추가로 확보했다. 미국 유통업체들과 추가 계약을 추진하면서 대리점도 크게 늘었다. 이에 매출의 대부분을 차지하는 미국 내에 공장을 설립해 올 초부터 본격적인 제품 생산에 들어갔다.

① 생산 요소를 안정적으로 확보하기 위해
② 주력 시장에서 생산 및 판매를 하기 위해
③ 외국의 선진화된 첨단 기술을 습득하기 위해
④ 현지의 저렴하고 풍부한 노동력을 활용하기 위해
⑤ 수출 기업 대상 통화 정책을 유리하게 활용하기 위해

37. 다음은 평생교육 프로그램 개발의 필요성 검토를 위한 조직 외부 환경요인 분석표이다. (가)~(마)에 쓸 내용으로 가장 적절한 것은?

환경 변화 요인	기회 요인	위협 요인
지역적 요인	(가)	(나)
사회·문화적 요인	(다)	(라)
재정적 요인	(마)	

① (가): 문화 센터 등 유사 기관이 많음
② (나): 정부 청사, 법원, 시청 등 행정의 중심지임

③ (다): 노인의 경제적 자립 욕구가 증가하고 있음

④ (라): 규모가 큰 인근 기관에 재정이 편중될 수 있음

⑤ (마): 전문성을 갖춘 직원이 많아 맞춤 프로그램 개발이 용이함

38. 자원 낭비 요인에 관해 쓴 내용 중 적절하지 <u>않은</u> 것은?

① 자원 낭비 요인은 자원의 유형이나 개인에 따라 매우 다양하지만 그 요인들마다 공통점을 가지고 있다.

② 계획 없이 충동적이고 즉흥적으로 행동하기 때문에 자신이 활용할 수 있는 자원들을 낭비하게 되는 경우가 많이 있다.

③ 자신의 편리함만 추구하다 보면 물적 자원뿐만 아니라 시간, 돈의 낭비를 초래할 수 있으며, 주위의 인맥까지도 줄어들 수 있다.

④ 자원 관리의 중요성을 인식하면서도 경험이 부족하여 자원 관리에 실패한 사람은 실패한 경험을 통해 경험을 축적하거나 학습을 통해 극복이 가능하다.

⑤ 종이컵과 같은 1회용품의 잦은 사용, 할 일 미루기, 약속 불이행 등은 목표치가 없어서 얼마나 낭비하는지조차 파악하지 못하기 때문에 나타나는 현상이다.

39. 시간 계획 방법을 순서대로 바르게 나열한 것은?

> ㉠ 시간 계획서 작성
> ㉡ 명확한 목표 설정
> ㉢ 일의 우선순위 결정
> ㉣ 예상 소요 시간 결정

① ㉠ → ㉡ → ㉢ → ㉣

② ㉠ → ㉢ → ㉣ → ㉡

③ ㉡ → ㉢ → ㉣ → ㉠

④ ㉡ → ㉣ → ㉠ → ㉢

⑤ ㉢ → ㉡ → ㉠ → ㉣

40. 다음 자료를 활용하여 쓴 글의 내용으로 가장 적절한 것은?

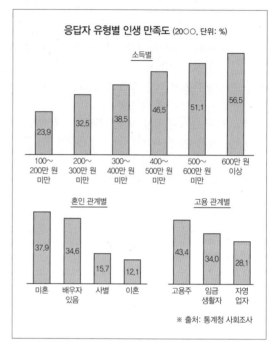

응답자 유형별 인생 만족도 (20○○, 단위: %)

소득별

100~200만 원 미만	200~300만 원 미만	300~400만 원 미만	400~500만 원 미만	500~600만 원 미만	600만 원 이상
23.9	32.5	38.5	46.5	51.1	56.5

혼인 관계별

미혼	배우자 있음	사별	이혼
37.9	34.6	15.7	12.1

고용 관계별

고용주	임금 생활자	자영 업자
43.4	34.0	28.1

※ 출처: 통계청 사회조사

① 혼인 경험이 있는 경우만 인생 만족도가 높게 나타났다.

② 다른 사람을 고용한 사람들이 인생 만족도가 높게 나타났다.

③ 기혼의 경우 배우자가 있고 없음은 인생 만족도에 별다른 영향을 주지 않는다.

④ 고소득, 유배우자, 임금 생활자일수록 인생 만족도가 높게 나타났다.

⑤ 고소득자의 경우 고용 관계에 따라 인생 만족도가 다르게 나타났다.

※ 당뇨병의 심각성을 일깨우기 위해 조사한 다음 자료를 읽고 물음에 답하시오. [41~42]

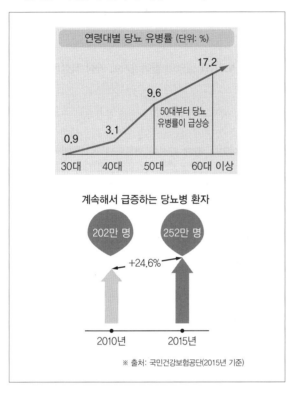

연령대별 당뇨 유병률 (단위: %)

17.2
9.6
3.1
0.9

50대부터 당뇨 유병률이 급상승

30대 40대 50대 60대 이상

계속해서 급증하는 당뇨병 환자

202만 명   252만 명

+24.6%

2010년   2015년

※ 출처: 국민건강보험공단(2015년 기준)

41. 위의 자료에 관한 분석으로 적절하지 않은 것은?

① 30대에도 100명 중 1명은 당뇨병을 앓고 있다.
② 연령이 높아질수록 당뇨 유병률도 함께 높아진다.
③ 50대 당뇨 환자는 40대 당뇨 환자의 3배를 넘어선다.
④ 50대의 당뇨 유병률은 10명 중 1명일 정도로 심각하다.
⑤ 2015년에 당뇨 환자가 늘어난 것은 50대의 유병률이 급상승해서이다.

42. 조사의 목적을 고려하여 더 포함할 자료로 적절한 것은?

① 당뇨병 환자의 합병증 통계
② 당뇨병 환자의 치료비 부담액
③ 당뇨에 좋은 운동에 관한 자료
④ 당뇨병 환자의 복용 약의 유형
⑤ 건강 검진에 의한 당뇨병 발견 사례

※ 다음 글을 읽고 물음에 답하시오. [43~44]

(㉮)은/는 팀의 구성원으로서 자격과 지위를 갖는 것을 의미한다. (㉮)은/는 헌신, 전문성, 용기, 정직하고 현명한 평가 능력을 지니고 리더를 따르는 역할을 충실하게 잘 수행하게 한다. 따르는 자는 융화력과 겸손함이 있어야 하고 리더의 결점이 보일 때도 덮어 주는 아량이 있어야 한다. (㉮)은/는 의욕이나 경향을 나타내는 '독립적 사고'의 축과 행동을 나타내는 '적극적 실천'의 축을 기준으로 하면 4가지 유형으로 구분할 수 있다.

구분	자아상	동료/리더의 시각
㉠	• 자립적인 사람 • 반대 의견을 제시함	• 냉소적이고 부정적이며 고집이 셈
㉡	• 기쁜 마음으로 과업을 수행함 • 리더나 조직을 믿음	• 아이디어가 없음 • 인기 없는 일은 하지 않음 • 조직을 위해 자신과 가족의 요구를 양보함
㉢	• 조직의 운영 방침에 민감함 • 사건을 균형 잡힌 시각으로 봄 • 규정과 규칙에 따라 행동함	• 개인의 이익을 극대화하기 위한 흥정에 능함 • 적당한 열의와 평범한 수완으로 업무를 수행함
㉣	• 판단과 사고를 리더에 의존함 • 지시가 있어야 행동함	• 하는 일이 없음 • 제 몫을 하지 못함 • 업무 수행에는 감독이 필요함

43. 윗글의 ㉮에 들어갈 내용으로 적절한 것은?

① 리더십   ② 멤버십   ③ 워크숍
④ 팀워크   ⑤ 팔로워십

44. 윗글의 ㉠~㉣에 들어갈 유형으로 적절하게 묶은 것은?

	㉠	㉡	㉢	㉣
①	소외형	수동형	순응형	실무형
②	소외형	수동형	실무형	순응형
③	소외형	순응형	실무형	수동형
④	수동형	소외형	순응형	실무형
⑤	수동형	순응형	소외형	실무형

45. 다음 글에 제시된 '코칭'에 대한 설명으로 적절하지 <u>않</u>은 것은?

현대 사회에서는 전통적인 리더십과 달리, 새로운 리더십을 요구한다. 코칭은 코치와 코칭을 받는 개인이 잠재 능력을 최대한 개발하고, 목표를 설정하여 전략적인 행동과 뛰어난 결과의 성취를 이루도록 하는 협력적인 관계를 설정하게 한다. 이러한 코칭을 활용한 코칭 리더십은 조직 구성원들이 자발적으로 목표를 달성하고 동기를 유발하고 조직 구성원들의 장점과 강점을 개발해 주는 새로운 리더십의 대안으로 제시되고 있다. 리더는 팀원의 사고를 '주어진 일이나 처리한다.'에서 '하고 싶다.'로 바꾸고, 자발적으로 업무 현실에 적용하도록 각종 장애물을 제거하여 업무 능률을 극대화한다. 팀원에게 스스로 성장할 수 있는 가이드라인을 제시하고 지혜를 빌려주면서 자발적 행동을 촉진하는 커뮤니케이션 기술이다. 팀원에게 질문을 던지는 한편 의견을 적극적으로 경청하고 필요한 지원을 아끼지 않아 생산성을 높이는 과정이다. 팀원을 지도하는 측면보다 이끌어 주고 영향을 미치는 데 중점을 둔다. 지침보다는 질문과 논의를 활발하게 하고, 통제보다는 경청과 지원을 통해 상황의 발전과 좋은 결과를 도출한다.

① 팀원이 문제를 자주적으로 해결하게 한다.
② 팀원이 업무를 적극적으로 추진하게 한다.
③ 상품과 서비스의 질적 향상을 가져올 수 있다.
④ 반복하기보다는 단 한 번으로 효과를 극대화한다.
⑤ 적극적으로 경청하면서 반응을 이해하고 인정한다.

46. 다음 [보기]의 설명이 들어가기에 가장 적절한 것은?

┤ 보기 ├

주어진 문제를 더욱 단순한 부분으로 구분하고, 이를 통해 주어진 문제의 원인을 확인하여 해답을 찾아가는 사고 과정이 필요하다. 이 과정에서 전체를 각각의 요소로 나누어 각 요소의 의미를 도출할 수 있다. 비교, 대조, 범주화, 추론 등은 그런 과정에서 일어난다.

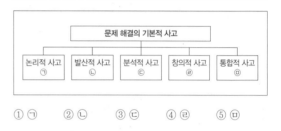

① ㉠   ② ㉡   ③ ㉢   ④ ㉣   ⑤ ㉤

47. 다음 SMART 법칙을 적용해야 하는 문제 해결 과정으로 적절한 것은?

SMART 법칙은 목표를 달성하기 위해 계획을 세울 때 지키는 원칙이다.

S	Specific	애매하거나 모호하지 않아야 한다.
M	Measurable	막연한 목표치가 아닌 구체적인 수치로 제시해야 한다.
A	Achievable	현실적으로 달성 가능한 목표이어야 한다.
R	Relevant	문제 해결에 적합한 것이어야 한다.
T	Timely	필요한 때를 놓쳐서는 안 된다.

① 문제 도출   ② 원인 분석

③ 해결안 개발   ④ 실행 및 평가

⑤ 문제 인식 및 발견

48. 다음 글의 ㉠~㉾에 들어갈 내용으로 적절한 것은?

> 문제란 업무를 수행함에 있어서 답을 요구하는 질문이나 의논하여 해결해야 할 사항을 의미한다. 일반적으로 문제는 창의적 문제와 분석적 문제로 구분되며, 이 2가지 문제는 문제 제시 방법, 해결 방법, 해답 수, 주요 특징에 의해서 다음과 같이 구분할 수 있다.

구분	창의적 문제	분석적 문제
문제 제시 방법	• 현재 문제가 없더라도 더욱 나은 방법을 찾기 위한 문제 제시 방법으로 탐구하는 문제임. • 문제 자체가 (㉠).	• 현재의 문제점이나 미래의 문제로 예견될 것에 대한 문제 제시 방법으로 탐구하는 문제임. • 문제 자체가 (㉡).
해결 방법	• 창의력에 의해 생산한 많은 아이디어로 해결함.	• 분석, 논리, 귀납과 같은 논리적 방법으로 해결함.
해답 수	• 해답의 수가 (㉢), 이 중 가장 나은 것을 선택함.	• 해답의 수가 (㉣), 한정되어 있음.
주요 특징	• 주관적, 직관적, 정성적, 감각적, (㉤), 특수적임.	• 객관적, 논리적, 정량적, 이성적, (㉥), 공통적임.

	㉠	㉡	㉢	㉣	㉤	㉥
①	명확함	명확하지 않음	많고	적고	개별적	일반적
②	명확함	명확하지 않음	적고	많고	일반적	개별적
③	명확하지 않음	명확함	적고	많고	일반적	개별적
④	명확하지 않음	명확함	많고	적고	개별적	일반적
⑤	명확하지 않음	명확함	적고	많고	개별적	일반적

49. 다음 중 직장 내의 소개 예절로 적절하지 않은 것은?

① 반드시 성과 이름을 함께 말한다.

② 동료 직원을 고객에게 먼저 소개한다.

③ 정부 고관의 직급명은 퇴직한 경우에는 사용하지 않는다.

④ 상대방이 항상 사용하는 경우라면, Dr. 등의 칭호를 함께 언급한다.

⑤ 내가 속해 있는 회사의 관계자를 타 회사의 관계자에게 먼저 소개한다.

50. 다음 글의 ㉠에 들어갈 내용으로 가장 적절한 것은?

> △△ 자동차의 경영진들은 ○○모델이 후면 추돌 시 가솔린 누출로 화재로 연결될 위험이 있는 치명적 결함을 알고 있었지만, 비용 부담이 크고 피해자가 해당 내용을 입증하기 어렵다는 이유로 안전 조치와 차량 회수를 하지 않았다. 이는 (㉠) 경우이다.

① 비윤리적인 행위를 피하려고 필요한 관심을 기울이지 않은

② 비윤리적인 행위가 기업을 위한 최선의 선택이었다고 주장한

③ 쉽게 발각되지 않으리라는 자신감이 비윤리적 행위를 조장한

④ 임직원들이 비윤리적인 행위를 하면서 회사가 자신을 보호해 줄 것으로 믿은

⑤ 임직원들이 목표를 달성하려면 비윤리적인 행위를 할 수밖에 없다고 판단한

※ 서술형 답안 작성 시 유의 사항

1. 문제에 대한 답안은 반드시 해당 답안에만 작성하시오.
   (서술형 2~5번 답안을 서술형 1번 답안에 모두 작성한 경우, 서술형 1번 답안만 채점하고, 서술형 2~5번 답안은 채점하지 않음. 서술형 2~5번을 0점 처리함.)
2. 답안 밖에 작성한 내용은 채점할 수 없으므로 해당 답안 안에만 작성하시오.
3. 문제마다 주어진 조건을 준수하지 않은 경우, 감점합니다.
4. 논제와 관련 없는 내용을 장황하게 작성한 답안의 경우, 감점합니다.
5. '감사합니다.', '잘 부탁합니다.'와 같은 답안과 관련 없는 내용을 작성할 경우, 0점 처리합니다.
6. 개인 신상을 드러낸 내용이 있는 답안의 경우, 0점 처리합니다.

※ 다음 문제를 읽고 OMR 용지에 답을 쓰시오. [1~5]

1. 다음 ㉠~㉣은 잘못 쓴 부분이 하나씩 있다. 잘못 쓴 부분을 [조건]에 맞춰 기호와 함께 각각 1어절로 바르게 고쳐 쓰시오. [20점]

> ㉠ 열심히 공부해서 훌륭한 사람이 되라.
> ㉡ 오늘이 몇 월 몇 일인지 머리말에 써야 한다.
> ㉢ 푸른 하늘을 날으는 새를 보면서 자유를 생각하였다.
> ㉣ 비뚤어지지 않게 자를 이용해 직선을 반드시 그어 보세요.

조건 틀린 부분은 쓰지 말고 고친 부분만 쓸 것

----

2. 다음은 공문서를 쓸 때 고려해야 할 띄어쓰기에 대한 참고 자료이다. 한글맞춤법을 고려하여 [조건]에 맞게 쓰시오. [20점]

〈한글맞춤법 띄어쓰기 관련 조항〉

제41항 조사는 그 앞말에 붙여 쓴다.

[예] 꽃이 꽃밖에 꽃에서부터 꽃으로만 꽃이다 멀리는

제42항 의존 명사는 띄어 쓴다.

[예] 아는 것이 힘이다. / 아는 이를 만났다. / 그가 떠난 지가 오래다.

제43항 단위를 나타내는 명사는 띄어 쓴다.

[예] 한∨개 차 한∨대 금 서∨돈 옷 한∨벌 열∨살

제44항 수를 적을 때에는 '만(萬)' 단위로 띄어 쓴다.

[예] 십이억∨삼천사백오십육만∨칠천팔백구십팔

[보기 1]

(가) ㄱ. 방 안은 숨소리가 들릴만큼 조용했다.
　　ㄴ. 나도 언니만큼 요리를 잘 할 수 있다.

(나) ㄱ. 한 달간 여행을 가기 위해 집을 떠났다.
　　ㄴ. 서울과 부산간 야간열차를 타면 낭만을 느낀다.

[보기 2]

(다) 이 사업의 예상 비용은 {3억원/3억∨원} 정도로 예상하고 있습니다.

(라) 그 책을 다 {읽는데/읽는∨데} 삼 일이 걸렸다.

- (가)와 (나)에서 띄어쓰기가 잘못된 것은 (　㉠　)(이)고 한글맞춤법 규정에서 (가)와 (나)처럼 공통적으로 (　㉡　)은/는 띄어 써야 한다는 것을 알 수 있다.
- (다)와 (라)에서 올바른 띄어쓰기는 (다)에서 (　㉢　), (라)에서는 (　㉣　)이/가 해당한다.

조건 1. (가)와 (나)에서 띄어쓰기가 잘못된 예를 찾아 [예]와 같이 기호를 각각 제시하고, '한글맞춤법'의 조항에서 ㉡에 들어갈 품사를 제시할 것 [예] ㉠ (가)-ㄱ, (나)-ㄴ, ㉡ 관형사

　　2. ㉢과 ㉣은 (다), (라)에서 띄어쓰기가 올바른 것을 찾아 제시하고 띄어쓰기를 해야 하는 경우에는 '한글맞춤법'의 띄어쓰기 조항을 함께 제시할 것 [예] ㉢ 최치원∨선생, 제48항

---

3. 대화의 원리와 관련한 다음 글을 자료로 하여 [조건]에 맞게 쓰시오. [20점]

그라이스(Grice)가 제시한 '협력의 원리'는 대화 참여자가 대화의 목적에 성공적으로 도달하기 위해 지켜야 할 4가지 격률 또는 규칙으로, 대화가 진행되는 각 단계에서 대화의 방향이나 목적에 의해 요구되는 만큼 기여를 하라는 격률을 말한다. 대화의 격률에는 양의 격률, 질의 격률, 관련성의 격률, 태도의 격률 등이 있다.

유형	내용
양의 격률	• 주고받는 대화의 목적에 필요한 만큼만 정보를 제공하라. • 필요 이상의 정보를 제공하지 마라.
질의 격률	**상위 격률:** 진실한 정보만을 제공하도록 노력하라. • 격률: 거짓이라고 생각되는 말은 하지 말고, 증거가 불충분한 것은 말하지 마라.
관련성의 격률	• 적합성이 있는 말을 하라.
태도의 격률	**상위 격률:** 명료하라. • 격률: 모호한 표현, 중의성이 있는 표현은 피하고, 간결하고 조리 있게 말하라.

(가) A: 김 부장님, 어제 발표하신 보고서의 참고 자료를 좀 알려 주시면 고맙겠습니다.
B: (알고 있으면서) 경황없이 준비해서 발표하느라고 잘 모르겠어.

(나) A: 이사님은 댁이 어디신가요?
B: 대한민국 서울시 서초구 서초동 신동아아파트 ○동 ○○○에 살아요.

(다) A: 내일 청에 들어간다고 들었는데 언제쯤 갈 거야?
B: 들어가긴 하는데, 오늘은 참 머리도 아프고 스트레스도 많이 받고 해서 힘들지. 내일 청에 들어가긴 하는데, 오전에 갈까 생각 중이야.

(라) A: 김 팀장, 지난번 팀 평가 결과는 어떻게 됐어? 열심히 했으니까 기대하던 결과가 나왔지?
B: 지금 발표 준비해야 해서 밤을 샐 것 같아.

그런데 실제 의사소통에서 사람들은 의도적으로 대화의 격률을 위배함으로써 자신의 의도를 함축적으로 전달하기도 하는데, 이를 '대화 함축'이라고 한다. 예를 들어 (㉠)처럼 질문에 대한 답을 의도적으로 피하면서 함축적인 의미를 드러내기도 한다.

조건 1. 주어진 설명을 고려하여 (가)~(라)에서 위배한 협력의 원리를 제시할 것
2. ㉠은 (가)~(라)에서 대화 함축이 나타나는 것을 찾아 기호로 제시할 것 예 ㉠ (마)

4. 다음 통계 자료를 보고 [조건]에 맞게 쓰시오. [20점]

세계 경제성장률 전망치

(단위: %)

연도	세계	선진국				신흥국		
			미국	유로 지역	일본		중국	인도
2018년	3.6	2.3	2.9	1.9	0.8	4.5	6.6	6.8
2019년	3.0	1.7	2.4	1.2	0.9	3.9	6.1	6.1
2020년 (예측)	3.4	1.7	2.1	1.4	0.5	4.6	5.8	7.0

※ 출처: 2019년 10월 15일 IMF(국제통화기금) 세계 경제 성장률 전망 발표 기준

조건 1. '○○은 2019년 대비 ~ 성장률이 전망된다.'의 형식에 맞추어, 각각 미국, 일본, 중국을 주어로 하는 3문장을 쓸 것
2. 수치의 변화에 대한 표현은 '낮은' 또는 '높은' 등의 수식어를 활용하여 쓸 것

---

5. 다음 글을 읽고 ㉠~㉤에 쓸 내용을 본문에서 찾아 기호와 함께 한 단어씩 각각 쓰시오. [20점]

　　표절이란 다른 사람의 저작물의 일부 또는 전부를 도용하는 것이다. 해당 분야의 일반지식이 아닌 독창적 아이디어나 창작물을 적절한 (㉠) 표시 없이 자기 것처럼 사용하는 행위는 연구 부정행위로서 전형적인 (㉡)에 해당한다. 외국 문헌을 직접 번역하여 자기 저술에 인용하는 경우에는 그 외국 문헌을 원 출처로 표시하여야 하고, 외국 문헌의 번역물을 인용하는 경우에는 합리적인 방식에 의하여 외국 문헌을 원 출처로, (㉢)을/를 2차 출처로 표시하여야 한다. 출처 표시를 해야 하는 경우를 살펴보면, 타인과의 공저인 선행 저술 중 일부를 인용하여 단독 저술을 할 때는 원칙적으로 출처 표시의 (㉣)을/를 진다. 또한, 공저가 편집 저작물이나 결합 저작물에 해당하는 경우라도 자신의 집필 부분을 넘어 다른 공저자의 저술 일부를 (㉤)한 경우에 출처 표시의 의무를 진다.

국가공인 한국실용글쓰기검정 2교시 문제

수험번호		제한시간 90분

실기(문단형, 완성형) 영역(500점)	감독관 확인	

※ 서술형 답안 작성 시 유의 사항

1. 문제에 대한 답안은 반드시 해당 답안에만 작성하시오.
   (서술형 7~10번 답안을 서술형 6번 답안에 모두 작성한 경우, 서술형 6번 답안만 채점하고, 서술형 7~10번 답안은 채점하지 않음. 서술형 7~10번을 0점 처리함.)
2. 답안 밖에 작성한 내용은 채점할 수 없으므로 해당 답안 안에만 작성하시오.
3. 문제마다 주어진 조건을 준수하지 않은 경우, 감점합니다.
4. 논제와 관련 없는 내용을 장황하게 작성한 답안의 경우, 감점합니다.
5. '감사합니다.', '잘 부탁합니다.'와 같은 답안과 관련 없는 내용을 작성할 경우, 0점 처리합니다.
6. 개인 신상을 드러낸 내용이 있는 답안의 경우, 0점 처리합니다.

※ 다음 문제를 읽고 OMR용지에 답을 쓰시오. [6~10]

6. 다음 [보기]를 참고로 근로계약서의 ㉠~㉡에 들어갈 내용을 [조건]에 맞춰 기호와 함께 쓰시오. [50점]

> **보기**
>
> 대학생인 김갑을은 박병정이 운영하는 실용편의점에서 근로계약 기간을 2019년 12월 1일부터 2020년 1월 31일까지로 정하고, 물품 판매와 매장 청소를 수행하기로 한 후, 계약서를 작성하였다.

근로계약서

(㉠)(이하 "사업주"라 함.)과/와 (㉡)(이하 "근로자"라 함.)은/는 다음과 같이 근로계약을 체결한다.

1. (㉢): 2019년 12월 1일부터 2020년 1월 31일까지
2. 근무 장소: (㉣)
3. 업무의 내용: (㉤)

            – 중간 생략 –

7. 연차유급휴가: 연차유급휴가는 근로기준법에서 정하는 바에 따라 부여함.
8. 사회보험 적용 여부(해당란에 체크)
   ☑ 고용보험 ☐ 산재보험 ☐ 국민연금 ☐ 건강보험
9. (㉥) 교부: 사업주는 근로계약을 체결함과 동시에 본 계약서를 사본하여 근로자의 교부 요구와 관계없이 근로자에게 교부함. (근로기준법 제17조 이행)

            – 이하 생략 –

---

7. 다음 공학 기술 설명서를 읽고 ㉠~㉢에 들어갈 내용을 [조건]에 맞춰 기호와 함께 쓰시오. [50점]

기체크로마토그래피는 직경한 고정상을 써서 만든 칼럼*에 섬제 혼합물을 주입하고 이동상으로 불활성기체를 써서 고정상에 대한 유지력 차를 이용하여 각각의 성분으로 분리하여 분석하는 방법이다.

- 중략 -

HETP(Height Equivalent Theoretical Plate)란?

칼럼은 이론단(Theoretical Plate) 조각이 연속적으로 겹쳐진 것으로 간주한다. 각 이론단에서 이동상과 정지상 사이의 평형이 이루어지면서 분리가 일어난다고 가정한다.

일정한 높이에 얼마나 많은 이론단이 설치되어 있는가를 이론단수로 표현하며 그 수가 클수록 분리능이 우수하다고 표현한다. 또한 칼럼에서 분리능은 이론단 높이로도 표현하는데 해당 높이가 낮을수록 (　　㉢　　)을/를 가진 것으로 표현한다.

* 칼럼(Column): 기둥 모양의 것

조건 1. ㉠은 1어절, ㉡은 2어절, ㉢은 10어절로 쓸 것
     2. ㉡은 '~가 ~수록', ㉢은 '~ 높이에 ~ 수의 ~하므로 보다 ~'의 형식으로 쓸 것

8. [보기]를 참고하여 다음 정책 제안서를 작성할 때 ㉠~㉤에 들어갈 내용을 [조건]에 맞춰 기호와 함께 쓰시오. [100점]

---| 보기 |---

㉠: '국가 에너지', '원활한 수급'을 활용하여 8어절 이내

㉡: '에너지 효율성', '에너지 효율 개선'을 활용하여 8어절 이내

㉢: 3어절

㉣: '에너지 진단 및 컨설팅', '사회적 기업'을 활용하여 14어절 이내

㉤: '에너지 효율 관련 사업자', '일자리'를 활용하여 14어절 이내

주택 에너지 효율 개선 사업 전략

1. 현황과 문제점

　가. 원자력 발전소 추가 건설의 지연, 신재생 에너지 보급의 지연 등으로 (　　㉠　　).

　나. 건축 연도가 오래된 주택이 (　　㉡　　).

　다. 주택 개보수 사업의 높은 초기 투자비 등의 재정적 장애 요인과 제도적 장치 부족, 원활한 시행을 위한 제도적·재정적 지원 미흡 등 다양한 장애 요인이 있음.

　라. 에너지 진단 및 컨설팅을 제공할 수 있는 사회적 기업이 적어 주택 개선 사업 참여의 유인이 되지 않고 일자리 창출 등 지역 경제 활성화 효과를 기대하기 어려움.

2. 정책 제안

　가. 주택 부문 효율 개선과 국가 에너지의 원활한 수급을 위한 우수한 에너지 진단 프로그램을 개발하고 이용해야 함.

　나. 신축 건물보다 기존 오래된 주택의 에너지 효율을 개선하여 건물 부문의 에너지 절감 효과를 높여야 함.

　다. (　　㉢　　)을/를 위한 법이나 제도적 장치의 마련, 높은 초기 투자비 지원을 위한 재원을 확보해야 함.

　라. (　　㉣　　)을/를 위한 그린 비즈니스를 지원해야 함.

3. 기대 효과

　가. 에너지 효율성 개선으로 에너지 수입 감소 효과, 국가 에너지의 원활한 수급

　나. 온실가스 감축의 효과, 에너지 수요 절감

　다. (　　㉤　　)

조건　㉠~㉤ 모두 명사 또는 명사형(~ㅁ/음)으로 끝맺을 것

----

9. □□패션 회사의 김○○ 대리는 다음 [자료]를 읽고 제안서를 작성하려고 한다. 2019년 판매 방식과 주력 상품에 대한 제안과 이유를 [조건]에 따라 쓰시오. [100점]

┤ 자료 가 ├

글로벌 컨설팅 업체인 베인앤드○○니는 '2017 명품 시장 분석보고서'에서 2017년을 '명품 시장의 세대 교체'가 일어난 해로 규정하고, 세계 명품 시장은 색다르고 화려한 제품을 찾는 '밀레니얼 세대'가 주도했다고 밝혔다. 이들이 온라인과 모바일에서 명품을 대거 구입하면서 명품 시장은 2016년보다 5.2% 성장한 2,620억 달러(약 285조 6,000억 원) 규모로 커졌다.

◆명품 시장의 세대 교체

– 중략 –

베인앤드○○니는 2018년 보고서에서도 세계 명품 시장의 핵심 성장 동력은 밀레니얼 세대라고 분석했다. 명품 시장의 성장을 주도한 밀레니얼 세대는 Y세대, Z세대로 불리던 1980~2000대생들을 말한다. 밀레니얼 세대는 자신이 원하는 물건을 구입하기 위해 과감히 돈을 투자하는 성향을 보인다. 그리고 그들은 기존 유명 브랜드의 틀에 박힌 명품이나 엄숙한 디자인은 외면하고, 히피나 빈티지 스타일, 화려한 꽃무늬나 튀는 신발과 가방 등 개성적인 상품에 관심을 보인다.

〈명품 구입 채널(단위: %)〉

	매장	온라인	모바일
베이비부머	72	22	6
밀레니얼 세대	58	23	19

※ 출처: 딜로이트 '2017 명품의 글로벌 파워'

◆명품 시장의 온라인과 스포티즘

실용적이고 활동적인 평상복을 디자인하고 제작하는 '스포티즘' 열풍도 세계 명품 시장을 흔들었다. '우아하고 고상한' 정장 스타일의 브랜드보다 스트리트 캐주얼 분야에 강점을 가진 브랜드에 관심이 쏠렸다. 명품 업계 또한 밀레니얼 세대의 감성에 따라 변화하였다. 세계를 대표하는 명품 업체들은 스트리트 브랜드들과 손을 잡고 협업 제품을 내놓기도 했다.

---| 자료 나 |---

□ **4차 산업혁명, 패션 산업 패러다임 변화**

인공지능, 사물인터넷, 가상현실 등 4차 산업혁명 열풍은 패션 산업 패러다임의 변화를 이끌고 있음. 디자인 감성 산업이었던 패션 산업은 아○존, 구○의 패션 산업에 대한 관심과 함께 ICT 융합, 데이터 기반 플랫폼 혁신 산업으로 급부상하고 있음.

□ **모바일 채널, 이커머스 마켓 장악**

모바일 쇼핑 거래 규모 월 4조 원 돌파, 네○버 쇼핑 플랫폼의 급성장, 패션 브랜드들의 자사몰 강화, O2O 채널 본격 시행, 1인 미디어, 인플루언서 마케팅 강세 등 온라인에서 모바일 중심으로 마켓 쉐어를 장악하고 있는 가운데 차별화된 콘텐츠로 고객 체류 시간을 늘리고 있음.

□ **복고, 트렌드가 되어 돌아오다**

1980~2000년대 초반 출생자로 대한민국 인구의 40%를 차지하는 밀레니얼 세대. 사회적 혼란기에 인식이 높은 젊은 세대들이 아이콘으로 떠오르며 '저항'을 상징하는 유스컬처가 문화의 전반적인 흐름을 차지함. 힙합, 서핑, 스케이트 보드 등 문화를 등에 업고 스트리트 캐주얼과 복고 트렌드가 캐주얼 및 스포츠 시장 성장에 견인차 역할을 하고 있음.

조건
1. [자료 가]와 [자료 나]의 공통적인 내용을 바탕으로 할 수 있는 '제안'을 1문장, '이유'를 3문장으로 쓸 것
2. 제안은 두 자료에 공통적으로 쓰인 개념 2가지를 넣어 '~을/를 활용한 판매 방식으로 ~ 상품을 판매하자.'의 형식으로 쓸 것
3. [자료 가]의 '명품 구입 채널' 도표를 보고, 시장을 주도한 세대를 다른 세대와 수치로 비교하여 제시할 것
4. [자료 나]의 쇼핑 거래 규모를 바탕으로 '해당 판매 방식을 제안한 근거'를 제시할 것
5. [자료 가]에 언급된 문화 열풍과 [자료 나]에 드러난 문화의 전반적인 흐름을 바탕으로 '해당 상품을 주력 상품으로 제안한 이유'를 쓸 것

----

10. 다음 자료를 보고 〈조건〉을 고려하여 서술하시오. [200점]

┤ 조건 ├

문단	내용 및 조건	활용 자료	분량
1문단	■ ㉠의 개념, ㉡ 그래프에서 알 수 있는 문제 요인들을 각각 활용해 로마 클럽이 보고서에서 예상한 인류와 세계의 부정적인 상황 2가지를 쓰고, 이를 해결하기 위한 로마 클럽의 주장을 서술할 것.	〈자료 1〉	220~250자
2문단	■ ㉢에서 정의한 '지속 가능 발전'의 개념을 서술할 것. ■ 리우 선언의 주요 원칙을 서술할 것.	〈자료 1〉	235~265자
3문단	■ 지속 가능 발전 목표(SDGs)의 핵심 내용을 한 문장으로 제시하고, 17개 목표를 ㉣의 영역에 따라 다음의 예와 같이 분류하여 제시할 것. 　예 목표 1~N번은 인간과 사회 발전	〈자료 2〉	185~215자
4문단	■ ㉤의 배경과 원인을 쓰고 패션 기업들이 제시한 환경을 위한 실천 방법 3가지를 서술할 것. ■ G7 패션 협약의 한계와 긍정적 평가를 서술하여 마무리할 것.	〈자료 3〉	330~360자

┤ 자료 1 ├

환경과 인류의 미래에 대해 연구·제언하는 민간 단체 '로마 클럽'은 1972년 보고서 「성장의 한계(The Limits to Growth)」에서 인구가 급증하여 환경이 지속적으로 파괴되면 자원이 고갈되어 100년 안에 인류 성장이 한계에 도달할 것으로 예측하였다. 그러면서 ㉠ 생태 발자국(Ecological Footprint)이 지구 수용 가능 수준을 넘어설 정도로 커지는 것을 막지 않으면 인류는 성공하지 못할 것이라고 하였다. 여기서 생태 발자국은 인간이 지구에서 살아가기 위해 필요한 자원을 생산하고, 그것을 없애는 데 드는 비용을 토지의 면적으로 환산한 것으로, 다시 말해 인간이 살아가는 데 필요한 자원을 땅의 크기로 나타낸 것을 말한다. 또한 로마 클럽은 '성장의 한계'에서 제기되는 문제로 인해 세계의 경제 성장이 멈추게 될 것이라고 하였다. 이와 같은 문제들을 해결하기 위해서는 기술과 문화, 제도의 변화를 통해 지구의 미래를 생각하는 근본적 사회 변혁을 이뤄야 한다고 주장하였다. 그리고 일찍 조치를 취하면 지구 생태계가 한계에 이르러 발생할 수 있는 재앙을 줄여 나갈 수 있을 것이라고 덧붙였다.

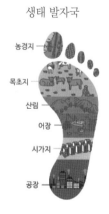

생태 발자국

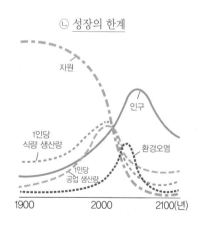

㉡ 성장의 한계

로마 클럽이 지구 생태계에 대해 문제를 제기한 후 경제 성장과 환경 보전을 동시에 이루는 것에 대한 논의가 활발해졌다. 1987년 세계환경개발위원회가 발표한 보고서 ⓒ「우리 공동의 미래(Our Common Future)」에서는 '지속 가능 발전'이라는 개념을 '미래 세대의 필요를 충족시킬 능력을 저해하지 않으면서 현재 세대의 필요를 충족시키는 발전'이라고 정의하였다. 세계환경개발위원회의 이 보고서는 지속 가능한 발전을 장기적이고 범지구적 의제로 공식화하는 데 결정적인 역할을 하였다.

　이처럼 경제 성장과 환경 보전을 대립 관계로 볼 수 없다는 공감대가 확산하면서 1992년에는 지구 환경 질서의 기본 원칙을 규정한 리우 선언이 채택되었다. 이 선언의 주요 원칙에는 인류는 자연과 조화를 이루면서 건강하고 생산적인 생활을 할 권리가 있으며, 환경 보호와 개발은 일체적으로 추진되어야 한다는 내용이 명시되었다.

───┤ 자료 2 ├───

　지속 가능 발전을 위한 인류의 실천 과제는 2015년 9월 유엔 총회에서 2016년부터 2030년까지 달성할 '지속 가능 발전 목표(SDGs; Sustainable Development Goals)'를 채택하면서 더욱 구체화되었다. SDGs는 ② '인간과 사회 발전, 인간과 경제 번영, 인간과 지구 환경, 인간과 평화 협력'의 총 4가지 영역의 인류가 나아가야 할 방향성을 17개 목표로 세분화하여 제시하였다. 17개 목표에서 알 수 있는 SDGs의 핵심 내용은 발전을 추구하되, 경제·사회 전반의 영역에서 지속 가능성을 염두에 둔 의사 결정을 내려야 한다는 것이다. 예를 들어 경제와 환경 측면에서 보자면 인류가 경제 성장과 환경 보전 중에서 어느 하나를 우선시해야 한다는 이분법적인 사고를 지양하고, 환경을 고려하여 지속 가능성이 있는 경제 성장을 추구하자는 것이라고 할 수 있다.

SDGs의 17개 목표

1. 빈곤 퇴치	2. 기아 종식	3. 건강과 웰빙	4. 양질의 교육	5. 성 평등	6. 깨끗한 물과 위생
7. 적정 가격의 깨끗한 에너지	8. 양질의 일자리와 경제 성장	9. 산업, 혁신, 사회 기반 시설	10. 불평등 감소	11. 지속 가능한 도시와 지역 사회	12. 책임 있는 소비와 생산
13. 기후 변화 대응	14. 해양 생태계 보전	15. 육상 생태계 보전	16. 평화, 정의와 강력한 제도	17. 목표 달성을 위한 파트너십	

세계 의류 생산량이 증가하면서 패션 산업이 지구 온난화에 미치는 영향 또한 무시할 수 없다. 유엔환경계획(UNEP)에 따르면, ⓜ 패션 산업의 작물 재배, 동물 사육, 염색, 봉제, 운송, 판매 등의 과정에서 배출되는 탄소의 양이 전 세계 탄소 배출량의 최대 10%를 차지한다고 한다. 이렇게 패션 산업으로 인한 환경 오염이 심화된 데에는 2000년대부터 IT 기술과 글로벌 네트워크를 기반으로 확산하기 시작한 패스트 패션(Fast fashion)의 영향이 크다. 의류를 빨리 생산하고 빨리 소비하는 패스트 패션은 판매 후 1년 안에 50%의 옷이 매립되거나 소각되는데, 이 과정에서 이산화탄소와 다이옥신과 같은 각종 유해 물질을 발생시키기 때문이다. 매립되거나 소각되지 않더라도 개발 도상국으로 수출되어 다시 쓰레기로 버려지거나 동물이 먹는 등의 문제가 발생한다.

이와 같은 패션 산업으로 인한 문제를 인식하면서 최근 패션 산업에서도 '지속 가능성'을 의사 결정에 반영하고 있다. 2019년 8월 프랑스에서 개최된 G7 정상 회의에 맞추어, 32개 전세계 패션 기업의 150개 패션 브랜드는 지구 온난화 억제, 생물 다양성 복원, 해양 보호를 목표로 하는 G7 패션 협약에 서명하였다. 이 협약에서 패션 기업들은 2050년까지 온실가스 배출량을 제로로 줄이고, 자연 생태계를 보호하기 위해 생물 다양성을 회복시키며, 일회용 플라스틱 사용을 중단한다는 구체적 실천 방법을 제시하였다. G7 패션 협약은 법적 강제성이 없는 자발적 약속이라는 점에서 기업들의 지속적인 실천 여부에 대한 우려의 시선이 존재하고 있는 것도 사실이다. 그러나 많은 패션 브랜드가 친환경적 방법으로 생산 방식을 전환해야 한다는 필요성에 공감하고 실천을 다짐했다는 측면에서 긍정적 평가를 받고 있다.

교육은 우리 자신의 무지를
점차 발견해 가는 과정이다.

-월 듀란트-

국가공인 한국실용글쓰기검정 1교시 답안지

절취선

이 름	
생년월일	

수 험 번 호

(마킹란: 각 자리마다 0~9)

번호	1 ~ 10	번호	11 ~ 20	번호	21 ~ 30
1	① ② ③ ④ ⑤	11	① ② ③ ④ ⑤	21	① ② ③ ④ ⑤
2	① ② ③ ④ ⑤	12	① ② ③ ④ ⑤	22	① ② ③ ④ ⑤
3	① ② ③ ④ ⑤	13	① ② ③ ④ ⑤	23	① ② ③ ④ ⑤
4	① ② ③ ④ ⑤	14	① ② ③ ④ ⑤	24	① ② ③ ④ ⑤
5	① ② ③ ④ ⑤	15	① ② ③ ④ ⑤	25	① ② ③ ④ ⑤
6	① ② ③ ④ ⑤	16	① ② ③ ④ ⑤	26	① ② ③ ④ ⑤
7	① ② ③ ④ ⑤	17	① ② ③ ④ ⑤	27	① ② ③ ④ ⑤
8	① ② ③ ④ ⑤	18	① ② ③ ④ ⑤	28	① ② ③ ④ ⑤
9	① ② ③ ④ ⑤	19	① ② ③ ④ ⑤	29	① ② ③ ④ ⑤
10	① ② ③ ④ ⑤	20	① ② ③ ④ ⑤	30	① ② ③ ④ ⑤

번호	31 ~ 40	번호	41 ~ 50
31	① ② ③ ④ ⑤	41	① ② ③ ④ ⑤
32	① ② ③ ④ ⑤	42	① ② ③ ④ ⑤
33	① ② ③ ④ ⑤	43	① ② ③ ④ ⑤
34	① ② ③ ④ ⑤	44	① ② ③ ④ ⑤
35	① ② ③ ④ ⑤	45	① ② ③ ④ ⑤
36	① ② ③ ④ ⑤	46	① ② ③ ④ ⑤
37	① ② ③ ④ ⑤	47	① ② ③ ④ ⑤
38	① ② ③ ④ ⑤	48	① ② ③ ④ ⑤
39	① ② ③ ④ ⑤	49	① ② ③ ④ ⑤
40	① ② ③ ④ ⑤	50	① ② ③ ④ ⑤

감 독 관 확 인 란	

수 험 생 유 의 사 항

1. 이름, 생년월일, 수험번호를 검정펜으로 기재하도록 합니다.
2. 수험번호 마킹 및 객관식 마킹은 컴퓨터용 사인펜을 사용하여 다음과 같이 표기합니다.
   올바른 표기: ●   잘못된 표기: ⊘ ⊗ ⊙ ◎ ◐
   ※ 빨간색 등으로 중복 마킹 시 중복답안으로 0점 처리되오니 주의하시기 바랍니다.
3. 마킹하거나 기재한 답안은 수정테이프를 사용하여 수성이 가능합니다.
   ※ 서술형 답안은 수정테이프와 수정기호 모두 사용 가능합니다. (객관식 수정은 수정테이프 사용)
4. 각 문항번호를 확인하여 그 문항에 정답을 기재하시기 바랍니다.
   ※ 서술형 문항의 경우 답안 기재 시 서술형 답안란을 벗어나지 않도록 주의하시기 바랍니다.
5. 위의 사항을 따르지 않을 경우에는 본인에게 불이익이 될 수 있습니다.

서술형 1번

(답안 기재란)

서 술 형 2 번	

서 술 형 3 번	

서 술 형 4 번	

서 술 형 5 번	

국가공인 한국실용글쓰기검정 2교시 답안지

이 름	
생년월일	

수 험 번 호

⓪	⓪	⓪	⓪	⓪	⓪	⓪	⓪
①	①	①	①	①	①	①	①
②	②	②	②	②	②	②	②
③	③	③	③	③	③	③	③
④	④	④	④	④	④	④	④
⑤	⑤	⑤	⑤	⑤	⑤	⑤	⑤
⑥	⑥	⑥	⑥	⑥	⑥	⑥	⑥
⑦	⑦	⑦	⑦	⑦	⑦	⑦	⑦
⑧	⑧	⑧	⑧	⑧	⑧	⑧	⑧
⑨	⑨	⑨	⑨	⑨	⑨	⑨	⑨

수 험 생 유 의 사 항

1. 이름, 생년월일, 수험번호를 검정펜으로 기재합니다.
2. 수험번호 마킹은 컴퓨터용 사인펜을 사용하여 다음과 같이 표기합니다.
   올바른 표기: ●   잘못된 표기: ⊘⊗⊙◑
   ※ 잘못된 수험번호 마킹으로 인해 발생하는 사항은 수험생의 책임이니 주의 바랍니다.
3. 마킹한 수험번호와 기재한 답안은 수정테이프를 사용하여 수정이 가능합니다.
   ※ 서술형 답안은 수정 시 수정테이프와 수정 기호 모두 사용 가능합니다.
4. 위의 사항을 따르지 않을 경우에는 본인에게 불이익이 될 수 있습니다.

수 험 생 답 안 지 작 성 요 령

1. 어법에 맞게 작성하십시오.
2. 각 문제가 요구하는 조건을 모두 충족시킬 수 있도록 유의하십시오.
3. 서술형은 검정색 필기구만을 사용하십시오.
4. 글씨체가 채점요소는 아니지만 판독이 가능하도록 또박또박 쓰십시오.
5. 각 문항번호를 확인하여 그 문항에 정답을 기재하십시오.
   ※ 서술형 문항의 경우 답안 기재 시 문항의 칸을 벗어나지 않도록 주의 바랍니다.

감 독 관 확 인 란	

서 술 형 6 번

서 술 형 7 번

서 술 형 8 번

절 취 선

<table>
<tr><td rowspan="8">서
술
형
9
번</td><td></td></tr>
<tr><td></td></tr>
<tr><td></td></tr>
<tr><td></td></tr>
<tr><td></td></tr>
<tr><td></td></tr>
<tr><td></td></tr>
<tr><td></td></tr>
</table>

서술형 10번

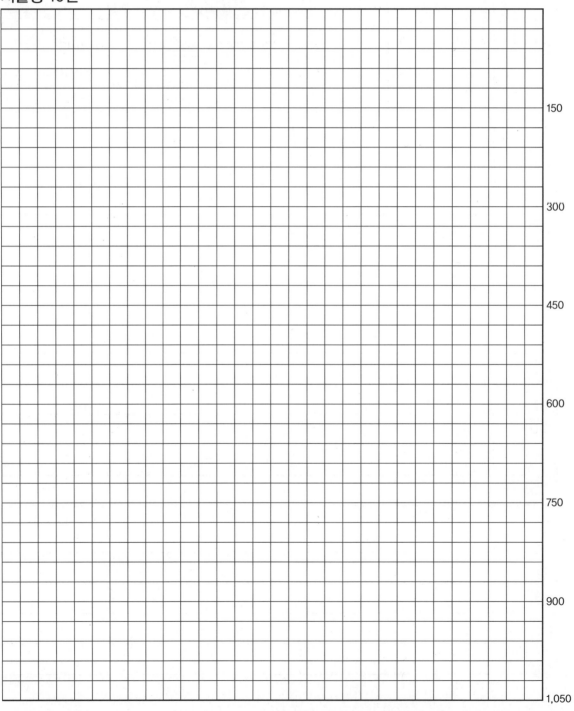

150

300

450

600

750

900

1,050

국가공인 한국실용글쓰기검정 1교시 답안지

이 름	
생년월일	

수 험 번 호

⓪	⓪	⓪	⓪	⓪	⓪	⓪	⓪
①	①	①	①	①	①	①	①
②	②	②	②	②	②	②	②
③	③	③	③	③	③	③	③
④	④	④	④	④	④	④	④
⑤	⑤	⑤	⑤	⑤	⑤	⑤	⑤
⑥	⑥	⑥	⑥	⑥	⑥	⑥	⑥
⑦	⑦	⑦	⑦	⑦	⑦	⑦	⑦
⑧	⑧	⑧	⑧	⑧	⑧	⑧	⑧
⑨	⑨	⑨	⑨	⑨	⑨	⑨	⑨

감 독 관 확 인 란	

번호 1 ~ 10
번호					
1	①	②	③	④	⑤
2	①	②	③	④	⑤
3	①	②	③	④	⑤
4	①	②	③	④	⑤
5	①	②	③	④	⑤
6	①	②	③	④	⑤
7	①	②	③	④	⑤
8	①	②	③	④	⑤
9	①	②	③	④	⑤
10	①	②	③	④	⑤

번호 11 ~ 20
번호					
11	①	②	③	④	⑤
12	①	②	③	④	⑤
13	①	②	③	④	⑤
14	①	②	③	④	⑤
15	①	②	③	④	⑤
16	①	②	③	④	⑤
17	①	②	③	④	⑤
18	①	②	③	④	⑤
19	①	②	③	④	⑤
20	①	②	③	④	⑤

번호 21 ~ 30
번호					
21	①	②	③	④	⑤
22	①	②	③	④	⑤
23	①	②	③	④	⑤
24	①	②	③	④	⑤
25	①	②	③	④	⑤
26	①	②	③	④	⑤
27	①	②	③	④	⑤
28	①	②	③	④	⑤
29	①	②	③	④	⑤
30	①	②	③	④	⑤

번호 31 ~ 40
번호					
31	①	②	③	④	⑤
32	①	②	③	④	⑤
33	①	②	③	④	⑤
34	①	②	③	④	⑤
35	①	②	③	④	⑤
36	①	②	③	④	⑤
37	①	②	③	④	⑤
38	①	②	③	④	⑤
39	①	②	③	④	⑤
40	①	②	③	④	⑤

번호 41 ~ 50
번호					
41	①	②	③	④	⑤
42	①	②	③	④	⑤
43	①	②	③	④	⑤
44	①	②	③	④	⑤
45	①	②	③	④	⑤
46	①	②	③	④	⑤
47	①	②	③	④	⑤
48	①	②	③	④	⑤
49	①	②	③	④	⑤
50	①	②	③	④	⑤

수 험 생 유 의 사 항

1. 이름, 생년월일, 수험번호를 검정펜으로 기재하도록 합니다.
2. 수험번호 마킹 및 객관식 마킹은 컴퓨터용 사인펜을 사용하여 다음과 같이 표기합니다.
   올바른 표기: ●   잘못된 표기: ⊘⊗⊙⊘◑
   ※ 빨간색 등으로 중복 마킹 시 중복답안으로 0점 처리되오니 주의하시기 바랍니다.
3. 마킹하거나 기재한 답안은 수정테이프를 사용하여 수정이 가능합니다.
   ※ 서술형 답안은 수정테이프와 수정기호 모두 사용 가능합니다. (객관식 수정은 수정테이프 사용)
4. 각 문항번호를 확인하여 그 문항에 정답을 기재하시기 바랍니다.
   ※ 서술형 문항의 경우 답안 기재 시 서술형 답안란을 벗어나지 않도록 주의하시기 바랍니다.
5. 위의 사항을 따르지 않을 경우에는 본인에게 불이익이 될 수 있습니다.

서 술 형 1 번	

절취선

서술형 2번	

서술형 3번	

서술형 4번	

서술형 5번	

국가공인 한국실용글쓰기검정 2교시 답안지

이　름	
생년월일	

수험번호

◎	◎	◎	◎	◎	◎	◎	◎
①	①	①	①	①	①	①	①
②	②	②	②	②	②	②	②
③	③	③	③	③	③	③	③
④	④	④	④	④	④	④	④
⑤	⑤	⑤	⑤	⑤	⑤	⑤	⑤
⑥	⑥	⑥	⑥	⑥	⑥	⑥	⑥
⑦	⑦	⑦	⑦	⑦	⑦	⑦	⑦
⑧	⑧	⑧	⑧	⑧	⑧	⑧	⑧
⑨	⑨	⑨	⑨	⑨	⑨	⑨	⑨

감　독　관 확　인　란	

서술형 6번

서술형 7번

서술형 8번

서술형 10번

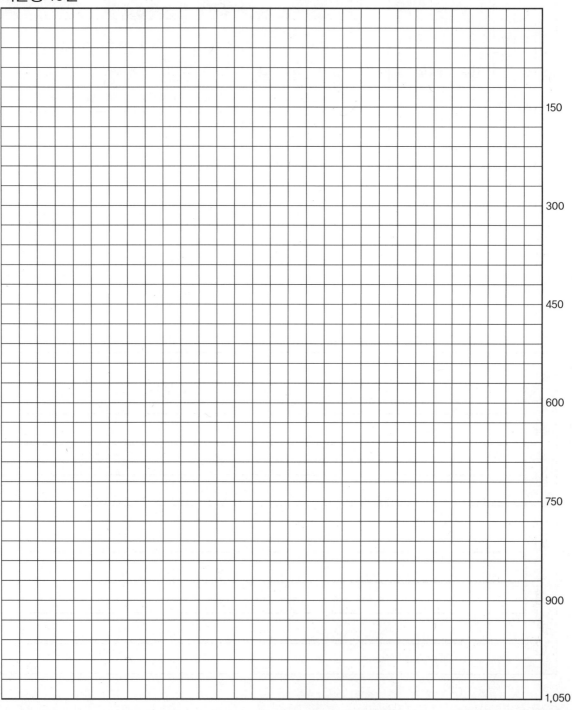

150

300

450

600

750

900

1,050

최신개정판

한국실용
글쓰기

편저 이영택

실제 기출분석

정답 및 해설

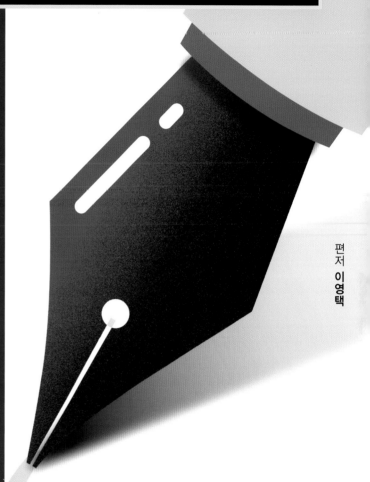

시대에듀

CONTENTS

[책 속의 책] 4편 정답 및 해설

4편

정답 및 해설

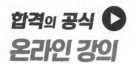

1편

보기 쉽게 정리한
객관식 유형 정답 및 해설

1장 글쓰기 과정과 기초직무능력

1절 글쓰기 과정

01

정답 ②

정답 해설

개요의 주요 내용을 모두 포괄하는 것을 찾으면 된다.

오답 해설

①·③ 제시된 개요로는 알 수 없다.
④ Ⅱ에 한정되는 내용으로 전체 개요를 포괄하지 못한다.
⑤ Ⅲ. 1.에 해당하는 내용이다.

02

정답 ⑤

정답 해설

처음에 '이러한 특성'이라는 말이 나오는데, 이는 '평소에는 꺼져 있다가도 일부분만 켜서'와 '창문 일부처럼 있다가 필요할 때만'을 보았을 때 Ⅱ. 5.의 '부분 켜짐/꺼짐(On/Off)이 가능해야' 하는 기능에 해당함을 알 수 있다.

03

정답 ②

정답 해설

주어진 내용에 대해 글을 쓰려면 2명의 과학자를 비교해야 하므로 비교·대조 구조의 도식 조직자가 가장 적절하다. 예 장영실과 갈릴레이의 공통점과 차이점을 찾아보고 거기에 대한 자기 생각을 정리해 보시오.

04

정답 ②

정답 해설

'분류'는 자료에 제시되어 있지 않다.

오답 해설

① '대조'는 글의 마지막 문장 '위는 네모진 모양인 데 반해 아래는 둥근 모양이고'에서 나타난다.
③ '분석'은 세 번째 문장 '첨성대는 밑면의 지름이 5.17m, 높이가 9.4m이며 석종의 원형을 잘 보존하고 있다.'에서 나타난다.

④ '정의'는 첫 번째 문장 '천문을 관측하기 위하여 설치한 시설을 천문대라 한다.'에서 나타난다.
⑤ '지정'은 두 번째 문장 '신라 시대 천문을 관측하던 건물인 경주 첨성대는 돌을 쌓아 만든 것이다.'에서 나타난다.

05

정답 ③

정답 해설

제시된 개요를 살펴보면 소상공인과 전통 시장과 관련된 내용임을 알 수 있다.

06

정답 ④

정답 해설

ⓒ, ⓔ, ⓗ, ⓐ이 화재 예방, 안전과 관련된 내용이므로 '화재 걱정 없는 시장 만들기' 항목에 적절하다.

오답 해설

ⓖ은 상인 주도형 활성화 프로젝트 신설 항목에, ⓛ은 젠트리피케이션 방지 항목에, ⓜ은 소상공인 수익, 성장 촉진 항목에 적절한 내용이다.

07

정답 ④

정답 해설

'~는 까닭은 무엇일까? ~ 때문이다.'에서 알 수 있듯이 떡이 수분을 빼앗겨서 분자들이 규칙적으로 배열되기 때문에 딱딱해진다는, 원인과 결과에 따른 내용 전개를 보여 준다.

08

정답 ②

정답 해설

ⓖ은 세탁 시 불필요한 마이크로 파이버가 나오는 현상을 가리키므로 '배출'이 적절하고 ⓛ은 해양 오염이 일어나지 않도록 막아야 한다는 뜻이므로 '방지'가 적절하다. '유출'은 '밖으로 흘러나가거나 흘려 내보냄'이라는 뜻, '배출'은 '불필요한 물질을 안에서 밖으로 내보냄'이라는 뜻, '반출'은 '운반하여 냄'이라는 뜻이다. '금지'는 '법이나 규칙이나 명령 따위로 어떤 행위를 하지 못하도록 함'이라는 뜻, '방지'는 '어떠한 일이나 현상을 일어나지 못하도록 막음'이라는 뜻, '대비'는 '앞으로 일어날지도 모르는 어떠한 일에 대응하기 위하여 미리 준비함. 또는 그런 준비'라는 뜻이다.

09

정답 ①

정답 해설

'근육 및 지방세포가 포도당을 잘 저장하지' 못하기 때문에 혈중 당 수치가 높아질 것이라 유추할 수 있다. 그리고 '혈당을 낮추는 호르몬인 인슐린에 대한 몸의 반응이 감소해'를 보면 인슐린이 더 많이 분비될 것이라는 것을 유추할 수 있다.

오답 해설

고혈당이 유지되는 상태가 되어 문제가 되는 상황이기 때문에 ③~⑤는 답이 아니다. ②는 혈당 수치가 높아진다는 맥락은 맞지만, 인슐린이 혈당을 과다 분해하게 되는 상태는 아니다.

10

정답 ⑤

정답 해설

⑤는 형사사건에서 실종이 갖는 법적 절차에 대한 내용이므로 논리적으로 어울리지 않는다.

오답 해설

①~④는 바로 앞 문장에서 나온 것처럼 실종에 관한 법적 선의와 악의에 대한 내용에 해당한다.

2절 **직무 이해**

01

정답 ①

정답 해설

'기업 전략'은 어떤 사업이나 제품 분야를 선택하고 조직할 것인지를 결정하는 것이므로, 본업 중심 또는 다각화, 본업 자체의 이동 등을 결정하는 것은 '기업 전략'에 해당한다.

오답 해설

② '확정된 사업과 제품 분야'를 통해서 '사업 전략'에 해당한다는 것을 알 수 있다.
③ 사업이나 제품 분야에서 어떻게 '경쟁'할 것인가를 중심 내용으로 하는 '사업 전략'에 해당한다.
④ '개별 사업부의 조직 자원'을 통해서 비용 절감 등에 관심을 두고 있다고 하므로 '기능 전략'에 해당한다.
⑤ '사업부 내의 기능별 조직'에서의 전략 활용과 생산성 향상을 목적으로 한다는 점에서 '기능 전략'임을 파악할 수 있다.

02

정답 ④

정답 해설

'산업 매력도'와 '사업 경쟁력'을 기준으로 사업을 평가하는 전략은 'GE 매트릭스' 전략에 해당한다. 'BCG 매트릭스' 기법은 '시장 성장률'과 '상대적 시장 점유율'을 기준으로 도출한다. 'GE 매트릭스' 전략은 BCG 매트릭스의 단점을 보완하여 다양한 변수를 사용한 분석 방법이다.

오답 해설

①·②·③·⑤는 BCG 매트릭스 기법의 성격에 해당한다.

03

정답 ⑤

정답 해설

'시장 성장률'이 높은 것은 '물음표'와 '별'이다. 그리고 상대적 시장 점유율이 높은 것은 '별'과 '현금 젖소'이다. '현금 젖소'는 시장 성장률이 낮기 때문에 새로운 투자를 할 필요성도 낮고, 상대적으로 시장 점유율이 높은 시장 내 선도 기업이기 때문에 현금 흐름이 높으므로 신규 자금 투입이 필요 없다. 따라서 이를 고려하면, 규모의 경제와 같은 높은 생산성을 누릴 수 있다.

오답 해설

①과 ③은 물음표, ②는 별, ④는 개에 대한 설명이다.

04

정답 ②

정답 해설

주어진 생산성 지수는 산출량 지수를 투입량 지수로 나눈 값이므로 $\frac{\text{산출량 지수}}{\text{투입량 지수}}$ 로 표현할 수 있다.

05

정답 ③

정답 해설

'생산성 지수＝산출량 지수/투입량 지수'라고 했기 때문에 생산성 지수를 높이기 위해서는 산출량 지수, 즉 산출량을 높이거나, 투입량 지수, 즉 투입량을 줄이는 개선이 필요하다.

06

정답 ⑤

정답 해설

A점은 사용자의 이익이 극대화되어 있고, B점은 근로자의 힘이 우세하여 근로자의 이익이 극대화되어 있다. AB 선상의 각 점은 노사의 이익이 상호배반 관계에 있어 근로자 측 이익의 증가(또는 감소)와 사용자 측 이익의 감소(또는 증가)가 제로섬 관계에 있다는 것을 보여 준다. 현재 상황이 (나) 그래프의 A점이라고 가정할 때 ⊙에는 'C점으로 이동하게 된다.', ⓒ에는 '그래프의 D점, 더 나아가 E점까지 이동할 수 있다.'를 쓰는 것이 적절하다.

01

정답 ④

정답 해설

상사와 부하 직원이 겪게 되는 갈등 중 하나는 역할이나 목표에 대한 불분명한 기대로, 이는 의사소통과 신뢰를 손상시킨다. 거의 모든 대인 관계에서 나타나는 어려움은 역할과 목표에 대한 갈등과 애매한 기대 때문에 발생한다. 자료에 제시된 예도 목표에 대한 불분명한 기대로 인한 갈등에 해당한다.

02

정답 ①

정답 해설

효과적인 팀은 과정보다는 생산성과 결과에 초점을 맞추고, 직접적이고 솔직한 의사소통을 활성화한다.

03

정답 ④

정답 해설

제시된 글은 리더에 대한 신뢰의 중요성과 결과, 신뢰 받는 리더의 역할 및 리더에 대한 신뢰가 의사 결정에 끼치는 영향이 제시되어 있다. 그러나 ④의 '리더에 대한 신뢰로 경영 체제의 변화'와 관련한 내용은 제시되어 있지 않다.

04

정답 ①

정답 해설

'끊임없이 학습하려는 자세', '언제나 배우고 있고 자신이 모든 걸 알고 있지 않음을 자각하는 것'을 통해 신뢰받는 리더가 되려면 스스로 역량을 쌓고 전문성을 강화하며 노력해야 함을 보여 준다.

05

정답 ④

정답 해설

셀프 리더십은 미국의 경영학자 만츠(Charles Manz)와 심즈(Henry P. Sims)가 1989년 Y이론에 입각해 개발한 리더십 모델이다. 조직 구성원 개개인을 스스로 관리할 수 있는 능력을 갖춘 인재로 양성하는 행위 또는 과정을 수퍼 리더십으로 보고, 이를 위해 자기 스스로를 지도, 관리하는 셀프 리더십이 필요하다고 하였다.

01

정답 ①

정답 해설

사교형은 외향적이면서 관계 중심형이고, 주도형은 외향적이면서 일 중심형에 가깝다. 안정형은 내향적이면서도 관계 중심형이고, 신중형은 일 중심형이지만 내향적이다.

02

정답 ④

정답 해설

안정형의 동료는 여러 사람이 참여해 창의성을 발휘할 수 있는 '집단 지성'에 참여하도록 하면 상호 작용 속에서 자신의 숨은 실력을 발휘할 수 있어 갈등을 줄일 수 있다.

03

정답 ④

정답 해설

마지막 문장에서 동료를 이해하려 하고 맞춰가며 어울리는 것이 상호 원원할 수 있는 지름길이라고 했다.

오답 해설

① 현황을 서술한 문장이다.
② 인간관계에서 갈등이 완전히 사라질 수는 없으므로 줄어들 수 있다고 해야 한다.
③ 제시된 글에서 파악하기 어려운 논지이다.
⑤ 다르다는 점을 아는 데 그치지 않고, 평가하려고 하지 말고 이해하려고 해야 한다.

04

정답 ③

정답 해설

논의 주제, 즉 의제가 설정된 후 관련 운영위원회가 구성되고, 참가자와 간사가 선정된다. 그 후 시나리오를 작성하고 워크숍을 통해 향후 발생 가능한 문제점과 그 해결 방안을 논의하는 것이 적절하다.

시나리오 워크숍의 진행 과정

의제 설정 → 운영위원회 구성 → 참가자와 간사 선정 → 시나리오 작성(운영위) → 워크숍 → 정책권고안 전달

05

정답 ②

정답 해설

시나리오 워크숍은 앞으로 발생할 수 있는 공공의 문제에 대해 해당 지역 시민, 정책 결정자, 기술 전문가, 기업 및 산업 관계자 등의 4개 집단이 자신들의 각자의 경험, 지식, 관점에 근거해 긍정적/부정적 측면에서 바라보며 시나리오의 공통된 주제를 도출한다.

06

정답 ①

정답 해설

제시된 글의 ㉠에 들어갈 단어는 '협상'이다. 그러므로 이와 관계가 깊은 대인 관계의 하위 능력은 협상 능력이다.

07

정답 ③

정답 해설

제시된 사례에서 도○○ 자동차는 2마리 토끼, 고용과 임금 중 임금을 포기, 즉 양보하고 고용을 보장받았다. 그러므로 자료에 나타난 전략은 양보와 인내이다.

08

정답 ②

정답 해설

고객 접점에 있는 최일선 서비스 요원이 책임과 권한을 가지고 고객에게 최고의 서비스를 제공하는 것이 중요하다.

5절 자원 관리

01

정답 ④

정답 해설

㉡은 시간 자원의 낭비에 해당하고, ㉢은 계획에 없는 여분의 물품을 구매하여 물적 자원을 낭비하였고, ㉣은 같은 말을 반복하여 시간 자원을 허비하였다.

02

정답 ⑤

정답 해설

'여름휴가 기간'으로 시간을 설정하고 '지리산 노고단 정상에 오르겠다.'는 구체적이고 행동 중심적이며 실천 가능한 목표를 세웠다.

오답 해설

① 자신의 행동 결과를 측정하고 판단할 수 있는 기준이 모호하다.

② 막연한 목표는 달성 가능성이 낮다. '나는 10년 안에 디자인 분야의 ○○ 지위에 오르겠다.'라는 식으로 구체적이고 명확하게 설정해야 한다.

③ 목표는 행동 중심이어야 하는데 행위가 명시되지 않았다. '날마다 한 번 이상 미소 띤 얼굴로 부서원 모두에게 인사한다.' 등 행동 중심적인 목표로 바꾸어야 한다.

④ 목표가 너무 크면 오히려 계획을 포기하게 만들 수 있다. 일단 일주일이든 한 달이든 기간을 설정하거나 금연 치료를 받는 등의 실천할 수 있는 작은 일로 시작하는 것이 좋다.

03

정답 ⑤

정답 해설

하루 행사이므로 숙박비는 필요 없다. 회사에 있는 트럭을 이용할 계획이므로 트럭 임대료도 필요 없다. 점심 식사를 해야 하므로 식사비는 편성해야 한다. 유인물 제작비, 홍보 도우미 수당도 편성해야 할 뿐만 아니라, 물건을 실어 나를 트럭을 별도의 주차 시설에 주차해야 하므로 주차 시설 이용료도 편성해야 한다.

04

정답 ③

정답 해설

회의실이 갖춰야 할 첫 번째 조건은 수용 인원 21명이다. 여기에 생산관리 팀 4명은 화상회의로 참여하기 때문에 화상회의 시설을 갖춘 회의실이 필요하다. 2가지 조건을 모두 충족하는 곳은 502, 503, 504호이다. 회사 지원금이 50만 원인데 식사비 23만 원, 교통비 15만 원, 다과비 6만 원을 제하면 6만 원이다. 회의실을 종일 사용해야 하므로 종일 대관 요금을 비교했을 때 가능한 곳은 502, 504호이다. 그런데 이 회의실은 화상회의 시스템 이용 시 5천 원이 추가되므로 예산이 초과된다. 반면 503호는 다과를 제공하므로 다과비 6만 원을 아낄 수 있다. 즉, 503호 대관 시 지출액은 식사 23만 원, 교통비 15만 원, 대관 요금 8만 원, 총 46만 원이므로 503호가 가장 적절하다.

05

정답 ③

정답 해설

제시된 글은 '역량 중심의 인적 사원 관리'에 관한 글의 일부로서 직무 내용이나 가치를 반영한 역량을 기초로 직급 체계를 개편해야 함을 강조하기 위해 그 사례를 제시하고 있다.

오답 해설

① 두 번째 문단 세 번째 문장처럼, 직무 성과급제는 ○○사의 기본적인 임금 제도이다. 이의 도입을 강조하고 있는 것은 아니다.
② 세 번째 문단 세 번째 문장에 나오기는 하지만 이를 논지로 볼 수 없다.
④ 직급별 직무 분류 과정에 모든 종업원이 참여하게 했음을 강조하고 있을 뿐이지 논지로 볼 수 없다.
⑤ 두 번째 문단 마지막 문장의 내용을 잘못 이해한 문장이다.

06

정답 ①

정답 해설

①에 있는 수준은 직급 2에 해당한다. 직급 1의 종업원은 자신의 잠재력을 최대한 발휘하는 방향으로 노력하고, 직급 2의 종업원은 다른 사람들이 효율적으로 일할 수 있도록 지속해서 조언한다. 직급 3 이상의 종업원은 관리자급으로 직급 3은 개인과 팀의 개발 욕구를 명확히 파악하고 구체적인 계획을 수립하고 실행한다. 직급 4는 전사적 차원에서의 기업 성과의 문제점을 찾아내고 직급 5는 전사적인 경영관리 시스템을 통해 성과 지향적 문화를 도입하고 정착시킨다.

07

정답 ②

정답 해설

세 번째 문장, 결국 경영 그 자체가 인적 자원을 관리하는 것이라는 결론 도출도 가능하다.

오답 해설

①·④ 네 번째 문장, 최고 경영층에서 하부의 일선 관리자에 이르기까지의 일반 관리 기능이다.
③ 마지막 문장, 인적 자원 관리는 생산성, 만족감, 능력 개발을 동시에 추구한다.
⑤ 두 번째 문장, 인적 자원에 의해서 지향하는 성과와 목표가 달성된다는 의미이다.

6절 수리 자료 활용 능력

01

정답 ⑤

정답 해설

(가)는 10%p가 증가하였다. 50의 1%는 0.5이므로 10÷0.5 = 20으로 20% 증가한 것이다.
(나)는 10%p가 감소하였다. 20의 1%는 0.2이므로 10÷0.2 = 50으로 50% 즉, 절반이 감소한 것이다.

02

정답 ④

정답 해설

(가)~(다)는 다음과 같이 구할 수 있다.
(가) = 귀농 2015년 가구 수 − 2014년 가구 수
(나) = 귀촌 2015년 가구 수 − 증가 가구 수
(다) = 귀어 2014년 가구 수 + 증가 가구 수

03

정답 ③

정답 해설

자료의 도표는 막대 그래프로, 비교하고자 하는 수량을 막대 길이로 표시하여 각 수량 간의 대소 관계를 비교할 수 있는 정량적 데이터에 해당한다.

오답 해설

① '정성적 데이터'는 수치로 측정할 수 없는 어떠한 성질을 나타내는 자료로서, '크다, 작다. 많다, 적다' 등으로 나타낸다. 자료는 수치로 표현된 정량적 데이터이다.
② 원그래프로 나타내면 구성비를 쉽게 파악할 수 있지만, 제시된 자료를 원그래프로 나타낼 수 없다.
④ 산포도에 관한 설명에 해당하므로 적절하지 않다.
⑤ 레이더 차트에 관한 설명에 해당하므로 적절하지 않다.

04

정답 ④

정답 해설

2단계 요금 적용 구간이 300kWh에서 400kWh로 늘어나는 것을 사용한 요금을 100kWh만큼 깎아 준다고 잘못 해석하였다. 계산하지 않아도 알 수 있지만, 구간 요금을 적용하여 확인해 보자면 6월 기준 300kWh의 전기 요금은 (93.3 * 200) + (187.9 * 100) = 37,450원이고 8월 기준 400kWh의 전기 요금은 (93.3 * 300) + (187.9 * 100) = 46,780원이다.

05

정답 ②

정답 해설

2017년 기준 우리나라의 멸종 위기 야생동물은 1급 32종, 2급 91종을 합하여 123종이다. 208종은 1997년의 수와 2017년의 수를 단순히 합한 것으로 잘못 계산한 것이다.

06

정답 ④

정답 해설

불법으로 취득한 멸종 위기 야생동물을 자진 신고하는 것은 일반인이 할 수 있는 보호 방법이다.

오답 해설

① · ② 야생동물 보호와 간접적으로는 관련될 수 있으나 ④보다 약한 내용이다.
③ 우리나라 야생동물 보호 내용과는 거리가 있는 내용이다.
⑤ 환경부에서 연구 센터를 지원하고 있다는 것이므로 사람들에게 행동을 촉구하는 내용은 아니다.

7절 문제 해결 능력

01

정답 ②

정답 해설

김 과장이 처리해야 할 일의 우선순위는 다음과 같다.

우선순위	해야 할 일	긴급성	중요도	확대 경향성
1	긴급한 고객 이의 제기	H	H	H
2	회의 자료 작성	H	H	H
3	팀원 사기 진작과 박 대리 면담	M	H	H
4	회식 메뉴 담당자 선정	H	M	M
5	주식의 매도 여부 결정	H	M	M
6	큰 집으로 이사	L	M	M

같은 점수를 받은 항목은 가중치를 적용하여 우선순위를 결정할 수 있는데 '긴급한 고객 이의 제기'와 '회의 자료 작성' 중 긴급성과 확대 경향성에 가중치를 적용하여 고객 이의 제기를 1순위로 결정할 수 있다.

02

정답 ③

정답 해설

제시된 문제 해결 방법은 '트리즈 기법'이다. 이는 주어진 문제에 대하여 얻을 수 있는 가장 이상적인 결과를 정의하고, 그 결과를 얻기 위해 관건이 되는 모순을 찾아내어 그 모순을 극복할 수 있는 해결책을 생각해 내는 방법에 대한 이론이다. 이러한 관점에서 글을 읽어보면 ㉠에는 '모순', ㉡에는 '문제'가 들어가는 것이 가장 적절하다.

03

정답 ④

정답 해설

자료의 해결 방안 자원을 보면 다 같은 비행기를 이용해도 추가 요금을 내면 추가 서비스를 받는다는 점을 해결 방안에 적용할 수 있다. 그러므로 부분 유료 게임화가 해결 방법으로 가장 적절하다.

04

정답 ④

정답 해설

'MECE'는 어떤 사항과 개념을 중복이 없고 누락 없는 부분 집합으로 전체를 파악하는 방법이라고 했다. 그런데 '글을 잘 쓰는 사람과 말을 잘 하는 사람'은 중복이 될 수 있다는 점에서 ④는 적절하지 않다.

오답 해설

① 영업부 신입 사원은 남자와 여자로 나누어진다는 점에서 중복되지 않는다.
② 대한민국은 수도권이 아니라면 비수도권이므로 적절하다.
③ 마케팅의 4요소는 중복이 없는 부분 집합이므로 적절하다.
⑤ 매일 또는 격주에 걸쳐 정기적으로 정보가 들어온다고 했기 때문에 누락이 없다. 매일 들어오면서 동시에 격주로 들어올 수도 없기 때문에 중복도 없다.

05

정답 ③

정답 해설

비전을 공유할 수는 있지만 각 부서의 특성이 다르기 때문에 과제를 확산시키는 시도는 처음부터 실패 가능성을 안고 있다. 비전과 과제를 공유한다고 하여 불협화음을 막을 수 있는 것은 아니다.

06

정답 ④

정답 해설

진행 결과를 요약할 때 통제를 의미하는 파란색, 대안을 마련할 때 창의의 초록색, 결정할 때 신중을 의미하는 검은색과 파란색 모자를 활용하는 것이 좋다.

01

정답 ②

정답 해설

제시된 글의 화자는 도덕적 의무 원리가 어떤 행위의 결과와는 관련이 없다고 주장하고 있다. 따라서 김○○ 팀장의 도덕적 의무 실행은 회사나 소비자의 피해보다 '사실을 있는 그대로 밝혀야 한다.'는 도덕 원칙과 관련된다.

오답 해설

①은 행위의 결과인 '이익', ③은 행위 결과로 인한 '동료들의 비난', ④는 행위 결과로 인해 얻을 수 있는 '이익', ⑤는 행위의 결과로 인한 '소비자들이 피해'를 고려하고 있으므로 도덕적 의무 원리와는 관련이 없다.

02

정답 ②

정답 해설

자료에서 '자신의 직무와 관련된 기술과 지식을 습득하여 자기 분야를 책임질 수 있는 전문가가 되어야 한다'는 것은 전문가 정신을 의미한다.

오답 해설

① '책임 의식'은 자기 직업에 애정을 가지고 자신이 맡은 일을 자율적, 자주적으로 행하며, 성실하게 책임을 다하려는 태도를 말한다.
③ '협동·봉사 정신'은 직장 내에서 서로 협동하고 돕는 자세를 가져야 하며, 또한 직무 수행 과정에서 국가나 사회 및 개인을 위해 헌신하는 마음과 자세를 지녀야 한다는 것이다.
④ '소명 의식'은 개인이나 조직의 일을 의미와 목적이 있는 것으로 인식하고 자신의 일에 헌신하려는 태도를 말하고, '천직 의식'은 직업을 하늘이 자신에게 부여한 일로서 성스럽게 받아들여 그 일에 열성을 가지고 성실히 임하려는 직업관을 말한다.
⑤ '직분 의식과 봉사 정신'은 사람이 일정한 직업을 가지고 활동함으로써 조직 사회의 기능을 분담하여 직·간접적으로 직분을 수행하며 사회의 유지 및 발전에 참여하고 직업을 통해서 사회에 봉사하는 것을 의미한다.

03

정답 ③

정답 해설

일반 윤리가 직업윤리를 포괄하는 상위적 가치 체계라고 할 수 있고, 직업윤리는 일반 윤리에 기초한 하위적 가치 체계라고 할 수 있다.

04

정답 ④

정답 해설

1문단에서 '법정 허락 제도'의 개념을 제시하여 저작재산권자를 알더라도 거소를 찾을 수 없는 경우의 방법을 제시하고, 2문단에서 신청 요건에 대해 설명하고 있으므로 ④가 적절하다.

오답 해설

① 저작물 이용 승인은 저작권법에 의하여 정해진 절차에 따라 이루어진다.
② 법원에 일정 금액이 공탁금을 지불한다고 원하는 저작물을 바로 이용할 수 있는 것은 아니다.
③ 단순히 저작권자를 찾기 힘들었다는 사실을 증명하는 것만으로는 부족하고 정해진 조회와 공고 절차를 거쳐야 한다.
⑤ 법정 허락 제도는 저작물에 대한 이용 허락이 너무 쉽게 이루어지지 않도록 하는 측면이 있다.

05

정답 ②

정답 해설

법정 허락 절차

신청인의 상당한 노력 → 이용 승인 신청서 제출 → 검토 및 신청 공고 → 분과위원회 심의 → 승인 통지 및 승인 공고 → 보상금 공탁 및 공탁 사실 공고

06

정답 ③

정답 해설

출처를 명시한다면, 저자는 타인이 이미 발표한 논문에 담긴 이론이나 아이디어를 번안해서 자신의 저작물에 인용할 수 있다.

오답 해설

② 2차 출처에 의존하지 말고 원 출처에서 직접 확인해야 하며, 2차 출처에 의존할 경우, 재인용임을 밝혀야 한다.

07

정답 ②

정답 해설

자료에서는 '출처 표시'의 개념을 제시하고 다음으로는 출처 표시를 함으로써 독자가 출처를 빠르고 쉽게 찾을 수 있고, 추후 연구에도 도움이 된다는 효용성을 제시하고 있다. 그리고 '참고 문헌 목록'과 '참고 자료'의 차이를 설명한다. 자료의 내용과 관련되는 것은 다른 연구자들의 연구에 도움이 된다는 ②이다.

오답 해설

① 자료에 참고 문헌 목록은 연구자가 해당 저작물에서 텍스트로 인용한 것만을 포함한다고 제시되어 있다.
③ 참고 문헌 목록을 본문에 쓸 수도 있다는 내용은 자료에서 찾을 수 없다.
④ 연구 결과물의 마지막에 제시하는 것은 참고 문헌 목록이며, 참고 자료는 직접적인 자료가 아니라, 도움이 된 여러 자료를 말한다.
⑤ 참고 자료는 연구자가 연구를 위해 사용한 책, 논문, 웹페이지 등을 포함하지만 텍스트로 직접 인용을 한 것은 아니다.

08

정답 ①

정답 해설

1문단에서 저작권법은 무방식주의를 취하므로 특허청에 등록을 받아
야 권리가 발생하는 산업재산권과 다르다는 내용이 제시되어 있다.

오답 해설

② 1문단에서 현재 대부분의 국가가 베른 협약 등 국제조약에 의해 무
  방식주의를 선택한다고 제시되어 있다.

③ 4문단에서 프로그램 저작물의 경우 오픈소스를 재배포하면 라이선
  스 조건에 따라 저작권 표시를 표기해야 하는 경우가 있다고 제시
  되어 있다.

④ 3문단의 마지막 문장에서 ⓒ 표시와 'All right reserved'가 표기되지
  않아도 저작권법상의 보호를 받는 데 아무런 지장이 없다는 내용이
  제시되어 있다.

⑤ 2문단에서 ⓒ 표시는 저작권자의 성명과 저작물의 최초 발행연도
  를 표기하는 방식주의 국가의 절차와 형식에 해당한다는 내용이 제
  시되어 있다.

2장 글쓰기 실제

1절 문서 일반과 공문서

01

정답 ③

정답 해설

공문서의 본문에 따르면 '각 부서에서는 대상자의 출장에 협조하여 주시기 바랍니다.'라는 표현과 함께 '해외 자문단 명단'이라는 '붙임'이 제시되어 있으므로 적절하다.

오답 해설

① 아직 수출이 이루어진 결과에 대한 내용이 없으므로 답이 아니다.
② 자료 조사는 이 공문서 자체의 목적이 아니라 자문단 파견의 목적이라고 볼 수 있기 때문에 답이 아니다.
④ 해외 자문단을 파견하기 위한 출장 협조를 요청하면서 예상 소요 경비를 덧붙인 것이므로 문서 작성의 주된 목적에 해당하지 않는다.
⑤ 이미 자문단이 구성되어 있다는 것을 붙임 자료 등으로 알 수 있기 때문에 알맞지 않다.

02

정답 ①

정답 해설

'행정업무운영편람'에 따르면 붙임은 본문에서 1줄 띄고 쓸 수 있다. 즉 현재 붙임을 쓰는 방법이 맞으므로 수정이 필요하지 않다.

> **편람 수정 내용**
> 2) 표시위치 및 띄우기
> 가) 첫째 항목기호는 왼쪽 기본선에서 시작한다.
> 나) 둘째 항목부터는 바로 위 항목 위치에서 오른쪽으로 2타씩 옮겨 시작한다.
> 다) 항목이 두 줄 이상인 경우에 둘째 줄부터는 항목 내용의 첫 글자에 맞추어 정렬함이 원칙이나, 왼쪽 기본선에서 시작하여도 무방하다. 단, 하나의 문서에서는 동일한 형식(첫 글자 또는 왼쪽 기본선)으로 정렬한다.
>
> **행정 효율과 협업 촉진에 관한 규정(대통령령)**
> 제7조(문서 작성의 일반원칙)
> ① 문서는 「국어기본법」 제3조제3호에 따른 어문규범에 맞게 한글로 작성하되, 뜻을 정확하게 전달하기 위하여 필요한 경우에는 괄호 안에 한자나 그 밖의 외국어를 함께 적을 수 있으며, 특별한 사유가 없으면 가로로 쓴다.
> — 중략 —

> ⑤ 문서에 쓰는 날짜는 숫자로 표기하되, 연·월·일의 글자는 생략하고 그 자리에 마침표를 찍어 표시하며, 시·분은 24시각제에 따라 숫자로 표기하되, 시·분의 글자는 생략하고 그 사이에 쌍점을 찍어 구분한다. 다만, 특별한 사유가 있으면 다른 방법으로 표시할 수 있다.
>
> **행정 효율과 협업 촉진에 관한 규정 시행규칙(행정안전부령)**
> 제2조(공문서 작성의 일반원칙)
> ① 공문서(이하 "문서"라 한다)의 내용을 둘 이상의 항목으로 구분할 필요가 있으면 그 항목을 순서(항목 구분이 숫자인 경우에는 오름차순, 한글인 경우에는 가나다순을 말한다)대로 표시하되, 상위 항목부터 하위 항목까지 1., 가., 1), 가), (1), (가), ①, ㉮의 형태로 표시한다. 다만, 필요한 경우에는 □, ○, -, · 등과 같은 특수한 기호로 표시할 수 있다.
> ② 문서에 금액을 표시할 때에는 「행정 효율과 협업 촉진에 관한 규정」(이하 "영"이라 한다) 제7조제4항에 따라 아라비아 숫자로 쓰되, 숫자 다음에 괄호를 하고 다음과 같이 한글로 적어야 한다. (예시) 금113,560원(금일십일만삼천오백육십원)

오답 해설

② '(2018. 3. 15.)'이라고 수정해야 한다.

03

정답 ⑤

정답 해설

법규 문서는 공포 후 20일이 경과한 날부터 효력이 발생하고, 공고 문서는 고시 또는 공고 후 5일이 경과한 날부터 효력이 발생한다는 점에서 ⑤의 내용은 적절하지 않다.

오답 해설

① 공문서는 특별한 규정이 없는 한, 결재권을 가진 자의 결재(서명)가 있음으로써 성립한다.
② 공문서의 효력은 일반 문서의 경우, 수신자에게 도달함으로써 효력이 발생하는 도달주의를 기본으로 한다.
③ 전자 문서는 다른 법령에 특별한 규정이 있는 경우를 제외하고, 수신자가 컴퓨터 파일에 등록한 때에 효력이 발생한다.
④ 공고 문서의 경우 다른 법령 및 공고 문서에 특별한 규정이 없는 한, 그 고시 또는 공고가 있은 후 5일이 경과한 날부터 효력이 발생한다.

04

정답 ②

정답 해설

문서 제목에 '아동보호구역 지정 공고'라고 제시되어 있으므로 공고문에 해당한다.

오답 해설

①은 훈령, ③은 예규, ④는 보고서, ⑤는 회보이다.

05

정답 ④

정답 해설

자료에 제시된 문서는 작성 주체에 따라 구분할 때 사문서가 아닌 공문서이다.

오답 해설

① 처리 단계에 따른 분류에서 접수 문서에 대한 설명이다.
② 처리 단계에 따른 분류에서 공람 문서에 대한 설명이다.
③ 성질에 따른 문서 분류에서 민원 문서에 대한 설명이다. 제시된 문서는 일반 문서이다.
⑤ 수신 대상에 따른 분류에서 대내 문서, 즉 내부 결재 문서에 대한 설명이다. 제시된 문서는 대외 문서이다.

06

정답 ②

정답 해설

행정업무운영편람 제24조와 관련한 서식의 설계기준 중 '항목란'의 내용은 다음과 같다.

> 가. 「전자정부법」 제36조제1항에 따른 행정정보의 공동이용을 통하여 해당 정보의 내용을 확인할 수 있는 경우에는 첨부 서류를 따로 받지 않도록 하는 내용에 관한 항목을 둔다.
> 나. 주민등록번호란은 생년월일란으로 대체하여 사용하고 등록기준지란은 만들지 않되, 행정정보 공동이용을 통한 정보의 확인, 신원조회 등 꼭 필요한 경우에만 주민등록번호란 또는 등록기준지란을 만들 수 있다.
> 다. 주소변경 시 법령에서 신고 등을 하도록 규정하지 않은 경우, 허가증·인가증·자격증·신고필증 등의 서식에는 주소란을 두지 아니한다.
> 라. 비고란은 별도로 적을 내용이 있는 경우에만 둔다.
> 마. 항목의 구분에 따른 하위 항목은 위계에 따라 배열하되 3단계를 초과할 수 없다.
> 바. 항목의 일련번호(① 등)는 적지 아니하되, 필요에 따라 적는 경우에는 왼쪽에서 오른쪽으로, 위에서 아래의 순서로 적는다.
> 사. 계산이 필요한 숫자란은 계산순서를 고려하여 상·하·좌·우로 배열하고 계산부호를 붙일 수 있다.
> 아. 특별한 사유가 없는 경우에는 글자별, 숫자별 구획은 만들지 않는다.

오답 해설

①은 마항, ③은 다항, ④는 가항, ⑤는 나항에서 확인하면 된다.

07

정답 ③

정답 해설

행정 효율과 협업 촉진에 관한 규정 시행규칙은 다음과 같다.

> 문서에 금액을 표시할 때에는 「행정 효율과 협업 촉진에 관한 규정」(이하 "영"이라 한다) 시행규칙 제2조제2항에 따라 아라비아 숫자로 쓰되, 숫자 다음에 괄호를 하고 다음과 같이 한글로 적어야 한다.
> (예시1) 금113,560원(금일십일만삼천오백육십원)

그러나, 본문에서는 (　) 안에 한글로 쓸 때 '금'이 빠져있다.
4) 선지급 배송비: 금2,800원(이천팔백원) → (금이천팔백원)
나. 총 구매 비용: 금72,700원(칠만이천칠백원) → (금칠만이천칠백원)

08

정답 ①

정답 해설

물품을 구매하기 위한 글이기 때문에 왜 이 물품을 구입하려 하는지에 대한 근거 자료가 필요하다. 그러므로 그 물품을 구입하게 된 근거인 비교 견적서가 들어가야 한다.

2절 입사 문서

01

정답 ①

정답 해설

자료의 내용을 살펴보면 '건설기술지원'으로 분류가 되어 있고, 공단 주요 사업에서도 건설 관련 현장에 대한 업무임을 알 수 있다. 또한 '교육 요건'에서 '전공'도 '건설 분야(토목/건축)'를 요구하고 있고, '경력 요건(필수)'에서 '초고층건물 시공 실무'가 있어서 '건설 시공'임을 알 수 있다.

02

정답 ⑤

정답 해설

(나)에 들어갈 내용은 건축 시공 분야의 '핵심 책무'로, '채용 분야'와 '공단 주요 사업'의 내용을 통해서 파악할 수 있다. 제시된 설명자료에서 '채용 분야'를 보면, '건설기술지원'은 소규모·중규모 건설현장 재해예방지원, '건설심사확인'은 건설업 유해위험방지계획서 심사 및 확인, '건설시스템안전'은 발주자와 건설업체 역량 강화지원이 구체적 내용으로 제시되어 있다. 그리고 '공단 주요 사업'과의 관련성을 고려하면, 핵심 책무는 ⑤가 적절하다. 이외에도 유해위험방지계획서 심사 및 확인, 산업재해예방을 위한 기술지원 등도 범주에 넣을 수 있다.

03

정답 ⑤

정답 해설

직무기술서는 대학에서 무엇을 전공했는지보다 직무에 관련한 능력과 태도를 갖추었느냐를 보고자 하는 문서이며 제시된 직무기술서로는 채용하고자 하는 지원자의 전공이 무엇인지 알 수 없다.

04

정답 ③

정답 해설

NCS 기반 채용 직무기술서에 따라 입사 지원서를 쓰고 입사 지원서의 경력 사항, 경험 사항 항목에 쓴 주요 내용을 경력 및 경험 기술서에 구체적으로 작성하는 것이므로 입사 지원서 항목에 쓰지 않은 내용을 넣는 것은 불필요하다. 경력직이라고 했을 때 경력은 직무 능력과 관련한 경력이며 관련 없는 직장 경력은 포함하지 않는다.

05

정답 ②

정답 해설

'NCS 기반 채용 직무기술서(국내 복귀 기업 지원)'에서 국외에 진출한 기업의 국내 복귀 지원 사업과 관련한 경력직 채용이라는 것을 알 수 있다.

06

정답 ⑤

정답 해설

'업무 내용'에서 주요 이슈 심층 분석 및 조사, 세부 직무별 산업·기능의 특화된 업무를 찾을 수 있다. 또 '직무 관련 경력, 경험'에 회계사 자격증 소유자 또는 해당 분야에서의 연구·조사, 전략 수립 등 업무 수행 참여 경력을 요구하고 있다. 따라서 국외 진출 기업의 국내 복귀 기업 지원과 관련한 채용의 '직무 요건'은 ⑤의 '조사 방법론, 통계 분석 등에 대한 기본 지식 및 기술'이 적절하다.

오답 해설

① 지식재산권 등 법률 관련 지식 및 기술은 '지식 및 기술'의 첫 번째 내용인 '법률, 경영, 경제, 재무·회계 관련 지식 및 기술'과 중복된다.

② 채용의 목적이 국외 진출 기업의 국내 복귀 지원이므로, 인수·합병 분야에 대한 기본 지식 및 기술과는 관련성이 적다.

③ 국외 진출 현지화 전략 수립 및 실행 경험은 국외 진출 기업의 국내 복귀 지원이라는 목적과 정반대인 내용에 해당한다.

④ 해당 분야에서의 국외 마케팅 실무 경력은 국외 진출 기업의 국내 복귀라는 목적에서 요구되는 경력에 해당하지 않는다.

07

정답 ④

정답 해설

자격 사항에는 반드시 해당 직부와 관련 있는 자격만 명시해야 한다.

3절 **기안서, 품의서, 제안서**

01

정답 ②

정답 해설

기안서를 작성할 때에는 정확성, 신속성, 용이성을 고려한다.

기안서 작성 시 고려사항

- 정확성 – 육하원칙에 따라 정확한 내용을 작성하는 것
- 신속성 – 가급적 짧고 명료한 문장으로 핵심 내용만을 요약하고, 결론을 먼저 제시하고 그 다음 이유나 설명을 기술하는 것
- 용이성 – 독자를 고려하여 한자나 어려운 전문 용어는 피하고, 읽기 쉬운 용어를 사용하는 것

오답 해설

① 문서를 읽는 상대방의 입장에서 이해하기 쉽게 작성한다.

③ 구체적이고 개별적인 용어로 작성한다.

④ 복잡한 내용일 때는 먼저 결론을 제시한 후에 충분한 이유를 설명한다.

⑤ 상급 기관이 하급 기관에 보내는 문서라 해도 위압적인 표현을 쓰지 않는다. 상호 간에 존중한다는 의미에서 '~ 하시기 바랍니다.'와 같은 표현을 사용한다.

02

정답 ①

공문서의 '두문'에는 '발신기관명–우편번호 및 주소, 전화번호, 팩스번호', '분류기호 및 문서번호', '시행일자 보존 기간', '수신란–경유, 수신, 참조' 등을 작성한다. '경유'에는 수신처에 앞서 경유할 기관이 있을 경우에 기관명을 기재하고, 경유가 있는 경우 먼저 그 경유 기관으로 발송한다.

오답 해설

② 수신자가 없는 내부결재문서의 수신란에는 '내부결재'로 표시한다.

　예 수신 내부결재

③ 기안문 및 시행문에는 가능하면 행정기관의 로고·상징·마크·홍보 문구 등을 표시하여 행정기관의 이미지를 높일 수 있도록 하여야 한다.

④ 민원회신문서에는 수신란에 민원인의 성명을 먼저 쓰고 이어서 (　) 안에 우편번호와 도로명주소를 쓴다.

　예 수신 ○○○ (우03171 서울시 종로구 세종대로 209)

⑤ 독임제 기관의 장 또는 합의제 기관의 장의 권한에 관한 사항인 경우에는 수신란에 해당 기관의 장의 직위(수신명)를 쓰고, 그다음에

이어서 (   ) 안에 그 업무를 처리할 보조기관이나 보좌기관의 직위를 쓴다.

예 수신 방송통신위원회위원장(정보공개업무담당과장)

03

정답 ⑤

정답 해설

본문이 표로 끝나고, 표의 중간에서 기재사항이 끝나는 경우에는 '끝' 표시를 하지 않고 마지막으로 작성된 칸의 다음 칸에 '이하 빈칸'이라고 쓴다.

04

정답 ②

정답 해설

품의서는 특정 사안에 대해 결재권자의 승인을 요청하는 문서로, 구매뿐만 아니라 제안·행사·채용 등 다양한 사안과 관련된다.

05

정답 ③

정답 해설

제목은 결재권사에게 요청할 사항을 쓰되, 품의할 사항을 한눈에 알수 있게 구체적이고 간결하게 쓴다.

오답 해설

① 구체적인 행위를 알 수 없다.
② 무엇에 대한 외주 용역인지 밝히지 않았다.
④ 중요한 말이 빠져 있고, '품의 재가 요청'은 불필요한 말이다.
⑤ 무엇에 대한 외주 용역인지 알 수 없고, '~합니다.' 형식은 제목으로 쓰기에 적절하지 않다.

06

정답 ③

정답 해설

'제안 이유'에서 주부와 노인들로 구성된 생산직 직원 다수가 본사와 공장의 인근 지역에 살기 때문에 혼잡한 출근 시간에 상당한 불편함을 겪고 있다는 내용이 제시되어 있다. 이런 이유로 '제안 내용'에서 생산직 사원들을 위해 통근 버스 운행을 제안하고 있다. 그리고 비용 절감을 위해 통근 버스 소유자와 계약하여 출퇴근 시간대만 운행하는 방안을 제안한다. 따라서 통근 버스 운행과 관련한 제안서라고 할 수 있다.

07

정답 ②

정답 해설

제목에 무엇과 관련한 품의서인지 제시되어 있다. '사전 공사 집행 품의서'이므로 ②가 적절하다.

08

정답 ④

정답 해설

제안서를 받기 위한 문서이므로 제안 요청서가 가장 적절하다.

오답 해설

① 품의서는 어떠한 일의 집행을 시행하기에 앞서 결재권자에게 특정한 사안을 승인해 달라고 요청하는 문서이다.
② 기안문은 기업 활동 중 어떤 사항의 문제해결을 위해 해결 방안을 작성하여 결재권자에게 의사 결정을 요청하는 문서이다.
③ 기획서는 기업에서 일어날 수 있는 다양한 일들에 대해 구체적으로 계획을 수립하여 제출하는 문서이다.
⑤ 사내 제안서는 기업이 사내에서 다양한 분야의 사업을 어떻게 수행할 것인지에 대해 포괄적으로 계획을 정리한 자료이다.

09

정답 ③

정답 해설

상대방의 질문에 비추어 제안 목차를 작성하면 다음과 같다.

상대방의 질문		제안 목차
Whom	누가 사?	0단계 고객 개발
Why	그 사람들은 왜 사?	1단계 문제
Why so	그 사람들은 왜 그런 거야?	2단계 원인
What	그래서 뭐?	3단계 해결책/제안
What else	딴 것도 많잖아?	4단계 비교 우위
How	그래서 어쩌라고?	5단계 진행/계획/이용 방법
If	근데 꼭 해야 하나? 뭐 더 없어?	6단계 예상 성과/+α 제안

10

정답 ②

정답 해설

'~로 영업 중, ~으로 영업 확대 계획, ~ 개발 계획'을 통해 해당 내용은 'Ⅰ. 4. 사업 분야 및 향후 계획'에 쓰기에 적절함을 알 수 있다.

11

정답 ②

오답 해설

①은 신문, ③은 D/M, T/M, ④는 Man to Man, ⑤는 전문가 그룹 연계와 연결되는 것이 적절하다.

12

정답 ①

오답 해설

②·③은 강점, ④는 약점, ⑤는 위협 요소이다.

01

정답 ②

정답 해설

의견란에는 교섭 담당자가 협상이 합의에 이르지 못한 이유와 앞으로의 대책 등을 밝히고 있으므로, ②가 적절하다.

오답 해설

① 상황 보고서 등에서 '본문'의 내용을 효과적으로 전달하기 위해 사진이나 그래프 등을 활용하는 것으로, '의견' 작성에서 고려할 요소에는 해당되지 않는다.

③ 명세서는 별도로 첨부되어 있으므로 의견란에서 제시할 필요가 없다.

④ 핵심 내용이나 수치상의 기록이 필요하면, '보고'에서 다루어지는 것이 타당하다.

⑤ '견학 중 발견한'에서 신규 상품의 조건 교섭과 관련한 출장 보고서가 아닌, '견학' 관련 보고서에 대한 설명이라는 것을 알 수 있다.

02

정답 ⑤

정답 해설

'별지 자료'로 적합한 것을 고르는 내용이므로 '2. 조사 내용'의 마지막 부분을 참고한다. 따라서 별지 자료에 들어갈 내용은 '2. 조사 내용'에 해당하는 부분이어야 한다. 이 보고서의 조사 내용을 보면 지점장 개인 문제로 인한 관리 소홀, 사원들 간의 분위기가 안 좋은 점, 그로 인해 낮아진 고객 서비스 수준이 주된 내용이다. 지점장, 사원, 고객에 대한 자료가 필요하므로 지점장 및 매장 근무자, 방문 고객의 인터뷰 자료가 근거 자료로 적절하다.

03

정답 ⑤

정답 해설

선지 중 ⑤의 두 번째와 세 번째 문장인 '본 보고서는 ～ 포함하였다.'를 통해, ⑤가 '2. 사업의 내용 및 범위'에 쓸 가장 적절한 문단임을 알 수 있다.

오답 해설

①과 ②는 '1.'이나 '4.', ③은 '3.', ④는 '1.'에 쓰는 것이 적절하다.

04

정답 ③

정답 해설

이 문서는 기상 상황에 대한 정보를 정리한 재난 안전 일일 상황 보고서이다.

05

정답 ③

정답 해설

상황 보고서는 비교적 짧은 분량으로 높은 정확성과 신뢰성이 요구되는 상황·정보를 신속하게 전달하는 것이 중요하다.

오답 해설

①·② 회의 보고서 작성 시 유의 사항이다.

④ 정책 기획 보고서 작성 시 유의 사항이다.

⑤ 정책 참고 보고서 작성 시 유의 사항이다.

01

정답 ③

정답 해설

하나의 기획서에 여러 가지 목적이 있으면 기획 내용을 이해하기 어려워지므로 기획 의도가 상대방에게 제대로 전달되지 못한다. 하나의 목적에 집중해 기획서를 작성해야 한다.

02

정답 ⑤

오답 해설

① 기획서는 상대방을 설득하고 그에 대한 결정을 내리도록 만드는 문서이지 상대방을 이해시키고 정보를 제공하기 위한 글이 아니다. 따라서 지나치게 많은 정보를 담아 길게 쓸 필요가 없다. 읽는 사람의 시간을 배려해 가능하면 1장으로 끝내는 것이 좋다. 기획서는 제안서에 비해 구체적으로 작성하는 것이나 그렇다고 '기획서는 무조건 길고 장황해야한다.'라는 생각을 하면 안 된다.

03

정답 ⑤

오답 해설

① 핵심 내용은 지속해서 강조해야 한다.

② 설득하려는 대상을 명확히 선정해야 한다.

③ 기획서의 가정은 합리적이고 타당성이 있어야 한다.

④ 표와 이미지를 과도하게 쓰면 오히려 집중도와 이해도가 떨어진다.

04

정답 ④

정답 해설

먼저 과제를 설정하고 현황에 대해 조사 · 분석한 후, 조사 · 분석 결과에 따라 광고, 이벤트 등 구체적 해결 방법을 찾는다. 이것을 한눈에 볼 수 있게 기획서를 작성한 다음, 관계자에게 기획서를 배포하고 기획 내용을 설명하는 프레젠테이션을 거쳐 기획이 채택되면 기획서의 계획에 따라 실행한다.

05

정답 ①

정답 해설

제시된 분석 결과는 기획서를 작성하기 위한 것이다. 기획서는 목차에서 전체 내용을 한눈에 볼 수 있도록 하고 실행할 경우 얻을 수 있는 기대 효과와 실행에 필요한 비용을 정확하게 제시해야 한다. 또한 예상되는 문제점이 있다면 명확하게 제시해야 한다.

오답 해설

ⓒ은 경위서, ⓔ은 출장 보고서에 해당하는 내용이다.

06

정답 ②

오답 해설

ⓛ은 '3. 상품화 및 손님 모집 가능성', ⓒ은 '2. 손님 모집 마케팅 부문', ⓔ은 '4. 예산 집행 계획'에 쓸 내용이다.

01

정답 ①

정답 해설

먼저 주제가 상위 항목으로 제시되고 4개의 동일한 층위의 하위 항목이 제시되어 있다. 따라서 상위 항목을 구성하는 4개의 하위 항목이 동일한 층위로 구성되어 있는 ①의 구성이 가장 적절하다.

02

정답 ④

정답 해설

프레젠테이션은 [기획 → 설계 → 콘텐츠 제작 → 실시 → 분석 · 평가]의 단계로 진행한다. 기획은 ⓔ, 설계는 ⓜ, 콘텐츠 제작은 ⓒ, 실시는 ⓛ, 분석 · 평가는 ㉠이다.

03

정답 ②

정답 해설

프레젠테이션의 내용을 보면 CCM을 홍보하고 CCM 인증기업을 선택할 때의 좋은 점을 이야기하고 있다. 그러므로 프레젠테이션 대상은 물건을 구매하는 소비자라고 할 수 있다.

04

정답 ⑤

정답 해설

(나)의 내용은 질문과 그에 대한 답변으로 이루어진 3개의 내용이 동등하게 제시되어야 한다. 그러나 3개의 내용이 개연성이나 유기적인 관계를 주고받는 것이 아니므로 독립적으로 제시되어야 한다. 개연성이나 유기적 관계를 나타내는 ② · ③ · ④는 적절하지 않다. ①과 ⑤ 중 질의와 응답 형태를 나타낼 수 있는 구성은 ⑤가 가장 적절하다.

05

정답 ⑤

정답 해설

홍보문의 (가)에는 'CCM 인증제도란?'에 대한 답변이 들어가야 하므로 CCM 인증제도의 개념 또는 정의 즉, CCM 인증제도가 무엇인지를 설명하는 ⑤가 가장 적절하다.

06

정답 ⑤

정답 해설

이 글은 현재 정책 지원이 제조 분야에 집중적으로 도입되고 있다는 내용이다. ⑤는 스마트미디어 부문의 지원이 미흡하다는 내용에 배치해야 한다.

01

정답 ④

정답 해설

(가)는 표제, (나)는 부제, (다)는 전문, (라)는 본문이다.

기사문의 구성

표제는 기사문 전체의 제목으로서, 전체 내용을 짧게 줄여 나타낼 수 있어야 한다. 부제는 기사가 길거나 중요한 것일 때 표제에 붙여서 표제를 보충하는 작은 제목으로, 표제보다 작은 글씨로 쓴다. 전문(前文)은 사실이나 사건을 요약하여 보여 주는 부분이다. 본문(本文)은 기사의 중심 부분이므로 사건이나 사실을 구체적으로 쓴다.

오답 해설

(라)는 사실이나 사건이 배경에 관한 설명, 전후 사정 등을 구체적으로 상세하게 작성한다.

02

정답 ④

오답 해설

① 표제와 사실이 다른 내용이다. '늘고 있다'라고 고쳐야 한다.
② 3040 창업이 줄었다는 표제에 맞지 않은 문장이다.
③ 노인 창업이 늘었다는 표제에 맞지 않은 문장이다.
⑤ '50세 미만'이면 20대~40대를 지칭하므로 적절하지 않다. 비중이 늘었다는 것으로 보아 청년을 지칭하는 '30살 미만'으로 고쳐야 한다.

03

정답 ②

정답 해설

'중앙부처 공무원의 근무 혁신을 위해 부처 업무 환경을 웹 오피스로 바꾸기로 하고 이를 위한 적용 시험을 진행한다고 밝혔다.'는 문장을 보면 모든 공무원이 해당 서비스를 이용할 수 있게 된 것은 아니다.

04

정답 ③

정답 해설

보도 자료는 기자를 설득하는 것을 목표로 중요 정보를 많이 담고 있는 내용을 앞부분에 배치하고 그다음 정보를 순서대로 배치해야 한다. 주최 기관을 밝히고 부제의 내용을 구체화한 (나)가 앞에 오고 다음으로 이 내용을 요약한 (다)가 와야 하며 날짜별로 일정을 쓴 (가)와 (라)가 이어서 오는 것이 적절하다.

05

정답 ④

정답 해설

보도 자료 (기)의 내용은 부제에 반영되어 있으므로 행사 내용의 의의를 설명한 (다)의 내용을 표제로 강조하고 있다고 보아야 한다. ④ '주민이 만드는 지역 여행, 계속 이어지는 지역 관광 모색'이 (다)의 주요 내용을 잘 반영하였다.

오답 해설

① '관광 두레'의 개념 설명이다.
② 자료의 마지막 문단에 나온 내용으로 앞의 내용보다 중요도가 떨어지므로 표제에 적합하지 않다.
③ 자료에 언급되지 않은 내용이다.
⑤ 부제의 내용과 겹치므로 적절하지 않다.

06

정답 ①

정답 해설

처음에 제시된 내용을 통해서 '조달교육원'이 국가와 공공기관으로부터 건설 공사 등을 수주한 기업들을 대상으로 '하도급지킴이'를 정규교육과정으로 개설한다는 내용을 파악할 수 있고, '하도급지킴이'라는 용어를 통해서 공정한 하도급 거래를 정착시키려는 제도라는 것을 파악할 수 있다.

오답 해설

② 본문에 '하도급지킴이' 이용에 관한 업무 협약 체결 2주년이라는 말은 없다.
③ 5월부터 '하도급지킴이' 정규교육을 신규로 개설한다.
④ 2018년 이후 시스템 사용이 일반화되었다는 말은 없다.
⑤ 이○○ 조달교육원장의 취임 기간 최대 성과로 '하도급지킴이'를 꼽았다는 내용은 제시되지 않았다.

07

정답 ②

정답 해설

㉠의 '발주 기관 대상 하도급지킴이 이용 교육도'라는 부분을 보면 앞 문단에 수주 기관 대상 하도급지킴이 이용 교육이 있다는 내용이 있는 (가)에 들어가는 것이 적절하다. ㉡은 '일부 기관에서 교육을 요청'한다는 내용이므로 '기업의 교육 수요가 늘고 있다'는 내용이 앞 문단에 있는 (다)에 들어가는 것이 좋다.

08

정답 ②

정답 해설

보도 자료는 중요 정보를 많이 담고 있는 내용을 앞부분에 배치해야 한다. 주최 기관을 밝히고 부제의 내용을 구체화한 (가)가 앞에 오고 (가)의 끝부분에서 언급한 나라들에 대한 설명이 이어지는 (라)가 이어서 오며 일정을 구체적으로 제시한 (다)가 이어지고 참가자의 소감을 인용한 (나)가 이어서 오는 것이 적절하다.

09

정답 ②

오답 해설
① 신문 기사 중 '사설'에 해당하는 설명이다.
③ 취잿거리가 아니라 실제 기사를 제공하는 것이다.
④ 출입 기자를 설득하는 것을 목표로 하여 누구나 쓸 수 있는 자료이다.
⑤ 기자가 편집국에 기사를 송고하는 것처럼 쓴다.

10

정답 ③

정답 해설
부제의 내용이 기사를 요약한 구체적인 문장이므로 표제는 부제의 의의를 밝혀서 눈길을 끄는 내용이 적절하다.

오답 해설
① (나) 문단의 일부 내용만 반영하였다.
② 부제의 내용과 겹친다.
④ 무엇에 대한 내용인지 구체적으로 드러나지 않아 표제로 적절하지 않다.
⑤ (가), (라) 문단의 일부 내용만 반영하였다.

8절 홍보문과 광고문

01

정답 ④

정답 해설
(가)는 국가 브랜드를 관리하는 전담 기관을 마련하여 일원화시키자는 내용이다. (나)는 해외 현지 민간, 공공 기관 등을 활용하여 다원적으로 국가 브랜드를 홍보하자는 내용이다. (다)는 올림픽 등의 국제 행사를 기회로 국가 브랜드를 홍보하자는 내용이므로 단기 전략이다. (라)는 기업과 국가 브랜드 정책을 연계해 시너지 효과를 창출하자는 내용이므로 중장기 홍보 전략이라고 볼 수 있다.

02

정답 ③

정답 해설
국가의 정체성을 상징하는 국가 브랜드는 외부 인식과 내부 구성원의 공감이 중요하므로 대내적 합의와 공유 과정도 선행될 필요가 있다는 내용이므로 '공감성'과 관련이 깊다.

오답 해설
① 추진 조직의 (나)와 관련되는 내용에 해당한다.
② 추진 조직의 (가)와 관련되는 내용에 해당한다.
④ 브랜드 콘텐츠의 '확장성'과 관련된다.
⑤ (라)의 내용과 관련된다.

03

정답 ③

정답 해설
'현장에서 기술과 역량을 쌓아 자립의 의지를 다지는', '급여, 근무시간' 등으로 보아 자활을 위한 근로의 기회를 제공하는 지원사업인 '자활근로 일자리' 영역에 들어가기에 적절하다.

오답 해설
① '설립하여', '고용'이라는 단어로 보아 창업하려는 사람을 지원하는 요건이므로 (다)에 들어가기에 적절하다.
② 자활근로 사업과 관련된 내용이지만 (가)~(다)에 쓰기에 적절한 내용은 아니다.
④ '자활기업 창업자금', '한시적 인건비 지원', '우수자활기업 선정: 사업비 지원'으로 보아 (다)에 들어가기에 적절하다.
⑤ (나)에 적절하다.

04

정답 ④

정답 해설
제시된 광고문들은 개인적인 이익이 아니라 공공의 이익을 위하여 만든 공익광고이다. 공익광고는 일반인을 설득하기 위해 매체를 활용해 내용을 전달한다. 범국민성을 특징으로 하므로 일반적으로 모든 국민을 대상으로 한다. 일반 공중이 협력하지 않으면 해결할 수 없는 일상의 구체적이고 중요한 문제를 공익광고의 주제로 채택하고, 문제 해결을 통해 공공의 이익을 실현하는 글이므로 대상을 특정하지 않고, 모든 국민을 대상으로 한다.

05

정답 ④

정답 해설
(라)는 나타내는 것으로 나머지 광고문들의 주제와는 거리가 멀다. (라)를 제외하면 나머지는 모두 스마트폰으로 가족이나 친구들과의 접촉과 소통이 줄어든다는 내용을 전달하고 있다.

오답 해설
① (가)는 스마트폰의 잠금을 해제할수록 가족 간의 대화는 줄어든다는 메시지를 담고 있다.
② (나)는 현실 친구를 눈앞에 두고 모두 핸드폰 화면만을 쳐다보는 아이들의 모습을 통해 친구들과의 소통 단절의 문제를 나타내고 있다.
③ (다)는 아이와 식탁에 앉아 있으면서도 핸드폰만을 쳐다보는 아빠의 모습과 외롭게 고개를 떨군 아이의 모습을 통해 가족 간의 대화의 단절의 문제를 나타내고 있다.
⑤ (마)도 와이파이 접속이 많아질수록 사람끼리의 접촉은 줄어든다는 내용이다.

06

정답 ⑤

정답 해설

> **공익광고의 주제 선정 및 제작 절차**
> 온/오프라인으로 주제 선정을 위한 여론조사를 시행 → 공익광고협의회가 주체가 되어 대주제별 후보 주제 선정 → 세부 주제 최종 선정 → 제작 방향 설정 후 입찰 공고 → 시안 심의를 통해 제작사 선정 → 제작물 심의 확정과 광고 의뢰/제작

07

정답 ③

정답 해설

제시된 광고는 공익광고이다. 공익광고와 상업광고 모두 대상을 설득하는 것을 공통 목적으로 삼지만, 일반적인 상업광고가 특정 소비자를 대상으로 소비를 촉진하는 것이 주된 목적이라면 공익광고는 공익문제 해결을 주된 목적으로 삼는다.

오답 해설

① · ② · ④ · ⑤는 상업광고에만 해당하는 설명이다.

08

정답 ⑤

정답 해설

왼쪽 그림은 어른의 손가락이 작은 상자를 잡고 있고 오른쪽 그림은 아이가 큰 상자를 들고 환하게 웃고 있다. 어른에게는 작은 상자가 아이에게 큰 기쁨이 되었다는 뜻이다.

09

정답 ⑤

정답 해설

목차가 주어진 자료의 문서는 광고 기획서이다. 광고 기획서는 제품의 개발 및 판매를 위한 광고 기획에 대해 구체적으로 계획을 수립하여 제출하는 문서이다.

10

정답 ③

정답 해설

제시된 광고 기획서의 문제점과 기회는 SWOT 분석을 통해 알 수 있다. SWOT는 강점과 기회는 살리고 약점과 위협을 억제하는 요인을 분석하여 마케팅 전략을 수립하는 기법이다.

9절 거래 문서와 계약 문서

01

정답 ⑤

정답 해설

양해 각서에 해당하는 설명으로, 당사자 간 교섭 결과 서로 양해된 사항을 확인, 기록한 문서이다. 각 거래 문서와 계약서의 개념을 알아야 한다.

오답 해설

① 의향서에 대한 설명에 해당한다.
② 약관에 대한 설명에 해당한다.
③ 거래 사실 확인서에 대한 설명에 해당한다.
④ 합의서에 대한 설명에 해당한다.

02

정답 ④

정답 해설

자료는 거래 사실을 확인하는 '거래 사실 확인서'에 해당한다. ④에 제시된 문서는 한 명의 계약 당사자가 다수의 상대방과 계약을 체결하기 위해 일정한 형식으로 미리 마련한 계약 문서로 '약관'에 해당한다.

03

정답 ④

정답 해설

자료에서 제시된 것처럼 계약의 목적은 전문 다음에 1행을 띄우고 '제 1조(목적)'과 같이 표제어를 쓴다.

오답 해설

① 제2조는 통상 계약의 목적물, 목적권 등 계약 대상을 기재한다.
② 계약서 전문은 제목으로부터 1행을 띄우고 첫머리를 1자(2타) 띄운 후 쓴다.
③ 계약서의 제목은 계약 내용을 쉽게 판단할 수 있도록 적합한 제목을 쓴다.
⑤ 전문은 계약 내용의 핵심을 간결하게 기재하되, 계약 당사자가 여럿이 반복하여 나올 경우 '갑', '을', '병', '정', '무' 순으로 나열한다.

04

정답 ④

정답 해설

상품 거래 표준계약서는 공급자든 판매자든 단독으로 내용을 결정하는 것이 아니라 계약서 작성 전에 관련 회사와의 협의를 거쳐야 한다. 즉, 공급의 목적과 원활한 거래 조건을 충족할 수 있도록 관련 내용들을 협의한 후 계약서에 반영하여 작성하는 것이다. 판매자가 계약서를 사전에 작성하여 내미는 것은 자신의 조건을 관철하기 위한 것이니 공정한 거래가 아니다.

05

정답 ③

정답 해설

제3조제1항에서 공급에 관련한 내용이 나오며 제2항에서는 '"을"이 제1항을 위반할 때에도 계약 위반에 해당한다.'라고 하여 제품 공급을 임의로 중단할 수 없음을 명시하였다.

06

정답 ③

정답 해설

표준계약서를 작성하는 계약 당사자는 계약의 체결 및 이행과정에서 알게 된 상대방에 관한 정보, 계약의 내용 및 대상 저작물의 내용을 상대방의 서면에 의한 승낙 없이 제삼자에게 공개하여서는 아니 된다.

07

정답 ②

정답 해설

제3조를 보면 '대상 저작물의 저작재산권 양도 범위는 제2조에서 당사자가 합의한 범위 내의 저작재산권으로 본다.'고 나와 있으므로 제시된 내용은 제2조에 들어가야 한다.

08

정답 ①

정답 해설

㉠은 '이사화물을 싸고 꾸리는 것'을 뜻하는 포장이다.
㉡은 '이사화물을 적재하고 보존하는 것'을 뜻하는 보관이다.
㉢은 '일정 기간 보관한 후에 인도하는 이사'를 뜻하는 보관이사이다.

오답 해설

㉣은 '이사화물을 발송 장소에서 위탁인으로부터 받는 것'을 뜻하는 인수이다.
㉤은 '위탁인에게 반환하는 것'을 뜻하는 인도이다.

09

정답 ④

오답 해설

㉣에서 '주민등록번호'는 삭제되어야 한다.

10

정답 ⑤

정답 해설

권리능력이 없는 사단(社團)의 경우는 통용되고 있는 단체 규약상의 정식 명칭을 표시하면 된다.

10절 기술 문서

01

정답 ③

정답 해설

'A'에서 국적 여부와는 무관하게 국내에 주소나 영업소가 없는 재외자는 국내 체재의 경우를 제외하고 단독으로 특허 절차를 밟을 수 없고 국내에 주소나 영업소가 있는 특허 관리인을 통해서만 가능하다고 제시되어 있다.

오답 해설

② '국적 여부와는 무관하게'라고 하였으므로 적절하지 않다.
④ 재외자도 국내에 주소나 영업소가 있는 특허 관리인을 통해서 특허 출원을 할 수 있으므로 적절하지 않다.

02

정답 ③

정답 해설

'3. 가.'를 보면 사업자 등록은 되었으나 법인 등록이 되어 있지 않은 경우에는 자연인으로 신청해야 한다. '창의○○연구소'가 사업자등록은 되었으나 법인등록이 되어 있지 않은 경우에는 자연인으로 신청해야 하며, '창의○○연구소'가 법인이라면 법인등록번호도 함께 써서 법인명칭과 법인등록번호, 사업자등록번호를 써서 신청해야 하므로 잘못되었다.

오답 해설

① 출원인이 자연인일 경우 성명과 주민등록번호로 작성한다.
② 출원인이 국가기관일 경우 대한민국(소속기관장)으로 신청한다.
④ 출원인이 국립대학일 경우 학교 이름이 아닌 기술의 이전 및 사업화 촉진에 관한 법률에 의한 법인명칭 및 법인등록번호로 신청한다.
⑤ 출원인이 법인일 경우 법인 명칭과 법인등록번호, 사업자등록번호로 신청한다.

03

정답 ⑤

정답 해설

청구 범위에 2개 이상의 범주로 청구항을 제시하고 있는 경우로, 복수의 범주를 모두 포함하는 명칭으로 기재되어 있고, 무엇을 청구하는지 명확하게 기재되어 있다.

오답 해설

① '특허'라는 용어를 삭제해야 한다.
② '최적의', '힘쎈돌이'를 삭제해야 한다.
③ '최상의'를 삭제해야 한다. 추상적인 성능을 표현하고 있다.
④ '주식회사 삼송이 개발한'을 삭제해야 한다.

04

정답 ④

정답 해설

대표도 도면을 보면 쉽게 풀 수 있다. 제습제(130)는 제2 통로에 있다. 제1 도어는 제1 및 제2 통로 중 하나를 차단하고 다른 하나를 개방하는 역할을 한다. 실내 토출구(114)와 실외 토출구(116) 중 하나의 토출구를 차단하고 다른 하나의 토출구를 개방하는 역할을 하는 것은 제2 도어이다.

05

정답 ④

정답 해설

ⓒ에는 제습제가 포화하면 제습제를 교체해야 하는 것이 아니고 포화한 제습제를 탈습시켜 다시 쓸 수 있기 때문에 '제습제의 교체 주기를 최대한 늘여 줄 수 있는'을 쓰는 것이 적절하다. ③의 '연비를 향상하고 소음을 줄이게 하는'은 ㉠에 쓰기 적절하다.

06

정답 ①

정답 해설

제시된 도면은 공기 청정기의 제습 모드 동작을 설명하기 위한 것이다.

오답 해설

② 통상 모드에 대한 설명이다.
③ 측정 습도가 설정 습도보다 크면 제습 모드로 작동하는 것을 설명하는 도면이다.
④ 습도가 일정하게 유지되면 제습 모드가 자동으로 설정된다는 말은 지문에서 확인할 수 없다.
⑤ 측정 습도가 설정 습도보다 높으면 탈습 모드로 동작하므로 실외 토출구를 열어야 한다.

07

정답 ②

정답 해설

'1.'을 보면 '청소기를 공회전시켜 모터로 넘어간 물을 말려 주세요.'라는 내용이 있다. 그러므로 해당 그림은 모터를 건조하는 방법 및 순서를 나타낸 것이다.

08

정답 ③

정답 해설

청소기를 사용하는 방법으로 청소기의 파이프와 호스, 물받이 통의 관리 방법과는 거리가 멀다.

09

정답 ④

정답 해설

2문단 '원자번호가 높은 납, 철, 텅스텐 화합물 또는 밀도가 높은 재료를 이용하여 차폐해야'에서 확인할 수 있다.

오답 해설

① 알파입자와 전자는 종이로도 차단할 수 있기 때문에 일반 콘크리트로 가능하다.
② 방사선은 불안정한 상태의 원자핵이 안정한 상태로 바뀔 때 나온다.
③ 제시된 글에 없는 정보이다.
⑤ 원자력발전소를 지을 때 사용하는 콘크리트는 일반 건축물에 사용하는 콘크리트보다 비중이 크다.

10

정답 ③

정답 해설

3문단에서 중량 콘크리트 즉, 차폐 콘크리트가 일반 건축물에 사용하는 콘크리트(밀도 2,300~2,500kg/㎥)보다 비중이 큰 콘크리트(밀도 5,600kg/㎥)임을 알 수 있다.

오답 해설

① '더 큰 밀도의 자갈들을 넣고'로 보아 중량 콘크리트에 들어가는 자갈은 모래나 시멘트보다 밀도가 높다.
② · ⑤ 제시된 글에 없는 내용이다.
④ '밀도가 비슷하지만 작은'이란 말을 설명하기에는 부족한 내용이다.

11

정답 ③

정답 해설

㉮에는 베타선과 얇은 금속판을 이용한 설명이 적절하고, ㉯에는 감마선과 콘크리트를 이용한 설명이 들어가야 한다.

오답 해설

감마선을 콘크리트로 막을 수 있는 것은 맞지만 감마선은 파장이 짧은 전자파라고 2문단에 나와 있다.

1장 글쓰기 과정과 기초직무능력

1절 서술형(1~5번) [20점]

01

예시답안

㉠ 반영, ㉡ 발견, ㉢ 협력자, ㉣ 반영

02

해결전략

㉠ 남의 말을 인용하거나 남이 한 말을 듣고 다른 사람에게 전달할 때
㉡ '~ㄹ 것'이라는 형태로 어떤 사실을 추측할 때
㉢ '~ㄹ 것이다'라는 형태로 '낭위'를 좀 더 강조할 때
㉣ 어떤 사물을 대신 가리킬 때

예시답안

㉠ 그는 문제점이 있다고 본다. (또는 주장한다/생각한다/말한다/한다)
㉡ 정말 답답한 일이다. (또는 일이 아닐 수 없다/일이겠다)
㉢ 나는 범죄와 같은 어리석은 짓을 안 하겠다. (또는 안 하려고 한다/하지 않으려고 한다/하지 않겠다)
㉣ 청결한 생활을 하지 않으면 자기를 오염시킨다.

03

예시답안

㉠ 결론, ㉡ 이처럼, ㉢ 요약, ㉣ 과제

04

예시답안

㉠ 인플루엔자의 영향으로(또는 독감의 영향으로)
㉡ 1~3급에
㉢ 3억 원
㉣ 2년 거치 2년 상환

05

예시답안

㉠ 관계, ㉡ 자아, ㉢ 정도, ㉣ 사회적 자아, ㉤ 개인적 자아

06

예시답안

㉠ 낮을수록, ㉡ 원가 우위, ㉢ 차별화, ㉣ 차별적 집중화

07

김 대리의 영업 실적은 항상 상위권에 있다는 점이 자랑스럽습니다. 이에 서류 작업 속도가 빨라지면 좋을 것 같아서 서류 작업 속도에 대한 비결을 나누고 싶습니다.

08

㉠ 나, ㉡ 행동, ㉢ 감정, ㉣ 기대, ㉤ 변화

09

㉠ 알 권리, ㉡ 개인 정보, ㉢ 서비스, ㉣ 조치를, ㉤ 고객 만족

10

종교별 인구를 살펴보면 '종교 없음'이 '종교 있음'보다 594만 5천 명 더 많고, 종교 있음에서는 개신교에 가장 많은 인구가 분포되어 있으며, 그 뒤로 불교, 천주교순이다.

11

㉠ 일과 개인 생활이 비슷
㉡ 1인 가구를 유지할 의향

12

㉠에 들어갈 2011년의 GDP 디플레이터는 100(2010년 GDP 디플레이터)에 물가상승률 5%를 더하므로 105가 된다. 2012년의 물가 상승률 값을 구하는 식 $105+(105*X)=115.5$의 X값을 구하면 0.1이 되고 이것을 퍼센트로 바꾸면 10%가 된다. 그러므로 2012년도 물가 상승률은 전해인 2011년도와 비교하면 10% 상승한 것이고 기준 연도 2010년과 비교하면 15.5% 상승한 것이다.

㉠ 105, ㉡ 2010, ㉢ 15.5

13

통계청 2018년 사회조사에 따르면 '결혼에 대한 견해'에 대해 '결혼해야 한다.'라고 생각하는 사람은 48.1%로 2010년 64.7%에 비해 16.6%p 감소하였고 '결혼하지 않아도 함께 살 수 있다.'라고 생각하는 사람은 2010년 40.5%보다 15.9%p 증가하여 응답자 중 절반 이상인 56.4%로 나타났다.

'결혼하지 않아도 함께 살 수 있다.'라고 생각하는 사람은 2010년의 40.5%와 비교해 2018년에 15.9%p 증가하여 응답자 중 절반 이상인 56.4%로 나타났다.

14

주변 산업 단지와 김해, 진해 등 타 지역 수요층 대상 마케팅 집중(또는 주변 산업 단지와 인접한 주거공간을 원하는 타 지역 수요층 대상 집중 마케팅)

15

GMT는 런던을 기준으로 하므로 0에 해당한다. 런던을 기준으로 한국은 GMT+9:00, 인도는 GMT+5:30에 해당하므로 한국과 인도는 GMT 기준으로 3시간 30분의 차이가 난다. 예를 들어, 한국을 기준으로 한국이 오전 10시이면, 런던은 9시간을 뺀 오전 1시이고, 인도는 3시간 30분을 뺀 오전 6시 30분에 해당한다. 따라서 ㉠ 서울에서 김 차장이 자료를 보내는 시각이 3월 7일 오후 3시면, 인도에서는 3월 7일 오전 11시 30분에 받고, ㉡ 인도에서 이 차장이 정리한 원고를 다음날인 3월 8일 오전 11시 30분에 보내면 서울에서는 3월 8일 오후 3시에 받는다. ㉢ 서울의 김 차장이 다음날인 3월 9일 오후 5시에 결과를 알려준다면, 인도에서는 3월 9일 오후 1시 30분에 알 수 있다.

㉠ 3월 7일 오전 11시 30분
㉡ 3월 8일 오후 3시
㉢ 3월 9일 오후 1시 30분

16

판매원이 군중에 호소하는 오류를 범하고 있다. 왜냐하면 세탁기 품질이 최고인 근거를 다수가 구매했다는 데에서 찾고 있기 때문이다.

17

㉠ 직업윤리, ㉡ 고객, ㉢ 전문성, ㉣ 정직과 신용

18

㉠ 상표권자(또는 상표 사용자), ㉡ 수요자, ㉢ 상표권, ㉣ 승소

01

예시답안

㉠ 시력이 손상될 수 있습니다.
㉡ 청각 장애의 원인이 될 수 있습니다.
㉢ 인명 사고의 우려가 있습니다.
㉣ 배터리 발화, 파열, 발열, 누액의 원인이 될 수 있습니다.

02

예시답안

④ 다른 사람보다 먼저 출원하였는가?
⑤ 종전에 있던 발명보다 진보된 발명인가?
⑥ 새로운 발명인가?
⑦ 산업상 이용할 수 있는 것인가?(또는 산업상 이용 가능성이 있는가?)

03

예시답안

㉠ 마을에 숙박 시설을 제공하자.
㉡ 마을의 전통 먹을거리를 제공하자.
㉢ 비탄소 이동 수단을 제공하자.
㉣ 국립공원 밖의(또는 인근의/외부의) 전이 지역에서 체험하는 생태 서비스를 제공하자.

04

예시답안

㉠ 귀사의 제품 중 ○○기기를 구매하고자 합니다
㉡ 상세한 견적서를 작성하여 보내 주시기 바랍니다
㉢ 정보가 있으면 함께 보내 주시면 감사하겠습니다

05

예시답안

최근 3년간 전국의 습지 11.7%가 사라지거나 면적이 줄었다. 대부분 경작지 개발이나 시설물 건축 등의 인위적인 요인으로 훼손되었다. 환경부는 자연 자원 총량제를 도입하여 습지 보전을 강화하겠다고 밝혔다.

06

예시답안

㉠ 품질에 대한 소비자의 선입견
㉡ 재생 복사지 사용의 경제적인 이익
㉢ 폐지 분급 제도를 시행하자.
㉣ 재생 복사지를 직접 사용하자.

07

㉠ USB(저장 장치)가 인식되지 않아요.

㉡ 리모컨 사이에 장애물

㉢ 재생할 수 있는 파일 형태(또는 지원하는 파일 종류)

㉣ 정지되거나 (자주) 버퍼링이 생겨요.

㉤ 재생되지 않아요.

2절 서술형(8~9번) [100점]

01

첫 번째 자료인 '보약 한 첩보다 아침식사!'에는 아침식사를 걸렀을 때 일어나는 문제점 6가지가 제시되어 있다. '체중증가유발', '장기적 영양 불균형', '불규칙한 식습관 초래', '혈당저하', '뇌신경 반응 둔화', '학습 및 작업 능률 저하'이다. 이 중에서 '회사'와 '회사 직원'의 관점과 가장 관련 있는 내용은 '작업 능률 저하'이다. '학습'은 회사 노동자보다 학생들과 직접적으로 관련된다. 이를 고려하면 회사는 노동자들의 작업 능률을 올리기 위해 아침식사를 제공한다는 것이 적절하다. 따라서 '작업 능률 저하'와 반대되는 '작업 능률 향상' 또는 '작업 능률 상승'을 아침식사를 제공하는 이유 또는 목적으로 제시할 수 있다.

➡ 작업 능률 상승(또는 작업 능률 향상)

두 번째, 제안 배경은 다음과 같은 조건을 고려하여 작성하면 된다.

가. 끼니별 결식률 중 가장 높은 항목을 통계 수치와 함께 1문장의 '~습니다.' 형식으로 쓸 것
나. '아침식사를 거르면'을 조건으로 제안 내용을 실행하지 않았을 때의 문제점 6가지를 예와 같이 나열하여 1문장으로 작성할 것
　　예 아침식사를 거르면 A, B, C 등과 같은 문제가 발생할 수 있습니다.

제안 배경 '가.'의 끼니별 결식률은 세 번째 자료에 제시되어 있다. 이때 고려할 점은, 출처가 제시되지 않으면 자료에 대한 신뢰성이 결여될 수 있기 때문에 '출처'를 밝혀 제시해야 한다는 점이다. 끼니별 결식률은 '아침 20%', '점심 6%', '저녁 3%'이다. 이 중에서 결식률이 가장 높은 항목은 '아침'이고 통계 수치는 '20%'이므로, 다음과 같이 작성하면 된다.

➡ <u>20△△년 보건복지부에 따르면,</u> <u>아침식사 결식률이</u> <u>20%</u>로 가장 높습니다.
　　　　 출처　　　　　　　　　　 가장 높은 항목　　　　　 통계 수치　　 경어체

제안 배경 '나.'는 제안 내용을 실행하지 않았을 때의 문제점 6가지이다. 이는 첫 번째 자료에 제시되어 있으므로 이를 그대로 작성하면 된다.

➡ 아침식사를 거르면 체중증가유발, 장기적 영양 불균형, 불규칙한 식습관 초래, 혈당저하, 뇌신경 반응 둔화, 학습이나 작업 능률 저하 등과 같은 문제가 발생할 수 있습니다.

예시답안

1. 제안 목적: 삭업 능률 상승(또는 작업 **능률** 향상)
2. 제안 배경
　 가. 20△△년 보건복지부에 따르면, 아침식사 결식률이 20%로 가장 높습니다.
　 나. 아침식사를 거르면 체중증가유발, 장기적 영양 불균형, 불규칙한 식습관 초래, 혈당저하, 뇌신경 반응 둔화, 학습이나 작업 능률 저하 등과 같은 문제가 발생할 수 있습니다.

02

해결전략

자료의 글은 4문단으로 구성되어 있고, '공기업 · 공사 면접 특징' 또한 4가지로 구성되어 있다. 먼저 1문단에서는 하위 내용을 포괄하는 '자소서의 경쟁력', 2문단에서는 '역량에 따른 면접 준비', 3문단에서는 'PT · 토론 면접 준비', 4문단에서는 '실전 모의 면접'을 다루고 있다. (가)는 '공기업 · 공사 면접 특징'의 'PT · 토론 면접 준비'나 '실전 모의 압박 면접'과 같은 형식을 고려하여 자소서의 경쟁력을 높이기 위한 4가지 방법을 포괄하는 상위 항목인 '경쟁력 있는 자소서 준비'를 제시할 수 있다.

(나)는 관련된 2문단의 첫 문장의 내용을 통해서 요구하는 4어절을 지켜 '직무 역량 면접 준비'라는 답을 이끌어 낼 수 있다. 구체적인 준비 내용으로는 다음과 같이 '기업별 직무 이해 및 분석', 'NCS에 기반한 본인 경험 정리'와 '면접에 대한 답변 자료로 활용'이 제시되어 있다. 따라서 ⊙은 4어절의 조건에 맞춰 '면접의 답변 자료로 활용'을 제시하면 된다.

다음으로 직무 역량에 따른 면접을 준비해야 한다. 이를 위해 지원하고자 하는 <u>기업별 직무에 대하여 이해하고 이를 분석하도록</u> 한다. 더불어 <u>NCS에 기반한 본인 경험을 정리</u>하고 면접에 대한 답변 자료로 활용한다. 이를 통해 역량 면접을 완벽하게 준비할 수 있다.

3문단은 'PT · 토론 면접 준비'의 내용으로, 5가지의 내용 중에서 2가지가 제시되어 있다. 따라서 모든 내용을 포괄하는 첫 문장을 제외하고, 남은 세 문장의 중요 내용을 체크해 보자. '직무 상황과 기업별 PT 주제 분석', 정확한 전달력을 위한 '스피치 교육 시행', '예상 주제로 실전 PT 연습 및 피드백'을 이끌어 낼 수 있다.

그리고 PT · 토론 면접을 준비해야 한다. 이는 <u>직무 상황과 기업별 PT 주제를 분석</u>하는 것에서부터 시작된다. 분석한 후에는 자신의 의견을 정확하게 전달할 힘을 기르기 위해 <u>스피치 교육을 시행</u>한다. 이때 예상 주제로 실전 PT 연습 및 피드백이 함께 이루어진다. 토론 면접에서는 평가 포인트를 숙지하도록 한다. 그리고 자주 출제되는 토론 주제 및 최근 시사 이슈는 정리하여 참고하도록 한다.

마지막으로 '실전 모의 압박 면접'은 '이를 위하여' 뒤에 나열되어 있는 내용인 '면접 이미지 메이킹, 면접 보이스 트레이닝이 이루어지고, 실전 모의 면접 과정을 비디오 촬영하고 1:1 맞춤 피드백을 제공한다.'라는 문장에서 내용을 이끌어 내고 요구하는 형식적 조건에 맞춰 제시하면 된다.

예시답안

(가) 경쟁력 있는 자소서 준비
(나) 직무 역량 면접 준비
⊙ 면접의 답변 자료로 활용
ⓛ 직무 상황과 기업별 PT 주제 분석
ⓒ 정확한 전달력을 위한 스피치 교육 시행
ⓔ 예상 주제로 실전 PT 연습 및 피드백
ⓜ 면집 이미지 메이킹

ⓑ 면접 보이스 트레이닝
ⓐ 면접 비디오 촬영

03

【해결전략】

서술형에서 가장 유의해야 할 것 중의 하나는 주어진 [조건]에 충실해야 한다는 점이다. 조건을 지키는가의 여부는 감점과 직접적으로 관련되기 때문이다.

[자료]는 2개의 문단으로 구성되어 있고, 요구하는 내용은 사내 강사 양성을 위한 교육 프로그램의 필요성과 기대 효과이다. 먼저 '필요성'으로 제안하고 있는 '조직 고유의 기술과 노하우 전수를 통한 기업 경쟁력 향상'은 첫 번째 문단에 제시되어 있다. 따라서 첫 번째 문단을 바탕으로 3가지 필요성을 더 찾아야 한다. 그리고 기대 효과는 두 번째 문단의 '사내 강사 양성 교육 프로그램을 하면 얻을 수 있는 좋은 점은 무엇인가'라는 질문을 통해서 뒤에 이어지는 내용이 '기대 효과'라는 점을 쉽게 파악할 수 있다. 문장을 요약하는 경우도 있지만, 재구성해서 제시하는 경우도 있으므로 이 점을 유의해야 한다.

【예시답안】

㉠ 전문 지식 습득을 통한 우수 인재 육성 토대 마련
㉡ 체계화된 매뉴얼 구축을 통한 업무 표준화 및 교육 가능
㉢ 업무 프로세스 이해를 통한 주요 업무 파악, 업무 집중도 향상
㉣ 현장 경험 바탕의 협업 중심 교육으로 교육 효과 증대
㉤ 직무 전문 지식 강의로 사내 인재 개발 도움
㉥ 현업 문제점 중심의 사례 학습 진행으로 신속한 성과 도출 가능

3절 논술형(10번) [200점]

01

【해결전략】

〈1문단 작성〉

[자료 1]을 활용하여 첫 문장을 '우리나라 『공공디자인의 진흥에 관한 법률』'로 시작하는 법률 내용을 찾아 쓰라는 조건이 제시되어 있다. [자료 1]의 3개의 문단에서 조건의 내용이 제시된 문단은 첫 번째 문단의 세 번째 문장이다.

➡ 『공공디자인의 진흥에 관한 법률』 제10조제2호에는 '연령, 성별, 장애 여부, 국적 등에 관계없이 모든 사람이 안전하고 쾌적하게 환경을 이용할 수 있는 디자인을 지향한다.'라고 나와 있다.

그리고 [자료 2]를 활용하여 '유니버설 디자인'의 개념을 '베리어 프리'의 개념과 비교하여 쓰라는 조건이 제시되어 있다.

| 자료 2 |

□ 더 편리한 세상을 디자인하다. 〈2019 ○○ 유니버설 디자인 페어〉
  • 성별, 연령, 장애의 유무, 국적, 문화적 배경을 넘어
□ 경계와 장애를 허무는 '유니버설 디자인'
  • 착한 디자인의 새로운 지평을 연다.
□ 장애를 제거하는 '배리어 프리(Barrier Free)'
  • 장애인이 일상생활에서 부딪히는 어려움을 없앤다.
□ 차별 없는 공간을 꿈꾸다.
  • 장애인만이 아닌 보편적이고 일반적인 삶을 지향하는, 모든 사람을 위한 유니버설 디자인

세 번째의 "장애를 제거하는 '배리어 프리'"를 제외한 첫 번째, 두 번째, 네 번째 항목은 유니버설 디자인과 관련되어 있으므로 우선, 세 번째 항목을 제외한 3가지를 통합하여 유니버설 디자인의 개념을 제시하고 다음으로 '배리어 프리'의 성격을 제시하는 것이 적절하다.

〈2문단 작성〉

[자료 3]에서 요구하는 유니버설 디자인의 원칙은 '유니버설 디자인의 7원칙'을 활용하면 쉽게 작성할 수 있다. '적용 사례'는 '고원식 횡단보도, 플라스틱 캔 뚜껑도 유니버설 디자인?'과 '유니버설 디자인 이해하기'의 자료에서 찾아 제시하면 된다.

〈3문단 작성〉

[자료 3]의 [물음 1], [물음 2], [물음 3]에 대한 답을 [자료 1]과 [자료 3]을 활용하여 작성하라는 조건이다.

자료 3

[물음 1] 유니버설 디자인을 적용하면 비용이 증가하지 않을까요?
[물음 2] 유니버설 디자인과 복지? 무슨 관계인가요?
[물음 3] 기업이 왜 유니버설 디자인에 관심을 가져야 할까요?

자료 1

복지는 단순히 장애인이나 고령자 등 신체적인 어려움을 겪고 있는 일부 사람만이 아니라 모두를 위한 것이기 때문이다.
　　　　　　　　　　⟶ [물음 2]의 답으로 활용

　○○시는 이번 점검을 통하여 공공디자인 가이드라인 등이 시에서 규정한 기본 원칙을 지키고 있는지, 특히 어린이나 노약자·장애인·임산부·외국인 등 모든 사람이 편리하게 이용할 수 있는지를 중점적으로 살피겠다고 밝혔다.

　시 관계자는 "사회가 개선되는 과정에서 이윤 제고를 꾀하는 기업의 개발 담당자와 디자이너라면 기업 경쟁력 향상과 사회적 책임을 위해서라도 유니버설 디자인을 적극적으로 적용해야 할 것"이라며 "사업 계획 및 설계 단계부터 이것을 적용하면 건물을 짓고 난 후 슬로프나
　　　　　　⟶ [물음 3]의 답으로 활용
난간을 설치하는 것보다 비용이 절감되므로 공공디자인을 적용하고 사후 관리까지 하는 시스템을 구축해 사람 중심의 안전하고 쾌적한 도시환경을 조성할 것"이라고 말했다.　　⟶ [물음 1]의 답으로 활용

예시답안

우리나라 「공공디자인의 진흥에 관한 법률」 제10조제2호에는 '연령, 성별, 장애 여부, 국적 등에 관계없이 모든 사람이 안전하고 쾌적하게 환경을 이용할 수 있는 디자인을 지향한다.'라고 명시되어 있다. 그리고, 유니버설 디자인은 (성별, 연령, 장애의 유무, 국적, 문화적 배경을 넘어) 더 편리한 세상을 디자인한다는 것이다. 또한, 경계와 장애를 허물어(착한 디자인의 새로운 지평을 연다), (장애인만이 아닌 누구나를 위한) 차별없는 공간을 꿈꾼다. 이런 점에서 (장애인이 일상생활에서 부딪히는 어려움을 없애고) 장애를 제거하는 배리어 프리와는 다르다.

유니버설 디자인은 신체적 조건과 상관없이 공평하게 사용할 수 있어야 할 것, 개개인이 자신에게 맞는 사용법을 선택할 수 있어야 할 것, 사용자의 지적 수준과 상관없이 사용할 수 있어야 할 것, 누구나 이용법을 쉽게 알 수 있어야 할 것, 위험과 실수를 최소화할 수 있는 안전한 디자인이어야 할 것, 자연스러운 자세로 사용 가능할 것, 이동이나 수납이 쉽고 누구나 접근 가능해야 할 것 등 7가지의 원칙이 있다. 이러한 원칙을 적용한 사례로는 손잡이에 구멍을 뚫어 쉽게 뽑을 수 있게 만든 플러그, 포용하는 디자인의 문손잡이, 고원식 횡단보도, 플라스틱 캔 뚜껑 등을 들 수 있다.

유니버설 디자인을 적용하면 비용이 증가하지 않겠느냐는 우려도 있지만, 이용자의 만족도가 높아지는 것에 비하면 비용 대비 효과라고 하는 점에서 오히려 효율성 향상이 기대된다. 더구나 건물을 짓고 난 후 슬로프나 난간을 설치하는 것보다 설계부터 유니버설 디자인을 접목하는 것이 설계 관리 비용면에서도 낮아질 수 있다. 유니버설 디자인의 가치는 사회복지와도 관련이 있다. 복지는 단순히 장애인이나 고령자 등 신체적인 어려움을 겪고 있는 일부 사람만이 아니라 모두를 위한 것이기 때문이다. 그러므로 사회 개선으로 이윤을 제고하는 기업이라면 기업 경쟁력 향상과 사회적 책임을 위해서라도 유니버설 디자인을 적극적으로 적용해야 할 것이다.

02

〈1문단 작성〉

'미닝아웃'의 개념을 찾아 최근 소비 문화의 변화와 관련하여 설명하라는 조건이 제시되어 있다.

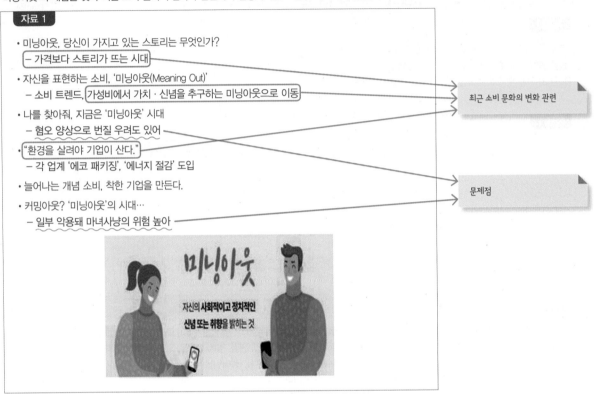

> **자료 1**
>
> • 미닝아웃, 당신이 가지고 있는 스토리는 무엇인가?
>   - 가격보다 스토리가 뜨는 시대
> • 자신을 표현하는 소비, '미닝아웃(Meaning Out)'
>   - 소비 트렌드, 가성비에서 가치 · 신념을 추구하는 미닝아웃으로 이동
> • 나를 찾아줘, 지금은 '미닝아웃' 시대
>   - 혐오 양상으로 번질 우려도 있어
> • "환경을 살려야 기업이 산다."
>   - 각 업계 '에코 패키징', '에너지 절감' 도입
> • 늘어나는 개념 소비, 착한 기업을 만든다.
> • 커밍아웃? '미닝아웃'의 시대…
>   - 일부 악용돼 마녀사냥의 위험 높아
>
> 최근 소비 문화의 변화 관련
>
> 문제점

이 자료에서 소비 문화의 변화와 관련지을 수 있는 '미닝아웃'의 개념은 '가격보다 스토리가 뜨는 시대', '가성비에서 가치나 신념 추구로의 이동', '환경을 살리는 기업'의 3가지 내용을 파악할 수 있고, 문제점으로는 '혐오 양상'과 '일부 악용으로 인한 마녀사냥의 위험'이 제시되어 있다.

〈2문단 작성〉

[자료 2]의 내용을 모두 활용하여 사례를 제시하되, '업계', '제품 개발', '광고'를 넣어 시작하라는 조건이 제시되어 있다. [자료 2]에는 'A. 제품을 개발한 생수 업체 사례와 B. 한국자연환경연구소의 설문 조사, C. ○○마트의 매출 상승의 자료'의 3가지 정보가 제시되어 있다. 각각의 정보는 하나의 문장으로 제시되는 것이 적절하다. 그런데 문단을 시작할 때 앞 문단과의 자연스러운 연결을 위한 문장이 필요하다. 예를 들어, 'A, B, C'의 내용을 아우를 수 있도록 '미닝아웃 소비의 업계도 친환경 제품을 개발하고 이를 광고하면서 소비자 변화에 대응하고 있다.' 등의 내용을 제시하는 것이 필요하다. 그리고 'A, B, C' 자료를 'A 문장 → B 문장 → C 문장'의 순으로 나열하여야 한다.

> **자료 2**
>
> • '에코캡(높이가 낮은 뚜껑)'을 적용한 생수 업체 사례
>   - 국내에서 가장 가벼운 무게의 페트병(500㎖ 기준, 12.1g)업계 최초 개발. 연간 이산화탄소 배출량을 지난해 업계 평균과 비교해 42%가 더 낮은 642t으로 절감. 이는 연간 약 597만 그루의 소나무를 심는 것과 같은 효과
> • 한국자연환경연구소의 설문 조사 결과
>   - 지난해 11월 설문 조사. 동물 복지 인증 제품에 대해 '가격이 비싸더라도 구매하겠다'는 응답이 성인 남녀 5,000명 중, 70.1%
> • ○○마트 지난해 6월 동물 복지 인증 닭 제품 매출 지난해 같은 기간보다 59.5% 상승

<3문단 작성>

[자료 3]을 활용하여 미닝아웃이 자연스러운 소비 문화로 자리 잡게 된 이유를 작성하라는 조건이다. 앞에서도 설명했지만, '출처'가 있는 경우에는 그 출처를 밝히는 것이 중요하다. 마지막에 '이○○ 교수 인터뷰에서'가 제시되어 있다. 따라서 '이○○ 교수에 의하면' 등으로 시작하고, '대답'에서 요구되는 내용을 자연스럽게 요약해야 한다.

자료 3

[물음] 이렇게 많은 사람이 미닝아웃에 관심을 두는 심리가 무엇일까요?

[대답] 아무래도 자신의 의사를 표현할 수 있다는 긍정적인 에너지가 많이 전파되는 것 같고요. 사실 요즘은 자신이 굉장히 중요한 시대잖아요. 나홀로족, 1인 가구, 이런 것들이 많이 늘어났어요. 자신의 의사, 신념이 중요하다고 생각하는 것이 자연스러운 트렌드로 자리 잡고 있습니다. 제 생각에는 한국 사회가 특히 공정성에 대해 민감하게 반응하는 것 같아요. 여러 가지 취업 대란을 겪으면서 취업 기회의 공정성 등이 중요한 이슈로 자리 잡잖아요. 거기에 나와 관련한 사회 현상에 의견을 제시하고 싶다는 게 많고요. 특히 부조리나 차별을 바꾸기 위해서 내가 목소리를 내야겠다는 생각을 하는 분이 많은 것 같아요. 게다가 SNS가 이런 것을 결집하기 수월한 공간을 제시하고 있다고 봐야죠.

　　　－ 이○○ 교수 인터뷰에서

4문단 작성

4문단에서는 [자료 4]를 참고하여 기대하는 점과 [자료 1]을 활용하여 '미닝아웃' 현상에서 경계해야 할 점을 들어 마무리하라는 조건이 주어져 있다. [자료 4]에는 '환경을 위한 BYE vs BUY, 친환경으로 산다'는 쇼핑 사이트 광고와 '동물 실험 반대'의 화장품 광고가 주어져 있다. 이를 고려하여 미닝아웃이 우리 사회가 더 좋은 방향으로 변화하기 위해 생겼으며, 환경이나 동물 실험을 반대하는 소비 문화가 더 확산되었으면 하는 기대를 제시하는 것이 필요하다. 그리고 [자료 1]에서 '미닝아웃'의 부정적인 영향 2가지가 제시되어 있다. '혐오 양상'과 '일부 악용으로 인한 마녀사냥'에 대한 경계를 제시하여 마무리하도록 한다.

예시답안

미닝아웃(Meaning Out)은 가격보다 스토리가 중요시되는 소비로 자신을 표현하고 가성비보다 가치와 신념을 추구하는 소비이다. 그 결과 환경을 살리며 착한 기업을 만든다. 그러나 일부 악용되어 혐오나 마녀사냥의 우려가 있다.

미닝아웃 소비의 업계도 친환경 제품을 개발하고 이를 광고하면서 소비자 변화에 대응하고 있다. 이러한 기업 노력의 대표적인 사례는 낮은 높이의 뚜껑인 '에코캡'을 적용해 국내에서 가장 가벼운 무게인 12.1g의 페트병(500㎖ 기준)을 업계 최초로 개발한 것을 들 수 있다. 해당 기업은 이를 통해 연간 이산화탄소 배출량을 지난해 업계 평균 대비 42%가 더 낮은 642t으로 절감하여 연간 약 597만 그루의 소나무를 심는 것과 같은 효과를 냈다. 또한 한국자연환경연구소가 지난해 11월 성인 남녀 5,000명을 대상으로 한 설문 조사에서 동물 복지 인증 제품에 대해 '가격이 비싸더라도 구매하겠다'는 응답은 70.1%였는데, 이와 관련하여 ○○마트에서는 지난해 6월 동물 복지 인증 닭 제품 매출이 지난해 같은 기간보다 59.5% 늘었다.

이○○ 교수에 의하면 소비 행위에서 자신의 의사, 신념이 중요하다고 생각하는 것이 자연스러운 문화로 자리 잡게 된 이유는 자신을 표현할 수 있다는 긍정적인 에너지가 많이 전파되고 있기 때문이고 공정성이 취업 기회에서 중요한 쟁점으로 자리 잡으면서 부조리나 차별을 바꾸기 위해 목소리를 내야겠다는 생각을 하는 사람이 많기 때문이다. SNS는 이런 목소리를 결집할 수 있는 공간이기도 하다.

미닝아웃은 우리의 사회가 더 좋은 방향으로 변화하길 바라는 마음에서 비롯된 것으로 이러한 소비 문화가 더 확산되면 환경과 사회를 생각하는 착한 기업도 더 많아질 것이라고 기대할 수 있다. 그러나 나와 다른 사람을 배척하는 혐오 양상으로 변질되거나 마녀사냥으로 악용되는 것을 경계해야 할 것이다.

3편 실제 기출문제 정답 및 해설

1회 기출문제 객관식·서술형 정답 및 해설

객관식 영역

문항	1	2	3	4	5	6	7	8	9	10
정답	③	④	②	③	②	③	④	④	③	①
문항	11	12	13	14	15	16	17	18	19	20
정답	③	⑤	④	④	④	③	④	⑤	④	⑤
문항	21	22	23	24	25	26	27	28	29	30
정답	③	②	①	④	②	②	④	③	②	①
문항	31	32	33	34	35	36	37	38	39	40
정답	③	②	⑤	②	②	②	②	①	③	②
문항	41	42	43	44	45	46	47	48	49	50
정답	⑤	②	④	②	②	⑤	④	②	④	⑤

01

정답 ③

정답 해설

필자는 이슈가 되는 주제를 선택하여 준비하고 예상 독자를 고려하고 있으므로 ③은 조언의 내용으로 적절하지 않다.

02

정답 ④

정답 해설

본문은 실태 조사와 문제점의 확인에 초점을 두고, 결론은 조사한 내용을 바탕으로 문제점의 개선 방향이 제시되어야 한다. 그러므로 결론에서는 ④ '장애인 편의 시설의 개선 방향'이 제시되는 것이 적절하다.

오답 해설

'조사 대상'에는 ① '장애인의 개념과 유형'과 ② '장애인 편의 시설의 개념'을 제시하여 조사 대상의 개념을 정확히 규정하고 범위를 한정한다. 또한, ③ '장애인 편의 시설 관련 법률 규정'을 제시하여 실태 조사와 결론에서 제시할 향후 개선 방향에 대한 기준과 지침으로 사용한다. 그리고 ⑤ '공공시설의 장애인용 편의 시설 설치 상황' 등도 결론에서 제시할 주장의 근거로 활용될 수 있다.

03

정답 ②

정답 해설

신입 사원 A는 문법, 맞춤법, 띄어쓰기 등 형식에 얽매이고 있고, [가]에는 여백이나 구두점, 철자법 등의 형식에 얽매이지 말고 생각나는 대로 쓰라는 내용이 제시되어 있다. 따라서 형식적인 요소에 얽매이지 말고 떠오르는 생각을 쓰라는 내용이 적절하다.

04

정답 ③

정답 해설

거리 유지의 원리는 의사소통 과정 중 연관성과 독립성이라는 2가지 욕구 사이에서 균형을 유지하려는 것으로, 상대방과의 거리를 유지하며 상대방에게 선택권을 주어 우호적인 태도를 견지하는 원리이다.

오답 해설

① 협력의 원리는 대화 참여자가 대화의 목적에 성공적으로 도달하기 위해 지켜야 하는 원리로, 질·양·관련성·태도의 격률을 말한다.
② 공손성의 원리(정중 어법)는 대화 참여자들이 의사소통 과정에서 상대에게 정중한 표현은 최대화하고 정중하지 않은 표현은 최소화하라는 원리이다.
④ 자아 노출의 원리는 화자가 말하기 과정에서 자신에 대한 정보를 얼마만큼 청자에게 제공하는가를 말한다.
⑤ 대화 함축은 협력의 원리, 특히 관련성의 격률을 의도적으로 어긋나게 함으로써 발화 의도를 함축적으로 전달하는 방법을 말한다.

05

정답 ②

정답 해설

누구에게도 자신의 개인적 영역을 침해받고 싶어하지 않는 욕구는 독립성과 연관성 중에서 독립성의 욕구에 해당한다. 따라서 ②의 내용은 첫째 지침에 해당한다. 둘째 지침은 독립성과 연관성의 욕구 사이에서 적절한 거리 유지를 하고자 하는 욕구에 해당한다.

06

정답 ③

정답 해설

[보기]의 1문단은 원인에 해당하고, 2문단은 결과에 해당한다. 2문단에서 첫 문장의 '결과적으로'를 통해 알 수 있다. 따라서 '인과'의 원리를 설명하는 ③이 적절하다.

오답 해설

①은 예시, ②는 비교와 대조, ④는 서사, ⑤는 정의의 원리에 해당한다.

07

정답 ④

오답 해설

㉠에는 이용, ㉡에는 반응, ㉢에는 사용, ㉤에는 주목이 오는 것이 적절하다.

08

정답 ④

정답 해설

커피콩 껍질을 부품 제작에 활용할 예정이며 감자튀김이나 케첩에서 나오는 식품 찌꺼기의 가능성에도 주목하고 있다고 하였다. 따라서 그 뒤에는 '식품 찌꺼기를 활용한 가능성'에 대한 내용이 제시되어야 한다.

오답 해설

① · ② 식품 찌꺼기가 아니라 커피콩의 찌꺼기를 활용하여 자동차 등의 부품을 만드는 내용이므로 적절하지 않다. 글의 마지막 문장이 나오기 전에 쓰기에 적절하다.

③ 제시된 글의 마지막 문장은 '식품 찌꺼기의 가능성'에 주목하고 있다는 내용이지만 ③은 앞으로 연구 개발을 통해 '가능성'을 확보한 이후 이루어질 내용이므로 적절하지 않다.

⑤ 제시된 글의 마지막 문장에서는 감자튀김이나 케첩에서 나오는 '식품 찌꺼기의 가능성'에 대해서만 언급하고 있으므로, 앞으로 '식품 찌꺼기'를 활용한 부품이 제작되어 나올 예정이라는 내용이 이어지는 것은 적절하지 않다.

09

정답 ③

정답 해설

제시된 내용은 소비자들이 1만 원 이하의 물품 · 서비스 구매 시 주로 현금을 이용한다는 '거래적 동기'의 실태를 보여 주는 자료이다. 그러므로 1천 원권과 5천 원권은 주로 '거래적 동기'에 의해 빈번하게 거래된다는 ㉢의 각주로 적절하다.

10

정답 ①

정답 해설

주어진 도표는 신권이 한국은행 창구에서 발행되어 유통되다가 한국은행 창구로 환수되어 폐기되는 과정을 보여주므로 ①의 은행권 유통 수명의 자료로 적절하다.

11

정답 ③

정답 해설

글쓰기 실패의 부정적 경험이 축적되면 효능감 수준이 낮아지고, 성공의 긍정적 경험이 축적되면 효능감 수준이 높아진다. 쓰기 효능감 자체는 쓰기 능력을 높여주는 게 아니라 쓰기 결과에 대한 긍정적 기대를 갖게 할 뿐이며, 글을 잘 쓰는 데 필요한 기능이나 전략 자체가 될 수도 없다.

12

정답 ⑤

정답 해설

'기일을 엄수하여'는 '날짜를 반드시 지켜'로 바꾸는 것이 적절하다. ⑤의 수정 내용에서 한자어 '엄수'는 수정되었으나, '기일'은 수정되지 않았으므로 적절하지 않다. 공문서 작성을 할 때 될 수 있으면 어려운 한자어를 피하고 쉬운 말을 사용한다.

13

정답 ④

정답 해설

외국 문자는 쓰지 않고 우리말로 바꾸어 한글로 표기하는 것이 적절하다. ④의 경우에는 수정 표기에서 'p'를 삭제하고 '26~29쪽'으로 수정해야 한다.

14

정답 ④

정답 해설

'~ 것이다'는 될 수 있으면 쓰지 않도록 주의해야 할 일본어 투 표현이다.

15

정답 ④

정답 해설

공문서 작성 순서는 작성하는 목적, 즉 작성 이유를 파악하는 것부터가 시작이다. 이후 그와 관련된 관계법령, 행정관례, 참고문헌 등을 찾아보고 작성 목적에 따라 필요한 내용을 선택한다. 수집·선택한 정보를 가지고 기안 목적에 맞게 초안을 작성하고 본안을 작성한 후 최종 확인을 받는 것이 일반적이다.

16

정답 ③

정답 해설

작성 목적은 제목의 '사무실 이전에 따른 주소 변경 통보'와 본문의 내용인 '○○○사업 취급 요령에 따라 사무실 이전에 따른 주소 변경을 통보합니다.'라는 내용을 통해 확인할 수 있다.

17

정답 ④

정답 해설

정책 홍보문의 '목표'에는 '스포츠 산업 기반 확대를 통한 성장'이 제시되어 있다. 또 '추진 방향'과 '추진 과제'를 고려하면 '스포츠 산업과 경제 성장' 계획 내용임을 알 수 있다.

오답 해설

① '목표'에서 매출액 10억 원 이상의 기업을 육성하고 10인 미만 기업의 비중을 3% 이상 줄인다는 내용으로 보아 '작지만 강한 기업 육성'이라는 제목은 적절하지 않다.
② '참여 스포츠 신시장 창출'은 '추진 과제'의 세부 내용에 해당하므로 전체를 포괄하는 제목으로 적절하지 않다.
③ 현재 상황을 설명하는 문구이므로 목표와 방향을 포괄하기에 적절하지 않다.
⑤ 추진 과제로 설정할 수 있는 내용으로 전체 내용을 포괄하지 않으므로 제목으로 적절하지 않다.

18

정답 ⑤

정답 해설

'Ⅴ. 스포츠 산업 진흥 기반 확립 – 스포츠 진흥 전담 체계 구축'의 내용을 설명할 수 있는 항목이 아니라 'Ⅳ. 스포츠 산업 일자리 창출 – 스포츠를 통한 사회적 경제 활성화'와 관련되는 내용에 해당한다.

19

정답 ④

정답 해설

각각의 문서의 개념은 자주 출제되므로, 개념과 성격은 알아 두어야 한다. '품의서'는 특정 사안에 대하여 결재권자의 승인을 요청하는 문서이고, 제시된 문서는 '○○○ 지출의 건'에 관한 지출 품의서로서, 지출을 결재받기 위한 문서이다.

오답 해설

① 지출 품의서는 지출에 대한 결재를 요청하는 문서이므로 지출을 확정하는 문서라는 내용은 적절하지 않다.
② 지출 품의서는 이미 배정된 예산액의 범위 내에서 예산 지출을 위해 작성하는 문서이다.
③ 기안문에 관한 설명이다. 기안문 결재에 의해 새로운 업무를 승인받은 후, 업무 수행 과정에서 발행하는 비용 지출 승인 절차는 지출 품의서에 의해 이루어진다.
⑤ 품의서는 작성자, 문서 번호, 작성 일자, 품의 목적 등을 반드시 기재해야 한다.

20

정답 ⑤

정답 해설

㉠: "2020. 3. 25."와 같이 쓸 수 있다.
㉡: 금액은 "금125,200원(금일십이만오천이백원)"으로 적는다.

21

정답 ③

정답 해설

'지나친 수식어'는 간결성에 위배되지만, '과장된 문구'는 정확성을 약화시킨다.

22

정답 ②

정답 해설

㉡은 두 번째 단계로, 윤리적으로 행동하지는 않을지라도 법규는 준수하려고 노력하는 단계에 해당한다. 이 단계에서는 윤리적 행동과 준법 정신은 관련이 없으므로 ②의 내용은 적절하지 않다.

오답 해설

① ㉠은 첫 번째 단계로, 윤리적 문제를 고려하지 않고 기업의 이익을 더 중시하는 단계이므로 ①의 내용은 적절하다.
③ ㉢은 세 번째 단계로, 기업이 윤리적 문제를 생각하고 관심을 두는 단계이므로 ③의 내용은 적절하다.
④ ㉣은 네 번째 단계로, 기업 이익과 기업 윤리 간의 균형을 찾으려고 노력하는 단계이므로 ④의 내용은 적절하다.
⑤ ㉤은 다섯 번째 단계로, 기업 이익보다 기업 윤리를 중시하는 단계이므로 ⑤의 내용은 적절하다.

23

정답 ①

정답 해설

제시된 자료는 '상품 발주서'이다. '상품 발주서'를 모르더라도 '1. 납품 장소', '2. 납품 기일', '3. 납품 대상 상품 명세'라는 항목을 보면 '상품을 납품'하는 것과 관련된 문서임을 알 수 있다.

오답 해설

② 직매입 표준거래계약서에 쓸 내용이다.

③ 매장 임대차 표준거래계약 중 상품 판매 조건과 관련된 내용이다.

④ 온라인쇼핑몰 등 위수탁거래 표준거래계약서에 쓸 내용이다.

⑤ 거래 관련 계약서 약관에 일반적으로 쓰는 문장 중 하나일 뿐 상품 발주서의 본문에 쓸 문장으로는 적합하지 않다.

24

정답 ④

정답 해설

선행하는 문제의 ㉠에는 '을'이 '갑'에게 상품 발주서의 조건으로 상품을 납부한다는 내용이 들어갈 것이다. 그렇다면 '갑'은 '을'에게 납품 대상 상품을 발주하는 대상이다. 따라서 '갑'이 납품 장소나 기일, 상품명, 수량 등을 기재하여 '을'에게 상품을 발주한다는 ④가 적절하다.

오답 해설

①·② '이후'를 '이전'으로 고쳐 써야 한다.

③ '을'을 '갑'으로 바꿔 써야 하고, 상품을 발주할 때에는 매입전표나 세금계산서가 아닌 상품 발주서를 통해 발주해야 한다.

⑤ '갑'은 상품을 발주하는 즉시 '갑'의 서명 또는 기명날인이 기재된 상품 발주서 서면을 '을'에게 주어야 한다.'로 써야 한다.

25

정답 ②

정답 해설

(가)의 아래에 있는 내용에서 '개선'의 내용이 무엇인지를 살피면 쉽게 파악할 수 있다. '법정 부담금 반환'을 담당자 1인이 아닌 심의 위원회를 통해 결정한다는 내용이다. 그리고 '개선 내용' 또한 '기존 → 개선'을 비교하면, '심의 위원회'가 심의를 통해 결정한다는 내용이 제시되어 있다. 따라서 (가)에 들어갈 내용은 ②가 적절하다.

오답 해설

① '기존'의 반환 통보나 '개선'의 반환 통보 내용에는 3단계로 단순화되었다는 내용이 제시되어 있지 않다.

③ 법정 부담금 반환 여부를 객관화하여 개선한다는 내용의 글로 법정 부담금 부과 기준에 대한 내용은 없다.

④ 이의신청 방식은 '기존'보다 '개선'의 과정이 더 복잡하다는 것을 알수 있다.

⑤ 법정 부담금 지급이 빈번한지는 홍보문의 내용으로 알 수 없다.

26

정답 ②

정답 해설

'2. 개선 내용'의 '기존'과 '개선'을 비교하여 어떻게 바뀌어지는지를 제시해야 한다. 따라서 (나)에는 '심의 위원회를 설치하여 운영'한다는 내용이 제시되어야 한다.

오답 해설

①과 ⑤는 '1. 추진 배경', ③과 ④는 '3. 기대 효과'에 쓸 내용에 해당한다.

27

정답 ④

정답 해설

'수정 전'은 기획서의 '목표'만 제시하였고, '수정 후'는 '수정 전'의 '목표'를 '목적', '목표', '방안' 등 다양한 요소로 분류하고 구체화하였다. 따라서 '목적'과 '목표'를 구분하고 구성 요소를 독립적이고 긴밀하게 작성한다는 ④가 적절하다.

28

정답 ③

정답 해설

㉠과 ㉡은 '수정 전'의 '나. 의료보험 제도의 성과와 문제점 분석을 통하여, 제공자 지급 제도 개혁에 대해서 논한다.'를 통해서 파악할 수 있다. '의료보험 제도의 성과와 문제점'은 '분석'하고, '제공자 지급 제도 개혁'은 '논한다'고 제시되어 있으므로, [보기]의 (나)인 전자는 강의를 통해서 설명하고, [보기]의 (가)인 후자는 워크숍을 통해서 이루어지는 것이 적절하다. ㉢의 '현장 견학'은 장소를 의미하고 '수정 전'의 '라. 지급 제도를 시행하는 의료보험 기관과 보건의료 시설 현장을 방문한다.'라는 내용을 통해서 보기의 (다)가 ㉢에 어울림을 알 수 있다.

29

정답 ②

정답 해설

제시된 글은 기업의 문제 해결 방식에 흔히 사용되는 SCQA를 야구에 적용한 사례를 기사화하려는 내용이다. 이를 고려하면, SCQA를 야구에 적용하는 예를 고려한 표제로 ②가 적절하다.

오답 해설

① 기업 전략인 SCQA가 야구 구단에서 활용된 핵심 내용이 전혀 제시되고 있지 않으므로 적절하지 않다.

③ SCQA 전략은 야구 구단이 아닌 기업의 문제 해결 전략에서 시작되었으므로 적절하지 않다.

④ ○○ 야구 구단의 훈련 비법은 SCQA를 활용한 것이므로, 감독과 선수의 정신이 아니라 SCQA를 활용한 것이 훈련 비법에 해당한다.

⑤ 글쓰기 연습이 아니라, 글쓰기 과정에서의 사고 과정을 반영한 이론을 야구 구단의 연습에 적용한 것이므로 적절하지 않다.

30

정답 ①

정답 해설

P 기자는 기업의 문제 해결 방식으로 활용되는 SCQA 이론을 훈련에 적용하는 야구 구단에 대한 글을 신문기사로 작성하려고 한다. 도입에서 SCQA의 개념이나 과정을 먼저 소개하고 기업의 문제 해결 방식인 SCQA와 야구의 유사점, 다음으로 ○○ 야구팀의 타자들의 독특한 연습, 그리고, SCQA와 ○○ 야구팀의 연습이 어떻게 관련 있는지 상관성을 소개하고, 마지막으로 감독의 인터뷰 내용으로 마무리하는 것이 적절하다.

31

정답 ③

정답 해설

'다각화 전략'은 신제품을 개발하여 새로운 시장에 진출하는 것으로 회사의 기존 경험과 기술을 활용하여 유사 분야로 진출하는 전략에 해당한다.

오답 해설

① · ② 무리한 성장 대신 기존 시장에서의 점유율을 키우는 데 주력한 '시장 침투 전략'을 사용하였다.

④ 기존 제품을 다른 고객층에게 공급하는 '시장 개발 전략'을 사용하였다.

⑤ 새로운 시장 개척보다 차별화된 제품을 출시하는 '제품 개발 전략'을 사용하였다.

32

정답 ③

정답 해설

제시된 절차는 키워드를 작성하기 위하여 검색하고자 하는 기술의 기본 키워드를 추출하는 단계이다. 그 후 기본 키워드가 변형되어 사용될 수 있는 유사 키워드를 추출하고, 검색 의도에 맞게 키워드를 확장하여야 한다. 이때 기본 키워드는 발명의 명확한 개념을 나타낼 수 있는 필수 요소를 선정한다.

33

정답 ⑤

정답 해설

'A'는 존재하나 'B'가 존재하지 않는 특허 문헌을 검색하기 위한 검색식은 NOT연산에 해당하므로 '!' 연산을 사용한 검색식을 찾으면 된다.

34

정답 ②

정답 해설

'5. 서비스' 항목에 '반드시 지정된 규격품'을 사용하게 되어 있다. 가정용 부품을 이용하여 공구를 보수하면 안 된다고 해야 한다.

35

정답 ④

정답 해설

자료에서 제시하는 법칙은 파레토 법칙으로 이를 반영한 경영전략은 구매력이 높은 고객에게 집중하거나 잘 팔리는 상품에 집중하는 것이다. ④는 그와 반대되는 개념으로 소액이지만 많은 다수의 광고주에게 이득을 취하는 전략이다.

36

정답 ②

정답 해설

②의 내용은 다수의 고객은 비용을 지불하는 대신 광고를 보고 콘텐츠 서비스를 제공받지만, '광고를 보지 않고 이용할 수 있는 스트리밍 서비스'는 비용을 지불할 수 있는 소수에 대한 서비스이다. 사소한 다수가 아니라 일부 구매력이 있는 소수에 대한 경쟁력을 제고한 서비스 확대이므로 롱테일 법칙과는 거리가 멀다.

37

정답 ②

정답 해설

주어진 자료에서는 물리학 용어인 '수퍼플루이드'를 산업 분야에 적용하여 경영 방향이나 전략의 필요성을 제시하고 있다. 수퍼플루이드 시대에서 기업은 더 이상 신사업 개척과 신제품 개발 등의 전략만으로는 살아남기 힘들다. 수퍼플루이드의 핵심은 디지털 기술을 활용하여 거래 비용을 획기적으로 낮춰 원가 구조를 혁신하는 것이다. 따라서 '디지털 기술 적용이 용이하지 않은 산업들'이 '신사업 개척과 신제품 개발'을 다룬다고 한 ②는 적절하지 않다.

오답 해설

① · ③ · ④ · ⑤는 모두 다양한 디지털 기술을 활용하여 거래 비용을 획기적으로 낮춰 원가 구조를 혁신하는 내용에 해당하므로, 자료의 설명과 관련된다.

38

정답 ①

정답 해설

'링겔만 효과'의 실험을 보면, 집단에 소속된 개인은 자신의 힘을 최대로 발휘하지 않고, 특정 집단에 구성원이 추가될수록 개인별 힘의 합계보다 집단의 기대치가 떨어진다는 것을 알 수 있다. 즉, 구성원의 개인별 집단 생산성이 집단 크기가 커질수록 점점 낮아지는 경향을 말하므로, ①이 적절하지 않다.

39

정답 ③

정답 해설

㉠ '링겔만 효과'는 '집단' 속에서 개개인이 잠재적 역량을 숨기거나 노력을 덜 하는 문제이다. 그런데 기업이 원하는 것은 집단의 과제와 협업을 통한 '시너지 효과'이다. ③ '조직 구성원들의 협력과 상호 보완'은 '시너지 효과'와 관련되며, '개인의 부담을 줄이는 것'은 '시너지 효과'나 '링겔만 효과' 모두 관련이 없다.

40

정답 ②

정답 해설

주인 의식은 조직 내 구성원으로서의 존재 의의를 찾는 것이고 이것을 상실할 때 '나 말고 누군가 이 일을 처리하겠지.' 하는 생각을 하게 된다.

41

정답 ⑤

정답 해설

자료에 제시된 것처럼 경제적 보상과 비경제적 보상은 균등하게 제공되어야 한다. 보상 관리는 직접적 보상과 간접적 보상 등 경제적 보상과 함께 근로자들이 민감해하는 칭찬, 인정, 존경 등의 비경제적 보상도 장기적으로 관리해야 한다.

42

정답 ②

정답 해설

제시된 글의 '공공성을 제고하고, 공정 인사의 중요성을 환기했다.'는 내용을 근거로 할 때, 인적 자원 관리를 위해서는 노동조합 규모를 축소하는 것보다는 확대를 하는 것이 적절하다고 할 수 있다. 따라서 '노동조합의 축소'는 적절한 시행 정책으로 볼 수 없다.

43

정답 ④

정답 해설

2017년부터 2019년의 수입과 제조를 비교하면 수입 허가가 더 높지만, 수입과 제조는 대체적으로 비슷한 비율을 유지하고 있다.

오답 해설

① 2018년에 비해 2019년에는 수술·재활 로봇의 허가가 축소되었지만, 유의한 차이는 아니므로 의료기기의 필요성이 줄었다는 근거는 되지 못한다.
② 2017년과 2018년은 수입과 제조의 비율이 동일하고 2019년에 제조 허가의 비율은 늘고 수입 허가의 비율은 낮아졌다. 하지만 이 자료로는 제조업체의 기술 수준이 높아졌다는 근거를 들 수 없다.
③ 3D 프린팅은 2018년에 증가하다가 2019년에 축소되었고, 수술·재활 로봇은 계속 축소되었다. 인공지능은 2018년에 비해 2019년에 증가했지만 2017년에는 허가가 없었기 때문에 각각의 허가 건수가 매년 증가하였다는 내용은 적절하지 않다.
⑤ 제조보다 수입의 비율은 높지만, 제조와 수입 모두 허가 건수가 들어들고 있는 양상을 보인다.

44

정답 ②

정답 해설

○○시의 미세 먼지 추이 그래프를 보면, 미세 먼지나 초미세 먼지 모두 17년부터 감소하는 추세이다.

오답 해설

① ▲가 초미세 먼지를 의미하므로 그래프를 보면 '29 → 26 → 25'로 감소하고 있다.
③ ○○시의 미세 먼지 농도 변화의 원인은 자료로 확인할 수 없다.
④ ○○시는 12년, 13년 등 미세 먼지 수치가 높았을 때도 초미세 먼지를 측정하지 않았고 17년부터 측정하였다.
⑤ ○○시의 미세 먼지 농도와 초미세 먼지 농도가 모두 감소하고 있으므로, 기존의 미세 먼지 저감 대책 변경 방안을 만들어야 한다는 것은 적절하지 않다.

45

정답 ②

정답 해설

'가족 또는 친척'을 기준으로, 여자가 남자보다 평균 교류 비중은 더 높으나(남:여 71.8〈77.2) 평균 교류자 수(남:여 3.0〉2.8)는 적었다. '가족 또는 친척 외'의 경우도 마찬가지이다.

46

정답 ⑤

정답 해설

희망점 열거법은 '현재의 상태를 분석하고 목표와 현상의 차이를 분석하고 문제 해결책을 찾는' 방안으로, 앞으로 개발하고자 하는 제품에 대한 희망 또는 기대를 통해 아이디어를 생산하는 방법이다.

오답 해설

① 희망점 열거법은 조직 구성원 누구나 참여하여 아이디어를 내므로, 전문가나 기술자가 중심으로 참여한다는 내용은 적절하지 않다.
② 희망점 열거법은 새로운 연상을 통해 예상치 못한 아이디어를 만들기 때문에 시간이 오래 걸리지 않고 참여자들의 전문성을 요구하는 것은 아니므로 적절하지 않다.
③ 대상의 결점을 밝혀내려는 방법은 제시문의 '결점 열거법'에 해당하므로 적절하지 않다.
④ 제품의 특성을 열거하여 기존의 아이디어와는 다른 개념이나 원리로 새로운 아이디어를 산출하는 방법은 제시문의 '특성 열거법'에 해당하므로 적절하지 않다.

47

정답 ④

정답 해설

[A]에 제시된 기업의 실패는 기존 전략의 성공이 변화의 시기나 변화 자체를 막게 된 경우에 해당한다. 또한 명확하게 설정된 전략의 방향에 따라 선택과 집중을 하여 '집단 사고'의 함정에 빠진 경우라고도 볼 수 있다. 따라서 시장 변화에 따른 전략 수정과 새로운 변화의 모색은 실패의 원인이 아니라 필요한 전략이라고 할 수 있다.

48

정답 ②

정답 해설

㉠은 제조, 판매, 자금, 인사, 기술, 경리 등 직무 '기능'에서 발생하는 문제이고 ㉡은 어떻게 해결해야 하느냐, 즉 창의적인 해결 방법과 논리적인 해결 방법 중 어떤 해결 방법이 필요한가에 따른 문제이며, ㉢은 발생형 문제(보이는 문제), 탐색형 문제(찾는 문제), 설정형 문제(미래 문제)로 업무 수행 과정 중 발생한 문제를 분류한 유형이다.

49

정답 ④

정답 해설

직업윤리는 자신의 일에 대해 긍정적 태도를 가지고 이를 책임 있게 완수해 내는 것을 의미한다. 그런데 자신에게 맡겨진 임무를 완수하는 태도는 직업윤리뿐만 아니라, 일반 윤리에도 적용된다. 따라서 직업윤리는 '직장'이라는 공간에서 명확하게 규정된 '업무'를 중심으로 하고 직업이 갖는 본래의 기능이나 목적을 달성하도록 촉진하는 직업 행위의 사회적 규범이라고 할 수 있다.

50

정답 ⑤

정답 해설

'도덕적 감수성'은 특정 상황 속에 내포된 도덕적 이슈들을 지각하고 상황을 해석하며, 자신의 행동 결과가 타인의 복지에 미치는 영향을 헤아릴 수 있는 능력을 말하고, '도덕적 판단력'은 개인이 선택 사항들을 고려하여 사람들이 그러한 상황에서 무엇을 해야 할지를 결정하는 것을 의미한다(Narvaez & Rest, 1995/2004). 제1 요소인 도덕적 감수성에서 가능한 행동의 경로들과 그것이 타인에게 미칠 영향이나 결과에 대한 인식(지각)이 이뤄지고 난 후, 제2 요소에서는 그 행동이 도덕적으로 정의로운 것인가를 판단하게 된다. '도덕적 동기화'는 여러 대안을 평가한 뒤 가장 도덕적인 선택을 하고 그대로 실행하는 것의 원동력이다. '도덕적 인격' 또는 '품성'은 도덕적 행동의 측면, 즉 실제로 도덕적 행위를 실천하는 바탕이다.

서술형 영역

01
예시답안

- ㉠ 의미, ㉡ 없다
- 고기배 → 고깃배, 뒷뜰 → 뒤뜰, 조개살 → 조갯살

02
예시답안

- 도시의 필수적 공공재인 도시공원에 대한 인식이 부족하다.
- 도시공원으로 지정된 국공유지와 사유지를 매입해야 한다.

03
예시답안

㉠ 간소화, ㉡ 표준화, ㉢ 과학화, ㉣ 정보화

04
예시답안

갑이 무지에 호소하는 오류를 범하고 있다. 왜냐하면, 갑은 담배에 있는 발암 물질로 인해 폐암이 발생한다는 사실을 입증하지 못했다는 점을 근거로 흡연이 폐암의 원인이 아니라고 주장하기 때문이다.

05
예시답안

㉠ 고객(또는 소비자), ㉡ 경험, ㉢ 가치, ㉣ 정직

06
해결전략

〈1회 요법 구충제 ○○ 정 400mg(알벤다졸)〉

[(㉠)·함량]
1정 중 – 유효 성분: 알벤다졸 400mg
첨가제: 유당 수화물, 아스파탐, 옥수수 전분, 탤크
[용법·용량]
1. 성인 및 24개월 이상의 소아는 아래의 (㉡)을/를 복용할 것
　1) 요충: 1일 1회 알벤다졸 400mg을 복용한다. 박멸을 위하여 7일 뒤, 한 번만 더 이 약을 400mg 복용한다.
　2) 회충, 십이지장충, 편충, 아메리카 구충: 이 약을 400mg 1회 복용한다.
[복용상의 주의사항]
1. 다음과 같은 사람은 (㉢)
　■ 임부, 임신하고 있을 가능성이 있는 여성, 수유부
　■ 경고: 이 약에 함유된 인공감미제 아스파탐은 체내에서 분해되어 페닐알라닌으로 대사되므로 페닐알라닌의 섭취를 규제할 필요가 있는 페닐케톤 요증 환자에는 투여하지 말 것
2. 이 약을 복용하는 동안 (㉣)
　■ 테오필린: 테오필린의 대사를 억제할 수 있다.
　■ 시메티딘, 프라지콴텔, 맥시메타손: 알벤다졸의 혈장농도를 증가시키다.

'알벤다졸 400mg'에서 '400mg'은 함량을 말하고, '유효 성분'은 알벤다졸 400mg을 말한다. '함량'은 제시되어 있으므로 ㉠에는 '유효 성분'이 제시되어야 한다.

㉡의 하위 내용에는 '요충'과 '회충 등'이 있을 경우에 먹어야 하는 약의 양과 횟수를 안내하고 있다. 따라서 복용할 '용량'을 제시해야 한다.

㉢의 하위 내용에는 임부, 임신 가능성이 있는 여성, 수유부에 대한 경고의 내용이 제시되어 있다. 따라서 이 경우에는 '이 약을 복용하지 마라'는 내용이 제시되어야 한다. 단, 형식은 '1.'과 같이 명사형으로 제시해야 한다.

㉣의 하위 내용에는 이 약과 함께 복용할 경우 부작용이 일어날 수 있는 약과 부작용의 내용이 안내되어 있다. 따라서 ㉣에는 다음의 약을 복용하지 말라는 경고의 내용이 제시되어야 한다.

3. 다음과 같은 사람은 (ⓓ) 의사, 치과의사, 약사와 상의할 것
   ■ 이 약은 황색 5호를 함유하고 있으므로 이 성분에 과민하거나 알레르기 병력이 있는 환자는 신중히 투여할 것
4. 다음과 같은 경우 이 약의 복용을 (ⓔ) 의사, 치과의사, 약사와 상의할 것
   ■ 구역, 구토, 속쓰림, 설사, 복통, 두통, 어지럼, 발열, 발진, 가려움, 두드러기
   ■ 이상 반응이 나타나면 즉각 투여를 중지하고 적절한 처치를 한다.

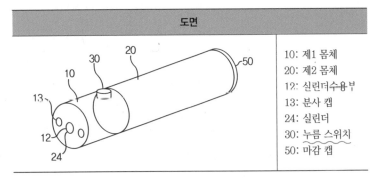

ⓓ의 하위 내용에는 특정 반응을 보이거나 병력이 있는 사람은 의사와 상의하라고 안내되어 있다. 그렇다면 '복용하기 전'이라는 조건이 제시되는 것이 적절하다.

ⓔ의 하위 내용에는 복용했을 때 일어나는 부작용이 안내되어 있다. 약의 복용을 '중단'하고 의사 등과 상의하라는 내용을 제시해야 한다.

예시답안

㉠ 성분, ㉡ 양(용량), ㉢ 이 약을 복용하지 말 것, ㉣ 다음의 약을 복용하지 말 것, ㉤ 이 약을 복용하기 전에, ㉥ 즉각 중지하고

07

해결전략

도면

10: 제1 몸체
20: 제2 몸체
12: 실린더수용부
13: 분사 캡
24: 실린더
30: 누름 스위치
50: 마감 캡

고안의 상세한 설명

빈칸의 내용을 묻는 문제는 언제나 '앞부분의 내용+▢+뒷부분의 내용', 즉 앞뒤 맥락에 해당하는 빈칸의 앞부분과 뒷부분의 내용에서 핵심어를 파악하며 요구하는 내용을 쉽게 찾을 수 있다.

'기술 분야'에서 이 글이 '호신용 분사 장치'에 관한 특허 명세서임을 알 수 있다. 따라서 ㉠에는 '호신용 분사 장치'를 제시한다.

㉡의 앞뒤에는 '구성이 간단'과 '부담을 주지 않아'가 제시되어 있다. 따라서 '기술 분야'에서 이 구절과 관련 있는 부분은 '간단한 구성에 의해 소비자의 구매 비용에 부담을 주지 않으며'이고, ㉡에서 요구하는 내용은 '소비자의 구매 비용'임을 알 수 있다. ㉢은 뒤에 '을/를 누르는 동작에 의해'가 제시되어 있다. 따라서 '누르는' 것과 관련된 용어를 찾아야 한다. 즉, '기술 분야'가 아니라 '도면'에서 관련 용어인 '누름 스위치'를 찾아내야 한다. 나머지 내용도 앞뒤 맥락의 핵심어를 이용하면 요구하는 내용을 쉽게 파악할 수 있다. 단, 언제나 조건에 맞게 작성해야 한다.

기술 분야

본 고안은 호신용 분사 장치에 관한 것이다. 더욱 상세하게는 내부에 구성된 압축 실린더의 전진 동작에 의해 용기체의 내부에 수용된 공기의 압축력을 통해 호신용 분말이 빠르게 분사되도록 하여 긴급 상황 시에 자신을 방어하는 호신용으로 사용함에 불편함이 없고, 간단한 구성에 의해 소비자의 구매 비용에 부담을 주지 않으며, 한 번 사용 후에 다시 호신용 분말을 충전하여 재사용할 수 있어 경제적인 효과를 기대할 수 있는 호신용 분사 장치에 관한 것이다.

효과

본 고안인 (㉠)은/는 구성이 간단하여 (㉡)에 부담을 주지 않아 널리 실용화가 가능하다.
또한, (㉢)을/를 누르는 동작에 의해 (㉣)이/가 분사되어 (㉤) 수 있는 호신용으로 용이하게 사용할 수 있어 특히 여성을 상대로 하는 범죄율을 크게 줄일 수 있다.
또한, (㉥)의 압축에 의해 호신용 분말이 분사되어 화약 폭발에 의한 종래의 호신 용구에 비해 사용성이 크게 향상되고, 경찰기관에 별도의 소지 신고나 사용 신고를 하지 않아도 된다.
또한, 한 번 사용 후에도 (㉦) 사용할 수 있기 때문에, 매우 경제적이다.

㉠은 '기술 분야'에서 '호신용 분사 장치'에 관한 특허 명세서라는 점을 통해 알 수 있고, ㉡은 '기술 분야'의 '간단한 구성에 의해 소비자의 구매 비용에 부담을 주지 않으며'에서 찾을 수 있다. ㉢은 '기술 분야'가 아니라 '도면'에서 찾아야 한다. ㉣과 ㉤은 '기술 분야'의 '호신용 분말'이 빠르게 분사되도록 하여 긴급 상황 시에 '자신을 방어하는'에서 찾아야 한다. 이때 ㉤은 뒤에 의존 명사 '수'가 제시되어 있으므로 '자신을 방어할'로 바꾸어 제시해야 한다. ㉥은 '기술 분야'의 '공기의 압축력을 통해'에서, ㉦은 '기술 분야'의 마지막 부분의 '한번 사용 후에 다시 호신용 분말을 충전하여 재사용할 수 있어'에서 요구하는 내용을 읽을 수 있다.

㉠ 호신용 분사 장치, ㉡ 소비자의 구매 비용, ㉢ 누름 스위치, ㉣ 호신용 분말, ㉤ 자신을 방어할, ㉥ 공기, ㉦ 호신용 분말을 충전하여 다시

08

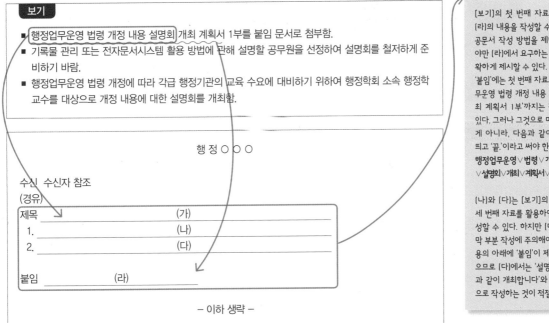

보기

- 행정업무운영 법령 개정 내용 설명회 개최 계획서 1부를 붙임 문서로 첨부함.
- 기록물 관리 또는 전자문서시스템 활용 방법에 관해 설명할 공무원을 선정하여 설명회를 철저하게 준비하기 바람.
- 행정업무운영 법령 개정에 따라 각급 행정기관의 교육 수요에 대비하기 위하여 행정학회 소속 행정학 교수를 대상으로 개정 내용에 대한 설명회를 개최함.

행 정 ○ ○ ○

수신 수신자 참조
(경유)

제목	(가)
1.	(나)
2.	(다)

붙임 _____ (라) _____

– 이하 생략 –

[보기]의 첫 번째 자료로 (가)와 (라)의 내용을 작성할 수 있다. 단, 공문서 작성 방법을 제대로 알아야만 (라)에서 요구하는 내용을 정확하게 제시할 수 있다.

'붙임'에는 첫 번째 자료로 '행정업무운영 법령 개정 내용 설명회 개최 계획서 1부'까지는 작성할 수 있다. 그러나 그것으로 마무리하는 게 아니라, 다음과 같이 두 칸을 띄고 '끝.'이라고 써야 한다.

행정업무운영∨법령∨개정∨내용∨설명회∨개최∨계획서∨1부.∨∨끝.

[나]와 [다]는 [보기]의 두 번째, 세 번째 자료를 활용하면 쉽게 작성할 수 있다. 하지만 [다]의 마지막 부분 작성에 주의해야 한다. 내용의 아래에 '붙임'이 제시되어 있으므로 [다]에서는 '설명회를 붙임과 같이 개최합니다'와 같은 형식으로 작성하는 것이 적절하다.

(가) 행정업무운영 법령 개정 내용 설명회 개최

(나) 기록물 관리 또는 전자문서시스템 활용 방법에 관해 설명할 공무원을 선정하여 설명회를 철저하게 준비하시기 바랍니다.

(다) 행정업무운영 법령 개정에 따라 각급 행정기관의 교육 수요에 대비하기 위하여 행정학회 소속 행정학 교수를 대상으로 개정 내용에 대한 설명회를 붙임과 같이 개최합니다.

(라) 행정업무운영∨법령∨개정∨내용∨설명회∨개최∨계획서∨1부.∨∨끝.

해결전략

정책 (㉠)

> ㉠은 표에도 제시되어 있지만, 아래 자료의 내용에서 무엇을 이야기하고자 하는지를 찾아야 한다. 앞에 '정책'이 나와 있으므로 '정책 토론'까지는 쉽게 찾을 수 있다. 그 다음 표에서 국민이 공공 기관을 대상으로 정책 토론과 관련하여 무엇을 해야 하는가를 찾아내야 한다.

- ■ 정책 토론의 (㉡)?

정책 토론은 정부 정책, 쟁점 현안 등에 대한 자유로운 형식의 의견 수렴 활동을 뜻합니다. 다수 국민의 의견을 듣고 민의를 반영한 더 합리적인 정책을 추진하기 위해 실시하고 있습니다.

> 정의 + 의의

- ■ 정책 토론은 (㉢)?

정책 토론 신청은 국민 신문고 회원인 경우에만 가능합니다.

> ㉢에서 요구하는 내용은 신청 대상이 '누구'인지를 제시하는 '국민 신문고 회원인 경우'에서 찾을 수 있다. 즉, '누구나 신청할 수 있나요?'에 대한 내용이다.

> ㉡과 ㉢의 형식은 괄호 뒤의 의문 사형 문장부호(?)와 '정책 토론 절차' 등의 질문을 통해 의문형으로 제시해야 함을 알 수 있다. 요구하는 내용은 아래의 설명을 분석해야 한다. 예를 들어, ㉡에 제시된 설명을 보면 첫 문장은 정책 토론의 징의를 제시하고 있고, 두 번째 문장은 의의를 제시하고 있다. 따라서 '정의와 의의는 무엇인가요?'가 요구하는 내용이다.

- ■ 정책 토론 절차는 어떻게 되나요?

정책 토론을 신청하면 해당 의제는 처리 기관의 심사 및 승인 이후 토론이 진행됩니다. 토론이 종료되면 의제를 신청한 사람은 토론한 결과를 요약하여 등록할 수 있고, 관계 기관은 정책에 반영할 결과를 누리집에 등록하고 의제 신청자와 토론 참여자에게 전자우편으로 공지합니다.

의제 신청자는 (㉯)
관계 기관은 (㉰)
등록 후 (㉱)에게 공지

> ㉲은 이 글의 주제인 '정책 토론 신청'이 들어가야 하고, 내용에서 설명하고 있는 '혜택'도 제시되어야 한다. 즉, '정책 토론 신청 시 혜택은'이 적절하다.

- ■ (㉲) 있나요?

혜택은 다음과 같습니다. 정책 토론을 신청한 후 승인이 된 경우 점수 100점을 획득할 수 있으며 점수 5,000점이 넘어가면 전자 공청회 토론자 또는 국민 신문고 전문가로 위촉됩니다.

먼저 질문 부분을 살펴보자. 대다수의 수험생들이 명사형을 떠올리겠지만, ㉡, ㉢, ㉲의 경우, 세 번째 질문인 '정책 토론 절차는 어떻게 되나요?'를 통해 질문은 의문형으로 제시한다는 것을 파악해야 한다. 즉, 이 기안문은 질문 – 대답의 형식을 취하고, ㉡, ㉢, ㉲은 아래에 있는 내용인 '대답'의 '질문'에 해당한다. ㉡은 대답의 첫 문장이 정책 토론의 개념, 즉 정의에 해당하고, 두 번째 문장은 정책 토론을 시행하는 의의임을 활용하여 작성해야 한다. 따라서 '정의 + 의의 + 의문형(-요?)'의 형식으로 써서 '정책 토론의 정의와 의의는 무엇인가요?'로 제시하면 된다. ㉢은 아래에 정책 토론 신청 자격에 대한 대답이 제시되어 있다. 따라서 5어절 이내라는 점을 고려하여 '정책 토론은 누구나 신청할 수 있나요?' 등의 질문을 제시할 수 있다. ㉲의 대답에는 '혜택'과 관련된 내용이 제시되어 있다. 따라서 질문에 해당하는 ㉲에는 '정책 토론 신청 시 혜택은' 등을 제시할 수 있다.

이번에는 대답 부분을 살펴보자. ㉤은 위에 있는 '정책 토론 절차'의 내용인 '정책 토론을 신청하면 해당 의제는 처리 기관의 심사 및 승인 이후 토론이 진행된다'는 내용에서 '처리 기관의 심사 및 승인'을 찾을 수 있다. ㉱과 ㉯, ㉰, ㉱은 '정책 토론 절차'의 두 번째 문장에서 요구하는 내용을 찾을 수 있다. '토론 종료' 후, 의제 신청자는 '토론 결과 요약 등록'을 하고, 관계 기관은 '정책 반영 결과를 누리집에' 등록한 후, '의제 신청자와 토론 참여자'에게 전자우편으로 공지한다.

㉠ 토론 신청, ㉡ 정의와 의의는 무엇인가요, ㉢ 누구나 신청할 수 있나요, ㉣ 처리 기관의 심사 및 승인, ㉤ 토론 종료, ㉥ 토론 결과 요약 등록, ㉦ 정책 반영 결과를 누리집에, ㉧ 의제 신청자와 토론 참여자, ㉨ 정책 토론 신청 시 혜택은

10

글쓰기 계획

문단	내용 및 조건	분량
1 문단	세계 물의 날 소개: [자료 1]을 활용하여 쓸 것 ■ 첫 문장은 '3월 22일은 ~이/가 정한 ~(이)다.'의 형식으로 쓰고, 다음 문장은 '세계 물의 날'을 만든 목저과 지정된 연도를 원인과 함께 '~은/는 ~에 의한 ~에 따른 문제의 경각심을 일깨우기 위해 ~에 지정되었다.'의 형식으로 쓸 것	90~120자
2 문단	물 부족으로 인한 피해: [자료 2]를 활용하여 쓸 것 ■ 사망이라는 표현을 쓰지 말고, 생명을 '빛'에 비유하여 표현하고 참혹한 현실을 이중 부정으로 강조하여 쓸 것 ■ 같은 지역이라도 물을 풍족하게 사용하는 곳도 있다는 정보를 제공하며 이는 일부라는 것을 알려 분쟁의 심각함을 대비적으로 강조하여 쓸 것	210~240자
3 문단	우리나라의 실태: [자료 1]과 [자료 3]을 활용하여 쓸 것 ■ 2문단의 내용과 연결하여 문단의 시작을 '물 부족은 ~이/가 아니다. 우리나라도 ~에서 결코 자유로울 수 없다.'의 형식으로 쓰고, 우리나라의 현실로 언제 어디서든 수도꼭지만 틀면 물이 나오는 환경을 제시하고 이러한 점이 주는 문제를 물 부족과 관련하여 쓸 것 ■ 물 부족과 관련하여 우리나라가 분류된 등급 국가명과 분류 주체를 쓸 것 ■ '그럼에도 불구하고'로 시작하여 우리나라의 물 사용량을 독일과 비교해서 쓸 것 (1인당 물 사용량, 배수 제시) ■ 우리나라 물 사용량 중 가장 많이 차지하고 있는 사용 용도와 그 용도의 수치를 쓸 것	300~330자
4 문단	물 부족을 해결할 수 있는 실천 방법: [자료 4]를 활용하여 쓸 것 ■ 물 부족은 우리 모두가 노력하고 실천해서 해결할 수 있음을 넣어 쓸 것 ■ 실천하는 노력과 습관을 자료에서 찾아 '~기'의 형식으로 3어절 이내로 간결하게 쓸 것 ■ 건강, 안정적 식품 공급, 지속 가능한 경제 발전을 위해 물을 절약하고 아껴 써야 한다고 할 때 물을 '생명'과 '돈'에 연관지어 쓸 것	180~210자

일반적으로 실용글쓰기에서 논술형은 개요 형식이 제시되는 경우가 많다. 각각의 자료를 바탕으로 각 문단에서 요구하는 조건을 충실하게 지켜서 쓰면 원하는 점수를 쉽게 충족할 수 있다.

자료 1

'세계 물의 날'은 전 세계적인 수질 오염과 점차 심각해지는 물 부족에 따른 문제의 경각심을 일깨워 물의 소중함을 되새기기 위하여 유엔이 제정, 선포한 날이다. 유엔은 1992년 12월 22일 리우환경회의 의제 21의 18장(수자원의 질과 공급 보호)의 권고를 받아들여 '세계 물의 날 준수(Observance of World Day for Water) 결의안'을 채택하였다. 이 결의안에 따라 매년 3월 22일을 '세계 물의 날'로 제정, 선포하여 1993년부터 기념하고 있다.

이는 인구와 경제활동 증가에 의해 환경이 파괴되어 주변 강이나 바다가 오염됨으로써 먹을 수 있는 물이 점차 줄어들자, 이를 해결하기 위해 국제적으로 협력하여 물 관련 문제의 심각성을 인식하고 수자원을 보호하며 이를 개선하자는 취지에서 제정되었다. 세계 물의 날을 통하여 식수 공급과 관련된 문제의 인식, 수자원의 보존과 식수 공급의 중요성에 대한 인식의 증대, 세계 물의 날 행사 조직과정에 있어서 정부·국제기구·비정부기구 및 민간 부문의 참여와 협력의 증진을 달성하고자 한다.

한편, 국제인구행동연구소(PAI)는 세계 각국의 연간 1인당 가용한 재생성 가능 수자원량을 산정하고 이에 따라 전 세계 국가를 '물 기근, 물 부족, 물 풍요' 국가로 분류·발표하고 있다. 이 보고서에 의하면 한국은 1990년에 연간 1인당 재생성 가능한 수량이 1,452㎥로 '물 부족 국가'로 분류되었으며, 2025년에는 '물 기근 국가'로 전락할 것으로 전망되고 있다.

또, 2012년 경제협력개발기구(OECD)가 발표한 '2050 환경 전망' 보고서에 따르면 우리나라는 가용 수자원 대비 물 수요 비율이 40%를 넘어 OECD 국가 중 가장 높은 수치를 기록했다. 이 비율이 40%를 초과하면 '심각한(Severe) 물 스트레스 국가'로 분류되는데 우리나라가 여기에 속한 유일한 나라가 되었다.

> **세계 물의 날 소개: [자료 1]을 활용하여 쓸 것**
> ■ 첫 문장은 '3월 22일은 ~이/가 정한 ~이다.'의 형식으로 쓸 것
> ■ 다음 문장은 '세계 물의 날'을 만든 목적과 지정된 연도를 원인과 함께 '~은/는 ~에 의한 ~에 따른 문제의 경각심을 일깨우기 위해 ~에 지정되었다.'의 형식으로 쓸 것

1문단 작성하기

[자료 1]을 활용하여 작성하라는 조건이다. 조건의 내용이 많은 것 같지만, 첫 문장은 '3월 22일은 ~이/가 정한 ~(이)다.'의 형식에 맞추고 다음 문장은 '세계 물의 날'을 만든 복적과 지정된 연도를 원인과 함께 '~은/는 ~에 의한 ~에 따른 문제의 경각심을 일깨우기 위해 ~에 지정되었다.'의 형식에 맞추어 요약하면 된다.

첫 번째 조건, '3월 22일은 A가 정한 B이다'에서 A에는 B를 정한 주체인 '유엔'이 들어가야 하고, B에는 세 번째 문장의 '3월 22일을 세계 물의 날로 제정, 선포하였다'는 부분을 근거로 하여 '세계 물의 날'이 제시되어야 한다.

두 번째 조건은 '세계 물의 날'을 만든 목적과 지정된 연도를 원인과 함께 제시하라는 것이다. 형식은 다음과 같다.

> A는 B에 의한 C에 따른 문제의 경각심을 일깨우기 위해 D에 지정되었다.

A에는 이 글의 중심 소재인 '세계 물의 날'이 제시되어야 하며, B에는 문제의 원인이 제시되어야 하고, C에는 그로 인한 결과가 제시되어야 한다. 첫 문장의 '전 세계적인 수질 오염과 점차 심각해지는 물 부족'은 결과에 해당한다. 그렇다면 원인은 2문단 첫 문장의 '인구와 경제활동 증가에 의해 환경이 파괴되어'에서 찾을 수 있다. 또 D에 해당하는 연도는 세 번째 문장을 통해 1993년임을 알 수 있다.

자료 2

* 현재 물 부족이 가장 극심한 곳: 아프리카 대륙
■ 물을 마시지 못해 1일 3,000명 정도의 어린이가 사망함.
■ 가난하고 어려운 사람일수록 물 부족 피해 더 큼.
■ 물을 차지하기 위해서 발생하는 지역적, 국가적 분쟁 심각함.

> **물 부족으로 인한 피해: [자료 2]를 활용하여 쓸 것**
> ■ 사망이라는 표현을 쓰지 말고, 생명을 '빛'에 비유하여 표현하고 참혹한 현실을 이중 부정으로 강조하여 쓸 것
> ■ 같은 지역이라도 물을 풍족하게 사용하는 곳도 있다는 정보를 제공하며 이는 일부라는 것을 알려 분쟁의 심각함을 대비적으로 강조하여 쓸 것

2문단 작성하기

[자료 2]를 활용하여 작성하라는 조건이다. '사망'이라는 표현 대신 '빛'이라는 비유적 표현을 요구하고 있으므로, 이 조건은 '사망하다'를 '빛을 잃다'로 바꾸어 제시하면 된다. '이중 부정'은 부정한 것을 다시 한번 부정하는 방식이다. 자료에서 현재 물 부족이 가장 극심한 곳을 아프리카 대륙으로 제시하고 있으므로, 이를 문단의 첫 문장으로 제시하는 것이 적절하고, 자료의 내용을 활용하여 계속 문장을 구성하면 된다.

예를 들어, '물을 마시지 못해 1일 3,000명 정도의 어린이가 사망한다고 하니(→ 빛을 잃어간다고 하니) 참혹한 현실이 아닐 수 없다.(이중 부정) 물론 같은 아프리카라도 물을 풍족하게 사용하는 곳도 있지만,(자료에 제시된 조건) 가난하고 어려운 사람일수록 물 부족 피해가 더 크고, 물을 차지하기 위

해서 발생하는 지역적, 국가적 분쟁도 심각하다고 한다.'와 같은 식으로 이어갈 수 있다. 여기에서 '~지만'의 사용은 조건의 '대비적으로'를 충족시키는 연결어이다. 또는 '~이다.'로 문장을 마무리하고 '하지만' 또는 '그러나'의 형식을 취해도 된다.

자료 1

> 한편, '국제인구행동연구소(PAI)'는 세계 각국의 연간 1인당 가용한 재생성 가능 수자원량을 산정하고 이에 따라 전 세계 국가를 '물 기근, 물 부족, 물 풍요' 국가로 분류·발표하고 있다. 이 보고서에 의하면 한국은 1990년에 연간 1인당 재생성 가능한 수량이 1,452㎥로 '물 부족 국가'로 분류되었으며, 2025년에는 '물 기근 국가'로 전락할 것으로 전망되고 있다.
> 또, 2012년 경제협력개발기구(OECD)가 발표한 '2050 환경 전망' 보고서에 따르면 우리나라는 가용 수자원 대비 물 수요 비율이 40%를 넘어 OECD 국가 중 가장 높은 수치를 기록했다. 이 비율이 40%를 초과하면 '심각한(Severe) 물 스트레스 국가'로 분류되는데 우리나라가 여기에 속한 유일한 나라가 되었다.

우리나라의 실태: [자료 1]과 [자료 3]을 활용하여 쓸 것
- 2문단의 내용과 연결하여 문단의 시작을 '물 부족은 ~이/가 아니다. 우리나라도 ~에서 결코 자유로울 수 없다.'의 형식으로 쓸 것
- 우리나라의 현실로 언제 어디서든 수도꼭지만 틀면 물이 나오는 환경을 제시하고 이러한 점이 주는 문제를 물 부족과 관련하여 쓸 것
- 물 부족과 관련하여 우리나라가 분류된 등급 국가명과 분류 주체를 쓸 것
- '그럼에도 불구하고'로 시작하여 우리나라의 물 사용량을 독일과 비교해서 쓸 것 (1인당 물 사용량, 배수 제시)
- 우리나라 물 사용량 중 가장 많이 차지하고 있는 사용 용도와 그 용도의 수치를 쓸 것

자료 3

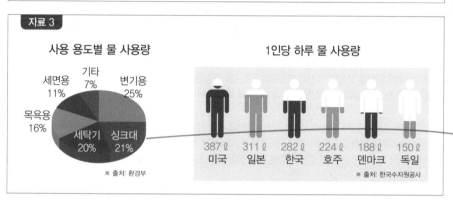

사용 용도별 물 사용량

기타 7%
세면용 11%
변기용 25%
목욕용 16%
세탁기 20%
싱크대 21%
※ 출처: 환경부

1인당 하루 물 사용량

387ℓ 미국 | 311ℓ 일본 | 282ℓ 한국 | 224ℓ 호주 | 188ℓ 덴마크 | 150ℓ 독일
※ 출처: 한국수자원공사

3문단 작성하기

[자료 1]과 [자료 3]을 활용하여 작성하라는 조건이다. 문단의 시작 조건으로 '물 부족은 A가 아니다. 우리나라도 B에서 결코 자유로울 수 없다.'라는 형식이 주어져 있다. 앞서 2문단을 작성하면서 아프리카 대륙의 물 부족 문제를 언급하였으므로, A에는 '아프리카 대륙'을, B에는 중심 내용인 '물 부족'을 제시할 수 있다.

다음 조건은 우리나라의 물 환경과 이러한 점이 주는 문제를 물 부족과 관련하여 제시하라는 조건이다. 따라서 '우리나라는 언제 어디서든 수도꼭지만 틀면 물이 나오는 환경이다'를 전제로 하여 '아직 물의 부족함을 체감하지 못하는 사람이 많다' 등의 문제점을 제시하면 된다.

그 다음으로는 물 부족과 관련하여 우리나라가 분류된 등급 국가명과 분류 주체를 쓰라는 조건이 제시되어 있다. [자료 1]의 두 번째 문단에서 요구하는 정보를 찾을 수 있다. 밑줄 그은 부분을 중심으로 살펴보면 우리나라는 국제인구행동연구소(PAI)에 의해 '물 부족 국가'로 분류되었고, 경제협력개발기구(OECD)에 의해서는 '심각한 물 스트레스 국가'로 분류되었음을 알 수 있다.

끝으로 '그럼에도 불구하고'로 시작한 후 '1인당 물 사용량과 배수를 제시'하여 우리나라의 물 사용량을 독일과 비교하라는 조건, 그리고 우리나라 물 사용량 중에서 가장 많이 차지하는 사용 용도와 수치를 쓰라는 조건이 제시되어 있다. 이는 [자료 3]을 활용하여야 한다. 우리나라 1인당 물 사용량은 282ℓ이며 독일은 150ℓ이다. 이를 비교하라는 조건에 따라, '우리나라 1인당 물 사용량은 282ℓ이며 독일의 물 사용량인 150ℓ의 약 2배를 넘는 소비량임'을 제시하는 것이 적절하다. 우리나라의 '사용 용도별 물 사용량'은 화장실 변기용으로 사용되는 비율이 가장 높기 때문에 수치인 25%와 함께 작성하면 된다.

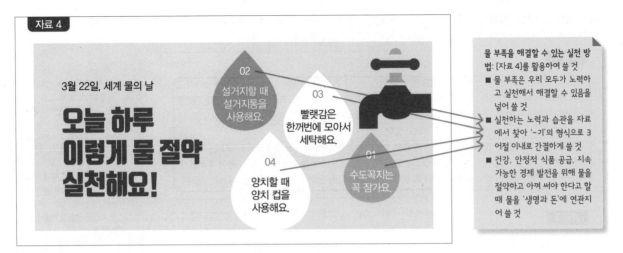

자료 4

3월 22일, 세계 물의 날

오늘 하루 이렇게 물 절약 실천해요!

02 설거지할 때 설거지통을 사용해요.

03 빨랫감은 한꺼번에 모아서 세탁해요.

04 양치할 때 양치 컵을 사용해요.

01 수도꼭지는 꼭 잠가요.

물 부족을 해결할 수 있는 실천 방법: [자료 4]를 활용하여 쓸 것
- 물 부족은 우리 모두가 노력하고 실천해서 해결할 수 있음을 넣어 쓸 것
- 실천하는 노력과 습관을 자료에서 찾아 '～기'의 형식으로 3어절 이내로 간결하게 쓸 것
- 건강, 안정적 식품 공급, 지속 가능한 경제 발전을 위해 물을 절약하고 아껴 써야 한다고 할 때 물을 '생명과 돈'에 연관지어 쓸 것

4문단 작성하기

[자료 4]를 활용하여 물 부족을 해결할 수 있는 실천 방법을 쓰라는 조건이 제시되어 있다. 물 부족은 우리의 노력과 실천으로 해결할 수 있음을 언급하라는 점, 해결 방법은 자료에서 찾아 3어절 내의 명사형 '～기'로 작성하라는 점, '생명'과 '돈'에 빗대어 물 절약을 강조하라는 점의 3가지 조건을 만족시켜야 한다.

'물 부족 문제는 우리 모두가 노력하고 실천하면 해결할 수 있다'는 문장으로 시작하여, [자료 4]에 제시된 '실천 방안' 4가지를 명사형 '～기'를 사용하여 제시하면 된다. '수도꼭지 잠그기, 설거지통 사용하기, 빨랫감 모아서 세탁하기, 양치 컵 사용하기' 등을 실천하는 노력과 습관이 필요하다는 내용을 넣고, 마지막으로 '우리의 건강과 안정적 식품 공급, 지속 가능한 경제 발전을 위해 물을 생명 같은 존재로 인식하고 돈을 아끼듯 절약해야 한다.' 등으로 마무리하면 적절하다.

예시답안

3월 22일은 유엔이 정한 '세계 물의 날'이다. '세계 물의 날'은 인구와 경제활동 증가에 의한 전 세계적인 수질 오염과 심각한 물 부족에 따른 문제의 경각심을 일깨우기 위해 1993년에 지정되었다.

현재 물 부족이 가장 극심한 곳을 꼽자면 아프리카 대륙을 꼽을 수 있다. 물을 마시지 못해 1일 3,000명 정도의 어린이가 빛을 잃어간다고 하니 참혹한 현실이 아닐 수 없다. 물론 같은 아프리카라도 물을 풍족하게 사용하는 곳도 있다. 하지만 그것은 일부의 이야기일 뿐, 가난하고 어려운 사람일수록 물 부족으로 인한 피해가 더 클 뿐 아니라 물을 차지하기 위해서 발생하는 지역적, 국가적 분쟁도 심각하다고 한다.

물 부족은 아프리카 대륙만의 이야기가 아니다. 우리나라도 물 부족에서 결코 자유로울 수 없다. 하지만 우리는 언제 어디서든 수도꼭지만 틀면 물이 나오는 환경에 살고 있기 때문에 아직 물의 부족함을 체감하지 못하는 사람이 많다. 우리나라는 국제인구행동연구소(PAI)로부터 '물 부족 국가'로 분류되었고 경제협력개발기구(OECD)로부터 '심각한 물 스트레스 국가'로 분류되었다. 그럼에도 불구하고 우리나라 1인당 물 사용량은 하루 282ℓ로 독일의 물 사용량인 150ℓ의 약 2배를 넘을 만큼 물 소비량이 많다. 그리고 그 많은 물 중 25%가 화장실 변기를 통해 사라지고 있다고 한다.

다행히 이러한 물 부족 문제는 우리 모두가 노력하고 실천하면 해결할 수 있다. 수도꼭지 잠그기, 설거지통 사용하기, 빨랫감 모아서 세탁하기, 양치 컵 사용하기 등을 실천하는 노력과 습관이 필요하다. 우리의 건강과 안정적 식품 공급, 지속 가능한 경제 발전을 위해서는 물을 생명 같은 존재로 인식하고 돈을 아끼듯 절약해야 할 것이다.

46 제3편 정답 및 해설

　　3월　　22일은　　유엔이　　정한　　'세계　　물의　　날'이다.　'세계
물이　　날'은　　인구와　　경계할등　　증기에　　의힌　　진　　세세직인　　일
수질　오염과　　심각한　　물　　부족에　　따른　　문제의　　경각심을　　일
깨우기　　위해　　1993년에　　지정되었다.
　　　현재　　물　　부족이　　가장　　극심한　　곳을　　꼽자면　　아프리카　　대
륙을　　꼽을　　수　　있다.　물을　　마시지　　못해　　1일　　3,000명　　정
도의　　어린이가　　빛을　　잃어간다고　　하니　　참혹한　　현실이　　아닐
수　　없다.　물론　　같은　　아프리카라도　　물을　　풍족하게　　사용하는
곳도　　있다.　하지만　　그것은　　일부의　　이야기일　　뿐,　가난하고
어려운　　사람일수록　　물　　부족으로　　인한　　피해가　　더　　클　　뿐
아니라　　물을　　차지하기　　위해서　　발생하는　　지역적,　국가적　　분
쟁도　　심각하다고　　한다.
　　　물　　부족은　　아프리카　　대륙만의　　이야기가　　아니다.　우리나라
도　　물　　부족에서　　결코　　자유로울　　수　　없다.　하지만　　우리는
언제　　어디서든　　수도꼭지만　　틀면　　물이　　나오는　　환경에　　살고
있기　　때문에　　물의　　부족함을　　체감하지　　못하는　　사람이　　많다.
우리나라는　　국제인구행동연구소(PAI)로부터　　'물　　부족
국가'로　　분류되었고　　경제협력개발기구(OECD)로부터　　'
심각한　　물　　스트레스　　국가'로　　분류되었다.　그럼에도　　불구하
고　　우리나라　　1인당　　물　　사용량은　　하루　　282ℓ로　　독일의
물　　사용량인　　150ℓ의　　약　　2배를　　넘을　　만큼　　물　　소비량이
많다.　그리고　　그　　많은　　물　　중　　25%가　　화장실　　변기를　　통해
사라지고　　있다고　　한다.
　　　다행히　　이러한　　물　　부족　　문제는　　우리　　모두가　　노력하고
실천하면　　해결할　　수　　있다.　수도꼭지　　잠그기,　설거지통　　사용
하기,　빨랫감　　모아서　　세탁하기,　양치　　컵　　사용하기　　등을　　실
천하는　　노력과　　습관이　　필요하다.　우리의　　건강과　　안정적　식
품　　공급,　지속　　가능한　　경제　　발전을　　위해서는　　물을　　생명
같은　　존재로　　인식하고　　돈을　　아끼듯　　절약해야　　할　　것이다.

객관식 영역

문항	1	2	3	4	5	6	7	8	9	10
정답	④	①	⑤	③	②	④	③	①	③	②
문항	11	12	13	14	15	16	17	18	19	20
정답	④	③	①	②	③	①	⑤	①	①	④
문항	21	22	23	24	25	26	27	28	29	30
정답	⑤	⑤	②	①	⑤	②	⑤	②	⑤	③
문항	31	32	33	34	35	36	37	38	39	40
정답	⑤	④	①	⑤	③	②	⑤	③	③	②
문항	41	42	43	44	45	46	47	48	49	50
정답	⑤	①	②	③	④	③	③	④	③	③

01

정답 ④

정답 해설

상호 작용의 핵심은 '조정하기'이다. 조정하기는 글을 쓸 때 글쓰기의 각 단계에서의 사고 작용이 순서대로 일어나는 것이 아니라, 작문의 전 과정에서 회귀적으로 이루어진다는 것을 의미한다. 따라서 글을 쓰는 과정에서 '표현하기 → 계획하기', '내용 조직하기 → 내용 생성하기' 등의 회귀적 과정이 나타난다. 즉, 새로운 아이디어가 떠오르면(내용 생성) 다시 그 내용을 포함시키기 위해 글의 내용을 수정(조정하기)하는 것이다.

02

정답 ①

정답 해설

김 팀장이 쓴 메모는 대중 매체의 사회적 위치와 영향력 및 부정적 측면에 관한 내용이다. 이를 토대로 대중 매체의 부정적 측면을 극복하기 위해 사회적 모순을 해결하고 능동적 태도를 확립해야 함을 시사하는 내용으로 구성하는 것이 자연스럽다. 따라서 이들을 종합하여 글을 쓰기 위해서는 문제점을 분석하고 해결 방안을 모색하는 방향으로 글을 전개하는 것이 적절하다.

03

정답 ⑤

정답 해설

본론의 주요 내용이나 논의를 간단히 요약하고 서론에서 밝힌 주제를 다시 한번 강조하는 것은 '결론'의 구성 방식에 해당한다.

오답 해설

서론에서는 글을 쓰는 동기나 목적, 쓰기 과제 또는 문제의 성격과 범위, 글의 주제, 주요 문제와 문제의 범위와 성격, 문제를 다루는 방법 또는 본론에서 다루게 될 주요 문제 등에 관한 내용을 구성한다. [보기] 역시 서론이므로 글 쓸 대상인 '전자레인지'가 다른 주방 기구와 구별되는 점을 제시하여 독자들의 흥미를 유발한다. 또한 의문 제기를 통해 '전자레인지의 원리 규명'이 글을 쓴 목적임을 드러내며, 본문에서 이 문제를 다룰 것임을 보여 준다.

04

정답 ③

정답 해설

상대방의 주장을 반박하려면 주장한 내용의 논리적 모순이나 잘못을 지적해야 한다. 영어 공용화론자들의 주장인 2. ㄱ. '인터넷을 통한 많은 정보의 획득'을 볼 때 그들이 정보의 양을 중시하고 있음을 알 수 있다. 그런데 ㉢ '정보 공유의 중요성 감소'는 '정보의 독점'에 대한 반박 근거이므로 영어 공용화론자들의 주장에 대한 반박 근거로 적절하지 않다.

05

정답 ②

정답 해설

자료에서는 콜레스테롤에 대해서 잘못 알고 있던 사실들에 대하여 설명하고 있으므로 가장 적절한 제목은 ②이다.

06

정답 ④

정답 해설

㉠에는 콜레스테롤과 관련된 3가지 논란의 요인이 제시되어 있는데, 첫 번째, 콜레스테롤과 음식, 두 번째, 좋은 콜레스테롤과 나쁜 콜레스테롤에 대한 수치, 세 번째, 총 콜레스테롤 수치를 높이는 포화 지방 등에 많은 논란이 있다고 하였다. ㉠에서 다루어지고 있는 3가지 요인 중에 ④의 내용은 제시되어 있지 않으므로 글에 더 보충할 Q&A의 내용으로 적절하다.

오답 해설

① 두 번째 Q&A의 내용에 제시되어 있다.
② 첫 번째 Q&A의 내용에 제시되어 있다.
③ 1문단에서 '과도한 콜레스테롤은 심혈관계 질환의 발병률을 증가시킨다'는 발표가 잘못된 것으로 밝혀졌다고 제시되었다.
⑤ 첫 번째 Q&A의 내용에 제시되어 있다.

07

정답 ③

정답 해설

'Ⅲ. 응급 처치 교육의 문제점'이므로, ⓒ에는 '강사의 시범에 그치는 이론 중심의 교육'이 적절하다.

오답 해설

① ⊙은 하위 항목을 고려할 때 '시민을 대상으로 한 응급 처치 교육의 필요성'이 더 적절하므로 ⊙의 내용은 적절하지 않다.

② ⓒ과 ⓒ에는 '응급 처치 교육의 문제점'과 관련한 하위 내용이 제시되어야 하지만, ⓒ은 '진료 환경'의 문제점을 제시하고 있으므로 적절하지 않다.

④ 'Ⅲ'에서 '응급 처치 교육의 문제점'이 제시되었으므로, 'Ⅳ'에서는 '해결 방법'이 제시되는 것이 적절하다. ⓔ에는 Ⅳ의 하위 내용인 '1, 2, 3'을 포괄하는 상위 내용이 제시되어야 하는데 '응급 처치 교육 체험의 확대'는 'Ⅳ'의 하위 내용을 포괄하지 못하므로 적절하지 않으며, '응급 처치 교육 문제의 해결 방안'이 제시되어야 한다.

⑤ ⓜ은 결론으로 '시민을 대상으로 한 응급 상황 교육의 활성화'와 관련한 내용이 제시되는 것이 바람직하다.

08

정답 ①

정답 해설

서론의 '응급 상황 발생 시 시민의 대처 능력 부족'과 본론에서 이어지는 교육의 필요성, 문제점, 교육의 확대 등을 연결지어 '시민을 대상으로 응급 처치 교육을 활성화하자.'라는 주제를 파악할 수 있다.

오답 해설

② 개요에서 '지자체 중심으로 응급 처치 교육 대상을 확대하자.'는 내용을 확인할 근거가 없으므로 적절하지 않다.

③ '서론'과 'Ⅱ-2'의 내용이 '시민에 대한' 응급 처치 교육과 관련된다는 점에서 ③은 지나치게 포괄적이다.

④ 개요에서 '감염성 질병'에 대한 내용을 확인할 근거가 없으므로 적절하지 않다.

⑤ 개요는 응급 처치의 필요성을 강조하고 있으므로 '응급 처치의 한계를 극복'하자는 주제문은 적절하지 않다.

09

정답 ③

정답 해설

(가)는 저비용 고효율을 추구하는 '가성비' 소비 형태의 증가, (나)는 1인 가족의 증가와 노령층의 증가를 보여주고 있다. 따라서 필요한 상품을 소량 판매하거나 편의점에서 간편하게 먹을 수 있는 제품을 개발하는 게 필요하다는 것을 알 수 있다.

오답 해설

① 저비용 고효율을 따지는 '가성비 중심'이라는 점에서 적절하지 않다.

② '고비용'이라는 점에서 '가성비'와 관련이 없다.

④ 제시문의 '가성비'와 '1인 가구, 고령화 사회'라는 키워드를 읽을 때 '자체 브랜드 상품 강화'는 제안서의 내용과 관련이 없다.

⑤ '1인 가구 증가, 편의점의 성장' 등을 고려할 때 '대용량 상품'은 소비자의 구매 형태와 거리가 멀다.

10

정답 ②

정답 해설

'공공 일자리'와 '청년 인턴' 등은 비정규직이며 '비정규직 확대'가 '정규직 전환'을 가져오는 것은 아니므로 글의 내용으로 적절하지 않다.

11

정답 ④

정답 해설

(나)는 직접적인 표현을 하지 않고 의문문을 사용하여 자신의 의견을 나타내는 형식으로 상대가 공감하고 긍정하여 행동의 변화로 나아가게 하는 전략에 해당한다.

12

정답 ③

정답 해설

(가)에는 구체적인 조사 대상 지역이 제시되어 있지 않다. '보고문'의 '처음'에는 조사 일정(8월 3일부터 5일까지 2박 3일의 일정), 조사 내용(방언 조사), 조사 목적과 작성 동기(방언 연구팀이 사내지에 수록할 방언 관련 글을 쓰기 위해서, 휴가 기간을 활용하여 직접 방언 조사를 하기 위해서), 조사 인원('한글'을 이끄는 팀장은 ○○○ 차장, 그 외 동호회 소속의 대리 1명과 신입 사원 7명) 등이 모두 제시되어 있고, '끝'에는 본문 내용 요약(낱말이나 일상 생활에서 사용하는 간단한 대화들을 조사), 앞으로의 계획(다음 기회에는 음운이나 문장의 특징을 알 수 있도록 체계적으로 조사)이 제시되어 있다.

13

정답 ①

정답 해설

'상기(上記)'는 어떤 사실을 알리기 위해 본문 위나 앞쪽에 적는 기록을 의미하므로 수정 표현인 '아래의'는 적절하지 않다. '위의'와 같이 가능한 쉬운 말로 바꿔 쓰는 것이 적절하다.

오답 해설

개요식 문장이 아닌 경우 ②는 '대상으로', ③은 '의거하여' 등과 같이 조사를 넣는 것이 적절하며, ④ '기간 동안'은 '기간'과 '동안'의 의미가 중복되므로 하나를 생략하여 표기하는 것이 적절한 표현에 해당한다.

⑤ '연루되어'는 '관련되어'처럼 가급적 쉬운 말로 표현하는 것이 적절하다.

14

정답 ②

정답 해설

'제–'는 접두사이므로 붙여 쓰고, '조'는 단위 명사이므로 띄어 쓴다. 다만, 순서를 나타내는 경우나 숫자와 어울려 쓰는 경우에는 붙여 쓸 수 있으므로 '제12 조(원칙)'와 '제12조(허용)' 모두가 맞는 표현에 해당한다.

오답 해설

① '우리 나라'는 하나의 단어이므로 붙여 쓴다.
③ '1년이상 3년이하'에서 '이상'이나 '이하'는 한 단어이므로 '1년 이상', '3년 이하'처럼 띄어 쓰는 것이 올바르다.
④ '재–'는 접두사이므로 붙여 쓰는 것이 올바르다.
⑤ '수'는 의존 명사이므로 띄어 쓰는 것이 올바르다.

15

정답 ③

정답 해설

제시문에서 공감적 듣기는 상대방의 담화를 분석하거나 비판하지 않고 '상대방의 관점에서 바라보고 이해하는 들어주기'라고 제시되어 있다. 그러므로 ③ '가치 판단을 할 수 있도록'은 공감적 듣기의 역할에 해당하지 않는다.

16

정답 ①

정답 해설

기안은 의사를 결정하기 위한 문서를 작성하여 결재를 올리는 것을 의미한다. 해당 업무를 담당하는 사람은 직급 등에 관계없이 기안 처리를 할 수 있으며, 의사 결정이 필요한 분야라면 언제든지 기안서를 작성할 수 있다.

17

정답 ⑤

정답 해설

'붙임'의 글자를 '붙∨임' 등으로 띄어 쓰거나 붙임 뒤에 쌍점을 찍지 아니한다.

> 붙임∨∨1.∨○○○계획서 1부.
> 　　　　2.∨○○○서류 1부.∨∨끝.

18

정답 ①

정답 해설

보도 자료 등 설명문은 역피라미드 형식으로 작성하여, 중요한 정보는 본문 앞에서 설명하고, 덜 중요한 내용은 뒤에서 제시하는 것이 바람직하다. 가급적 첫 문장에 정보를 압축하여 제시하는 것이 좋다.

19

정답 ①

정답 해설

보도 자료의 표제는 기사 본문 내용을 1문장으로 이해할 수 있도록 짧게, 기사의 핵심을 찌르는 요약된 언어로 쓰는 것이 좋다. 해당 보도 자료는 지방자치법을 전부개정하는 제도 개선과 관련된 내용이다.

20

정답 ④

정답 해설

자율성 강화에 상응하는 '투명성과 책임성' 확보에 초점을 두어야 한다. ④는 '투명성'이나 '책임성'이 아니라 '자율성'과 관련한 내용으로, 지자체의 역량 강화 및 자치권 확대와 관련된다.

21

정답 ⑤

정답 해설

'스포츠의 마케팅'은 스포츠 자체를 제품이나 서비스화하여 스포츠 소비자의 욕구를 충족시키는 마케팅이고, '스포츠를 통한 마케팅'은 스포츠를 통해 주관사나 주관자가 제3자의 편익을 얻고자 해서 실시하는 마케팅에 해당한다.

22

정답 ⑤

정답 해설

'스폰서십'은 스포츠 관련 기관이나 조직 혹은 주관자가 스포츠 이벤트에 소요되는 비용의 전부 혹은 일부를 부담하고 이벤트와 관련된 명칭이나 후원 사항을 대외 홍보 자료로 활용할 수 있는 권리이다.

오답 해설

①은 TV 중계권, ②는 라이센싱, ③은 머천다이징, ④는 인도스먼트에 해당한다.

23

정답 ②

정답 해설

직무기술서의 직무 수행 내용에 나온 3가지 업무는 채용될 상황관리원이 모두 담당해야 할 업무이므로 어느 1가지 업무 관련 지식만 강조하는 것은 적절하지 않다.

오답 해설

① 분야가 3개이고 분야별로 가장 유리한 자격증 1개를 적용하므로 최대 3개까지 반영될 수 있다.
③ 직업기초능력에 모두 해당하는 능력이다.
④ 제시된 채용 직무기술서에는 전형절차만 나와 있으므로 3차 면접 시험에 응시할 수 있는 사람의 자격은 채용 공고문 전체를 찾아 모두 읽어 보아야 알 수 있다.

⑤ 정보처리기능사 자격증과 정보처리산업기사 자격증은 컴퓨터 운용 자격증이고 분야별로 가장 유리한 자격증 1개만 적용하므로 둘 중 더 유리한 자격증 1개만 제출하면 된다.

24
정답 ①

정답 해설

주어진 항목은 무언가를 다른 사람에게 설명해야 했던 경험을 묻는 항목이다. 구체적으로 언제 어떤 상황에서 어떻게 설명을 하였는가에 관한 기술을 요구하고 있으므로 응시자의 의사소통능력을 평가하는 항목으로 적절하다.

25
정답 ⑤

정답 해설

비용이 발생하지 않은 품의서라면 예산 명세를 넣지 않아도 무방하지만, 관계 부서의 협조를 얻어야 하는 내용이라면 반드시 문서에 포함해야 문서의 효력이 발생한다. 넓은 의미로는 품의서도 기안서에 속하지만, 일반 기안서와 달리 진행 과정에서 발생할 비용에 대해 반드시 보고를 해야 한다.

26
정답 ②

정답 해설

제품 개발 품의서에 들어가야 할 항목은 개발 개요, 개발 목적, 추정 예산, 기대 효과이며 순서대로 들어가야 한다. 사업 추진 전략이나 재무 전망, 연구 결과 등은 제품 개발 품의서에 들어갈 내용으로 적절하지 않다.

27
정답 ⑤

정답 해설

제시문은 LCOE에 대해서 설명하고 있는 글이므로 하나의 큰 주제에 설명을 나열하는 구조가 가장 적절하다.

28
정답 ②

정답 해설

밑줄 친 부분은 태양광 발전의 LCOE와 석탄 화력 발전의 LCOE를 비교하여 설명하고 있기 때문에 이 두 수치의 비교 변화가 시각화되어야 한다.

오답 해설

①은 2010년 대비 에너지원별 기술 단가 하락률, ③은 세계 태양광 발전 LOCE, ④는 CO_2 계산기, ⑤는 태양광 모듈 설명 그림이다.

29
정답 ⑤

정답 해설

주어진 문서는 부동산 임대차 계약서이다.

30
정답 ③

정답 해설

계약서에 들어가기 적절한 내용을 앞뒤 문맥을 살펴 알아보면 ㉠에는 부동산, ㉡에는 용도, ㉢에는 원상 복구, ㉣에는 중개 수수료가 가장 적절하다.

31
정답 ⑤

정답 해설

계약서에는 임대인과 임차인의 주소와 주민등록번호, 전화, 성명 등과 중개사무소의 소재지, 명칭, 등록 번호, 대표자와 중개업자의 성명 등이 제시되어 있어야 한다.

오답 해설

① · ③ 중개업자는 중개 대상물 확인 설명서를 '반드시' 작성하여 '중개 의뢰인'에게 공제 증서 사본을 첨부하여 교부한다는 점에서 둘 다 적절하지 않다.

② 부동산 임대 계약에서 설계 도면을 제시할 이유는 없으므로 적절하지 않다.

④ 계약서는 임대인, 임차인, 중개업자가 각 1통씩 보관한다.

32
정답 ④

정답 해설

기술 동향 파악을 위해서는 (가), 즉 '발명의 상세한 설명'을 봐야 한다. 새로운 기술의 요약문은 '발명의 명칭'과 '명세서' 사이에 쓸 수 있다.

33
정답 ①

정답 해설

금속재 장식판이 반영구적인 수명을 갖게 하는 '효과'를 서술하고 있다.

오답 해설

② '해결하고자 하는 과제'와 관련 있는 내용이려면, 보호피막 형성을 서술해야 한다.

③ '과제의 해결 수단'이려면, 보호피막 형성이라는 과제를 위해 도포를 하고 유입하고, 세척하고 열처리하고 제거하는 등의 수단을 서술해야 한다.

④ '도면의 간단한 설명'이려면, 도면을 제시하고 도면의 각부 명칭을 기호와 함께 제시해야 한다.

⑤ '발명의 실시를 위한 구체적인 내용'을 서술하려면, 해당 분야의 지식을 가진 사람이 쉽게 알 수 있도록 구체적인 내용을 적어도 하나 이상, 가급적 여러 형태로 제시해야 한다. 필요한 경우에는 '실시 예' 란을 만들고, 도면이 있으면 도면을 인용하여 서술하는 것이 좋다.

34
정답 ⑤

정답 해설
점검, 보관, 수리 등은 사용 후 보관 방법으로, 퓨즈 교체, 축축한 거즈로 닦기, 세척 등은 관리 방법으로 볼 수 있다.

35
정답 ④

정답 해설
신제품 발표회 행사 개최 날짜는 8월 3일, 행사 장소는 실용 호텔 1층 그랜드홀, 참석 예정자는 외빈 110명, 내빈 90명으로 총 200명이다. 업무 연락은 사내 직원들을 대상으로 했으므로 정답은 ④번이다.

오답 해설
①은 8월로, ②는 90명으로 고쳐 써야 한다.
③ 행사 장소가 실내이므로 우천 시 장소 변경이 불필요할 뿐만 아니라 회의 내용에서도 행사 장소 변경에 대한 언급은 없다.
⑤ 외빈 대상 참석자 안내 방법은 비즈니스 전자 우편과 초청장 발송 2가지이다.

36
정답 ②

정답 해설
해당 기업은 매출의 대부분을 차지하는 주력 시장인 미국 내에서 제품을 생산, 판매를 하기 위해 현지에 공장을 설립했다.

37
정답 ③

오답 해설
①은 (나), ②는 (가)에 적절한 내용이다.
④ 재정적 요인의 위협 요인이다.
⑤ 재정적 요인(조직 외부 환경요인)으로 볼 수 없고, 기관 내부 요인으로 적합하다.

38
정답 ⑤

정답 해설
종이컵과 같은 1회용품의 잦은 사용, 할 일 미루기, 약속 불이행 등은 목표치가 없어서가 아니라 자신의 편리함을 최우선으로 추구하기 때문에 나타나는 현상이다. 즉, 자원 낭비 요인 중 '편리성 추구'로 인해 일어나는 현상이다.

자원 낭비 요인
– 비계획적 행동
– 편리성 추구
– 자원에 대한 인식 부재
– 노하우 부족

39
정답 ③

정답 해설
효과적인 시간 계획 순서는 명확한 목표 설정 → 일의 우선순위 결정 → 예상 소요 시간 결정 → 시간 계획서 작성이다. 명확한 목표를 설정하는 것이 모든 계획의 첫 단계이고 결정한 것을 바탕으로 계획서를 작성하는 것이 효과적이다.

40
정답 ②

오답 해설
① 미혼이거나 배우자가 있는 경우에 인생 만족도가 높게 나타났다.
③ 사별이나 이혼으로 배우자가 없는 경우에는 배우자가 있는 경우보다 인생 만족도가 낮게 나타났다.
④ 고소득, 유배우자 혹은 미혼, 고용주일수록 인생 만족도가 높게 나타났다.
⑤ 각각의 요인이 상호 독립적이기 때문에 알 수 없다.

41
정답 ⑤

정답 해설
최근 5년 동안 당뇨 환자가 급증한 것이나 50대부터 당뇨 유병률이 급상승한 것은 맞는 내용에 해당한다. 하지만, 제시된 두 도표만으로 이 두 사실에 대한 인과 관계를 단정 지을 수는 없으므로 적절한 내용으로 볼 수 없다.

42
정답 ①

정답 해설
자료를 조사한 이유는 '당뇨병의 심각성을 일깨우기' 위함이다. 따라서 '당뇨병 환자의 경우 합병증이 발생하는 통계'를 제시하는 것이 조사 목적에 부합한다고 할 수 있다.

43
정답 ②

오답 해설
리더십은 무리의 지도자로서 갖추어야 할 자질, 워크숍은 학교 교육이나 사회 교육에서 학자나 교사의 상호 연수를 위하여 열리는 합동 연구 모임, 팀워크는 팀 구성원 사이의 조직적이고 협동적인 행동, 팔로워십은 지도자를 능동적으로 따르는 구성원으로서의 능력을 뜻한다.

44

정답 ③

정답 해설

멤버십 유형으로 소외형은 자립적이고 반대 의견을 제시하는 사람이다. 그래서 냉소적이고 부정적이라는 평을 받는다. 순응형은 리더나 조직을 믿고 기쁜 마음으로 과업을 수행하지만, 동료나 리더에게 아이디어가 없고 인기 있는 일만 한다는 평가를 받는다. 실무형은 조직의 운영 방침에 민감하고 규정과 규칙에 따라 행동하면서 개인의 이익 극대화를 중시한다는 평을 받는다. 수동형은 지시가 있어야 행동하는 유형으로, 제 몫을 하지 못한다는 평을 받는다.

45

정답 ④

정답 해설

코칭이 반복적으로 수행되면, 팀원의 역량이 극대화될 수 있다.

46

정답 ③

오답 해설

① 여러 가지 현상에 대한 인과 관계를 고찰한 후, 그 관계성을 조직화하고 가설을 세우는 사고이다.
② 정보를 광범위하게 탐색하고 상상력을 발휘하여 미리 정해지지 않은 다양한 해결책을 모색하는 사고이다.
④ 당면한 문제를 해결하기 위해 이미 알고 있는 경험과 지식을 해체하고 다시 새로운 정보를 결합하여 가치 있고 참신한 아이디어를 산출하는 사고이다.
⑤ 상반되는 두 아이디어 사이의 긴장을 건설적으로 이용하여 하나를 선택하느라 다른 하나를 버리는 양자택일 방식 대신 두 아이디어의 요소를 모두 포함하면서도 각 아이디어보다 뛰어난 새로운 아이디어를 만들어 내는 사고이다.

47

정답 ③

정답 해설

문제를 처리하는 과정은 '문제 인식 및 발견 → 문제 도출 → 원인 분석 → 해결안 개발 → 실행 및 평가'의 순으로 이루어진다. 제시한 SMART 법칙은 문제의 근본 원인을 효과적으로 해결하는 방법을 개발하고 정리하는 과정에서 적용되어야 한다. 그래야 문제 해결이 제대로 될 수 있다.

48

정답 ④

정답 해설

창의적 문제는 현재 문제가 없음에도 더 나은 방법을 찾는 과정에서 드러나는 문제이므로, 문제 자체가 명확하지 않다. 그렇다 보니 해답의 수도 많고, 개별적인 사안에 적용되는 문제이다. 이에 반해 분석적 문제는 현재의 문제점 또는 미래에 나타날 수 있는 문제점을 염두에 둔 문제이므로 문제 자체가 명확하다. 따라서 해답의 수는 적고, 비슷한 문제점에 일반적으로 적용될 수 있는 문제이다.

49

정답 ③

정답 해설

정부 고관의 직급명은 퇴직한 경우라도 항상 사용한다.

50

정답 ③

정답 해설

제시된 사례는 1978년 1억 3천만 달러의 배상 판결을 받은 포○ 자동차의 핀토 사건으로, 전문 지식이 부족한 피해자들이 해당 결함을 쉽게 입증하기 어려우므로 쉽게 발각되지 않으리라는 자신감이 비윤리적 행위를 조장한 경우라고 할 수 있다.

01

예시답안

㉠ 되어라(또는 돼라), ㉡ 며칠, ㉢ 나는(또는 날아가는), ㉣ 반듯이

02

해결전략

의존 명사는 '~은, ~는, ~던, ~을'의 관형어의 수식을 받으므로 '만큼'과 결합한 형태만으로 띄어 쓸 수 있는가를 판단할 수 있다. (가)-ㄴ에서 '언니'는 명사이므로 붙여 쓰지만, (가)-ㄱ은 '들리~'가 '~(으)ㄹ'과 결합되어 있으므로 '만큼'은 띄어 쓴다. (나)-ㄴ의 '간(間)'은 '대상과 대상의 사이'를 나타낼 때에 쓰는 의존 명사이므로 띄어 쓰고, (나)-ㄱ처럼 '동안'이나 '장소'를 나타낼 때에는 '~간'이 접미사이므로 붙여 쓴다. (다)는 단위를 나타내는 명사는 띄어 쓴다는 제43항의 규정에 따라 '3억∨원'으로 띄어 쓴다. (라)는 의존 명사는 띄어 쓴다는 제42항 규정에 따라 '읽는∨데'라고 쓴다.

예시답안

㉠ (가)-ㄱ, (나)-ㄴ
㉡ 의존 명사
㉢ 3억∨원, 제43항
㉣ 읽는∨데, 제42항

03

해결전략

(가)는 진실되지 않은 정보를 제공함으로써 질의 격률을 위배하고 있고, (나)는 상대방이 원하는 정보보다 더 많은 정보를 불필요하게 전달하고 있어서 양의 격률을 위배하고 있다. (다)는 간결하고 조리 있게 말하지 않고 모호하게 말함으로써 태도의 격률을 위배하고 있고, (라)는 대화의 목적이나 주제와 관련 없는 대답을 함으로써 관련성의 격률을 위배하고 있다. 그런데 대화 함축은 표면적인 의미와 함축된 의미가 달라, 다른 해석이 이루어진다. (라)는 대화 함축을 통해 '평가에 대한 부정적인 결과' 또는 '평가'와 관련한 이야기를 피하고 싶다는 의미를 내포하고 있다.

예시답안

(가) 질의 격률, (나) 양의 격률, (다) 태도의 격률, (라) 관련성의 격률
㉠ (라)

04

예시답안

미국은 2019년 대비 0.3%p 낮은 2.1%의 성장률이 전망된다. 일본은 2019년 대비 0.4%p 낮은 0.5%의 성장률이 전망된다. 중국은 2019년 대비 0.3%p 낮은 5.8%의 성장률이 전망된다.

05

예시답안

㉠ 출처, ㉡ 표절, ㉢ 번역물, ㉣ 의무, ㉤ 인용

06

해결전략

> **보기**
>
> 대학생인 김갑을은 박병정이 운영하는 실용편의점에서 근로계약 기간을 2019년 12월 1일부터 2020년 1월 31일까지로 정하고 물품 판매와 매장 청소를 수행하기로 한 후, 계약서를 작성하였다.

근로계약서

(㉠   )(이하 "사업주"라 함.)과/와 (㉡   )(이하 "근로자"라 함.)은/는 다음과 같이 근로계약을 체결한다.

1. (㉢   ): 2019년 12월 1일부터 2020년 1월 31일까지
2. 근무 장소: (㉣   )
3. 업무의 내용: (㉤   )

– 중간 생략 –

7. 연차유급휴가
   • 연차유급휴가는 근로기준법에서 정하는 바에 따라 부여함.
8. 사회보험 적용 여부(해당란에 체크)
   ☑ 고용보험   ☐ 산재보험   ☐ 국민연금   ☐ 건강보험
9. (㉥   ) 교부
   • 사업주는 근로계약을 체결함과 동시에 본 계약서를 사본하여 근로자의 교부 요구와 관계없이 근로자에게 교부함. (근로기준법 제17조 이행)

– 이하 생략 –

> 실용편의점을 운영하는 사람이 사업주이므로, 사업주는 '박병정'이고, 편의점이라는 '근무 장소'에서 근로를 제공하는 근로자는 '김갑을'이다. 계약서의 내용에서 김갑을이 박병정의 편의점에서 근로를 제공하는 기간은 2019년 12월 1일부터 2020년 1월 31일까지이다. 즉, ㉢은 '근로계약 기간'에 해당한다. 해당 기간 동안 근로자 김갑을이 수행해야 하는 업무 내용은 '물품 판매와 매장 청소'이다. ㉥은 해당 문항의 세부 내용인 '본 계약서를 ~ 교부함'을 참고하여 작성해야 한다.

[보기]에서 편의점을 운영하는 사업주는 '박병정'이므로 ㉠에 제시하고, 편의점에서 근로하는 근로자는 '김갑을'이므로 ㉡에 제시한다. 근로계약기간을 2019년 12월 1일부터 2020년 1월 31일까지로 정하였으므로 ㉢에는 '근로계약 기간'을 제시하여야 한다. 근로 장소는 '실용편의점', 업무 내용은 '물품 판매와 매장 청소'라고 작성하여야 한다. ㉥은 '근로계약서'의 '9.'의 내용을 통해 '근로계약서'임을 파악할 수 있다.

예시답안

㉠ 박병정, ㉡ 김갑을, ㉢ 근로계약 기간, ㉣ 실용편의점, ㉤ 물품 판매와 매장 청소, ㉥ 근로계약서

기체크로마토그래피는 적당한 고정상을 써서 만든 칼럼*에 검체 혼합물을 주입하고 이동상으로 불활성 기체를 써서 고정상에 대한 유지력 차를 이용하여 각각의 성분으로 분리하여 분석하는 방법이다.

– 중략 –

HETP(Height Equivalent Theoretical Plate)란?

칼럼은 이론단(Theoretical Plate) 조각이 연속적으로 겹쳐진 것으로 간주한다. 각 이론단에서 이동상과 정지상 사이의 평형이 이루어지면서 분리가 일어난다고 가정한다.

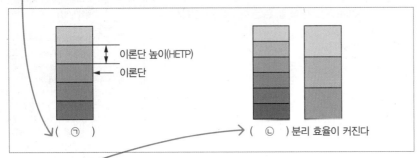

(㉠)　　　　　　　(㉡) 분리 효율이 커진다

일정한 높이에 얼마나 많은 이론단이 설치되어 있는가를 이론단수로 표현하며 그 수가 클수록 분리능이 우수하다고 표현한다. 또한 칼럼에서 분리능은 이론단 높이로도 표현하는데 해당 높이가 낮을수록 (　　　　　　　㉢　　　　　　　)을/를 가진 것으로 표현한다.

* 칼럼(Column): 기둥 모양의 것

이 문제를 해결하기 위해서는 자료의 내용뿐만 아니라, 도표에 제시된 정보도 제대로 읽어야 한다. ㉠에는 이론단 여러 개가 층으로 이루어져 있기 때문에 요구하는 단어가 '칼럼'임을 쉽게 읽을 수 있다.

칼럼을 구성하고 있는 것은 이론단이고 이론단의 수가 클수록 분리능이 우수하다는 내용이 앞에 제시되어 있다. 따라서 해당 높이가 낮을수록 동일한 높이에 이론단의 수가 크다는 것을 의미하고, 이론단의 수가 작은 것보다 분리능이 우수하다고 해석된다. 이를 고려하여 요구하는 형식에 맞춰 작성해 보자.

이 문제를 해결하기 위해서는 자료의 글과 함께 도표에 제시된 정보도 제대로 읽어야 한다.

'HETP'의 설명에서 '칼럼은 이론단 조각이 연속적으로 겹쳐진 것으로 간주'한다는 내용이 제시되어 있다. 따라서 ㉠에는 '칼럼'이 제시되어야 한다. 자료에서 일정한 높이에 설치되어 있는 이론단수가 클수록 분리능이 우수하다고 제시되어 있다. 따라서 ㉡에는 '이론단수가 클수록'이 제시되어야 한다. ㉢을 작성하기 위해서는 도표의 '이론단 높이'를 이해해야 한다. 동일한 칼럼의 높이라면, 이론단수의 높이가 낮을수록 이론단을 더 많이 설치할 수 있다. 따라서 이론단수가 크면 분리능이 우수하다는 내용을 고려하여 ㉢을 작성할 수 있다. 즉, '동일한 높이에 큰 수의 이론단 설치가 가능하므로 보다 우수한 분리능'을 가진 것이다.

㉠ 칼럼
㉡ 이론단수가 클수록
㉢ 동일한 높이에 큰 수의 이론단 설치가 가능하므로 보다 우수한 분리능

08

보기

- ㉠: '국가 에너지', '원활한 수급'을 활용하여 8어절 이내
- ㉡: '에너지 효율성', '에너지 효율 개선'을 활용하여 8어절 이내
- ㉢: 3어절
- ㉣: '에너지 진단 및 컨설팅', '사회적 기업'을 활용하여 14어절 이내
- ㉤: '에너지 효율 관련 사업자', '일자리'를 활용하여 14어절 이내

> ㉠의 내용을 파악하기 위해서는 '1. 현황과 문제점'이라는 부제와 '가'의 내용을 파악해야 한다. 즉, 국가 에너지의 원활한 수급이 '부정적'임을 추론할 수 있다.

주택 에너지 효율 개선 사업 전략

1. 현황과 문제점
   가. 원자력 발전소 추가 건설의 지연, 신재생 에너지 보급의 지연 등으로 (㉠).
   나. 건축 연도가 오래된 주택이 (㉡).
   다. 주택 개보수 사업의 높은 초기 투자비 등의 재정적 장애 요인과 제도적 장치 부족, 원활한 시행을 위한 제도적·재정적 지원 미흡 등 다양한 장애 요인이 있음.
   라. 에너지 진단 및 컨설팅을 제공할 수 있는 사회적 기업이 적어 주택 개선 사업 참여의 유인 요인이 낮고 일자리 창출 등 지역 경제 활성화 효과를 기대하기 어려움.

> '나'의 내용은 '건축 연도가 오래된 주택'이라는 전제가 주어진다. 따라서 ㉡ 또한 '에너지 효율성'에 대한 부정적인 내용과 그에 따른 '에너지 효율 개선'의 필요성을 제시해야 한다.

2. 정책 제안
   가. 주택 부문 효율 개선과 국가 에너지의 원활한 수급을 위한 우수한 에너지 진단 프로그램을 개발하고 이용해야 함.
   나. 신축 건물보다 기존 오래된 주택의 에너지 효율을 개선하여 건물 부문의 에너지 절감 효과를 높여야 함.
   다. (㉢)을/를 위한 법이나 제도적 장치의 마련, 높은 초기 투자비 지원을 위한 재원을 확보해야 함.
   라. (㉣)을/를 위한 그린 비즈니스를 지원해야 함.

> '2. 정책 제안'의 내용은 '1. 현황과 문제점'에서 파악해야 한다. '2. 다'에서 '법이나 제도적 장치의 마련', '높은 초기 투자비 지원'과 관련되는 것은 '1. 다'이다. '1. 다'의 주제어는 '주택 개보수 사업'이 해당한다.

> 이와 관련한 '1. 현황과 문제점'의 내용은 '1. 라'의 내용이 해당한다. '1. 라'의 문제점을 근거로 제안의 내용을 바꾸어서 바라보자.

3. 기대 효과
   가. 에너지 효율성 개선으로 에너지 수입 감소 효과, 국가 에너지의 원활한 수급
   나. 온실가스 감축의 효과, 에너지 수요 절감
   다. (㉤)

> '1. 라'에서 '일자리 창출'뿐만 아니라, 다른 '기대 효과'를 찾아보자.

㉠과 ㉡은 '1. 현황과 문제점'과 관련된 내용을 제시해야 한다.
㉠은 '국가 에너지'와 '원활한 수급'이 제시되어 있으므로 '국가 에너지의 원활한 수급이 어려운 실정임'으로 작성하면 된다.
㉡은 '에너지 효율성'과 '에너지 효율 개선'을 활용하라고 하였으므로 '에너지 효율성이 떨어지므로 에너지 효율 개선이 필요함'으로 작성할 수 있다.
㉢은 '2. 정책 제안'과 관련된 내용을 제시하여야 하는데, 이것은 '1. 현황과 문제점'에서 찾아야 한다. '2. 다'와 관련한 내용은 '1. 다'에 제시되어 있다. 따라서 ㉢은 '주택 개보수 사업'과 관련된 제안임을 파악할 수 있다.
㉣도 ㉢과 같은 방식으로 관련된 내용을 확인한 후, [보기]에 제시된 것처럼 '에너지 진단 및 컨설팅', '사회적 기업'을 활용하여 '에너지 진단 및 컨설팅을 제공할 수 있는 사회적 기업 육성'으로 작성하면 된다.
㉤은 '3. 기대 효과'의 내용으로 '1. 라'를 참고하여 '일자리 창출' 외의 기대 효과까지 찾아서 제시해야 한다. 즉, [보기]에서 '에너지 효율 관련 사업자', '일자리'를 활용하여 '에너지 효율 관련 사업자의 참여 활성화로 일자리를 창출하여 지역 경제 활성화' 등으로 작성할 수 있다.

㉠ 국가 에너지의 원활한 수급이 어려운 실정임
㉡ 에너지 효율성이 떨어지므로 에너지 효율 개선이 필요함
㉢ 주택 개보수 사업
㉣ 에너지 진단 및 컨설팅을 제공할 수 있는 사회적 기업 육성
㉤ 에너지 효율 관련 사업자의 참여 활성화로 일자리를 창출하여 지역 경제 활성화

09

해결전략

자료 가

  글로벌 컨설팅 업체인 베인앤드○○니는 '2017 명품 시장 분석보고서'에서 2017년을 '명품 시장의 세대 교체'가 일어난 해로 규정하고, 세계 명품 시장은 색다르고 화려한 제품을 찾는 '밀레니얼 세대'가 주도했다고 밝혔다. 이들이 온라인과 모바일에서 명품을 대거 구입하면서 명품 시장은 2016년보다 5.2% 성장한 2,620억 달러(약 285조 6,000억 원) 규모로 커졌다.

◆명품 시장의 세대 교체

– 중략 –

  베인앤드○○니는 2018년 보고서에서도 세계 명품 시장의 핵심 성장 동력은 밀레니얼 세대라고 분석했다. 명품 시장의 성장을 주도한 밀레니얼 세대는 Y세대, Z세대로 불리던 1980~2000대생들을 말한다. 밀레니얼 세대는 자신이 원하는 물건을 구입하기 위해 과감히 돈을 투자하는 성향을 보인다. 그리고 그들은 기존 유명 브랜드의 틀에 박힌 명품이나 엄숙한 디자인은 외면하고, 히피나 빈티지 스타일, 화려한 꽃무늬나 튀는 신발과 가방 등 개성적인 상품에 관심을 보인다.

〈명품 구입 채널(단위: %)〉

	매장	온라인	모바일
베이비부머	72	22	6
밀레니얼 세대	58	23	19

※ 출처: 딜로이트 '2017 명품의 글로벌 파워'

◆명품 시장의 온라인과 스포티즘

  실용적이고 활동적인 평상복을 디자인하고 제작하는 '스포티즘' 열풍도 세계 명품 시장을 흔들었다. '우아하고 고상한' 정장 스타일의 브랜드보다 스트리트 캐주얼 분야에 강점을 가진 브랜드에 관심이 쏟아졌다. 명품 업계 또한 밀레니얼 세대의 감성에 따라 변화하였다. 세계를 대표하는 명품 업체들은 스트리트 브랜드들과 손을 잡고 협업 제품을 내놓기도 했다.

자료 나

□ 4차 산업혁명, 패션 산업 패러다임 변화

  인공지능, 사물인터넷, 가상현실 등 4차 산업혁명 열풍은 패션 산업 패러다임의 변화를 이끌고 있음. 디자인 감성 산업이었던 패션 산업은 아○존, 구○의 패션 산업에 대한 관심과 함께 ICT 융합, 데이터 기반 플랫폼 혁신 산업으로 급부상하고 있음.

□ 모바일 채널, 이커머스 마켓 장악

  모바일 쇼핑 거래 규모 월 4조 원 돌파, 네이버 쇼핑 플랫폼의 급성장, 패션 브랜드들의 자사몰 강화, O2O 채널 본격 시행, 1인 미디어, 인플루언서 마케팅 강세 등 온라인에서 모바일 중심으로 마켓 쉐어를 장악하고 있는 가운데 차별된 콘텐츠로 고객 체류 시간을 늘리고 있음.

□ 복고, 트렌드가 되어 돌아오다

  1980~2000년대 초반 출생자로 대한민국 인구의 40%를 차지하는 밀레니얼 세대. 사회적 혼란기에 인식이 높은 젊은 세대들이 아이콘으로 떠오르며 '저항'을 상징하는 유스컬처가 문화의 전반적인 흐름을 차지함. 힙합, 서핑, 스케이트 보드 등 문화를 등에 업고 스트리트 캐주얼과 복고 트렌드가 캐주얼 및 스포츠 시장 성장에 견인차 역할을 하고 있음.

[자료 가]와 [자료 나]의 공통적인 내용을 바탕으로 한 제안 1문장과 이유 4문장을 쓰라는 것이 조건이다. [가]와 [나]의 공통 분모는 '온라인과 모바일', '스트리트 캐주얼'이다. 여기에서 놓쳐서는 안 될 것이 있다. [자료 나]의 '모바일 채널, 이커머스 마켓 장악'의 내용에서 '온라인에서 모바일 중심으로'라는 부분이다. 즉, [가]와 [나]의 최종적인 공통 분모는 '모바일 채널', '스트리트 캐주얼'이다.

'베이비 부머' 세대와 '밀레니얼 세대'가 보여주는 명품 구입 채널의 차이를 수치와 함께 제시할 것. 그리고 [자료 나]를 모바일 채널의 판매 방식을 제안하는 근거로 활용할 것

[자료 가]에서는 '스포티즘' 열풍, 즉 스트리트 캐주얼이, [자료 나]에서는 밀레니얼 세대들의 등장으로 인한 유스컬처가 문화의 전반적인 흐름이라는 점을 읽어야 한다.

[자료 가]와 [자료 나]의 공통적인 내용을 바탕으로 할 수 있는 제안을 1문장, 이유를 3문장으로 쓰라는 조건이 제시되어 있다. 그런데 [조건 2]를 보면 제안의 내용은 두 자료의 공통적 개념을 넣어 'A를 활용한 판매 방식으로 B 상품을 판매하자.'의 형식까지 주어져 있다. 그렇다면, A와 B에 해당하는 용어를 찾으면 된다. 먼저 A와 관련하여 [자료 가]에서는 명품 시장을 주도하는 밀레니얼 세대가 온라인과 모바일을 통해 명품을 구입한다는 것이, [자료 나]에서는 모바일 채널을 통한 이커머스 마켓 장악에 대한 내용이 제시되어 있다. 즉, 두 자료의 공통적인 판매 방식은 '모바일 채널'을 활용하자는 것이다. 한편, B와 관련하여 [자료 가]에서는 세계 명품 시장의 변화로 스트리트 캐주얼 분야가 약진한다는 내용이, [자료 나]에서는 복고 트렌드의 부활로 스트리트 캐주얼과 복고 트렌드가 시장 성장에 견인차 역할을 하고 있다는 내용이 제시되어 있다. 여기에서는 두 자료의 공통 분모로 '스트리트 캐주얼'을 찾을 수 있다. 따라서 모바일 채널을 활용한 판매 방식으로 스트리트 캐주얼 상품을 판매하자는 제안이 답이 됨을 파악할 수 있다.

다음 조건은 제안의 이유를 3문장으로 작성하는 것인데, [조건 3]과 [조건 4]를 보면 세대별 명품 구입 채널의 수치 비교와 함께, 쇼핑 거래 규모를 바탕으로 내용을 써야 한다. [자료 가]의 명품 구입 채널을 비교하면 '온라인' 구매는 베이비부머와 밀레니얼 세대간의 변화가 거의 없고, '매장'과 '모바일'에서 변화가 크게 나타나므로, 두 가지의 수치 변화를 제시하면 된다. 명품 시장을 주도하는 밀레니얼 세대는 베이비부머보다 매장 구입 비율이 14%p(72→58) 더 낮고 모바일은 13%p(6→19) 더 높다. 그리고 [자료 나]에는 '모바일 쇼핑 거래 규모'가 월 4조 원을 돌파한다는 내용이 제시되어 있으므로 이를 모바일 판매 방식을 제안하는 근거로 활용한다.

그 다음으로 [조건 5]에서는 [자료 가]의 열풍과 [자료 나]의 시장 주도 세대를 찾고, 이들이 대표하는 문화의 흐름을 바탕으로 제안하고 싶은 주력 상품 및 제안의 근거를 작성해야 한다. [자료 가]에서는 '스포티즘' 열풍을, [자료 나]에서는 '저항'을 상상하는 유스컬처 문화를 읽을 수 있다.

예시답안

'모바일 채널'을 활용한 판매 방식으로 '스트리트 캐주얼 상품'을 판매하자. 명품 시장을 주도한 이들은 밀레니얼 세대로, 베이비부머 세대와 비교하였을 때 매장 구입 비율은 14%p 낮았지만, 모바일 채널에서는 13%p 더 높게 나타났다. 또한 쇼핑 거래 규모가 월 4조 원을 돌파하는 등 모바일 시장이 마켓을 장악하고 있으므로 판매 방식은 모바일 채널이 적합하다. 더불어 '스포티즘' 열풍이 세계 명품 시장을 흔들고, 밀레니얼 세대의 '유스컬처'가 문화의 전반적인 흐름을 차지하고 있기 때문에 그를 반영한 스트리트 캐주얼 상품을 주력 상품으로 택하는 것이 적합할 것이다.

10

해결전략

자료 1

환경과 인류의 미래에 대해 연구·제언하는 민간 단체 '로마 클럽'은 1972년 보고서 「성장의 한계(The Limits to Growth)」에서 인구가 급증하여 환경이 지속적으로 파괴되면 자원이 고갈되어 100년 안에 인류 성장이 한계에 도달할 것으로 예측하였다. 그러면서 ㉠ 생태 발자국(Ecological Footprint)이 지구 수용 가능 수준을 넘어설 정도로 커지는 것을 막지 않으면 인류는 성공하지 못할 것이라고 하였다. 여기서 생태 발자국은 인간이 지구에서 살아가기 위해 필요한 자원을 생산하고, 그것을 없애는 데 드는 비용을 토지의 면적으로 환산한 것으로, 다시 말해 인간이 살아가는 데 필요한 자원을 땅의 크기로 나타낸 것을 말한다. 또한 로마 클럽은 '성장의 한계'에서 제기되는 문제로 인해 세계의 경제 성장이 멈추게 될 것이라고 하였다. 이와 같은 문제들을 해결하기 위해서는 기술과 문화, 제도의 변화를 통해 지구의 미래를 생각하는 근본적 사회 변혁을 이뤄야 한다고 주장하였다. 그리고 일찍 조치를 취하면 지구 생태계가 한계에 이르러 발생할 수 있는 재앙을 줄여 나갈 수 있을 것이라고 덧붙였다.

생태 발자국

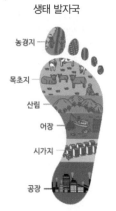

㉡ 성장의 한계

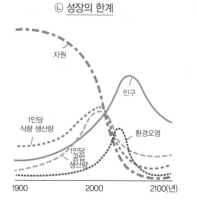

로마 클럽이 지구 생태계에 대해 문제를 제기한 후 경제 성장과 환경 보전을 동시에 이루는 것에 대한 논의가 활발해졌다. 1987년 세계환경개발위원회가 발표한 보고서 ㉢ 「우리 공동의 미래(Our Common Future)」에서는 '지속 가능 발전'이라는 개념을 '미래 세대의 필요를 충족시킬 능력을 저해하지 않으면서 현재 세대의 필요를 충족시키는 발전'이라고 정의하였다. 세계환경개발위원회의 이 보고서는 지속 가능한 발전을 장기적이고 범지구적 의제로 공식화하는 데 결정적인 역할을 하였다.

이처럼 경제 성장과 환경 보전을 대립 관계로 볼 수 없다는 공감대가 확산하면서 1992년에는 지구 환경 질서의 기본 원칙을 규정한 리우 선언이 채택되었다. 이 선언의 주요 원칙에는 인류는 자연과 조화를 이루면서 건강하고 생산적인 생활을 할 권리가 있으며, 환경 보호와 개발은 일체적으로 추진되어야 한다는 내용이 명시되었다.

(우측 주석)

1문단과 2문단의 답안을 작성하기 위해서는 중심 내용과 세부 내용을 구별하는 능력과 요약하는 능력이 필요하다. 각각의 자료에 명시되어 있는 내용을 찾아 문장을 연결하여 제시하면 문제를 쉽게 해결할 수 있다.

로마 클럽이 예상한 부정적인 상황 1

㉠의 개념

로마 클럽이 예상한 부정적인 상황 2

로마 클럽의 주장

지속 가능 개발의 개념

리우 선언의 주요 원칙

1문단 작성하기

먼저 로마 클럽이 예상한 부정적인 상황 하나는 [자료 1]의 첫 번째 문단에 제시되어 있다. ㉠의 개념을 활용해 로마 클럽이 예상한 상황이 '인간이 살아가는 데 필요한 자원을 땅의 크기로 나타낸 것인 생태 발자국이 커지는 것을 막지 않으면 인류는 성공하지 못할 것'임을 알 수 있다. 두 번째 예상한 상황 또한 [자료 1]의 첫 번째 문단과 ㉡의 그래프에 제시되어 있는 대로 '자원, 1인당 식량 생산량, 1인당 공업 생산량, 인구, 오염의 문제로 인해 세계의 경제 성장이 멈추게 될 것'임을 알 수 있다. 로마 클럽의 주장은 그 뒤에 제시되어 있는 '기술과 문화, 제도의 변화를 통해 지구의 미래를 생각하는 근본적 사회 변혁을 이뤄야 한다'는 내용을 찾아 쓰면 된다.

2문단 작성하기

2문단에서 요구하는 답안은 [자료 1]의 두 번째 문단에 제시되어 있다. '지속 가능 발전'의 개념은 '미래 세대의 필요를 충족시킬 능력을 저해하지 않으면서 현재 세대이 필요를 충족시키는 발전'임을 알 수 있다.

리우 선언의 내용은 [자료 1]의 세 번째 문단에 제시되어 있다. 리우 선언의 주요 원칙은 '인류는 자연과 조화를 이루면서 건강하고 생산석인 생활를 할 권리가 있으며, 환경 보호와 개발은 일체적으로 추진되어야 한다는 내용'이라고 되어 있다.

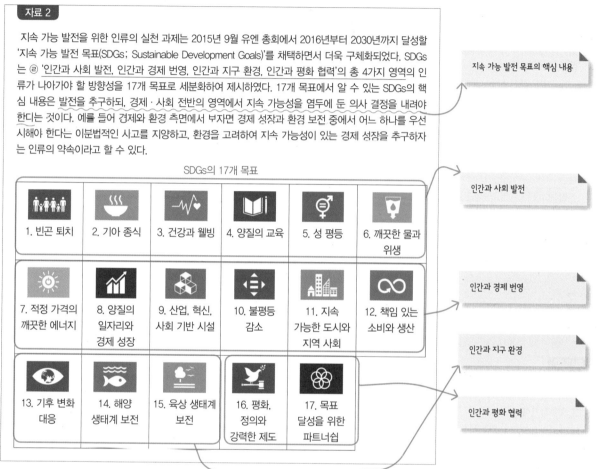

자료 2

지속 가능 발전을 위한 인류의 실천 과제는 2015년 9월 유엔 총회에서 2016년부터 2030년까지 달성할 '지속 가능 발전 목표(SDGs; Sustainable Development Goals)'를 채택하면서 더욱 구체화되었다. SDGs는 ⓔ '인간과 사회 발전, 인간과 경제 번영, 인간과 지구 환경, 인간과 평화 협력'의 총 4가지 영역의 인류가 나아가야 할 방향성을 17개 목표로 세분화하여 제시하였다. 17개 목표에서 알 수 있는 SDGs의 핵심 내용은 발전을 추구하되, 경제·사회 전반의 영역에서 지속 가능성을 염두에 둔 의사 결정을 내려야 한디는 것이다. 예를 들어 경제와 환경 측면에서 부자면 경제 성장과 환경 보전 중에서 어느 하나를 우선시해야 한다는 이분법적인 시고를 지양하고, 환경을 고려하여 지속 가능성이 있는 경제 성장을 추구하자는 인류의 약속이라고 할 수 있다.

SDGs의 17개 목표

1. 빈곤 퇴치 | 2. 기아 종식 | 3. 건강과 웰빙 | 4. 양질의 교육 | 5. 성 평등 | 6. 깨끗한 물과 위생

7. 적정 가격의 깨끗한 에너지 | 8. 양질의 일자리와 경제 성장 | 9. 산업, 혁신, 사회 기반 시설 | 10. 불평등 감소 | 11. 지속 가능한 도시와 지역 사회 | 12. 책임 있는 소비와 생산

13. 기후 변화 대응 | 14. 해양 생태계 보전 | 15. 육상 생태계 보전 | 16. 평화, 정의와 강력한 제도 | 17. 목표 달성을 위한 파트너쉽

지속 가능 발전 목표의 핵심 내용

인간과 사회 발전

인간과 경제 번영

인간과 지구 환경

인간과 평화 협력

3문단 작성하기

3문단은 명시적 내용을 파악하는 능력과 추론적 능력을 요구한다. 지속 가능 발전 목표(SDGs)의 핵심은 명시되어 있지만, 17개 목표를 ⓔ의 4가지 영역에 맞게 구분하는 것은 추론적 능력에 해당한다. '인간과 사회 발전', '인간과 경제 번영', '인간과 지구 환경', '인간과 평화 협력'에서 '사회 발전', '경제 번영', '지구 환경', '평화 협력'에 초점을 두어 17개의 목표를 구분해야 한다. 목표가 순서대로 제시되어 있으므로 경계를 구분하면 쉽게 해결할 수 있다. 영역의 성격대로 목표를 나누어 보면 목표 1~6은 인간과 사회 발전, 목표 7~12는 인간과 경제 번영, 목표 13~15는 인간과 지구 환경, 목표 16~17은 인간과 평화 협력으로 분류할 수 있다.

세계 의류 생산량이 증가하면서 패션 산업이 지구 온난화에 미치는 영향 또한 무시할 수 없다. 유엔환경계획(UNEP)에 따르면, ⓓ 패션 산업의 작물 재배, 동물 사육, 염색, 봉제, 운송, 판매 등의 과정에서 배출되는 탄소의 양이 전 세계 탄소 배출량의 최대 10%를 차지한다고 한다. 이렇게 패션 산업으로 인한 환경 오염이 심화된 데에는 2000년대부터 IT 기술과 글로벌 네트워크를 기반으로 확산하기 시작한 패스트 패션(Fast fashion)의 영향이 크다. 의류를 빨리 생산하고 빨리 소비하는 패스트 패션은 판매 후 1년 안에 50%의 옷이 매립되거나 소각되는데, 이 과정에서 이산화탄소와 다이옥신과 같은 각종 유해 물질을 발생시키기 때문이다. 매립되거나 소각되지 않더라도 개발 도상국으로 수출되어 다시 쓰레기로 버려지거나 동물이 먹는 등의 문제가 발생한다.

이와 같은 패션 산업으로 인한 문제를 인식하면서 최근 패션 산업에서도 '지속 가능성'을 의사 결정에 반영하고 있다. 2019년 8월 프랑스에서 개최된 G7 정상 회의에 맞추어, 32개 전세계 패션 기업의 150개 패션 브랜드는 지구 온난화 억제, 생물 다양성 복원, 해양 보호를 목표로 하는 G7 패션 협약에 서명하였다. 이 협약에서 패션 기업들은 2050년까지 온실가스 배출량을 제로로 줄이고, 자연 생태계를 보호하기 위해 생물 다양성을 회복시키며, 일회용 플라스틱 사용을 중단한다는 구체적 실천 방법을 제시하였다. G7 패션 협약은 법적 강제성이 없는 자발적 약속이라는 점에서 기업들의 지속적인 실천 여부에 대한 우려의 시선이 존재하고 있는 것도 사실이다. 그러나 많은 패션 브랜드가 친환경적 방법으로 생산 방식을 전환해야 한다는 필요성에 공감하고 실천을 다짐했다는 측면에서 긍정적 평가를 받고 있다.

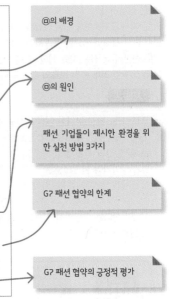

ⓓ의 배경

ⓓ의 원인

패션 기업들이 제시한 환경을 위한 실천 방법 3가지

G7 패션 협약의 한계

G7 패션 협약의 긍정적 평가

4문단 작성하기

ⓓ의 배경을 제시할 때에 '패스트 패션'이 핵심어가 되지만, 이 단어만 제시하는 것보다는 패스트 패션이 확산하게 된 방식인 'IT 기술과 글로벌 네트워크를 기반으로'라는 내용이 제시될 필요기 있으며, ⓓ의 원인에 해당하는 '빨리 생산하고 빨리 소비하는 과정에서 환경 파괴가 더욱 심해지기 때문'이라는 내용도 필수적으로 제시되어야 한다. 실천 방법은 '온실가스 배출량 감소', '생물 다양성 회복', '일회용 플라스틱 사용 중단'의 3가지가 제시되어야 한다.

G7 패션 협약의 한계로는 마지막 부분에 '법적 강제성이 없는 자발적 약속'이라는 내용이 제시되어 있다. 부정적인 내용 다음에는 '그러나'라는 접속어가 제시되어 있으므로, 반대의 내용이 제시될 것을 예측할 수 있다. '그러나' 뒤의 내용에는 앞에 제시된 한계점에도 불구하고 긍정적 평가를 내릴 수 있는 내용이 제시되어 있다. '친환경적 방법으로 생산 방식을 전환해야 한다는 필요성에 대한 공감'과 '실천에 대한 다짐'이다.

예시답안

로마 클럽은 보고서에서 인간이 살아가는 데 필요한 자원을 땅의 크기로 나타낸 생태 발자국이 커지는 것을 막지 않으면 인류는 성공하지 못할 것이라고 하였다. 또한 자원, 1인당 식량 생산량, 1인당 공업 생산량, 인구, 환경오염 문제로 인해 세계의 경제 성장이 멈추게 될 것이라고 하였다. 그리고 이를 해결하기 위해서는 기술과 문화, 제도의 변화를 통해 지구의 미래를 생각하는 근본적 사회 변혁을 이뤄야 한다고 주장하였다.

로마 클럽이 이러한 문제를 제기한 뒤 경제 성장과 환경 보전을 동시에 이루려는 논의가 활발해졌다. 보고서 「우리 공동의 미래」에서는 '지속 가능 발전'을 미래 세대의 필요를 충족시킬 수 있는 능력을 해치지 않으면서 현재 세대의 필요를 충족시키는 것이라고 정의하였다. 이후 채택된 리우 선언에서는 인류는 자연과 조화를 이루면서 건강하고 생산적인 생활을 할 권리가 있으며, 환경 보호와 개발은 일체적으로 추진되어야 한다는 주요 원칙이 명시되었다.

지속 가능 발전 목표(SDGs)의 핵심 내용은 발전을 추구하되, 경제·사회 전반의 영역에서 지속 가능성을 염두에 둔 의사 결정을 내려야 한다는 것이다. SDGs의 17개 목표 중 목표 1~6번은 인간과 사회 발전, 목표 7~12번은 인간과 경제 번영, 목표 13~15번은 인간과 지구 환경, 목표 16~17번은 인간과 평화 협력의 영역으로 분류할 수 있다.

패션 산업이 전 세계 탄소 배출량의 10%를 차지한 배경에는 IT 기술과 글로벌 네트워크를 기반으로 확산하기 시작한 패스트 패션이 있다. 빨리 생산하고 빨리 소비하는 과정에서 환경 파괴가 더욱 심해지기 때문이다. 이에 패션 기업들은 2050년까지 온실가스 배출량을 줄이고, 생물 다양성을 회복시키며, 일회용 플라스틱 사용을 중단한다는 구체적 실천 방법을 제시하였다. G7 패션 협약은 패션 브랜드 간의 자발적 약속이므로 법적 강제성이 없다는 한계가 있지만, 많은 패션 브랜드가 친환경적 생산 방식 전환의 필요성에 공감하고 실천을 다짐했다는 측면에서 긍정적 평가를 받고 있다.

　　로마 클럽은 보고서에서 인간이 살아가는 데 필요한 자원을 땅의 크기로 나타낸 생태 발자국이 커지는 것을 막지 않으면 인류는 성공하지 못할 것이라고 하였다. 또한 자원, 1인당 식량 생산량, 1인당 공업 생산량, 인구, 환경 오염 문제로 인해 세계의 경제 성장이 멈추게 될 것이라고 하였다. 그리고 이를 해결하기 위해서는 기술과 문화, 제도의 변화를 통해 지구의 미래를 생각하는 근본적 사회 변혁을 이뤄야 한다고 주장하였다.

　　로마 글럽이 이러한 문제를 제기한 뒤 경제 성장과 환경 보전을 동시에 이루려는 논의가 활발해졌다. 보고서 「우리 공동의 미래」에서는 '지속 가능 발전'을 미래 세대의 필요를 충족시킬 수 있는 능력을 해치지 않으면서 현재 세대의 필요를 충족시키는 것이라고 정의하였다. 이후 채택된 리우 선언에서는 인류는 자연과 조화를 이루면서 건강하고 생산적인 생활을 할 권리가 있으며, 환경 보호와 개발은 일체적으로 추진되어야 한다는 주요 원칙이 명시되었다.

　　지속 가능 발전 목표(SDGs)의 핵심 내용은 발전을 추구하되, 경제·사회 전반의 영역에서 지속 가능성을 염두에 둔 의사 결정을 내려야 한다는 것이다. SDGs의 17개 목표 중 목표 1~6번은 인간과 사회 발전, 목표 7~12번은 인간과 경제 번영, 목표 13~15번은 인간과 지구 환경, 목표 16~17번은 인간과 평화 협력의 영역으로 분류할 수 있다.

　　패션 산업이 전 세계 탄소 배출량의 10%를 차지한 배경에는 IT 기술과 글로벌 네트워크를 기반으로 확산하기 시작한 패스트 패션이 있다. 빨리 생산하고 빨리 소비하는 과정에서 환경 파괴가 더욱 심해지기 때문이다. 이에 패션 기업들은 G7 패션 협약에서 2050년까지 온실가스 배출량을 줄이고, 생물 다양성을 회복시키며, 일회용 플라스틱 사용을 중단한다는 구체적 실천 방법을 제시하였다. G7 패션 협약은 패션 브랜드 간의 자발적 약속이므로 법적 강제성이 없다는 한계가 있지만, 많은 패션 브랜드가 친환경적인 생산 방식 전환의 필요성에 공감하고 실천을 다짐했다는 측면에서 긍정적 평가를 받고 있다.

무언가를 위해 목숨을 버릴 각오가 되어 있지 않는 한
그것이 삶의 목표라는 어떤 확신도 가질 수 없다.

-체 게바라-

서술형 10번 연습용 원고지

※ 잘라서 서술형 10번 문제 답안 작성 시 활용하시기 바랍니다.

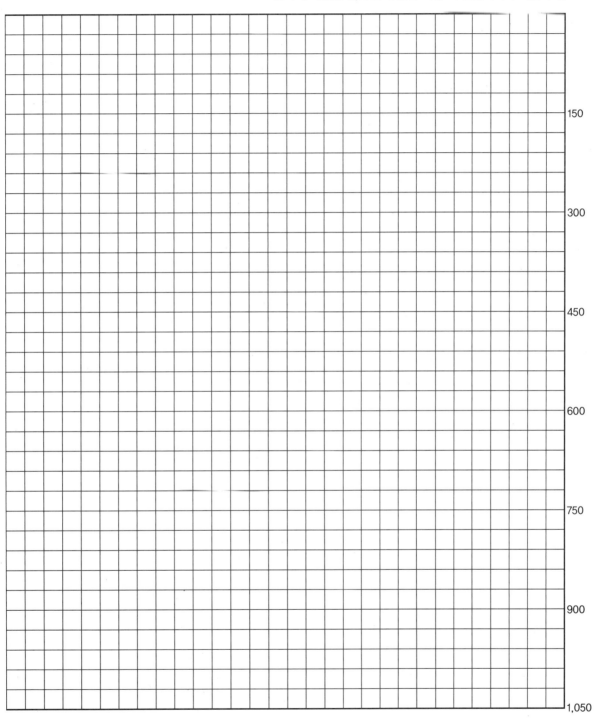

150

300

450

600

750

900

1,050

절
취
선

서술형 10번 연습용 원고지

※ 잘라서 서술형 10번 문제 답안 작성 시 활용하시기 바랍니다.

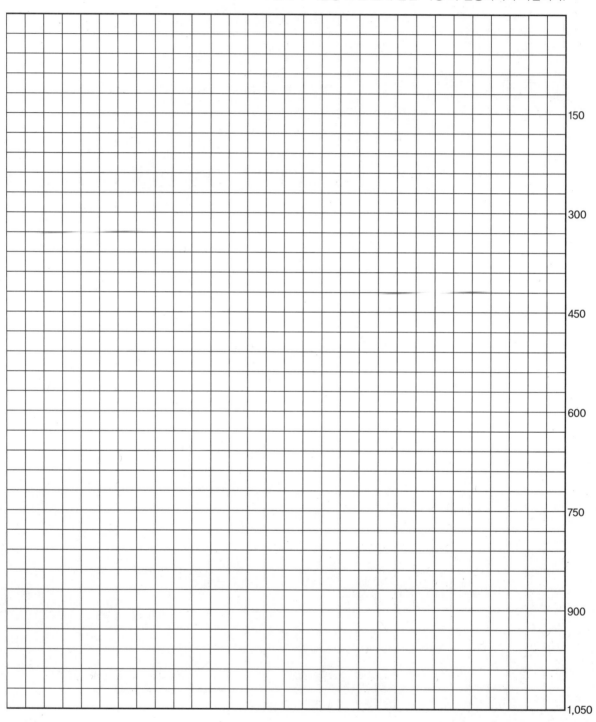

150

300

450

600

750

900

1,050

서술형 10번 연습용 원고지

※ 잘라서 서술형 10번 문제 답안 작성 시 활용하시기 바랍니다.

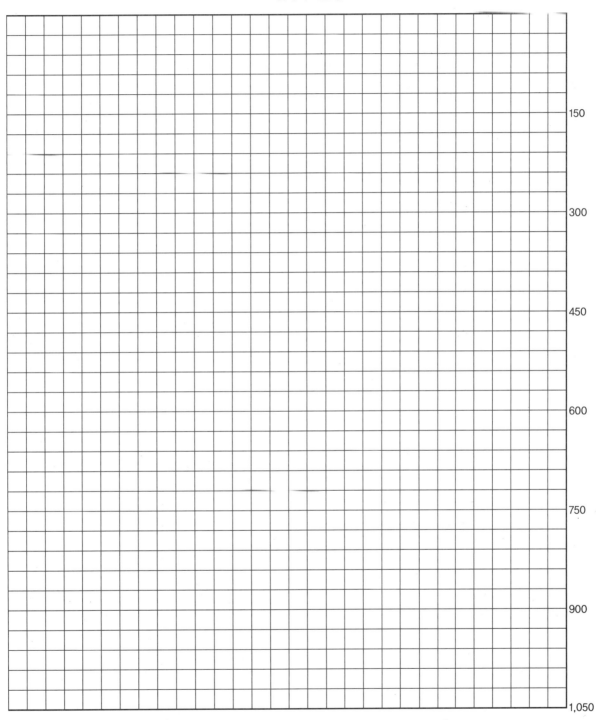

150

300

450

600

750

900

1,050

절
취
선

서술형 10번 연습용 원고지

※ 잘라서 서술형 10번 문제 답안 작성 시 활용하시기 바랍니다.

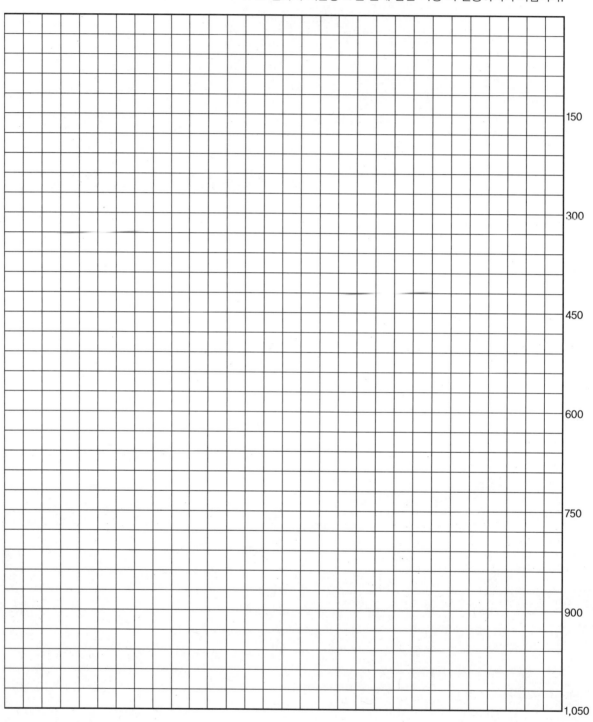

150

300

450

600

750

900

1,050

- 강영연 외, 『이토록 쉬운 경제학』, 한국경제신문, 2021.
- 고영근·구본관, 『우리말 문법론』, 집문당, 2008.
- 고형일, 『비전공자를 위한 경영학 수업』, 대림북스, 2017.
- 교육과정평가원, 국어과 교육과정 해설, 2022.
- 구본관, 「맞춤법 교육 내용 연구-한글 맞춤법의 원리를 중심으로」, 『국어교육』27, 한국어교육학회, 2008.
- 구현정 외, 『의사소통의 기법』, 박이정, 2007.
- 권순희 외, 『작문교육론』, 사회평론, 2018.
- 변선화 외, 『한눈에 알아보는 공공언어 바로쓰기』, 국립국어원, 2019.
- 국어연구소, 『국어 어문 규정집』, 대한교과서, 2003.
- 김기홍 외, 「한국인의 직업윤리에 관한 연구」, 한국직업능력계발원, 1999.
- 김승호, 『생각의 비밀』, 황금사자, 2015.
- 김종백, 「작문의 교수-학습에서 반성적 쓰기의 활용」, 『청람어문교육』32, 청람어문교육학회, 2005.
- 김태사, 「간접화행과 대화적 함축」, 『국어학』18, 국어학회, 1989.
- 나탈리 골드버그, 『뼛속까지 내려가서 써라』, 권진욱 역, 한문화, 2013.
- 데일카네기, 『데일 카네기 인간관계론』, 임상훈 역, 현대지성, 2019.
- 도리스 컨스 굿윈, 『혼돈의 시대 리더의 탄생』, 강주현 역, 커넥팅, 2020.
- 로렌스 G. 맥도날드 지음, 『상식의 실패』, 이현주 역, 2009.
- 로저 마틴, 『디자인 씽킹 바이블』, 현호영 역, 유엑스리뷰, 2021.
- 류춘렬, 「사회와 문화 : 자아 노출과 인간관계」, 『사회과학연구』21, 국민대 사회과학연구소, 2009.
- 리처드 코치, 『80/20 법칙』, 공병호 역, 21세기북스, 2016.
- 린다 플라워, 『글쓰기의 문제해결전략』, 원진숙 외 역, 동문선, 2006.
- 바바라 민토, 『바바라 민토, 논리의 기술』, 이진원 역, 더난출판사, 2019.
- 바바라 민토, 『민토 피라미드로 배우는 논리적 글쓰기』, 이진원 역, 더난출판, 2005.
- 박연수, 『하마터면 환율도 모르고 해외여행 갈 뻔 했다!』, 슬로디미디어, 2018.
- 박영목 외, 『국어과 교수 학습론』, 교학사, 2001.
- 박영목, 『독서 교육론』, 박이정, 2008.
- 박영목, 『작문 교육론』, 역락, 2008.
- 박우성, 『역량중심의 인적자원관리』, 한국노동연구원, 2002.
- 박재현, 『국어 교육을 위한 의사소통 이론』, 사회평론, 2016.
- 배성환, 『처음부터 다시 배우는 서비스 디자인 씽킹』, 한빛미디어, 2017.
- 서영진 외, 「고등학생의 공식적 말하기에 대한 불안 연구」, 『청람어문교육』42, 청람어문교육학회, 2010.
- 성소라 외, 『NFT 레볼루션』, 더퀘스타, 2021.
- 스티브 챈들러, 스콧 리처드슨, 『성공을 위한 리더십 코칭』, 조한나 역, 밀라그로, 2016.
- 스티븐 코비, 『성공하는 사람들의 7가지 습관』, 김경섭, 김원석, 김영사, 1995.
- 애덤 갤린스키, 모리스 슈바이처, 『관계를 깨뜨리지 않고 원하는 기술을 얻는 기술』, 박준형 역, 토네이도, 2016.
- 오병훈, 「한국 난민정책의 문제점과 개선방안」, 『정책개발연구15』, 한국정책개발학회, 2015.
- 오스틴 J. 프릴리 외, 『논증과 토론』, 민병곤 외 역, 사회평론아카데미, 2018.
- 오시마 사치요, 『HOW TO 맥킨지 문제해결의 기술』, 공보미 역, 경영아카이브, 2021.
- 이경화, 『읽기 교육의 원리와 방법』, 박이정, 1999.
- 이드리스 무티, 『하버드 디자인 씽킹 수업』, 현호영 역, 유엑스리뷰, 2021.
- 이삼형 외, 『국어 교육학』, 소명출판, 2000.
- 이영택, 『전공국어연습』, 형설출판, 2004.
- 이원덕, 『경영참가의 제유형』, 한국노동연구원, 1990.
- 이윤석, 『정보와 기업의 경쟁우위 전략』, 한국과학기술정보연구원 정보분석연구소, 2013.
- 이주행, 「토론 교육의 내용과 방법」, 『화법연구』7, 한국화법학회, 2004.
- 이창덕 외, 『삶과 화법』, 박이정, 2010.

- 이창덕 외, 『화법 교육론』, 역락, 2010.
- 임지원, 「유머 담화의 생성 기제와 제약 조건」, 『우리어문연구』28, 우리어문학회, 2007.
- 장영희, 「침묵의 유형과 교육적 의의」, 『화법연구』9, 한국화법학회, 2006.
- 저우궈위안, 『맥킨지 논리력 수업』, 차혜정 역, 미래의창, 2021.
- 전은주, 「말하기 불안 해소의 교수 학습 방법」, 『화법연구』16, 한국화법학회, 2010.
- 정상섭, 「공감적 듣기의 듣기 교육적 수용 연구」, 『한국초등국어교육』28, 한국초등국어교육학회, 2005.
- 잭 하트, 『퓰리처 글쓰기 수업』, 정세라 역, 현대지성, 2021.
- 제이슨 펑, 『당뇨 코드』, 이문영 역, 라이팅 하우스, 2020.
- 제임스 C. 헌터, 『서번트 리더십』, 김광수 역, 시대의창, 2013.
- 조준동, 『창의융합 프로젝트 아이디어북』, 한빛아카데미, 2015.
- 존 리트모어, 『성과 향상을 위한 코칭 리더십』, 김영순 역, 김영사, 2019.
- 지그 지글러, 『세일즈 클로징』, 장인선 역, 산수야, 2018.
- 직무 글쓰기 연구회, 『직무 글쓰기』, 앞장감, 2012.
- 진 젤라즈니, 『맥킨지, 차트의 기술』, 안진환 역, 매경출판, 2016.
- 진 젤라즈니, 『맥킨지, 발표의 기술』, 안진환 역, 스마트비즈니스, 2006.
- 짐 콜린스, 제리 포라스, 『성공하는 기업들의 8가지 습관』, 워튼포험 역, 김영사, 2002.
- 천경록 외, 『독서 교육론』, 역락, 2022.
- 최미숙 외, 『국어교육의 이해』, 사회평론, 2009.
- 최숙이 외, 「설득 화법의 전략 연구 −설득 실패 화법 분석을 통한 전략 제시−」, 『화법연구』19, 한국화법학회, 2011.
- 최재현, 「스마트미디어 부문 협동로봇 도입과 기술 동향」, 『주간기술동향』, 정보통신평가기획원, 2019.
- 최지은 외, 「자기소개서쓰기 지도를 위한 교육 내용 선정 방안」, 『새국어교육』82, 한국국어교육학회, 2009.
- 최지은·전은주, 「고등학생의 건의문 쓰기 양상과 지도 방안」, 『새국어교육』90, 한국국어교육학회, 2012.
- 최지현 외, 『국어과 교수 학습 방법』, 역락, 2009.
- 최향임, 「국어 교육에서의 비판적 사고 능력 신장에 관한 연구」, 『국어교육연구』46, 서울대 대학원 국어교육연구회, 1992.
- 한철우 외, 『과정 중심 독서 교육』, 교학사, 2001.
- 허민구, 『부자 기업 Vs 가난한 기업』, 원앤원북스, 2004.
- EY한영산업연구원, 『초디지털 시대, 수퍼플루이드 전략』, RHK, 2019.

참고 사이트

- 국가법령정보 공동활용 open.law.go.kr/LSO/main.do
- 국립국어원 www.korean.go.kr/front/main.do
- 국민권익위원회 www.acrc.go.kr/
- 근로복지공단 www.comwel.or.kr/comwel/main.jsp
- 대한민국정책브리핑 www.korea.kr/main.do
- 도로교통공단 www.koroad.or.kr/
- 매일경제 경제용어사전 www.mk.co.kr/dic/
- 법무부 www.moj.go.kr/moj/index.do
- 식품의약안전평가원 www.nifds.go.kr/index.do
- 특허청 www.patent.go.kr/smart/portal/Main.do
- 한국저작권위원회 m.blog.naver.com/kcc_press/221035314475
- 한국환경공단 기후변화홍보포털 웹진 www.gihoo.or.kr/portal/webzine/2020_winter/
- 환경부 웹진 그린다 www.me.go.kr/home/web/index.do?menuId=301
- 한국전자통신연구원 www.etri.re.kr/webzine/all_list.html
- LG경영연구원 www.lgbr.co.kr/report/view.do?idx=18674

좋은 책을 만드는 길, 독자님과 함께하겠습니다.

시대에듀 한국실용글쓰기 실제기출문제

개정2판7쇄 발행	2025년 01월 15일 (인쇄 2024년 12월 20일)
초 판 발 행	2022년 05월 04일 (인쇄 2022년 04월 05일)
발 행 인	박영일
책 임 편 집	이해욱
편 저	이영택
편 집 진 행	구설희 · 이연주
표지디자인	김도연
편집디자인	조은아 · 장성복
발 행 처	(주)시대고시기획
출 판 등 록	제 10-1521호
주 소	서울시 마포구 큰우물로 75 [도화동 538 성지 B/D] 9F
전 화	1600-3600
팩 스	02-701-8823
홈 페 이 지	www.sdedu.co.kr
I S B N	979-11-383-6280-1 (13710)
정 가	18,000원

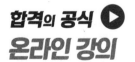

KBS

한국어능력시험 시리즈

KBS 한국어능력시험 기출 분석 한 권 합격

- 영역별 기출 유형 한 권으로 완전 학습
- 출제 비중에 따른 전략적 영역별 구성
- '30분 만에 정리하는 어휘 · 어법' 소책자

KBS 한국어능력시험 기출 분석 2주 합격

- 38회분 기출 빅데이터로 빈출 유형 완벽 분석
- 초단기 고득점을 위한 유형별 3 STEP 학습법
- 핵심 이론 + 확인 문제 + 모의고사

KBS 한국어능력시험 기출 동형 모의고사

- 신유형 · 고난도 문제 완벽 대비
- 기출 동형 모의고사 4회분으로 4일 완성
- '어휘 · 어법 파이널 Quiz' 소책자

KBS 한국어능력시험 도서 시리즈

- KBS 한국어능력시험 기출 분석 한 권 합격
- KBS 한국어능력시험 기출 동형 모의고사
- KBS 한국어능력시험 기출 분석 2주 합격
- 어휘 · 어법 · 국어문화 고득점 벼락치기

※ 도서의 이미지 및 세부사항은 변경될 수 있습니다.

한국국어능력평가협회 공식 인증 기출기본서

한국실용 글쓰기

실제 기출분석

정답 및 해설